湖北省学术著作出版专项资金资助项目

现代航运与物流:安全·绿色·智能技术研究丛书

交通信息及其应用

吴建华 著

武汉理工大学出版社

·武汉·

内 容 简 介

本书是作者在从事多年交通信息及其应用理论研究与实践的基础上完成的。全书共分 8 章，主要内容包括交通信息数学模型的建立，交通信息的采集、处理、分析、传输、存储及数据库技术，交通信息的电子海图显示技术，船舶自动识别系统及综合应用平台的开发，交通信息综合应用实例等。既有理论研究成果，也有应用程序验证，并在武汉、汕头、深圳、北极东北航道等多地进行了实际应用，取得了良好的应用效果。本书可以作为高等学校交通运输工程、交通信息工程及控制、导航与信息工程等专业的教材，也可以作为海事管理部门的参考用书，为海事安全保障提供技术指导与借鉴。

图书在版编目(CIP)数据

交通信息及其应用/吴建华著. —武汉 ：武汉理工大学出版社，2017.12
ISBN 978-7-5629-5673-0

Ⅰ.①交… Ⅱ.①吴… Ⅲ.①交通信息系统-高等学校-教材 Ⅳ.①U495

中国版本图书馆 CIP 数据核字(2017)第 288394 号

项目负责人：陈军东　　**责 任 编 辑**：夏冬琴
责 任 校 对：刘　凯　　**封 面 设 计**：兴和设计
出 版 发 行：武汉理工大学出版社
社　　址：武汉市洪山区珞狮路 122 号
邮　　编：430070
网　　址：http://www.wutp.com.cn
经　　销：各地新华书店
印　　刷：湖北恒泰印务有限公司
开　　本：787×1092　1/16
印　　张：25.25
字　　数：624 千字
版　　次：2017 年 12 月第 1 版
印　　次：2017 年 12 月第 1 次印刷
定　　价：96.00 元(精装)
本社购书热线电话：027-87785758　87515778　87515848　87165708(传真)
凡购本书，如有缺页、倒页、脱页等印装质量问题，请向出版社发行部调换。

现代航运与物流:安全·绿色·智能技术研究丛书

编审委员会

出版说明

航运与物流作为国家交通运输事业的重要组成部分，在国民经济尤其是沿海及内陆沿河沿江省份的区域经济发展中起着举足轻重的作用。我国是一个航运大国，航运事业在经济社会发展中扮演着重要的角色。然而，我国航运事业的管理水平和技术水平还不高，离建设航运强国的发展目标还有一定的差距。为了研究我国航运交通事业发展中的安全生产、交通运输规划、设备绿色节能设计等技术与管理方面的问题，立足于安全生产这一基础前提，从航运物流与社会经济、航运物流与生态环境、航运物流与信息技术等角度用环境生态学、信息学的知识来解决我国水运交通事业绿色化和智能化发展的问题，促进我国航运事业管理水平与技术水平的提升，加快航运强国的建设。因此，武汉理工大学出版社组织了国内外一批从事现代水运交通与物流研究的专家学者编纂了《现代航运与物流：安全·绿色·智能技术研究丛书》。

本丛书第一期拟出版二十多种图书，分为船港设备绿色制造技术、交通智能化与安全技术、航运物流与交通规划技术、内河航运技术等四个系列。本丛书中很多著作的研究对象集中于内河航运物流，尤其是长江水系的内河航运物流。作为我国第一大内河航运水系的长江水系的航运物流，对长江经济带经济发展的促进作用十分明显。2011 年年初，国务院发布《关于加快长江等内河水运发展的意见》，提出了内河水运发展目标，即利用 10 年左右的时间，建成畅通、高效、平安、绿色的现代化内河水运体系，2020 年全国内河水路货运量将达到 30 亿吨以上，拟建成 1.9 万千米的国家高等级航道。2014 年，国家确定加强长江黄金水道建设和发展，正式提出开发长江经济带的战略构想，这是继“西部大开发”“中部崛起”之后的又一个面向中西部地区发展的重要战略。围绕航运与物流开展深层次、全方位的科学研究，加强科研成果的传播与转化，是实现国家中西部发展战略的必然要求。我们也冀望丛书的出版能够提升我国现代航运与物流的技术和管理水平，促进社会经济的发展。

组织一套大型的学术著作丛书的出版是一项艰巨复杂的任务，不可能一蹴而就。我们自 2012 年开始组织策划这套丛书的编写与出版工作，期间多次组织专门的研讨会对选题进行优化，首期确定的四个系列二十余种图书，将于 2017 年年底之前出版发行。本丛书的出版工作得到了湖北省学术著作出版专项资金项目的资助。本丛书涉猎的研究领域广泛，在这方面的研究成果众多，首期出版的项目不能完全包含所有的研究成果，难免挂一漏万。有鉴于此，我们将丛书设计成一个开放的体系，择机推出后续的出版项目，与读者分享更多的我国现代航运与物流业的优秀学术研究成果，以促进我国交通运输行业的专家学者在这个学术平台上的交流。

现代航运与物流：安全·绿色·智能技术研究丛书编委会

2015 年 8 月

前　言

船舶在航行过程中会涉及通航环境信息、舱室环境信息、船舶航行信息等交通信息。交通信息技术及应用则是利用现代科学技术在交通领域开展的与交通信息有关的科学活动，具体表现在对交通信息的采集、处理、分析、存储及显示过程中运用现代计算机技术、网络技术、移动通信技术、数据库技术、地理信息技术等技术及数学工具，开展交通信息的基础理论研究工作及其在相关领域的应用推广。即将到来的无人船时代更是将船舶航行状态、船舶通信导航信息、船舶驾驶操控等通过信息化技术应用到极致的一种实例。因此，系统传授交通信息及应用知识具有实际应用价值。

笔者在多年积累的对交通信息理论研究和实验应用的基础上完成了本书，书中给出的应用实例基本是作者研发的成果。首先介绍了在交通信息处理中常用的数学工具 MATLAB，并运用此工具建立神经网络模型，在第 7 章船舶自动识别系统及应用平台的应用功能模块中提出了将神经网络模型应用到船舶交通流量的自动统计中。运用 MATLAB 建立相关函数模型，研究了自相关性在 GPS、声相关计程仪、雷达同频干扰抑制中的应用。运用 MATLAB 建立迭代算法模型，并给出了 GPS 测码伪距算法实例。

对于传统的交通信息数据采集传感器设备如卫星接收机、雷达、测深仪、罗经、计程仪、VDR、RFID、无线传感器等，在研究了数据输出协议的基础上，通过计算机与真实设备连接，编程实现了相关数据的采集实验并给出了相应的实例供广大读者学习参考。

研究了对交通信息数据压缩、聚类的处理方法，在分析交通信息传输技术的基础上，在 AIS 综合应用平台上通过网络实现了服务器与客户端之间文本文件传输的测试，建立了 USB-CAN 自定义协议，并给出应用实例，首次提出了利用 AIS 实现汉字传输的方法，在第七章第四节给出了实用实例。

交通信息存储到数据库中保存起来可以为后期的数据分析提供支撑，保存方式有 txt 文本文件、Excel 文件、Access 文件等形式，可供读者根据实际应用选择，本书分别对它们的存储、读取技术进行了详细的讲解并给出了作者自己开发的研究实例。另外系统地讲授了 MySQL 数据库编程技术，该数据库是基于网络服务器和客户端的形式实现远程数据的存取，在开发交通信息系统时非常实用，在 7.5 节中给出了作者开发的应用实例。交通信息显示的最佳平台是电子海图，在电子海图上可以将各种交通信息可视化动态显示，并且放大、缩小操作简单，快速查询方便实用，利用电子海图二次开发技术可以将其集成到交通信息应用系统中作为显示终端，本书将所研究的电子海图应用实例推荐给读者，并在 7.6 节中给出开发实例。

目前在船舶上广泛使用的船舶自动识别系统(AIS)，具有信息的传输、采集、解析、存储、显示过程，是交通信息应用系统的典型代表。在本书中详细讲解了作者研发的具有自主知识产权的 AIS 综合应用平台的开发过程，可供读者参考使用。同时基于该综合应用平台，给出了一些作者研发的应用实例。基于 AIS 的船舶交通流的实时感知技术，可以在线观测船舶交通流的分布；AIS 轨迹异常的自动检测与修复算法中，提出了 AIS 异常轨迹的分类方法；AIS 网络性能指标实时监控技术可以实时监控 AIS 网络通信状态等。

书中最后给出了交通信息综合应用实例，作为在系统学习了本书之后，引导读者独立研究交通信息应用系统的范例。船舶安全预警分析技术在借鉴船舶领域概念的基础上，研究通过信息技术将其在电子海图上进行可视化显示；基于AIS的风流压差自动预测技术，利用AIS接收周围船舶航行信息，通过信息处理，达到预测周围水域风流压差的目的；移动VTS技术，为了解决VTS存在观测盲区的问题，首次提出使用移动VTS技术来解决的方法；航道水深自动监控技术，提出使用AIS将观测点的水位传输到观测站监控的方法；基于AIS的航道通航安全评估，利用AIS传输船舶尺寸、船舶所在处的水深等信息来综合评价船舶的通航能力；GPS罗经应用技术，详细讲述了作为未来极地航行的航向传感器设备GPS罗经的原理。

本书是在课题组多年的科研实践的基础上完成的，既有理论研究成果，同时也开发了软件应用系统，在武汉、汕头、深圳、北极东北航道等多地进行了实际应用，取得了良好的应用效果。本书在撰写过程中得到刘克中、肖进丽等老师的帮助和支持，书中大量实验数据的获取来源于AIS综合应用平台，同时本书参考了一些国内外文献，在此一并表示深深的谢意。本书可以作为高等学校交通运输工程、交通信息工程及控制、导航与信息工程等专业的教材，也可以作为海事管理部门的参考用书，为海事安全保障提供技术指导与借鉴。

吴建华

2017年4月

目　录

1 交通信息及其应用概论

1.1 概述

1.1.1 交通信息的内涵

人们到处在谈论信息，我们越来越多地听到信息这个词语，媒体常说：我们现在进入了一个信息化社会，正在迈向信息高速公路，将要迎接一个信息爆炸的新时代。

那么什么是信息？广义地说，信息就是消息，一切存在都有信息。对人类而言，人的五官生来就是为了获取生存环境中的各种信息，它们是信息的接收器，它们所感知到的一切，都是信息。人类通过读书、欣赏音乐、观察事物、思考问题、交流思想等行为方式来获取信息、处理信息、传输信息、存储信息，这些信息在经过人类大脑思维处理之后，指挥人类采取某种行动，整个过程不断重复下去，就构成了人类社会的各种活动。然而，现代社会环境中很多信息是人类的五官所不能直接获取、接收的。人类通过各种手段，发明了各种现代化工具（传感器）来感知、发现、处理它们。狭义上，人们一般所说的信息多指利用现代科技手段获取的与行为有关的情报。例如人类可以通过互联网获取信息、交流信息、下载存储信息。

“物联网”概念是在“互联网”概念的基础上，将其用户端延伸和扩展到任何物品与物品之间，进行信息交换和通信的一种网络概念。其定义是：通过射频识别（RFID）、红外感应器、全球定位系统、激光扫描器等信息传感设备，按约定的协议，把任何物品与互联网相连接，进行信息交换和通信，以实现智能化识别、定位、跟踪、监控和管理的一种网络概念。如果说“互联网”是一种广义的网络信息平台，则“物联网”是一种狭义的网络信息平台。

交通信息是限定在交通领域的信息，交通信息应用是利用现代科学技术在交通领域开展的与交通信息有关的科学活动。“船联网”概念是在“物联网”概念的基础上，以船舶为用户对象通过网络把船舶互联起来，是一种基于实现航运管理精细化、行业服务全面化、出行体验人性化的目标，融合了物联网技术的智能航运信息服务的网络。相比于“互联网”“物联网”，“船联网”是更加专业的网络信息平台。船舶自动识别系统（Automatic Identification System，AIS）是一种简易版的船联网，是船与船、船与岸之间通过 VHF 交换船舶信息的一种网络系统。

此外，船舶在航行过程中所涉及的航道、航标、桥梁、码头、水文、气象、船舶等影响船舶航行安全的通航环境信息是非常重要的交通信息；船舱内部货物状态、人员位置、温度、有害气体、烟雾等也是影响船舶安全的交通信息要素，无线传感器网络是采集、处理、监控该要素的重要工具，利用无线传感器组成的舱室环境监控系统则是集网络技术、计算机技术、无线电通信技术于一体并将其应用到交通信息处理之中。

船舶在航行过程中，船舶的船名、呼号、IMO 号、船舶尺寸、船舶类型等静态信息，船位、航速、航向、ROT、CPA、TCPA 等船舶动态信息，船舶吃水、目的港、预计到达时间等航次信息都是船舶监管、船舶避碰、船舶通航、海事管理等方面需要的重要信息，现代航海领域采用各种先进技术手段获取以上相关信息，为确保船舶航行安全、提高航运经济效益提供技术保障。

本教材讲述的是以通航环境信息、舱室环境信息、船舶航行信息为研究对象，在信息采集、处理、分析、存储及显示过程中，运用现代计算机技术、网络技术、移动通信技术、数据库技术、地理信息技术等技术及数学工具，开展交通信息研究工作的基础理论及其在相关交通领域的应用实例的研究。

1.1.2 交通信息的研究方向

在航海领域研究与交通信息有关的内容通常属于交通信息工程及控制学科范畴，本学科主要利用信息技术探索和解决水路交通运输领域的安全和保障问题，不仅开展交通信息的采集、传输、处理和控制相关理论和技术的研究，同时也注重利用现代信息技术对交通风险、船舶控制、交通管理、航海仿真、海事装备进行研究。根据不同的研究对象开展相应的科学研究。交通信息工程及控制主要包括以下研究方向：

(1)交通信息系统控制：以交通信息为研究对象，重点研究交通信息在水路运输中的科学活动，也是本教材的重点讲述内容。

(2)智能航海与仿真技术：以船舶操作智能化为目标，研究船舶智能避碰、船舶智能管理、船舶智能导航等现代智能技术。以各种航海模拟器为研究对象，研究计算机仿真技术在航海教育中的应用。

(3)船舶控制理论与技术：重点研究船舶操纵、船舶引航理论与技术。

(4)海事管理理论与技术：以安全和管理科学为理论依据研究海事管理理论、技术和海事法律。

(5)交通环境与安全保障：以水上交通环境为背景，以船舶为对象开展安全保障方面的研究。

虽然在交通信息工程及控制领域有不同的研究方向，但是现代科学技术的发展方向是学科交叉、学科渗透、知识融合，所以各个研究方向并没有严格的界限。例如电子海图是实现“智能航海”和“数字航海”的必要工具，电子海图是将各种信息经过梳理、分层处理、智能化处理之后，将其可视化显示并应用于航海之中。

本教材并非深入到某一个研究方向开展交通信息的研究工作，而是以通航环境信息、舱室环境信息、船舶航行信息为对象，重点讲述水上运输领域交通信息的采集、传输、处理、存储、显示与控制的基本理论以及计算机技术、网络传输技术、数据库技术、移动通信技术与信息显示技术及数学工具等在交通运输领域的应用实例。

1.1.3 交通信息的研究对象

交通运输分为水上、陆上、空中等领域，因此研究对象也有船舶、汽车、飞机之分，本教材主要研究的是水上运输范畴，因此研究对象也就锁定为船舶。在船舶航行过程中，确保船舶航行安全以及提高经济效益是人类共同追求的目标，应用现代科学技术开展水路运输安全与保障方面的研究工作是研究人员永恒的追求。因此，在交通信息工程及控制领域以交通信息为研究对象，利用信息技术探索和解决水路交通运输领域的安全和保障问题也就顺理成章。

人们在交通信息工程及控制领域不仅开展交通信息的采集、传输、处理和控制相关理论和技术研究，同时也注重利用现代信息技术对交通风险、船舶控制、交通管理、航海仿真、海事装备进行研究。

与水路运输安全与保障方面关系密切的交通信息具体分类如下。

1.1.3.1 通航环境信息

通航环境是船舶赖以安全航行、停泊、作业的客观存在的外部环境，通航环境的好坏对船舶交通安全有着巨大的影响。

通航环境，是指船舶、设施在水上航行、停泊、作业所需的条件，包括水面、水下、水上、沿岸等。

从定义上看，通航环境可以理解为船舶在实施具体交通行为的交通活动中所依赖的客观物质世界和各种社会关系的综合体，是对船舶的交通活动产生影响的各种自然因素和社会因素的总称；从船舶交通所依赖的客观条件来看，通航环境具有自然属性和社会属性。其自然属性是指自然界形成的具体通航条件因素；其社会属性则通过通航秩序因素来具体表现。

通航环境的自然属性和社会属性构成了通航环境的内容，下面从两个方面介绍通航环境的要素。

1）通航环境中自然属性的要素

（1）航道（路）条件

水上交通环境是指船舶运动所处的空间与条件，包括航行水域，以及该水域的自然条件和交通条件。航行水域是船舶运动的场所或空间。从海上交通系统来说，航行水域由港口和航路组成。从地理上讲，航行水域包括江河湖海和海湾、海峡、运河、航道等水域。航路是海洋、江河、湖泊、港湾等水域内供船舶安全航行的通道。航路应具有所要求的充分水深及宽度，并应具备比较好的水文气象条件，航路内一般均设有航标等辅助标志。凡能给船舶提供水上通道的水域，如海湾、海峡、河流、湖泊等都是水道。

航道是水道中具有一定深度、宽度、净空高度和弯曲半径且能供船舶安全航行的水域。航道通常用航标标示。

航道（路）条件中重要的要素有：航道（路）水深、航道宽度、航道的曲率半径。水深是指自由水面距离河床底部表面的垂直高度，航道水深是航道范围内从水面到底部的垂直距离。船舶航行时必须留有足够的富余水深，因此航道水深是考察在某一河段能否安全航行的重要因素之一，其水深值的大小决定吃水不同的船舶航行的危险程度。航道宽度是航道两侧界限之间垂直于航道中心线度量的水平距离。航道宽度大小则是直接影响船舶领域是否受限的最主要因素，尤其在多船会遇时，航道宽度直接影响船舶的安全航行和避让。弯曲航段，其曲率半径的大小决定不同尺度的船舶的航行危险程度。因此航道的曲率半径亦是通航环境的重要因素之一。

（2）水域的气象条件

气象条件是指能见度、大风和台风等条件。能见度不好对交通效率和交通安全影响最大。雾、雪和暴雨影响船舶操纵、船舶正常航行，甚至可能导致船舶停航。能见度不良时航行最易发生船舶碰撞、搁浅和触礁事故。在大风或台风天气，船舶交通效率和交通安全也同样会受到影响。

(3)航行水域水文与地理条件

地形条件决定船舶航行与操纵的空间范围是否受限制以及受限制的程度。这种限制一般表现为水域宽度狭窄、水底不平、水道弯曲大、浅滩礁石等碍航物较多等。水道狭窄船舶易发生岸推、岸吸和浪损,而导致船舶碰撞、触岸、搁浅等事故,从而出现交通拥挤甚至交通堵塞现象。

内河航道的边界条件、河床形态与河床地质条件也会影响船舶正常航行状态。由于河床受水流的长期作用,它必然会形成具有不同演变规律的形态。就平面而言有顺直河段、弯曲河段、分汊河段、游荡性河段(变迁河段);就演变特性而言有稳定的山区河段和变化的平原河段。山区河段具有岸线不规则,河段狭窄、弯曲,河面宽度变化频繁等特点;平原河段河床变化频繁,浅滩、边滩、心滩多且随时间呈现不规则的变化,不仅河床变迁频繁,而且航道水深在随季节变化的同时随滩区的形成和移动而变化,极易形成浅区、槽口。河床的地质情况影响河床的演变,形成不同的航道条件。沙质河床易受水流的影响,经常发生冲淤,变化不明显,但易发生瞬时的改变,如滑坡、岩崩;卵石河床受水流的影响会发生冲淤变形,但速度慢、趋势不明显。河床的地质情况对通航环境影响最大的是障碍物。在狭水道内不仅存在航道狭窄、水流受限的客观环境,而且危险障碍物多。由于岸形限制,或在通航水域附近存在浅滩、礁石、沉船等障碍物,船舶航行水域有效范围会受到很大限制。

水文条件指水深、水流、潮汐、波浪、冰等对船舶交通有影响的各种因素。水深较浅会发生浅水效应而造成船舶速度下降、舵效减小,旋回性变差。水流速度越大,发生船舶交通事故的可能性越大。冰冻严重时会堵塞港口与航道,甚至中止船舶交通。

2)通航环境中社会属性的要素

(1)航行水域的交通条件

这里的交通条件是指港口和航道布置和配置的设施设备,水域中的助航标志和设施,交通管理规章和手段等。它是通过人工努力为便利船舶交通而创造的各种硬环境和软环境。航标的主要作用在于标示航道状况。在狭水道航行,船舶往往必须借助于航标的引导。船舶能否安全航行,航标的作用十分重要。因此,航标是否按规范配备,设置的航标是否正常,航标的作用能否充分发挥,都是影响船舶安全航行的重要环境因素。航路是船舶由始发港安全、迅速地驶往目的港所选定的路线。在狭水道航行,船舶在选择航路时起决定作用的因素是安全与否。由于在受限的航道水域航行,航道内船舶密度大,通航环境险恶,因此船舶航路的选择不仅要考虑到船舶是否处于更有利于安全航行的水域范围内,还有港口、码头、防波堤、进出口水道是否很好地利用了地形条件,是否避强风强流也至关重要。

(2)水资源综合开发利用带来的制约因素

水资源的综合利用是国家开发、使用水资源,发展流域经济的需要,航运的发展只是水资源综合利用的一个方面,而其他利用水资源的行为必然会对航运发展带来影响。主要有石油开发、捕鱼、水产养殖、建桥、建坝、水力发电、挖砂,以及水上设施建设等。

(3)通航秩序影响因素

通航秩序涉及在水上航行、停泊、作业的船舶、设施的基本状态。船舶的适航状况、船舶的航路选择及避让行为、船舶交通流的构成、船舶流量、船舶在特殊情况下采取的措施以及船员适任因素等方面,都会对船舶安全航行,以及他船安全产生影响。

水上建筑物(桥、坝、架空电缆、水底电缆)、港口码头、锚地、停泊区、交通管制区等也是通航环境重要的社会属性要素。

1.1.3.2 舱室环境信息

由于海事安全保障的信息源涉及船舶、货物、通航环境等众多要素,存在分布地域面积广、感知对象分散、种类繁多、部分目标动态性强等特点,当前的海事监控方法通常只限于对船舶、航标或货物等少量对象实施监控,无法实现对众多要素进行全方位、立体式、精细化感知。

近年来,越来越多的货物将会以船载的方式在海上和内河上运输,船载的方式在给我们带来便利的同时,也带来了新的安全隐患,船舶载运货物时时常发生事故,因此加强对船舶载运货物的监控已经成为一个日益重要的问题。

船舶货物状态数据根据大宗货物类型可以分为集装箱、散杂货和液货。因此,货物状态数据采集根据这 3 种不同类型货物进行。①集装箱货物状态数据,对集装箱船舶货物状态的动态数据可由电子积载图来明确表示;②散杂货物状态数据,对大宗散货(粮食、化肥、工业原料等),要在货舱安装温度和湿度传感器以监视散状货物状态;③液化气和油品数据,专用液化气船和油船都有本船监控系统,包括油/气舱监控系统、油分浓度监控系统等。通过数据接口获取数据,主要有:各舱室的油/气温度、压力、液位和惰性气体浓度等。

近年来,随着微电子机械系统和低能耗无线网络技术的进步,市面上出现了具有多种功能的小型传感器设备。这些传感器设备可以用于观察周围环境的物理现象,并产生感知数据。无线传感器节点是具备处理器、存储设备、能源供应和无线通信部件的小型低能耗设备。传感器节点配备了传感器设备,例如温度传感器、湿度传感器、光照传感器、酒精传感器和化学传感器等。无线传感器设备要比普通的传感器设备体积小、造价低。

通信和无线网络技术的快速发展为其在船舶舱室监控系统中的应用奠定了基础,以无线网络为基础的智能化分布式系统将成为未来船舶舱室监控的发展方向。采用无线传感器网络与以太网相结合,研制出的一种基于无线传感器网络的船舶舱室监测报警系统已应用于交通信息工程领域。

船舶舱室监测报警系统借助 ZigBee 技术可以进行短距离、低功耗无线通信和 GPRS 网络可以进行远程数据传输的优势,采用簇树网络拓扑结构,对船载货物状态进行实时监控,并将采集到的货物状态数据以及货物周围的环境数据发送到监控中心,监控中心对这些数据进行实时统计。当货物产生异常情况时,货物状态数据可以为监控中心的管理人员提供决策依据并采取相应的措施。

船舶舱室内环境监测是随着现代化技术的发展以及人们对海事安全保障要求的提高而逐渐形成的一种新技术,应用船舶舱室内环境监测系统是为了更好地管理船舶舱室内环境,保障船舶航行安全。船舶舱室监测报警系统主要包括系统安全设置、设备管理、用户管理和各种条件控制,如温度控制、湿度控制等。传统的船舶舱室内环境监测管理模式主要依靠人力,但随着科技的发展,传统的船舶舱室内环境监测系统已不能适应现代化水上运输的需要,所以智能的船舶舱室内环境监测系统应运而生。

除此之外,机舱监测报警系统是轮机自动化方向的一个重要研究内容,它的系统功能是准确可靠地监测机舱内各种动力设备的运行状态及其参数,一旦运行设备发生故障,报警系统自动发出声、光报警信号。船舶机舱自动化系统是集机舱动力系统及其辅助系统的自动控制、监测、报警等功能于一身的监控系统。它正以集成化、网络化、智能化、标准化、模块化、系列化等方式，向机舱综合自动化高层次阶段发展。

1.1.3.3 船舶航行信息

对于正在从事水上运输的船舶来说，该船舶的航行信息，诸如船名、识别码、船舶类型、船位、航速、航向、目的港、船舶吃水等是与该船舶安全密切相关的因素，不论是船舶驾驶人员，还是海事管理人员，或者科研人员都希望获取船舶航行信息，虽然各自使用信息的目的不同，但是船舶的原始航行信息是相同的，只是采集到该信息之后处理的方式不同而已。

对于获取船舶的航行信息，使用船载自动识别系统 AIS 是非常合适的。

1995 年，IMO 航行安全分委会 41 次会议（NAV41）上，芬兰和瑞典联合发表了一份基于广播转发器的自动识别系统性能标准草案，并被命名为“船对船，船对岸自组织时分多路接入技术的自动转发器（STDMA）性能草案”。

在 1996 年 7 月 NAV42 次会议上正式被定义为 AIS。到 1997 年 1 月的 NAV43 次会议，成员国针对识别问题进行了研究，并确定未来的系统使用 STDMA 转发技术，称为“通用船载自动识别系统”。

实行此标准的时间定为 2001—2004 年。

AIS 的目的是增进航行安全、保护环境以及进行航道管理。安装了 AIS 的船舶可通过 VHF 频道每隔一定时间自动地播发船位、识别码，并无须人员参与。

所有安装 AIS 的船舶能在船上的 ECDIS 或 VTS 中心的屏幕上显示，显示的信息包括：位置、识别码、船舶动态和状态。

AIS 电台数据连接使用了 STDMA 技术，此技术能大幅度地提高数据连接容量（每分钟可传输 2000 多个位置报文）。STDMA 数据连接不仅支持广播设备，而且支持点对点通信设备。

STDMA 最早由瑞典国家航空管理局研制，它是一种新型的用于未来航空交通管理的广播数字通信技术，是全球定位及通信（GP&C）核心，GP&C 是一种数据链技术，能用于导航、识别、监测和通信。

AIS 的主要组成部分是一个转发器，它包括三部分：一个 GPS 接收机、一个通信处理器、两个多信道 VHF 数字收发机。

GPS（DGPS）接收机提供船位、对地速度、航向等信息，并通过 STDMA 数据链提供 UTC 时间以用作计时。

通信处理器可在两个频道上控制 VHF 收发机工作，这两个频道是 87B 频道（161.975MHz）和 88B 频道（162.025MHz），并且已分配给 AIS 在全球范围内使用。

在公海和所有其他水域正常默认的工作模式是两个信道的工作模式，因此 AIS 能并行同时收到所有的频道，规定时刻的传送也在两个频道间交替进行。

另外，AIS 还可以通过本地管理机构指定在区域性频道上工作。

AIS 的操作方式可有以下三种：

（1）在所有区域内使用自动和连续的模式；

（2）在由岸台控制中心控制交通的区域使用指定的方式；

（3）在与船或岸台之间的数据传送过程中出现疑问时，采用轮询方式。

AIS能够与其他传感器连接并能自动地输入数据，为防止非权威性的输入和传送数据的修改，AIS还配有一种安全保护系统。

总之，AIS能够在无人参与的情况下，咨询VTS中心和其他船舶，并能自动连续地提供信息。

AIS最重要的功能是定期地播发位置和识别信息，以便自动地对船舶进行识别和监测。海上移动服务识别(MMSI)在AIS中被用于船舶识别。

AIS提供的信息大致可分为四类：

1)静态信息

(1)MMSI；

(2)呼号、船名；

(3)船长、船宽。

2)动态信息

(1)船位；

(2)UTC时间；

(3)航向；

(4)对地速度；

(5)航行状态；

(6)转向速率。

3)航行相关信息

(1)船舶吃水；

(2)危险货物；

(3)目的地和ETA。

4)短期安全信息

阻碍海上船舶之间、船岸之间信息交流的首要问题就是船舶识别。目前，在海上实现船-船识别的方法主要是使用方位和距离，在船舶密度不大的情况下，此法尚有效。但在船舶密度较大的情况下，使用此法来识别船舶就大大增加了误识别的可能性。如果在信息交流的开始出现识别错误，那么随后进行的信息交流将是无用的，并且可能导致不堪设想的后果。但AIS则不然，AIS在静态信息中提供了船舶识别码、船舶呼号、船名，并且AIS可通过提供的GPS船位将目标船直接显示在显示器上，这样一来，航海者可随意根据自己的需要准确无误地选呼任何一艘目标船进行信息交流。总之，AIS的出现将会使船舶识别更加快捷、方便、准确。

AIS的出现使得船用VHF成为船舶避碰中的一种更加有效的瞭望手段，它能够更加准确、快捷地实现船舶间的远距离沟通。由于AIS动态信息包括船位、对地速度、航向、CPA、TCPA、航行状态等信息，这使船舶获得的信息更加完整、详尽，有助于船舶准确判断碰撞危险，正确采取避碰行动。在船舶避碰过程中，采取不协调行动、对同一局面的认识不同(如：危险对遇局面)是导致船舶碰撞的主要原因，而AIS则可非常容易地解决此问题，因为，AIS可以准确识别船舶，避免错误识别目标船，并且可通过AIS相互交流船舶信息，质询疑问，最终达成一致意见。这有利于船舶采取协调行动，避免船舶碰撞事故的发生，从而提高船舶航行安全。目前，在船舶碰撞事故中，对于口头协议的举证是十分困难的，因而，船舶间的口头协议在判明船舶碰撞责任时一直未被作为一种可靠的法律依据。但是随着AIS的出现此问题将得到解决。因为，只要在AIS中作一下技术处理即可实时地记录并保存协议内容及其他船舶信息，这样一来就可将记录的内容作为可靠的法律依据。同时，AIS也可解决船舶黑匣子问题，如果实现则将有利于事故原因的分析和法律责任的认定。

AIS能提高船舶的识别能力及准确性，能自动连续地进行信息交流，由于其传递信息容量较大，所以，未来的航海者可通过AIS获得大量有价值的信息。AIS的出现将能改善航海者的工作环境，AIS能提高船舶航行安全已无可置疑，AIS定会给航海技术带来又一次革命。

综上所述，依据学科范畴划分了交通信息的研究方向；针对影响水上运输船舶航行安全的因素，凝练了一些交通信息研究对象，实际上这两者之间是相辅相成的关系。即研究对象是存在于研究方向之中的，或者说，每一个研究方向之中会存在着一些（或全部）研究对象。因此，本教材既没有以交通信息的研究对象为线索，也没有沿着交通信息的研究方向为主线，而是以纯粹的交通信息处理过程为经脉展开论述，参见图1-1。

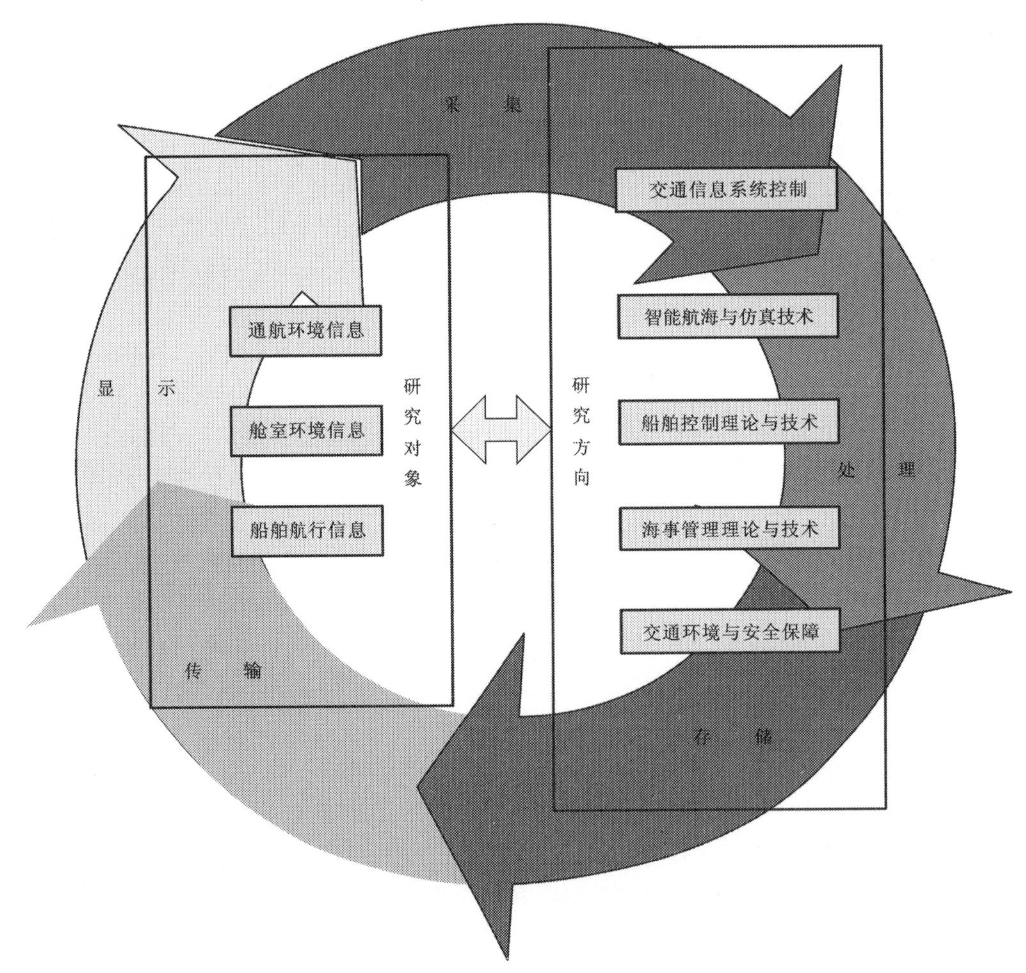

图1-1　交通信息研究分类图

1.2　交通信息应用技术

在实现交通信息的采集、处理、存储、传输、显示过程中需要应用到计算机技术，包括计算机编程、数据库应用、计算机网络传输、计算机仿真技术等。因为在本教材所讲述的内容中计算机处理技术自始至终贯穿全书，所以接下来首先介绍一下关于计算机开发软件的基础知识。由于在交通信息的研究工作中需要应用数学工具，包括数学建模、数理统计与分析等，因此在1.2.2节简单介绍了常用的数学工具，详细的数学建模方法在第2章讲述。另外对交通信息的采集、处理、存储、显示技术也在本章节做了一个简要的介绍，具体内容在其他章节详细描述。

在交通信息的科学研究过程中，过程的控制或者技术的应用不是孤立存在的，往往都是通过有机的结合形成一个相互关联的整体，完成某些特定功能并以交通系统的形式表现出来，所以在第7章将以系统平台的形式将整个交通信息的采集、处理、存储、显示过程串联起来讲述。

1.2.1　计算机开发平台

交通信息的采集、处理、存储、传输、显示等都离不开计算机技术的使用，如雷达数据的采集、AIS数据的解析、各种原始数据及中间过程数据的存储、GPS数据的显示、通航论证中航道实时水深信息的传输等。计算机开发平台中没有固定的语言限制，读者可以使用自己熟悉的编程语言：如C＋＋、C＃、Visual Basic、Visual Studio等。

本教材采用Visual Basic 6.0及Visual Studio 2010为例来说明计算机语言在交通信息应用中的一般使用方法。在本教材中所使用的计算机程序也是以这两种语言编写并运行通过的。

1.2.1.1　Visual Basic基础知识

Visual Basic(可简称VB)是用于编写基于Windows的计算机程序的，包括Visual Basic语言以及有助于编写这些程序的许多工具。计算机程序只不过是计算机为完成一个特定任务而执行的一系列指令。编程语言，如Visual Basic用于将我们能懂的指令翻译成计算机可以理解和执行的步骤。

随着Windows的出现，Microsoft开发出Visual Basic，它是Basic的可视化版本，Visual Basic已发展成为一种功能强大的应用程序开发工具，Visual Basic缩短了极为耗时的编程任务，因操作简单实用，所以从其问世以来很受专业程序员和编程爱好者的追捧。

Visual Basic另一个重要的概念是可以创建并使用自包含的组件和对象，其中一种对象就是Visual Basic控件。

创建第一个实例程序如下：

在这个极简单的例子中，要求用户执行一些操作，如单击按钮或按一个键，计算机以一条信息“Hello，How do you do”来回答。打开Visual Basic选一个标准standard EXE工程，在窗体form1上添加Commandbutton控件，双击该图标，编写以下语句，就完成一次编程。

```
Private Sub Command1_Click()
Print"交通信息及其应用"
```

End Sub

在菜单中选择“运行”即可执行程序，最后要注意保存。

对于 Commandbutton 控件的属性，可以在设计时修改，也可以在运行时修改。用右键单击控件，选取属性窗口菜单，完成对该控件的属性修改。如：Caption—Command1 可以直接在属性窗口中改为 Caption—显示；也可以在程序中来修改：在查看代码的窗口中，选择 Form 菜单：

```
Private Sub Form_Load()
Command1. Caption="结果"
End Sub
```

可以在程序运行后改变该按键的名称。用右键点击窗体，可以修改以下窗体的属性：

Windowstate—Maximized 可以使窗体最大化。

Picture—可以选用图形文件做背景。

在工具箱中只显示了部分控件，如果想使用其他的控件，可以用鼠标右键单击工具箱，选取“部件”，在菜单中选取所需要的控件。例如：

SysInfo1. WorkAreaWidth　　获得工作区域宽度，来确定其他控件的水平位置

SysInfo1. WorkAreaHeight　　获得工作区域高度，来确定其他控件的垂直位置

关于控件的使用方法，可以使用帮助，不过需要安装 MSDN。

创建第二个响应事件的编程实例，程序如下：

Visual Basic 程序中会发生两种基本类型的事件：用户引发的事件和系统引发的事件。多数情况下，都要为用户引发的事件编写代码，以方便用户控制整个程序的流程。同时按下 B 键和 Shift 键的示例如下所示：

```
Private Sub Form_KeyDown(KeyCode As Integer,Shift As Integer)
  If KeyCode=vbKeyA and Shift =1 Then
    MsgBox "this is B key"
  End If
End  sub
```

处理数值数据是许多计算机程序的主要任务之一，例如使用除法运算符。

1)浮点除法

5/3　返回带小数部分的一个值

2)整数运算

5\3　只返回结果的整数部分

3)求模运算(求余运算)

5 mod 3　返回余数

4)使用指数运算

5^3

创建第三个编程实例，用 VB 来表示除法运算符的程序如下：

```
Private Sub Command1_Click()
  inpt1=Text1. Text
  inpt2=Text2. Text
```

```
  Text3. Text=inpt1/inpt2
  Text4. Text=inpt1\ inpt2
  Text5. Text=inpt1 Mod inpt2
  Text6. Text=inpt1 ^ inpt2
End Sub
```

创建第四个编程实例,图形函数的程序如下:

```
Private Sub Command1_Click()
Form1. Line(0,ScaleHeight/2)-(ScaleWidth,ScaleHeight/2),QBColor(1),B
                                                        REM:画中横线
Form1. Line(ScaleWidth/2,0)-(ScaleWidth/2,ScaleHeight), QBColor(2),BF
                                                        REM:画圆
Circle(ScaleWidth/2,ScaleHeight/2),300,QBColor(3),B
DrawWidth=8
PSet(ScaleWidth/2-100,ScaleHeight/2-1000)               REM:画点
For i=1 To 360
PSet(2000 +i * 20, 2000 + 1000 * Sin(i * 3.14/180)),QBColor(4)
                                                        REM:循环画点,正弦曲线
Next i
End Sub
```

在 VB 中绘制实时曲线是比较困难的,一般要应用第三方控件或是 Windows API 函数来完成,但如果对实时曲线的要求不是很高,只要能表示出当前的一般情况,可以直接应用 VB 提供的控件来完成。

原则上讲,直接在 Form 里绘制曲线都是可以的,MSDN 上面很多例程就是直接在 Form 里面绘制图形的,不过一般应用中,Form 中不可避免的会有很多其他控件,因此 Form 作为绘制图形的容器不太方便,所以我们选择 PictureBox 作为绘制曲线的容器。

实时曲线的绘制一般借助于 Timer 控件来完成,使用 Timer 控件,定期将串口或是其他仪器中监测到的数据送往 PictureBox1,而曲线一般画成折线图,采用 PictureBox1 的 Line 方法绘制。具体实现如下:

(1)选择需要显示的窗体 Picture1,加入图片框 Picture1,根据实际需要设置图片的大小并移到合适的位置,并在图片的外面画好量程-时间坐标系;然后加上 Timer 控件以及两个 CommandButton,界面就基本设置好了。

(2)建立坐标系,根据 Picture1 的大小和高度设置画出坐标系的 X 轴和 Y 轴。

```
Picture1. ScaleMode = 1
                      REM:以 VB 的基本单位作为建立坐标轴以及绘制图形的单位
Picture1. Refresh
Picture1. CurrentX=Picture1. ScaleLeft+100
Picture1. CurrentY=Picture1. ScaleTop
Picture1. Print Picture1. ScaleHeight-100
Picture1. Line (Picture1. ScaleLeft + 100, Picture1. ScaleTop + 100) - (Picture1.
```

```
        ScaleLeft＋100,Picture1.ScaleHeight－100)
Picture1.CurrentX＝Picture1.ScaleLeft＋100
Picture1.CurrentY＝Picture1.ScaleHeight
Picture1.Print  "(0,0)"
Picture1.Line (Picture1.ScaleLeft＋100,Picture1.ScaleHeight－100)－(Picture1.
        ScaleWidth－100,Picture1.ScaleHeight－100)
Picture1.CurrentX＝Picture1.ScaleWidth
Picture1.CurrentY＝Picture1.ScaleHeight
Picture1.Print Picture1.ScaleWidth－100
Picture1.AutoRedraw＝True          REM:必要时,用存储在内存中的图像进行重绘
```

(3)绘制曲线并保存,我们这里以正弦曲线作为绘制曲线的数据来源,具体应用时可以采用由串口或其他仪器采集得到的数据。首先我们绘制一条中线,然后在 Timer 控件的 Time 事件中绘制曲线。

```
Private Sub Timer1_Timer()
Dim y1 As Integer
Picture1.DrawWidth＝5                                  REM:线宽度
y1＝CInt((Picture1.ScaleHeight/2) * (1－Sin(x/180 * 3.14))) REM:度转换为弧度
Print x,(Sin(x/180 * 3.14))
Picture1.PSet(x * 10＋10,y1),QBColor(12)              REM:10 为频率
  x＝x＋10                                            REM:点与点之间的间距
  If x * 10＞＝Picture1.ScaleWidth Then
    SavePicture Picture1.Image,"c:\sin.bmp"
                                  REM:保存图片,可以根据实际需要命名图片
    x＝0
    y＝Picture1.ScaleHeight/2
    Picture1.Cls                                      REM:清屏重画
  End If
End Sub
```

从上面的过程可以看出,其实对于要求不高的实时曲线的绘制还是比较简单的,在这里采用的是清屏重画图像,如果要实现图像往左移动,图像仍然保留的效果,可以采用 Windows 的 Bitblt 函数,可以让图像每次移动一个像素。

以上只是实时曲线绘制的一点简单说明,具体应用中可能需要花更多的时间修饰图像、显示时间(可以通过上面的代码中的 Picture1.Print 实现),但是基本原理大同小异。

以上介绍了计算机开发软件 VB 的基本功能及实例,后面会以交通信息的综合应用举例说明计算机编程在交通信息采集、处理、存储、显示等方面有着广泛而有效的应用。

1.2.1.2　Visual Studio 2010

Visual Studio 是微软公司推出的开发环境,是目前最流行的 Windows 平台应用程序开发环境。Visual Studio 2010 版本于 2010 年 4 月 12 日上市,其集成开发环境(IDE)的界面被重新设计和组织,变得更加简单明了。Visual Studio 2010 同时带来了.NET Framework 4.0。

1998年，微软公司发布了 Visual Studio 6.0。所有开发语言的开发环境版本均升至6.0。这也是 Visual Basic 最后一次发布，从下一个版本(7.0)开始，Microsoft Basic 进化成了一种新的面向对象的语言：Microsoft Basic.NET。

.NET 的通用语言框架机制(Common Language Runtime，CLR)，其目的是在同一个项目中支持不同的语言所开发的组件。所有 CLR 支持的代码都会被解释成为 CLR 可执行的机器代码然后运行。

Visual Basic.NET 是基于微软.NET Framework 之上的面向对象的编程语言。它在调试时是以解释型语言方式运作，而输出为 EXE 程序时是以编译型语言方式运作。可以看作是 Visual Basic 在.NET Framework 平台上的升级版本，增强了对面向对象的支持。大多数的 VB.NET程序员使用 Visual Studio.NET 作为 IDE(Integrated Development Environment)。

.NET 语言，包括 VB.NET，它们所开发的程序源代码并不是被编译成能够直接在操作系统上执行的二进制本地代码，而是被编译成为中间代码，然后通过.NET Framework 的通用语言框架机制(CLR)来执行。所有的.NET 编程语言都被编译成这种被称为 MSIL (Microsoft Intermediate Language)的中间代码，这与 Java 的字节码类似。因此虽然最终的程序在表面上仍然与传统意义上的可执行文件都具有“.exe”的后缀名。但是实际上，如果计算机上没有安装.NET Framework，那么这些程序将不能够被执行。在程序执行时，.NET Framework 将中间代码翻译成为二进制机器码，从而使它得到正确的运行。最终的二进制代码被存储在一个缓冲区中。所以一旦程序使用了相同的代码，那么将会调用缓冲区中的版本。也就是说，如果一个.NET 程序第二次被运行，那么这种翻译不需要进行第二次，速度会明显加快。VB.NET 代码之所以不直接编译成二进制机器码，是基于.NET 跨平台这一目标考虑的。同一个开发团队的不同成员可以分别使用 VB、VC++、C#语言工作，最后在 Visual Studio 2010 中统一集成为完整的系统工作。

传统的 Visual Basic 开发人员已经建立了同步应用程序，在这些程序中事务按顺序执行。尽管由于多个事务可以同时运行使多线程应用程序效率更高，但是使用先前版本的 Visual Basic 很难建立这类程序。

多线程程序是可行的，因为操作系统是多任务的，它有模拟同一时刻运行多个应用程序的能力。尽管多数个人计算机只有一个处理器，但是现在的操作系统还是可以通过在多个执行代码片断之间划分处理器时间以实现多任务。线程可能是整个应用程序，但通常是应用程序可以单独运行的一个部分。操作系统根据线程的优先级和离最近运行的时间长短给每一个线程分配处理时间。多线程对于时间密集型事务(例如文件输入输出)应用程序的性能有很大的提高。

.NET 框架组件为开发多线程应用程序，在 System.Threading 名字空间中提供了全面的支持。

以下为.NET 编程实例，分别以单线程和多线程运行一个耗时的计算，代码如下：

```
Delegate Sub save_text1MethodDelegate(ByVal [text] As String)    REM:声明委托
Dim save_text1 As New save_text1MethodDelegate(Addressof display_data1)
Delegate Sub save_text2MethodDelegate(ByVal [text] As String)    REM:声明委托
Dim save_text2 As New save_text1MethodDelegate(Addressof display_data2)
Private Sub display_data1(ByVal str As String)
```

```
        ListBox1.Items.Add("Iterations:"+str)
    End Sub
    Private Sub display_data2(ByVal str As String)
        ListBox2.Items.Add("Iterations:"+str)
    End Sub
    Private Sub Button4_Click(sender As System.Object,e As System.EventArgs) Handles Button4.Click                    REM:单线程开始
        Dim i As Integer=1
        Do While True
            ListBox1.Invoke(save_text1,i.ToString)
            i+=1
            ToolStripStatusLabel1.Text=i.ToString
            If i>20000 Then
              Exit Do
            End If
        Loop
    End Sub
    Private Sub Button5_Click(sender As System.Object,e As System.EventArgs) Handles Button5.Click                    REM:多线程开始
        t2=New Thread(Addressof Me.BackgroundProcess2)
        t2.Start()
    End Sub
    Private Sub BackgroundProcess2()
        Dim i As Integer=1
        Do While True
          ListBox2.Invoke(save_text2,i.ToString)
          i+=1
        Loop
    End Sub
```

运行程序后,可以发现:单线程在运行耗时计算的代码时,机器变得非常卡,几乎不能做其他的任何工作,只有等待该代码执行完成后,才能重新做下一个工作。而多线程则不然,在运行同一段代码时,仍然可以做其他工作,也就是可以同时进行多项工作。所以多线程编程在开发交通信息综合应用平台时,非常有用,特别是对于实时采集数据、处理数据、存储数据、显示数据等多项工作并存时显得尤为重要。

1.2.2　数学工具及系统建模

在交通信息处理过程中会有很多的数学分析、计算、绘图、系统的建模、仿真等工作。通常比较简单的数学计算、画图等可以直接采用编程语言中的自带数学工具进行,例如 VB 中常见的数学函数及使用如下:

```
Function Sec(X) As Double            REM:正割
    Sec=1/Cos(Angle)
End Function
Function Csc(X) As Double            REM:余割
    Csc=1/Sin(Angle)
End Function
Function Cot(X) As Double            REM:余切
    Cot=1/Tan(Angle)
End Function
Function ArcSin(X) As Double         REM:反正弦
    ArcSin=Atn(X/Sqr(-X * X+1))
End Function
Function ArcCos(X) As Double         REM:反余弦
    ArcCos=Atn(-X/Sqr(-X * X+1))+2 * Atn(1)
End Function
Function ArcSec(X) As Double         REM:反正割
    ArcSec=Atn(X/Sqr(X * X-1))+Sgn((X)-1) * (2 * Atn(1))
End Function
Function ArcCsc(X) As Double         REM:反余割
    ArcCsc=Atn(X/Sqr(X * X-1))+(Sgn(X)-1) * (2 * Atn(1))
End Function
Function ArcCot(X) As Double         REM:反余切
    ArcCot=Atn(X)+2 * Atn(1)
End Function
Function HSin(X) As Double           REM:双曲正弦
    HSin=(Exp(X)-Exp(-X))/2
End Function
Function HCos(X) As Double           REM:双曲余弦
    HCos=(Exp(X)+Exp(-X))/2
End Function
Function HTan(X) As Double           REM:双曲正切
    HTan=(Exp(X)-Exp(-X))/(Exp(X)+Exp(-X))
End Function
Function HSec(X) As Double           REM:双曲正割
    HSec=2/(Exp(X)+Exp(-X))
End Function
Function HCsc(X) As Double           REM:双曲余割
    HCsc=2/(Exp(X)-Exp(-X))
End Function
```

```
Function HCot(X) As Double          REM:双曲余切
    HCot=(Exp(X)+Exp(-X))/(Exp(X)-Exp(-X))
End Function
Function HArcsin(X) As Double       REM:反双曲正弦
    HArcsin=Log(X+Sqr(X*X+1))
End Function
Function HArccos(X) As Double       REM:反双曲余弦
    HArccos=Log(X+Sqr(X*X-1))
End Function
Function HArctan(X) As Double       REM:反双曲正切
    HArctan=Log((1+X)/(1-X))/2
End Function
Function HArcsec(X) As Double       REM:反双曲正割
    HArcsec=Log((Sqr(-X*X+1)+1)/X)
End Function
Function HArccsc(X) As Double       REM:反双曲余割
    HArccsc=Log((Sgn(X)*Sqr(X*X+1)+1)/X)
End Function
Function HArccot(X) As Double       REM:反双曲余切
    HArccot=Log((X+1)/(X-1))/2
End Function
Function LogN(N, X)                 REM:以 N 为底的对数
    LogN=Log(X)/Log(N)
End Function
```

如果只是将数学分析后的结果以图表的形式显示出来的话，Visual Studio 2010 提供的 Chart 控件就可以胜任。

更为复杂的数学计算、绘图等，就需要专业的数学工具如 MATLAB 等软件进行。关于 MATLAB 的使用参见 2.1 节的相关内容。

1.2.3 信息的采集技术

交通信息的采集主要借助于传感器自动完成，现代航海仪器就是其中的主要传感器。雷达可以采集船舶周围的目标船舶信息及岸线、岛屿等信息；测深仪可以采集水下深度信息；水文、气象仪可以采集环境信息；AIS 可以采集目标船舶的识别信息，实现船与船、船与岸的信息交换；卫星定位仪可以采集用户的位置信息；罗经可以采集船舶的航向信息；计程仪可以采集船舶的航速信息；VDR 可以采集船舶航行信息；RFID 可以读取某些特定信息；无线传感器可以获取船舶舱室里的货物、环境信息等。

为满足海事产品的通用性要求，国际电工联合会(IEC)制定了 IEC 61162 标准，强制规定了 AIS 等电子产品间的数据格式和接口电平，使其能方便地与其他海事电子设备互联互通。

交通信息的采集技术，通常借助于计算机接口技术、网络技术，遵循 NMEA 0183 协议，使用 RS232、RS422、RS485 与 RJ45 等接口及 CAN 总线，在计算机开发软件平台中调用 COMM 控件、MScomm 控件编程实现。具体实例参考第 3 章“交通信息采集”的相关内容。

1.2.4　信息的处理与分析技术

采集到的信息数据需要处理之后才能使用，最典型的例子是 AIS 信息的使用。由于 AIS 通信机制的原因，AIS 采用暗码发送，采集得到的数据根本无法直接使用，必须经过解码处理之后才能得到所需的有效信息，可以通过计算机编程来实现 AIS 信息的解码。

提取有用信息进行相关分析，如船舶交通流量的分析，可以编写专用的计算机程序，对获得的船舶航行信息进行分类、计算、画图等，直接给出分析结果，使使用者分析交通流量时能够一目了然。

数据挖掘：有些信息从数据表面是直接看不到的，隐含在某些信息的深处，但是通过深入分析之后可以发现。比如船舶的船首向信息 HDG、航迹向信息 COG，表面上只显示船舶的航向信息，但是如果将两者进行矢量和的处理之后就可以挖掘出风、流压差的信息来。

数据清洗：从某些传感器得到的数据是无法使用的，必须把它剔除。比如船名空缺、船速超出正常船舶的速度范围，有些传感器没有连接到设备上，出现“not available”的字符等。剔除的方法有：人工直接去掉、利用计算机编程后自动过滤掉。

数据压缩：数据压缩是指在不丢失有用信息的前提下，缩减数据量以减少存储空间，提高其传输、存储和处理效率，或按照一定的算法对数据进行重新组织，减少数据的冗余和存储的空间的一种技术方法。数据压缩包括有损压缩和无损压缩。

在计算机科学和信息论中，数据压缩或者源编码是按照特定的编码机制用比未经编码少的数据位元（或者其他信息相关的单位）表示信息的过程。例如，如果我们将“Information”编码为“Info”，那么这篇文章可以用较少的数据位表示。一种流行的压缩实例是许多计算机都在使用的 ZIP 文件格式，它不仅仅提供了压缩的功能，而且还作为归档工具（Archiver）使用，能够将许多文件存储到同一个文件中。

对于任何形式的通信来说，只有当信息的发送方和接收方都能够理解编码机制的时候压缩数据通信才能够工作。例如，AIS 采用暗码发送，接收方由于知道解码的规律，因此可以解析出完整的船舶信息。同样，只有当接收方知道编码方法的时候他才能够理解压缩数据。一些压缩算法利用了这个特性，在压缩过程中对数据进行加密，例如利用密码加密，以保证只有得到授权的一方才能正确地得到数据。

数据聚类：数据聚类是对于静态数据分析的一门技术，在许多领域得到广泛应用，包括机器学习、数据挖掘、模式识别、图像分析以及生物信息。

聚类是把相似的对象通过静态分类的方法分成不同的组别或者更多的子集（subset），这样让在同一个子集中的成员对象都有相似的一些属性。

聚类（clustering）是指根据“物以类聚”原理，将本身没有类别的样本聚集成不同的组，这样的一组数据对象的集合叫作簇，并且对每一个这样的簇进行描述的过程。同一个簇的样本之间应该彼此相似，而不同簇的样本应该足够不相似。与分类规则不同，进行聚类前并不知道将要划分成几个组和什么样的组，也不知道根据哪些空间区分规则来定义组。其目的在于发现空间实体的属性间的函数关系，挖掘的知识用以属性名为变量的数学方程来表示。聚类技术正在蓬勃发展，涉及范围包括数据挖掘、统计学、机器学习、空间数据库技术、生物学以及市场营销等领域，聚类分析已经成为数据挖掘研究领域中一个非常活跃的研究课题。常见的聚类算法包括：K-均值聚类算法、K-中心点聚类算法、CLARANS、BIRCH、CLIQUE、DBSCAN 等。

数据压缩、数据聚类、信息处理、信息传输的具体实例参见第 4 章相关内容。

1.2.5 信息的存储技术

采集到的信息必须保存起来，以便事后进行分析使用；或者信息处理、分析完毕后进行有效保存。计算机数据库技术是保存信息数据的最有效的方法，通过计算机编程，将信息保存起来的方法有很多，具体采用哪种方法取决于应用的需要。如果只是纯粹的保存数据，可以使用 txt 文档保存，简单实用。如果既需要保存又需要使用图表分析可以使用 Excel 表格保存。假如需要对数据进行查询、分类保存的话，使用 Access 数据库保存。由于 txt 文件是 Windows 系统自带的软件，Excel、Access 是 Microsoft office 自带的软件，因此，无须专门安装以上软件就可以实现数据的保存工作。

但是如果需要通过网络远程保存或者读取数据，那么 SQL 是非常有用的数据库。通常可以选择安装 SQL Server，该数据库可以组织管理任何数据，可以将结构化、半结构化和非结构化文档的数据直接存储到数据库中，可以对数据进行查询、搜索、同步、报告和分析之类的操作。数据可以存储在各种设备上，从数据中心最大的服务器一直到桌面计算机和移动设备，它都可以控制数据而不用管数据存储在哪里。

在交通信息综合应用平台中，SQL Server 数据库存放于服务器中，便于各客户端方便地访问数据库，存储、调用数据。有关信息的存储实例参考第 5 章的相关内容。

1.2.6 信息的显示技术

经过采集、处理后的信息，必须显示出来，才能方便使用者直观地使用，常用的显示方式有以下几种：

(1)文本显示

将存储到 txt 文本中的信息，直接打开显示，不需要做任何加工处理。

也可以通过计算机编程技术，将 txt 文本文件中的信息读取，通过设计一定的界面，有选择性地显示应用信息。

同样也可以通过计算机编程技术，开发实用的应用软件来访问数据库，提取、查询、修改、删除某些信息数据，显示最终处理结果。

(2)图表显示

通过计算机编程技术，开发实用的应用软件将存储在 txt 文本、数据库中的数据，经过一定的处理之后，以图形化的形式显示出来，直观地观测处理结果。

(3)可视化显示

在交通信息工程与控制中，通常使用最多的是在电子海图上把信息可视化地显示出来。

电子海图在交通信息应用中是必不可少的。如：带电子海图的 GPS 设备、AIS 信息的最终显示、综合船桥系统等。电子海图显示与信息系统（Electronic Chart Display and Information System，ECDIS）是基于地理信息系统（Geographic Information System，GIS）开发出来的，被认为是继雷达/ARPA之后在船舶导航方面又一项伟大的技术革命。随着电子海图系统在船舶上的逐步普及，它已发展成为一种新型的船舶导航系统和辅助决策系统，它不仅能连续给出船位，还能提供和综合与航海有关的各种信息，所以电子海图是显示信息的最佳平台。电子海图显示的实例参见第6章相关内容。

1.3 交通信息应用系统

现代交通信息的应用方法很多，一般不再是孤立地对某种交通信息进行处理后使用，而是在系统中对大量信息进行挖掘应用，这既是高效率、多功能、全面地利用信息的一种表现，也是现代科学技术，特别是计算机技术、网络通信技术、数据库技术发展的必然。

所谓系统是由客观世界中实体与实体间的相互作用和相互依赖关系构成的具有某种特定功能的有机整体。

而交通信息应用系统是指从某些传感器设备、特殊渠道获得并提取有用的关于交通的信息(数据)并加以处理、存储、显示等，为广大用户进行某种特定功能服务的有机整体。常见的交通信息应用系统包括以下几种：

自动定位系统：利用各种定位系统为本船提供实时的、高精度的船位，同时在电子海图上显示出本船的位置。

自动避航系统：保障本船避开水面上的船舶等目标及水面下的障碍物，可以使用电子海图中的空间分析函数来实现某些功能并在电子海图上得到监控。

船舶交通服务系统VTS：这是一个港口交通管理和服务系统，在船舶的起始港和目的港都将为电子海图上显示的船舶提供导航服务。

自动识别系统AIS：在港口提供船与岸之间的信息交流平台、在航行中提供船与船之间的信息交流平台，各种AIS信息都是在电子海图上显示的。

船载航行数据记录仪VDR：将本船的各种导航信息记录下来，为海事事故提供分析依据，可以在电子海图上重放船舶航行历史轨迹。

电子海图显示与信息系统：是船舶自动化时期的核心内容，作为交通信息应用系统的终端设备，显示各种导航信息。

组合导航系统：数据定位、数据航行、数据操舵、数据配载以及导航控制台等多个子系统组成的数据驾驶台，它除了执行导航功能外，还可以处理船舶的避碰信息、天文数据、海图绘制及燃料消耗等。

船舶集成驾驶台：现有的各种设备的组合，进行信息的综合显示以及简单的航行管理。电子海图是整个系统的图形界面。

下面就以船舶交通服务系统(Vessel Traffic Service，VTS)为例，说明交通信息应用系统的功能及硬件组成。

IMO《VTS指南》给出了VTS的定义："VTS是主管机关为了增进船舶交通安全和效率及保护环境所设立的一种设施，它应有能力与VTS区域中的船舶交通相互作用，并对船舶交通发展做出反应。"船舶交通服务系统的主要功能有：

1)数据收集

数据收集是VTS系统进行水上安全监督工作的首要任务，只有了解和掌握所管辖水域的交通形势，广泛地收集各种有关数据或信息，才能做出正确的决策。为此，应充分利用现代装备的优势全面准确及时地收集各种信息。所需的数据可取自水文气象传感器、雷达、VHF、闭路电视、视觉瞭望、AIS、与 VTS 相连的数据库以及网络数据库等。

2）数据评估

VTS 中心收集到上述数据之后，更为重要的是对信息进行分析、处理、评估，以便交管人员正确地实施交通管理。数据评估包括以下各项：

（1）监视船舶执行与遵守国际、国家及地方规则的情况；

（2）说明整个交通情况及其发展趋势，对当时的局面及危险作出充分的估计与判断；

（3）监测航道情况（如气象、水文、助航设施等）；

（4）协调信息流并向 VTS 参加者和有关机构分送有关信息；

（5）搜集统计有用的信息。

3）信息服务

通过对 VTS 服务区域内海上形势的综合了解，获得关于所有参与船舶及其意图的充分信息，例如航道情况、交通形势、VTS 区域信息等，形成一个全面的交通图像，通过该图像能够评估形势、有根据地进行决策、提供信息或对发展中的交通形势做出反应。信息提供可以通过有规律的信息广播、应船舶要求或 VTS 认为必要时进行。

4）助航服务

在船舶航行困难、恶劣气象、船舶存在缺陷等的情况下，应船舶要求或 VTS 认为必要时，VTS 将对船舶提供助航服务。在提供助航服务时，VTS 通过以下方式参与船上的决策：提供关于船舶航向、航速的信息；提供与航路中心线或航路点相关的位置信息；提供关于周围船舶位置、身份和意图的信息；提供与航迹和航线有关的建议以及防止碰撞和搁浅的建议等。

5）交通组织服务

为了防止危险形势的发展，以及为了确保 VTS 区域内交通安全、有效率地流动，VTS 对覆盖区域内的船舶进行交通组织。它涉及船的动态的提前计划和水域空间管理，特别是交通拥挤时或特殊运输动态影响其他交通流时。交通监控、执行管理规章制度、通信条件和受影响对象的预期是交通组织的必要因素。交通组织制度的成功实施要求建立相应的规则、良好的通信、所有相关船舶的有效识别和精确的定位。

6）支持联合行动

支持联合行动是 VTS 的一个辅助功能。支持联合行动并不是直接对船舶实施交通管理，而是与其他海上交通管理部门密切配合，特别是在通信联系、传达信息和现场指挥等方面，共同完成某项旨在保证航行安全、提高交通效率或保护环境免受污染的联合行动。支持联合行动在船舶通航存在危险或发生事故时尤其重要。支持联合行动可包括：

（1）协调信息流并向 VTS 参加者和有关机构分送有关信息；

（2）支持 VTS 主管机关各方如引航、港口、海上安全、污染防止与控制、搜索或救助部门的联合行动；

（3）请求救助与应急部门采取行动，在适当的时间参与这些部门的行动。

VTS 的作用，还体现在船舶需求的落实上。驾引人员对 VTS 的关键需求为：一是自己难以掌握的不可见视距的航道动态信息，特别是前方要经过的浅险弯曲狭窄航道的船舶流量、港口进出港动态、锚泊锚地的锚位情况等，尤其是大型船舶、困难作业船舶顺流航行要避免进入船舶密集区交会，以免形成紧迫局面或造成事故；二是雾季和雷暴雨时的航道视距信息，长江多雾且各区段视距不一，雷暴雨又难以预料，VTS应及时通报信息，组织船舶择地锚泊，要避免船舶闯入雾区和雷雨区；三是在不良气候条件、船舶雷达故障和船舶航行困难情况下能提供助航服务；四是紧急处理和快速反应，当船舶突遇车舵失灵、搁浅触礁、碰撞火灾、船员急病等情况时，能快速反应、紧急处理，组织船舶交通和救助力量，把海难损失降到最低；五是安全警示与事故预防，遇船舶航路错误、锚泊走锚、违章追越、超速航行、形成碰撞危险局面等情况，能及时劝告、警示并提出建议，纠正违章和避免事故；六是为海事分析和事故调查提供现场佐证记录，分析原因，吸取教训等。

一个最简单的VTS系统由一部雷达和一台VHF无线电话组成。使用者利用雷达或者目视获取船舶有关信息，用VHF无线电话向船舶提供有关方面信息或建议，这种简单的VTS系统现在仍在一些小型港口使用。这里以一种较先进的大型港口VTS系统组成为例介绍系统的硬件设备，如图1-2所示。

1)港口雷达子系统

港口雷达是VTS系统中的重要组成部分，它能在夜间、雾天及各种不良气象条件下监视管辖区内各种目标，其作用距离大于视觉观察距离。如果管辖区域较大，还可以根据不同要求配置同一波段或不同波段的数台雷达，组成一个雷达链覆盖整个管辖水域。一般而论专门设计制造的港口雷达具有良好的性能指标，但设备单价较高。有些简单的VTS系统也可采用性能较好的船用雷达代替。

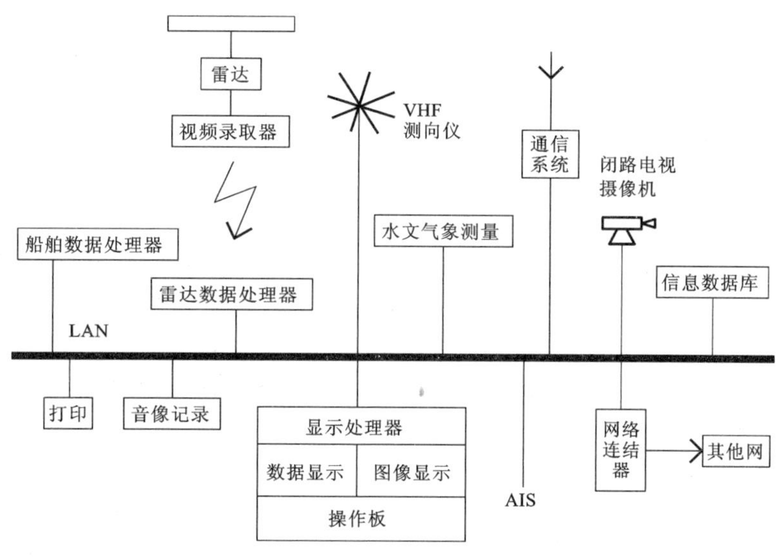

图1-2 VTS系统组成框图

雷达链内中心站外的各雷达站一般都是无人工作站，雷达的工作状态和故障都通过遥控、遥测设备由VTS中心工作人员监控。

系统无人站内雷达可带扩展视频录取器，它能有效地消除雷达原始视频的各种干扰，然后进行数字处理，以便通过窄带波段通信线路或电话线路传输其图像信息。扩展视频录取器还可以为每个目标提供一份包括目标位置、大小、长度、宽度、航向和回波强度的“目标报告”。

2)闭路电视子系统

低照度闭路电视能在白天或光线较弱的条件下,监视管辖区内各种目标的动态,可以直观方便地对现场进行监督管理。电视摄像头可安装在中心站,通过同轴电缆传输图像信息;也可以分设在管辖区的多个不同位置,利用无线方式传输图像信息。电视摄像头可根据不同需要选择固定式、旋转式和变焦式,其旋转和变焦均可按管理人员的意愿遥控操作。

3)图像传输子系统

监视雷达的图像和闭路电视的图像,需要传输到 VTS 中心,可以通过同轴电缆、光缆和微波等进行图像的实时传输;也可以通过普通电话线路每隔一定时间传送静止图像进行非实时传输。由于港区地形复杂、工业设施密集、各种建筑物众多,敷设电缆、光缆工程浩大,建设投资及建成后的维修费用较大,所以通常都采用微波传输。

4)数据处理子系统

(1)雷达数据处理装置

雷达数据处理装置把雷达站送来的原始视频或数字视频信号进行处理,自动或手动录取并自动跟踪目标,计算出目标的距离、方位、航向、航速、CPA、TCPA。还能对船舶互相碰撞的可能性、是否偏离航线、有无触浅危险等进行计算,对危险目标发出警报。此外,雷达数据处理装置还能实现多雷达组合跟踪、识别保护、被遮挡目标与重像回波的跟踪识别。

有一些较简单的 VTS 系统为节省经费,使用 ARPA 实现雷达数据处理。

(2)船舶数据处理装置

船舶数据处理装置通过其数据采集器收集各种计划信息(如航行计划、港口作业计划、领航计划、搜救行动、抛锚点等)和现场信息(如船舶运行情况、交通情况、气象水文等)通过计算机进行计算或船舶交通模拟,得出船舶运行强度、密度数据,制定船舶动态报告,预测船舶会遇、追越和船位,编制各种统计分析表格等。

各种处理器、显示工作站与局域网(LAN)连接,提高了系统的可靠性和恢复性,有利于从相关台站和其他网络中获取信息,也便于系统进一步的扩展。

5)显示设备

VTS 系统显示设备有雷达显示器、闭路电视显示器、数据显示器和维修显示器。雷达显示器除了显示管辖区的雷达图像、各种目标的运行参数和避碰参数外,还可以显示管辖区的电子海图、AIS 信息。显示内容可以由操作人员根据需要切换或改变比例。

目前显示器都采用光栅扫描、高亮度彩色 TV 显示。有些 VTS 中心还采用大屏幕显示设备显示各种信息。

6)通信子系统

通信联络是船舶交通管理必不可少的手段。VTS 系统中,中心站与船舶之间、各分站之间的通信联系都必须使用各种通信设备。其中最重要的是建立一个高质量、高可靠的 VHF 通信网,除此之外还可利用高频、中频通信,传真和电话等通信手段作为补充。

7)船舶自动识别系统

在船舶交通管理系统中,对船舶进行识别是进行跟踪和数据处理的前提,可利用高精度的甚高频无线电测向仪(VHF/DF)对船舶进行识别。当船舶进行甚高频无线电通话时,无线电测向仪测得该船的方向,经处理后在 VTS 中心的雷达显示器上显示一条通过中心站的电子方位线,以便操作人员识别该船。

另外也可以使用雷达应答器和无线电应答器进行识别。应当指出的是,这种识别方式对于没有装备相应应答器的船舶是无效的。

近期VTS中引入了AIS之后,由于AIS的特点使得VTS对管辖区内船舶的识别问题取得了突破性的进展。

AIS可以实现船舶进入VTS监控区域后自动向交管中心传输包括船位、航向、航速、船名、呼号、吨位、种类、注册港、航次计划等静态和动态信息。

由于AIS是自动传输,信息准确、及时,避免了传统方式可能出现的不报、误报、漏报,保证VTS获得准确的第一手信息,从而非常容易实现对船舶的识别。

8)操作子系统

一些大型VTS中心都有按人体工程原则设计的控制台,控制台上装备各种显示器和操作键盘,以便控制各子系统的工作状况,切换各种图像及数据显示。

9)其他设备

VTS系统还设置有水文气象探测设备,收集辖区内的潮汐、水流、水深、风速、风向、能见度等资料;设置音像记录设备,记录下现场的图像和通信联络情况备查;设置航标,通信信号牌,航行公告牌,使用监督艇进行管理等。

介绍交通信息应用系统开发技术的一个实例参见第7章"船舶自动识别系统及应用平台"的相关内容。

1.4 交通信息技术的发展

交通信息领域的研究内容是朝着学科交叉、知识融合、技术渗透的方向发展;研究的技术基础是计算机技术、数学知识和专业知识;交通信息应用是集计算机接口技术、无线电通信技术、网络技术、数据库技术、地理信息显示技术等综合技术于一体的集成化、网络化系统。

未来交通信息在水上运输领域的应用将朝着设备集成化、信息网络化的方向发展,进入2006年以来,国际海事组织(IMO)秘书长在多个场合表述和强调了一个海事新概念"e-航海(e-NAVIGATION)"。在未来的若干年里,在IMO的引领发展下,这一概念将逐渐由抽象变得具体,最终形成一种新的技术手段和航海环境,以促进"航行更安全,海洋更清洁,航行更便捷"目标的实现。

2006年5月初,在IMO的第81次海安会(MSC81)上,日本、马绍尔群岛、荷兰、挪威、新加坡、英国和美国提交了一份议案:《e-航海战略的发展》,提议在海安会的航行安全分委会(NAV)、通信与搜救分委会(COMSAR)的工作计划中增加一项优先项目"制定e-航海发展战略"。MSC81采纳了该提议,并要求两个分委会在2008年之前完成。

1.4.1 e-航海概念提出的背景

在过去的一两百年间,航海技术有了巨大的发展,雷达、电罗经、GPS、电子海图和显示系统(ECDIS)等的相继出现,在很大程度上改变了航海的原有概念,航海者对船舶及周边环境的掌控力大大提高,航行安全有了更高的技术手段上的保障。

岸上的航海支持系统——助、导航设施,也有着相当大的变化。

传统的安全助、导航设施——灯塔、浮标、雷达应答器等助航标志，在世界范围内制式得到了统一，配布逐步完善，可靠性持续提高，形成了基本的航海保障基础。

同时，一些新一代的基于信息技术的岸基助、导航技术手段不断出现和发展，如船舶交通服务（VTS）、船舶自动识别系统（AIS）、船位报告系统、船舶跟踪和识别系统（LRIT）等，它们在很大程度上对原有的助、导航系统进行了补充和增强，构成了更为完善的航海保障基础。

这些技术工具是在不同的历史时期，逐渐地、独立地发展起来的，在增强航海安全水平可能性的同时，也使得值班驾驶人员的负担大大增加，而人员因素是目前造成事故发生的非常重要的因素。

船载设备越来越多，与岸上基础设施的标准不统一以及随之产生的船舶之间或船岸之间系统不兼容，信息难共享，操作上的复杂性，大大影响了航海者和管理者对这些安全设施、设备的使用热情和实际的使用效果。

航海者除了通过这些技术工具获取助航信息之外，还希望获得更多的一些有关港口、码头、航道的动态实时信息。

岸方也希望将一些情况及时告知船方，或从船方得到更多的有关船舶的信息。从对上述问题的分析，我们可以看到：

船舶之间、船岸之间有获取、交流更多信息的需求，这些信息对于提高船舶航行安全，提高港口、航道等水域管理效率具有直接的影响。

这些信息的获取，对于航海者而言，应是便利的，能减轻其目前的值班负担。将上述工具进行整合，形成船上的综合航海系统和岸上的综合航海管理系统，进而形成船-岸综合的航海系统，是实现上面两种需求的发展方向，参见图 1-3。

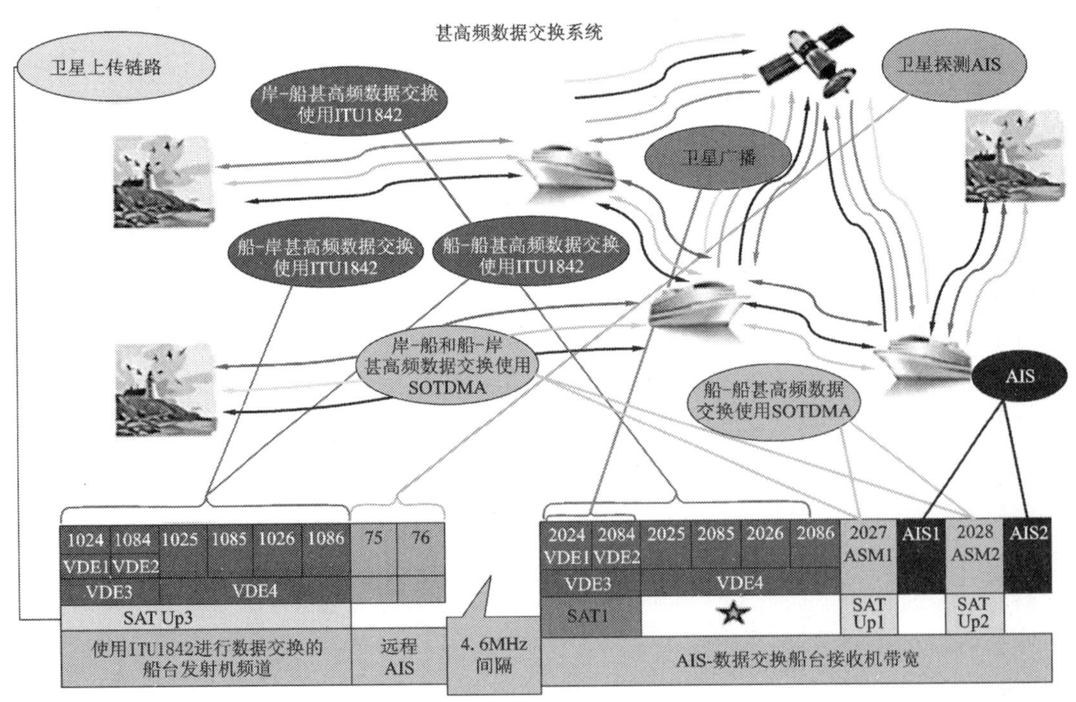

图 1-3　e-航海示意图

1.4.2 e-航海概念的定义

因为e-航海的概念尚处在发展的初期阶段,目前,对此还没有一个被广为接受和认可的定义。但国际航标协会(IALA)在2006年5月于上海召开的第十六届大会上提出的一个定义,反映了当前对此概念的基本认识:

e-航海就是通过电子的方式,在船上和岸上,收集、综合和显示海事信息,以增强船舶泊位到泊位的全程航行能力,增强相应的海上服务、安全和保安能力,以及海洋环境保护的能力。

1.4.3 e-航海概念的一些需要注意与解决的问题

要清晰了解和掌握在e-航海发展中涉及的用户、利益相关方以及它们的真实需求。

比如航海者需要能切实提高他们航海的安全、效率水平,工业界需要从中产生效益,而政府部门需要能在这两者间达到一种平衡,且能切实提高其监管能力。

在此基础上,来定义一个高效、经济、可靠,且具备一定安全(保安)水平的e-NAVIGATION系统的核心目标。

e-航海的本质特征,就是在于"e"。

这一技术概念的实现,是需要基础平台支撑的,如:

(1)为船舶航行的全部水域提供精确、全面、最新的电子海图是发展和实现e-航海最基本的要求;

(2)同时,电子海图需要结合精确可靠的电子定位信号,而这可以通过多重冗余予以实现,如目前现有的或即将投入应用的若干个系统的组合,如GPS、BEIDOU、GLONASS、GALILEO以及船载惯性导航设备;

(3)对船舶航线、航向、速度等操纵参数和其他一些船舶状况,如船舶识别号、乘客情况、货物种类和安全水平等,也需要实现电子化;

(4)有一套适用于所有船舶使用的标准通信文句等。

e-航海将涉及不同方向的信息传输,这些不同的传输方向包括:船到岸、岸到船、船到船、岸到岸。因此,e-航海的实现,要综合地、平衡地考虑到这些方向的信息收集的需求和实现的可能性。

e-航海涉及的所有信息的使用都必须简捷、方便,从而提高其使用效率。

(1)所有信息都应在岸上和船上,以一种清晰、准确而且界面友好的方式显示出来。

(2)信息不是越多越好,而是合适最好。因此,能够实现简单而有效地将信息进行排序,使航海者有信息选择的可能,也是一个重要的方面。

信息安全是另外一个关键问题。在这一点上,一要确保能阻止e-航海信息的恶意使用,二要防止信息被随意截取和破坏。

由于已经拥有了必需的核心和辅助技术,目前面临的主要挑战不是开发更多的独立的系统或技术,而是如何能有效地运用这些已有的技术,以简化将当地的航行环境显示给航海者的过程。

e-航海的设计要将船舶当班驾驶员从繁重的值班负担中解脱出来。同时,既要能够过滤掉那些不重要的信息,又不能让航海者由于过度信赖仪器和信息而被误导。

系统的设计要使航海者从中获得最合适的航行支持和信息，以提高和确保航海者能结合良好的船艺，作出适当和及时的航行和避碰决策的能力。

要充分认识到 e-NAVIGATION 发展过程中可能遇到的各种制约，如：

(1)现有的法律框架问题，如非 SOLAS 船舶；

(2)船长的职责权限将会受到的影响；

(3)电子海图的缺乏和昂贵；

(4)技术上的局限，如数据处理能力上的瓶颈；

(5)国内政策的限制，如国家安全等；

(6)是否能包括商业信息的交换等。

1.4.4 有关国际组织的“e-航海(e-NAVIGATION)”的实施计划

安全航行分委会(NAV)在 2006 年 7 月于伦敦召开的 52 次会议上组成了通信工作组，具体负责 e-航海发展战略的实施。该通信工作组由英国牵头，在 2007 年 53 次 NAV 会议前完成以下工作：

e-航海概念的目标、组成部分和限制的定义和范围；

e-航海战略愿景和政策构架的主要事宜和优先顺序；

e-航海战略愿景和政策构架未来发展可能产生的利益和碰到的障碍；

IMO 组织、成员国、其他一些有关组织以及工业界在此战略愿景和政策构架的进一步发展中的作用和角色；

此战略愿景和政策构架进一步发展的工作程序。

在 2012 年 58 次 NAV 会议上总结了已经完成的主要工作如下：

(1)完成总体架构(NAV55，NAV56)；

(2)完成用户需求分析(NAV56)；

(3)完成功能定义(NAV56)；

(4)完成差距分析(NAV58)；

(5)提出差距分析初步解决方案(NAV58)；

(6)提出海事信息服务组合的概念(NAV57 NAV58)；

(7)IHO S—100 标准作为创建电子航海数据访问和服务框架的基线(NAV58)。

逐步推进，逐渐清晰：通过服务的方式，满足需求，实现功能，推进整体战略。可以预见，未来的 e-NAVIGATION 是由一系列服务包组成的全球海事信息统一架构。

MSC95 会议对挪威等国的提案进行了审议，批准：

1)NCSR 分委会 2016—2017 双年计划和 NCSR 3 新增以下议题项目：

(1)修订后的综合航行系统(INS)性能标准新增模块，2017 年完成；

(2)修订后的船舶报告系统指南和标准[MSC.43(64)]，2017 年完成；

(3)通过通信设备接收的航行信息的协调显示指南，2017 年完成。

2)NCSR 分委会 2018—2019 计划中增加以下项目：

(1)S-mode 标准化操作模式指南，两届会议之内完成，NCSR 牵头；

(2)修订后形成 GMDSS(全球海上遇险与安全系统)部分的船载无线电设备通用要求和电子航行辅助与航行设备嵌入式完整性检测(BIIT)，两届会议之内完成，NCSR 牵头。

1.4.5 各国在“e-航海(e-NAVIGATION)”方面的一些实践情况

1.4.5.1 芬兰的COAST WATCH系统

芬兰的COAST WATCH系统，是将多个各自独立的区域性AIS、VTS、CCTV等系统整合到一个统一平台上，通过分级管理和大型数据库的支持，构建一个国家级的海上交通监控管理平台。

该系统本质上就是将上述已经建立的几个子系统进行整合。

获得的信息通过Internet等提供给引航、海岸警卫队、渔业监视、军事等用户。

同时，这些用户既是系统用户也是信息提供者，他们各自提供信息给COAST WATCH，在国家监控中心也可以得到他们需要的信息。

COAST WATCH系统可以充分利用现有VTS基站、AIS基站、CCTV、气象传感器、服务器、发射设施、链路等。

从上述对该系统的简要介绍可知，该系统总体上是一个监控系统，关注的重点是船到岸、岸到岸这两个方向的信息传输。

1.4.5.2 日本的电子航海支持系统(Electronic Navigation Support System)

该系统是日本海上保安厅开发的，是建立在电子海图、AIS之上的。

该系统将助航信息分成两类，即静态信息和动态信息，在船上安装基于电子海图的专用软件，同时将静态助航信息输入。

在船舶航行过程中，则通过AIS作为通信手段，跟随船舶的航行，点对点地将航行通告、实时水文气象等动态信息传输给船舶。

从该系统特征看，它是一个辅助导航系统，集成了管理信息、助航信息、水文信息，以AIS为信息传输手段，提供综合服务。

它的关注重点是岸到船这一方向的信息传输。

1.4.5.3 IMO在马六甲海峡做的试验项目——地区海上电子高速公路[Regional Marine Electronic Highway(MEH)]

2006年6月19日，世界银行和IMO达成协议，投资686万美金，开启“马六甲海峡海上电子高速公路示范项目”。该项目目标是将岸基海事信息以及海上环境信息和相应的船载助航设备进行综合，保证船舶和岸上管理机关获取充分的信息。

该系统是基于ECDIS和环境管理工具之上的。其实现的技术方式尚不很具体。

从上述项目目标看来，该项目重点关注了岸到船和岸到岸的信息传输和提供。

1.4.5.4 洋山港航海保障系统

系统的总体架构分为四个部分。高精度船舶导航靠泊系统、助导航信息服务系统、航海保障指挥调度监管系统以及数据采集系统，参见图1-4。

(1)高精度船舶导航靠泊系统利用北斗/GPS定位技术、CORS技术等获取并显示高精度的定位信息，帮助船舶安全、高效靠泊。

(2)助导航信息服务系统在此主要是指利用AIS将助导航信息发送给船载接收机。

(3)航海保障指挥调度监管系统通过防火墙等安全措施，采用集群、虚拟化等技术实现海量航海保障业务数据的采集、存储、处理，经过专门的网络，接入到航海保障指挥调度监管系统各应用子系统，或者通过互联网或专线接入各第三方应用。

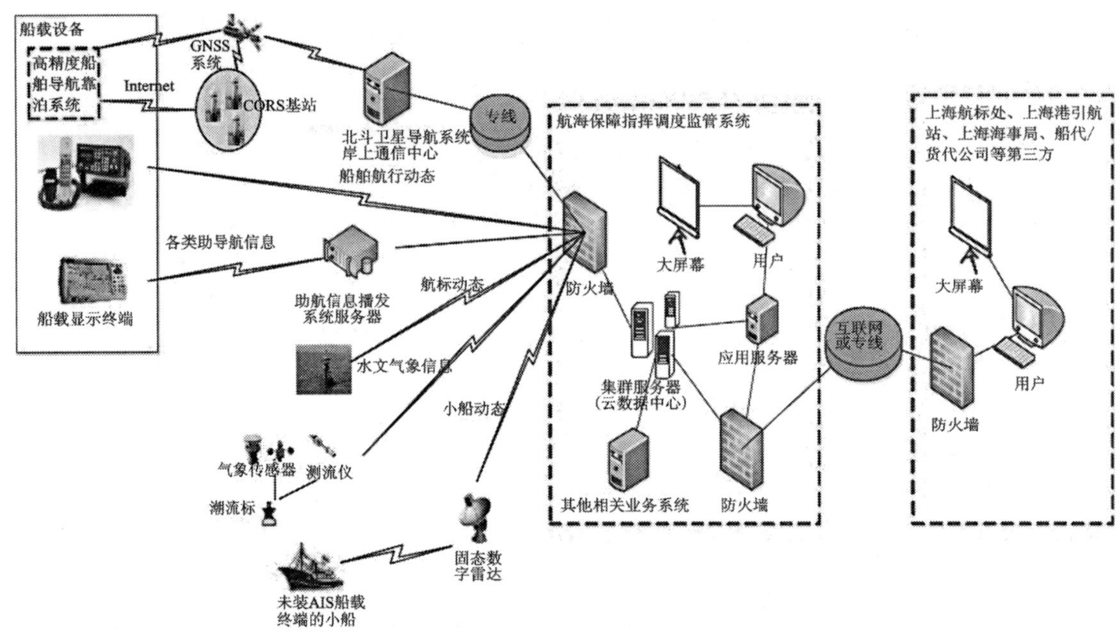

图 1-4　洋山港航海保障系统组成图

(4)数据采集系统包括测流仪、气象传感器、航标遥测遥控终端以及固态数字雷达等，分别采集潮流、气象信息、航标动态以及小型船舶或渔船动态。船-岸航行信息报告系统将船舶自身信息自动报告给岸基监管部门。

2 交通信息数学模型

2.1 MATLAB 数学工具

在交通信息处理过程中涉及很多数学模型、数学分析方法，本教材介绍一种功能强大、在研究领域广泛使用的数学工具——MATLAB。MATLAB 是集数值分析、矩阵运算、信号处理和图形显示于一体的高性能数学软件。在交通信息采集的基础上，对信息进行分析和处理，需要采用数学工具来完成，且将结果用曲线绘制出来以利于直观的图形化显示分析，而且还可以将数据分析和工程应用结合起来，在应用软件中调用数学模型，使研究工作更加高效、灵活、专业。与 MATLAB 有接口的常用的语言有 C 语言、VB、FORTRAN 等。在本节首先介绍专门用于数学分析的 MATLAB 语言基础，开发软件调用 MATLAB 的方法，具体应用实例等。

2.1.1 MATLAB 操作基础

MATLAB 语言是当今国际上科学界（尤其是自动控制领域）最具影响力，也是最有活力的语言。它起源于矩阵运算，并已经发展成一种高度集成的计算机语言。它提供了强大的科学运算、灵活的程序设计流程、高质量的图形可视化与界面设计、便捷的与其他程序和语言接口的功能。

2.1.1.1 MATLAB 概述

1）MATLAB 的主要功能

（1）数值计算

MATLAB 以矩阵作为数据操作的基本单位，还提供了十分丰富的数值计算函数。

（2）绘图功能

可以绘制二维、三维图形，还可以绘制特殊图形（与统计有关的图，例如：区域图、直方图、饼图、柱状图等）。

（3）编程语言

MATLAB 具有程序结构控制、函数调用、数据结构、输入输出、面向对象等程序语言特征，而且简单易学、编程效率高。

（4）MATLAB 工具箱

MATLAB 包含两部分内容：基本部分和各种可选的工具箱。

MATLAB 工具箱分为两大类：功能性工具箱和学科性工具箱。

2）MATLAB 语言的特点

（1）语言简洁紧凑，使用方便灵活，易学易用。

例如：A=[1 2 3;4 5 6;7 8 9]语句实现了对 3×3 矩阵的输入。

（2）语句功能强大，一条语句相当于其他语言的一个子程序，例如 fft。

(3)语句简单,内涵丰富。同一个函数有不同的输入变量和输出变量,分别代表不同的含义。

(4)MATLAB 既具有结构化的控制语句(if、for、while),又支持面向对象的程序设计。

(5)方便的绘图功能。

(6)包含功能强劲的工具箱。

(7)易于扩展。

3)初识 MATLAB

【例 2-1】 绘制正弦曲线和余弦曲线。

```
x=[0:0.5:360]*pi/180;
plot(x,sin(x),x,cos(x));
```

【例 2-2】 求方程 $3x^4+7x^3+9x^2-23=0$ 的全部根。

```
p=[3,7,9,0,-23];              %建立多项式系数向量
```

【例 2-3】 求积分。

```
quad('x.*log(1+x)',0,1)
```

【例 2-4】 求解线性方程组。

```
a=[2,-3,1;8,3,2;45,1,-9];b=[4;2;17];
x=inv(a)*b
```

2.1.1.2 MATLAB 的运行环境与安装

1)MATLAB 的运行环境

硬件环境:

(1)CPU;(2)内存;(3)硬盘;(4)CD-ROM 驱动器和鼠标。

软件环境:

(1)Windows 98/NT/2000 或 Windows XP;(2)其他软件根据需要选用。

2)MATLAB 的安装

运行系统的安装程序 setup.exe,可以按照安装提示依次操作。

2.1.1.3 MATLAB 集成环境

1)启动与退出 MATLAB 集成环境

(1)MATLAB 系统的启动

与一般的 Windows 程序一样,启动 MATLAB 系统有 3 种常见方法:

①使用 Windows"开始"菜单。

②运行 MATLAB 系统启动程序 MATLAB.exe。

③利用快捷方式。

当 MATLAB 安装完毕并首次启动时,展现在屏幕上的界面为 MATLAB 的默认界面,如图 2-1所示。

(2)MATLAB 系统的退出

要退出 MATLAB 系统,也有 3 种常见方法:

①在 MATLAB 主窗口 File 菜单中选择 Exit MATLAB 命令。

②在 MATLAB 命令窗口输入 Exit 或 Quit 命令。

③单击 MATLAB 主窗口的"关闭"按钮

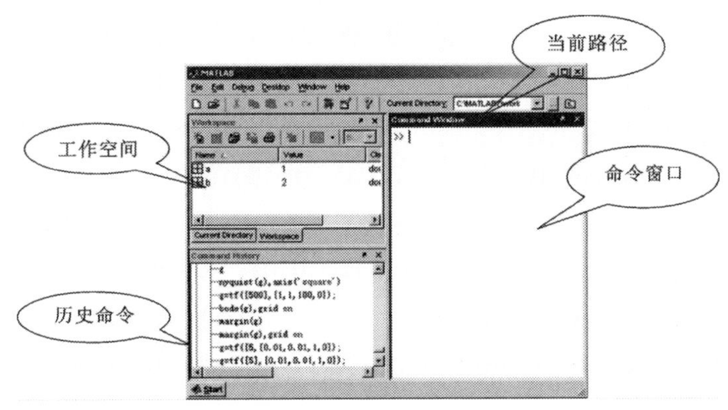

图 2-1 MATLAB 的默认界面

2)主窗口

MATLAB 主窗口是 MATLAB 的主要工作界面。主窗口除了嵌入一些子窗口外，还主要包括菜单栏和工具栏。

在 MATLAB 6.5 主窗口的菜单栏，共包含 File、Edit、View、Web、Window 和 Help 6 个菜单项。

①File 菜单项：实现有关文件的操作。

②Edit 菜单项：用于命令窗口的编辑操作。

③View 菜单项：用于设置 MATLAB 集成环境的显示方式。

④Web 菜单项：用于设置 MATLAB 的 Web 操作。

⑤Window 菜单项：主窗口菜单栏上的 Window 菜单，只包含一个子菜单 Close all，用于关闭所有打开的编辑器窗口，包括 M-file、Figure、Model 和 GUI 窗口。

⑥Help 菜单项：用于提供帮助信息。

3)命令窗口

命令窗口是 MATLAB 的主要交互窗口，用于输入命令并显示除图形以外的所有执行结果。

MATLAB 命令窗口中的"＞＞"为命令提示符，表示 MATLAB 正处于准备状态。在命令提示符后键入命令并按下回车键后，MATLAB 就会解释执行所输入的命令，并在命令后面给出计算结果。

一般来说，一个命令行输入一条命令，命令行以回车结束。但一个命令行也可以输入若干条命令，各命令之间以逗号分隔，若前一命令后带有分号，则逗号可以省略。例如 xx＝5，yy＝3 或者 xx＝5；yy＝3。

如果命令语句超过一行或者太长希望分行输入，则可以使用多行命令继续输入。

```
S=1-12+13+4+…
    9-4-18;
```

3 个小黑点称为续行符，即把下面的物理行看作该行的续行。

4)工作空间窗口

工作空间是 MATLAB 用于存储各种变量和结果的内存空间。在该窗口中显示工作空间中所有变量的名称、大小、字节数和变量类型说明，可对变量进行观察、编辑、保存和删除。

5)当前目录窗口和搜索路径

(1)当前目录窗口

当前目录是指 MATLAB 运行文件时的工作目录,只有在当前目录或搜索路径下的文件、函数才可以被运行或调用。

在当前目录窗口中可以显示或改变当前目录,还可以显示当前目录下的文件并提供搜索功能。将用户目录设置成当前目录也可使用 cd 命令。例如,将用户目录 c:\mydir 设置为当前目录,可在命令窗口输入命令:cd c:\mydir。

(2)MATLAB 的搜索路径

在 MATLAB 命令窗口输入一条命令后,MATLAB 按照一定次序寻找相关的文件。基本的搜索过程是:

①检查该命令是不是一个变量。

②检查该命令是不是一个内部函数。

③检查该命令是否是当前目录下的 M 文件。

④检查该命令是否是 MATLAB 搜索路径中其他目录下的 M 文件。

6)命令历史记录窗口

在默认设置下,历史记录窗口中会自动保留自安装起所有用过的命令的历史记录,并且还标明了使用时间,从而方便用户查询。而且,通过双击命令可进行历史命令的再运行。如果要清除这些历史记录,可以选择 Edit 菜单中的 Clear Command History 命令。

7)启动平台窗口和 Start 按钮

MATLAB 6.5 的启动平台窗口可以帮助用户方便地打开和调用 MATLAB 的各种程序、函数和帮助文件。

MATLAB 6.5 主窗口左下角还有一个 Start 按钮,单击该按钮会弹出一个菜单,选择其中的命令可以启用 MATLAB 产品的各种工具,并且可以查阅 MATLAB 包含的各种资源。

2.1.1.4 MATLAB 帮助系统

1)帮助窗口

进入帮助窗口可以通过以下 3 种方法:

(1)单击 MATLAB 主窗口工具栏中的 Help 按钮。

(2)在命令窗口中输入 helpwin、helpdesk 或 doc。

(3)选择 Help 菜单中的“MATLAB Help”选项。

2)帮助命令

MATLAB 帮助命令包括 help、lookfor 以及模糊查询。

(1)help 命令

①直接输入 help 命令将会显示当前帮助系统中所包含的所有项目;

②help 加函数名来显示该函数的帮助说明。

(2)lookfor 命令

help 命令只能搜索出那些关键字完全匹配的结果,lookfor 命令对搜索范围内的 M 文件进行关键字搜索,条件比较宽松。

lookfor 命令只对 M 文件的第一行进行关键字搜索。若在 lookfor 命令加上-all 选项,则可对 M 文件进行全文搜索。

(3)模糊查询

MATLAB 6.0 以上的版本提供了一种类似模糊查询的命令查询方法,用户只需要输入命令的前几个字母,然后按 Tab 键,系统就会列出所有以这几个字母开头的命令。

3)演示系统

在帮助窗口中选择演示系统(Demos)选项卡,然后在其中选择相应的演示模块,或者在命令窗口输入 Demos,或者选择主窗口 Help 菜单中的 Demos 子菜单,可打开演示系统。

2.1.2　MATLAB 的基本运算

2.1.2.1　MATLAB 的基本矩阵运算

1)简单矩阵输入

(1)命令行简单键盘输入

用于少量数据的输入。

(2)文件形式输入

文本文件:从文本文件中读入数据。

mat 文件:MATLAB 自有的数据格式。

2)语句生成矩阵

(1)线性等间距格式矩阵

①X=起始值:增加值:结束值;

②linspace 命令　a=linspace(1,10,5);

③logspace 命令　b=logspace(0,2,10)。

(2)矩阵连接

c=[a b];

生成矩阵的函数有 zeros、ones、eye、randn。

3)矩阵运算

(1)矩阵的运算符

+:加法;-:减法;*:乘法;/:右除;\:左除;^:乘方;.*:点乘;./:右点除;.\:左点除。

(2)矩阵的转置等运算

':共轭转置;.':转置。

inv:矩阵求逆;det:求行列式值;eig:求特征值与特征向量。

运算规则:从左到右;先乘除后加减;乘方运算符最高。

①两矩阵加减,前提是维数相同,进行加减运算时,对应的元素进行加减;

②矩阵与标量加减,矩阵中的每个元素都与标量进行加减运算;

③两矩阵相乘,前提是前一矩阵的列等于后一矩阵的行,与数学约定一样;

④矩阵与标量相乘,矩阵中的每个元素都与标量进行相乘;

⑤矩阵中的元素对元素的相乘:.*;矩阵中的元素对元素的相除:./,.\。

对于 z=x^y 运算,x、y 均为向量:z(i)=x(i)^y(i);

x 为向量,y 为标量:z(i)=x(i)^y;

x 为标量,y 为向量:z(i)=x^y(i)。

2.1.2.2　关系和逻辑运算

1)关系操作符

(1)MATLAB 常用的关系操作符有：

＜(小于)、＜＝(小于或等于)、＞(大于)、＞＝(大于或等于)、＝＝(等于)、~＝(不等于)。

(2)MATLAB 的关系操作符可以用来比较两个大小相同的数组，或者比较一个数组和一个标量。在与标量比较时，结果和数组大小一样。

(3)如果满足指定的关系，返回 1，否则返回 0。

```
>>a=1:9;
b=a>4
b=0    0    0    0    1    1    1    1    1
>>c=a(a>4)
c=5    6    7    8    9
```

2)逻辑操作符

(1)逻辑操作符定义了一种与或非的关系表达式。

MATLAB 的逻辑操作符有：&(与)、|(或)、~(非)。

(2)所有逻辑运算符连接的两个操作数或者同维、同大小，或者其中一个为标量。

(3)逻辑运算符都是对元素的操作，每个非零元素都当作“1”处理，逻辑运算的结果是由 1 和 0 构成的矩阵。

例如：

```
>>c=~(a>4)
c=1    1    1    1    0    0    0    0    0
>>c=(a>4)&(a<7)
c=0    0    0    0    1    1    0    0    0
```

与逻辑运算有关的函数：

(1)all(A)：c=all(x)，则

c=1，向量 x 中全为非零元素；

c=0，向量 x 中含有零元素。

(2)any(A)：c=any(x)，则

c=1，向量 x 中含有非零元素；

c=0，向量 x 中全为零元素。

2.1.2.3　矩阵操作

1)矩阵下标

(1)MATLAB 通过确认下标，可以对矩阵进行插入子块、提取子块、删除子块(删除某些行列)和重排子块的操作。

```
>>B=[1  2  3;4  5  6;7  8  9];
>>B(2,:)=[]
>>B=1  2  3
      7  8  9
```

(2)为了提取矩阵 a 的第 n 行、第 m 列的元素值,使用 a(n,m)可以得到。同样,将矩阵 a 的第 n 行、第 m 列的元素值赋为 r,使用 a(n,m)=r 这样的命令。

注意:在提取矩阵值时,行或列的值大于矩阵的大小,则出错;在给矩阵赋值时,如果行或者列超出矩阵的大小,则 MATLAB 自动扩充矩阵的规模,使得可以赋值,扩充部分以零填充。

(3)利用矩阵下标,MATLAB 还提供了子矩阵功能。同样是上面的 a(n,m),如果 n 和 m 是向量,而不是标量,则将获得指定矩阵的子块。

(4)同样,矩阵的子块还可以被赋值。如果在取子块时,n 或 m 是":",则返回指定的所有行或列。

(5)矩阵的序号编址:按列计数。

2)矩阵大小

在 MATLAB 命令行中,使用 whos 命令可以查看到所有变量的大小。

为了获得矩阵或者向量的大小,MATLAB 还提供了两个有用的函数 size 和 length。

size 按照下面的形式使用:[m,n]=size(a,x)。一般的,不使用参量 x 时:当只有一个输出变量时,size 返回一个行向量,第一个数为行数,第二个数为列数;如果有两个输出变量,第一个返回量为行数,第二个返回数为列数。当使用 x 时:x=1 返回行数,x=2 返回列数,这时只有一个返回值。

length 返回行数或者列数的最大值,即 length(a)=max(size(a))。

3)矩阵操作函数

MATLAB 提供了一组执行矩阵操作的函数,例如:flipud(a)使得矩阵上下翻转,fliplr(a)使得矩阵左右翻转。

4)矩阵查找和排序

(1)子矩阵的查找使用 find 命令完成,它返回关系表达式为真的下标。例如:

```
>>a=10:20;
>>find(a>15)
ans=
      7     8     9    10    11
```

(2)矩阵的排序使用 sort 函数,它将矩阵按照升序排列。

2.1.3 MATLAB 编程基础

2.1.3.1 MATLAB 程序设计

1)设置完整的路径

(1)对于用户程序中使用的文件名和变量名,系统按照以下顺序搜索:

①查找对象是否是工作空间的变量;

②查找对象是否是系统的内部函数;

③查找对象是否是在系统的当前目录下。

(2)路径设置的方法如下:

①在命令窗口下使用 cd 命令;

②在菜单栏下的 Current directory 下设置。

2)参数值要集中放在程序的开始部分,便于维护。

3)每行程序后输入分号,则执行程序行不会显示在屏幕上;如果不输入分号,则执行程序行会显示在屏幕上。

4)符号“%”后的内容是注释行。

5)如果语句在一行中放不下,则可以在行末键入三个点(…),指示下一行为续行。

6)遇到不明白的命令,多使用在线帮助命令或系统演示示例。

7)尽量使程序模块化,采用主程序调用子程序的方法,将所有子程序合并在一起来执行全部的操作。

2.1.3.2 MABLAB 程序的基本组成部分

1)%说明部分

2)清除命令(可选)

3)定义变量(局部变量和全局变量)

4)按照顺序行执行的命令语句

5)控制语句开始

  控制语句体

  ……

控制语句结束

6)其他命令(如绘图等)

2.1.3.3 MATLAB 的工作方式

1)交互式的指令操作方式。即用户在命令窗口中输入命令并按下回车键后,系统执行该指令并立即给出运算结果。

2)M 文件的编程方式。M 文件是由 MATLAB 语句构成的文件,且文件名必须以.m 为扩展名,如 ex.m。用户可以用任何文件编辑器来对 M 文件进行编辑。

MATLAB 语言编写的磁盘文件称为 M 文件,扩展名为 m,格式为 *.m,M 文件可以互相调用,也可以调用它自己。

(1)M 文件的分类

①底稿文件

对于简单的问题,在命令窗口的 MATLAB 提示符下,输入 MATLAB 的语句,这样可以快速有效地得到结果。

当问题比较复杂时,需要执行一系列语句,在 MATLAB 提示符下键入语句就变得很麻烦。对这个问题,MATLAB 提供了一种逻辑解决方案,允许用户把 MATLAB 命令放在一个简单的文本文件中,这些文件称为底稿文件。

②函数文件

a.格式:function [f1,f2,…]=fun(x,y,z,…)

其中 x,y,z,…是形式输入参数,f1,f2,…为返回的形式输出参数值,fun 为形式函数名,函数名一般就是这个函数文件的文件名。

b.文件前面几行由%开始的语句构成了 M 文件的帮助信息,当键入:

help 文件名

可得到文件的说明信息。(help 为在线帮助)

(2)函数文件和底稿文件的区别

①形式上,函数文件第一行必须包含关键字 function,且有函数名和输入输出形式参数,而底稿文件没有;

②函数文件可以传递参数,底稿文件不具备参数传递功能;

③函数文件中定义及使用的变量都是局部变量,只在本函数内有效,底稿文件中定义及使用的变量都是全局变量,在退出文件后仍有效。

2.1.3.4 程序流程控制

1)顺序结构:MATLAB 从上到下依次执行各语句,该结构最简单。

2)循环结构

(1)for-end 循环

用于循环次数事先确定的情况,格式为

```
for i=n:s:m      (初值:步长:终值)
  语句体
end
```

s 为步长,可以为正数、负数或小数。

说明:变量 x 通常称为循环变量。循环变量可以是一个数组。如果循环变量是数组,在 for 和 end 语句之间的{commands}按数组中的每一列执行一次。在每一次迭代中,x 被指定为数组的下一列,即在第 n 次循环中,x=array(:, n)。例如,

```
x=[0 2 3;4 7 9]
for a=x                      //把矩阵 x 的每一列元素依次赋给变量 a
  b=a+4
end
```

运行结果:

```
x=     0     2     3
       4     7     9
b=     4
       8
b=     6
      11
b=     7
      13
```

与 For 循环相关的其他规定如下:

①For 循环不能用 For 循环内重新赋值循环变量 n 来终止。

②For 循环可以嵌套。

③当有一个等效的数组方法来解给定的问题时,应避免用 For 循环。

例如:>>n=1:10;

>>x=sin(n*pi/10)

④为了得到最大的速度,在 For 循环(While 循环)被执行之前,应预先分配数组。例如,在 For 循环内每执行一次命令,变量 x 的大小增加 1。这将迫使 MATLAB 每通过一次

循环要花费时间对 x 分配更多的内存。为了消去这一步骤，For 循环的例子应重写为：

```
x=zeros(1,10);
>>for n=1:10
>>x(n)=sin(n*pi/10);
>>end
```

(2)while-end 循环

用于循环次数不能事先确定的情况，格式为

```
while 表达式
  语句体
end
```

只要表达式为真，就执行语句体，若表达式为假，则终止该循环。

说明：表达式可以是一个矩阵，且矩阵中的所有元素都为非 0 时，才执行循环体中的内容。如果表达式为一空矩阵，则循环体中的内容永远不会被执行。

注意：要想在任何时候终止循环(for 或 while 循环)，可利用 break 语句。

3)条件选择语句 if

格式为

```
if  表达式 1
  语句体
end
if  表达式 1
  语句体 1
elseif  表达式 2
  语句体 2
……
else
  语句体
end
```

如果在表达式中的所有元素为真(非零)，那么就执行 if 和 end 语言之间的语句体。

```
apples=10;              REM:number of apples
>>cost=apples*25        REM:cost of apples
  cost=250
>>if apples>5           REM:give 20% discount for larger purchases
  cost=(1-20/100)*cost;
  end
>>cost
  cost=200
```

4)switch 分支结构语句

格式为

```
switch  表达式 0
```

```
case 表达式 1 的值
  命令行 1
case 表达式 2 的值
  命令行 2
  ……
otherwise
  命令行 n
end
```

switch 语句可以根据一个变量或表达式的值执行特定的语句。先计算 switch 后边表达式 0 的值，然后检查 case 子句后面的值是否与表达式 0 的值相等，如表达式 1 的值与之相等，则执行命令行 1，否则继续检查第二个 case 子句，如果所有 case 子句的值都不等于表达式 0 的值，则执行 otherwise 后面的命令行 n。

在 switch 语句中，如果一个 case 条件满足，执行完这个 case 后，直接跳到 end 语句后面的语句，不再判断其他 case 语句。

5）return 语句

用来终止当前正在执行的函数中的命令，返回调用它的函数。

2.1.4 MATLAB 多项式计算

2.1.4.1 多项式

1）多项式的表示

MATLAB 中用按降幂排列的多项式系数组成的行向量表示多项式，如：p(x)＝x^3－2x－5 被表示为：

p＝[1 0 －2 －5]；

（1）多项式的加减运算

（2）多项式乘法运算

函数 conv(P1，P2)用于求多项式 P1 和 P2 的乘积。这里，P1、P2 是两个多项式系数向量。

（3）多项式除法运算

函数[Q，r]＝deconv(P1，P2)用于对多项式 P1 和 P2 做除法运算。其中 Q 返回多项式 P1 除以 P2 的商式，r 返回 P1 除以 P2 的余式。这里，Q 和 r 仍是多项式系数向量。

deconv 是 conv 的逆函数，即有 P1＝conv(P2，Q)＋r。

2）多项式的导数

对多项式求导数的函数是：

p＝polyder(A)：求多项式 A 的导函数。

p＝polyder(A，B)：求 A 与 B 积的导函数。

[p，q]＝polyder(A，B)：求 A/B 的导函数，导函数的分子存入 p，分母存入 q。

上述函数中，参数 A、B 是多项式的向量表示，结果 p、q 也是多项式的向量表示。

3）多项式的求值

有两种求多项式值的函数：polyval(P，x)与 polyvalm(P，x)。

两者的区别在于前者是代数多项式求值，而后者是矩阵多项式求值。

(1)代数多项式求值

polyval 函数用来求代数多项式的值,其调用格式为:Y=polyval(P,x)。

若 x 为一数值,则求多项式在该点的值;若 x 为向量或矩阵,则对向量或矩阵中的每个元素求其多项式的值。

(2)矩阵多项式求值

polyvalm 函数要求 x 为方阵,它以方阵为自变量求多项式的值。设 A 为方阵,P 代表多项式 x^3-5x^2+8,那么 polyvalm(P,A)的含义是:

```
A*A*A-5*A*A+8*eye(size(A))
```

而 polyval(P,A)的含义是:

```
A.*A.*A-5*A.*A+8*ones(size(A))
```

4)多项式求根

n 次多项式具有 n 个根,当然这些根可能是实根,也可能含有若干对共轭复根。MATLAB 提供的 roots 函数用于求多项式的全部根,其调用格式为:

```
x=roots(P)
```

其中 P 为多项式的系数向量,将求得的根赋给向量 x,即 x(1),x(2),…,x(n)分别代表多项式的 n 个根。注意:根被储存为列向量。例:求多项式 x^4+8x^3-10 的根。命令如下:

```
A=[1,8,0,0,-10];  x=roots(A)
```

若已知多项式的全部根,则可以用 poly 函数建立起该多项式,其调用格式为:

```
P=poly(x)
```

若 x 为具有 n 个元素的向量,则 poly(x)建立以 x 为其根的多项式,且将该多项式的系数赋给向量 P。

5)多项式拟合

p=polyfit(x,y,n):用最小二乘法对已知数据 x、y 进行拟合,以求得 n 阶多项式的系数向量;

[p,s]=polyfit(x,y,n):p 为返回的拟合后的多项式的系数向量,s 为使用函数 polyval 获得的错误预估计值。例如:

```
x=linspace(0,2*pi,100);
y=sin(x);
t=polyfit(x,y,6);
y1=polyval(t,x);
plot(x,y,'ro',x,y1,'b-')
```

2.1.4.2 数据插值

1)一维数据插值

MATLAB 中,实现一维数据插值的函数是 interp1,其调用格式为:Y1=interp1(X,Y,X1,'method')

函数根据 X、Y 的值,计算函数在 X1 处的值。X、Y 是两个等长的已知向量,分别描述采样点和样本值,X1 是一个向量或标量,描述欲插值的点,Y1 是一个与 X1 等长的插值结果。

method 是插值方法,允许的取值有:

(1)nearest 寻找最近数据点,由其得出函数值;

(2)linear 线性插值(该函数的默认方法);

(3)spline 样条插值,数据点处光滑;

(4)cubic 三次插值。

2)二维数据插值

在 MATLAB 中,提供了解决二维插值问题的函数 interp2,其调用格式为:

Z1=interp2(X,Y,Z,X1,Y1,'method')

其中 X,Y 是两个向量,分别描述两个参数的采样点;Z 是与参数采样点对应的函数值;X1、Y1 是两个向量或标量,描述欲插值的点;Z1 是根据相应的插值方法得到的插值结果。

(1)nearest 寻找最近数据点,由其得出函数值;

(2)linear 二维线性插值;

(3)cubic 二维三次插值。

2.1.5 MATLAB 统计函数

2.1.5.1 数据统计处理

1)最大值和最小值

MATLAB 提供的求数据序列的最大值和最小值的函数分别为 max 和 min,两个函数的调用格式和操作过程类似。

(1)求向量的最大值和最小值

求一个向量 X 的最大值的函数有两种调用格式,分别是:

①y=max(X):返回向量 X 的最大值存入 y,如果 X 中包含复数元素,则按模取最大值。

②[y,I]=max(X):返回向量 X 的最大值存入 y,最大值的序号存入 I,如果 X 中包含复数元素,则按模取最大值。

求向量 X 的最小值的函数是 min(X),用法和 max(X)完全相同。

(2)求矩阵的最大值和最小值

求矩阵 A 的最大值的函数有 3 种调用格式,分别是:

①max(A):返回一个行向量,向量的第 i 个元素是矩阵 A 的第 i 列上的最大值。

②[Y,U]=max(A):返回行向量 Y 和 U,Y 向量记录 A 的每列的最大值,U 向量记录每列最大值的行号。

③max(A,[],dim):dim 取 1 或 2。dim 取 1 时,该函数和 max(A)完全相同;dim 取 2 时,该函数返回一个列向量,其第 i 个元素是 A 矩阵的第 i 行上的最大值。求最小值的函数是 min,用法和 max 完全相同。

(3)两个向量或矩阵对应元素的比较

函数 max 和 min 还能对两个同型的向量或矩阵进行比较,调用格式为:

①U=max(A,B):A、B 是两个同型的向量或矩阵,结果 U 是与 A、B 同型的向量或矩阵,U 的每个元素等于 A、B 对应元素的较大者。

②U=max(A,n):n 是一个标量,结果 U 是与 A 同型的向量或矩阵,U 的每个元素等于 A 对应元素和 n 中的较大者。min 函数的用法和 max 完全相同。

2)求和与求积

数据序列求和与求积的函数是 sum 和 prod,其使用方法类似。设 X 是一个向量,A 是一个矩阵，函数的调用格式为：

sum(X)：返回向量X各元素的和。

prod(X)：返回向量X各元素的乘积。

sum(A)：返回一个行向量，其第i个元素是A的第i列的元素和。

prod(A)：返回一个行向量，其第i个元素是A的第i列的元素乘积。

sum(A,dim)：当dim为1时，该函数等同于sum(A)；当dim为2时，返回一个列向量，其第i个元素是A的第i行的各元素之和。

prod(A,dim)：当dim为1时，该函数等同于prod(A)；当dim为2时，返回一个列向量，其第i个元素是A的第i行的各元素乘积。

3)平均值和中值

mean：求数据序列平均值的函数；

median：求数据序列中值的函数。

两个函数的调用格式为：

mean(X)：返回向量X的算术平均值。

median(X)：返回向量X的中值。

mean(A)：返回一个行向量，其第i个元素是A的第i列的算术平均值。

median(A)：返回一个行向量，其第i个元素是A的第i列的中值。

mean(A,dim)：

当dim为1时，该函数等同于mean(A)；

当dim为2时，返回一个列向量，其第i个元素是A的第i行的算术平均值。

median(A,dim)：

当dim为1时，该函数等同于median(A)；

当dim为2时，返回一个列向量，其第i个元素是A的第i行的中值。

4)累加和与累乘积

在MATLAB中，使用cumsum和cumprod函数能方便求得向量和矩阵元素的累加和与累乘积向量，函数的调用格式为：

cumsum(X)：返回向量X累加和向量。

cumprod(X)：返回向量X累乘积向量。

cumsum(A)：返回一个矩阵，其第i列是A的第i列的累加和向量。

cumprod(A)：返回一个矩阵，其第i列是A的第i列的累乘积向量。

cumsum(A,dim)：

当dim为1时，该函数等同于cumsum(A)；

当dim为2时，返回一个矩阵，其第i行是A的第i行的累加和向量。

cumprod(A,dim)：

当dim为1时，该函数等同于cumprod(A)；

当dim为2时，返回一个向量，其第i行是A的第i行的累乘积向量。

5)标准方差与相关系数

(1)求标准方差

std：计算数据序列的标准方差的函数。

对于向量 X,std(X)返回一个标准方差。

对于矩阵 A,std(A)返回一个行向量,它的各个元素便是矩阵 A 各列的标准方差。

std 函数的一般调用格式为:

Y=std(A,flag,dim),其中 dim 取 1 或 2,flag 取 0 或 1。

当 dim=1 时,求各列元素的标准方差;

当 dim=2 时,求各行元素的标准方差。

当 flag=0 时,按 σ_1 所列公式计算标准方差;

当 flag=1 时,按 σ_2 所列公式计算标准方差。

缺省 flag=0,dim=1。

(2)相关系数

MATLAB 提供了 corrcoef 函数,可以求出数据的相关系数矩阵。

corrcoef 函数的调用格式为:

corrcoef(X):返回从矩阵 X 形成的一个相关系数矩阵。此相关系数矩阵的大小与矩阵 X 一样。它把矩阵 X 的每列作为一个变量,然后求它们的相关系数。

corrcoef(X,Y):在这里,X、Y 是向量,它们与 corrcoef([X,Y])的作用一样。

6)排序

排序函数 sort(X),函数返回一个对向量 X 中的元素按升序排列的新向量。sort 函数也可以对矩阵 A 的各列或各行重新排序,其调用格式为:

[Y,I]=sort(A,dim),其中 dim 指明对 A 的列还是行进行排序。

若 dim=1,则按列排;

若 dim=2,则按行排。

Y 是排序后的矩阵,而 I 记录 Y 中的元素在 A 中的位置。

2.1.5.2　离散傅立叶变换

一维离散傅立叶变换函数,其调用格式与功能如下:

1)fft(X):返回向量 X 的离散傅立叶变换。设 X 的长度(即元素个数)为 N,若 N 为 2 的幂次,则为以 2 为基数的快速傅立叶变换,否则为运算速度很慢的非 2 幂次的算法。对于矩阵 X,fft(X)应用于矩阵的每一列。

2)fft(X,N):计算 N 点离散傅立叶变换。它限定向量的长度为 N,若 X 的长度小于 N,则不足部分补上零;若大于 N,则删去超出 N 的那些元素。对于矩阵 X,它同样应用于矩阵的每一列,只是限定了向量的长度为 N。

3)fft(X,[],dim)或 fft(X,N,dim):这是对于矩阵而言的函数调用格式,前者的功能与 fft(X)基本相同,而后者则与 fft(X,N)基本相同。只是当参数 dim=1 时,该函数作用于 X 的每一列;当 dim=2 时,则作用于 X 的每一行。值得一提的是,当已知给出的样本数 N0 不是 2 的幂次时,可以取一个 N 使它大于 N0 且是 2 的幂次,然后利用函数格式 fft(X,N)或 fft(X,N,dim)便可进行快速傅立叶变换。这样,计算速度将大大加快。

相应地,一维离散傅立叶逆变换函数是 ifft。ifft(F)返回 F 的一维离散傅立叶逆变换;ifft(F,N)为 N 点逆变换;ifft(F,[],dim)或 ifft(F,N,dim)则由 N 或 dim 确定逆变换的点数或操作方向。例如:给定数学函数 $x(t)=12\sin(2\pi\times 10t+\pi/5)+5\cos(2\pi\times 50t)$。

取 N=128,试对 t 从 0~1s 采样,用 fft 作快速傅立叶变换,绘制相应的振幅-频率图。

程序如下：

```
N=128;                                   REM:采样点数
T=1;                                     REM:采样时间终点
t=linspace(0,T,N);                       REM:给出 N 个采样时间
x=12*sin(2*pi*10*t+pi/5)+5*cos(2*pi*50*t);
                                         REM:求各采样点样本值 x
dt=t(2)-t(1);                            REM:采样周期
f=1/dt;                                  REM:采样频率(Hz)
X=fft(x);                                REM:计算 x 的快速傅立叶变换 X
F=X(1:N/2+1);                            REM:F(k)=X(k)(k=1:N/2+1)
f=f*(0:N/2)/N;                           REM:使频率轴 f 从 0 开始
plot(f,abs(F),'-*')                      REM:绘制振幅-频率图
xlabel('Frequency');
ylabel('|F(k)|')
```

2.1.6 MATLAB 绘图功能

作为一个功能强大的工具软件，MATLAB 具有很强的图形处理功能，提供了大量的二维、三维图形函数。由于系统采用面向对象的技术和丰富的矩阵运算，所以在图形处理方面既方便又高效。

绘制图表的基础步骤如下：

(1)准备图表的数据；

(2)设置显示图表的范围；

(3)绘图，并设置相应的参数；

(4)设置坐标轴属性；

(5)添加图形注释。

2.1.6.1 二维图形

1)plot 函数

函数格式：

plot(x)：x 下标为横坐标，元素数值为纵坐标；

plot(x,y)：(1)x、y 同为向量；

(2)x 为向量，y 为某维数与 x 向量相同的矩阵。

函数功能：以向量 x、y 为轴，绘制曲线。

【例 2-5】 在区间 $0 \leqslant X \leqslant 2\pi$ 内，绘制正弦曲线 Y=SIN(X)，其程序为：

```
x=0:pi/100:2*pi;   y=sin(x);   plot(x,y)
```

【例 2-6】 同时绘制正、余弦两条曲线 Y1=SIN(X)和 Y2=COS(X)，其程序为：

```
x=0:pi/100:2*pi;   y1=sin(x);   y2=cos(x);   plot(x,y1,x,y2)
```

plot 函数还可以采用 plot(x,y1,x,y2,x,y3,…)形式，其功能是以公共向量 x 为 X 轴，分别以 y1,y2,y3,…为 Y 轴，在同一幅图内绘制出多条曲线。

(1)线型与颜色

格式:plot(x,y1,'cs',...)。

其中 c 表示颜色,s 表示线型。

【例 2-7】 用不同线型和颜色重新绘制例 2-6 图形,其程序为:

x=0:pi/100:2*pi; y1=sin(x); y2=cos(x); plot(x,y1,'go',x,y2,'b-.')

其中参数'go'和'b-.'表示图形的颜色和线型。g 表示绿色,o 表示图形线型为圆圈;b 表示蓝色,-. 表示图形线型为点画线。

(2)图形标记

在绘制图形的同时,可以对图形加上一些说明,如图形名称、图形某一部分的含义、坐标说明等,将这些操作称为添加图形标记。

title('加图形标记'); xlabel('加 X 轴标记'); ylabel('加 Y 轴标记'); text(X,Y,'添加文本');

(3)设定坐标轴

用户若对坐标系统不满意,可利用 axis 命令对其重新设定。

axis([xmin xmax ymin ymax]) 设定最大值和最小值;

axis('auto') 将坐标系统返回到自动缺省状态;

axis('square') 将当前图形设置为方形;

axis('equal') 将两个坐标因子设成相等;

axis('off') 关闭坐标系统;

axis('on') 显示坐标系统。

【例 2-8】 在坐标范围 $0\leqslant X\leqslant 2\pi$,$-2\leqslant Y\leqslant 2$ 内重新绘制正弦曲线,其程序为:

x=linspace(0,2*pi,60); y=sin(x); plot(x,y); axis ([0 2*pi -2 2]); REM:设定坐标轴范围

(4)加图例

给图形加图例命令为 legend。该命令把图例放置在图形空白处,使用者还可以通过鼠标移动图例,将其放到需要的位置。

格式:legend('图例说明','图例说明');

【例 2-9】 为正弦、余弦曲线增加图例,其程序为:

x=0:pi/100:2*pi; y1=sin(x); y2=cos(x); plot(x,y1,x,y2, '--'); legend('sin(x)','cos(x)');

2)subplot 函数

subplot(m,n,p),该命令将当前图形窗口分成 m×n 个绘图区,即每行 n 个,共 m 行,区号按行优先编号,且选定第 p 个区为当前活动区。

【例 2-10】 在一个图形窗口中同时绘制正弦、余弦、正切、余切曲线,程序为:

x=linspace(0,2*pi,60); y=sin(x); z=cos(x); t=sin(x)./(cos(x)+eps); %eps为系统内部常数

ct=cos(x)./(sin(x)+eps); subplot(2,2,1);%分成 2×2 区域且指定 1 号为活动区

3)fplot 函数

fplot 函数可自适应地对函数进行采样,能更好地反映函数的变化规律。

fplot 函数格式：fplot(fname,lims,tol)。

其中 fname 为函数名，以字符串形式出现，lims 为变量取值范围，tol 为相对允许误差，其系统默认值为 2e－3。

例如：fplot('sin',[0　2*pi],'－＋')

fplot('[sin(x),cos(x)]',[0　2*pi],1e－3,'.')；　REM：同时绘制正弦、余弦曲线

为绘制 f(x)＝cos(tan(πx))曲线，可先建立函数文件 fct.m，其内容为：

```
function y=fct(x)
    y=cos(tan(pi*x));
```

用 fplot 函数调用 fct.m 函数，其命令为：

```
fplot('fct',[0 1],1e-7)
```

2.1.6.2　特殊坐标图形

1)对数坐标图形

(1)loglog(x,y)　双对数坐标

【例 2-11】　绘制 y＝|1000sin(7x)|＋1 的双对数坐标图。程序为：

x＝[0:0.1:2*pi]；　y＝abs(1000*sin(7*x))＋1；　loglog(x,y)；　REM：双对数坐标绘图命令

(2)单对数坐标

以 X 轴为对数重新绘制上述曲线，程序为：

x＝[0:0.01:2*pi]；　y＝abs(1000*sin(7*x))＋1；　semilogx(x,y)；　REM：单对数 X 轴绘图命令

同样，可以以 Y 轴为对数重新绘制上述曲线，程序为：

x＝[0:0.01:2*pi]；　y＝abs(1000*sin(7*x))＋1；　semilogy(x,y)；　REM：单对数 Y 轴绘图命令

2)极坐标图函数

polar(theta,rho)用来绘制极坐标图，其中，theta 为极坐标角度，rho 为极坐标半径。

【例 2-12】　绘制 sin(2*θ)*cos(2*θ)的极坐标图，程序为：

theta＝[0:0.01:2*pi]；

rho＝sin(2*theta).*cos(2*theta)；　polar(theta,rho)；　REM：绘制极坐标图命令

title('polar plot')；

2.1.6.3　其他图形函数

除 plot 等基本绘图命令外，MATLAB 系统提供了许多其他特殊绘图函数，这里举一些代表性例子，更详细的信息使用者可随时查阅在线帮助，其对应的 M-file 文件存放在系统\MATLAB\toolbox\MATLAB目录下。

1)阶梯图形

函数 stairs(x,y)可以绘制阶梯图形，如下列程序段：

x＝[－2.5:0.25:2.5]；　y＝exp(－x.*x)；　stairs(x,y)；　REM：绘制阶梯图形命令

title('stairs plot')；

2)条形图形(直方图)

函数 bar(x,y)可以绘制二维垂直直方图，如下列程序段将绘制条形图形。

x=[-2.5:0.25:2.5]; y=exp(-x. * x); bar(x,y); REM:绘制条形图命令

barh:绘制二维的水平直方图。其中,bar3:用于绘制三维垂直直方图; bar3h:用于绘制三维水平直方图。例如:

bar3(A,'depth'); bar3(A,'group'); bar3(A,'stack');

3)饼图 pie

该函数用于绘制饼图,例如:

X=[56 78 60 99;66 88 40 112;65 90 56 130;70 102 70 56];Y=sum(X);subplot(1,2,1);pie(Y);

subplot(1,2,2);pie(Y,[1,0,1,0]); REM:使第一、三块分离出来

legend('p1','p2','p3','p4');

4)柱状图

柱状图函数首先计算在一定数据范围之内的元素个数,然后将每个数据范围在图形窗口中显示为相应的矩形窗。

hist 函数在笛卡尔坐标系中显示数据,rose 函数在极坐标中显示数据。例如:

X=randn(1200,1);hist(X);

2.1.6.4 三维图形

1)plot3 函数

最基本的三维图形函数为 plot3,它是将二维函数 plot 的有关功能扩展到三维空间,用来绘制三维图形。

函数格式:plot3(x1,y1,z1,c1,x2,y2,z2,c2,…)

其中 x1、y1、z1…表示三维坐标向量,c1、c2…表示线型或颜色。

函数功能:以向量 x、y、z 为坐标,绘制三维曲线。

【例 2-13】 绘制三维螺旋曲线,其程序为:

t=0:pi/50:10 * pi; y1=sin(t); y2=cos(t); plot3(y1,y2,t); title('helix'); text(0,0,0,'origin');

xlabel('sin(t)'); ylabel('cos(t)'); zlabel('t'); grid;

2)mesh 函数

mesh 函数用于绘制三维网格图。

三维曲面的网格图最突出的优点是:它较好地解决了实验数据在三维空间的可视化问题。

函数格式:mesh(x,y,z,c),其中 x、y 控制 X 轴和 Y 轴坐标,矩阵 z 是由 x、y 求得的 Z 轴坐标,(x,y,z)组成了三维空间的网格点;c 用于控制网格点颜色。

【例 2-14】 下列程序绘制三维网格曲面图。

x=[0:0.15:2 * pi]; y=[0:0.15:2 * pi]; z=sin(y) * cos(x); REM:矩阵相乘

mesh(x,y,z);

3)surf 函数

surf 用于绘制三维曲面图,各线条之间的补面用颜色填充。surf 函数和 mesh 函数的调用格式一致。

函数格式:surf (x,y,z),其中 x、y 控制 X 轴和 Y 轴坐标,矩阵 z 是由 x、y 求得的曲面上 Z 轴坐标。

【例 12-15】 下列程序绘制三维曲面图形。

```
x=[0:0.15:2*pi];  y=[0:0.15:2*pi];  z=sin(y)*cos(x);  REM:矩阵相乘
surf(x,y,z);
xlabel('x-axis');ylabel('y-axis');zlabel('z-label');  title('3-D  surf');
```

2.1.7 MATLAB 混合编程

MATLAB 是 Mathworks 公司开发的一种高性能数值计算软件，提供了强大的数值分析、矩阵运算和图形显示等功能，编程效率高，被广泛应用于工程计算及数值分析等领域，但其界面开发能力较差。Visual Basic 在设计开发 Windows 应用程序方面界面友好，方便快捷。在对交通信息应用程序的开发过程中若能集成两者各自的优点，把计算和数据图形显示留给 MATLAB 完成，而用 VB 语言编写 Windows 应用程序，对计算结果进行分析和可视化处理，将极大地提高程序的开发效率。

基于 MATLAB 的这些优点，我们在交通信息交通流数据处理分析程序的开发中选择了 MATLAB 作为开发工具。但是，由于我们的分析程序需要进行大量的计算，需要使用图表的形式直观地显示出来，需要分别设置这些计算的初始条件，且大量的统计结果也需要进行系统分析和整理，在这些方面，MATLAB 显示出了它的不足。Access 是微软公司推出的办公软件 Office 中的一个组件，得到了广泛的普及和应用。Access 数据库是独立数据库，易于使用，通过 Access 的数据库引擎可以方便地对数据库里的大量记录进行更新、检索、管理和其他各种应用。VB. NET 是 Visual Studio. NET 的一部分，是一种独特的、功能强大的程序设计语言。VB. NET 2010 是 Visual Basic 的新版本，和 Visual Basic 6 相比，它主要基于微软的最新架构. NET Framework，在保留 Visual Basic 6 传统优点的基础上，它提供了很多可以方便程序开发人员快速开发应用程序的新功能，这些新功能不仅功能强大，还提高了生产效率和易用性。比如新引入的 My 功能就为程序开发人员提供了很多比较容易而且直观的方法来访问大量的. NET Framework 类，从而使 Visual Basic 使用者能够方便地与计算机、应用程序、设置、资源等进行交互。

本教材通过这三者的结合，充分利用 MATLAB、Access 和 VB. NET 各自的优点，开发了满足科研工作需要的应用程序。利用 MATLAB 进行船舶交通流的分析，利用 Access 进行数据采集结果的保存、管理和分析，利用 VB. NET 进行程序界面的设计，实现与用户的交互，隐藏程序与 MATLAB 和 Access 的交互，让使用者感觉不到二者的存在，从而提高了软件的易用性。

下面通过实例介绍三者的混合编程实现方法。首先在 MATLAB 中编制 traffic_flow. m 文件，用于调用 Access 中的数据；再将 traffic_flow. m 文件生成 traffic_flow. dll；最后在 VB/VB. NET 中引用 traffic_flow. dll，实现混合编程，参见图 2-2。

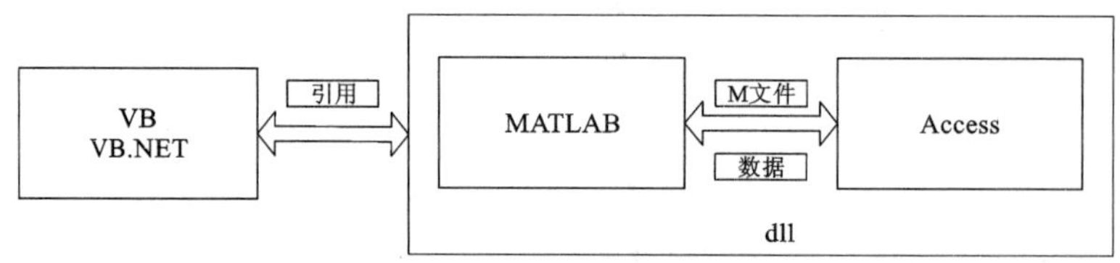

图 2-2　MATLAB 混合编程示意图

2.1.7.1 MATLAB 访问 Access 数据库的方法

Microsoft Office Access 是由微软发布的关系数据库管理系统。它结合了 Microsoft Jet Database Engine 和图形用户界面两项特点，是 Microsoft Office 的系统程序之一。Microsoft Office Access 是微软把数据库引擎的图形用户界面和软件开发工具结合在一起的一个数据库管理系统。它是微软 Office 的一个成员，Access 以它自己的格式将数据存储在基于 Access Jet 的数据库引擎里。它还可以直接导入或者链接数据(这些数据存储在其他应用程序和数据库中)。

软件开发人员和数据架构师可以使用 Microsoft Access 开发应用软件，“高级用户”可以使用它来构建软件应用程序。和其他办公应用程序一样，Access 支持 Visual Basic 宏语言，它是一个面向对象的编程语言，可以引用各种对象，包括 DAO(数据访问对象)，ActiveX 数据对象，以及许多其他的 ActiveX 组件。可视对象用于显示表和报表，在 VBA 编程环境下，VBA 代码模块可以声明和调用 Windows 操作系统函数。

在交通信息领域，通常可以将采集到的船舶信息保存于 Access 数据库之中，参见图 2-3，Access 文件存储及读取数据的方法参见本教材 5.3 节相关内容。

Microsoft Access

文件(F) 编辑(E) 视图(V) 插入(I) 格式(O) 记录(R) 工具(T) 窗口(W) 帮助(H)

db : 数据库 (Access 2000 文件格式)

haishi : 表

num	tel_num	MMSI	cog	sog	hdg	x1	y1	x2	y2
1	1	413000000	3	7	225	114.67444333333	30.685555	114.67444333333	30.685555
2	18	412630150	336.3	5.4	not available	114.54818666666	30.650603333333	114.54848	30.65007
3	18	413819398	268.1	0	not available	114.441	30.67615	114.441	30.676143333333
4	18	413813251	0	0	not available	114.30286166666	30.571473333333	114.30286166666	30.571473333333
5	18	413940587	0	0	not available	114.30312	30.590915	114.303125	30.590913333333
6	20	4126851							
7	3	413802703	60.1	0	not available	114.41162666666	30.65845	114.41162666666	30.658443333333
8	18	413801245	0	0	not available	114.43686666666	30.675366666666	114.43686666666	30.675363333333
9	1	413592970	264	0	225	114.33350333333	30.61269	114.33352333333	30.61269
10	1	413940245	0	0	not available	114.317505	30.592616666666	114.31751166666	30.59262
11	24	413762547							
12	19	413801347	209.8	0	209	114.50667833333	30.691101666666	114.50667	30.69111
13	19	413816166	0	0	0	114.58428666666	30.584303333333	114.58428666666	30.584303333333
14	18	413819278	66.6	7.8	66	114.43166666666	30.666036666666	114.43166666666	30.666036666666
15	24	413772387							
16	24	413976672	0	0	not available	114.370045	30.641155	114.370045	30.641155
17	18	413801307	not available	not available	not available	not available	not available	not available	not available
18	18	413804271	97.7	0	not available	114.42236	30.667223333333	114.42236	30.66722

图 2-3 Access 数据库保存的数据

为了利用 MATLAB 强大的数据计算、图形分析功能，使用 MATLAB 直接访问 Access 数据库，对存储于其中的数据进行分析、处理是交通信息研究领域的一种简单、高效的方法，下面介绍具体实现方法。

1)配置数据源

目的是在 MATLAB 编程中调用 Access 数据库，例如 E:\AIS_PLAT 下的 db1.mdb (haishi)数据库。这样在事先编制好的 MATLAB 的 traffic_flow.m 文件中就可以使用以 haishi 为源名的数据库了。

具体操作如下：

“控制面板”→“管理工具”→“数据源(ODBC)”→“添加”→“创建新数据源和选择数据

库”。操作流程图参见图 2-4～图 2-7。

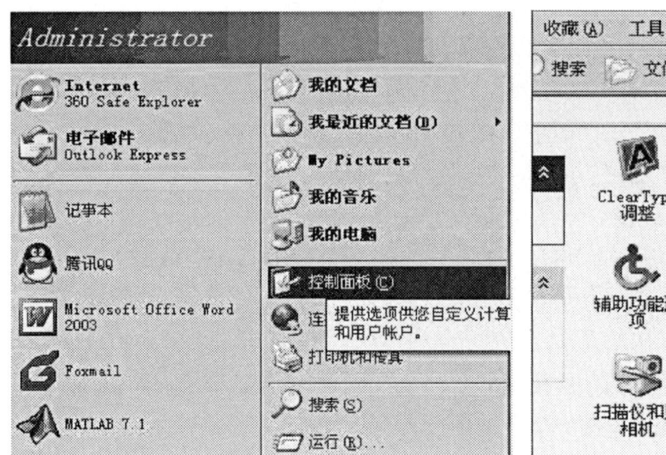

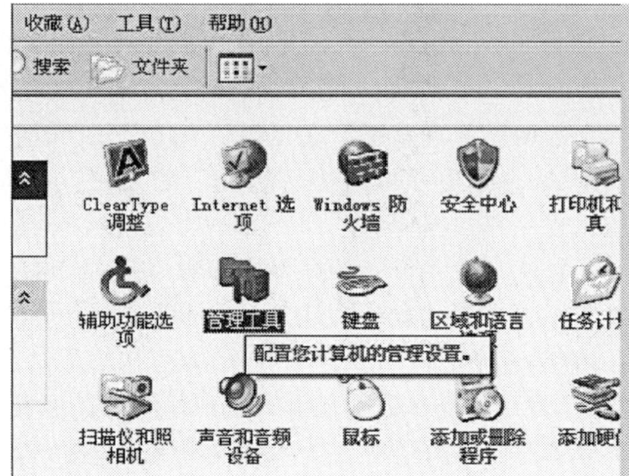

图 2-4　Access 数据库应用步骤一

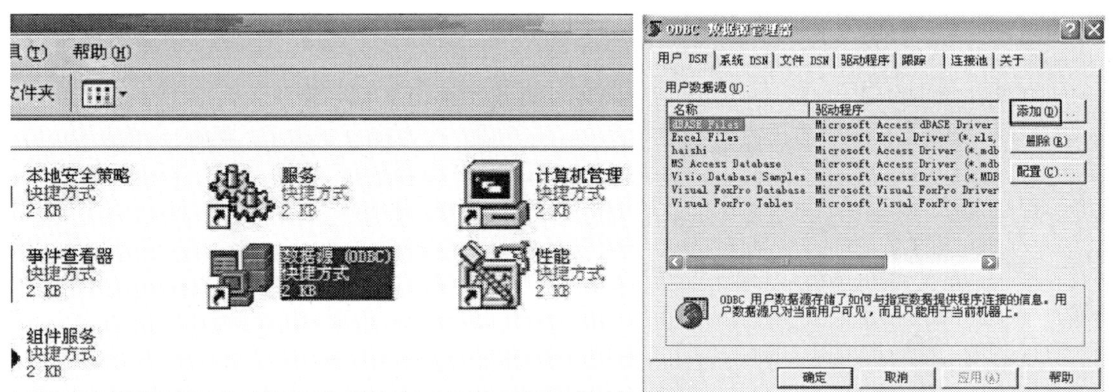

图 2-5　Access 数据库应用步骤二

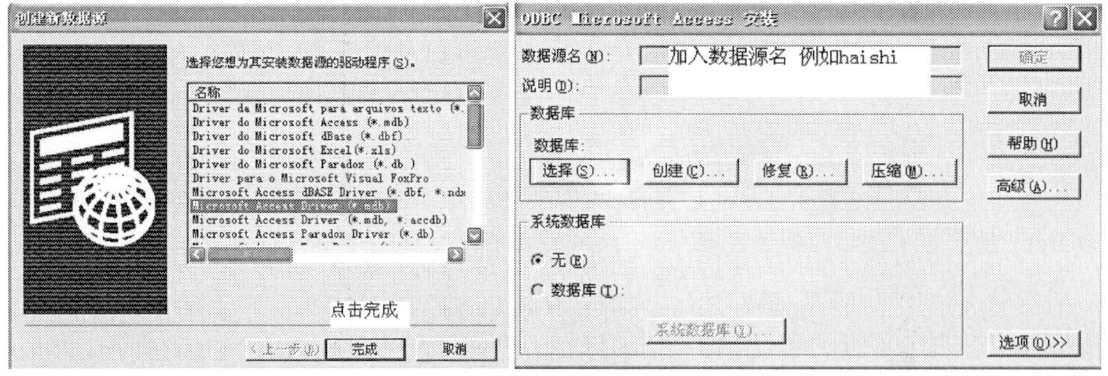

图 2-6　Access 数据库应用步骤三

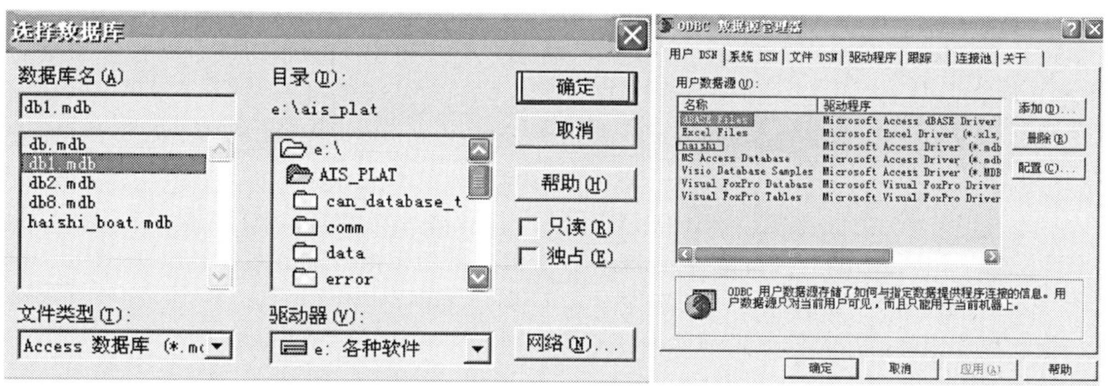

图 2-7 Access 数据库应用步骤四

2)测试数据源

设置完成后可以在 MATLAB 中调用 traffic_flow.m 文件,验证一下在 MATLAB 中使用 Access 数据库。在 MATLAB 应用软件中打开 traffic_flow.m,如图 2-8(a)所示,其中的代码解释如下:

```
conn=database('haishi','','');                     REM:连接数据库表 haishi
curs=exec(conn,'SELECT * FROM haishi');            REM:执行查找 haishi 表数据
curs=fetch(curs);                                  REM:查询后提取数据
A=curs.Data;                                       REM:提取的全部数据送入 A 变量
B=A(:,22);            REM:选取第 22 个字段中的数据送入 B 变量,此处为船舶尺寸
for i=1:length(B)
    B(cellfun('length',B)==4)=[];                  REM:过滤空白
end
D=str2double(B);                                   REM:将文本字符转换为 double 变量
hist(D)                                            REM:绘图
```

测试通过的话,会出现如图 2-8(b)所示结果。以上实现了 MATLAB 调用 Access 数据库的工作。

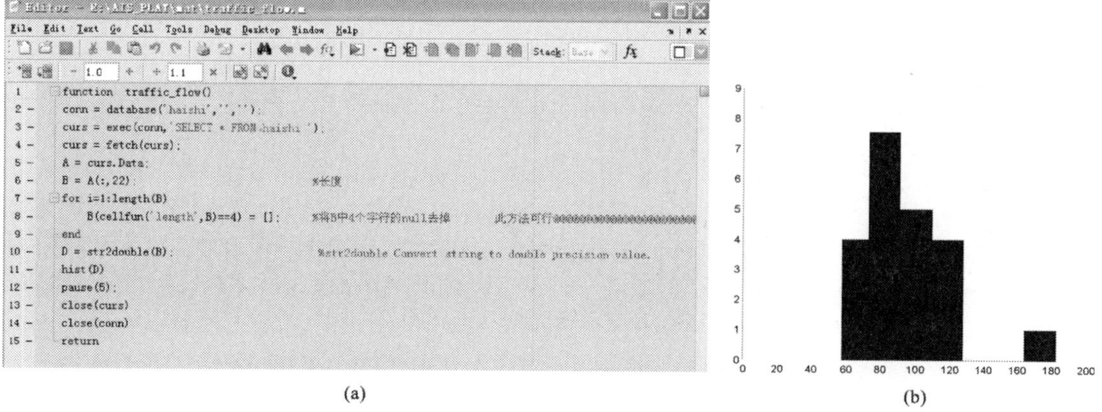

图 2-8 MATLAB 调用 Access 数据库数据显示图

2.1.7.2　VB与MATLAB混合编程的几种方法

在Mathworks公司推出MATLAB 6.5之前，MATLAB与VB的混合编程主要有以下5种方法：

(1)中间文件传递法。用VB编写前端用户交互界面，收集必要的参数信息并保存在一个中间文件(如temp.txt)中，然后利用异步程序调用方式执行程序。

(2)ActiveX自动化服务技术。将MATLAB作为服务器，接收通过引擎传来的数据和指令信息并进行相应的处理，然后将结果经过引擎返回给发送请求的客户机。

(3)动态数据交换(DDE)。它是进程之间的通信机制，使用Windows消息和共享的内存，使相互作用的应用程序能够动态地交换数据。

(4)动态链接库(DLL)。应用MathTools公司的Mideva工具软件，借用C++编译器将MATLAB的M函数文件转换为DLL，在VB中加载该DLL。

(5)MatrixVB。它是Mathworks公司开发的COM库，在安装MatrixVB后，开发VB程序时可以直接调用600多条MATLAB中的基本函数，从而完成MATLAB的矩阵运算和图形显示功能。

在上述5种方法中，前3种方法调用过程较复杂，且无法脱离MATLAB环境，这直接影响了所开发软件的独立运行和发布，后2种方法虽然能够脱离环境，但Mideva和MatrixVB软件已停止发行。

为解决与其他应用程序之间的接口问题，Mathworks公司在其2002年推出的MATLAB中新增了模块，它提供了一个简单易用的图形化用户界面，帮助用户将MATLAB的M函数文件自动、快速地转变为独立的进程内COM组件，它以.DLL(ActiveX DLL)形式被装入到客户的进程空间中，可以在任何支持COM组件的应用中使用，例如Visual Basic、Microsoft Excel、C/C++语言等。其优点在于VB访问该组件时，没有必要进行环境切换，因此可获得最快的运行速度。

MATLAB COM Builder是MATLAB Compiler的扩展，安装MATLAB 6.5时至少需要选择MATLAB、MATLAB Compiler和MATLAB COM Builder等选项。在使用COM Builder创建COM组件之前还需要对MATLAB Compiler进行必要的配置，方法为：在MATLAB命令窗口键入mbuild-setup，将出现选择编译器的提问，所列出的编译器包括计算机中已安装的各种C/C++编译器，例如MATLAB自带的C/C++编译器、Borland C++ Builder 4、Borland C++ Builder 5、Borland C++ Builder 6、Microsoft Visual Studio 5.0、Microsoft Visual Studio 6.0、Microsoft Visual Studio.NET等，用户可根据需要自行选择其中一种并确认即可。

安装和配置完成之后，就可在MATLAB中创建COM组件，具体过程如下：

(1)编写M函数文件。在M函数文件中，给出要求MATLAB完成的功能，函数文件能够接收参数，也允许返回参数。另外需注意：M函数文件的文件名必须和函数名一致；且COM Builder并不支持所有的MATLAB函数，如某些工具箱函数，具体限制可参阅MATLAB Compiler user's Guide。

(2)在MATLAB指令窗键入deploytool或单击MATLAB操作桌面左下角的Start/MATLAB/MATLAB Compiler/Deployment Tool/deploytool选项，调出创建COM组件所需的可视化编辑环境MATLAB Com Builder主窗口，如图2-9所示。

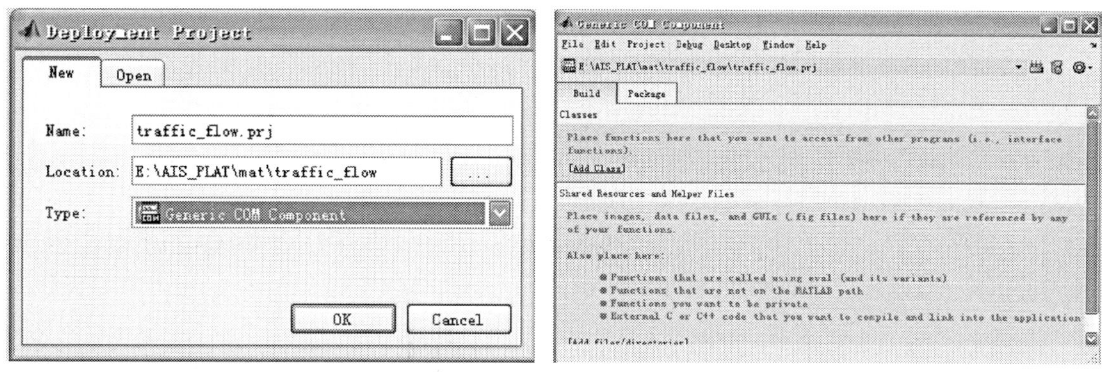

图 2-9 创建 COM 组件图

(3)选择 type:为 Generic COM Component,命名为 Name:traffic_flow. prj,单击“ok”后会出现如图 2-10(a)所示的 COM Component 设置对话框,选取“[add Class]”给 Class 命名为:traffic_flow。

(4)单击“[add files]”按钮,添加已经在 MATLAB 环境下编译通过的 traffic_flow. m 函数文件。

(5)选取右上角的设置符号:⚙,出现一个菜单,选中 settings…,出现图 2-10(b)。

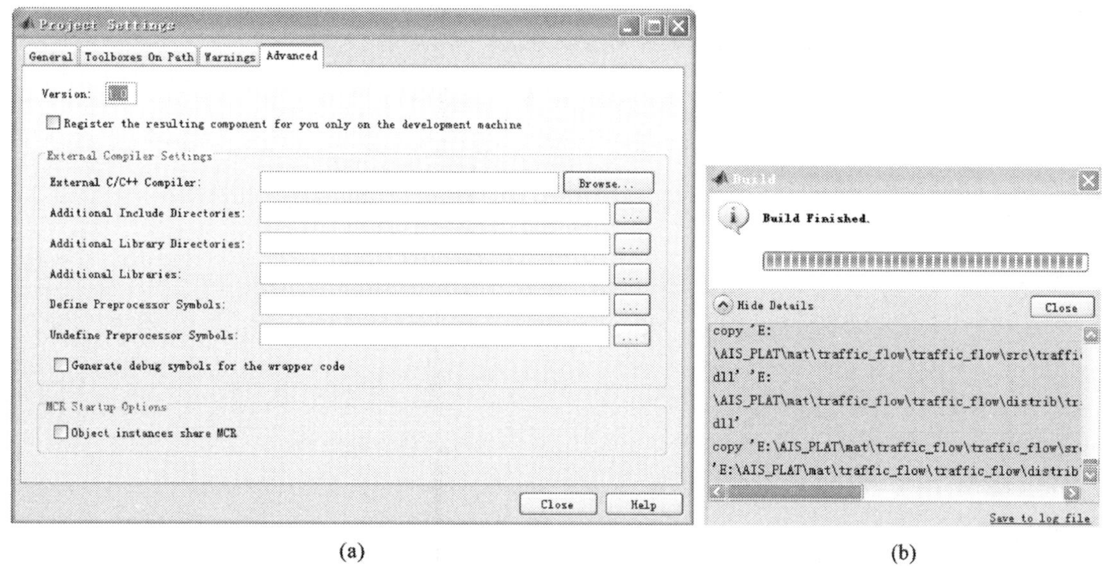

(a) (b)

图 2-10 产生 class 及 dll 库示意图

(6)选取 Advanced 菜单,打开 External C/C++ Compiler 的文件浏览器,选取装有编译器的文件(不同机器 MATLAB 安装位置不同,可以查找 msvc60compp. bat 文件,建议默认安装路径 E:\PROGRAM FILES) F:\PROGRA~1\MATLAB\R2012a\bin\win32\mbuildopts\msvc60compp. bat。

(7)单击“Build”按钮。待编译完成、生成 dll 文件后,屏幕提示“Build Finished.”,在 E:\AIS_PLAT\mat\traffic_flow\traffic_flow\distrib 中找到 distrib 文件夹,它包含 traffic_flow_1_0. dll 文件。至此,使用者编写的 M 函数文件已转换为 COM 组件对象。

2.1.7.3　VB.NET 对 MATLAB 的调用方法

建立一个 Windowsapplication 应用程序，在"项目"→"属性"→"引用"→"添加"→"COM"→traffic_flow 1.0 Type Library，参见图 2-11。

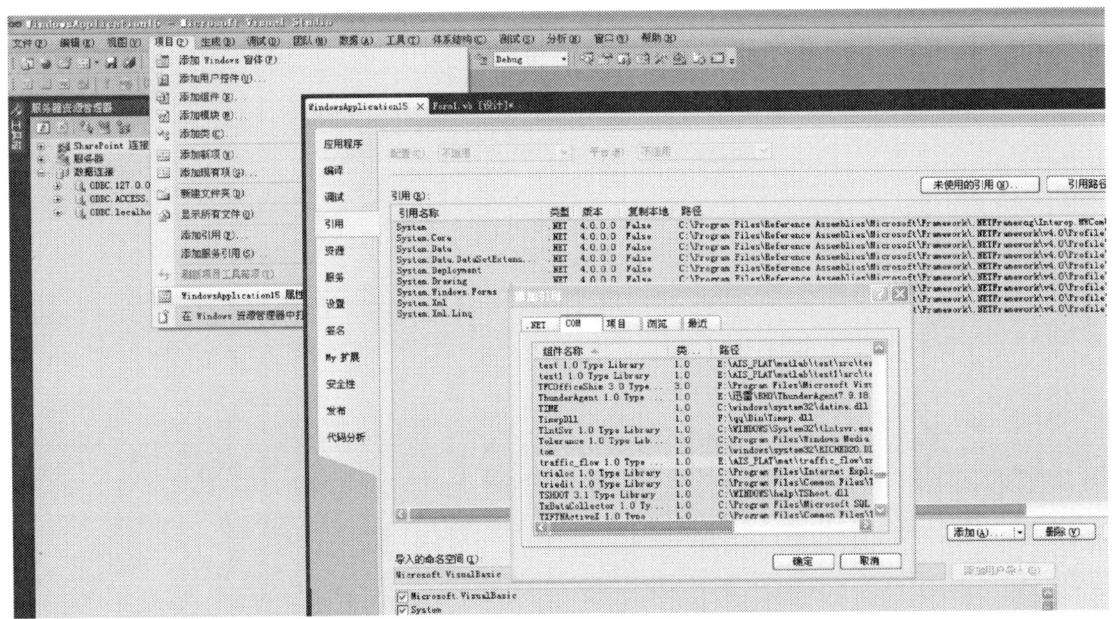

图 2-11　VB.NET 对 MATLAB 的调用方法图

在工程中引用建好的 traffic_flow.dll 之后，就可以在 VB. NET 程序中调用在 MATLAB 中编写好的 M 函数文件，测试代码如下：

```
Private Sub Button1_Click(sender As System.Object,e As System.EventArgs) Handles Button1.Click
    Dim mydll As traffic_flow.Class1
      mydll=New traffic_flow.Class1
    Call mydll.traffic_flow()
End Sub
```

运行后，出现图 2-8 的图形，表明测试成功，实现了 VB. NET 与 MATLAB 的混合编程。

2.2　神经网络模型

模拟人类实际神经网络的数学方法问世以来，人们已慢慢习惯了把这种人工神经网络直接称为神经网络。神经网络在系统辨识、模式识别、智能控制等领域有着广泛而吸引人的前景，特别是在智能控制中，人们对神经网络的自学习功能尤其感兴趣，并且把神经网络这一重要特点看作是解决自动控制中控制器适应能力这个难题的关键之一。

神经网络(Neural Networks,NN)是由大量的、简单的处理单元(称为神经元)广泛地互相连接而形成的复杂网络系统，它反映了人脑功能的许多基本特征，是一个高度复杂的非线性动力学习系统。神经网络具有大规模并行、分布式存储和处理、自组织、自适应和自学能力，特别适合处理需要同时考虑多种因素和条件的、不精确和模糊的信息处理问题。神经网络的发展与神经科学、数理科学、认知科学、计算机科学、人工智能、信息科学、控制论、机器人学、微电子学、心理学、光计算、分子生物学等有关，是一门新兴的边缘交叉学科。

神经网络的基础在于神经元。神经元是以生物神经系统的神经细胞为基础的生物模型。在人们对生物神经系统进行研究，以探讨人工智能的机制时，把神经元数学化，从而产生了神经元数学模型。

神经元是基本的信息处理单元。生物神经元主要由树突、轴突和突触等组成。其结构如图 2-12 所示。

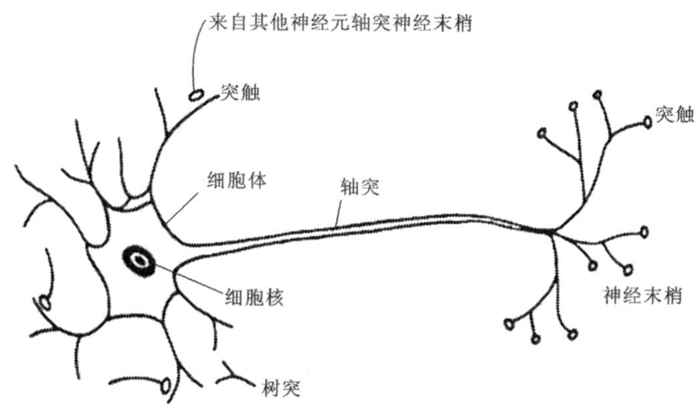

图 2-12 神经元结构图

树突由细胞体向外伸出，有不规则的表面和许多较短的分支。树突相当于信号的输入端，用于接收神经冲动。

轴突是由细胞体向外伸出的最长的一条分支，即神经纤维，相当于信号的输出电缆，其端部的许多神经末稍为信号输出端子，用于传出神经冲动。

神经元之间通过轴突（输出）和树突（输入）相互连接，其接口称为突触。每个细胞约有 10^3 或 10^4 个突触。

神经突触是调整神经元之间相互作用的基本结构和功能单元。

人工神经网络（Artificial Neural Networks，ANN），也简称为神经网络，是一种应用类似于大脑神经突触连接的结构进行信息处理的数学模型。

一种常见的多层结构的前馈网络（Multilayer Feedforward Network）由三部分组成：

（1）输入层（Input layer），众多神经元（Neuron）接收大量非线性输入信息。输入的信息称为输入向量。

（2）输出层（Output layer），信息在神经元链接中传输、分析、权衡，形成输出结果。输出的信息称为输出向量。

（3）隐藏层（Hidden layer），简称“隐层”，是输入层和输出层之间众多神经元和链接组成的各个层面。隐层可以有多层，习惯上会用一层。隐层的节点（神经元）数目不定，但数目越多神经网络的非线性越显著，从而神经网络的鲁棒性（控制系统在一定结构、大小等的参数摄动下，维持某些性能的特性）更显著。

从神经元的特性和功能可以知道，神经元是一个多输入单输出的信息处理单元，而且，它对信息的处理是非线性的。根据神经元的特性和功能，可以把神经元抽象为一个简单的数学模型。工程上用的人工神经元模型如图 2-13 所示。

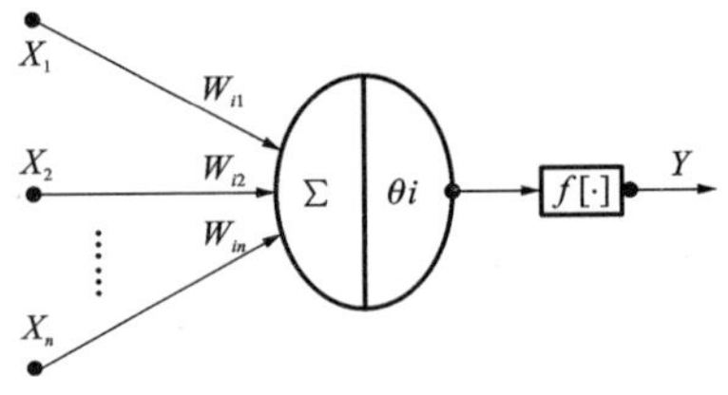

图 2-13 人工神经元模型

在图 2-13 中，$X_1, X_2, \cdots, X_n$ 是神经元的输入，即是来自前级 n 个神经元的轴突的信息 A，$\sum$ 是 i 神经元的阈值；$W_{i1}, W_{i2}, \cdots, W_{in}$ 分别是 i 神经元对 $X_1, X_2, \cdots, X_n$ 的权系数，也即突触的传递效率；Y_i 是 i 神经元的输出；$f[\cdot]$ 是激发函数，它决定 i 神经元受到输入 $X_1, X_2, \cdots, X_n$ 的共同刺激达到阈值时以何种方式输出。

2.2.1 神经网络工具箱快速入门

使用 MATLAB 2010b 以后的版本会有完整的神经网络工具箱，使用 nnstart 可以调出 toolbox，然后选择需要的功能，导入数据，选择训练参数和每层神经元个数，最后训练会输出网络与结果。

神经网络工具箱包含在 C:\MATLAB\toolbox\nnet 目录中，安装神经网络工具箱的指令可以在下列两份 MATLAB 文档中找到：the Installation Guide for MS-Windows and Macintosh 或者 the Installation Guide for UNIX。

键入 help nnet 可得到帮助主题。工具箱包含了许多示例。每一个例子讲述了一个问题，展示了用来解决问题的网络并给出了最后的结果。显示向导要讨论的神经网络例子和应用代码可以通过键入 help nndemos 找到，在 nnet 目录中可找到相应文件(.m)，打开该文件，即可看到某个例子的实现代码，仿真后还可看到运行结果。这对于我们学习神经元模型及结构，神经网络的创建、训练、仿真以及学习算法等过程非常有益。

在 MATLAB 中把定义的神经网络看作一个对象，对象还包括一些子对象：输入向量、网络层、输出向量、目标向量、权值向量和阈值向量等，这样网络对象和各子对象的属性共同确定了神经网络对象的特性。网络属性除了只读属性外，均可以按照约定的格式和属性的类型进行设置、修改、引用等。引用格式为：网络名.[子对象].属性

例如：net.inputs{1}.range=[0 1;0 1]；net.layers{1}.size=3；

net.layers{1}.transferFCn='hardlim'

1)结构属性

结构属性决定了网络子对象的数目(包括输入向量、网络层向量、输出向量、目标向量、阈值向量和权值向量的数目)以及它们之间的连接关系。无论何时，结构属性值一旦发生变化，网络就会自动重新定义，与之相关的其他属性值也会自动更新。

(1)numInputs 属性：net.numInputs 属性定义了网络的输入源数，它可以被设置为零或正整数。

(2)numLayers 属性：numLayers 属性定义了网络的层数，它可以被设置为零或正整数。

(3)biasConnect 属性：net.biasConnect 属性定义各个网络层是否具有阈值向量，其值为布尔型向量(0 或 1)。

(4)inputConnect 属性：该属性定义了神经网络的输入层，其值为 $N \times N_i$ 维的布尔量矩

阵，其中 N 为网络的层数，N_i 为网络的输入个数(net. numInputs)。net. inputConnect(i,j)为 1，表示第 i 层上的每个神经元都要接收网络的第 j 个输入矢量，为 0 则表示不接收该输入。

(5)layerConnect 属性：net. layerConnect 属性定义一个网络层是否具有来自另外一个网络层的连接权，其值为 $N\times N$ 的布尔型向量(0 或 1)。

(6)targetConnect 属性：net. targetConnect 定义各网络层是否和目标向量有关，其值为 $1\times N$ 的布尔型向量(0 或 1)。

(7)outputConnect 属性：net. outputConnect 属性定义各网络层是否作为输出层，其值为 $1\times N$ 的布尔型向量(0 或 1)。

(8)targetConnect：该属性定义了神经网络的目标层，即网络哪些层的输出具有目标矢量。其属性值为 $1\times N$ 维的布尔量矩阵。

(9)numOutputs：该属性定义了神经网络输出矢量的个数，属性值为只读变量，其数值为网络中输出层的总数(sum(net. outputConnect))。

(10)numTargets：该属性定义了网络目标矢量的个数，属性值为只读变量，其数值为网络中目标层的总数(sum(net. targetConnect))。

(11)numInputDelays：该属性定义了神经网络的输入延迟，属性值为只读变量，其数值为网络各输入层输入延迟拍数(net. inputWeights{i,j}. delays)中的最大值。

(12)numLayerDelays：该属性定义了神经网络的层输出延迟，属性值为只读变量，其数值为各层的神经元之间连接延迟拍数(net. layerWeights{i,j}. delays)中的最大值。

2)函数属性

函数属性定义了一个网络在进行权值/阈值调整、初始化、误差性能计算或训练时采用的算法。

(1)adaptFcn 属性：net. adaptFcn 属性定义了网络进行权值/阈值自适应调整时所采用的函数，它可以被设置为任意一个进行权值/阈值调整的函数名，包括 trains 函数。

(2)performFcn 属性：net. performFcn 属性定义了网络用于衡量网络性能所采用的函数，其属性值为表示性能函数名称的字符串。

(3)trainFcn 属性：net. trainFcn 属性定义了网络用于训练网络性能所采用的函数，其属性值为表示训练函数名称的字符串。

(4)initFcn 属性：net. initFcn 属性定义了网络初始化权值/阈值向量所采用的函数，其属性值为表示网络初始化函数名称的字符串。包括层-层结构的初始化函数 initlay，层初始化函数 initnw、initwb。

3)参数属性

(1)adaptParam 属性：net. adaptParam 属性定义了网络当前自适应函数的各参数，其属性值为各参数构成的结构体。

(2)initParam 属性：net. initParam 属性定义了网络当前初始化函数的各参数，其属性值为各参数构成的结构体。

(3)performParam 属性：net. performParam 属性定义了网络当前性能函数的各参数，其属性值为各参数构成的结构体。

(4)trainParam 属性：net. trainParam 属性定义了网络当前训练函数的各参数，其属性值为各参数构成的结构体。

4)权值和阈值属性

(1)IW 属性:net. IW 属性定义了从网络输入向量到网络层的权值向量(即输入层的权值向量)结构。其值为 $N\times R$ 的细胞矩阵。

(2)LW 属性:net. LW 定义了从一个网络层到另一个网络层的权值向量结构。其值为 $N\times N$ 的细胞矩阵。

(3)b 属性:net. b 属性定义各网络层的阈值向量结构。其值为 $N\times 1$ 的细胞矩阵。

2.2.2 神经网络工具箱中的通用函数

2.2.2.1 神经网络仿真函数 sim()

功能:主要用于对神经网络进行仿真。

调用格式:

[Y,Pf,Af,E,perf]=sim(net,P,Pi,Ai,T),[Y,Pf,Af,E,perf]=sim(net,{Q TS},Pi,Ai,T),[Y,Pf,Af,E,perf]=sim(net,Q,Pi,Ai,T)

2.2.2.2 神经网络训练及学习函数

1)train()函数

功能:用于对神经网络进行训练。

调用格式:

[net,tr,Y,E,Pf,Af]=train(net,P,T,Pi,Ai)

2)learnp()函数

功能:用于神经网络权值和阈值的学习。

调用格式:

[dW,LS]=learnp(W,P,Z,N,A,T,E,gW,gA,D,LP,LS)

3)learnpn()函数

功能:用于神经网络归一化权值和阈值的学习。

调用格式:

[dW,LS]=learnpn(W,P,Z,N,A,T,E,gW,gA,D,LP,LS),info=learnpn(code)

2.2.2.3 神经网络初始化函数

1)init()函数

功能:对神经网络的参数进行初始化。

调用格式:

net=init(net)

2)initlay()函数

功能:对层-层结构神经网络的参数进行初始化。

调用格式:

net=initlay(net)

3)initnw()函数

功能:对一个层进行初始化。

调用格式:

net=initnw(net,i)

2.2.2.4 神经网络输入函数

1)netsum()函数

功能:对输入求和。

调用格式:

N=netsum(Z1,Z2,...,Zn)

2)netprod()函数

功能:对输入数据求和。

调用格式:

N=netprod(Z1,Z2,...,Zn),info=netprod(code)

2.2.2.5 神经网络传递函数

1)hardlim()函数

功能:硬限幅传递函数。

调用格式:

A=hardlim(N,FP)

2)hardlims()函数

功能:对称硬限幅传递函数。

调用格式:

A=hardlims(N,FP)

2.2.3 感知器神经网络函数

2.2.3.1 感知器神经网络创建函数

函数名为 newp()。

调用格式:

net=newp(PR,S,TF,LF)

2.2.3.2 感知器神经网络显示函数

1)plotpc()函数

功能:用于在感知器向量图中绘制分界线。

调用格式:

plotpc(W,B),plotpc(W,B,H)

2)plotpv()函数

功能:用于输入向量和目标向量绘制。

调用格式:

plotpv(P,T),plotpv(P,T,V)

2.2.3.3 感知器神经网络性能函数

函数名为 mae()。

功能:用于计算输出量和目标量之间的平均绝对误差。

调用格式:

perf=mae(E,Y,X,FP),dPerf_dy=mae('dy',E,Y,X,perf,FP),dPerf_dx=

mae('dx',E,Y,X,perf,FP),info=mae(code)

2.2.4　感知器神经网络模型

2.2.4.1　单层感知器模型

感知器分为单层感知器和多层感知器。单层感知器包含一个突触权值可调的神经元，多层感知器在输入层与输出层之间增加一个隐含层。输出 $y=\text{hardlim}(Wx+b)$，$\text{hardlim}(x)=\begin{cases}1 & x\geqslant 0\\0 & x<0\end{cases}$，参见图 2-14。

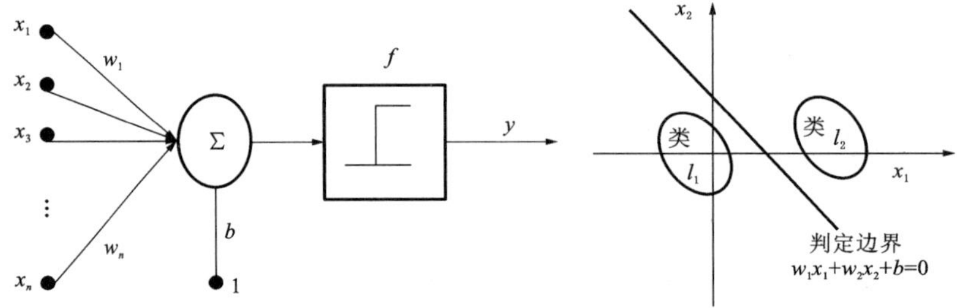

图 2-14　单层感知器模型及判别图

2.2.4.2　单层感知器网络分类

单层感知器可将外部输入分为两类。当感知器的输出为+1 时，输入属于 l_1 类，当感知器的输出为−1 时，输入属于 l_2 类，从而实现两类目标的识别。在 m 维空间，单层感知器进行模式识别的判决超平面由下式决定：

$$\sum_{i=1}^{m} w_i x_i + b = 0$$

对于只有两个输入的判别边界是直线(如 $w_1x_1+w_2x_2+b=0$)，选择合适的学习算法可训练出满意的 w_1 和 w_2，当它用于两类模式的分类时，相当于在高维样本空间中，用一个超平面将两类样本分开。参见图 2-14，在交通信息领域，需要对通过某一个断面的船舶交通流量进行自动统计，可以利用单层感知器网络分类的方法，将断面作为判别边界线，在断面两侧的船舶实现自动分类。通过统计每一侧船舶数量的增加和减少就可以计算出船舶的交通流量，神经网络模型应用在交通信息领域的一个具体实例参见 7.8 节“交通流量自动统计技术”。

2.2.4.3　感知器传递函数

单层感知器的传递函数为强限幅函数，所以其输出取 0 或 1；多层感知器的传递函数通常也为强限幅函数，当其传递函数取为可微函数，如 Sigmiod 型的对数、正切函数等时，多层感知器网络结构即演化为 BP 神经网络。

2.2.4.4　感知器的学习

感知器的学习规则是有监督训练的学习，将偏差作为神经元突触权值向量的第一个分量加到权值向量中，输入向量和权值向量可分别写成如下的形式：

$$\boldsymbol{X}(n)=[+1,x_1(n),x_2(n),\cdots,x_m(n)]^{\mathrm{T}}$$

$$\boldsymbol{W}(n)=[b(n),w_1(n),w_2(n),\cdots,w_m(n)]^{\mathrm{T}}$$

令上式等于零，可得到 m 维空间的判别超平面，具体如下：

(1)设置变量和参量:$f(x)$为激活函数,$y(n)$为网络实际输出,$\bar{y}(n)$为期望输出,h为学习速率,n为迭代次数,e为实际输出与期望输出的误差。

(2)初始化:给权值向量$w(0)$的各个分量赋一个较小的随机非零值,置$n=0$。

(3)输入一组样本$\boldsymbol{X}(n)=[+1,x_1(n),x_2(n),\cdots,x_m(n)]^{\mathrm{T}}$,并给出它的期望输出$\bar{y}(n)$。

(4)计算实际输出:$y(n)=f(\sum_{i=1}^{m}w_i x_i+b=0)$。

(5)求出期望输出和实际输出误差:$e=\bar{y}(n)-y(n)$;根据误差判断目前输出是否满足条件,一般为对所有样本误差为零或者均小于预设的值,则算法结束,否则将值增加1,并用下式调整权值:$w(n+1)=w(n)+h(\bar{y}(n)-y(n))x(n)$。然后转到第三步,进入下一轮计算过程。

2.2.4.5　感知器的局限性

由于感知器神经网络在结构和学习规则上的局限性,其应用被限制在一定范围内。感知器的几点局限性如下:

(1)由于感知器的激活函数是阈值函数,则感知器神经网路的输出只能取0或1。因此,感知器只能适应于简单的分类问题。

(2)感知器神经网络只能对线性可分的向量集合进行分类。理论上已经证明,只要输入向量是线性可分的,感知器在有限的时间内总能达到目标向量。但是如何确定输入向量是否线性可分,尤其当输入向量增多时更难以确定。一般只有设置一定的循环次数,对网络进行训练来确定它是否能被线性可分。

(3)当感知器神经网络的所有输入样本中存在奇异的样本时,即该样本向量同其他所有样本向量比较起来特别大或特别小时,网络训练花费的时间将很长。

2.2.5　感知器神经网络设计实例

2.2.5.1　感知器神经网络设计

单层感知器的输入节点数一般等于要训练的样本矢量维数,可以是原始数据的维数或提取的特征维数;激励函数通常是阈值函数。

多层感知器的输入输出层节点数通常根据实际问题而定。输入层节点数一般等于要训练的样本矢量维数,可以是原始数据的维数或提取的特征维数;输出层节点数在分类网络中取类别数m,或$\log_2 m$。

2.2.5.2　感知器的MATLAB实现

【例2-16】 给定样本输入向量P、目标向量T及需要进行分类的输入向量组Q。设计一个单层感知器,对其进行分类。其中,P=[-0.3 -0.8 0.4;0.6 0 0.1];T=[1 1 0]。

解:下面创建一个有两个输入、样本数据的取值范围都在[-1,1]之间,并且网络只有一个神经元的感知器神经网络,其MATLAB代码如下。图2-15为感知器神经网络运行图。

```
P=[-0.3 -0.8 0.4; 0.6 0 0.1];
T= [1 1 0];
net=newp([-1 1;-1 1],1);
net.trainParam.epochs=20;          %设置网络的最大训练次数为20次
net=train(net,P,T);                %使用训练函数对创建的网络进行训练
```

```
Y=sim(net,P);                          %对训练后的网络进行仿真
E1=mae(Y-T);                           %计算网络的平均绝对误差,表示网络错误分类
Q=[0.6 0.9 -0.1; -0.1 -0.5 0.5];       %检测训练好的神经网络的性能
Y1=sim(net,Q)                          %对网络进行仿真,仿真输出即为分类的结果
figure;                                %创建一个新的绘图窗口
plotpv(Q,Y1);                          %在坐标图中绘制测试数据
plotpc(net.iw{1},net.b{1})             %在已绘制的图上加分类线
```

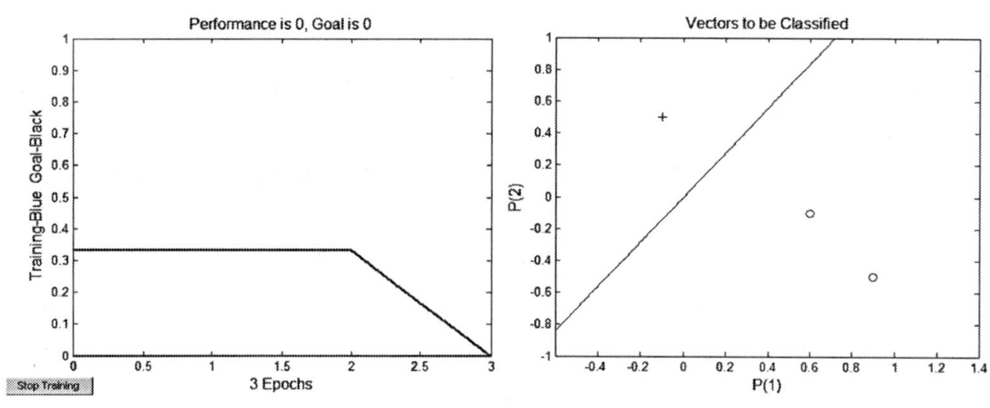

图 2-15　感知器神经网络运行图

感知器训练结果为:

TRAINC,Epoch 0/20

TRAINC,Epoch 3/20

TRAINC,Performance goal met.

经过 3 次训练后,网络目标误差达到要求。

例 2-16 的运行结果如图 2-15 所示,由图可见所设计的感知器对输入模式进行了成功的分类。

【例 2-17】 对图 2-16 所示的两类模式(类Ⅰ表示垂直线,类Ⅱ表示平行线)通过感知器网络进行分类。

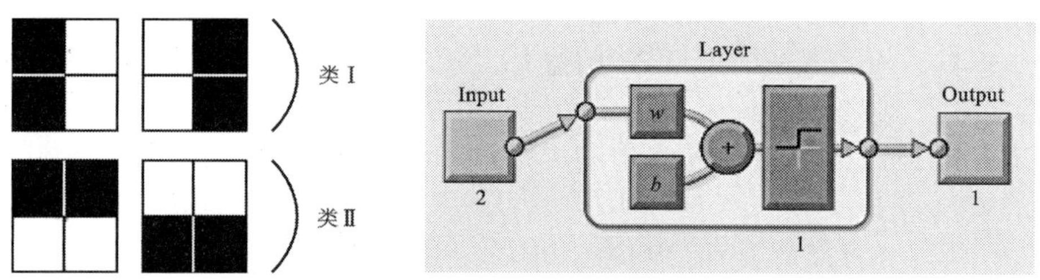

图 2-16　感知器神经网络分类图

解:首先通过依次扫描模式中的各列将模式表示成向量。每个白的方块用“-1”表示,黑的方块用“1”表示,从上至下输入。则输入样本和目标向量如图 2-17 所示。

输入样本						目标向量
类 I	P1	1	1	-1	-1	1
	P2	-1	-1	1	1	1
类 II	P3	1	-1	1	-1	0
	P4	-1	1	-1	1	0

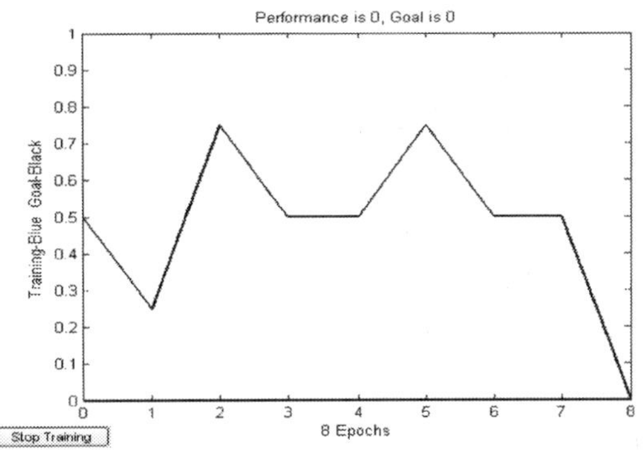

图 2-17 输入样本和目标向量图

MATLAB 代码如下：

```
%用两层感知器来实现
%第一层是随机层，即权重和偏差随机确定，第一层(由两个单层感知器构成)的输出作为第二层单层感知器的输入
pr1=[-1 1;-1 1];                                %随机感知器输入的范围
net1=newp(pr1,1);                               %第 1 个单层感知器的建立，1 个神经元
net11=newp(pr1,1);                              %第 2 个单层感知器的建立，1 个神经元
net1.inputweights{1}.initFcn='rands';           %权重和偏差随机确定
net1.biases{1}.initFcn='rands';
net11.inputweights{1}.initFcn='rands';
net11.biases{1}.initFcn='rands';
index=0;
while index==0
    net1=init(net1);
    iw1=net1.IW{1}
    b1=net1.b{1}
    p1=[1 -1 1 -1;1 -1 -1 1];                   %第 1 层第 1 个单层感知器的输入
    [a1,pr]=sim(net1,p1);
    net11=init(net11);
    iw11=net11.IW{1}
    b11=net11.b{1}
    p11=[-1 1 1 -1;-1 1 -1 1];                  %第 2 层第 2 个单层感知器的输入
    [a11,pr1]=sim(net11,p1);
    pr2=[0 1;0 1];                              %第 2 层单层感知器输入向量范围
    net2=newp(pr2,1);
    net2.trainParam.epochs=10;
    net2.trainParam.show=1;
    p21=ones(size(a1));
    p21=p21.*a1;
```

```
    p22=ones(size(a11));
    p22=p22.*a11;
    p2=[p21;p22];                    %第 1 层中两个单层感知器的输出作为
                                       第 2 层单层感知器的输入
    t2=[1 1 0 0];                    %目标向量
    [net2,tr2]=train(net2,p2,t2);    %第 2 层单层感知器的训练
    epoch2=tr2.epoch;
    perf2=tr2.perf;
    iw2=net2.IW{1};
    b2=net2.b{1};
    a2=sim(net2,p2);                 %第 2 层单层感知器的仿真测试
    save Percept02 net1 net2
    if a2==t2
      index=1;
    end
end
```

运行结果如下,可见,经过训练后,网络目标误差达到要求。

```
TRAINC,Epoch 0/10
TRAINC,Epoch 1/10
TRAINC,Epoch 2/10
TRAINC,Epoch 3/10
TRAINC,Epoch 4/10
TRAINC,Epoch 5/10
TRAINC,Epoch 6/10
TRAINC,Epoch 7/10
TRAINC,Epoch 8/10
TRAINC,Performance goal met.
```

对网络进行测试,结果如下:

```
sim(net2,p2)
ans=1    1    0    0
```

由此可见,该网络已成功实现了上述分类问题。

2.3 相关函数

2.3.1 相关函数的一般知识

2.3.1.1 自相关和互相关的概念

自相关:在统计学中,自相关函数就是将一个有序的随机变量系列与其自身作比较。每个不存在相位差的系列,都与其自身相似,即在此情况下,自相关函数值最大。在信号分析

当中通常将自相关函数称为自协方差方程，用来描述信息在不同时间的信息函数值的相关性。自相关函数如下式：

$$\Phi_{1,2}(\tau)=\lim_{T\to\infty}\int_0^T U_1(t)\cdot U_1(t+\tau)\mathrm{d}t,R_{1,2}(\tau)=\frac{1}{T}\int_0^T U_1(t)\cdot U_1(t+\tau)\mathrm{d}t$$

同一时间函数在瞬时 t 和 $t+a$ 的两个值相乘积的平均值作为延迟时间 t 的函数，它是信号与延迟后信号之间相似性的度量。延迟时间为零时，则成为信号的均方值，此时它的值最大。

互相关：在统计学中，互相关有时用来表示两个随机矢量 X 和 Y 之间的协方差 $\mathrm{cov}(X,Y)$，以与矢量 X 的“协方差”概念相区分，矢量 X 的“协方差”是 X 的各标量成分之间的协方差矩阵。

在信号处理领域中，互相关（有时也称为“互协方差”）是用来表示两个信号之间相似性的一个度量，通常通过与已知信号比较以寻找未知信号中的特性。互相关实质上类似于两个函数的卷积。对于离散函数 f_i 和 g_i 来说，互相关定义为：

$$(f*g)_i=\sum_j f_j*g_{i+j}$$

其中 $\sum$ 是在整个可能的整数 j 区域取和，星号 $*$ 表示复共轭。

对于连续信号 $f(x)$ 和 $g(x)$ 来说，互相关定义为：

$$(f*g)(x)=\int f(t)*g(x+t)\mathrm{d}t$$

其中积分是在整个可能的 t 区域积分。即互相关函数是描述随机信号 $x(t)$、$y(t)$ 在任意两个不同时刻 t_1、t_2 的取值之间的相关程度，自相关函数是描述随机信号 $x(t)$ 在任意两个不同时刻 t_1、t_2 的取值之间的相关程度。

互相关函数给出了在频域内两个信号是否相关的一个判断指标，把两测点之间信号的互谱与各自的自谱联系了起来。

在 MATLAB 中使用 corrcoef 函数可以求两个序列的相关度，c＝corrcoef(x,y)表示序列 x 和序列 y 的相关系数，得到的结果是一个 2×2 矩阵，其中对角线上的元素分别表示 x 和 y 的自相关，非对角线上的元素分别表示 x 与 y 的相关系数和 y 与 x 的相关系数，两个是相等的。例如：

```
a=[0,0,0,1,0,0,1,1,0,1,0,1,1,1,1];
a(find(a==0))=-1;            %先把数列里的0变为-1
b=circshift(a,[1,1]);        %向右移一位循环，a,b延迟一位
c=corrcoef(a,b);             %序列a和序列b的相关系数
result=c(2);                 %相关系数为-0.0714
```

2.3.1.2 相关程度与相关系数之间的联系

在概率论和统计学中，相关（Correlation，或称相关系数或关联系数），表示两个随机变量之间线性关系的强度和方向。在统计学中，相关的意义是用来衡量两个变量相对于其相互独立的距离。最常用的是皮尔逊积矩相关系数，其定义是两个变量协方差除以两个变量的标准差（方差的平方根）。

相关系数只是一个比率，不是等单位的度量，没有单位名称，也不是相关的百分数，一般

取小数点后两位来表示。相关系数的正负号只表示相关的方向,绝对值表示相关的程度。因为不是等单位的度量,因而不能说相关系数 0.7 是 0.35 的两倍,只能说相关系数为 0.7 的二列变量相关程度比相关系数为 0.35 的二列变量相关程度更为密切。也不能说相关系数从 0.70 到 0.80 与相关系数从 0.30 到 0.40 增加的程度一样大。

对于相关系数的大小所表示的意义目前在统计学界尚不一致,但通常是这样认为的:

0.00~±0.30,微相关;

±0.30~±0.50,实相关;

±0.50~±0.80,显著相关;

±0.80~±1.00,高度相关。

所以在上例中,对于同一个序列,从两个不同的时间(延迟一位)取值,其相关程度为 −0.0714,为微相关。

2.3.1.3 MATLAB 中的相关函数

在 MATLAB 当中可以使用 xcorr 函数来求序列的自相关和互相关。使用方法如下:

c=xcorr(x,y)返回矢量长度为 2*N−1 互相关函数序列,其中 x 和 y 的矢量长度均为 N,如果 x 和 y 的长度不一样,则在短的序列后补零直到两者长度相等。

c=xcorr(x)为矢量 x 的自相关估计。

c=xcorr(x,y,'option')为有正规化选项的互相关计算,其中选项 biased 为有偏的互相关函数估计;unbiased 为无偏的互相关函数估计;coeff 为 0 延时的正规化序列的自相关计算;none 为原始的互相关计算。

在 MATLAB 中,求解 xcorr 的过程事实上是利用 Fourier 变换中的卷积定理进行的。

用过 MATLAB 的人都知道,MATLAB 的命令总是能一石三鸟,通过改变输入参数的注释项即可实现不同功能,如今 xcorr 命令的难点就在于它有四个注释项,这些注释项使得计算的结果各有不同,本文将详细介绍对应每个注释项 MATLAB 是如何计算的,当然本文考虑输入的是一个简单一维序列 x=[1,2,3],序列中数据对应的序号依次为 1、2、3(请读者在阅读下文时,不要把序号和数据值弄混,这里只是个特例),其他情况读者可以轻松扩展得到。

该命令意在计算序列中间隔不同距离的数据之间的关系。

第一:缺省注释项,[a,b]=xcorr(x),通过该命令计算的结果为:

a=3 8 14 8 3;b=−2 −1 0 1 2。

下面介绍一下该过程计算机是如何计算的。b 的计算方法是,设一维序列的长度为 N,则序列中任意两个数据序号相减,最小值为 1−N,最大值为 N−1,且能取遍两者之间的所有整数,将这些数从小到大排列得到的就是 b;在缺省注释项的情况下,a 的计算方法如下,其中,a 的每一项是对应 b 的每一项的。

1)b(1)=−2 时,计算 a(1)时只用到一组数据——(3,1)注意顺序,只有这两个数据的序号相减(前面数据的序号减去后面的)满足 b=−2,因此 a(1)的计算公式为:3*1=3。

2)当 b(2)=−1 时,计算 a(2)时用到两组数据——(2,1)和(3,2),这两组数据的序号相减(前面数据的序号减去后面的)满足 b=−1,因此 a(2)的计算公式为:2*1+3*2=8。

3)当 b(3)=0 时,计算 a(3)时用到三组数据——(1,1)、(2,2)、(3,3),这三组数据的序号相减(前面数据的序号减去后面的)满足 b=0,因此 a(3)的计算公式为:1*1+2*2+3*3=14。

4）当 b(4)＝1 时，计算 a(4)时用到两组数据——(1,2)和(2,3)（读者请对比和情况 2 的区别），这两组数据的序号相减（后面数据的序号减去前面的）满足 b＝1，因此 a(4)的计算公式为：1＊2＋2＊3＝8。

5）当 b(5)＝2 时，计算 a(4)时用到一组数据——(1,3)（读者请对比和情况 1 的区别），这两组数据的序号相减（后面数据的序号减去前面的）满足 b＝2，因此 a(4)的计算公式为：1＊3＝3。

第二：注释项为 unbiased，[a,b]＝xcorr(x,'unbiased')，通过该命令计算的结果为：a＝3 4 4.6667 4 3；b＝－2 －1 0 1 2。

下面介绍计算机如何计算该过程，b 的计算在四种注释项的情况下是相同的，就不再论述了。a 的计算仍是和 b 的每一项相对应的。

1）当 b(1)＝－2 时，计算 a(1)时只用到一组数据（记 N＝1）——(3,1)注意顺序，只有这两个数据的序号相减（前面数据的序号减去后面的）满足 b＝－2，因此 a(1)的计算公式为：(3＊1)/1＝3。

2）当 b(2)＝－1 时，计算 a(2)时用到两组数据（记 N＝2）——(2,1)和(3,2)，这两组数据的序号相减（前面数据的序号减去后面的）满足 b＝－1，因此 a(2)的计算公式为：(2＊1＋3＊2)/2＝4。

3）当 b(3)＝0 时，计算 a(3)时用到三组数据（记 N＝3）——(1,1)、(2,2)、(3,3)，这三组数据的序号相减（后面数据的序号减去前面的）满足 b＝0，因此 a(3)的计算公式为：(1＊1＋2＊2＋3＊3)/3＝4.6667。

4）当 b(4)＝1 时，计算 a(4)时用到两组数据（记 N＝2）——(1,2)和(2,3)（读者请对比和情况 2 的区别），这两组数据的序号相减（后面数据的序号减去前面的）满足 b＝1，因此 a(4)的计算公式为：(1＊2＋2＊3)/2＝4。

5）当 b(5)＝2 时，计算 a(4)时用到一组数据（记 N＝1）——(1,3)（读者请对比和情况 1 的区别），这两组数据的序号相减（后面数据的序号减去前面的）满足 b＝2，因此 a(4)的计算公式为：(1＊3)/1＝3。

第三：注释项为 biased，[a,b]＝xcorr(x,'biased')，通过该命令计算的结果为：a＝1.0000 2.6667 4.6667 2.6667 1.0000，b＝－2 －1 0 1 2。

下面介绍计算机如何计算该过程，注意到本次计算用到的序列 x 的长度为 3，记为 M＝3。

1）当 b(1)＝－2 时，计算 a(1)时只用到一组数据——(3,1)，注意顺序，只有这两个数据的序号相减（前面数据的序号减去后面的）满足 b＝－2，因此 a(1)的计算公式为：(3＊1)/M＝1。

2）当 b(2)＝－1 时，计算 a(2)时用到两组数据——(2,1)和(3,2)，这两组数据的序号相减（前面数据的序号减去前面的）满足 b＝－1，因此 a(2)的计算公式为：(2＊1＋3＊2)/M＝2.6667。

3）当 b(3)＝0 时，计算 a(3)时用到三组数据——(1,1)、(2,2)、(3,3)，这三组数据的序号相减（后面数据的序号减去前面的）满足 b＝0，因此 a(3)的计算公式为：(1＊1＋2＊2＋3＊3)/M＝4.6667。

4）当 b(4)＝1 时，计算 a(4)时用到两组数据——(1,2)和(2,3)（读者请对比和情况 2 的区别），这两组数据的序号相减（后面数据的序号减去前面的）满足 b＝1，因此 a(4)的计算公式为：(1＊2+2＊3)/M=2.6667。

5)当 b(5)=2 时，计算 a(4)时用到一组数据——(1,3)(读者请对比和情况 1 的区别)，这两组数据的序号相减(后面数据的序号减去前面的)满足 b=2，因此 a(4)的计算公式为：(1＊3)/M=1。

第四：注释项为 coeff，[a,b]=xcorr(x,'coeff')，通过该命令计算的结果为：a=0.2143 0.5714 1.0000 0.5714 0.2143，b=−2 −1 0 1 2。下面介绍计算机如何计算该过程，这种情况实际是将第三种情况下得到的结果进行归一化，使得 b=0 时对应的值为 1，a(1)=1/4.6667=0.2143；a(2)=2.6667/4.6667=0.5714，a(3)=4.6667/4.6667=1，a(4)=2.6667/4.6667=0.5714，a(5)=1/4.6667=0.2143。

另外，xcorr 命令在工程上的应用通常是对时间上的采样数据序列 x 进行处理，当数据点采样完成之后交给 MATLAB 处理时，MATLAB 是不知道你的采样时间间隔的，它仅仅是根据上文所述的计算过程对输入的数据序列 x 进行计算，但我们可以自己定义时间间隔，例如 $dt=0.01$，此时 $t=dt*b$ 即代表相关性计算中的时间延迟，前半部分是超前，后半部分是滞后，若 R=xcorr(x,'unbiased')，则通过命令 plot(t,R)，即可得到该时域信号的自相关函数曲线。

以[a,b]=xcorr(x,'unbiased')为例，使用 MATLAB 计算的代码如下：

```
x=[1 2 3];[a,b]=xcorr(x,'unbiased');dt=0.01;t=dt*b;plot(t,a);
```

结果如下：

```
a=3.00000000000000    4 4.66666666666667    4 3.00000000000000
b=-2 -1 0 1 2
```

计算结果和上述计算方法所得到的结果完全相同，自相关函数曲线如图 2-18 所示。可见，无论是超前，还是滞后，都得不到最大值，只有时间延迟为零，自相关函数才得到最大值。

autocorr()函数是时间序列自相关函数，MATLAB 计算自相关的函数 autocorr 和 xcorr 有什么不一样的？xcorr 是没有将均值减掉做的相关，autocorr 是对序列减去均值后做的自相关，最后又进行了归一化。

通过调用 autocorr(Series)画出图 2-19，图中上下两条横线分别表示自相关系数的上下界，超出边界的部分表示存在相关关系。示例如下：

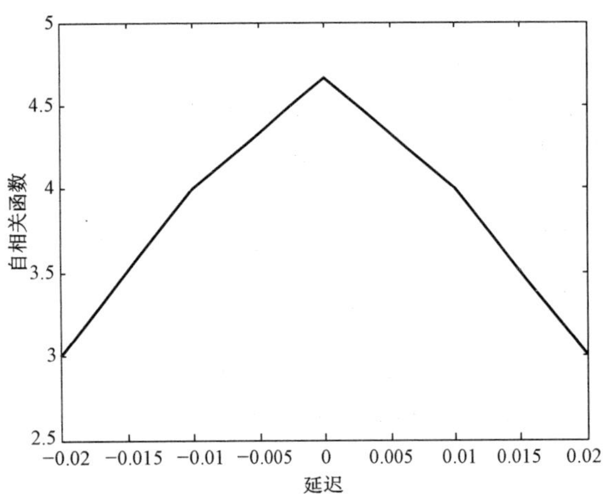

图 2-18 自相关函数曲线

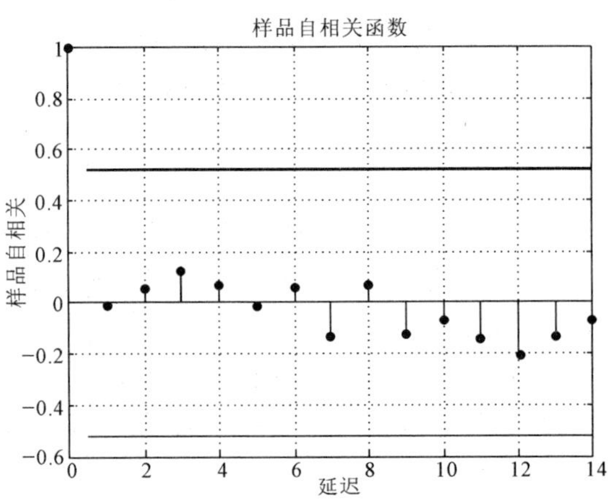

图 2-19 时间序列自相关函数

```
x=[0,0,0,1,0,0,1,1,0,1,0,1,1,1,1];
autocorr(x)
```

2.3.1.4 服从平均分布白噪声的自相关函数

参见图 2-20。

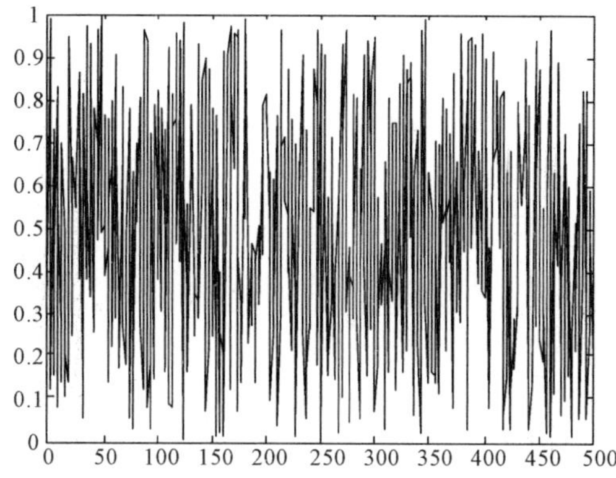

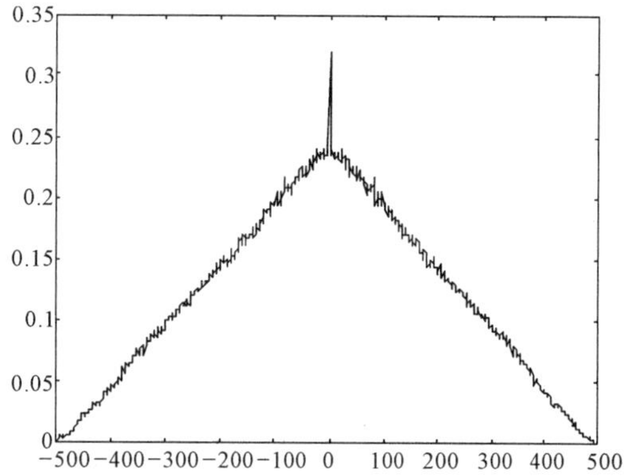

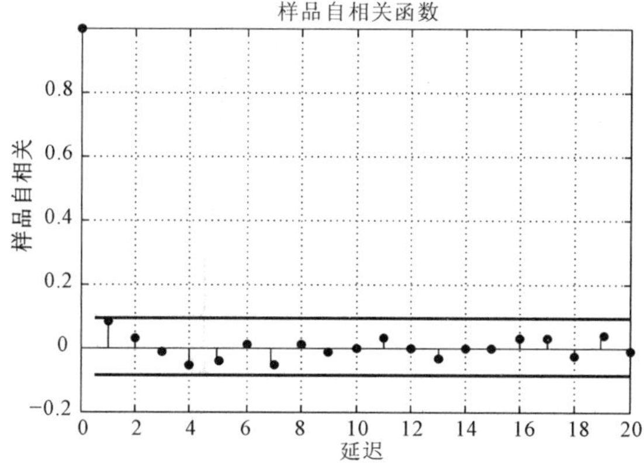

图 2-20 服从平均分布白噪声的自相关函数

```
clear all;close all;clc;
Fs=500;
u1=rand(1,Fs);
figure(1);
plot(u1);
[cor1,lag1]=xcorr(u1,'biased');
figure(2);
plot(lag1,cor1);
figure(3);
autocorr(u1)
```

2.3.1.5 服从正态分布的高斯白噪声的自相关函数

参见图 2-21。

```
clear all;close all;clc;
Fs=500;
```

```
m=60;
u1=randn(1,Fs);
figure(1);
plot(u1);
[cor1,lag1]=xcorr(u1,'biased');
figure(2);
xlabel('m');
ylabel('ru(m)');
plot(lag1,cor1);
figure(3);
autocorr(u1);
```

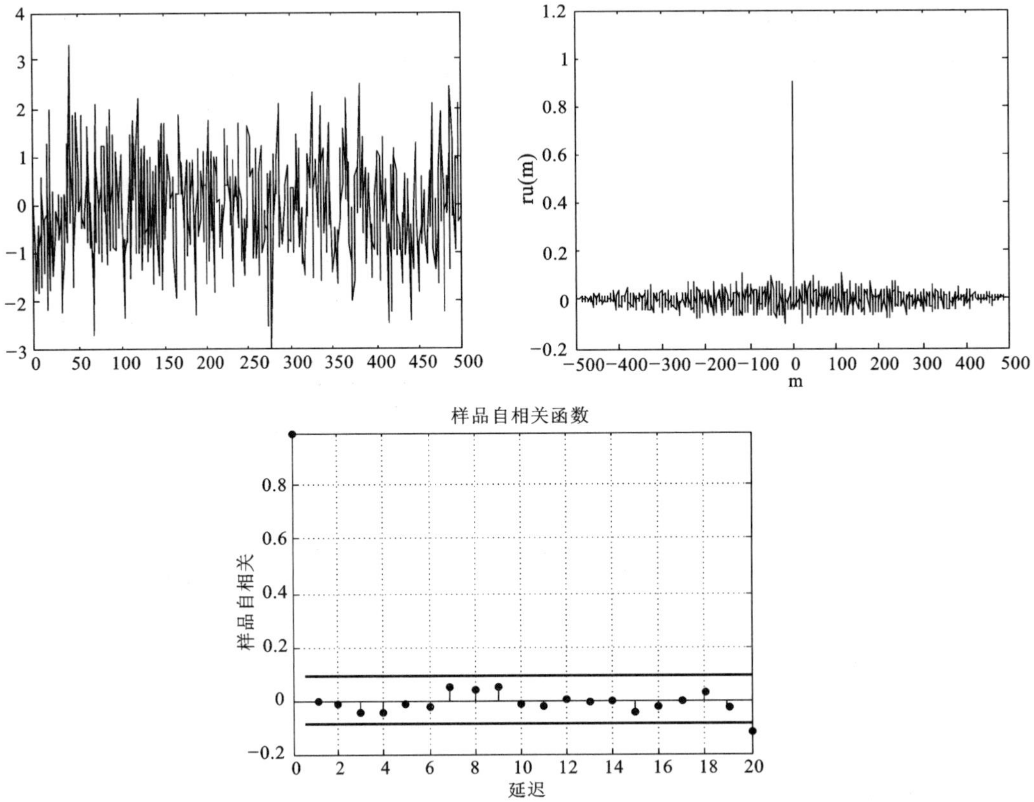

图 2-21　服从正态分布的高斯白噪声的自相关函数

前面介绍了相关函数的一般知识，在交通信息处理中利用自相关性具有的同一信号在不同时间点非相关，而在同一时间点又具有良好的相关特性这一原理的实例较多。

2.3.2　自相关性在 GPS 中的应用

全球定位系统(Global Positioning System，GPS)是一种测距卫星导航系统。

GPS 利用多颗高轨卫星，测量卫星到用户的距离与距离变化率来精确测定用户位置(三维)、速度(三维)和时间参数。

GPS 利用载波发射导航信息提供卫星在地心直角坐标系中的位置，同时也发送伪随机噪声码供用户测量卫星到用户的距离。在地心直角坐标系中，卫星的位置为已知，用户位置为未知，卫星到用户的距离可测，因此，可以使用两点之间的距离方程解算出用户的位置。其中载波 L1 由导航数据码和两个相位正交的伪随机噪声码 P 码和 CA 码调制，载波 L2 则仅由导航数据码和 P 码进行调制。

用户设备通过相关接收技术接收这些信号，从中解调出 CA 码、P 码和导航数据。

CA 码和 P 码主要用来识别卫星和测量导航信号的传输时间，而导航数据主要用以计算卫星位置。

(1)P 码

P(Precision)码是一种连续、快速、长周期的伪随机二进制序列码，其码率为10.23MHz，码周期为 7d。

每个周期开始于每星期六格林尼治标准时午夜 12:00 时。

这种码具有精确的时间和距离测量能力。

每颗卫星的 P 码码型均不一样，一般 P 码难以获得。

GPS 卫星系统将 P 码划分为 25 份，分给 24 颗卫星，实现码分多址区别卫星。

(2)CA 码

CA 码是一种低速、短周期的伪随机二进制序列码，其码率为 P 码的 1/10，即 1.023MHz，其周期为 1ms。

CA 码本身具有的测距精度较低，但它具有协助获得 P 码的能力，这是因为 CA 码周期短，且码元速率也低，对 CA 码的匹配锁定比较容易。

当 CA 码锁定之后，通过卫星导航电文的转换字码(HOW)的转换就可以获得 P 码。

(3)有关码的基本概念

在现代数字化通信中，广泛使用二进制数(即“0”和“1”)及其组合来表示各种信息。这些表达不同信息的二进制数及其组合便称为码。

在二进制中，一位二进制数叫作一个码元或一比特。比特(binarydigit，可简称 bit)意为二进制数，被取为码的度量单位。

如果将各种信息，例如声音、图像和文字等通过量化，并按某种预定的规则表示为二进制数的组合形式，则这一过程称为编码。这是信息数字化的重要方法之一。

例如，若将船舶操纵分为四个等级，则用二进制数表示时，可取两位二进制数的不同组合 11、10、01、00，依次代表船舶操纵的进车、左舵、右舵、停车。这些组合形式称为码，每个码均含有两个二进制数即两码元或两比特。

在二进制数字化信息的传输中，每秒钟传输的比特数称为数码率，用以表示数字化信息的传送速度，其单位为 bit/s 或记为 bps。

(4)随机噪声码

码是用以表达某种信息的二进制的组合，是一组二进制的数码序列，而这一序列又可以表达成以 0 和 1 为幅度的时间的函数。假设一组码序列 $u(t)$，对某一个时刻来说，码元是 0 或 1 完全是随机的，但其出现的概率均为 1/2，这种码元幅度的取值完全无规律的码序列，通常称为随机码序列，也叫作随机噪声码序列。它是一种非周期序列，无法复制。随机码的特性是其自相关性好，而自相关性好，对于提高利用 GPS 卫星码信号测距的精度是极其重要的。为了说明随机码的自相关性，现将随机序列 $u(t)$ 平移 k 个码元，由此便得到一个新的随机序列，设为 $\overline{u}(t)$。如果两随机序列 $u(t)$ 和 $\overline{u}(t)$ 所对应的码元中，相同的码元数(同为 0 或 1)为 A_u，相异的码元数为 B_u，则随机序列 $u(t)$ 的自相关系数 $R(t)$ 定义为：

$$R(t)=\frac{A_u-B_u}{A_u+B_u}$$

很明显，当平移的码元数 $k=0$ 时，说明两个结构相同的随机序列其相应的码元均相互对齐，即 $B_u=0$，则自相关系数 $R(t)=1$；而当 $k\neq 0$ 时，由于码序列的随机性，所以当序列中的码元数充分大时，便有 $A_u\approx B_u$，则自相关系数 $R(t)\approx 0$。于是根据码序列自相关系数的取值，我们便可以判断两个随机码序列的相应码元是否已经相互对齐。

例如，$u(t)$ 序列为：1111010110010001，右移一位，$\overline{u}(t)$ 为：1111101011001000，则 $A_u=8$，$B_u=8$，$R(t)=0$。

使用 MATLAB 计算 $u(t)$ 序列的自相关系数，方法如下：

```
u=[1,1,1,1,0,1,0,1,1,0,0,1,0,0,0,1];          %将 u(t)序列矩阵化
u(find(u==0))=-1;                             %先把序列里的 0 变为-1,因此
1 1 1 1 0 1 0 1 1 0 0 1 0 0 0 1 变为 1 1 1 1 -1 1 -1 1 1 -1 -1 1 -1 -1 -1 1
for i=1:32;
   b=circshift(u,[1,i]);         %矩阵循环平移,右移 i 位
   c=circshift(b,[1,i]);         %矩阵循环平移,在 b 的基础上再次右移 i 位
   d=b. * c;                     %两者相乘
e=sum(d);                        %求和
y(i)=e/16                        %归一化
end
plot(y)                          %画图
```

最终，画出的自相关系数如图 2-22(a)所示，可以看出，两个序列在延迟 16、32 时最大，即两者没有移位时有最大值。

直接使用 MATLAB 的自相关函数 autocorr(u)，得到图 2-22(b)所示图形，在没有延迟时其自相关系数最大。

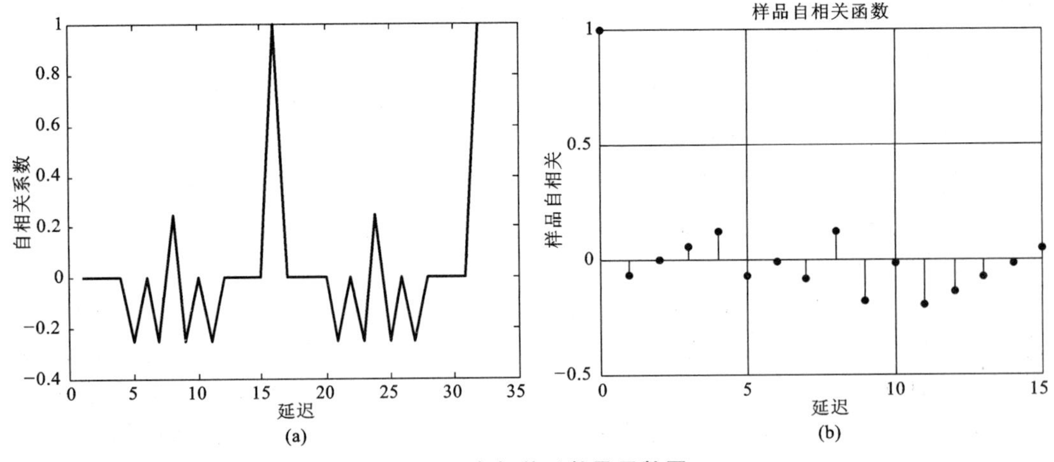

图 2-22　自相关系数及函数图

假设 GPS 卫星发射的是一个随机码序列 $u(t)$，而 GPS 接收机若能同时复制出结构与之相同的随机码序列 $\bar{u}(t)$，则这时由于信号传播时间延迟的影响，被接收的 $u(t)$ 与 $\bar{u}(t)$ 之间已经产生平移，即其相应码元已经错开，因而 $R(t)\approx 0$。如果通过一个时间延迟器来调整 $\bar{u}(t)$，使之与 $u(t)$ 的码元相互完全对齐，即有 $R(t)=1$，那么就可以从 GPS 接收机的时间延迟器中，测出卫星信号到达用户接收机的准确传播时间，从而便可以准确地确定由卫星到用户的距离。所以随机序列的良好自相关特性，对于利用 GPS 卫星的测距码进行精密测距是非常重要的。

(5)伪随机噪声码

虽然随机码具有良好的自相关特性，但由于它是一种非周期性的序列，不服从任何编码规则，所以实际上是无法复制和利用的，因此，为了实际的应用，GPS 采用了一种伪随机噪声码，简称伪随机码或伪码。这种码序列的主要特点是，不仅具有类似随机码的良好自相关特性，而且具有某种特定的编码规则。它是周期性的，便于复制。

伪随机噪声码是用于表征"像噪声那样随机分布"且"可准确复制"的"1"与"0"数字序列。其最重要的特性是对所有时间延迟自相关值低，或者说是在码精确对齐时，时间滞后问题显露不出来。每颗 GPS 卫星都有唯一的 C/A 码和 P 码，它们都属于伪随机噪声码。

伪随机噪声码的产生方式很多，GPS 技术采用 M 序列。

GPS 的定位技术就是利用伪随机噪声码来进行伪距测量的，即利用测量发射信号时刻和接收信号时刻之间的时间差与电波传播速度相乘的方法。而这个时间差就是利用卫星发射伪随机噪声码和 GPS 接收机内复制的伪随机噪声码之间的相关性，当调整机器内的延迟器，使得自相关系数最大时的延迟值即为卫星信号从卫星传播到用户的时间。

2.3.3 自相关性在声相关计程仪中的应用

声相关计程仪是现代船舶上的一种新型航海计程仪器，其原理是利用声相关原理测量来自水底同一散射源的回声信息到达两个接收器的时移，以解算得到相对于水底的航速和航程。

2.3.3.1 *声相关计程仪的工作原理*

声相关计程仪的测速原理如图 2-23 所示：在船底沿纵向等间距安装有发射换能器 T，接收换能器 R_f 和 R_a，R_f 在前，R_a 在后，其间距为定值 s。

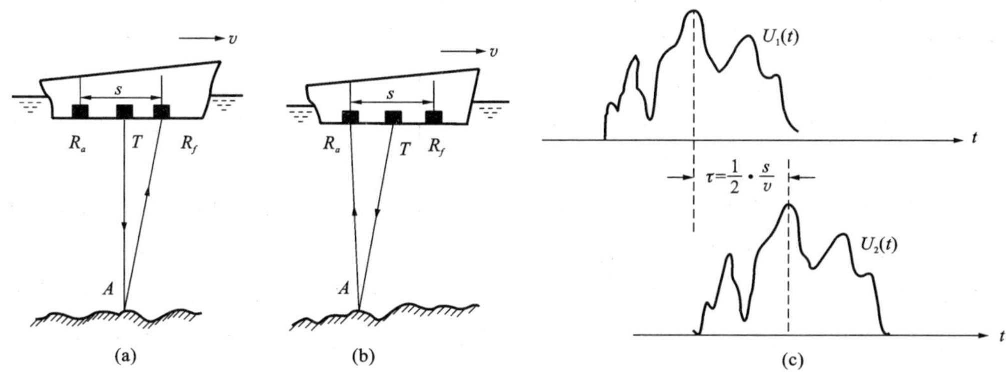

图 2-23 声相关计程仪的测速原理图

T 位于 R_a 与 R_f 中心连线的中点，并以一定时间间隔垂直向海底发射超声波脉冲，经海底反射的回波被接收换能器 R_f 和 R_a 接收。

假设船舶航速为 v，在某一瞬间 $t=t_1$ 时，R_f 接收到来自海底散射源 A 的反射回波，经过一段时间间隔 τ，即 $t=t_2$ 时，R_a 也接收到海底同一散射源 A 的反射回波。显然，R_f 和 R_a 所接收的回波幅值取决于超声波信号传播路径，即海底底质、水中悬浮微粒的散射和介质吸收等物理条件，因此可以认为这两个接收回波信号幅值包络是随机变量。

在每个接收换能器的输出端，将产生除了时间间隔 τ 以外，几乎是相同的信号包络幅值和波形，故可以认为这两个信号是互相关的，R_f 与 R_a 接收信号包络波形如 2-23(c)图所示。

它们唯一的区别是 R_a 的接收信号 $U_2(t)$ 比 R_f 的接收信号 $U_1(t)$ 滞后一个时间间隔 τ，τ 称之为延时，可以用下式表示：

$$\tau = \frac{1}{2} \cdot \frac{s}{v}; v = \frac{1}{2} \cdot \frac{s}{\tau}$$

式中，s 为两个接收换能器的间距，v 为船速，τ 为延时。

可见，由于 s 为定值，若应用相关技术测量得到接收信号的延时 τ，就可求得船速 v。将船速对时间求积分，便得到船舶航程。

2.3.3.2 声相关计程仪的相关特性

如前所述，两个接收换能器所接收的回波信号除 τ 延时外，将是相同的电压幅值，而且信号幅值变化为船舶航行距离的函数。

就某一定航线而言，该函数的图形记录是唯一的，亦即 $U_1(t)$ 和 $U_2(t)$ 波形几乎完全相同，所不同的是 $U_2(t)$ 比 $U_1(t)$ 在接收时间上推迟一个 τ，故可将 $U_2(t)$ 记作 $U_1(t+\tau)$。

它们的相关函数 $\Phi_{1,2}(\tau)$ 可写为：

$$\Phi_{1,2}(\tau) = \lim_{T\to\infty}\int_0^T U_1(t) \cdot U_1(t+\tau)\mathrm{d}t$$

在实际测量中，数据长度不能取无限大，而取某一有限值 T，因此，前式可写为：

$$R_{1,2}(\tau) = \frac{1}{T}\int_0^T U_1(t) \cdot U_1(t+\tau)\mathrm{d}t$$

$R_{1,2}(\tau)$ 是与延时 τ 有关的函数，当变量 τ 从零逐渐增大时，$R_{1,2}(\tau)$ 也从零逐渐增大。至 $\tau=\tau_1$ 时，$R_{1,2}(\tau)$ 出现最大值，而后又逐渐减小直至为零，如图 2-24 所示。

相关函数 $R_{1,2}(\tau)$ 的运算以及延时 τ 的测量均可借助相关器完成，所以，相关器是声相关计程仪的重要组成部分。

图 2-25 为声相关计程仪组成框图，从图中可知，相关器是由延时组件、乘法器和积分器组成。

当延时组件所取的延时 $\tau=\tau_1$ 时，积分器输出的相关函数为最大值。在声相关计程仪电路中，延时组件可以选用移位寄存器。

实际设计的声相关计程仪电路，是当电源接通后，移位寄存器将一路回波信号延时 $\tau=\tau_n$，τ_n 是对应于最大速度量程的延时值，然后将延时值逐渐减小，即 $\tau=\tau_n-1$，$\tau=\tau_n-2$，$\tau=\tau_n-3$，直至 $\tau=\tau_1$，积分器输出最大值，此时 τ_1 即是对应于实际船速的延时值，再经换算由显示器以模拟或数字方式显示出船速和航程。

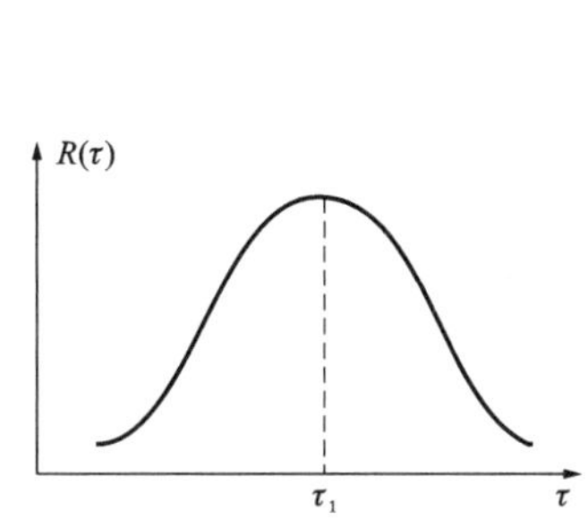

图 2-24 声相关计程仪的相关函数图

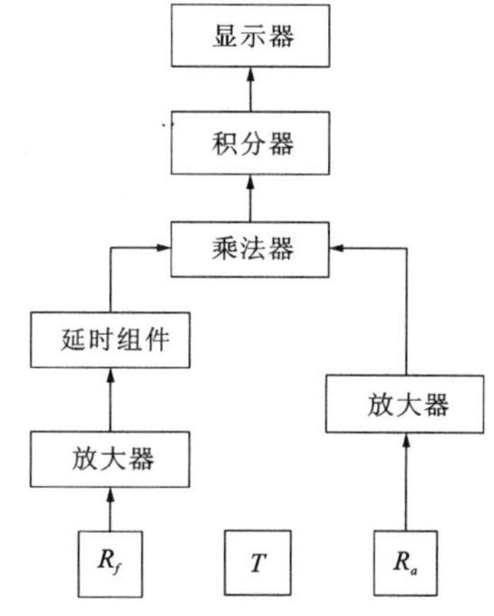

图 2-25 声相关计程仪的组成框图

2.3.4 自相关性在同频干扰抑制中的应用

二台同波段雷达相互之间的干扰称为同频干扰。由于同频雷达干扰电波使其他雷达单程发射直接进入本船雷达天线，故本船雷达停止发射时，只要接收机和显示器仍在工作，仍能接收到干扰信号，而且他船离本船越近，接收到的同频干扰越强。除本船雷达天线主瓣接收外，旁瓣也接收。除直接接收他船同频干扰外，还接收经本船大桅等建筑物反射的同频干扰。

根据两雷达的脉冲重复频率(Pulse Recurrence Frequency,PRF)的不同，雷达同频干扰回波图像可以分为三种，参见图 2-26。

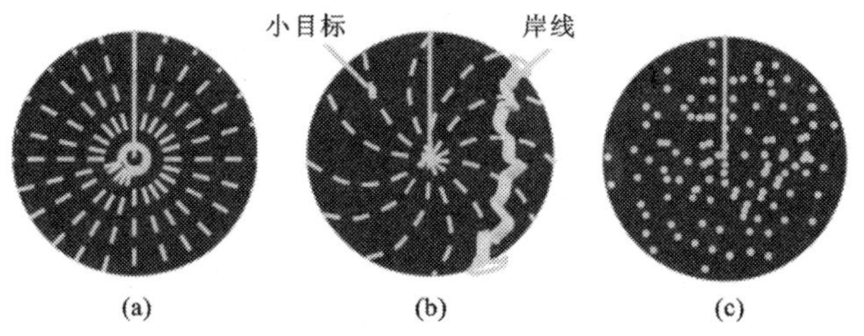

图 2-26 雷达同频干扰回波图像

(a)相同 PRF;(b)相近 PRF;(c)不同 PRF

雷达同频干扰回波图像在本船雷达上出现，将影响雷达正常目标回波的观测，例如，小目标可能被遮挡，海岸线被重叠等，所以现代雷达中都加装有雷达同频干扰抑制器设备，用于消除雷达同频干扰的影响。

抑制雷达同频干扰的原理如下：

在相邻 2 次雷达扫描周期中，目标回波基本上不移动，在距离触发脉冲某一相同位置上出现，称为时间相关。这是因为一般船用雷达的扫描周期约为 1ms，而船舶在 1ms 内航行的距离是极短的，可以认为在相邻 2 次雷达扫描周期中目标回波出现的位置是不变的。虽然同频干扰回波的频率相同，可以进入天线，但是后者的扫描周期和相位与前者是没有关联的，是不相关的。假设干扰脉冲在第一次扫描时出现在 A 点，而在第二次扫描时就不可能出现在 A 点，而是出现在其他位置如 B 点或 B'，称之为时间不相关，参见图 2-27。

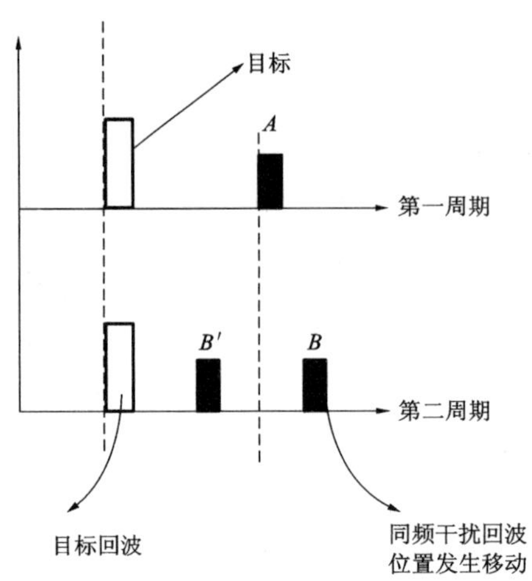

图 2-27　抑制雷达同频干扰原理示意图

同频异步干扰抑制器就是根据这一原理，即利用目标回波的相关性和同频干扰杂波的非相关性来抑制同频干扰杂波。

当干扰脉冲出现时，通过雷达视频信号处理，产生一个开关信号，把视频信号关闭，从而使干扰脉冲不能通过视频放大器，而被抑制掉。但是目标回波则不同，因为它在相邻两个扫描周期中是相关的，门信号电路没有输出，视频通道不会关闭，因此目标回波可以通过视频电路，最后被显示在雷达屏幕上，如图 2-28 所示为根据此原理设计的同频异步干扰抑制器原理图。

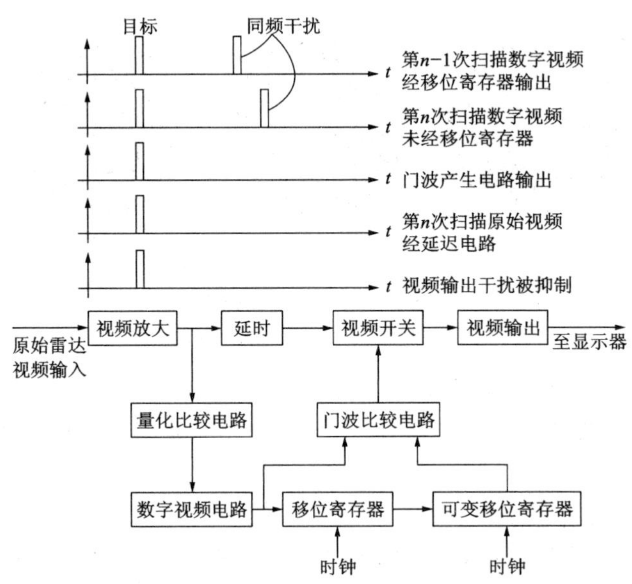

图 2-28　同频异步干扰抑制器原理及工作波形图

接收机输出的视频信号(原始视频信号)加到干扰抑制器的输入端，目标回波和干扰信号一起经视频放大后分两路输出。一路经量化、比较和展宽形成数字视频，另一路经延时电路、视频开关和视频输出电路加到显示器的视放输入端。

视频信号经量化比较器，只有信号电平大于比较器阈值电平的信号才能通过，这样一来大多数噪声干扰因小于阈值电平而得到抑制。雷达同频干扰信号很强，它将和回波信号一起通过比较器，然后被送入数字视频电路。数字视频电路把回波脉冲和同频干扰脉冲一起展宽以适应低速数字电路对脉冲宽度的要求。

数字视频电路分两路输出，一路直接送至门波产生电路；另一路，加到1024位移位寄存器中，使输入信号延迟一个扫描周期，然后再送入一个可变的4位移位寄存器，作延迟微调和脉冲展宽，使其输出的脉冲在时间上延迟一个扫描周期，脉冲宽度能覆盖移位前的数字视频输出脉冲。

加到门波产生电路的输入信号有两个，一个是第 n 次扫描的数字视频信号；另一个是经过移位后的第 $n-1$ 次扫描的数字视频信号。这两个信号在门波产生电路中做相关比较。结果，第 n 次和第 $n-1$ 次扫描期间收到的回波是相关的，得到最大输出，控制门波电路产生一个门波输出。第 n 次和第 $n-1$ 次扫描期间收到的同频干扰脉冲是不相关的，得不到一定值来打开门波电路，因而门波电路无输出。

门波产生电路的输出去控制视频开关的通断，原始视频信号被放大后送入延时电路，使之经微量延时后再进入视频开关。这样可以使实时干扰脉冲正好落在开关门波内，避免误动作。有门波输出时，视频开关将视频通道接通，使回波视频信号通过开关通道送至显示器。无门波输出时，视频开关将视频通道切断。这样第 n 次原始视频信号中的同频干扰就可以消除了，其波形与时间关系图参见图2-28。

两个移位寄存器的时钟脉冲都与雷达触发脉冲同步。

这样利用第 $n-1$ 次干扰与第 n 次干扰的非相关性，去消除第 n 次扫描中的干扰，然后又利用第 n 次干扰与第 $n+1$ 次干扰的非相关性，去消除第 $n+1$ 次扫描中的干扰，依此类推，从而实现所有的雷达同频干扰抑制。

雷达同频干扰抑制器一般都安装在收发机和显示器之间，作为雷达的附件。在新型船用雷达中则作为本机的一部分，集成到显示器中。

2.4 迭代算法

迭代是数值分析中通过从一个初始估计出发寻找一系列近似解来解决问题（一般是解方程或者方程组）的过程，为实现这一过程所使用的方法统称为迭代法（Iterative Method）。

迭代法也称辗转法，是一种不断用变量的旧值递推新值的过程，跟迭代法相对应的是直接法，即一次性解决问题。迭代法又分为精确迭代和近似迭代。“二分法”和“牛顿迭代法”属于近似迭代法。迭代算法是用计算机解决问题的一种基本方法。它利用计算机运算速度快、适合做重复性操作的特点，让计算机对一组指令（或一定步骤）进行重复执行，在每次执行这组指令（或这些步骤）时，都从变量的原值推出它的一个新值。

一般可以做如下定义：对于给定的线性方程组 $\boldsymbol{x}=\boldsymbol{B}\boldsymbol{x}+\boldsymbol{f}$（这里的 $\boldsymbol{x}$、$\boldsymbol{B}$、$\boldsymbol{f}$ 同为矩阵，任意线性方程组都可以变换成此形式），用公式 $x_{k+1}=Bx_k+f$（x_k 代表迭代 k 次得到的 x，初始时 $k=0$）逐步代入求近似解的方法称为迭代法（或称一阶定常迭代法）。如果 $\lim\limits_{x\to\infty} x_k$ 存在，记为 x^*，称此迭代法收敛。显然 x^* 就是此方程组的解，否则称为迭代法发散。

跟迭代法相对应的是直接法（或者称为一次解法），即一次性地快速解决问题，一般如果可能，直接解法总是优先考虑的。但当遇到复杂问题时，特别是在未知量很多，方程为非线性时，我们无法找到直接解法(例如五次以及更高次的代数方程没有解析解，参见阿贝耳定理)，这时候或许可以通过迭代法寻求方程(组)的近似解。

最常见的迭代法是牛顿法。其他还包括最速下降法、共轭迭代法、变尺度迭代法、最小二乘法、线性规划、非线性规划、单纯型法、惩罚函数法、斜率投影法、遗传算法、模拟退火等。

利用迭代算法解决问题，需要做好以下三个方面的工作：

(1)确定迭代变量

在可以用迭代算法解决的问题中，至少存在一个直接或间接地不断由旧值递推出新值的变量，这个变量就是迭代变量。

(2)建立迭代关系式

所谓迭代关系式，指如何从变量的前一个值推出其下一个值的公式(或关系)。迭代关系式的建立是解决迭代问题的关键，通常可以用顺推或倒推的方法来完成。

(3)对迭代过程进行控制

在什么时候结束迭代过程？这是编写迭代程序必须考虑的问题。不能让迭代过程无休止地重复执行下去。迭代过程的控制通常可分为两种情况：一种是所需的迭代次数是个确定的值，可以计算出来；另一种是所需的迭代次数无法确定。对于前一种情况，可以构建一个固定次数的循环来实现对迭代过程的控制；对于后一种情况，需要进一步分析出用来结束迭代过程的条件。

2.4.1　迭代法的基本算法

下面以阿米巴分裂为例，说明迭代法的基本算法。

阿米巴用简单分裂的方式繁殖，它每分裂一次要用 3min。将若干个阿米巴放在一个盛满营养液的容器内，45min 后容器内充满了阿米巴。已知容器最多可以装阿米巴 2^{20} 个。试问，开始的时候往容器内放了多少个阿米巴？请编程序算出。

分析：根据题意，阿米巴每 3min 分裂一次，那么从开始的时候将阿米巴放入容器里面，到 45min 后充满容器，需要分裂 45/3＝15 次。而“容器最多可以装阿米巴 2^20 个”，即阿米巴分裂 15 次以后得到的个数是 2^20。题目要求我们计算分裂之前的阿米巴数，不妨使用倒推的方法，从第 15 次分裂之后的 2^20 个，倒推出第 15 次分裂之前(即第 14 次分裂之后)的个数，再进一步倒推出第 13 次分裂之后、第 12 次分裂之后、…、第 1 次分裂之前的个数。

设第 1 次分裂之前的个数为 x_0、第 1 次分裂之后的个数为 x_1、第 2 次分裂之后的个数为 x_2、…、第 15 次分裂之后的个数为 x_{15}，则有：

$$x_{14}=x_{15}/2、x_{13}=x_{14}/2、\cdots、x_{n-1}=x_n/2(n\geqslant 1)$$

因为第 15 次分裂之后的个数 x_{15} 是已知的，如果定义迭代变量为 x，则可以将上面的倒推公式转换成如下的迭代公式：

$x=x/2$(x 的初值为第 15 次分裂之后的个数 2^20)

让这个迭代公式重复执行 15 次，就可以倒推出第 1 次分裂之前的阿米巴个数。因为所需的迭代次数是个确定的值，我们可以使用一个固定次数的循环来实现对迭代过程的控制。参考程序如下：

```
cls
x=2^20
for i=1 to 15
  x=x/2
next i
print x
end
```

2.4.2 用传统的“二分法”求根号 2 的近似值

大家都知道根号 2 的近似值是 1.414，这是应该记住的常数，可你知不知道如何去求这个近似值呢？我们要采用迭代法中传统的“二分法”，用循环来解决这个问题，而且还可以调控其计算精度。“迭”就是重复、反复的意思，“代”是代入、代换的意思。所以“迭代”就是一种不断代换的工作，即不断用新的数据替换旧的数据，以达到自己的目的。正是因为要重复的代换，所以会用循环来实现“迭代”的算法思想，并用这种思想来求出根号 2 的近似值。

以下是用二分法求根号 2 的步骤。

第一步：构造求根号 2 的函数 $f(x)=x^2-2$，令 $f(x)=0$，则根号 2 是其中的一个正根，也就是函数 $f(x)$ 与 x 轴的其中一个交点。

第二步：选择起始区间。

设置根号 2 的起始区间为[0,2]，并令 $a=0,b=2$（起始区间的选择不是唯一的，只要遵从下面选择区间的原则即可）。

区间的选取是有原则的，其端点 a 和 b 对应的函数值必须遵从 $f(a)\cdot f(b)<0$，即 $f(a)<0, f(b)>0$（或 $f(a)>0, f(b)<0$），根据函数连续性的特点，其函数图像必定在此区间与 x 轴有交点，也即方程 $f(x)=0$ 在此区间有一个根，而这个根就是根号 2（只讨论正根）。按照这个原则选取区间就保证了根号 2 一定在这个区间内，这个原则也是我们后面取舍区间必须遵从的原则。

第三步：迭代方法。

迭代要通过循环实现，要构造循环就要找到构造循环的条件。方法是让含根号 2 的区间 $[a,b]$ 的两个端点不断地向根号 2 靠近，当它们之间的距离 $b-a$ 小于我们预先给定的精度（比如 0.00001）时，我们认为 a 或 b 的值就可以近似地表示满足精度的根号 2 的近似值。即：

①当达到所要求的精度时，则 $b-a\leqslant 0.00001$，可以用 a 或 b 中的任一个作为满足精度的根号 2 的值。

②当未达到所要求的精度时，则 $b-a>0.00001$，此时先找 a、b 中点的坐标：$t=(a+b)/2$，计算中点的函数值：$f=t^2-2$。

中点 t 将原来的 $[a,b]$ 区间一分为二，根据新产生 $[a,b]$ 区间的两个端点的函数值必须满足 $f(a)\cdot f(b)<0$ 的原则，舍掉其中的一个区间，保留符合条件的另一个区间，具体的取舍通过下面的判断实现：

①若 $f=0$，则无须代换，中点 t 即为根号 2 的值，输出 t 即可；

②若 $f<0$，t 在 a 与 0 之间，执行 $a=t$，相当于 a 点移动到中点 t[图 2-29(a)]，此时区间 $[a,b]$ 缩小为原来的一半；

③若 $f>0$，t 在 0 与 b 之间，执行 $b=t$，相当于 b 点移动到中点 t[图 2-29(b)]，此时区间 $[a,b]$ 也缩小为原来的一半。

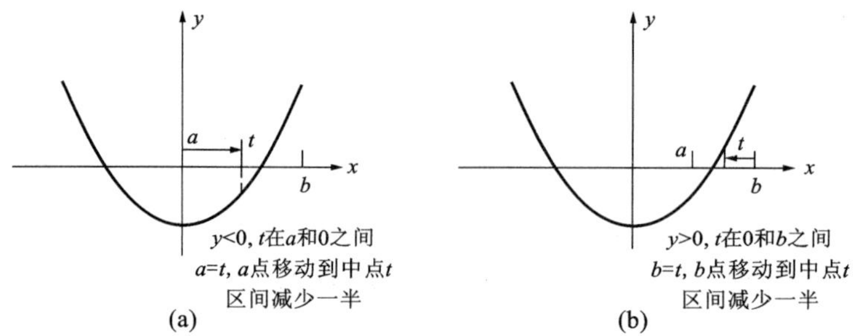

图 2-29　迭代方法示意图

经过上述替换，检查新区间 $[a,b]$ 的两个端点之间的距离 $b-a$ 是否达到预先设定的精度要求。若 $b-a>0.00001$，则没有达到要求，还要继续计算中点坐标和对应的函数值，判断函数值情况，将 a 或 b 移动到中点产生新的 $[a,b]$ 区间，并再次检验，经过这样反复的迭代，每次迭代都会去掉一半的区间，而保留下来的 $[a,b]$ 区间也就越来越小，当 $b-a\leqslant 0.00001$ 时，说明已经符合设定的精度要求，此时输出 t 即可。

我们用语言描述了如何迭代求根号 2 的原理，下面把这个原理转化为相应的流程图，即图 2-30。

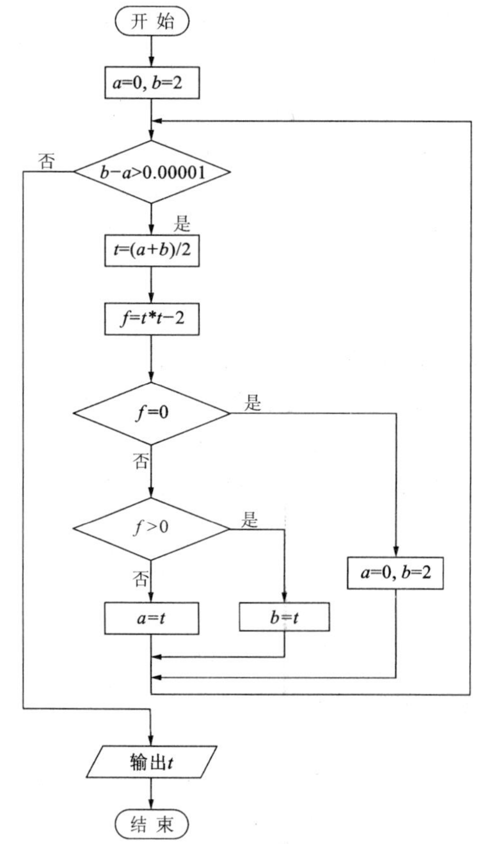

图 2-30　迭代求根号 2 的流程图

设计 VB 程序如下：

```
Private Sub Command1_Click()
a=0
b=2
Do While(b-a>0.00001)
    t=(a+b)/2
    f=t*t-2
    If (f=0) Then
      Exit Do
    ElseIf (f>0) Then
      b=t
    Else
      a=t
    End If
Loop
Label1.Caption=t
End Sub
```

2.4.3 用“牛顿迭代公式”求根号 2 的近似值

牛顿迭代法是牛顿在 17 世纪提出的一种求解方程 $f(x)=0$ 的方法。多数方程不存在求根公式，求精确根非常困难，甚至是不可能的，从而寻找方程的近似根就显得特别重要。

设 r 是 $f(x)=0$ 的根，选取 x_0 作为 r 的初始近似值，过点$(x_0,f(x_0))$作曲线 $y=f(x)$的切线 L，L 的方程为 $y=f(x_0)+f'(x_0)(x-x_0)$，求出 L 与 x 轴交点的横坐标 $x_1=x_0-f(x_0)/f'(x_0)$，称 x_1 为 r 的一次近似值，过点$(x_1,f(x_1))$作曲线 $y=f(x)$的切线，并求该切线与 x 轴的横坐标 $x_2=x_1-f(x_1)/f'(x_1)$，称 x_2 为 r 的二次近似值，重复以上过程，得 r 的近似值序列$\{X_n\}$，其中 $X_n+1=X_n-f(X_n)/f'(X_n)$，称为 r 的 $n+1$ 次近似值，参见图 2-31。

设计 MATLAB 程序如下：

```
disp('牛顿法')
n0=20;
p0=1;
for i=1:n0
    p=p0-(p0^2-2)/(2*p0);
    if abs(p-p0)<=0.00001
      disp('|p-p0|=')
      disp(abs(p-p0))
      disp('用牛顿法求得方程的正根为')
      disp(p);
      break;
    else
```

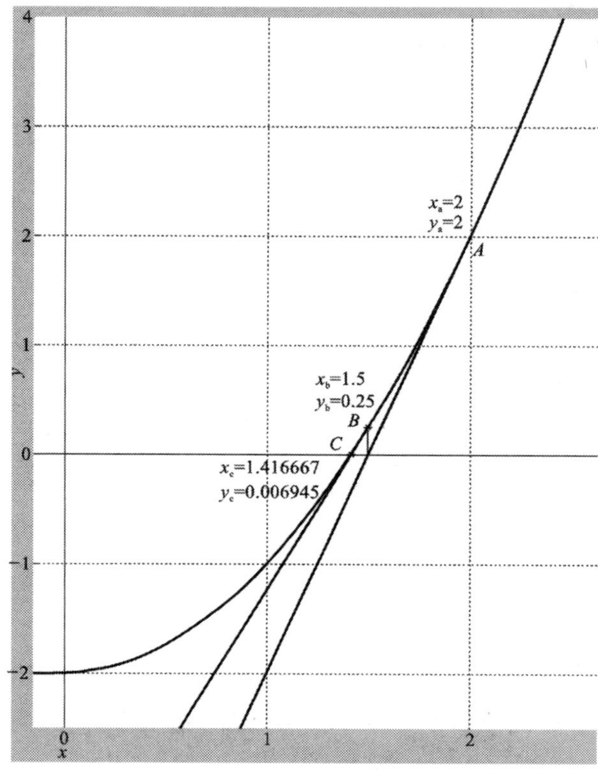

图 2-31　牛顿迭代公式求根号 2 的近似值

```
        p0=p;
    end
end
if i==n0
    disp(n0)
    disp('次牛顿迭代后无法求出方程的解')
end
p1=-3;
for i=1:n0
    p=p1-(p1^2-2)/(2*p1);
    if abs(p-p1)<=0.00001
        disp('|p-p1|=')
        disp(abs(p-p1))
        disp('用牛顿法求得方程的负根为')
        disp(p);
        break;
else
    p1=p;
```

```
        end
    end
if i==n0
        disp(n0)
        disp('次牛顿迭代后无法求出方程的解')
end
```

2.4.4 最小二乘法的原理

1801 年，意大利天文学家朱赛普·皮亚齐发现了第一颗小行星谷神星。经过 40 天的跟踪观测后，由于谷神星运行至太阳背后，使得皮亚齐失去了谷神星的位置。随后全世界的科学家利用皮亚齐的观测数据开始寻找谷神星，但是大多数人的计算结果都没能寻找到谷神星。时年 24 岁的高斯也计算了谷神星的轨道。奥地利天文学家海因里希·奥尔伯斯根据高斯计算出来的轨道重新发现了谷神星。

高斯使用的最小二乘法的方法发表于 1809 年他的著作《天体运动论》中。

法国科学家勒让德于 1806 年独立发现"最小二乘法"，但因不为世人所知而默默无闻。

1829 年，高斯提供了最小二乘法的证明，其优化效果强于其他方法，因此被称为高斯—莫卡夫定理。

在我们研究两个变量(x,y)之间的相互关系时，通常可以得到一系列成对的数据$(x_1, y_1, x_2, y_2, \cdots, x_m, y_m)$；将这些数据描绘在 x-y 直角坐标系中，若发现这些点在一条直线附近，可以令这条直线的方程为式(2-1)。

$$Y_{计} = a_0 + a_1 X_{计} \tag{2-1}$$

其中：a_0、a_1 是任意实数。

为建立直线方程就要确定 a_0 和 a_1，应用最小二乘法原理，将使实测值 Y_i 与利用式(2-1) 计算值的离差$(Y_i - Y_{计})$ 的平方和$[\sum(Y_i - Y_{计})^2]$ 最小作为"优化判据"。

令：

$$\Phi = \sum(Y_i - Y_{计})^2 \tag{2-2}$$

把式(2-1)代入式(2-2)中得：

$$\Phi = \sum(Y_i - a_0 - a_1 X_i)^2 \tag{2-3}$$

当 $\sum(Y_i - Y_{计})^2$ 最小时，可用函数 Φ 对 a_0、a_1 求偏导数，令这两个偏导数等于零。

$$\sum[2(a_0 + a_1 X_i - Y_i)] = 0 \tag{2-4}$$

$$\sum[2X_i(a_0 + a_1 X_i - Y_i)] = 0 \tag{2-5}$$

亦即：

$$ma_0 + (\sum X_i)a_1 = \sum Y_i \tag{2-6}$$

$$(\sum X_i)a_0 + (\sum X_i^2)a_1 = \sum(X_i Y_i) \tag{2-7}$$

解这个方程组得出：

$$a_0 = (\sum Y_i)/m - a_1(\sum X_i)/m \tag{2-8}$$

$$a_1 = [m\sum(X_iY_i) - (\sum X_i \sum Y_i)]/[m\sum X_i{}^2 - (\sum X_i)^2] \quad (2\text{-}9)$$

这时把 a_0、a_1 代入式(2-1)中，此时的式(2-1)就是回归的元线性方程。

在回归过程中，回归的关联式是不可能全部通过每个回归数据点($x_1, y_1 \quad x_2, y_2 \quad \cdots \quad x_m, y_m$)，为了判断关联式的好坏，可借助相关系数"$R$"，统计量"$F$"，剩余标准偏差"$S$"进行判断。"$R$"越趋近于 1 越好；"$F$"的绝对值越大越好；"$S$"越趋近于 0 越好。

$$R = [\sum X_iY_i - m(\sum X_i/m)(\sum Y_i/m)]/\mathrm{SQR}\{[\sum X_i{}^2 - m(\sum X_i/m)^2][\sum Y_i{}^2 - m(\sum Y_i/m)^2]\} \quad (2\text{-}10)$$

在式(2-1)中，m 为样本容量，即实验次数；X_i、Y_i 分别为任意一组实验 X、Y 的数值。

2.4.5　曲线拟合最小二乘法的 MATLAB 实现

对给定数据点$\{(X_i, Y_i)\}(i = 0,1,\cdots,m)$，在取定的函数类 Φ 中，求 $p(x) \in \Phi$，使误差的平方和 e^2 最小，$e^2 = \sum[p(X_i) - Y_i]^2$。从几何意义上讲，就是寻求与给定点$\{(X_i, Y_i)\}(i = 0,1,\cdots,m)$ 的距离平方和为最小的曲线 $y = p(x)$。函数 $p(x)$ 称为拟合函数或最小二乘解，求拟合函数 $p(x)$ 的方法称为曲线拟合的最小二乘法。

①一次函数使用 polyfit(x,y,1)；

②多项式函数使用 polyfit(x,y,n)，n 为次数。

给定数据点：x=[0.5,1.0,1.5,2.0,2.5,3.0]；y=[1.75,2.45,3.81,4.80,7.00,8.60]；使用 MATLAB 求解曲线拟合的最小二乘法。

解：MATLAB 程序如下：

```
x=[0.5,1.0,1.5,2.0,2.5,3.0];
y=[1.75,2.45,3.81,4.80,7.00,8.60];
p=polyfit(x,y,2);
x1=0.5:0.05:3.0;
y1=polyval(p,x1);
plot(x,y,'*r',x1,y1,'-b');
```

计算结果为：

p=0.5614 0.8287 1.1560

即所得多项式为 y=0.5614x^2+0.8287x+1.1560

从几何图形上可看出，最小二乘法就是要在穿过各观测点(x_i, y_i)之间找出这样一条估计曲线，使各观测点到该曲线的距离的平方和为最小，参见图 2-32。

2.4.6　线性参数的最小二乘法

最小二乘法是用于数据处理和误差估计中的一个很得力的数学工具。对于从事精密科学实验的人们来说，最小二乘法仍是目前解决一些实际问题必不可少的手段。

最小二乘法的发展已经历了 200 多年的历史，它最早起源于天文和大地测量的需要，其后在许多科学领域里获得了广泛应用。特别是近代矩阵理论与电子计算机相结合，使最小二乘法不断地发展而久盛不衰。

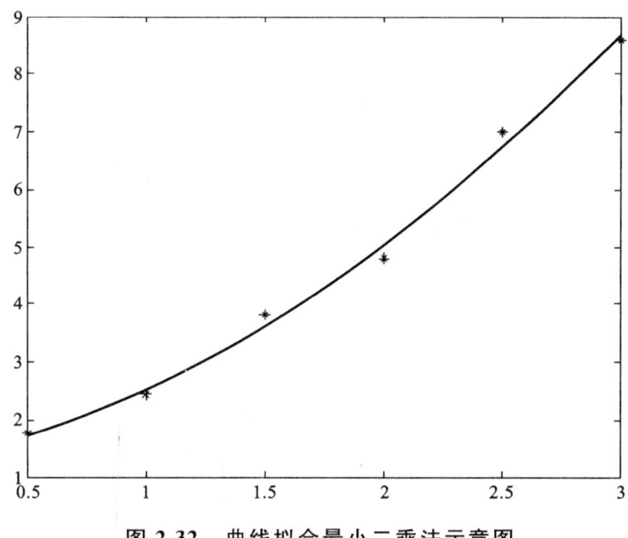

图 2-32　曲线拟合最小二乘法示意图

最小二乘法的产生是为了解决从一组测量值中寻求最可信赖值的问题。

2.4.6.1　问题背景

在测量的实验数据处理中，经常需要根据两个量的一批观测数据(x_i, y_i)，$i=1,2,\cdots,n$求出这两个变量Y与X之间所满足的一个函数关系式$Y=f(X)$。

若变量间的函数形式根据理论分析或以往的经验已经确定好了，而其中有一些参数是未知的，则可通过观测的数据来确定这些参数；若变量间的具体函数形式尚未确定，则需要通过观测数据来确定函数形式及其中的参数。

在多数估计和曲线拟合的问题中，不论是参数估计还是曲线拟合，都要求确定某些(或一个)未知量，使得所确定的未知量能最好地适应所测得的一组观测值，即对观测值提供一个好的拟合。

解决这类问题最常用的方法就是最小二乘法。

在一些情况下，即使函数值不是随机变量，最小二乘法也可使用。

设X和Y两个物理量之间的函数关系为：

$$Y = f(X; a_1, a_2, a_3, \cdots, a_k)$$

假定此函数关系f已知，但其中$a_1, a_2, \cdots, a_k$等参数还未求出，现对于X和Y有一批观测数据：

$\{x_i, y_i\}$，$i=1,2,\cdots,n$，要利用这批数据在一定法则之下做出这些参数$a_1, a_2, \cdots, a_k$的估计。

一般根据测量的实际情况，可假设变量X的测量没有误差(或与Y的误差相比很小，可略去)，而变量Y的测量有误差，故关于Y的观测值y_i可以写成：

$$y_i = y_{0i} + \Delta_i \qquad i = 1,2,\cdots,n$$

这里y_{0i}表示x_i对于Y的变量真值，Δ_i表示相应的测量误差。

假设诸观测值相互独立且服从正态分布。在等精度观测的情况下，即认为各误差服从相同的正态分布$N(0, \sigma_y)$。

现在需要给出$a_1, a_2, \cdots, a_k$的估计值$\hat{a}_1, \hat{a}_2, \cdots, \hat{a}_k$。

解决这类问题最常用的方法就是最小二乘法。在一些情况下，即使函数值不是随机变量，最小二乘法也可使用。

2.4.6.2 最小二乘法准则与正规方程

在参数估计问题中，最小二乘法的法则是：

所选取的参数估计值 $\hat{a}_1,\hat{a}_2,\cdots,\hat{a}_k$ 应使变量 Y 的诸观测值 y_i 与其真值的估计值（又叫拟合值），即 $f(x_i;\hat{a}_1,\hat{a}_2,\hat{a}_3,\cdots,\hat{a}_k)$ 之差的平方和为最小。

用式子表示时，记残差 v_i 为：

$$v_i = y_i - \hat{y}_i = y_i - f(x_i;\hat{a}_1,\hat{a}_2,\cdots,\hat{a}_k) \quad i = 1,2,\cdots,n$$

最小二乘法就是要求

$$R = \sum_{i=1}^{m} v_i^2 = \sum_{i=1}^{m}[y_i - f(x_i;\hat{a}_1,\hat{a}_2,\cdots,\hat{a}_k)]^2 = \text{最小}$$

在这个条件下，利用数学中求极值的方法可以求出参数 $\hat{a}_1,\hat{a}_2,\cdots,\hat{a}_k$。这样求出的参数叫参数的最小二乘估计。

要实现上式最小，根据数学分析中求函数极值的条件：

$$\frac{\partial R}{\partial a_1} = \frac{\partial}{\partial a_1}\sum_{i=1}^{m}[y_i - f(x_i;\hat{a}_1,\hat{a}_2,\cdots,\hat{a}_k)]^2$$

$$\frac{\partial R}{\partial a_2} = \frac{\partial}{\partial a_2}\sum_{i=1}^{m}[y_i - f(x_i;\hat{a}_1,\hat{a}_2,\cdots,\hat{a}_k)]^2$$

$$\vdots$$

$$\frac{\partial R}{\partial a_k} = \frac{\partial}{\partial a_k}\sum_{i=1}^{m}[y_i - f(x_i;\hat{a}_1,\hat{a}_2,\cdots,\hat{a}_k)]^2$$

共得 k 个方程，称正规方程，求此联立方程的解可得出诸参数估计值。

2.4.6.3 不等精度情况下的最小二乘法

以上是等精度观测的情况，若诸观测值 y_i 是不等精度的观测，即它们服从不同的方差 ${\sigma_i}^2$ 的正态分布 N(0,1)，那么也不难证明，在这种情况下，最小二乘法可改为：

选取的参数估值应使诸观测值 y_i 与其估计值 $\hat{y}_i$ 之差的加权平方和为最小。用式子表示就是要使：$R = \sum_{i=1}^{m} w_i v_i^2 = \text{最小}$。

其中，w_i 为各观测值 y_i 的权。$w_i = \sigma^2/{\sigma_i}^2, i=1,2,\cdots,n$。这里 σ^2 为任选的正常数，它表示单位权方差。

同样地，根据数学分析中求函数极值的条件，不等精度情况下的最小二乘法正规方程如下：

$$\frac{\partial R}{\partial a_1} = \frac{\partial}{\partial a_1}\sum_{i=1}^{m}w_i[y_i - f(x_i;\hat{a}_1,\hat{a}_2,\cdots,\hat{a}_k)]^2$$

$$\frac{\partial R}{\partial a_2} = \frac{\partial}{\partial a_2}\sum_{i=1}^{m}w_i[y_i - f(x_i;\hat{a}_1,\hat{a}_2,\cdots,\hat{a}_k)]^2$$

$$\vdots$$

$$\frac{\partial R}{\partial a_k} = \frac{\partial}{\partial a_k}\sum_{i=1}^{m}w_i[y_i - f(x_i;\hat{a}_1,\hat{a}_2,\cdots,\hat{a}_k)]^2$$

共得 k 个方程，称正规方程，求此联立方程的解可得出诸参数估计值。

一般情况下，最小二乘法可以用于线性参数的处理，也可用于非线性参数的处理。非线性参数借助于级数展开的方法可以在某一区域近似地化成线性的形式。

因此，线性参数的最小二乘法处理是最小二乘法理论所研究的基本内容。

2.4.6.4 线性参数的测量方程的一般形式

线性参数的测量方程的一般形式为：

$$\left.\begin{aligned} Y_1 &= a_{11}X_1 + a_{12}X_2 + \cdots + a_{1t}X_t \\ Y_2 &= a_{21}X_1 + a_{22}X_2 + \cdots + a_{2t}X_t \\ &\vdots \\ Y_n &= a_{n1}X_1 + a_{n2}X_2 + \cdots + a_{nt}X_t \end{aligned}\right\} \tag{2-11}$$

相应的估计量为：

$$\left.\begin{aligned} y_1 &= a_{11}x_1 + a_{12}x_2 + \cdots + a_{1t}x_t \\ y_2 &= a_{21}x_1 + a_{22}x_2 + \cdots + a_{2t}x_t \\ &\vdots \\ y_n &= a_{n1}x_1 + a_{n2}x_2 + \cdots + a_{nt}x_t \end{aligned}\right\} \tag{2-12}$$

其误差方程为：

$$\left.\begin{aligned} v_1 &= l_1 - (a_{11}x_1 + a_{12}x_2 + \cdots + a_{1t}x_t) \\ v_2 &= l_2 - (a_{21}x_1 + a_{22}x_2 + \cdots + a_{2t}x_t) \\ &\vdots \\ v_n &= l_n - (a_{n1}x_1 + a_{n2}x_2 + \cdots + a_{nt}x_t) \end{aligned}\right\} \tag{2-13}$$

2.4.6.5 线性参数的误差方程式的矩阵形式

设有列向量：

$$\boldsymbol{L} = \begin{bmatrix} l_1 \\ l_2 \\ \vdots \\ l_n \end{bmatrix}, \hat{\boldsymbol{X}} = \begin{bmatrix} x_1 \\ x_2 \\ \vdots \\ x_n \end{bmatrix}, \boldsymbol{V} = \begin{bmatrix} v_1 \\ v_2 \\ \vdots \\ v_n \end{bmatrix}$$

和 $n \times t$ 阶矩阵($n > t$)：

$$\boldsymbol{A} = \begin{bmatrix} a_{11} & a_{12} & \cdots & a_{1t} \\ a_{21} & a_{22} & \cdots & a_{2t} \\ \vdots & \vdots & & \vdots \\ a_{n1} & a_{n2} & \cdots & a_{nt} \end{bmatrix}$$

则线性参数的误差方程式(2-13)可表示为：

$$\begin{bmatrix} v_1 \\ v_2 \\ \vdots \\ v_n \end{bmatrix} = \begin{bmatrix} l_1 \\ l_2 \\ \vdots \\ l_n \end{bmatrix} - \begin{bmatrix} a_{11} & a_{12} & \cdots & a_{1t} \\ a_{21} & a_{22} & \cdots & a_{2t} \\ \vdots & \vdots & & \vdots \\ a_{n1} & a_{n2} & \cdots & a_{nt} \end{bmatrix} \begin{bmatrix} x_1 \\ x_2 \\ \vdots \\ x_t \end{bmatrix}$$

即：

$$\boldsymbol{v} = \boldsymbol{L} - \boldsymbol{A}\hat{\boldsymbol{X}} \tag{2-14}$$

1)等精度测量最小二乘原理的矩阵形式

残余误差平方和最小这一条件的矩阵形式为：

$$(v_1 \quad v_2 \quad \cdots \quad v_n)\begin{bmatrix} v_1 \\ v_2 \\ \vdots \\ v_n \end{bmatrix} = \text{最小}$$

即：

$$\boldsymbol{V}^{\mathrm{T}}\boldsymbol{V} = \text{最小} \tag{2-15}$$

或：

$$(\boldsymbol{L} - \boldsymbol{A}\hat{\boldsymbol{X}})^{\mathrm{T}}(\boldsymbol{L} - \boldsymbol{A}\hat{\boldsymbol{X}}) = \text{最小} \tag{2-16}$$

2)不等精度测量最小二乘原理的矩阵形式

最小二乘原理的矩阵形式为：

$$\boldsymbol{V}^{\mathrm{T}}\boldsymbol{P}\boldsymbol{V} = \text{最小} \tag{2-17}$$

即：

$$(\boldsymbol{L} - \boldsymbol{A}\hat{\boldsymbol{X}})^{\mathrm{T}}\boldsymbol{P}(\boldsymbol{L} - \boldsymbol{A}\hat{\boldsymbol{X}}) = \text{最小} \tag{2-18}$$

式中的 $\boldsymbol{P}$ 为 $n\times n$ 阶权矩阵。

$$\boldsymbol{P} = \begin{bmatrix} p_1 & 0 & \cdots & 0 \\ 0 & p_2 & \cdots & 0 \\ \vdots & \vdots & & \vdots \\ 0 & 0 & \cdots & p_n \end{bmatrix} = \begin{bmatrix} \frac{\delta^2}{\delta_1^2} & 0 & \cdots & 0 \\ 0 & \frac{\delta^2}{\delta_2^2} & \cdots & 0 \\ \vdots & \vdots & & \vdots \\ 0 & 0 & \cdots & \frac{\delta^2}{\delta_n^2} \end{bmatrix}$$

线性参数的不等精度测量可以转化为等精度的形式，从而可以利用等精度测量时测量数据的最小二乘法处理的全部结果。

2.4.6.6　线性参数最小二乘法的正规方程

为了获得更可取的结果，测量次数 n 总要多于未知参数的数目 t，即所得误差方程式的数目总是要多于未知数的数目。因而直接用一般解代数方程的方法是无法求解这些未知参数的。

最小二乘法则可以将误差方程转化为有确定解的代数方程组（其方程式数目正好等于未知数的个数），从而可求解出这些未知参数。这个有确定解的代数方程组称为最小二乘法估计的正规方程（或称为法方程）。

线性参数的最小二乘法处理程序可归结为：

(1)根据具体问题列出误差方程式；

(2)按最小二乘法原理，利用求极值的方法将误差方程转化为正规方程；

(3)求解正规方程，得到待求的估计量；

(4)给出精度估计。

对于非线性参数，可先将其线性化，然后按上述线性参数的最小二乘法处理程序去处理。

建立正规方程是待求参数最小二乘法处理的基本环节。

1)等精度测量的线性参数最小二乘法处理的正规方程

线性参数的误差方程式为：

$$\left.\begin{aligned} v_1 &= l_1 - (a_{11}x_1 + a_{12}x_2 + \cdots + a_{1t}x_t) \\ v_2 &= l_2 - (a_{21}x_1 + a_{22}x_2 + \cdots + a_{2t}x_t) \\ &\vdots \\ v_n &= l_n - (a_{n1}x_1 + a_{n2}x_2 + \cdots + a_{nt}x_t) \end{aligned}\right\} \tag{2-19}$$

最小二乘法处理的正规方程为：

$$\left.\begin{aligned} \sum_{i=1}^{n} a_{i1}a_{i1}x_1 + \sum_{i=1}^{n} a_{i1}a_{i2}x_2 + \cdots + \sum_{i=1}^{n} a_{i1}a_{it}x_t &= \sum_{i=1}^{n} a_{i1}l_i \\ \sum_{i=1}^{n} a_{i2}a_{i1}x_1 + \sum_{i=1}^{n} a_{i2}a_{i2}x_2 + \cdots + \sum_{i=1}^{n} a_{i2}a_{it}x_t &= \sum_{i=1}^{n} a_{i2}l_i \\ &\vdots \\ \sum_{i=1}^{n} a_{it}a_{i1}x_1 + \sum_{i=1}^{n} a_{it}a_{i2}x_2 + \cdots + \sum_{i=1}^{n} a_{it}a_{it}x_t &= \sum_{i=1}^{n} a_{it}l_i \end{aligned}\right\} \tag{2-20}$$

这是一个 t 元线性方程组，其特点为：主对角线分布着平方项系数，正数；相对于主对角线对称分布的各系数两两相等。当其系数行列式不为零时，有唯一确定的解，由此可解得欲求的估计量。

线性参数正规方程的矩阵形式：

正规方程式(2-20)，还可表示成如下形式

$$\left.\begin{aligned} a_{11}v_1 + a_{21}v_2 + \cdots + a_{n1}v_n &= 0 \\ a_{12}v_1 + a_{22}v_2 + \cdots + a_{n2}v_n &= 0 \\ &\vdots \\ a_{1t}v_1 + a_{2t}v_2 + \cdots + a_{nt}v_n &= 0 \end{aligned}\right\} \tag{2-21}$$

表示成矩阵形式为

$$\begin{bmatrix} a_{11} + a_{21} + \cdots + a_{n1} \\ a_{12} + a_{22} + \cdots + a_{n2} \\ \vdots \\ a_{1t} + a_{2t} + \cdots + a_{nt} \end{bmatrix} \begin{bmatrix} v_1 \\ v_2 \\ \vdots \\ v_n \end{bmatrix} = \begin{bmatrix} 0 \\ 0 \\ \vdots \\ 0 \end{bmatrix}$$

线性参数正规方程的矩阵形式为下式：

$$\mathbf{A}^{\mathrm{T}}\mathbf{V} = 0$$

又因为：　$\mathbf{V} = (\boldsymbol{L} - \boldsymbol{A}\hat{\boldsymbol{X}})$

有：　$\boldsymbol{A}^{\mathrm{T}}\boldsymbol{L} - \boldsymbol{A}^{\mathrm{T}}\boldsymbol{A}\hat{\boldsymbol{X}} = 0$

即：　$(\boldsymbol{A}^{\mathrm{T}}\boldsymbol{A})\hat{\boldsymbol{X}} = \boldsymbol{A}^{\mathrm{T}}\boldsymbol{L}$

若令：$\boldsymbol{C} = \boldsymbol{A}^{\mathrm{T}}\boldsymbol{A}$

则正规方程又可写成：　$\boldsymbol{C}\hat{\boldsymbol{X}} = \boldsymbol{A}^{\mathrm{T}}\boldsymbol{L}$

若矩阵 $\boldsymbol{C}$ 是满秩的，则有：　$\hat{\boldsymbol{X}} = \boldsymbol{C}^{-1}\boldsymbol{A}^{\mathrm{T}}\boldsymbol{L}$

2)不等精度测量的线性参数最小二乘法处理的正规方程

不等精度测量时线性参数的误差方程仍如式(2-13)一样，但在进行最小二乘法处理时，要取加权残余误差平方和为最小，即：

$$\sum_{i=1}^{n} p_i v_i^2 = \text{最小}$$

用矩阵表示的正规方程与等精度测量情况类似，可表示为：

$$\begin{bmatrix} a_{11} & a_{21} & \cdots & a_{n1} \\ a_{12} & a_{22} & \cdots & a_{n2} \\ \vdots & \vdots & & \vdots \\ a_{1t} & a_{2t} & \cdots & a_{nt} \end{bmatrix} \begin{bmatrix} p_1 & 0 & \cdots & 0 \\ 0 & p_2 & \cdots & 0 \\ \vdots & \vdots & & \vdots \\ 0 & 0 & \cdots & p_n \end{bmatrix} \begin{bmatrix} v_1 \\ v_2 \\ \vdots \\ v_n \end{bmatrix} = \begin{bmatrix} 0 \\ 0 \\ \vdots \\ 0 \end{bmatrix}$$

即：$\boldsymbol{A}^{\mathrm{T}}\boldsymbol{PV}=0$，将 $\boldsymbol{V}=\boldsymbol{L}-\boldsymbol{A}\hat{\boldsymbol{X}}$ 代入，上述正规方程又可写成：$\boldsymbol{A}^{\mathrm{T}}\boldsymbol{PA}\hat{\boldsymbol{X}}=\boldsymbol{A}^{\mathrm{T}}\boldsymbol{PL}$

该方程的解，即参数的最小二乘法处理为：

$$\hat{\boldsymbol{X}} = (\boldsymbol{A}^{\mathrm{T}}\boldsymbol{PA})^{-1}\boldsymbol{A}^{\mathrm{T}}\boldsymbol{PL}$$

令：$\boldsymbol{C}=\boldsymbol{A}^{\mathrm{T}}\boldsymbol{PA}$，得到：

$$\hat{\boldsymbol{X}} = \boldsymbol{C}^{-1}\boldsymbol{A}^{\mathrm{T}}\boldsymbol{PL}$$

2.4.6.7 GPS 测码伪距算法实例

GPS 测码伪距单点定位由于只需一台单频接收机接收 4 颗或 4 颗以上 GPS 卫星信号即可求出接收机位置和接收机钟差，定位速度快，不存在整周模糊度问题，不需差分。

接收机价格低，被广泛用于各种车辆、船只的导航和监控，海上定位，野外勘测等领域。由于 GPS 测码伪距单点定位观测方程是非线性的，目前一般的处理方法是按泰勒级数展开取至一次项进行线性化，然后再利用线性最小二乘原理求解。如果所取观测站坐标的初始值具有较大的偏差，那么略去二次微小量的模型误差，对解算结果将产生不能忽略的影响。本文研究了 GPS 测码伪距单点定位的传统解算方法，并提出了一种通过求差法将 GPS 绝对定位的非线性观测方程转化成线性方程求解的简便快捷方法，对于提高 GPS 测码伪距单点定位的解算速度和精度具有重要的意义。

1）GPS 测码伪距绝对定位的一般解算方法

GPS 测码伪距观测方程一般可表示为：

$$\hat{\rho}_i = \rho_i + c \times \delta_t + \delta_{\rho I} + \delta_{\rho T} \tag{2-22}$$

式中：$\hat{\rho}_i$ 为测码伪距观测值，ρ_i 为接收机至卫星的几何距离，c 为光速，δ_t 为接收机钟差，$\delta_{\rho I}$ 为电离层折射对测码伪距的影响，$\delta_{\rho T}$ 为对流层折射对测码伪距的影响。

若忽略大气折射的影响，并顾及 $\rho_i = \sqrt{(X_i - X)^2 + (Y_i - Y)^2 + (Z_i - Z)^2}$

式(2-22)可表示为：

$$\hat{\rho}_i = \sqrt{(X_i - X)^2 + (Y_i - Y)^2 + (Z_i - Z)^2} + c \times \delta_t \tag{2-23}$$

(X_i, Y_i, Z_i)为第 i 颗卫星的坐标，(X, Y, Z)为待求的 GPS 接收机所在天线相位中心的坐标。

由于式(2-23)为非线性方程，无法直接解算，因此取(X, Y, Z)的初值为 $X(0)=(X_0, Y_0, Z_0)$，将式(2-23)按泰勒级数展开取至一次项进行线性化并写成误差方程形式为：

$$v_i = l_i \times \delta_X + m_i \times \delta_Y + n_i \times \delta_Z - c \times \delta_t + L_i \tag{2-24}$$

式中$(\delta_X, \delta_Y, \delta_Z)$为初值$(X_0, Y_0, Z_0)$的改正数。

$$l_i = \frac{X_i - X_0}{\rho_{i0}}, m_i = \frac{Y_i - Y_0}{\rho_{i0}}, n_i = \frac{Z_i - Z_0}{\rho_{i0}}$$

$$\rho_{i0} = \sqrt{(X_i - X_0)^2 + (Y_i - Y_0)^2 + (Z_i - Z_0)^2}$$

$$L_i = \hat{\rho}_i - \rho_{i0}$$

按最小二乘原理得：

$$\boldsymbol{\delta}_X = [\boldsymbol{A}^{\mathrm{T}}\boldsymbol{A}]^{-1}[\boldsymbol{A}^{\mathrm{T}}\boldsymbol{L}] \tag{2-25}$$

式中：

$$\boldsymbol{\delta}_X = \begin{bmatrix} X \\ Y \\ Z \\ c\times\delta_t \end{bmatrix}, \boldsymbol{A} = \begin{bmatrix} l_1 & m_1 & n_1 & -1 \\ l_2 & m_2 & n_2 & -1 \\ \vdots & \vdots & \vdots & \vdots \\ l_n & m_n & n_n & -1 \end{bmatrix}, \boldsymbol{L} = \begin{bmatrix} L_1 \\ L_2 \\ \vdots \\ L_n \end{bmatrix}$$

如果所取观测站坐标的初值具有较大的偏差，那么略去二次微小量的模型误差，对解算结果将产生不能忽略的影响。为避免略去的高次项对解算结果的影响，可利用解算出的坐标作为近似值，迭代求解。

2）GPS 测码伪距绝对定位的迭代解算方法——高斯-牛顿迭代法

高斯-牛顿法是求解非线性最小二乘最常用的方法，其基本原理是在初值 $X(0)$ 处对非线性模型进行线性近似，并按最小二乘方法求出一次近似值 $X(1)$，然后反复迭代，直至前后两次 X 值 $X(n)$ 和 $X(0)$ 相等或相差很小。

$X(1)=X(0)+\boldsymbol{\delta}_X=X(0)-[\boldsymbol{A}(X(0))^{\mathrm{T}}\boldsymbol{A}(X(0))]^{-1}\boldsymbol{A}(X(0))^{\mathrm{T}}[\hat{\rho}-\rho(X(0))]$

将上式简写为 $X(1)=X(0)-[\boldsymbol{A}_0^{\mathrm{T}}\boldsymbol{A}_0]^{-1}\boldsymbol{A}_0^{\mathrm{T}}(\hat{\rho}-\rho_0)$

求得 $X(1)$ 后，再以 $X(1)$ 为近似值迭代，其迭代公式为：

$$X(k+1) = X(k) - [\boldsymbol{A}_k^{\mathrm{T}}\boldsymbol{A}_k]^{-1}\boldsymbol{A}_k^{\mathrm{T}}(\hat{\rho}-\rho_k) \tag{2-26}$$

如果顾及观测值的权阵 $\boldsymbol{P}$，则迭代公式为

$$X(k+1) = X(k) - [\boldsymbol{A}_k^{\mathrm{T}}\boldsymbol{P}\boldsymbol{A}_k]^{-1}\boldsymbol{A}_k^{\mathrm{T}}\boldsymbol{P}(\hat{\rho}-\rho_k) \tag{2-27}$$

因此，GPS 测码伪距绝对定位的高斯-牛顿迭代法的具体计算步骤如下：

①给出初始值　$X(0)=(0\ 0\ 0\ 0)$，允许误差 $\varepsilon>0$，并置 $k=0$；

②计算　ρ_k、$\boldsymbol{A}_k$、$\boldsymbol{N}_k=\boldsymbol{A}_k^{\mathrm{T}}\boldsymbol{P}\boldsymbol{A}_k$ 及 $\boldsymbol{g}_k=\boldsymbol{A}_k^{\mathrm{T}}\boldsymbol{P}(\hat{\rho}-\rho_k)$；

③解线性方程组　$\boldsymbol{N}_k\boldsymbol{\delta}_X k+\boldsymbol{g}_k=0$ 得 $\boldsymbol{\delta}_X k=-\boldsymbol{N}_k^{-1}\boldsymbol{g}_k$；

④计算　$X(k+1)=X(k)+\boldsymbol{\delta}_X(k)$；

⑤如果 $\|\boldsymbol{\delta}_X\|<\varepsilon$，则 $\hat{X}=X(k+1)$，$\boldsymbol{Q}_X=\boldsymbol{N}_k{}^{-1}$。计算观测值的改正数、平差值并进行精度评定；否则，置 $k=k+1$，转至第②步。

3）GPS 测码伪距绝对定位的求差解法

高斯-牛顿迭代法提供了一种改善 GPS 绝对定位精度的有效方法，然而它仍旧只涉及一阶偏导数，仍属于线性化的方法；并且该方法对于某些问题因 $N_k=A_k^{\mathrm{T}}PA_k$ 的奇异性或严重病态而无法进行，而且在每步迭代中都需要计算一阶导数、解法方程，计算工作量大。有学者提出了一种 GPS 测码伪距绝对定位的简便算法——求差解法，该方法可将求解测站坐标的非线性方程转化成线性方程，可直接解算出测站坐标和接收机钟差，其基本原理如下：

由 GPS 测码伪距观测式(2-23)可得

$$(\hat{\rho}_i-\delta_\rho)^2 = (X_i-X)^2+(Y_i-Y)^2+(Z_i-Z)^2$$

$$(\hat{\rho}_{i+1}-\delta_\rho)^2 = (X_{i+1}-X)^2+(Y_{i+1}-Y)^2+(Z_{i+1}-Z)^2$$

式中，$\delta_\rho=cX\delta_t$。

上两式相减得：

$$(\hat{\rho}_i-\delta_\rho)^2-(\hat{\rho}_{i+1}-\delta_\rho)^2=(X_i-X)^2+(Y_i-Y)^2+(Z_i-Z)^2-(X_{i+1}-X)^2-(Y_{i+1}-Y)^2-(Z_{i+1}-Z)^2 \tag{2-28}$$

记　$a_i=2(X_{i+1}-X),b_i=2(Y_{i+1}-Y),c_i=2(Z_{i+1}-Z),d_i=2(\hat{\rho}_i-\hat{\rho}_{i+1})$

$$l_i=(X_{i+1}^2+Y_{i+1}^2+Z_{i+1}^2)-(X_i^2+Y_i^2+Z_i^2)+(\hat{\rho}_i^2-\hat{\rho}_{i+1}^2)$$

整理后得：

$$a_iX+b_iY+c_iZ+d_i\delta_\rho=l_i \tag{2-29}$$

如果观测到4颗卫星，就可得到4个像式(2-29)一样的线性方程，就可直接解算出测站坐标(X,Y,Z)及δ_ρ；如果观测到5颗以上卫星，可得到4个以上关于X、Y、Z、δ_ρ的线性方程，可采用最小二乘法求解。

将式(2-29)写成矩阵形式：

$$\boldsymbol{A\delta}_X=\boldsymbol{L} \tag{2-30}$$

式中：

$$\boldsymbol{A}=\begin{bmatrix}a_1&b_1&c_1&d_1\\a_2&b_2&c_2&d_2\\\vdots&\vdots&\vdots&\vdots\\a_{n-1}&b_{n-1}&c_{n-1}&d_{n-1}\end{bmatrix},\boldsymbol{\delta}_X=\begin{bmatrix}X\\Y\\Z\\\delta_\rho\end{bmatrix},\boldsymbol{L}=\begin{bmatrix}l_1\\l_2\\\vdots\\l_{n-1}\end{bmatrix}$$

组成法方程：

$$\boldsymbol{A}^{\mathrm{T}}\boldsymbol{A\delta}_x=\boldsymbol{A}^{\mathrm{T}}\boldsymbol{L} \tag{2-31}$$

$$\boldsymbol{\delta}_x=(\boldsymbol{A}^{\mathrm{T}}\boldsymbol{A})^{-1}\boldsymbol{A}^{\mathrm{T}}\boldsymbol{L} \tag{2-32}$$

在实际计算时发现，当$n>5$时，法方程的系数阵$\boldsymbol{A}^{\mathrm{T}}\boldsymbol{A}$的条件数较大，法方程是病态方程组，解算出的结果与真实值偏差较大。因此对式(2-29)作如下预处理，即可得到令人满意的结果。

式(2-29)两边同乘一系数$\frac{1}{\rho'_i}$，$\rho'_i=\sqrt{(X_{i+1}-X_i)^2+(Y_{i+1}-Y_i)^2+(Z_{i+1}-Z_i)^2}$，得观测方程：

$$a'_iX+b'_iY+c'_iZ+d'_i\delta_\rho=l'_i \tag{2-33}$$

$$a'_i=\frac{2(X_{i+1}-X_i)}{\rho'_i},b'_i=\frac{2(Y_{i+1}-Y_i)}{\rho'_i},c'_i=\frac{2(Z_{i+1}-Z_i)}{\rho'_i},d'_i=\frac{2(\hat{\rho}_i-\hat{\rho}_{i+1})}{\rho'_i}$$

$$l_i=\frac{(X_{i+1}^2+Y_{i+1}^2+Z_{i+1}^2)-(X_i^2+Y_i^2+Z_i^2)+(\hat{\rho}_i^2-\hat{\rho}_{i+1}^2)}{\rho'_i}$$

将观测方程式(2-33)写成矩阵形式：

$$\boldsymbol{A}'\boldsymbol{\delta}_X=\boldsymbol{L}'$$

式中：

$$\boldsymbol{A}=\begin{bmatrix}a'_1&b'_1&c'_1&d'_1\\a'_2&b'_2&c'_2&d'_2\\\vdots&\vdots&\vdots&\vdots\\a'_{n-1}&b'_{n-1}&c'_{n-1}&d'_{n-1}\end{bmatrix},\boldsymbol{\delta}_X=\begin{bmatrix}X\\Y\\Z\\\delta_\rho\end{bmatrix},\boldsymbol{L}=\begin{bmatrix}l'_1\\l'_2\\\vdots\\l'_{n-1}\end{bmatrix}$$

按最小二乘法求解$\boldsymbol{\delta}_X=(\boldsymbol{A}'^{\mathrm{T}}\boldsymbol{A}')^{-1}\boldsymbol{A}'^{\mathrm{T}}\boldsymbol{L}'$即可解算出方程组中的未知参数，从而得到GPS接收机所处的位置及时间数据，达到精确定位的效果。

3　交通信息采集

交通信息的采集是交通信息系统应用的第一步，可以利用各种手段完成信息的采集工作。交通信息的采集主要借助于传感器自动完成，现代航海仪器就是其中的主要传感器。卫星定位仪可以采集用户的位置信息；雷达可以采集船舶周围的目标船舶信息及岸线、岛屿等信息；AIS可以采集目标船舶的识别信息，实现船与船、船与岸的信息交换；测深仪可以采集水下深度信息；罗经可以采集船舶的航向信息；计程仪可以采集船舶的航速信息；水文、气象仪可以采集环境信息；VDR可以采集船舶航行信息；RFID可以读取某些特定信息；无线传感器可以获取船舶舱室里的货物、环境信息等。

采集到的各种交通信息，可以为各种交通信息应用系统提供数据支撑，例如：

(1)船位推算系统

根据航向、航速和风、流要素从已知的推算起始点开始推算出某一时刻船位的位置。它是船舶驾驶员在任何情况下，在任何时刻求取船位的最基本的方法，同时也是天文定位和某些无线电定位系统的基础。

(2)罗经及计程仪导航系统

由陀螺罗经或磁罗经提供航向，由计程仪提供航程航速，在航行图上便可粗略地推算出本船的概略船位，船位推算的精度取决于罗经和计程仪的精度。在现代的航海技术条件下，陀螺罗经已经能满足精度要求；多普勒、声相关计程仪在一定条件下，如满足水深要求的情况下，也可以测量船舶绝对速度，提供较高的精度。但是如果不能满足水深要求的话只能提供船舶相对于水的相对值，并没有计及水流的影响，相应的推算船位还要考虑水流的影响，这样在很大程度上加入了人为误差，推算船位的精度难以提高。

另外推算船位如果是依赖于人工完成的话，其工作量与精度有密切的关系，要想推算船位的精度越高，其工作量也就越大。现在陀螺罗经、计程仪均有数据输出接口，在计算机中通过接口电路得到上述数据，利用软件技术可以自动完成推算船位的工作。

(3)惯性导航系统

惯性导航是一种自主性强、精度高、安全可靠的精密导航技术。它能够及时地输出各种导航数据，并且能为运载体提供精确的姿态基准，在航空、航海和宇航技术领域有着极其广泛的应用。

惯性导航以力学原理为基础，通过加速度计测量运载体的加速度，经过计算(一次积分和二次积分)求出运动轨道(运载体运动的速度和距离)；通过陀螺仪测量运载体的位置和姿态。通过这些导航信息完成导航任务。它可以不依靠任何其他信息而独立地完成导航功能。提供包括位置、航向、速度、加速度等，甚至角加速度在内的全部导航和制导信息。

(4)现代导航信息系统

现代导航信息系统是一个从某个设备、渠道获得并提取有用的关于导航的情报(数据)并加以处理、存储、显示等为广大用户服务的有机整体。

它是利用无线电方法确定船舶的位置，并引导它安全经济地航行，所用的是无线电测向仪、劳兰 A、劳兰 C、奥米伽、台卡以及卫星导航，是将无线电导航中的定位装置和其他实体如 VTS(Vessel Traffic Service)、AIS(Automatic Identification System)、VDR(Voyage Data Recorder)、电子海图等有机地结合起来，通过使用计算机技术、GIS(Geographical Information System)技术、通信技术、人工智能技术、自动控制技术等，形成的一个现代导航系统。

全球船载自动识别系统 AIS 是自动发射和接收船舶信息的新型设备。接收来自 GPS/DGPS 的本船船位 ϕ、λ，同步世界时 UTC 及来自陀螺罗经的本船航向，来自计程仪的本船对地航速等信号数字化后加载到信息处理器。本章针对以上传感器采集信息时所使用的通信协议、信息采集的技术及应用加以描述。

3.1 卫星接收机数据采集

船舶在航行过程中需要随时利用外界的物标和其他工具、设备来对船位进行测定，用于测定的系统称为船舶定位系统。按照定位的方式可以分为：

(1)陆标定位：利用陆地上的一些参照物，采用目测瞭望或者采用雷达定位的方式，适用于近岸、能见度较好的环境。

(2)天体测定船位：利用观测天体，借助太阳真方位表进行的天文定位，受气候条件影响较大。

(3)无线电定位系统：从无线电定位系统的历史发展来看，先后有测向仪、劳兰 A、劳兰 C、奥米伽、台卡、卫星定位系统。由于卫星定位系统具有全球、全天候、高精度、近似实时的优点，所以从理论上完全可以替代其他定位系统，这也是现代船舶定位的主要手段。因此，本节将主要介绍卫星定位系统中定位信息的产生、处理，并给出采集 GPS 接收机信息及北斗接收机信息的实例。

卫星导航是指利用人造地球卫星进行导航的一种导航方式，系统通常包括导航卫星、地面站及用户设备三大部分，参见图 3-1。受地面站控制的导航卫星发送导航信号，用户设备

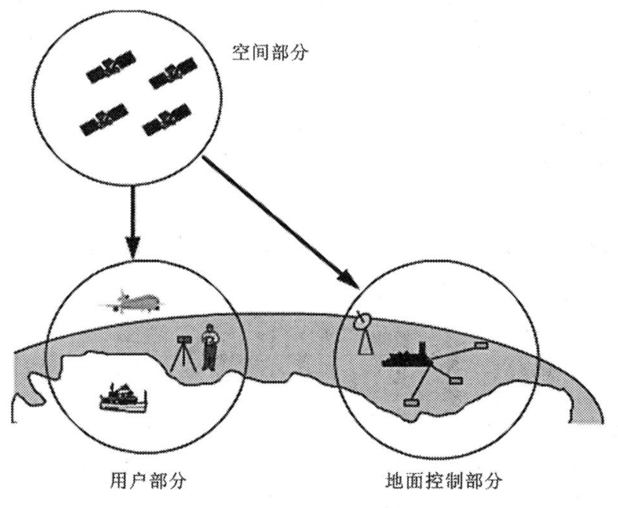

图 3-1 卫星导航系统组成图

即运载体(例如船舶)所载的卫星导航仪接收卫星导航信号,求得运载体的位置。利用人造地球卫星可组成全球或区域的定位和导航系统。

3.1.1 现有及在建的卫星定位系统

3.1.1.1 GPS全球卫星定位系统

在全球定位导航系统中,名气最大的可能就是美国的全球卫星定位系统(GPS)了,GPS系统由21颗工作卫星和3颗备用卫星组成。它们分布在6个等间距的轨道平面上,轨道面相对赤道的夹角为55°,每个轨道面上有4颗工作卫星,卫星的轨道接近圆形,轨道高度为2.01836×10^4 km,周期约12h。GPS能覆盖全球,用户数量不受限制。它所发射的信号编码有精码与粗码。精码保密,主要提供给本国和盟国的军事用户使用;粗码提供给本国民用和全世界使用。精码给出的定位信息比粗码的精度高。

GPS系统能够连续、实时、隐蔽地定位,一次定位时间仅几秒到十几秒,用户不发射任何电磁信号,只要接收卫星导航信号即可定位,所以可全天候昼夜作业,隐蔽性好。同任何高技术装备都有优势和缺陷两个方面一样,它同样存在自己的"死穴""盲点"。这其中最突出的就是GPS系统的抗干扰能力太差了。

一般情况下,在地面接收到的卫星信号很弱。这并不难理解,从太空中的卫星传送信号到地面至少也要走上两万千米。在这期间如果信号受到干扰,将会使地面的GPS接收机无法正常工作,从而使其定位、导航精度降低或产生误导。因此,提高综合抗干扰能力,已成为GPS生存发展的重要一环。

3.1.1.2 GLONASS全球卫星定位系统

GLONASS是global navigation satellite system(全球导航卫星系统)的缩写,是苏联从20世纪80年代初开始建设的与美国GPS全球定位系统以及欧洲的"伽利略"卫星定位系统功能相类似的卫星定位系统,也由卫星星座、地面监测控制站和用户设备三部分组成。

GLONASS系统的卫星星座由24颗卫星组成,均匀分布在3个近圆形的轨道平面上,每个轨道面8颗卫星,轨道高度19100km,运行周期11h15min,轨道倾角64.8°。

与美国的GPS系统不同的是GLONASS系统采用频分多址(FDMA)方式,根据载波频率来区分不同卫星[GPS是码分多址(CDMA),根据调制码来区分卫星]。每颗GLONASS卫星使用的两种载波的频率分别为$L1=1602+0.5625k$(MHz)和$L2=1246+0.4375k$(MHz),其中$k=1\sim24$为每颗卫星的频率编号。

3.1.1.3 北斗卫星定位系统

北京时间2003年5月25日零时34分,我国在西昌卫星发射中心用"长征三号甲"运载火箭,顺利地将第三颗"北斗一号"导航定位卫星送上太空。约20min后,西安卫星测控中心传来的监测数据表明,星箭成功分离,卫星准确进入预定轨道,发射获得圆满成功。这标志着我国已自主建成完善的卫星导航定位系统。

据介绍,我国自主建立的北斗卫星导航定位系统是第一代全天候、全天时提供卫星导航信息的区域导航系统,它由两颗工作星和一颗备份星组成。此次发射的第三颗"北斗一号"是备份卫星,前两颗"北斗一号"卫星分别于2000年10月31日和12月21日发射升空,目前系统状态良好,运行稳定。

北斗导航定位系统由北斗导航定位卫星、地面控制中心站为主的地面部分、北斗用户终端三部分组成。定位可以由用户终端向中心站发出请求，中心站对其进行定位后将位置信息广播出去由该用户获取，也可以由中心站主动进行指定用户的定位，定位后不将位置信息发送给用户，而由中心站保存。与GPS系统不同，所有用户终端位置的计算都是在地面控制中心站完成的。

但是由于第一代北斗卫星系统需要中心站提供数字高程图数据和用户机发送上行信号，使系统用户容量、导航定位维数及隐蔽性等方面都受到限制，易受干扰和电子欺骗攻击，在体制上还不能与国际上的GPS等兼容，因此我国正着手在第一代导航卫星成就的基础上发展第二代导航卫星系统。

第二代导航卫星系统将与第一代系统在体制上有质的差别，但技术上有继承性。主要差别表现为：二代用户机可免发上行信号，不再依靠中心站电子高程图处理或由用户提供高程信息，而是直接接收卫星单程测距信号自己定位，系统的用户容量不受限制，并可提高用户位置的隐蔽性。

第二代北斗卫星系统包含4颗同步卫星、12颗中轨道卫星和9颗高轨道卫星，自2005年夏天发射第一颗卫星，2006年底开始组网，预计2020年内完成部署，形成一个覆盖全球的庞大卫星网。

3.1.1.4 伽利略全球卫星定位系统

欧洲为了满足本地区导航定位的需要，决定启动伽利略计划，建立自主的民用全球卫星定位系统(GALILEO)。

伽利略计划是由欧盟委员会和欧洲空间局共同发起并组织实施的欧洲民用卫星导航计划，旨在建立欧洲自主、独立的民用全球卫星导航定位系统，它与国际上现有的全球卫星导航定位系统相比，具有更佳的覆盖率和更高的精度、可靠性。该系统将启用30颗导航卫星及相关地面设施。

GALILEO系统将成为独立性的、全球性的、欧洲人控制的、以卫星为基础的民用导航和定位系统，其总的战略意图为：

①建立一个高效的民用导航及定位系统。

②使之具备欧洲乃至世界运输业可以信赖的高度安全性，且确保未来任何系统的安全都能置于欧洲人的控制之下。

③该系统的实施将为欧洲工业进军正在兴起的卫星导航市场的各个方面提供一个良好机会，使他们能够站在一个合理的基础上公平竞争。从设计目标来看，“伽利略”的定位精度优于GPS。

3.1.2 GPS接收机数据采集

GPS卫星导航仪接收其视界内一组卫星的导航信号，从中取得卫星星历、时钟校正参量、大气校正参量等数据，并且测量卫星信号的传播延时和多普勒频移。根据卫星星历计算出卫星发射信号时的位置；根据卫星信号的传播延时和光速的乘积计算出卫星与用户的“距离”；根据卫星信号的传播延时、光速、多普勒频移计算出用户的三维运行速度。若用户时钟无偏差，用户利用3颗卫星可以得到以卫星为球心，以卫星到用户的距离为半径的3个球面，其交点就是用户三维空间位置。然而，一般用户无精确的时钟，需要用第4颗卫星来估算出用户时钟偏差。因此，用户位置方程应包含三维空间位置和用户时钟偏差，用户方程组是非线性方程组，一般需经过线性化转化为线性方程组，再将线性方程组转化为矩阵形式，然后由计算机进行解算，计算出用户的空间坐标位置及用户对于 GPS 时间的钟差，运载体对地的速度(SOG)和对地航向(COG)。计算结果通过显示屏显示并通过输出接口输出。

现在的航海仪器都具有接口功能，提供输入/输出接口，目前各厂家都采用 NMEA (National Marine Eletronics Association)的数据格式。NMEA 0183 是美国国家海洋电子协会为海用电子设备制定的标准格式。该协议采用 ASCII 码，其串行通信默认参数为：波特率＝4800bit/s，数据位＝8bit，开始位＝1bit，停止位＝1bit，无奇偶校验，协议格式为：

如：$aaccc,ddd,ddd,…,ddd*hh＜CR＞＜LF＞

“$”——帧命令起始位；

aaccc——地址域，前两位为识别符，后三位为语句名；

ddd…ddd——数据；

“*”——校验和前缀；

hh——校验和(check sum)，$与*之间所有字符 ASCII 码的校验和(各字节做异或运算，得到校验和后，再转换为 16 进制格式的 ASCII 码字符)；

＜CR＞＜LF＞——CR(Carriage Return)＋LF(Line Feed)帧结束，回车和换行。

GPS 接收机输出的经纬度、对地航向、对地航速、时间等信息，可以被用户采集并二次开发利用。通常可以使用 Microsoft Visal Studio 2010 及以上版本的开发软件，使用开发者熟悉的 VB、VC、C# 等语言编写采集程序，在程序中直接调用 MSCOMM 通信控件，通过控件完成计算机与 GPS 设备之间的数据通信。将 NAVMAN TRACKER 5600GPS 接收机按 NMEA 0183 协议输出的数据采集到计算机的实例如下：

实例：利用 DB-9 串口线把 GPS 和 PC 机连接起来，具体连接见图 3-2，接口信号定义参见表 3-1。

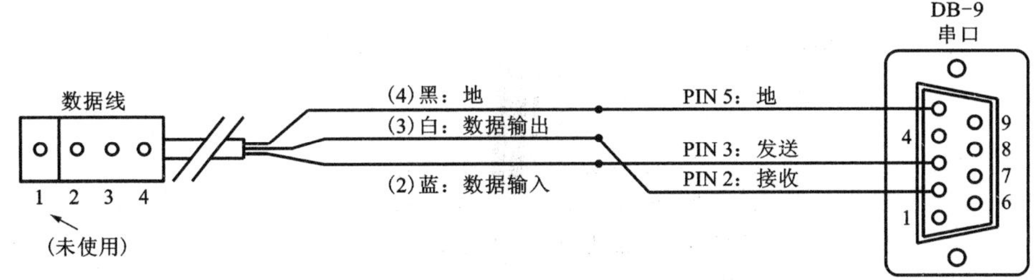

图 3-2　GPS 和 PC 机连接图

表 3-1　接口信号定义

针号	信号名	功能	方向
Pin1	GND1	保护地	
Pin2	RXD1	接收数据	输入
Pin3	TXD1	发送数据	输出
Pin5	GND2	信号地	

续表 3-1

针号	信号名	功能	方向
Pin6	TXD2	发送 32bit/s 信息	输出
Pin7	Sec1	输出整秒信号	输出
Else Pin		备用	

将计算机采集到的实际数据与 NMEA-0183 协议对照，如图 3-3。

GPGGA，091907.00，7741.13498，N，10300.66637，E，1，05，1.93，－6.9，M，－3.2，M，，＊68

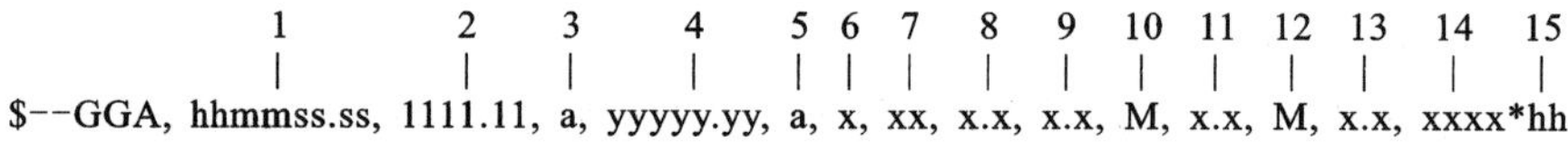

1)UTC时间；
2)纬度；
3)N=北纬，S=南纬；
4)经度；
5)E=东经，W=西经；
6)GPS性能指示：0=未定位，1=误差分定位信息，2=带差分定位信息；
7)使用卫星号 00-12；
8)精度百分比；
9)大地水准面高度；
10)天线高度，单位m；
11)WSG-84大地椭球体海平面相对海平面的高度，负数表示低于平均海平面；
12)高度，单位m；
13)带差分GPS定位数据时间，未使用DGPS时此字段为空；
14)差分站ID号 0000-1023；
15)校验位。

图 3-3　NMEA 0183 协议中 GPGGA 语句

GPZDA，091907.00，14，09，2015，00，00＊6a，协议参见图 3-4。

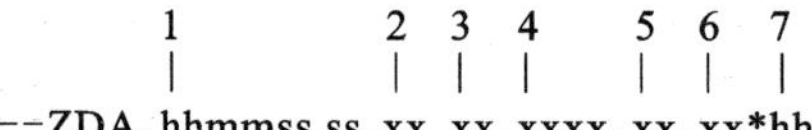

1)当地时区分钟描述，类似于当地时间；
2)当地时区描述 0~+/-13小时；
3)年；
4)月1~12；
5)日1~31；
6)UTC时间；
7)校验位。

图 3-4　NMEA 0183 协议中 GPZDA 语句

GPVTG，69.46，T，，M，13.725，N，25.432，K，A＊00，协议参见图 3-5。

```
             1    2 3    4  5    6 7    8 9
             |    | |    |  |    | |    | |
$--VTG, x.x, T, x.x, M, x.x, N, x.x, K*hh
```

1）轨迹度数；

2）T=真实；

3）轨迹度数；

4）M=磁罗经；

5）速度 英里/小时；

6）N=英里/小时；

7）速度 千米/小时；

8）K=千米/小时；

9）校验位。

图 3-5 NMEA 0183 **协议中** GPVTG **语句**

将以上数据从 GPS 采集到计算机中并显示在文本框上的主要程序如下：

```
MSComm1.CommPort=1                    REM:选择 COM1 串行口
MSComm1.Settings="4800,n,8,1"         REM:4800 波特率,无奇偶校验,8 个数据
                                          位,1 个停止位
MSComm1.InputLen=0                    REM:使用 Input 属性时,读取接收缓冲区
                                          的全部内容
MSComm1.PortOpen=True                 REM:打开串行口
Do Until InStr(Instring,"GPGLL")      REM:接收来自串行口的数据,直到收到
                                          "GPGLL"
DoEvents
Instring=Instring & MSComm1.Input     REM:将接收到的数据存入字符串变量
此处可以加上判断选择句:
Select Case Instring
   Case "GPGGA"
          aaa=Instring
          'aaa="GPGGA,091907.00,7741.13498,N,10300.66637,E,1,05,1.93,
                 -6.9,M,-3.2,M,,*68"
          n=InStr(aaa,"N")             REM:确定经纬度在字符串中的位置
          e=InStr(aaa,"E")
   Case "GPVTG"
          bbb=Instring
          'bbb="GPVTG,69.46,T,,M,13.725,N,25.432,K,A*00"
          s=InStr(bbb,"M")             REM:确定航速在字符串中的位置
          c=InStr(bbb,",")             REM:确定航向在字符串中的位置
   Case "GPZDA"
          ccc=Instring
          'ccc="GPZDA,091907.00,14,09,2015,00,00*6A"
```

```
        t=InStr(ccc,"GPZDA")        REM:确定日期、时间在字符串中的位置
  ……
  Case Else
        n 组语句
End Select
```

以下程序在六个文本框中显示日期、时间、纬度、经度、航向、航速值:

```
Text1.Text=Mid(ccc,t+16,2)&"/"& Mid(ccc,t+19,2)&"/"&Mid(ccc,t+22,4)
REM:显示日期值
Text2.Text=Mid(ccc,t+6,2)&":"& Mid(ccc,t+8,2)&":"&Mid(ccc,t+10,2)
REM:显示时间值
Text3.Text=Mid(aaa,n-11,2)&"°"& Mid(aaa,n-9,7)&"'"&Mid(aaa,n,1)
REM:显示纬度值
Text4.Text=Mid(aaa,e-12,3)&"°"& Mid(aaa,e-9,7)&"'"&Mid(aaa,e,1)
REM:显示经度值
Text5.Text=Mid(bbb,c+1,4)&"°"           REM:显示航向值
Text6.Text=Mid(bbb,s+2,4)&"kn"          REM:显示航速值
Loop
MSComm1.PortOpen=False                  REM:关闭串行口
```

以上程序可以结合 Timer 控件循环采集数据,采集后的结果如图 3-6 所示。

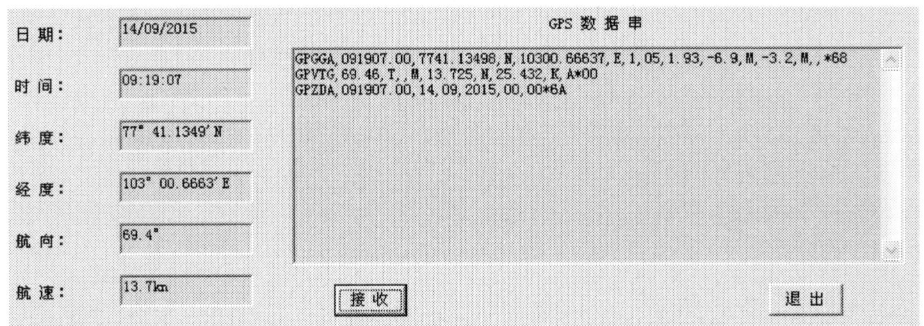

图 3-6　GPS 数据采集图

应用:将采集的经纬度、航向、航速数据输出到电子海图上可以实现可视化显示船舶,具体实例参照 7.6 节“AIS 信息显示”。

也可以将输出的经纬度数据输出到自动定位系统,构成重要的船舶位置信息源。

GPS 利用 24 颗 GPS 卫星的测距和测时功能进行全球定位。在许多系统中,如机场导航系统、出租车辆管理和调度系统、江河流域的灾害信息管理和预测系统、船舶航行自动定位系统中,GPS 都得到了广泛的应用。

自动定位系统是连续、实时地确定船舶的准确位置,并将船位信息反馈给驾驶自动控制系统的中央处理系统,以便中央处理系统随时检查船舶是否偏离最佳航线。据此采取措施,确保船舶稳定而精确地沿最佳航线航行。

3.1.3 北斗终端信息采集、处理与运用

3.1.3.1 概述

卫星导航系统是当今世界最具发展前景和带动性的高科技领域之一，是最能发挥军民两用作用的系统，已成为国家安全、经济和社会发展不可或缺的重大空间信息基础设施。北斗卫星导航系统是我国独立发展、自主运行的全球卫星导航系统，能够提供高精度、高可靠度的导航、定位和授时服务。目前，北斗卫星导航系统已进入发射组网阶段，系统建设稳步推进，其“三步走”发展路线图已清晰明确：第一步，从2000年到2003年，我国建成由3颗卫星组成的北斗卫星导航试验系统，成为世界上第三个拥有自主卫星导航系统的国家；第二步，建设北斗卫星导航系统，于2012年前形成对我国及周边地区的覆盖能力；第三步，于2020年左右，北斗卫星导航系统将形成对全球覆盖能力。

自从2000年10月、12月我国先后成功地发射了两颗北斗试验系统卫星并投入运行以后，北斗系统的RDSS业务和短报文通信业务的应用面越来越广。2010年我国又成功发射了五颗北斗卫星，RDSS业务和短报文通信业务已经成功完成接替，可以为广大用户提供连续、稳定的服务。同时，北斗系统也开始了RNSS业务的试验验证工作。2011年4月第八颗北斗卫星成功发射入轨后，与在轨的多颗GEO卫星和IGSO卫星组成基本系统，在星座覆盖范围内将提供连续的、稳定的、全天候的基本服务能力。

北斗导航定位系统由北斗导航定位卫星、地面控制中心为主的地面部分、北斗用户终端三部分组成，参见图3-7。

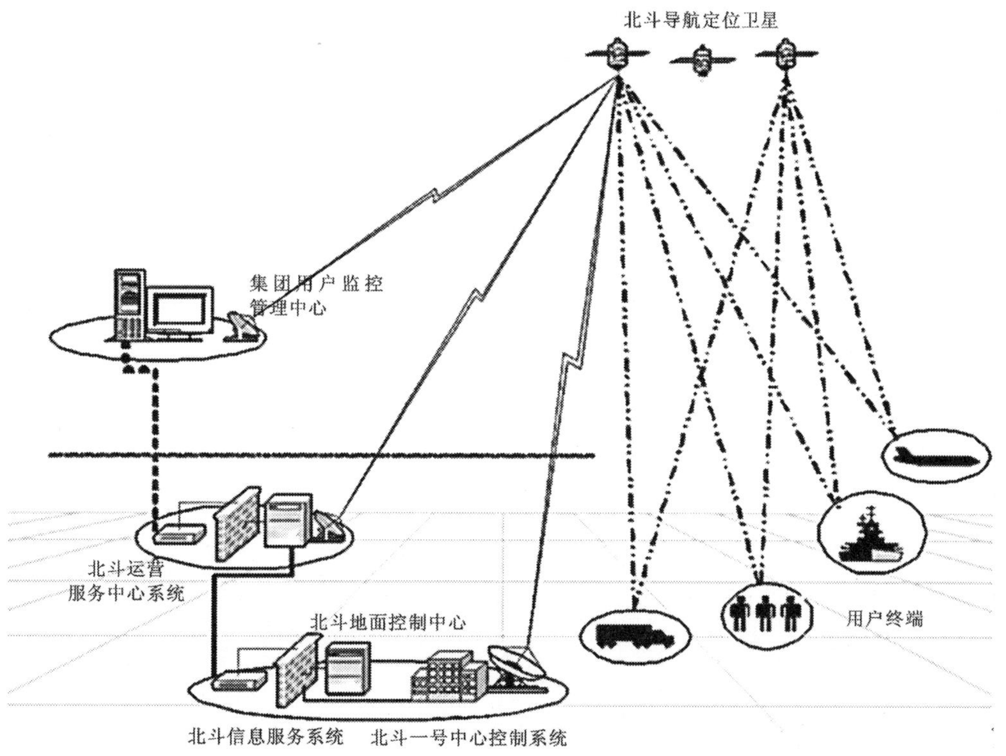

图3-7 北斗卫星导航系统组成图

北斗导航定位系统服务区域为中国及周边国家和地区，它可以在服务区域内任何时间、任何地点，为用户确定其所在的地理经纬度信息，并提供双向短报文通信和精密授时服务。北斗系统可广泛应用于船舶运输、公路交通、铁路运输、海上作业、渔业生产、水文测报、森林防火、环境监测等众多行业，以及军队、公安、海关等其他有特殊指挥调度要求的单位。

北斗系统具有三大功能：

(1)快速定位：北斗系统可为服务区域内用户提供全天候、高精度、快速实时定位服务，定位精度 20～100m；

(2)短报文通信：北斗系统用户终端具有双向报文通信功能，用户可以一次传送 40～60 个汉字的短报文信息；

(3)精密授时：北斗系统具有精密授时功能，可向用户提供 20～100ns 时间同步精度。

北斗应用的五大优势如下：

(1)同时具备定位与通信功能，无须其他通信系统支持；

(2)覆盖中国及周边国家和地区，24h 全天候服务，无通信盲区；

(3)特别适合集团用户大范围监控与管理，以及无依托地区数据采集、用户数据传输应用；

(4)独特的中心节点式定位处理和指挥型用户机设计，可同时解决“我在哪?”和“你在哪?”问题；

(5)自主系统，高强度加密设计，安全、可靠、稳定，适合关键部门应用。

“北斗一号”卫星定位系统是我国自主研发的卫星定位导航系统，系统于 2003 年 1 月 1 日正式投入使用。它由三颗地球同步卫星(其中一颗为备份星)、位于北京的地面中心站、分布全国的 20 余个标校站和大量用户组成。“北斗一号”系统是一种新型、全天候、区域性的卫星导航定位系统。覆盖范围为东经 70°～144°、北纬 5°～55°。其定位精度为水平精度 100m，设立标校站之后为 20m(类似差分状态)。系统能容纳的用户数为每小时超过 50 万户。用户机同时具有收发功能，用于接收中心站通过卫星转发来的信号和向中心站发送定位、通信或定时申请信号。“北斗一号”采用集中式信号处理，定位、通信和双向定时都必须通过中心站进行，由中心站判断用户请示的业务类型，并执行相应的操作。

用户终端机配有输出接口，用于向用户终端机输出指令或读取终端的输出信息，本书主要介绍北斗终端的通信协议、信号的处理、向用户终端机输入输出指令的方法以及用户终端机(以下称北斗终端)输出信息在航标中的应用。

3.1.3.2 北斗终端的通信协议

北斗终端的通信协议共有 30 条指令，根据其不同的功能分为五类，分别为状态类指令、定位类指令、通信类指令、查询类指令、授时类指令和 GPS 类指令。

通信内容以指令的方式表示，指令内容用 ASCII 码编码，并以 $ 为起始位，以〈0X0D〉〈0X0A〉为结束标志，不同信息之间以“,”分隔，并以字符串形式进行传输。校验和是指从 $ 开始到校验和 * 之前按字节取异或的结果。指令结构如图 3-8 所示。

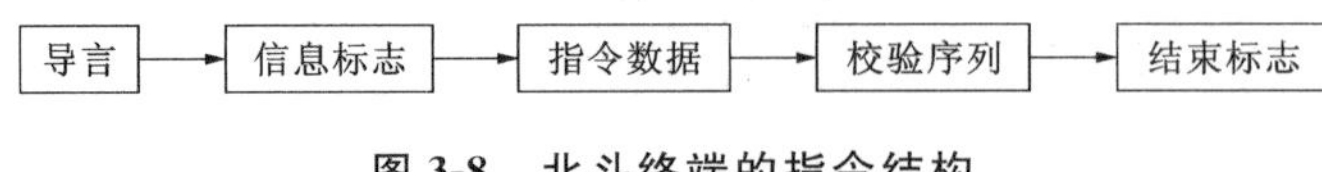

图 3-8 北斗终端的指令结构

为了使发信方能确认自己发送的信息是否成功被收信方接收，在北斗终端中设有通信回执，便于终端和外设之间进行通信判断。

北斗终端的主要功能是发出定位及通信请求，接收中心控制系统返回定位和通信结果。终端如果需要定位信息，必须向中心控制系统发送定位申请，连续两次入站（申请）之间的时间间隔称为服务频度，其单位为1s，服务频度的设置受到终端自身的用户等级限制（一般为5s～10min，最高可达到1s），即终端所设置的服务频度不能超过其用户等级所规定的范围。

注解：ASCII码

在计算机中，所有的数据在存储和运算时都要使用二进制数表示（因为计算机用高电平和低电平分别表示1和0），例如，像a、b、c、d这样的52个字母（包括大写），以及0、1等数字还有一些常用的符号（例如*、#、@等）在计算机中存储时也要使用二进制数来表示，而具体用哪些二进制数字表示哪个符号，当然每个人都可以约定自己的一套（这就叫编码），而如果想互相通信而不造成混乱，那么大家就必须使用相同的编码规则，于是美国有关的标准化组织就出台了ASCII码编码，统一规定了上述常用符号用哪些二进制数来表示。

注解：校验码

在标准ASCII码中，其最高位（b7）用作奇偶校验位。所谓奇偶校验，是指在代码传送过程中用来检验是否出现错误的一种方法，一般分奇校验和偶校验两种。奇校验规定：正确的代码一个字节中1的个数必须是奇数，若非奇数，则在最高位b7添1；偶校验规定：正确的代码一个字节中1的个数必须是偶数，若非偶数，则在最高位b7添1。

3.1.3.3 北斗终端的数据接收与处理

1）北斗终端与外设的接口

北斗一代用户终端是北斗卫星调度监控系统的应用终端，终端具备通用的数据接口，以便于与外部设备进行数据通信。接口采用RS232标准接口（9针）。

2）外设与北斗终端通信的指令设置方法

当北斗终端的外设要得到终端输出的数据时，必须向北斗终端提出申请，为了说明申请方法，下面以定位申请为例。在定位之前，外设必须向终端发送定位申请指令，指令组成如图3-9所示。

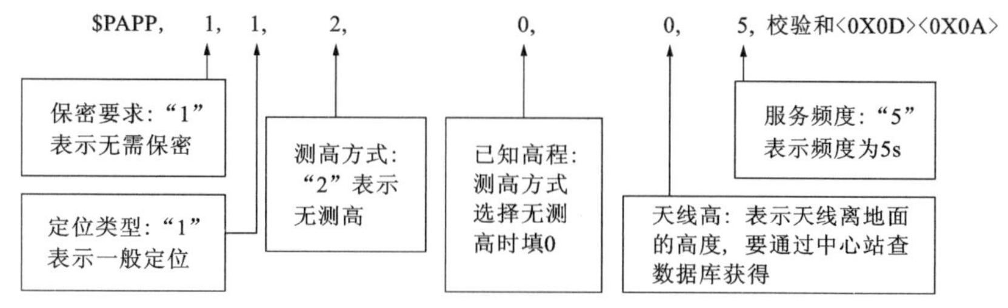

图3-9 定位申请指令

实际发送是以十六进制发送的，定位申请指令对应的HEX为：

24 50 41 50 50 2C 31 2C 31 2C 32 2C 34 2C 30 2C 35 2C 2A 0D 0A

$ P A P P , 1 , 1 , 2 , 4 , 0 , 5 , * CR LF

外设向终端发送完申请指令后收到终端的回执如下：

$CASS,1,校验和〈0X0D〉 〈0X0A〉

"1"表示定位申请成功。接着北斗终端输出定位数据如图 3-10 所示。

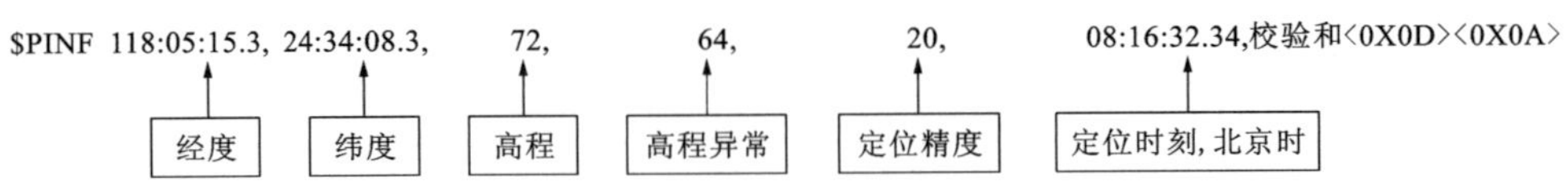

图 3-10　终端输出的定位语句

3.1.3.4　信息的接收与处理方法

1)终端与单片机的硬件连接

将北斗终端 9 针口中的串口输入、输出、地分别与单片机系统的输入、输出和地相连接,单片机系统便可方便地与北斗终端进行通信。如图 3-11 所示。

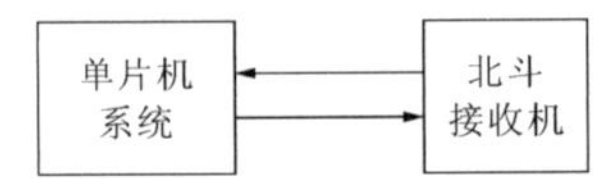

图 3-11　北斗终端与单片机的接口

2)软件设计

系统程序包括初始化、申请指令的生成、申请指令的发送、回执的接收处理、定位数据的接收与处理、数据存储等。初始化包括单元、位以及串口的初始化,串口初始化的传输波特率为 9600,每个字节由 10bit 组成,1 位起始位,8 位数据位,1 位停止位;申请指令的生成主要是将申请指令转化为十六进制数,并以表格的形式存贮,在发送指令时直接从表格读取发送;回执的接收主要是接收回执判断通信申请是否成功;定位数据的接收与处理就是从定位指令中采集有用的定位数据;数据存储即将处理的定位数据保存,以便系统使用读取。

3.1.3.5　北斗二代接收机的通信协议

北斗二代卫星定位系统预计 2020 年左右建成,所以其北斗二代接收机的通信协议尚未正式发布,为了和 GPS 接收机兼容,北斗二代将采用 NMEA 0183 协议,参见表 3-2,只是将会融入一些北斗特有的元素,例如:$--GSA,a,x,xx,…,xx,x.x,x.x,x.x*hh<CR><LF>

表 3-2　北斗的 NMEA 0183 协议

编号	含义	取值范围	单位	备注
1	模式指示	M/A	—	
2	定位模式	1～3	—	
3	第 1 题卫星 PRN 号	定长数字	—	
…				
14	第 12 颗卫星 PRN 号	定长数字		
15	PDOP 值	—	—	
16	HDOP 值	—	—	
17	VDOP 值	—	—	
18	校验和	—	—	

实例：$ BDGSA,A,3,01,08,10,03,07,11,12,,,,,,2.7,1.4,2.4 * 2A

将 GPGSA 中的 GP 改为 BD,可以更好地和 GPS 相兼容,同时也具有自己的特点,参见表 3-3。

例如监视卫星状态的通信协议为：

$ --GSV,x,x,xx,xx,xx,xxx,x.x,…… * hh<CR><LF>

表 3-3 北斗的 BDGSV 语句

编号	含义	取值范围	单位	备注
1	GSV 语句总数	1～9	—	
2	当前 GSV 语句序号	1～9	—	
3	视野内卫星数	—	—	
4	卫星号	—	—	
5	卫星仰角	—	度	
6	卫星方位角	—	度	
7	信噪比	—	dB	
……	重复 4～7 字段	—	—	其他卫星信息

实例：$ BDGSV,4,1,16,01,51,126,38,02,44,240,36,03,65,189,39,04,32,109,36 * 62

例如获取卫星定位的通信协议参见表 3-4。

表 3-4 北斗的 BDGGA 语句

编号	含义	取值范围	单位	备注
1	定位时刻(UTC 时间)			
2	纬度			
3	纬度方向	N/S		N—北纬,S—南纬
4	经度			
5	经度方向	E/W		E—东经,W—西经
6	状态指示	0～8		
7	参与定位的卫星数			
8	HDOP 值			
9	天线大地高			
10	天线大地高单位		m	
11	高程异常(CGS2000)			
12	高程异常单位		m	
13	差分数据龄期			
14	差分站台 ID 号			
15	校验和			

格式为：

$--GGA,hhmmss. ss,llll. llll,a,yyyyy. yyyy,a,x,xx,x. x,x. x,U,x. x,U,xxxx,x. x,x. x＊hh<CR><LF>

本语句包含与接收机定位、测时相关的数据。

实例：$BDGGA,050912.00,2309.92716,N,11325.85883,E,1,07,2.2,17.3,M,0.0,M,,,2.5＊73

具体编程采集的方法可以参考GPS接收机数据采集的实例。

北斗的应用：

一方面可以在渔船出海后，遇到台风等恶劣天气时对渔船进行实时控制，遇险后及时搜救渔船；另一方面防止渔船漂至公海或其他国家海域，与其他国家发生冲突。此外，渔民可以在海上通过北斗系统进行期货交易，大大提高渔业交易水平，促进渔业生产的发展。

在海上手机打不通了，可以用手机和北斗系统的终端进行短信交流，这是一个开放的交联，北斗系统可以和其他系统在终端上融合。

北斗系统将成为一个生命线工程，即和人类生存活动相关的工程。比如地震后，所有的有线系统都可能失去功能，而北斗系统作为一个卫星监视系统既可以进行及时的位置报告，又可以通信。又如由地震引起的海啸，北斗去做救援是非常有用的，它可以及时地发送位置和与位置有关的信息，北斗可以利用LBS服务（LBS就是和位置相关的信息服务），把信息发送给有关部门。

在北斗二代建成之后，我国将拥有卫星导航自主知识产权。在航海、军事、汽车导航、通信授时等各个领域的卫星导航应用不再依赖GPS系统，将推动和保障国民经济稳定发展。

3.2　雷达数据采集

随着卫星导航技术、数字通信技术和信息处理技术的发展和应用，现代船舶导航雷达的功能已经有了长足的进步，在传统简单的定位、观测和导航功能基础上具备了目标识别与跟踪、地理参考信息识别等功能。进入21世纪以来，随着IMO MSC192(79)和IEC 62388关于船舶导航雷达性能与测试标准的更新与实施，雷达在人机工程学设计、减轻驾驶员操作负担、恶劣气象条件下目标探测能力、近距离目标探测能力、弱小目标探测能力、跟踪快速目标、定义统一公共基准点（CCRP）提高测量精度、与其他航海仪器（传感器）连接、获取目标识别信息、获取航行水域地理参考信息、增强设备与综合系统的兼容性、发挥不同波段雷达的性能和创新设计等方面，都有了新的发展。

传统的船舶导航雷达系统亦称为基本雷达系统，由天线、收发机和显示器组成，为帮助驾驶员更好地获得海上移动目标的运动参数，近代雷达大多配备了自动雷达标绘仪（ARPA），提高了雷达在避碰行动中的使用性能。随着科技的发展，基于信息化平台的新型航海仪器和设备不断出现，与传统的导航雷达实现了数据融合与共享，卫星导航（GNSS）技术为船舶提供了高精度的时间和位置基准数据，电子航行海图（ENC）或其他矢量海图系统为船舶航行水域提供了丰富的水文地理数据，AIS为雷达目标提供了有效的身份识别手段。这些技术的进步，促进了现代船舶导航雷达技术的发展。按照SOLAS公约要求，2008年7月1日之后装船的雷达，应满足IMO MSC192(79)船舶导航雷达性能标准规定。现代船舶导航雷达的基本配置如图3-12所示。

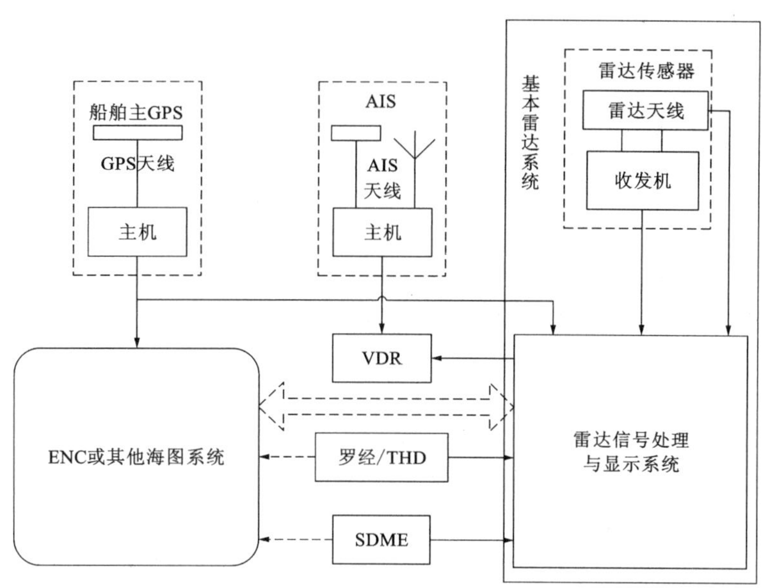

图 3-12 雷达基本组成框图

船舶主 GNSS 设备为系统提供船位和时间基准数据;陀螺罗经或首向发送设备(THD)为系统提供首向数据;SDME(速度和航程测量设备)通常为计程仪,提供船舶速度(对水、对地);雷达传感器提供本船周围海域的雷达视频图像信息,雷达信号处理与显示系统处理雷达视频,跟踪移动目标,获取目标运动参数,协助驾驶员避碰和导航;AIS 报告周围船舶识别和动态数据以及航标数据,协助驾驶员避碰导航;选装的海图系统提供水文地理航行必要数据,所有数据在雷达终端显示器上融合共享。所有的传感器都可以独立工作,其中一个传感器的故障,不影响其他传感器信息的显示。雷达主显示器上显示的全部电子信号信息提供给 VDR 保存记录,系统拒绝使用无效数据。如果输入数据质量变差,系统会加以提示,驾驶员在操作雷达时,应随时注意屏幕提示信息。驾驶员通过雷达操控面板控制系统,获得最佳定位、导航和避碰信息。

现代雷达系统有多个外接传感器,提供输入/输出信息,某种雷达的输入/输出接口如图 3-13 所示。

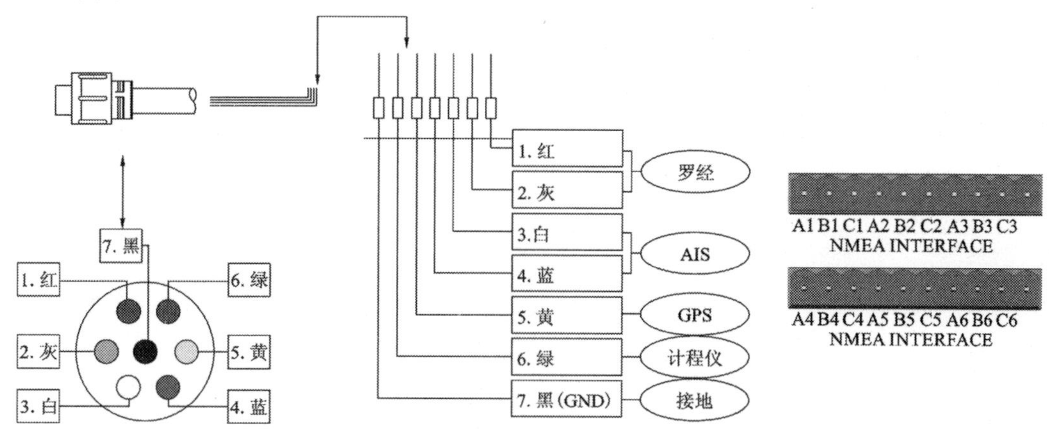

图 3-13 雷达输入输出接口图

雷达与外部传感器采用 NMEA 0183/IEC 61162-1 通信协议，常用的输入语句如下：

DPT(depth)：深度数据

GGA，GLL(position)：位置数据

RNN，RTE(route)：航线数据

VHW(water speed)：对水速度数据

HDT(heading)：船首向数据

VBW(ground/water speed)：对地/对水速度数据

VTG(ground speed/heading)：对地速度/航向数据

WPL(waypoints)：转向点数据

ZDA，ZZU(UTC)：时间数据

！AIVDM for other vessels：目标船数据

！AIVDO for ownship data：本船数据

雷达的输出语句参见表 3-5。

表 3-5　雷达相关语句 OSD、RSD、TTM 格式解析表

语句开头	语句标志	中文解释	备注
$RAOSD	OSD	Ownship data 本船数据	输出语句
$RARSD	RSD	Radar System Data 雷达系统数据	输出语句
$RATTM	TTM	Tracked Target Message 跟踪目标数据	输出语句

示例：

```
$RAOSD, x.x, A, x.x, a, x.x, a, x.x, x.x, a *hh
         |   |   |   |   |   |   |    |   |  |
         1   2   3   4   5   6   7    8   9  10
```

1)heading，degrees true　船首向

2)heading status　船首状态，A=valid　有效的

3)vessel course，degrees true　航迹向

4)course reference　航向参考

5)vessel speed　航速

6)speed reference　航速参考

7)vessel set，degrees true　流向(人工输入)

8)vessel drift(speed)　流速(人工输入)

9)speed units K，N，S　速度单位

10)Checksum　校验位

示例：

```
$RARSD,   ,   ,   ,   ,   ,   ,   ,   , 0.847, 123.7, 1.500, N  ,H  *5A
          1   2   3   4   5   6   7   8   9     10     11    12  13  14
          |   |   |   |   |   |   |   |   |     |      |     |   |   |
$--RSD, x.x,x.x,x.x,x.x,x.x,x.x,x.x,x.x, x.x,  x.x  , x.x   ,a  ,a  *hh
```

9)Cursor range from Ownship　距本船距离

10)Cursor bearing degrees clockwise from zero degrees 距离本船方位

11)Range scale in use 量程刻度

12)Range units K/N/S 量程单位

13)Display rotation 显示模式 C=航向向上,H=船首向上,N=北向上

14)Checksum 校验位

示例:

```
$RATTM, 02, 0.823,125.0, T, 7.91,184.4, T, 0.709,-3.1, N, TGT 02, T, , 040235.18, M *7D
          1    2      3    4    5     6    7    8      9    10    11    12 13     14      15  16
          |    |      |    |    |     |    |    |      |    |     |     |  |      |       |   |
$--TTM,   xx ,x.x,  x.x,   a,  x.x,  x.x,  a,  x.x,   x.x,  a,   c--c,  a, a, hhmmss.ss, a  *hh
```

1)Target Number 目标号

2)Target Distance 目标距离

3)Bearing from own ship 目标方位

4)Bearing Units 方位单位

5)Target speed 目标速度

6)Target Course 目标航向

7)Course Units 航向单位

8)Distance of closest-point-of-approach CPA

9)Time until closest-point-of-approach "—" means increasing TCPA

10)Speed/distance units K/N/S 速度/距离的单位

11)Target name 目标名称

12)Target Status 目标状态位,Q=查询,T=跟踪,L=跟踪目标丢失

13)Reference Target 参考目标,参考目标=R,否则为空

14)Time of data UTC 数据时间

15)Type of acquisition 捕获的类型,A=自动,M=人工

16)Checksum 校验位

实例:下面以实验室的雷达为例,说明雷达采集数据的具体技术。雷达数据的采集、存储和回放是组合导航中的重要内容之一,也是实现雷达模拟器的基础。我们采用的是 Kelvin Hughes Nucleus 35000 型雷达,通过雷达的串口输出和 PC 机连接,基于 VB 开发平台对雷达数据进行采集,实验图如图 3-14 所示。

采集数据的串口模块程序为:

```
Private Sub Command1_Click()
Timer1.Interval=1000
MSComm1.CommPort=2                    REM:选择 COM1 串行口
MSComm1.Settings="19200,n,8,1"        REM:19200 波特率,无奇偶校验,8 个数
                                          据位,1 个停止位
MSComm1.InputLen=0
MSComm1.PortOpen=True
End Sub
```

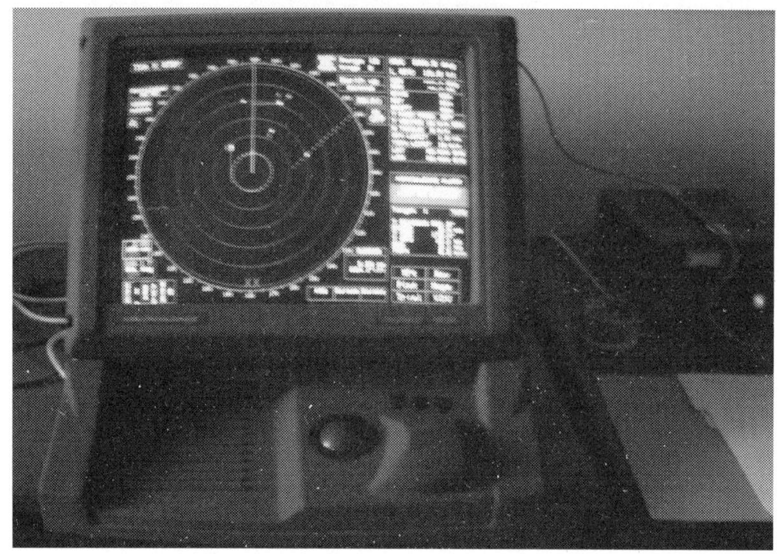

图 3-14　为数据采集使用的 Kelvin Hughes Nucleus 35000 **型雷达**

我们利用 Kelvin Hughes Nucleus 35000 型雷达的模拟功能，输出几个模拟目标，图 3-15 为在雷达上显示的几个模拟目标，我们在 1h 内每隔 1min 对 3 个目标的数据和雷达图像进行一次读取，采集了大量的数据和雷达图像，作为验证采集雷达数据软件的正确性及分析的基础。

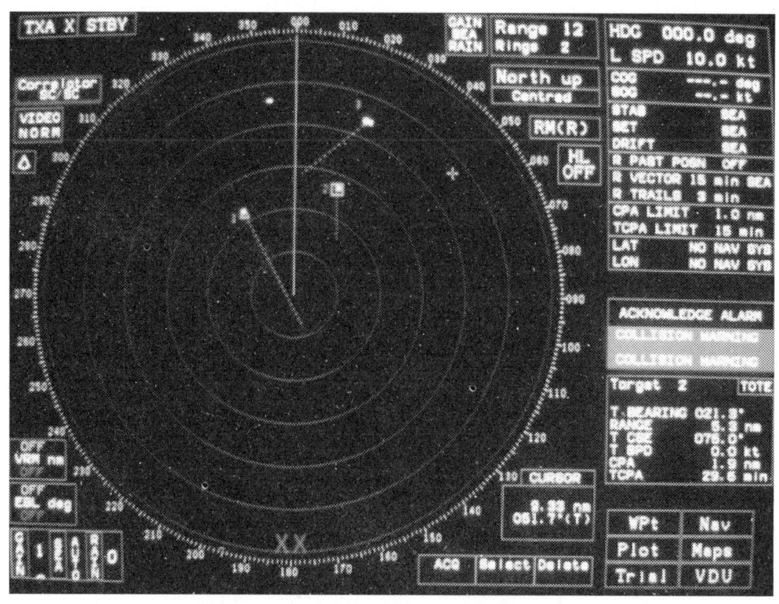

图 3-15　雷达上显示的几个模拟目标

采用定时器控件每 1s 采集一次，其程序如下：

```
Private Sub Timer1_Timer()
Instring=""                                REM:清空字符串变量
```

```
Do Until InStr(Instring," $PPLOT")       REM:接收来自串行口的数据,直到收到"
                                              PPLOT"
DoEvents
Instring=Instring & MSComm1.Input        REM:将接收到的数据存入字符串变量
Txtin.Text=Instring                      REM:将接收到的字符串数据在文本框
                                              Txtin 中显示
temp=Instring
a=InStr(temp,"tgt")
b=InStr(temp,"spd")
c=InStr(temp,"crse")
d=InStr(temp,"fpt")
e=InStr(temp,"alarm")
f=InStr(temp,"rng")
g=InStr(temp,"brg")
If a <> 0 Then
Text1.Text=Mid(temp,a+3,3)               REM:显示目标号
Text2.Text=Mid(temp,b+3,5)               REM:显示航速
Text3.Text=Mid(temp,c+4,7)               REM:显示航向
Text4.Text=Mid(temp,d+3,2)               REM:显示 fpt
Text5.Text=Mid(temp,e+5,5)               REM:显示告警
Text6.Text=Mid(temp,f+3,4)               REM:显示距离
Text7.Text=Mid(temp,g+3,6)               REM:显示方位
If Int(Text1.Text) <> num Then
file1="E:\dd\radar\radar.txt"            REM:将目标号、航速、航向、fpt、告警、距
                                              离、方位写入 radar.txt 文件保存
Open file1 For Append As #1
Write #1,Time,Text1.Text,Text2.Text,Text3.Text,Text4.Text,Text5.Text,
Text6.Text,Text7.Text
Close #1
End If
num=Text1.Text
End If
Loop
End Sub
```

雷达读取数据的界面如图 3-16 所示。

雷达数据读取应用软件可以实时监视所读取数据的准确性,图 3-17 中可以清楚地看到目标 1 的距离、方位、航向、航速数据。在雷达上选择不同的目标,则可以读取不同目标的参数数据,所以采集的数据可以保存到一个文本文件中,根据需要也可以把它转换成 Excel 文件保存,参见图 3-18。循环进行共 1h 的雷达数据采集,保存在相关文本文件中。

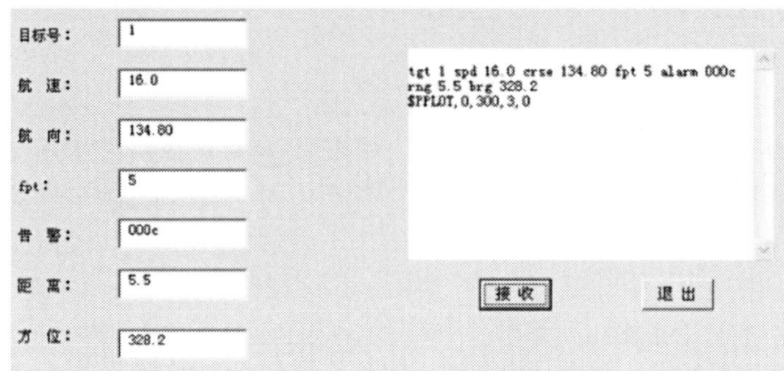

图 3-16　雷达数据读取应用软件界面图

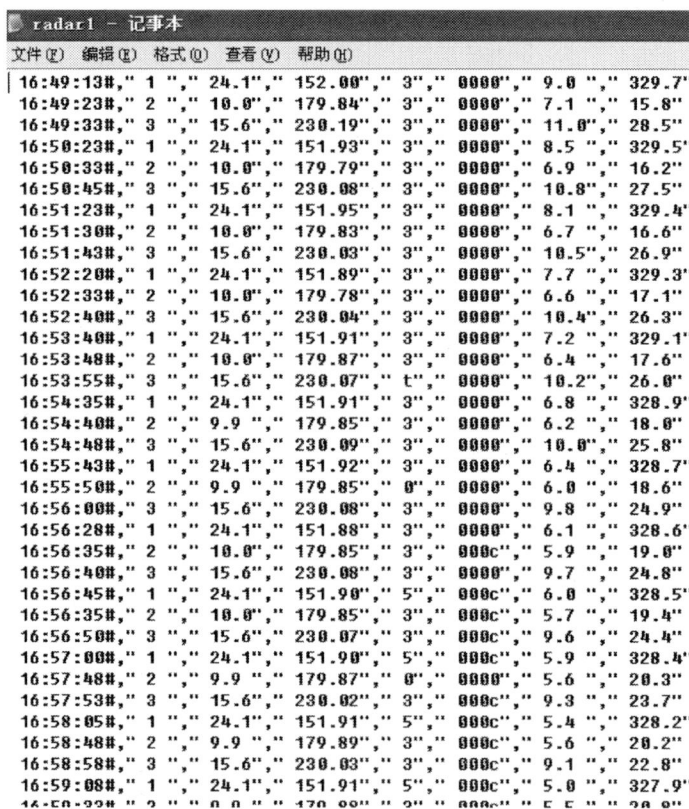

radar1 - 记事本

文件(F)　编辑(E)　格式(O)　查看(V)　帮助(H)

```
16:49:13#," 1 "," 24.1"," 152.00"," 3"," 0000"," 9.0 "," 329.7"
16:49:23#," 2 "," 10.0"," 179.84"," 3"," 0000"," 7.1 "," 15.8"
16:49:33#," 3 "," 15.6"," 230.19"," 3"," 0000"," 11.0"," 28.5"
16:50:23#," 1 "," 24.1"," 151.93"," 3"," 0000"," 8.5 "," 329.5"
16:50:33#," 2 "," 10.0"," 179.79"," 3"," 0000"," 6.9 "," 16.2"
16:50:45#," 3 "," 15.6"," 230.08"," 3"," 0000"," 10.8"," 27.5"
16:51:23#," 1 "," 24.1"," 151.95"," 3"," 0000"," 8.1 "," 329.4"
16:51:30#," 2 "," 10.0"," 179.83"," 3"," 0000"," 6.7 "," 16.6"
16:51:43#," 3 "," 15.6"," 230.03"," 3"," 0000"," 10.5"," 26.9"
16:52:20#," 1 "," 24.1"," 151.89"," 3"," 0000"," 7.7 "," 329.3"
16:52:33#," 2 "," 10.0"," 179.78"," 3"," 0000"," 6.6 "," 17.1"
16:52:40#," 3 "," 15.6"," 230.04"," 3"," 0000"," 10.4"," 26.3"
16:53:40#," 1 "," 24.1"," 151.91"," 3"," 0000"," 7.2 "," 329.1"
16:53:48#," 2 "," 10.0"," 179.87"," 3"," 0000"," 6.4 "," 17.6"
16:53:55#," 3 "," 15.6"," 230.07"," t"," 0000"," 10.2"," 26.0"
16:54:35#," 1 "," 24.1"," 151.91"," 3"," 0000"," 6.8 "," 328.9"
16:54:40#," 2 "," 9.9 "," 179.85"," 3"," 0000"," 6.2 "," 18.0"
16:54:48#," 3 "," 15.6"," 230.09"," 3"," 0000"," 10.0"," 25.8"
16:55:43#," 1 "," 24.1"," 151.92"," 3"," 0000"," 6.4 "," 328.7"
16:55:50#," 2 "," 9.9 "," 179.85"," 0"," 0000"," 6.0 "," 18.6"
16:56:00#," 3 "," 15.6"," 230.08"," 3"," 0000"," 9.8 "," 24.9"
16:56:28#," 1 "," 24.1"," 151.88"," 3"," 0000"," 6.1 "," 328.6"
16:56:35#," 2 "," 10.0"," 179.85"," 3"," 000c"," 5.9 "," 19.0"
16:56:40#," 3 "," 15.6"," 230.08"," 3"," 0000"," 9.7 "," 24.8"
16:56:45#," 1 "," 24.1"," 151.90"," 5"," 000c"," 6.0 "," 328.5"
16:56:35#," 2 "," 10.0"," 179.85"," 3"," 000c"," 5.7 "," 19.4"
16:56:50#," 3 "," 15.6"," 230.07"," 3"," 000c"," 9.6 "," 24.4"
16:57:00#," 1 "," 24.1"," 151.90"," 5"," 000c"," 5.9 "," 328.4"
16:57:48#," 2 "," 9.9 "," 179.87"," 0"," 0000"," 5.6 "," 20.3"
16:57:53#," 3 "," 15.6"," 230.02"," 3"," 000c"," 9.3 "," 23.7"
16:58:05#," 1 "," 24.1"," 151.91"," 5"," 000c"," 5.4 "," 328.2"
16:58:48#," 2 "," 9.9 "," 179.89"," 3"," 000c"," 5.6 "," 20.2"
16:58:58#," 3 "," 15.6"," 230.03"," 3"," 000c"," 9.1 "," 22.8"
16:59:08#," 1 "," 24.1"," 151.91"," 5"," 000c"," 5.0 "," 327.9"
```

图 3-17　每隔 1min,对 3 个目标进行一次数据采集

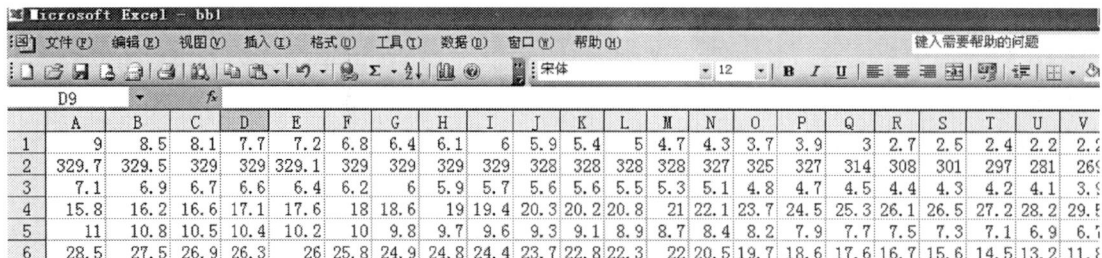

Microsoft Excel - bb1

文件(F)　编辑(E)　视图(V)　插入(I)　格式(O)　工具(T)　数据(D)　窗口(W)　帮助(H)　键入需要帮助的问题

宋体　12

D9

	A	B	C	D	E	F	G	H	I	J	K	L	M	N	O	P	Q	R	S	T	U	V
1	9	8.5	8.1	7.7	7.2	6.8	6.4	6.1	6	5.9	5.4	5	4.7	4.3	3.7	3.9	3	2.7	2.5	2.4	2.2	2.
2	329.7	329.5	329	329	329.1	329	329	329	329	328	328	328	328	327	325	327	314	308	301	297	281	26
3	7.1	6.9	6.7	6.6	6.4	6.2	6	5.9	5.7	5.6	5.6	5.5	5.3	5.1	4.8	4.7	4.5	4.4	4.3	4.2	4.1	3.
4	15.8	16.2	16.6	17.1	17.6	18	18.6	19	19.4	20.3	20.2	20.8	21	22.1	23.7	24.5	25.3	26.1	26.5	27.2	28.2	29.
5	11	10.8	10.5	10.4	10.2	10	9.8	9.7	9.6	9.3	9.1	8.9	8.7	8.4	8.2	7.9	7.7	7.5	7.3	7.1	6.9	6.
6	28.5	27.5	26.9	26.3	26	25.8	24.9	24.8	24.4	23.7	22.8	22.3	22	20.5	19.7	18.6	17.6	16.7	15.6	14.5	13.2	11.

图 3-18　将文本文件自动转换成 Excel 文件

雷达数据可以分类保存，也可以利用 Excel 的图表功能进行相关分析。采用下列程序将前面保存好的雷达数据再读出，实现航迹再现，参见图 3-19。

```
Private Sub Command1_Click()
Dim T,a,b,c,d,e,f,g As String
Dim r,theta As Single
Dim x,y As Integer
    file1="E:\dd\radar\radar.txt"             REM:取出保存的雷达目标数据
    On Error Resume Next
    Open file1 For Input As #2
    Do Until EOF(2)
      Input #2,T,a,b,c,d,e,f,g
      Text1.Text=f
      Text2.Text=g
      r=CSng(f)                               REM:距离为半径
      theta=CSng(g)                           REM:方位为角度
    Picture1.DrawWidth=1
    Picture1.Circle(Picture1.ScaleWidth/2,Picture1.ScaleHeight/2),300
    Picture1.DrawWidth=8
    If theta>=0 And theta<90 Then
    y=CInt(25 * r * Cos(theta * 3.1415/180))          REM:转换为 x,y 直
                                                          角坐标
    x=CInt(25 * r * Sin(theta * 3.1415/180))
    Picture1.PSet(Picture1.ScaleWidth /2+x,Picture1.ScaleHeight /2-y),RGB
(0,250,0)
    ElseIf theta>=90 And theta <180 Then
    y=CInt(25 * r * Cos((180-theta) * 3.1415/180))
    x=CInt(25 * r * Sin((180-theta) * 3.1415/180))
    Picture1.PSet(Picture1.ScaleWidth /2+x,Picture1.ScaleHeight /2+y),RGB
(0,250,0)
    ElseIf theta>=180 And theta<270 Then
    y=CInt(25 * r * Cos((theta-180) * 3.1415/180))
    x=CInt(25 * r * Sin((theta-180) * 3.1415/180))
    Picture1.PSet (Picture1.ScaleWidth /2-x,Picture1.ScaleHeight /2+y),RGB
(0,250,0)
    ElseIf theta>=270 And theta<360 Then
    y=CInt(25 * r * Cos((360-theta) * 3.1415 /180))
    x=CInt(25 * r * Sin((360-theta) * 3.1415 /180))
    Picture1.PSet(Picture1.ScaleWidth /2-x,Picture1.ScaleHeight /2-y),RGB
(0,250,0)
```

```
        End If
        Loop
        Close #2
    End Sub
```

航迹再现分析(图 3-19)可以看出 1 号目标与本船有碰撞危险,在目标船采取了右改向后,从本船左舷安全通过;2 号目标为一固定目标,在本船保速、保向的情况下,从本船右舷安全通过;3 号目标为一从右舷向左舷船首通过的目标。结果和模拟目标的输出状态一致。

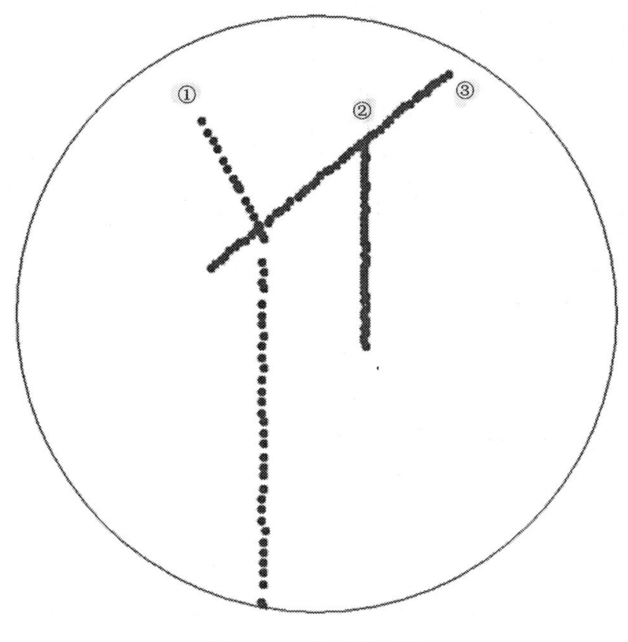

图 3-19 航迹再现图

3.3 测深仪数据采集

回声测深仪(echo sounder)是一种测量水深的船用水声导航仪器。在船舶航行中,水深对于航线拟定和保证船舶安全航行起着重要的作用,现代船用测深仪都采用数字电路,可以实现实时数字显示,保存深度数据等,也遵循 NMEA 0183 协议和其他船舶仪器之间互相交换信息,可以将 GPS 接入测深仪,为测深仪保存数据提供便利,即可以保存时间、地点、深度的综合数据,为新航路的开辟保存重要的信息,但是这种借助于测深仪设备自身的存储功能只能保存 12h 数据,对于长时间的航行,必须自己开发应用程序,将数据保存下来,下面以采集实验室的测深仪为例,介绍具体的采集方法。

测深仪与采集数据的 PC 机的具体连接如图 3-20 所示。

依据 NMEA 0183 协议,测深仪的输出语句参见表 3-6。

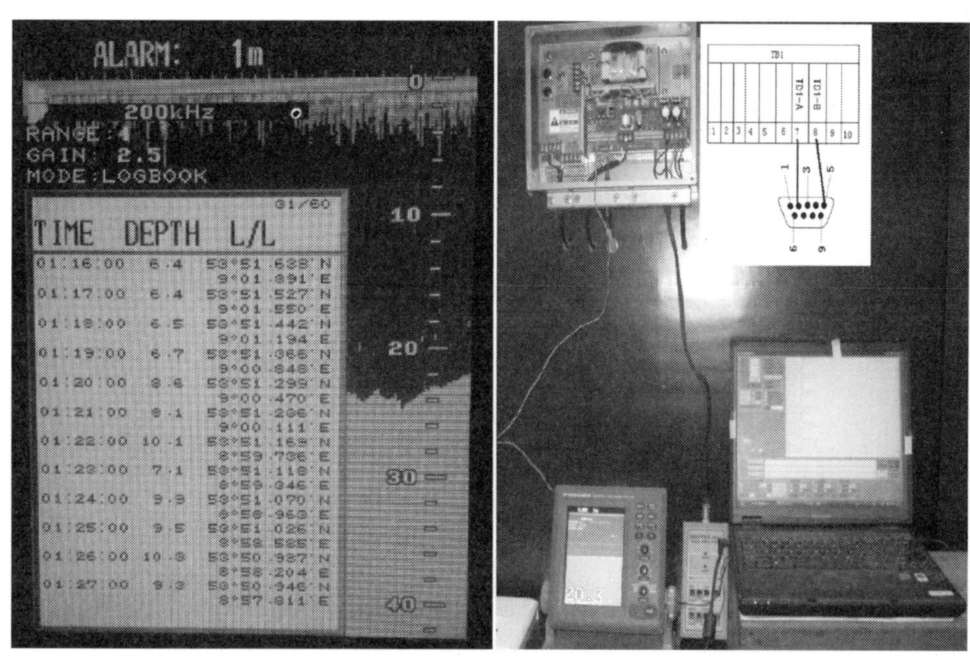

图 3-20 测深仪采集的数据以及与采集数据的 PC 机的连接图

表 3-6 测深仪的输出语句表

语句开头	语句标志	中文解释	备注
$SDDBT	DBT	换能器下的水深	输出语句
$SDDBS	DBS	水线下的水深	输出语句

DBT-Depth below transducer 换能器下的水深，其标准语句格式及具体实例如下：

```
$--DBT,    x.x,    f,   x.x,    M,   x.x,   F
            1      2     3      4     5     6
            |      |     |      |     |     |
$SDDBT,  0065.6   ,f,  0020.0,  M,  010.9,  F
```

1)Water depth 水深

2)feet 英尺

3)Water depth 水深

4)M 米

5)Water depth 水深

6)fathoms 英寻

通过采集实验，提取第 3 个数据，可以得到换能器下的水深数据为 20m。

DBS-Depth below surface 水线下的水深，其标准语句格式及具体实例如下：

```
$--DBS,    x.x,    f,   x.x,    M,   x.x,   F
            1      2     3      4     5     6
            |      |     |      |     |     |
$SDDBS,  0100.7,   f,  0030.7,  M,  016.8,  F
```

1)Water depth　　水深
2)feet　　英尺
3)Water depth　　水深
4)M　　米
5)Water depth　　水深
6)fathoms　　英寻

同样提取第3个数据，得出水线下的水深为30m，这是因为加了10m的吃水。

如果同时采集GPS的数据，就可以得到时间、地点、深度的综合信息，通过采集得到的水深数据可以提供给雷达、VDR、IBS等其他设备，构成航行监控系统，保障船舶航行安全。

3.4 罗经数据采集

罗经分为磁罗经和电罗经两种，远洋船舶一般都会安装这两种罗经。我们可以将罗经的航向转换成电信号，即将符合标准的NMEA 0183语句输送给ECDIS、ARPA、AIS、自动舵等。如果是模拟信号，如步进或同步信号，ARPA等设备也能直接接收。现代数字罗经可以接入GPS提供纬度数据，自动校正罗经的纬度误差，也可以接入计程仪，自动校正速度误差。某种罗经的输入、输出接线图及采集的部分数据参见图3-21。

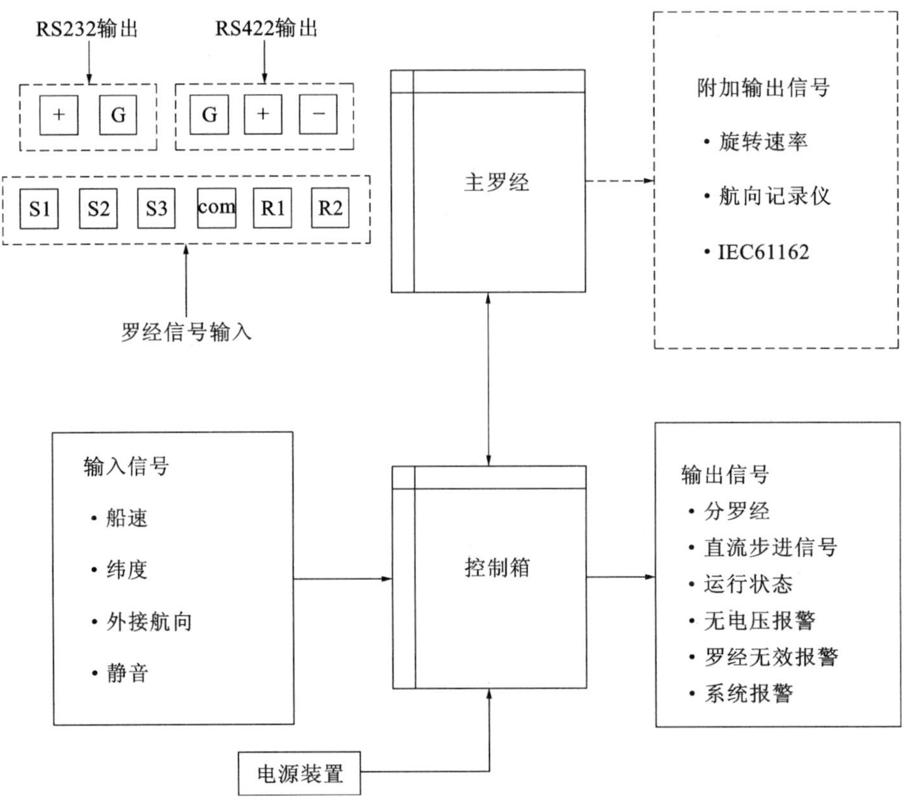

图3-21　罗经的输入、输出接线图及采集的部分数据图

```
$HEHDT,207.3,T*29
$HEROT,-001.0,A*07
$HEHDT,207.3,T*29
$HEROT,-000.7,A*01
$HEHDT,207.2,T*28
$HEROT,-001.2,A*05
$HEHDT,207.2,T*28
$HEROT,-000.2,A*04
$HEHDT,207.2,T*28
$HEROT,-000.0,A*06
$HEHDT,207.2,T*28
$HEROT,-002.4,A*00
$HEHDT,207.2,T*28
$HEROT,-000.9,A*0F
$HEHDT,207.1,T*2B
$HEROT,-000.8,A*0E
$HEHDT,207.1,T*2B
$HEROT,-000.2,A*04
$HEHDT,207.1,T*2B
$HEROT,-000.0,A*06
$HEHDT,207.1,T*2B
$HEROT,-003.2,A*07
$HEHDT,207.1,T*2B
$HEROT,-002.3,A*07
$HEHDT,207.1,T*2B
$HEROT,-000.4,A*02
$HEHDT,207.1,T*2B
$HEROT,-000.0,A*06
```

依据 NMEA 0183 协议，罗经的输出语句参见表 3-7。

表 3-7　罗经的输出语句表

语句开头	语句标识	中文解释	备注
$HEHDT	HDT	航向信号(电罗经)	输出语句
$HEROT	ROT	Rate of Turn 航向变化率	输出语句
$HCHDM	HDM	航向信号(磁罗经)	输出语句

语句具体解析如下：

HDT 即 Heading true：

```
$HEHDT,  x.x,  T   *hh    标准语句
          |     |    |
          1     2    3
$HEHDT,  207.2,  T*28     输出实例
```

1)Heading Degrees,船首向度数

2)T=True,T=真航向

3)Checksum,校验位

ROT 即 Rate Of Turn:

```
$--ROT,    x.x,    A   *hh   标准语句
            |      |    |
            1      2    3
$HEROT,  -001.2,   A   *05   输出实例
```

1)Rate Of Turn,degrees per minute,"-" means bow turns to port,转向速率,度/分,负数表示向左舷转

2)Status,A means data is valid,状态位,A=数据是有效的

3)Checksum,校验位

HDM 即 Heading Magnetic:

```
$--HDM,    x.x,    M*hh   标准语句
            |      |   |
            1      2   3
$HCHDM,  204.2,    M*2D   输出实例
```

1)Heading Degrees,magnetic,磁航向

2)M=magnetic,M=磁罗经

3)Checksum,校验位

3.5　计程仪数据采集

船用计程仪是用来测定船舶航行速度和累计船舶航程的一种导航仪器,它可以精确地测量船舶航行速度及航程,对船舶驾驶极为重要,在船舶导航定位中,只要有陀螺罗经或磁罗经提供船舶航向和计程仪提供航程,就可求得船舶的推算船位。此外,现代的导航系统及设备,如真运动雷达、ARPA 和自动综合导航仪等均需要输入船舶的速度信息才能进行工作。

在大型或超大型船舶系靠码头的操纵中,还需要计程仪提供相对码头的纵向和横向速度,以确保船舶安全地靠泊码头。因此,计程仪是现代船舶必不可少的重要的航海仪器之一。

计程仪输出的数据可以送到雷达、ECDIS、VDR、GMDSS、AIS 等设备作为船舶航速的重要数据来源。其设备的输出组成如图 3-22 所示。

依据 NMEA 0183 协议,计程仪的输出语句为表 3-8。

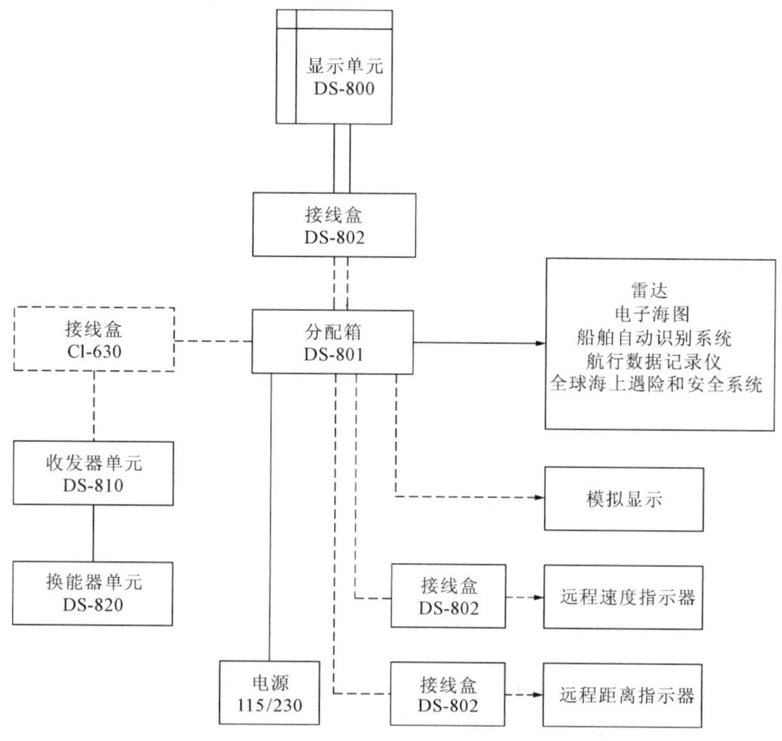

图 3-22 计程仪设备的输出组成图

表 3-8 计程仪的输出语句表

语句开头	语句标志	中文解释	备注
$ VDVBW	VBW	对地/对水速度	输出语句
$ VDVLW	VLW	对水航程	输出语句

具体实例如下：

VBW:Dual Ground/Water Speed,对地/对水速度。

```
$--VBW,   x.x,  x.x,  A,  x.x,  x.x,   A    *hh  标准语句
           |     |    |    |     |     |     |
           1     2    3    4     5     6     7
$VDVBW,   2.0,   ,    A,   ,     ,A   *7D        输出实例
```

1)Longitudinal water speed,"—"means astern 纵向对水速度,"—"意味着倒车

2)Transverse water speed,"—"means port 横向对水速度,"—"意味着左舷的

3)Status,A=data valid 状态,A=有效

4)Longitudinal ground speed,"—" means astern 纵向对地速度,"—"意味着倒车

5)Transverse ground speed,"—" means port 横向对地速度,"—"意味着左舷的

6)Status,A=data valid 状态,A=有效

7)Checksum 校验码

VLW:Distance Traveled through Water,对水航程。

$--VLW,	x.x,	N,	x.x,	N	*hh	标准语句
	1	2	3	4	5	
	|	|	|	|	|	
$VDVLW,	20000.0,	N,	200.0,	N	*5F	输出实例

1)Total cumulative distance　总的里程

2)N=Nautical Miles　N=海里

3)Distance since Reset　航程

4)N=Nautical Miles　N=海里

5)Checksum　校验位

3.6　水文、气象数据采集

超声波风速仪，是利用发送声波脉冲，测量接收端的时间或频率(多普勒变换)差别来计算风速和风向的风速风向测量仪器。由于它很好地克服了机械式风速风向仪固有的缺陷，因而能全天候地、长久地正常工作，得到了越来越广泛的使用，它将是机械式风速仪的强有力替代品。超声波风速风向仪的工作原理是利用超声波时差法来实现风速的测量。声音在空气中的传播速度，会和风向上的气流速度叠加。若超声波的传播方向与风向相同，它的速度会加快；反之，若超声波的传播方向与风向相反，它的速度会变慢。因此，在固定的检测条件下，超声波在空气中传播的速度可以和风速函数对应，通过计算即可得到精确的风速和风向。用户可根据需要选择风速单位、输出频率及输出格式。也可根据需要选择加热装置(在冰冷环境下推荐使用)或模拟输出。可以与电脑、数据采集器或其他具有 RS485 或模拟输出相符合的采集设备连用，接口参照图 3-23。如果需要，也可以多台组成一个网络进行使用。超声波风速仪的应用便利、精确，在很多领域都能灵活运用，在船舶航海中也是监测航行气象、保障船舶航行安全的重要信息获取者。它可以直接和 VDR 连接，将风速、风向保存起来，作为发生海事事故时的重要证据。

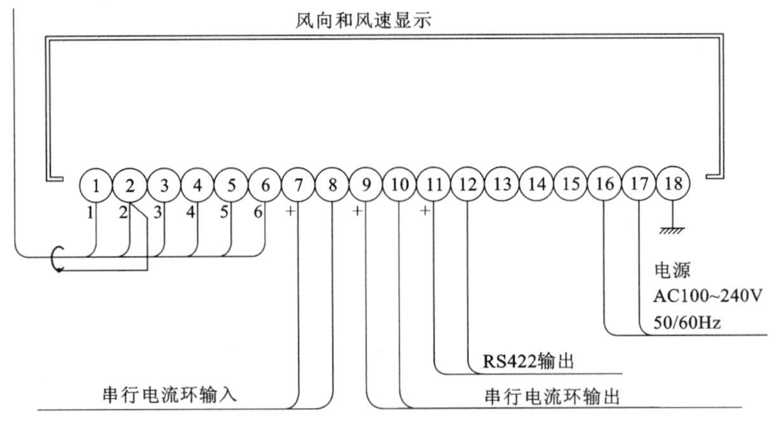

图 3-23　超声波风速仪输出接口图

超声波风速仪可以测量相对风速和方向，由于内部配备了罗经和 GPS，绝对风速和风向同样可以被测量出来。

当风速仪中参考项选 R 时，数据给出的是相对船首的风向角和风速，两者都是相对移动船舶的，也称为视风，这是站在移动船上所感觉到的风速。

当参考项选 T 时，数据给出的是船舶静止时相对船首的风向角和风速，在移动船舶上，这些数据能够通过被测量到的相对风速和船速组合计算得到。为了说明相对风速、风向和绝对风速、风向，以下举 2 个实例来说明，并在后面的风速仪输出中也是以这两个场景为例进行的输出。

【例 3-1】 如果船舶向南以 7 节的速度航行，东风 10 节，相对风速就是 3 节，距离船首 180 度。同理，理论上的风速就是 10 节，距离船首 180 度（如果船舶突然停止，风将以 10 节的速度来自船尾或距离船首 180 度）。

【例 3-2】 如果船舶向南以 5 节的速度航行，东南风 7.07 节，相对风速就是 5 节，距离船首 270 度。同理，理论上的风速就是 7.07 节，距离船首 225 度（如果船舶突然停止，风将以 7.07 节的速度来自左舷船尾或距离船首 225 度）。

依据 NMEA 0183 协议，风速仪的输出语句参照表 3-9。

表 3-9 风速仪的输出语句表

语句开头	语句标志	中文解释	备注
$WIVWR	VWR	相对风向与风速	输出语句
$WIMWV	MWV	风速与角度（取决于参考项）	输出语句
$WIMWD	MWD	风向与风速（绝对风速、风向）	输出语句

输出实例如下：

VWR：Relative Wind Speed and Angle，相对风向与风速。

$--VWR,	x.x,	a,	x.x,	N,	x.x,	M,	x.x,	K	*hh	标准语句
	1	2	3	4	5	6	7	8	9	
	|	|	|	|	|	|	|	|	|	
$WIVWR,	180.0,	—,	3,	N,	1.54,	M,	5.56,	K	*3A	实例输出场景一的数据
$WIVWR,	270.0,	L,	5,	N,	2.57,	M,	9.26,	K	*5A	实例输出场景二的数据

1）Wind direction magnitude in degrees 风向值

2）Wind direction Left/Right of bow "＋"＝船首，"－"＝船尾，"L"＝左舷，"R"＝右舷

3）Speed 速度值

4）N＝Knots 单位：节

5）Speed 速度值

6）M＝Meters Per Second 单位：米/秒

7）Speed 速度值

8）K＝Kilometers Per Hour 单位：千米/时

9）Checksum 校验位

MWV：Wind Speed and Angle，风速与角度（参考项选择来决定是绝对风速、风向还是

相对风速、风向)。

```
$--MWV,    x.x,    a,   x.x,    a,    A    *hh  标准输出格式
            1      2     3      4     5     6
            |      |     |      |     |     |
$WIMWV,   180.0,   T,   10.0,   N,    A    *1D  来自船尾的真风,10 节
$WIMWV,   180.0,   R,    3.0,   N,    A    *29  来自船尾的视风,3 节
$WIMWV,   225.0,   T,   7.07,   N,    A    *10  来自船首 225 度的真风,7.07 节
$WIMWV,   270.0,   R,     5,    N,    A    *3D  来自船首 270 度的视风,5 节
```

1)Wind direction, 0° to 359°　风向值

2)Reference,R=relative,T=true　参考项,R=相对,T=绝对

3)Wind speed　风速值

4)Wind speed units,K=km/h　M=m/s N=knots　风速单位

5)Status,A=data valid V=data invalid　状态:A=数据有效,V=数据无效

6)Checksum　校验位

MWD:Wind direction and speed,风向与风速:相对于真北方向的风向、风速。

```
$--MWD,  x.x,    T,   x.x,   M,   x.x,    N,   x.x,    M    *hh
                                                             9
          1      2     3     4     5      6     7      8
          |      |     |     |     |      |     |      |     |
$WIMWD,  90.0,   T,     ,    M,   10.0,   N,   5.14,   M    *4C  来自真东风,10 节
$WIMWD,  135.0,  T,     ,    M,   7.07,   N,   3.64,   M    *72  来自真东南风,
                                                                 7.07 节
```

1)Wind direction,0° to 359°　风向值

2)True　真北

3)Wind direction,0° to 359°　风向值

4)Magnetic　磁北

5)Wind speed　风速

6)knots　节

7)Wind speed　风速

8)m/s　米/秒

9)Checksum　校验位

3.7　VDR 数据采集

船载航行数据记录仪(Voyage Data Recorder,VDR)俗称船舶“黑匣子”,是一种专门用于记录和保存船舶航行过程中重要信息参数的智能化记录设备,其功能相当于飞机上的“黑匣子”,可以进行数据记录、事故分析和航行试验。船舶“黑匣子”不仅可以在发生海上事故后及时客观地进行事故原因调查,在船舶航行的过程中,还可通过“黑匣子”所记录的数据,

及时发现事故隐患并进行维修，使海难防患于未然。在船舶发生事故后，"黑匣子"所记录的数据在分析事故原因时起着不可替代的重要作用。为了寻找遇难船只和分析海难事故的原因，仅配备应急无线电示标仪（EPIRB）是远远不够的，必须装备 VDR，借助它们进行海难调查，从失事的船舶中分析失事前后的各种状态和数据，找出失事的真正原因，并从这些原因中进行归纳总结，不断完善现有的国际公约、规则和规范，从而不断改进现有的船舶设备，日益提高船舶航行的可靠性和安全性。

航行数据记录仪，是以一种安全和可恢复的方式存储船舶发生事故前后一段时间的船舶位置、动态、物理状况、命令和操纵的信息，并将这些数据信息保存于一个带外保护壳体的存储器内，船用黑匣子存储器采用非易失性 Flash 存储介质，断电后数据可保存至少 2 年。

可以利用 VDR 的扩展功能，运用于船员培训和主机分析，对航海人员培训、船舶跟踪、主机性能优化将十分有益，另外 VDR 保存的信息是进行科学实验时重要的数据源。

在 1999 年国际海事组织（IMO）航行安全分委会第 45 次会议上，VDR 被作为强制装载的船舶航行设备。根据已经生效的 SOLAS 第五章的有关规定，航行在国际海域的各类船舶须在规定期限内装备航行数据记录仪。其中 2002 年 7 月 1 日及以后建造的所有客船必须装备 VDR，所有其他船舶不迟于 2009 年 1 月 1 日应装备完毕。这也是国际海事组织继装备 AIS 系统后的另一重大举措。

所以熟悉、开拓、研制 VDR 系统也是航海技术领域重要的研究方向，开发 VDR 数据下载软件和回放功能对于交通信息工程及控制领域是非常有意义的。

根据 IMO 和 SOLAS 有关决议的规定，VDR 必须记录和存贮以下 15 个方面的数据，且存贮时间应大于 12h：

(1)日期和时间；

(2)船位；

(3)船速；

(4)航向；

(5)驾驶台声音；

(6)通信声音；

(7)雷达数据及选择的图像；

(8)深度信号；

(9)主报警信号；

(10)舵命令和响应；

(11)轮机命令和响应；

(12)船体开口状况；

(13)水密门及防火门状态；

(14)加速度及船体应力

(15)风速及风向等。

在使用 VDR 时，还需要有为 VDR 服务的传感器，最终记录介质，再现设备和专用备用电源等配套设施，参见图 3-24。

由图 3-24 可以看出，数据处理器可以采集来自 RS232 接口或者 RS422 接口符合 IEC 61162 或 NMEA 0183 标准的数据，或其他类型数据，如图像、语音、模拟量信号、开关量信

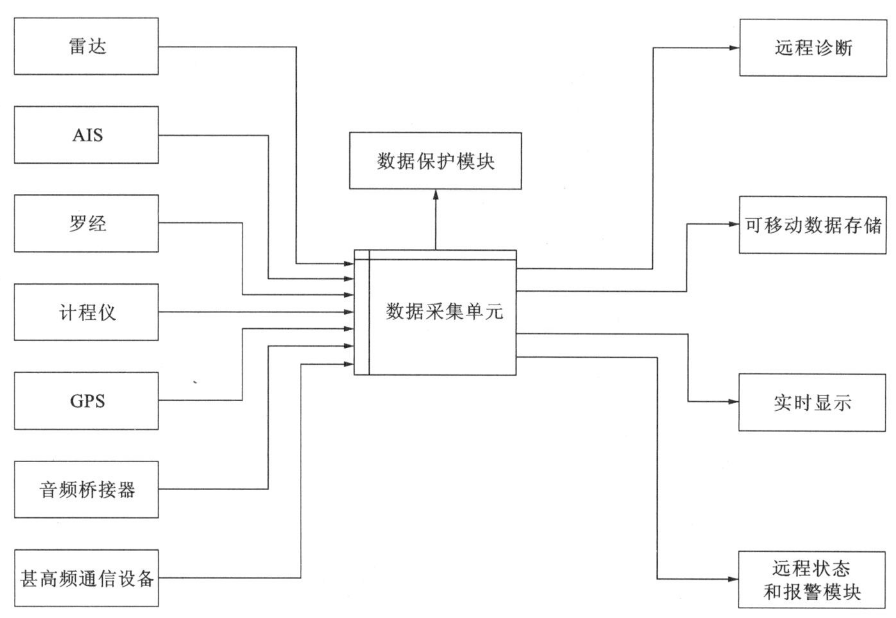

图 3-24 VDR 组成框架图

号等,并在数据存储和控制程序的控制下,完成数据格式转换、数据刷新和数据备份等任务。

回放评价单元是一种专门用于下载和回放主机或保护存储单元中所存储的船舶一段时间内数据的设备,包括信息读出设备和相应的软件包以及信息再现设备。参见图 3-25、图 3-26。

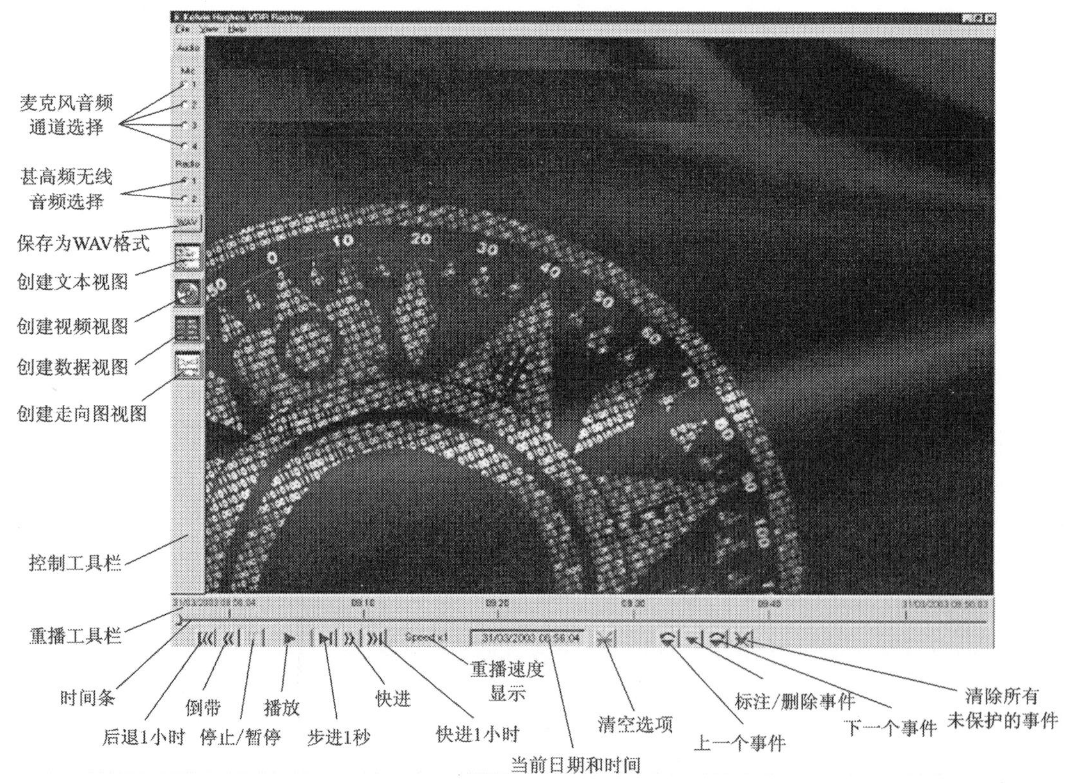

图 3-25 VDR 回放软件的界面操作

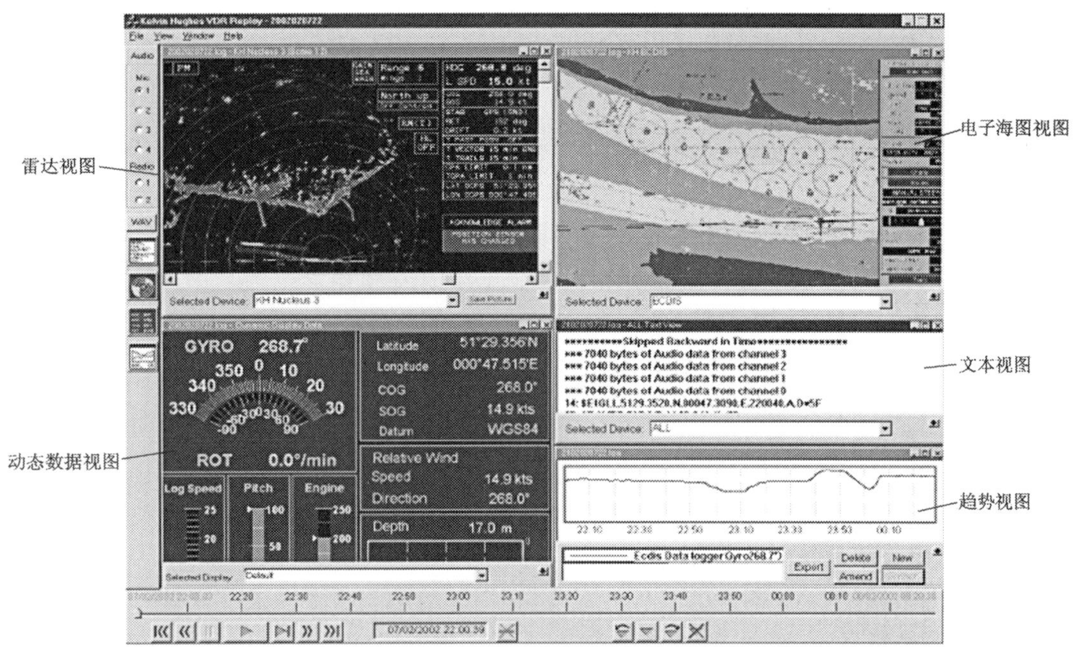

图 3-26 VDR 回放软件的数据

存储介质的内容只有在具备再现系统的硬件和软件的条件下才能被正确读出和再现，具有数据再现、声音再现和图形再现的功能，但该设备不能改写存储介质中的数据。

回放评价单元不是船载航行纪录仪系统中必备的船载设备，但 IMO 建议，2006 年 7 月 1 日以后安装的 VDR/S-VDR，应提供回放软件，采用以太网、USB、火线或其他等效输出端口，以便将所存储的航行数据获取至便携式计算机上。

对于已经安装在船并具有以上端口的 VDR/S-VDR，应在 2007 年 7 月 1 日以后解决航行数据获取和回放方式的问题。

3.8 RFID 数据采集

无线射频识别技术（Radio Frequency Idenfication，RFID）是一种非接触的自动识别技术，其基本原理是利用射频信号和空间耦合（电感或电磁耦合）或雷达反射的传输特性，实现对被识别物体的自动识别。

3.8.1 RFID 的基本组成部分

标签（Tag）：由耦合元件及芯片组成，每个标签具有唯一的电子编码，附着在物体上标志目标对象。

阅读器（Reader）：读取（有时还可以写入）标签信息的设备，可设计为手持式 RFID 读写器或固定式读写器。

天线（Antenna）：在标签和读取器间传递射频信号。

发生在阅读器和电子标签之间的射频信号的耦合类型有两种。

(1)电感耦合。变压器模型，通过空间高频交变磁场实现耦合，依据的是电磁感应定律。

(2)电磁反向散射耦合：雷达原理模型，发射出去的电磁波，碰到目标后反射，同时携带回目标信息，依据的是电磁波的空间传播规律。

电感耦合方式一般适合于中、低频工作的近距离射频识别系统。典型的工作频率有：125kHz、225kHz 和 13.56MHz。识别作用距离小于 1m，典型作用距离为 10～20cm。

电磁反向散射耦合方式一般适合于高频、微波工作的远距离射频识别系统。典型的工作频率有：433MHz、915MHz、2.45GHz、5.8GHz。识别作用距离大于 1m，典型作用距离为 3～10m。

3.8.2　RFID 技术的工作原理

一套完整的 RFID 系统，是由阅读器(Reader)、电子标签[Tag，也就是应答器(Transponder)]及应用软件系统三个部分组成，其工作原理是阅读器发射一特定频率的无线电波能量给应答器，用以驱动应答器电路将内部的数据送出，此时阅读器便依序接收解读数据，送给应用程序做相应的处理。

标签进入磁场后，接收阅读器发出的射频信号，凭借感应电流所获得的能量发送出存储在芯片中的产品信息(Passive Tag，无源标签或被动标签)，或者由标签主动发送某一频率的信号(Active Tag，有源标签或主动标签)，阅读器读取信息并解码后，送至中央信息系统进行有关数据处理。

3.8.3　RFID 标签的类别

3.8.3.1　被动式

被动式标签没有内部供电电源。其内部集成电路通过接收到的电磁波进行驱动，这些电磁波是由 RFID 读取器发出的。当标签接收到足够强度的信号时，可以向读取器发出数据。这些数据不仅包括 ID 号，还可以包括预先存在于标签内 EEPROM 中的数据。由于被动式标签具有价格低廉，体积小巧，无需电源的优点。目前市场的 RFID 标签主要是被动式的。

3.8.3.2　半主动式

一般而言，被动式标签的天线有两个任务，第一：接收读取器所发出的电磁波，借以驱动标签 IC；第二：标签回传信号时，需要靠天线的阻抗作切换，才能产生 0 与 1 的变化。问题是，想要有最好的回传效率，天线阻抗必须设计在“开路与短路”，这样又会使信号完全反射，无法被标签 IC 接收，半主动式标签的出现就是为了解决这样的问题。半主动式类似于被动式，不过它多了一个小型电池，电力恰好可以驱动标签 IC，使得 IC 处于工作的状态。这样的好处在于，天线可以不用管接收电磁波的任务，充分作为回传信号之用。比起被动式，半主动式有更快的反应速度，更好的效率。

3.8.3.3　主动式

与被动式和半主动式不同的是，主动式标签本身具有内部电源供应器，用以供应内部 IC 所需电源以产生对外的信号。一般来说，主动式标签拥有较长的读取距离和较大的记忆体容量可以用来储存读取器所传送来的一些附加讯息。

射频识别技术包括了一整套信息技术基础设施，包括：射频识别标签，又称射频标签、电子标签，主要由存有识别代码的大规模集成线路芯片和收发天线构成，目前主要为无源式，使用时的电能取自天线接收到的无线电波能量；射频识别读写设备以及与之相应的信息服务系统，如数据库的联网等。

射频识别技术拥有许多优点，如：可容纳较多容量；通信距离长；难以复制；对环境变化有较高的适应能力；可同时读取多个标签。缺点就是建置成本较高。不过目前通过该技术的大量使用，生产成本可大幅降低。

下面以某种RFID数据采集系统为例说明其工作过程：该RFID数据采集系统由两部分组成，分别为射频识别标签和RFID数据采集终端。RFID数据采集终端采用读卡芯片以及两片单片机芯片作为控制模块而组成的。如图3-27所示。

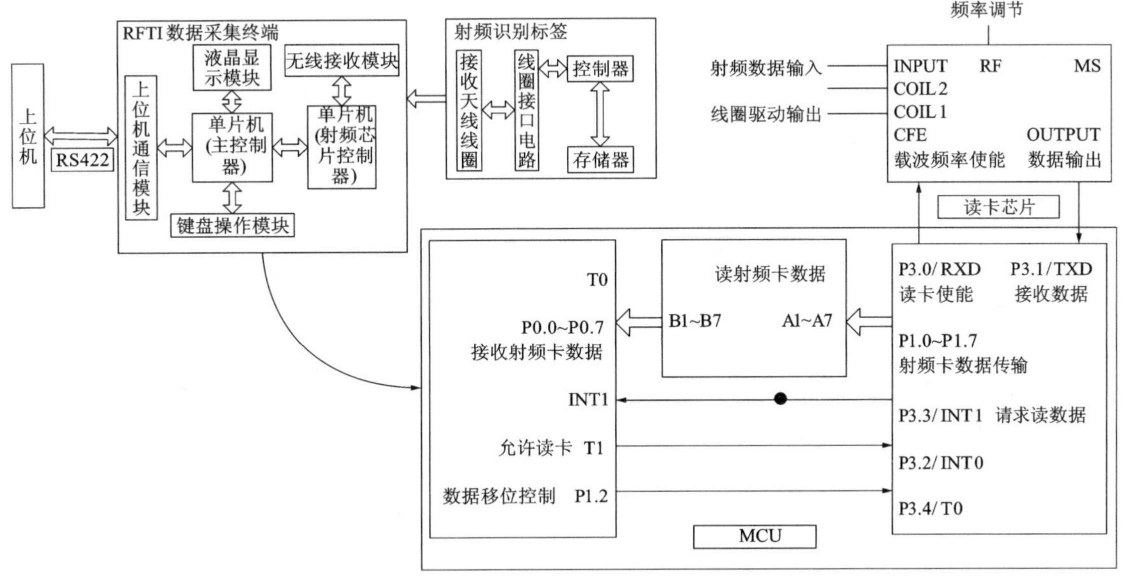

图 3-27 RFID数据采集系统

当数据采集系统工作时，数据采集终端发出射频信号产生应答器所需电源，射频识别标签产生应答信号。射频识别标签与数据采集终端的通信有两个信号通道，一个是能量传输通道，另一个是信号传输通道。能量传输通道是单向的，由终端产生给射频识别标签供电的电磁场。在该系统中信号传输通道只采用单方向传输，也就是由射频识别标签向数据采集终端传送信息。

3.8.4 射频识别标签原理

射频识别标签类似于非接触式IC卡，在射频识别标签的芯片中存有射频标签的提供商信息和唯一标志(UID)。UID是一个64bits长的序列号，它是用来唯一标志射频标签对应的物件。由于生产厂商的编码唯一，因此就不可能存在两张相同卡号的射频标签。数据速率一般采用载波频率的1/32，当载波频率为125kHz时，其码元速率约为4kHz。码元编码采用曼彻斯特码(Manchester code)，曼彻斯特码编码方式是在一个码元周期中间发生跳变，“1”时，由低电平升为高电平(上升沿)；“0”时，由高电平降为低电平(下降沿)。它通过电感电容组成的LC回路接收来自射频数据采集终端的信号，将它感性耦合到识别标签上的芯片上，经过芯片内部的整流器为芯片提供电源，并且经过芯片内部的阻尼负载形成数据流加以响应，响应后的数据经 LC 回路输出，再次被数据采集终端检测到。

3.8.5 RFID 数据采集终端的原理

数据采集终端中的读卡芯片配以少量外围器件和耦合天线，与 MCU（Microcontroller Unit）一起构成读写射频数据模块。也可以说，读卡芯片是 MCU 与射频识别标签之间的通信接口。当射频识别标签进入射频磁场时，经线圈感应得到电能并自动加电复位后，等待 256 个射频场时钟周期后，开始按照模式字设定的比特率和调制方式，对存储器相应区数据重复读取并发送出去。而数据采集终端的读卡芯片对接收到的信号进行解调，并以曼彻斯特码方式发送给 MCU。MCU 控制读卡芯片上的 CFE 和 MS 引脚就可以从 Output 引脚上读取射频识别标签上的数据，曼彻斯特码的解码工作则由 MCU 程序完成。终端机与上位机是以 RS422 串行通信方式与外部计算机进行实时通信，RFID 数据采集终端把采集到的数据发送到上位机上，上位机则根据采集到的数据进行相应分析和处理后，返回相关的信息显示到数据采集终端的屏幕上并且指导下一次射频数据采集的操作。

3.8.6 RFID 技术的应用

3.8.6.1 RFID 技术在海事监管中的应用

通过集装箱 RFID 电子标签及其读写设备、相关智能信息管理系统的开发，在全球集装箱的跟踪与管理中的应用，可以实现对集装箱的自动识别、跟踪和监管，为政府监管部门和普通行业用户提供及时、有效的信息，有效服务于集装箱国际反恐、货运安全、贸易管理。

3.8.6.2 RFID 技术在内河航运中的应用

该系统主要由安装在船舶上的电子标签、航道沿岸的读写器和后台软件系统组成，读写器自动与电子标签进行无线感应，将船舶通航信息（时间、航道、航向、目的地、货物等动态信息）传送给后台软件系统进行存储、处理，从而实现航道流量统计信息化和内河船舶通航动态监管，大大提高主管机关监管效率、服务质量以及应急反应效率。

3.8.6.3 RFID 技术在危险品水路运输监管中的应用

危险品集装箱水路运输监管中的安全问题主要集中在集装箱的谎报瞒报上，其瓶颈在于集装箱货物信息采集渠道缺失或者不畅通，主管机关难以掌控危险品进出口的真正数据和动态，影响了监管的效率和有效性，如果对危险品的生产、包装、运输都通过 RFID 实现全程跟踪和监控，将实现对危险品运输监管的信息化。

3.8.6.4 RFID 技术在海事资格证书中的应用

RFID 技术在船员证书上的应用首先将便于发证机关对证书本身的管理，提高管理效率；其次，有助于解决船员持“假证”上船，互相“借证”以及伪造假资历问题。RFID 技术若在船员证书上得到应用，一方面可以增加一道防伪功能，为查处“假证”行为提供新的技术保障；另一方面可以通过 RFID 技术及相应管理系统实现现场检查中对船员证书信息和船员证书流通动态的核查和掌控，对打击伪造、贩卖假证违法行为，查处“假证”上船，维护船员的合法权益和消除船舶航行安全隐患起到积极作用。

RFID 技术可用于船舶及其设备证书，首先，其便于发证机关的管理、提高效率；其次，其有助于现场检查中的信息核对，有效打击擅自更改证书信息的违法行为。

RFID技术可用于海事重要文书，目前类似海事行政调查通知书、国际航行船舶出口岸许可证等重要海事文书也可通过应用RFID电子标签来加强管理，以提高管理的有效性和效率。

3.8.6.5 RFID技术在航标灯器管理中的应用

所有航标灯器及其重要零件都可以利用RFID标签来加强规范化管理，提高航标灯器管理的有效性和效率，同时在执行航标巡检任务时，可大大提高巡检效率。

3.8.6.6 RFID技术在水域巡航中的应用

水域巡航是海事管理的重要任务之一，水域巡航管理中要求巡逻艇定期到既定水域进行定点巡航，其考核主要基于巡逻艇的值班日志。如果在码头、浮筒、桥墩、航标等水域定点地方设定RFID电子标签，输入有关地理信息，要求巡逻艇在执行巡逻时利用配备的读写器读取指定水域的电子标签信息，有助于水域巡航规范化管理水平的提高。

3.8.6.7 RFID技术在小型船舶动态管理中的应用

小型船舶配备船舶电子标签，航道浮筒、桥墩、航标、码头等固定设施配备专用读写器，设计管理信息系统，一方面能够解决现代通航管理中对小型船舶动态监管的难题；另一方面可以进一步掌握某一断面的交通流问题，便于日后对交通流的统计和研究。

3.9 无线传感器数据采集

无线传感器网络(Wireless Sensor Network，WSN)是由部署在监测区域内大量的廉价微型传感器节点组成，通过无线通信方式形成的一个多跳的自组织网络系统，其目的是协作地感知、采集和处理网络覆盖区域中被感知对象的信息，并发送给观察者。传感器、感知对象和观察者构成了无线传感器网络的三个要素。传感器网络实现了数据的采集、处理和传输三种功能，它与通信技术和计算机技术共同构成信息技术的三大支柱。由于无线传感网在国际上被认为是继互联网之后的第二大网络，2003年美国《技术评论》杂志评出对人类未来生活产生深远影响的十大新兴技术，传感器网络被列为第一。

在现代意义上的无线传感网研究及其应用方面，我国与发达国家几乎同步启动，它已经成为我国信息领域位居世界前列的少数方向之一。在2006年我国发布的《国家中长期科学与技术发展规划纲要》中，为信息技术确定了三个前沿方向，其中有两项就与传感器网络直接相关，这就是智能感知和自组网技术。

3.9.1 无线传感器网络的特点

1)大规模

为了获取精确信息，在监测区域通常部署大量传感器节点，可能达到成千上万个，甚至更多。传感器网络的大规模性包括两方面的含义：一方面是传感器节点分布在很大的地理区域内，如在原始大森林采用传感器网络进行森林防火和环境监测，需要部署大量的传感器节点；另一方面，传感器节点部署很密集，在面积较小的空间内，密集部署了大量的传感器节点。

传感器网络的大规模性具有如下优点：通过不同空间视角获得的信息具有更大的信噪比；通过分布式处理大量的采集信息能够提高监测的精确度，降低对单个节点传感器的精度要求；大量冗余节点的存在，使得系统具有很强的容错性能；大量节点能够增大覆盖的监测区域,减少洞穴或者盲区。

2)自组织

在传感器网络应用中,通常情况下传感器节点被放置在没有基础结构的地方,传感器节点的位置不能预先精确设定,节点之间的相互邻居关系预先也不知道,如通过飞机播撒大量传感器节点到面积广阔的原始森林中,或随意放置到人不可到达或危险的区域。这样就要求传感器节点具有自组织的能力,能够自动进行配置和管理,通过拓扑控制机制和网络协议自动形成转发监测数据的多跳无线网络系统。

在传感器网络使用过程中,部分传感器节点由于能量耗尽或环境因素造成失效,也有一些节点为了弥补失效节点、增加监测精度而补充到网络中,这样在传感器网络中的节点个数就动态地增加或减少,从而使网络的拓扑结构随之动态地变化。传感器网络的自组织性要能够适应这种网络拓扑结构的动态变化。

3)动态性

传感器网络的拓扑结构可能因为下列因素而改变:①环境因素或电能耗尽造成的传感器节点故障或失效;②环境条件变化可能造成无线通信链路带宽发生变化,甚至时断时通;③传感器网络的传感器、感知对象和观察者这三要素都可能具有移动性;④新节点的加入。这就要求传感器网络系统要能够适应这种变化,具有动态的系统可重构性。

4)可靠性

WSN特别适合部署在恶劣环境或人类不宜到达的区域,节点可能工作在露天环境中,遭受日晒、风吹、雨淋,甚至遭到人或动物的破坏。传感器节点往往采用随机部署,如通过飞机撒播或发射炮弹到指定区域进行部署。这些都要求传感器节点非常坚固,不易损坏,适应各种恶劣环境条件。

由于监测区域环境的限制以及传感器节点数目巨大,不可能人工"照顾"每个传感器节点,网络的维护十分困难甚至不可维护。传感器网络的通信保密性和安全性也十分重要,要防止监测数据被盗取和获取伪造的监测信息。因此,传感器网络的软硬件必须具有鲁棒性和容错性。

5)以数据为中心

互联网是先有计算机终端系统,然后再互联成为网络,终端系统可以脱离网络独立存在。在互联网中,网络设备用网络中唯一的IP地址标志,资源定位和信息传输依赖于终端、路由器、服务器等网络设备的IP地址。如果想访问互联网中的资源,首先要知道存放资源的服务器IP地址。可以说现有的互联网是一个以地址为中心的网络。

传感器网络是任务型的网络,脱离传感器网络谈论传感器节点没有任何意义。传感器网络中的节点采用节点编号标志,节点编号是否需要全网唯一取决于网络通信协议的设计。由于传感器节点随机部署,构成的传感器网络与节点编号之间的关系是完全动态的,表现为节点编号与节点位置没有必然联系。用户使用传感器网络查询事件时,直接将所关心的事件通告给网络,而不是通告给某个确定编号的节点。网络在获得指定事件的信息后汇报给用户。这种以数据本身作为查询或传输线索的思想更接近于自然语言交流的习惯。所以通常说传感器网络是一个以数据为中心的网络。

例如,在应用于目标跟踪的传感器网络中,跟踪目标可能出现在任何地方,对目标感兴趣的用户只关心目标出现的位置和时间,并不关心哪个节点监测到目标。事实上,在目标移动的过程中，必然是由不同的节点提供目标的位置消息。

6)集成化

传感器节点的功耗低，体积小，价格便宜，实现了集成化。其中，微机电系统技术的快速发展为无线传感器网络节点实现上述功能提供了相应的技术条件，在未来，类似“灰尘”的传感器节点也将会被研发出来。

无线传感器网络中，节点的唤醒方式有以下几种：

(1)全唤醒模式：这种模式下，无线传感器网络中的所有节点同时唤醒，探测并跟踪网络中出现的目标，虽然这种模式下可以得到较高的跟踪精度，然而是以网络能量的巨大消耗为代价的。

(2)随机唤醒模式：这种模式下，无线传感器网络中的节点由给定的唤醒概率 p 随机唤醒。

(3)由预测机制选择唤醒模式：这种模式下，无线传感器网络中的节点根据跟踪任务的需要，选择性的唤醒对跟踪精度收益较大的节点，通过本时刻的信息预测目标下一时刻的状态，并唤醒节点。

(4)任务循环唤醒模式：这种模式下，无线传感器网络中的节点周期性地处于唤醒状态，这种工作模式的节点可以与其他工作模式的节点共存，并协助其他工作模式的节点工作。

其中由预测机制选择唤醒模式可以获得较低的能量损耗和较高的信息收益。

3.9.2 无线传感器网络结构

传感器网络系统通常包括传感器节点 EndDevice、汇聚节点 Router 和管理节点 Coordinator。

大量传感器节点随机部署在监测区域内部或附近，能够通过自组织方式构成网络。传感器节点监测的数据沿着其他传感器节点逐跳地进行传输，在传输过程中监测数据可能被多个节点处理，经过多跳后路由到汇聚节点，最后通过互联网或卫星到达管理节点。用户通过管理节点对传感器网络进行配置和管理，发布监测任务以及收集监测数据，参见图 3-28。

1)传感器节点

传感器节点的处理能力、存储能力和通信能力相对较弱，通过小容量电池供电。从网络功能上看，每个传感器节点除了进行本地信息收集和数据处理外，还要对其他节点转发来的数据进行存储、管理和融合，并与其他节点协作完成一些特定任务。

2)汇聚节点

汇聚节点的处理能力、存储能力和通信能力相对较强，它是连接传感器网络与 Internet 等外部网络的网关，实现两种协议间的转换，同时向传感器节点发布来自管理节点的监测任务，并把 WSN 收集到的数据转发到外部网络上。汇聚节点可以是一个具有增强功能的传感器节点，有足够的能量供给，能够将 Flash 和 SRAM 中的所有信息传输到计算机中，通过汇编软件，可很方便地把获取的信息转换成汇编文件格式，从而分析出传感器节点所存储的程序代码、路由协议及密钥等机密信息，同时还可以修改程序代码，并加载到传感器节点中。

3)管理节点

管理节点用于动态地管理整个无线传感器网络。传感器网络的所有者通过管理节点访问无线传感器网络的资源。

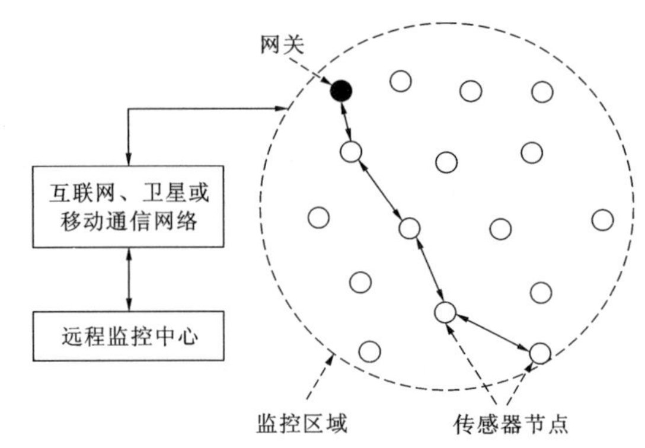

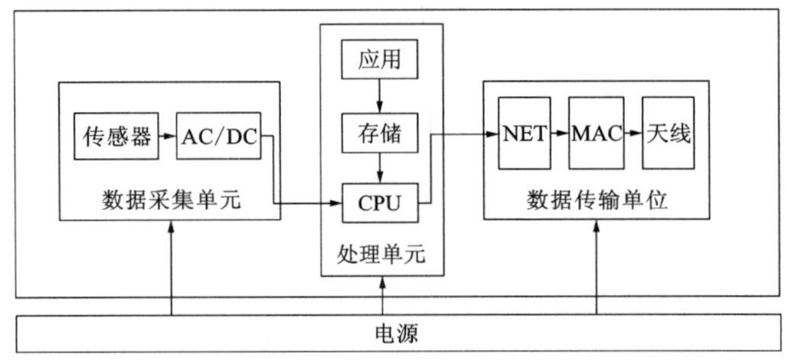

图 3-28 无线传感器网络结构图

3.9.3 无线传感器网络协议栈

WSN 协议栈多采用五层协议：应用层、传输层、网络层、数据链路层、物理层。与以太网协议栈的五层协议相对应。另外，协议栈还应包括能量管理器、拓扑管理器和任务管理器。这些管理器使得传感器节点能够高效地使用能源并协同工作，在节点移动的传感器网络中转发数据，并支持多任务和资源共享。各层协议和管理器的功能如下：

(1)物理层提供简单但健壮的信号调制和无线收发技术；

(2)数据链路层负责数据成帧、帧检测、媒体访问和差错控制；

(3)网络层主要负责路由生成与路由选择；

(4)传输层负责数据流的传输控制，是保证通信服务质量的重要部分；

(5)应用层包括一系列基于监测任务的应用层软件；

(6)能量管理器管理传感器节点如何使用能源，在各个协议层都需要考虑节省能量；

(7)移动管理器检测并注册传感器节点的移动，维护到汇聚节点的路由，使得传感器节点能够动态跟踪其邻居的位置；

(8)任务管理器在一个给定的区域内平衡和调度监测任务。

WSN 相关的标准有：

①IEEE 802.15.4，属于物理层和 MAC 层标准，由于 IEEE 组织在无线领域的影响力，以及 TI、ST、Ember、Freescale、NXP 等著名芯片厂商的推动，已成为 WSN 的事实标准。

②Zigbee，该标准在 IEEE 802.15.4 之上，重点制定网络层、安全层、应用层的标准规范，先后推出了 Zigbee 2004，Zigbee 2006，Zigbee 2007/Zigbee PRO 等版本。

③ISA100.11a，国际自动化协会 ISA 下属的工业无线委员会 ISA100 发起的工业无线

标准。

④WirelessHART，国际上几个著名的工业控制厂商共同发起的，致力于将 HART 仪表无线化的工业无线标准。

⑤WIA-PA，中国科学院沈阳自动化所参与制定的工业无线国际标准。

此外，互联网标准化组织 IETF 也看到了无线传感器网络(或者物联网)的广泛应用前景，并加入到相应的标准化制定中。以前许多标准化组织认为 IP 技术过于复杂，不适合低功耗、资源受限的 WSN，因此都是采用非 IP 技术。在实际应用中，如 Zigbee 需要接入互联网时需要复杂的应用层网关，也不能实现端到端的数据传输和控制。IETF 和许多研究者发现了存在的这些问题，尤其是 Cisco 的工程师基于开源的 uIP 协议实现了轻量级的 IPv6 协议，证明了 IPv6 不仅可以运行在低功耗、资源受限的设备上，而且，比 Zigbee 更加简单，彻底改变了大家的偏见，之后基于 IPv6 的无线传感器网络技术得到了迅速发展。IETF 已经完成了核心的标准规范，包括 IPv6 数据报文和帧头压缩规范 6Lowpan，面向低功耗、低速率、链路动态变化的无线网络路由协议 RPL，以及面向无线传感器网络应用的应用层标准 CoAP，相关的标准规范已经发布。IETF 已组织成立了 IPSO 联盟，推动该标准的应用，并发布了一系列白皮书。

3.9.4　无线传感器在海事监管方面的应用

传统海事监控手段有雷达(Radar)、甚高频(Very High Frequency，VHF)、视频监控(Close Circuit Television，CCTV)等。但由于雷达反映出的信息不够丰富且不利于船舶“互见”，于是 20 世纪 90 年代出现了船舶自识别系统(Automatic Identification System，AIS)。后来船舶交管系统(Vessel Traffic Service，VTS)将以上监管方式组合到一起，构成了综合性的监控平台，极大地方便了船岸通信和海事监管。但传统监控手段存在以下不足：

(1)它们主要采用集中控制和集中管理的模式，所占用开销及代价较大，而且系统拓展成本较高；

(2)由于缺少传感部分，现有系统只能采集声音、图像、视频等，而不能采集水文、机舱、货物等状态数据，不能满足精细化的海事监控需求。

近年来出现的无线传感器网络能较好地弥补以上不足，无线传感器网络由部署在监测区域内的大量廉价的微型传感器节点组成，这种部署或者是人工部署，或者是通过飞机撒播，各个节点之间通过无线通信方式自组织形成网络系统，协同地进行感知、采集，处理周围环境或感知对象的信息，并发送给观察者。网络对环境的感知取决于观察者对事件检测的需求，通常可以根据监测对象配置不同的传感器和功能节点。无线传感器网络对海事场景具有很强的适应性，主要表现在：

(1)海事场景中监控对象分布范围广、数量多，要求监控网络能连通且覆盖监控区域。无线传感器网络具有自组织的特性，完全能够通过高密度部署节点满足以上要求。

(2)海事场景环境恶劣，冲击、腐蚀无处不在，要求监控网络必须具有很强的抗毁性。无线传感器网络没有严格的控制中心，所有节点地位平等，节点可以随时加入或因毁坏而离开网络，任何节点的故障不会影响整个网络的运行，满足抗毁性要求。

(3)恶劣的海事环境可能会经常导致节点失效，因此要求节点价格必须低廉，无线传感器网络也符合这一要求。

(4)人们对海事场景信息质量要求越来越高，进而要求监控网络数据必须足够精细化。无线传感器网络节点众多，且节点可协作感知，通过设计有效的容错算法可以达到数据高精度的要求。可以看出，将无线传感器网络引入海事环境中是必要且可行的。对于海事监控，人们通常关注某类事件是否发生，比如船舶舱室是否发生火灾、货物状态是否有持续恶化的趋势。事件发生时，保证事件被可靠检测是人们对海事监控系统的基本要求之一。

但无线传感器网络中事件检测存在一定约束，尤其是在海事环境下，主要表现为：

(1)海事场景动态性强，水汽和金属环境使信号产生衰减，容易导致网络无线信道干扰或断开，使得网络信息传输时发生失真。

(2)海事环境中自然攻击多，如冲击、腐蚀等，容易导致节点检测错误或物理性失效。

(3)无线传感器网络节点能量有限，加之海事场景环境恶劣，能源补充难以实现，节点容易因能量耗尽而退出网络。可以看出，纠正信息错误和延长网络寿命是海事监控传感网络所必须满足的基本要求。

根据无线传感器网络对海事场景的适应性以及其应用于海事监控的可行性，结合海事场景的特点，分析海事监控传感网络的特征如下：

(1)监控对象覆盖范围广且数量众多。这主要是因为海事监控要素众多且分布广泛，这些要素包括航道、船舶、货物、堆场、港口、人员等。

(2)监控对象数据源具有多样性。由于海事监控要素众多，且这些要素在功能和需求上各不相同，导致产生的数据呈现出多源异构的特点。而且数据在传输和处理过程中遵循不同的协议和方法，进一步加剧了数据在结构上的差异。

(3)监控数据在层次上表现出多样性。由于数据面向不同的用户，而各用户对数据的需求不尽相同，导致数据在处理过程中呈现出多层次的特点。比如，水文气象部门需要气象的原始数据，而航道管理部门只需要知道该航段总体天气情况即可。

(4)监控目标具有一定的针对性。在实际部署网络时一般都会针对某个具体的目标或事件进行监控，比如重点航段的交通密集度、湖泊的蓝藻覆盖情况。

(5)网络具有抗毁性。海浪冲击与海风侵袭都会导致节点腐蚀或损坏，而且某些环境还会对节点的信号产生遮蔽，导致网络形成空洞。因此，要想对众多要素实施有效监控，网络必须具有抗毁性。

(6)网络具有容错性。由于海事场景下自然攻击较多，数据在物理层、MAC 层、网络层、传输层和应用层都可能会产生错误，因此，要想获得可靠的监控数据，网络必须具有一定的容错性。

无线传感器网络是面向应用的网络，其目标是检测某项事件是否发生，比如船舶舱室火灾检测、货物在途状态检测。目前，常用的事件检测技术主要有两种，分别为基于阈值的方法和基于模式的方法。

本实例的目标是通过船舶各舱室布设的传感器网络，实时获取各舱室监控要素信息，然后通过移动通信网络将数据传送至远程服务器，并基于这些数据作出火灾预警。这一目标要求我们必须考虑以下几个问题：采集的数据要丰富；传感器网络拓扑要适应船体结构；船载终端要满足性能稳定和成本低廉的要求；传送至服务器的数据要及时，同时还要有较低的冗余度；数据服务器要能够快速响应查询终端等。为了达到以上目标，本系统采用如图 3-29 所示的架构。

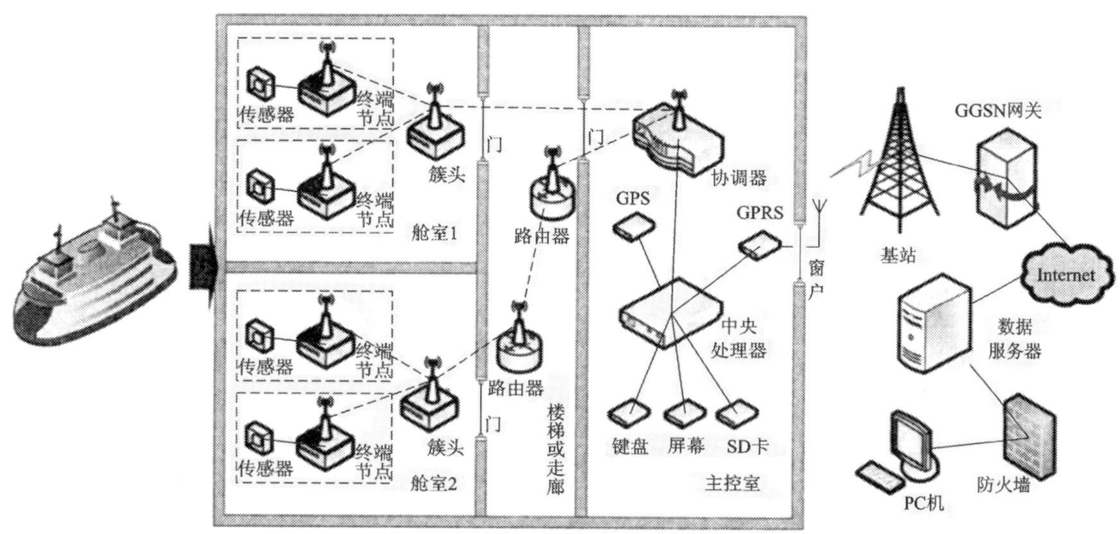

图 3-29　海事监控传感网络

由于船舶是层次型的结构，这里的无线传感器网络拓扑结构采用分层模型，即最低层为终端节点，其次为簇头，最高为协调器。舱室内终端节点采集完数据后首先汇聚到簇头，簇头再汇聚给协调器。当簇头与协调器距离较远时，可通过路由中继方式完成通信链接。协调器收集数据后，通过串口将数据导入处理器中。处理器同时还接收 GPS 数据和一些键盘操作，最后处理器会将所有数据打包、保存并通过 GPRS 模块发送至远程数据服务器。PC 机通过 B/S 方式访问数据库，也可以发送命令对船载终端设备进行配置或控制。

(1)硬件选型与设计

硬件选型与设计主要指船载监控终端硬件，主要包括传感器、Zigbee 硬件和船载处理器等。

(2)终端节点选型与设计

终端节点负责数据采集与传输，因此终端节点的设计主要包括传感器选型与节点设计两个方面。一般来讲，火灾发生时会导致环境温湿度、可燃气体浓度和火焰三个要素发生变化，因此可以通过以上三个要素来监控火灾。折中成本与功能要求后，本文选用如表 3-10 所示的传感器。

表 3-10　传感器选型表

监控要素	传感器型号	输出信号	功能描述
温湿度	SHT11	模拟量	用于采集温湿度，温度采样精度为±0.5℃，湿度采样精度为±3.5%
可燃气体浓度	MQ-2	数字量	用于探测甲烷、丙烷、酒精、一氧化碳、烟雾等可燃气体
火焰	JNHB1004	数字量	用于检测波长在 760～1100nm 范围内的热源，探测角度达 60°

(3)船载处理器选型与设计

船载处理器为船载终端核心单元，由 STM32F103 微控制器、GPS 模块、GPRS 模块、矩阵键盘、LCD 液晶屏、SD 卡等六部分组成。STM32F103 微控制器基于专门为面向高性能、低成本、低功耗的嵌入式应用设计的 ARM 32 位 Cortex. M3 内核，内置 512KB Flash 和 64KB SRAM，多达 5 个 USART 接口，最高工作频率 72MHz。微控制器的作用是对采集到的数据进行打包和发送，以及接收监控中心的命令，如设定各传感器监控阈值、设定采集周期等。

GPRS 模块采用的是 SIMCOM 公司 SIM300 芯片，其 RXD、TXD 管脚与控制器的 PA9、PA10 相连完成通信。通过 AT 指令可控制 SIM300 芯片与 GPRS 网络的交互，但每条指令都得以“AT”开头，以<CR><LF>结尾。

微控制器的主要外设有键盘、屏幕、SD 卡等。屏幕主要是为了显示设备状态或一些警告信息；键盘用来输入一些人工操作，如设置设备工作模式等；SD 卡用于保存所有发送和接收到的信息，方便后期数据分析。

(4)船岸通信协议设计

船岸通信协议主要约定船载终端与岸基监控中心之间数据传输格式及含义。在设计协议之前我们做以下约定：①协议中的数据均采用十六进制表示；②对于协议中多于一个字节的数据，均采用高位在前、低位在后的顺序存放；③所有校验采用 CRC16 位校验。协议分上行协议和下行协议，上行协议指船载终端往服务器发数据，下行协议指服务器往船载终端发数据，两种协议均采用相同的数据帧格式。数据传输分 GPRS 方式和 SMS 方式，其中 SMS 方式允许的最大数据包长度为 140B。

4 交通信息处理、分析与传输

4.1 轨迹数据压缩综述

移动通信技术的发展和全球定位系统GPS、船舶自动识别系统AIS的普及产生了海量的移动轨迹数据，许多基于位置服务的系统利用这些轨迹数据为用户提供各种信息服务，其中对船舶交通流量的研究等成为交通信息研究领域的热门。但是轨迹数据的日益增多也带来了许多挑战，数据量巨大、查询延时增长、数据冗余等问题制约了该研究的发展，因此，轨迹压缩技术对于提供更好的服务是非常有必要的。

轨迹压缩的目标是在满足压缩轨迹与原始轨迹之间的相似度条件下，尽可能减小轨迹数据量，本教材将介绍现在常用的轨迹压缩技术，包括线段简化压缩方法、基于路网的压缩方法和语义压缩方法，并介绍基于压缩轨迹的查询处理和轨迹管理系统等。

近年来，随着移动设备的普及和定位服务的发展，以及AIS在交通信息领域的广泛应用，产生了大量的轨迹数据。

例如，车载GPS设备记录车辆每时每刻的位置；AIS基站记录了管辖水域船舶的航迹，公交卡/地铁卡的刷卡记录显示了人们何时何地上车或下车，组成了人们的出行轨迹。

基于位置服务需要处理大量的轨迹数据，比如路线规划，时间预测等。

但是海量轨迹数据为基于位置服务带来了许多新的挑战，如数据规模快速增长，导致数据存储面临巨大压力，基于海量轨迹数据的查询和数据分析性能降低，数据的收集和传输会带来误差和冗余，从而影响服务器的响应速度。为了解决以上问题，人们提出了许多轨迹压缩方法。

例如：输入一条轨迹，使用轨迹压缩方法可以输出一条占用更少空间的压缩轨迹，而压缩轨迹与原始轨迹之间的误差必须在可接受的范围内。

关于轨迹压缩处理技术，本教材准备从以下三个方面进行介绍：

(1)对已有轨迹压缩技术进行综述，并比较各类技术的优势和不足。

(2)介绍轨迹查询种类，并比较各类压缩后的轨迹对查询的支持情况。

(3)介绍最近几年的压缩轨迹管理系统。

轨迹数据压缩技术从几十年前开始就有学者研究，从最初的轨迹压缩方法只是考虑到点的空间位置，通过删除点来减小数据量；考虑到轨迹具有时间属性，同时考虑时间和空间信息，在压缩轨迹的同时，满足轨迹的精度要求。

随着城市路网的成熟，借助路网结构，把轨迹从点的序列转化为路段的序列，许多个轨迹点只需用一条边来表示，从而达到压缩数据的目的。

为了方便人们理解轨迹的状态，使用兴趣点(Point of Interest，POI)来记录轨迹经过的重要位置是一种很好的方法，对于人们熟悉的POI，比较容易看懂轨迹的运行踪迹。

空间对象可分为点区域和轨迹，针对点区域和轨迹之间的空间位置关系，轨迹查询处理返回满足条件的对象。

为了加快筛选的速度，通常需要设计索引结构，另外轨迹查询可以结合文本数据把点区域和轨迹加入文本描述，转变为关键字查询。

关键字查询的种类很多，在第 4.1.2 小节中将主要介绍最常见的几种关键字查询类型。

轨迹管理系统的功能包括组织数据、建立索引、提供应用接口。为了更好地管理数据，系统会对数据进行压缩，而对压缩数据建立合适的索引可以加快上层查询的速度，因此轨迹管理系统是结合轨迹压缩和轨迹查询的综合性系统。

4.1.1　轨迹压缩方法

轨迹压缩方法从技术上主要分为 3 类，如图 4-1 所示。

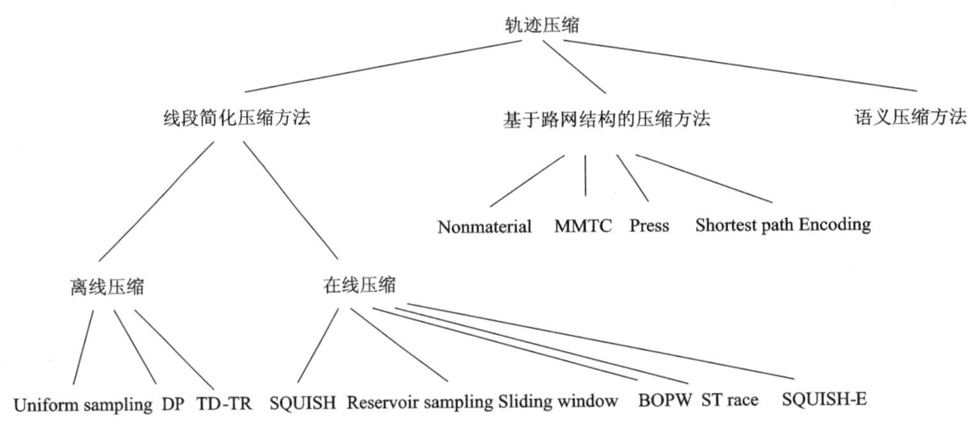

图 4-1　轨迹压缩方法分类图

第一类是不基于路网结构的数据压缩，也叫线段简化压缩方法，目标是在误差允许范围内减少轨迹点的数目，它又可分为离线压缩（又称为线下压缩）和在线压缩。

第二类是基于路网结构的压缩，它需要把轨迹点映射到路段上，结合路网结构来表示原始轨迹，从而减小数据量。

第三类是语义压缩，即是把原始轨迹转换为 POI 序列来表示，这样有利于人们理解轨迹的含义。

4.1.1.1　线段简化压缩方法

轨迹是指移动物体在空间中的位置随着时间变化的函数，物体的移动踪迹是连续的，而我们通过 GPS 设备能采样到的是一些离散的点，每个点由三元组(x,y,t)表示，x 和 y 是点的经纬度，t 表示时间戳，因此一条轨迹可以近似用一些点的序列表示：$T=\{(x_1,y_1,t_1),(x_2,y_2,t_2),(x_3,y_3,t_3),\cdots,(x_n,y_n,t_n)\}$。

GPS 设备的采样频率对轨迹的影响很大：若采样频率很高，轨迹就比较精确；若采样频率很低，轨迹由很少的点构成，此时轨迹与物体真实移动的路径相差很大。但是如果采样频率很高，产生更多的轨迹点，会给数据存储带来巨大的挑战。因此，我们需要在轨迹的准确率和存储空间上做权衡。线段简化压缩技术就是通过删除误差较小的点，从而优化存储，并保障轨迹的准确率从而满足需求。线段简化压缩技术在 20 世纪 70 年代就出现了，并且在图像处理、制图学上应用广泛，其主要思想是：输入一条由点组成的曲线，可以使用另外一条包含更少的点的曲线来近似表示原始曲线，并保证与原始曲线之间的差距较小。

把线段简化的思想运用在轨迹数据中，即找到含有更少的点的近似轨迹来代替原始轨迹，从而达到压缩轨迹的目的。

与单纯的曲线不同的是，轨迹数据不仅仅只有位置信息，还有时间、速度、方向信息，如何改进线段简化方法，使之更适合轨迹，也是一直以来研究的方向。线段简化压缩技术可分为两类：第一类是叫作离线压缩技术，它先收集完一整条轨迹采样点，然后删除数据中冗余的点。这种方法考虑了整条完整的轨迹，因此比其他方法更容易做到全局更优，但是需要消耗更多的时间，适合线下处理、分析数据的场景。第二类是在线压缩技术，适合需要及时更新移动物体的位置或者实时交通状况的场景。

1)离线压缩技术

离线压缩方法中最简单的一种就是均匀采样算法。算法的主要思想是每隔 k 个点保留 1 个点，比如第 1、5、9 个点，中间的点都删除。产生的新的轨迹大致上是原始轨迹的骨架。均匀采样算法的效率极高，计算代价很小，缺点是不能保留轨迹的细节。比如一些转弯的点会被跳过，从而导致近似轨迹和原始轨迹之间的误差很大。

轨迹压缩算法应该保留更合适的轨迹点，而不是随机地保留轨迹点。Douglas-Peucker 是一种可以保留重要点的压缩算法，主要思想是用若干个线段来代替原始轨迹。首先，把轨迹上第一个点和最后一个点之间的直线线段作为近似轨迹，对中间的点计算点到线段的垂直欧氏距离。选出具有最大的距离的点，如果最大距离超过预先设定的距离阈值，那么把这个点作为分裂点加入到近似轨迹中，并把整条轨迹分为两段子轨迹。

对两段子轨迹分别重复上述步骤，直到子轨迹里面的最大垂直欧氏距离小于距离阈值或者轨迹内只有 2 个点(起点和终点)。DP 算法以从上到下的方式分解轨迹，得到近似轨迹。误差的衡量是用垂直欧氏距离度量。通过下面的例 4-1 来具体阐述算法的步骤。

【例 4-1】 有 1 条轨迹 T 如图 4-2 所示，T 中包含$\{p_0,p_1,p_2,p_3,p_4,p_5,p_6,p_7,p_8\}$9 个轨迹点。

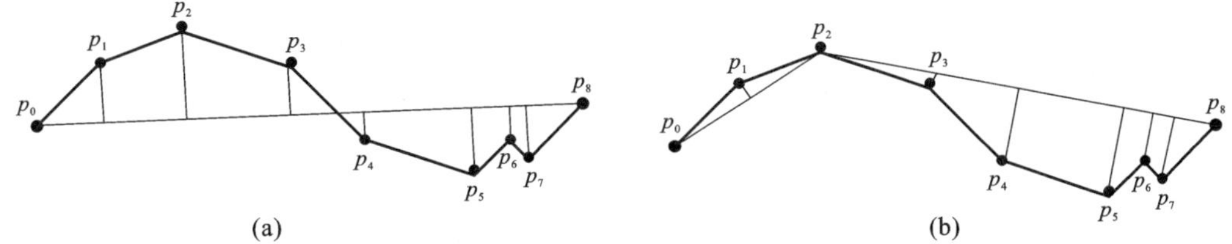

图 4-2 离线压缩算法示意图

(a)步骤 1；(b)步骤 2

根据 DP 算法，第一步，轨迹的起点和终点的连线线段作为近似轨迹，计算其余各点到 $\overline{p_0p_8}$ 的垂直欧氏距离。其中一些垂直欧氏距离或许会大于预先设定的阈值，那我们找到最大的垂直欧氏距离，比如图中是 p_2 点，则 p_2 点被选为分裂点。因此在算法的第二步，p_0、p_2、p_8 组成了近似轨迹。$\overline{p_0p_2}$ 和 $\overline{p_2p_8}$ 两条线段作为近似轨迹，此时计算其他轨迹点到对应线段的垂直欧氏距离。在 $\overline{p_0p_2}$ 部分，没有轨迹点的垂直欧氏距离大于阈值，因此 $\overline{p_0p_2}$ 可以作为近似轨迹的一部分。在 $\overline{p_2p_8}$ 部分，由于轨迹点 p_5 的垂直欧氏距离大于阈值，且最大，那么 p_5 作为分裂点，继续进行分裂，直到所有的轨迹点到对应近似线段的垂直欧氏距离不再大于阈值。

DP 算法的思想简单且性能较好，在各个领域都有广泛的应用。在对比了 DP 算法与其他算法的性能之后，最终在多个数据集上，DP 算法在时间效率、压缩率和精度上都具有较优性能。但是 DP 算法的缺陷是时间复杂度较高，为 $O(N^2)$。

有学者对 DP 算法进行了改进，借助外部存储结构，把平均的时间复杂度提高到 $O(N*\log_2 N)$。

另外 DP 算法的误差是用垂直欧氏距离来度量，垂直欧氏距离只考虑了位置信息，对时间信息没有考虑，而轨迹数据中的时间信息是非常重要的，因为每个轨迹点(x,y,t)表示的是移动物体在 t 时刻落在(x,y)位置，因此距离函数应该考虑时间信息。鉴于此，有学者提出了新的距离函数：时间比例的空间距离，根据时间比例找到近似线段上与原始轨迹点对应的位置，然后计算轨迹点和近似点之间的欧氏距离(包括垂直欧氏距离和时间同步欧氏距离等)。该学者提出的算法与 DP 算法的思想类似，但是使用了时间比例的空间距离作为距离函数，从而获取到更精确的近似轨迹。新的误差度量不仅更精确，而且还考虑了空间和时间维度。有学者在利用 DP 算法压缩时，利用凸包等数据结构，优化算法的时间复杂度和空间复杂度，最终在时间复杂度为 $O(n)$和空间复杂度为 $O(1)$的条件下，找到最优的压缩轨迹。

2)在线压缩技术

离线压缩方法需要收集到完整的轨迹之后再进行压缩，所以能获得全局较优的近似轨迹。然而，这种离线压缩方法并不能适用于所有场景。如果应用需要实时的数据，那就需要在线压缩技术。

蓄水池算法能实时等概率地选择轨迹点，其基本思想是维护一个大小为 R 的蓄水池，原始轨迹 T 的轨迹点一个一个过来时，若蓄水池没有满，那么把轨迹点放入蓄水池。若蓄水池满了，则先判断新来的轨迹点是否要放入蓄水池；若判断为负，则将该轨迹点舍弃掉；若判断为正，则从蓄水池中的轨迹点中随机选择一个并舍弃，然后把新的轨迹点放入。每个轨迹点最终留在蓄水池内的概率是相等的，概率值为 R/N，N 是原始轨迹长度。蓄水池算法的时间复杂度为 $O(R*\lg N/R)$。

蓄水池算法的效率很高，但没有考虑轨迹点的时间顺序、空间顺序和重要性。因此蓄水池算法会产生很大的误差。鉴于此，有学者提出了 Sliding Window 和 Open Window 两种算法，能更好地选取轨迹点。

Sliding Window 的主要思想是从轨迹起点开始，初始化一个大小为 1 的滑动窗口，并逐步增大窗口的大小，从而逐步加入后续的轨迹点。把窗口内的第一个轨迹点和最后一个轨迹点进行连接，得到的线段作为近似线段。然后计算近似线段与原始轨迹的垂直欧氏距离，若距离小于预先设定的距离阈值，则继续增大滑动窗口的大小，直到窗口内的误差小于设定的距离阈值。

【例 4-2】 如图 4-3 所示，表示了 Sliding Window 算法的基本思想，以 p_0 为起点，初始化滑动窗口为$\{p_0,p_1\}$。当新的 p_2 轨迹点加入滑动窗口内，以 $\overline{p_0p_2}$ 线段作为 p_0、p_1、p_2 部分的近似轨迹，计算 p_1 点和 $\overline{p_0p_2}$ 线段之间的垂直欧氏距离。若距离小于阈值，那么继续扩大窗口大小，加入新的轨迹点 p_3，滑动窗口包含$\{p_0,p_1,p_2,p_3\}$，以 $\overline{p_0p_3}$ 线段为近似轨迹，计算窗口内其他点的垂直欧氏距离。由于距离已经超过设定的距离阈值，所以之前的窗口状态$\{p_0,p_1,p_2\}$被选作近似轨迹的一段。接着以 p_2 为新的滑动窗口的起点，加入 p_3、p_4，重复之前的步骤，直到轨迹的终点。图中原始轨迹最终被简化为$\{p_0, p_2, p_5, p_8\}$。

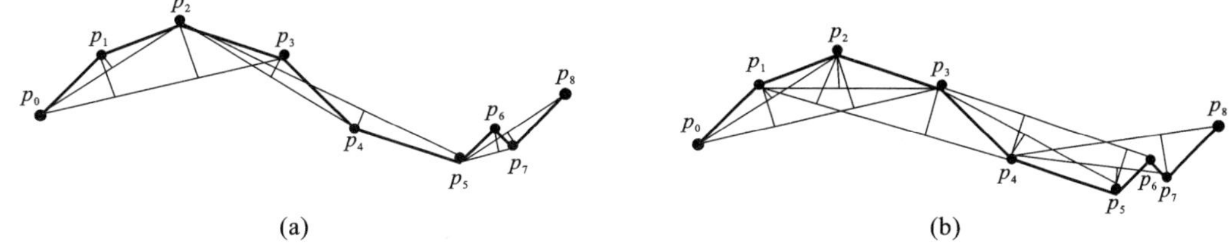

图 4-3 Sliding Window 和 Open Window 算法示意图

(a)Sliding Window 算法；(b)Open Window 算法

Open Window 与 Sliding Window 类似，设定一个窗口，在窗口内进行数据压缩。与 Sliding Window 不同的是，Open Window 计算窗口内每个点的垂直欧氏距离和时间同步欧氏距离，可以选取窗口内误差总和大于阈值时，窗口内的倒数第二个轨迹点作为该窗口的近似线段的终点，也可以选取窗口内贡献最大距离的轨迹点作为该窗口的近似线段的终点。以图 4-3 为例，如果使用后一种方法进行压缩，得到的压缩后的轨迹为$\{p_0, p_1, p_3, p_4, p_7, p_8\}$。

值得一提的是，窗口算法的每一次迭代的终止条件有很多种，比如窗口内点的数目、窗口内误差总和、窗口内误差的最大值。只要不满足任何一个条件的阈值，就可以终止当前迭代，并进入下一次迭代。

Sliding Window 和 Open Window 只考虑当前窗口内的轨迹点的位置，因此在每个局部能做到最优，但不能兼顾全局的走势。

根据之前的运动状态可以预测下一个轨迹点的位置，如果预测准确，则下一个轨迹点可以删除；如果预测不准确，则下一个轨迹点应该保留。依据这个思想，有学者借助速度和方向来构造安全区域，进行筛选轨迹点，从而提出了 Threshold-Guided Sampling 算法，即预先设定速度和方向改变的阈值，通过最近的 2 个轨迹点的速度和方向，结合阈值来构造安全区域，如图 4-4 所示的扇形区域，以此来判断新到的点是否应该保存。如果新到的一个轨迹点落在安全区域内部，则该轨迹点被认为是冗余的，可以删去；如果新到的点落在安全区域外面，说明移动物体的状态发生了改变，那么这个轨迹点应该被保留下来。

【例 4-3】 如图 4-4 所示，原始轨迹 T 包含$\{p_0, p_1, p_2, p_3, p_4, p_5, p_6, p_7, p_8\}$9 个轨迹点。假设 p_0、p_1 属于近似轨迹。以 p_1 的瞬时速度和方向，结合速度和方向的误差阈值，以及 p_1、p_2 之间的时间间隔，得到安全区域。由于 p_2 落在安全区域外面，p_2 则保存在近似轨迹中，同理在 p_2 处画出对应的安全区域，检测到 p_3 落在安全区域内，那么 p_3 被省略。重复这样的过程，直到轨迹结束。最终近似轨迹为$\{p_0, p_1, p_2, p_4, p_5, p_8\}$。

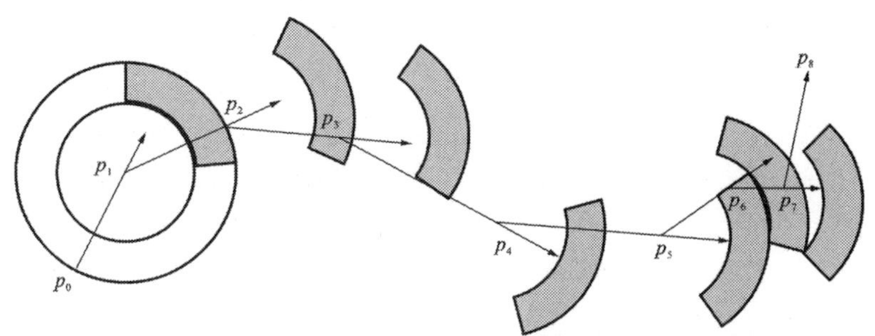

图 4-4 Threshold-Guided Sampling 算法示意图

用前一个轨迹点的速度和方向构建安全区域的缺点是有误差累积效应的，若一个轨迹以一个弧度慢慢变化，那么每个点都应落在前一个轨迹点构造的安全区域内，结果每个点都被省略，与事实不符，因此该学者提出了第二种构建安全区域方法：用近似轨迹中最近的2个采样点的速度和方向作为基准，结合阈值构建安全区域。这种方法可以降低误差累计效应，但也导致了另外一个问题，那就是重要的转折点不能被发现了。因此，最终用两种安全区域的交集作为最终的安全区域，新到的点落在这个安全区域内才被删除。此外该学者还提出了 STTrace 算法，保证在有限的内存消耗前提下，完成对很长轨迹的压缩。其主要思想是在用来存放近似轨迹的内存溢出时，选择一个近似轨迹中的点抛弃，腾出空间给新到的近似轨迹点，但是要保证新到的轨迹点相比被抛弃的轨迹点有更好的近似效果。

SQUISH 在线压缩算法与 Sliding Window 算法类似，SQUISH 初始化了一个大小为 k 的优先级队列，把轨迹点加入到队列中，当队列满时，删除引起最小误差的点，并重新计算每个点的优先级。SQUISH 算法的时间复杂度很低，并且压缩率较高，轨迹误差较小。但是压缩轨迹的误差并没有上限，因此，有学者提出的 SQUISH-E 算法是对 SQUISH 的优化，它能在给定的误差阈值内达到最优的压缩率。SQUISH-E 算法的最差时间复杂度为 $O(N * \log_2 \frac{N}{\alpha})$，其中 α 是期望达到的压缩率，N 是指轨迹中点的数目。

离线压缩技术和在线压缩技术的对比如下：

共同点：都是使用线段来近似表示原始轨迹，从而减少中间点的数目；都是在欧氏空间内进行压缩，误差使用欧氏距离测量。

不同点：离线压缩技术考虑了整条轨迹，获得全局较优的压缩轨迹；而在线压缩只考虑局部轨迹，因此相对来讲误差更大。离线压缩技术的平均时间复杂度一般比在线压缩技术的平均时间复杂度要高。

4.1.1.2 基于路网结构的压缩方法

线段简化压缩方法是基于欧氏空间的，而车辆的运动要受到路网结构的约束，因此线段简化压缩方法在车辆轨迹压缩上有很大的局限性。例如，计算出租车轨迹的行驶长度，在欧氏空间里，只需要对每段线段的长度进行求和。但是出租车在实际行驶时，并不会沿着两点之间的线段直线行驶，因为线段可能穿过湖泊或者草地。因此，不能简单地用两点之间的线段距离来当作实际的行驶距离。最近几年，城市的路网结构数据逐渐成熟，结合路网结构的轨迹压缩变得越来越流行。

为了降低轨迹数据的误差率，我们首先对原始轨迹进行 Map-Matching 预处理。在原始轨迹数据中加入路网结构的好处是：首先，结合路网结构，能保证轨迹落在路段上，这更具有现实意义。其次，路网结构是稳定的，更改的频率很低，而轨迹数据却是每时每刻都在产生的。因此，路网结构的稳定性和有限性使得我们可以使用路网数据来表示轨迹数据。结合路网结构的压缩方法，通常会将轨迹点的序列转化成所经过的路段的序列，而一个城市的路段是有限的，因此我们可以把无限的轨迹点转化为有限的路段来进行表示。

有学者提出了 Nonmaterialized 算法来构造最优的压缩轨迹。首先把 GPS 采样点映射到路网上，得到的轨迹称为 Road-Snapped Trajectory；然后通过 Nonmaterialized 算法把 Road-Snapped Trajectory 转化为路口的序列，从而压缩轨迹。

假设司机会选择两条边之间的最短路径或者是选择转角小的边行驶，产生了最短路径算法和链接算法。最短路径算法的思想是，如果司机在两条路段之间行驶的轨迹与这两条路段之间的最短路径一致，那么直接用头尾两条路段来表示整段轨迹。链接算法的思想是，如果司机在两条路段之间行驶的轨迹每次都是沿着最小转角的路段行驶，那么只用头尾两条路段来代替整段轨迹。

在执行算法之前，必须要将城市的路网结构抽象成有向图，图中的每条边即是实际路段，实际的轨迹用边的序列表示。两条路段之间的最短路径可以在图中用 Dijkstra 算法或者 A-star 算法计算得到，可以加速算法的运行。可以看出，这两种算法不再是针对每个轨迹点进行压缩，而是针对路段进行压缩。

【例 4-4】　最短路径算法。原始轨迹如图 4-5 所示，由 L_1 到 L_9 9 条路段构成，箭头表示实际行驶的路径，我们把原始轨迹分解成几段子轨迹，并保证每条子轨迹都尽可能长。从 L_1 开始，到 L_2 边是最短路径，则继续考虑 L_3，从 L_1 到 L_3 走的是最短路径，那么 L_2 可以省略。继续考虑 L_4、L_5、L_6 直到 L_7 发现从 L_1 到 L_7 不是最短路径，第一条子路径寻找结束。第一条子路径为$\{L_1, L_6\}$，可以表示从 L_1 到 L_6 这部分轨迹。从 L_6 开始考虑剩余的边，用$\{L_6, L_9\}$表示后半段的轨迹，因此，最终的压缩轨迹如图 4-5 所示，为$\{L_1, L_6, L_9\}$。

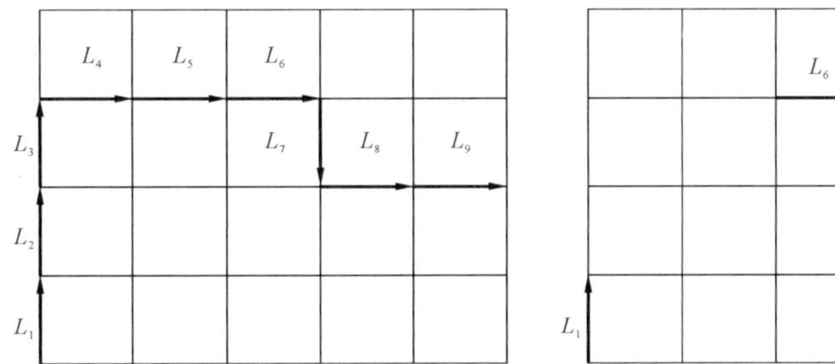

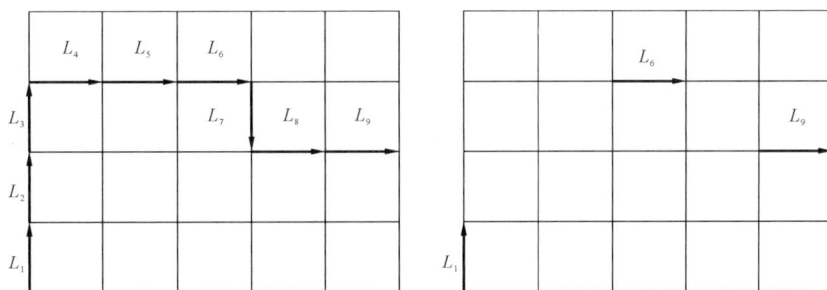

图 4-5　最短路径算法示意图

该方法是用边的序列来表示轨迹，并通过最短路径和最小转角算法来减少边的数目，从而压缩数据。但是用边来代替轨迹点的一个缺点是，丢失了时间、速度的信息和详细经纬度的值。我们只能知道在某段时间内移动物体在某个路段上，而在这条路段上是如何运动的、在某个时间点物体处于路段的哪个位置，我们却无从知晓。

把轨迹压缩问题转变为函数最优化的问题，目标是寻找一条最合适的轨迹，保证压缩率尽可能高，并且近似轨迹与原始轨迹相似度尽可能高。借用最小描述长度模型（Minimal Description Length，MDL），来最优化压缩率和相似度组成的目标函数。MDL 模型是信息论中的常用模型，由两个部分组成，分别是 $L(H)$ 和 $L(D|H)$。$L(H)$表示假设条件；$L(D|H)$表示在此假设条件下，数据的描述情况。在数据压缩中，$L(H)$表示压缩后的轨迹；$L(D|H)$表示近似轨迹与原始轨迹之间的误差。

根据 MDL 原则，要找到一条路径，使得 $L(H)+L(D|H)$最小，那么这条路径就是满足目标的路径。相关公式是

$$L(H) = \log_2\left(\frac{|T_{MMTC}|}{T'}\right) - \log_2 0.001 \tag{4-1}$$

$$L(D \mid H) = \log_2 D_{total}(T_{MMTC}, T') - \log_2 0.001 \tag{4-2}$$

根据式(4-1)、式(4-2)计算 $L(H)$和 $L(D|H)$的值，其中$|T_{MMTC}|$是压缩后的轨迹的长

度，T'是 Map-Matched 后的轨迹，$D_{total}(T_{MMTC},T')$是指 T_{MMTC}和 T'之间的距离。压缩算法描述如下，从 T'的起点 p_1 开始，把后面的点都遍历一遍，找到 p_1 与 p_i 之间的最短路径 SP_{1i}，计算 T'_{1i}和 SP_{1i}之间的 MDL_{1i}，找出使 MDL_{1i}最小的 i 值。用 SP_{1i}来近似替代 T'_{1i}。然后从 p_i 开始，重复上述步骤，直到轨迹的终点。把找到的所有 SP_{1i}合在一起便是最终的 T_{MMTC}。可以看出，找到 p_1 与 p_i 之间的最短路径是要在路网上进行的，我们可以在预处理阶段计算出两点之间的最短路径，保存在内存中，可以节省轨迹压缩的时间。该算法支持高频率的采样数据集和稀疏的路网结构，若是轨迹数据的采样率较低或者是路网结构密集的情况，则该算法的效果不佳。另外，对于有环路的轨迹，该算法会直接忽略环，造成很大的误差。

城市的每个路段上的车流量是不一样的，一些交通要道使用的频率明显更高，而一些郊区小路的使用频率会低很多。因此利用道路上的轨迹分布不均匀的信息，把轨迹分解为几段子轨迹，频率越高的子轨迹，就用越短的编码来表示。这也是哈夫曼编码的基本思想。把空间数据和时间数据分开，因为相同类型的数据分别压缩，可以做到更好的压缩率。对于空间数据，把 GPS 点映射到路段上，用最短路径压缩的思想，省略中间的边，达到压缩的目的；用一部分数据集进行训练，找到频繁的子轨迹；然后把刚刚压缩过一次的轨迹，根据之前训练得到的频繁子轨迹进行分解，最后使用哈夫曼编码进行编码，原始轨迹最后转化为 0 和 1 的字符串表达。空间数据压缩是无损的，因为压缩后的轨迹与原始轨迹经过的是同一条路径。对于时间数据的压缩，使用有损压缩，进行 TSND(Time Synchronized Network Distance)和 NSTD(Network Synchronized Time Difference)两个误差度量，把时间压缩的误差控制在设定的 TSND 阈值和 NSTD 阈值以下。对于查询的支持，是通过空间数据和时间数据的解压缩，然后合并来完成的。

基于路网结构的压缩技术利用静态的路网结构来描述动态的数据，能显著减小存储空间，但是由于静态的路网结构不容易更新，从而导致灵活性不够。其次，与经纬度类似，人们不能直接理解路段数据。另外，基于路段的轨迹不能直接使用，需要解压缩后才能支持查询，从而使得查询性能变低。

4.1.1.3 语义压缩方法

原始轨迹和路网轨迹尽管能很好地记录移动物体的运动踪迹，但是对于人们理解轨迹的含义却帮助不大，人们阅读轨迹时，无法明白一组经纬度坐标代表的意义。因此，下面介绍语义轨迹，用 POI、标志物、路口和路段来表示车辆的行驶过程，人们阅读语义轨迹时，能明确知道轨迹的起点、终点以及行驶经过的路段。所以只要保存有意义的状态和事件就能大致表达出轨迹的运动状态，由此提出了语义轨迹压缩。把一条轨迹拆分为各个事件，包括行驶的路段，如从边 A 直走到达边 B，以及方向的改变，如在路口左转到达边 C。在这种描述方法中，可以用一条边来表示若干个点，从而达到压缩的目的。显然这种方法的压缩和解压缩时间会比较长，并且原始的经纬度信息完全丢失，保留的只是物体的一部分运行状态，因此支持的应用也是有限的。优点是压缩后的语义轨迹便于阅读，比原始的轨迹更容易理解。首先要获取轨迹摘要的两步框架，但已有的语义轨迹只包含位置的信息，而忽视了速度、方向这些信息。因此，一般要提取 6 个特征，包括道路等级、道路宽度、道路方向、速度、停车次数和 U 形转弯次数，来表示轨迹每一个阶段的特征。

在摘要的第一阶段，根据之前提取的 6 个特征，把轨迹切分为几段子轨迹，每段子轨迹内部具有相似的特征，而子轨迹与子轨迹之间的特征差异较大。在每段内，选取最具代表性的特征来描述这段的行驶过程。例如，轨迹从 A 点行驶到 B 点，速度超过平时速度的50%。在摘要的第二阶段，把每段以及每段内的特征合在一起，描述轨迹的行驶过程。这种方法提取了轨迹的概要，不仅压缩了数据量，而且也便于人们理解轨迹的行为。对应的展示系统要求输入一条原始轨迹序列，并输出一段描述性文字，大体描述轨迹的行驶特征以及经过的重要位置。

语义压缩后得到的轨迹，便于人们阅读理解，并且显著地减少了空间开销。但缺点是丢失了具体的经纬度信息，从而不能支持具体的点查询。

4.1.2 压缩轨迹查询

历史轨迹在很多应用中有重要的作用，比如分析城市交通状况，预测船舶交通流状态。而轨迹查询是必不可少的一个步骤。在本教材中，我们把轨迹查询分为时空查询和空间关键字查询两类，并讨论压缩后的轨迹对这两类查询的支持情况。

在空间范围中，主要有 3 种形态的空间对象：点、区域和轨迹。轨迹查询就是通过评估空间对象之间的关系，并返回满足条件的空间对象，比如查询经过一个点的所有轨迹。然而，我们不仅要关注空间关系，还要关注时间约束。因此，轨迹查询更多表示满足时空关系的查询。另外，随着语义信息也逐渐被应用在轨迹数据中，满足时空关系并且满足语义约束的新型查询也出现了。

4.1.2.1 时空查询

轨迹的时空查询关注的是空间对象的时空关系、根据空间对象的类别，把轨迹时空查询分为 P-查询、R-查询和 T-查询 3 类。

P-查询：查询轨迹和点的时空关系，可以分为：①查询与一段轨迹满足一定时空关系的POI，例如 top-k 最近邻查询；②查询与一个 POI 或一组 POI 满足一定时空关系的轨迹，例如，给定一组 POI，查询经过这些 POI 最近的所有轨迹。

R-查询：查询轨迹和区域的时空关系，可以分为：①查询在指定时间段内经过某个区域的所有轨迹，这类查询可以分析城市的交通状况；②查询在指定时间段内轨迹经过的热点区域。

T-查询：查询轨迹与轨迹之间的时空关系，可以分为：①查询出轨迹数据库中的相似轨迹，例如分析轨迹间是否具有相似子轨迹；②查询满足预先设定的距离阈值的轨迹，如何计算轨迹间的距离也是研究点之一。

4.1.2.2 空间关键字查询

随着 POI 的文本描述越来越普遍，实际应用也要求同时考虑文本描述和时空约束，例如查询经过加油站和火车站最近的一条轨迹。空间关键字查询是指，输入文本信息和时空约束条件，返回满足条件的空间对象。根据空间对象的不同，我们把轨迹关键字查询分为空间点关键字查询和轨迹关键字查询两类。

①空间点关键字查询，是指输入查询条件，返回满足条件的 POI。

②轨迹关键字查询，是指输入查询条件，返回满足条件的空间轨迹。

百度地图、高德地图都支持空间关键字查询，例如查询当前位置周围的餐厅。在空间关键字查询中，有 3 类查询是主流查询，很多研究工作针对这些查询提出了各种索引结构和查询算法。

这 3 类查询分别是 Boolean kNN Query、Top-k kNN Query 和 Boolean Range Query。

Boolean kNN Query：输入一组关键字 q、一个（组）查询点 p 和整数 k，查询返回 k 条轨迹包含的所有关键字，并且按照空间距离排序。

Top-k kNN Query：输入一组关键字 q、一个（组）空间点 p 和整数 k，查询返回 k 条轨迹，按照空间距离以及关键字相关度的综合排序。

Boolean Range Query：输入一组关键字 q 和一个（组）空间点 p，查询返回所有的轨迹，这些轨迹经过所有的 p，并且含有的所有关键字 q。

4.1.3 轨迹管理系统

轨迹管理系统需要对压缩轨迹进行管理，并建立索引来支持各种轨迹查询。本节主要介绍已有的轨迹管理系统。

（1）TraStore 系统　对数据的存储进行了优化。使用了动态的索引，把空间划分为网格，同一个网格内的轨迹存储在磁盘的一页上，这样可以有效减少读磁盘的次数。对于每个网格内的轨迹，TraStore 进行了压缩，主要有两种压缩方法：一是无损的差分编码；二是有损的基于聚类的压缩方法。差分编码是指保留轨迹的第一个点，而从第二个点开始，把具体的经纬度值和时间都编码成相对于前一个点的差值，由于差值一般比较小，因此可以用更短的位数来保存，从而达到压缩的目的。基于聚类的压缩方法是指，把格子内的子轨迹段进行聚类，在每个类中选取最具代表性的轨迹进行保存。因此这种方法只保存了每个类中的代表轨迹，其余轨迹只保留了时间戳信息，删除了空间位置信息，因此是有损的压缩方法。

（2）基于内存的列存储轨迹数据库 SharkDB　大大提高了查询的速度。SharkDB 把 24 个小时切分成以分钟为单位的列，并把轨迹的每个点根据时间戳归到每一列中。如果一条轨迹有超过一个点落在同一列中，则选取最大的点保留，其余点则删除；如果一条轨迹没有点落在一列中，那么则使用直线模拟生成一个点，插入该列中。借助列存储的结构，对于列之间的数据，采用了差分编码，除了第一列外，后面的列只保存相对于前一列的差值，这样减小了数据量。

（3）STMaker 系统　即输入一条原始轨迹，输出一条语义压缩轨迹，保留了原始轨迹的重要位置点和行驶特征。先把原始轨迹转换为一条 POI 序列，然后把序列切分成不重叠的子轨迹段，使得每个子轨迹段内的特征相似。最终，用切分好的子轨迹段和行驶特征来描述轨迹。

（4）轨迹压缩系统 Press　认为由于轨迹分布的不均匀性，使用哈夫曼编码，把频率高的路段用较短的编码表示，而频率低的路段用较长的编码表示，最终把一条轨迹转换为编码的表现形式，从而达到较优的压缩率。应用时，轨迹需要先进行解码，消耗少量的时间。

（5）集中式轨迹数据库　在面对海量爆炸增长的轨迹时，尤其是更新频率很高并且实时查询要求很高时，其性能并不好。因此，分布式轨迹数据库成了一大研究热点。

（6）分布式存储框架　它能高效地支持轨迹查询，对经度、纬度和时间三维空间结构进行格子划分，然后使用 Z-Order 进行编码，以编码值作为库中的 key，存储在 region 中。系统使用 KD-Tree 和 Quad Tree 为索引，加速查询。

4.1.4 基于AIS的船舶运动轨迹压缩技术实例

随着船舶自动识别系统的强制使用，海事系统及船公司为了对船舶实施监控，将接收大量的船舶 AIS 信息。为了存储海量的船舶 AIS 信息而又确保数据的质量和降低存储成本，有必要对 AIS 信息进行压缩处理。结合 AIS 数据的特点和实际航迹研究的需要，在 Douglas-Peucker 压缩算法的基础上，结合船舶运动轨迹数据的特点进行了改进，从而提出了动态 D-P 压缩法。实验表明该算法能在保持较低失真度的情况下，对 AIS 提供的船舶运动轨迹数据进行有效快速的压缩，对船舶航迹再现、回放等研究和应用起到了启示作用。

4.1.4.1 船舶 AIS 信息现状

船舶 AIS 信息有如下几方面的特点：第一，船舶 AIS 信息的应用广泛。AIS 信息在海事管理、船舶搜救、船舶交通流调查、船舶监控查询，以及 AIS 信息与电子海图结合按照不同的比例尺显示不同要求的动态船舶信息等方面的应用，已越来越显示出 AIS 信息的方便、快捷及其重要性。第二，船舶 AIS 信息内容多。船舶 AIS 信息包括船舶的静态信息和船舶的动态信息两方面的内容。其中静态信息包括：IMO 编码、呼号、船名、长度、宽度、吃水、目的港、选用航线计划等；动态信息包括：船位（实时）、航迹向、对地航速、船首向、航行状态、转向率等。第三，船舶 AIS 信息发布频率高。船舶 AIS 信息一般 2s～6min 发布一条。鉴于以上三方面的特点，海事局和船公司接收到这些海量数据后，如何存储就成为一个难题。而事实上，船舶 AIS 信息存在着大量的无效和冗余信息。例如：同一条船舶的静态信息，可能有上万条相同的信息，然而只要保留几条就能满足要求，所以其余的信息也都是冗余信息；又如：对于一条停泊的或是航向航速不变的船舶，用两三条 AIS 信息就能代替上万条左右的该船舶的 AIS 信息。像此类含有冗余信息的情况还有很多。如果删除这些无效或冗余的 AIS 信息，将会节省较多的存储空间和降低存储费用。因此在保持较低失真度的情况下，如何压缩这些无效和冗余的 AIS 信息就显得尤为重要。

4.1.4.2 传统的 D-P 压缩法

目前，矢量运动数据压缩主要有垂距法、光栏法和 D-P(Douglas-Peucker)方法。

传统的 D-P 压缩算法的基本思路是(图 4-6)：将每一条曲线的首尾点虚连成一条直线，求所有点与直线的距离，并找出最大距离点 $d_{\max}$，用 $d_{\max}$ 与阈值 D 相比：若 $d_{\max}<D$，这条曲线上的中间点全部舍去；若 $d_{\max}\geq D$，保留 $d_{\max}$ 对应的坐标点，并以该点为界，把曲线分为两部分，对这两部分重复使用该方法。传统的 D-P 压缩算法更多地用在二维平面的静态离散点压缩方面，能有效并最大程度地压缩空间点，能很好地反映船舶的航向变化等信息。但是船舶 AIS 信息包括船舶的静态信息和船舶的动态信息，里面有速度的变化、时间的变化、转向率的变化等因素。传统的 D-P 压缩算法无法解决动态信息的压缩问题。然而，船舶的动态信息对我们来说更加重要。对此传统的 D-P 压缩算法存在诸多难以解决的问题，如：对于船舶速度有较大变化的动态信息点；作为船舶航行会有倒车、在锚地慢速航行抛锚等一些特殊的运动方式等。如果对船舶的整条航程进行一次压缩处理，它的计算量也是一般计算机所无法承受的。这些问题都是传统的 D-P 压缩算法所无法解决的。因此针对船舶的动态 AIS 信息，我们对传统的 D-P 压缩算法进行了改进，提出了一种船舶 AIS 动态数据的分段三维压缩方法，即动态 D-P 压缩法。动态 D-P 压缩法同时考虑到航向和速度的变化，在保持较低失真度的情况下，针对船舶 AIS 信息的特点进行有效的压缩。

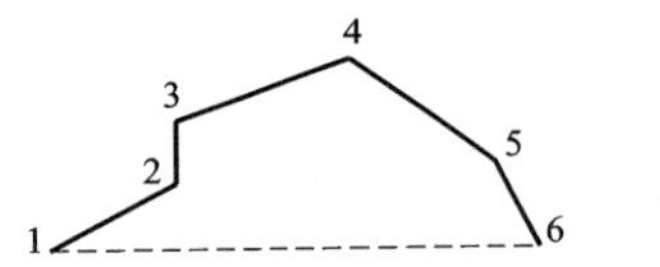

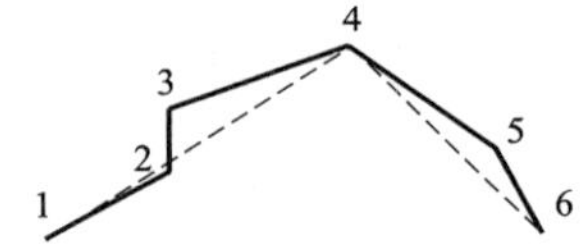

图 4-6　D-P 压缩算法示意图

4.1.4.3　一种船舶 AIS 动态数据的分段三维压缩方法

1)基本思路

一种船舶 AIS 动态数据的分段三维压缩方法，即动态 D-P 压缩法，以经度为 X 轴，以纬度为 Y 轴，以权重时间为 Z 轴。在坐标系里，以时间先后排列的点序列中，计算首尾两点之间的所有点偏离首尾两点所在直线的距离，并从点到直线的距离中找出其中的最大值。若最大值小于给定的阈差，则舍去首尾两点之间的点(首尾两点保留)；若最大值大于给定的阈差，则分别以首点为首点，最大值所在点为尾点；以最大值所在点为首点，尾点为尾点，再进行递归压缩。

当船舶向前航行时，航向不变速度改变，这是动态 D-P 压缩方法的特例。这种情况下的动态 D-P 压缩，优于 D-P 压缩。D-P 压缩如图 4-7(a)所示，第 1 点到第 7 点压缩后，只剩下第 1、7 这两个点，如图 4-7(b)所示。而动态 D-P 压缩如图 4-7(c)所示，第 1 点到第 7 点进行动态压缩后，则剩下第 1、3、4、7 这四个点，如图 4-7(d)所示。

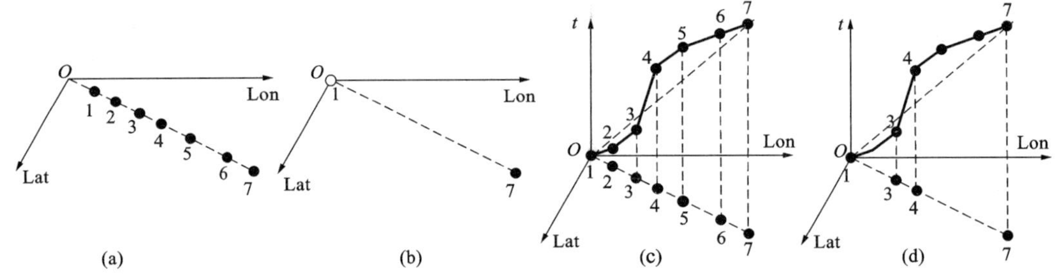

图 4-7　动态 D-P 压缩算法示意图

2)动态 D-P 压缩法做的改进

(1)在原来的二维平面的基础上引入了三维空间，把时间维作为第三维，并进行了论证。使得能够对航向和速度等动态数据进行压缩，因此改变了原来的静态压缩，实现了动态压缩，提高了压缩的质量。

(2)利用速度限差，找出船舶的虚拟停泊点，把船舶航迹由原来的整体压缩转化为分段压缩，提高了压缩的效率。

(3)解决了压缩中利用堆栈存储数组的烦琐，而利用每条船舶 AIS 信息在数据库中有唯一的存储地址及数据的时间先后的确定性和数组结合解决了这一问题，从而使运算速度得到了有效的提高。

3)所用公式

(1)航程计算公式：把球面坐标的距离关系转换为平面坐标的关系求解距离。两点坐标：起始点 $A_l(\Phi_1,\lambda_1)$和到达点 $B_l(\Phi_2,\lambda_2)$。λ_1(起始点的经度)，Φ_1(起始点的纬度)，λ_2(到达点的经度)，Φ_2(到达点的纬度)，单位均为分。t_{AB}表示从 A 到 B 所用的时间，单位为小时。纬差 $\Phi_2-\Phi_1$；经差 $\lambda_2-\lambda_1$；东西距 $d=\lambda\cos\left[\frac{\pi(\Phi_2+\Phi_1)}{360}\right]$；

航程 $S_1=\sqrt{\Phi^2+d^2}$ 。

(2)航速计算公式：$v=S_1/t_{AB}$。

(3)引入加权距离公式：用 w 调整时间和经纬度在距离求解中的权重，求解空间点与点之间的空间距离。三点坐标：起点 $A(\Phi_1,\lambda_1,t_1)$，终点 $B(\Phi_2,\lambda_2,t_2)$，中间点 $C(\Phi_3,\lambda_3,t_3)$，t_{AB} 表示从 A 到 B 所用的时间，w 为权重。

$$w=\frac{\sqrt{(\Phi_2-\Phi_1)^2+(\lambda_2-\lambda_1)^2}}{t_{AB}}$$

$$|AB|=c=\sqrt{(\lambda_2-\lambda_1)^2+(\Phi_2-\Phi_1)^2+w(t_2-t_1)^2}$$

$$|AC|=b=\sqrt{(\lambda_3-\lambda_1)^2+(\Phi_3-\Phi_1)^2+w(t_3-t_1)^2}$$

$$|BC|=a=\sqrt{(\lambda_3-\lambda_2)^2+(\Phi_3-\Phi_2)^2+w(t_3-t_2)^2}$$

$$p=(a+b+c)/2$$

$$S_2=\sqrt{p(p-a)(p-b)(p-c)}$$

(4)空间点到直线的加权距离公式：用权重 w 来调整时间和经纬度在距离求解中的权重，求解出点偏离起始点所在直线的位置。

$$S=2S_2/c$$

4)动态 D-P 压缩算法的基本算法

(1)设置速度阈差 D_1，距离阈值 D_2。

(2)删除 AIS 数据中的无效信息。

(3)找出满足阈值的近似船舶停泊点。

(4)利用动态 D-P 压缩算法，分段对近似停泊点之间的点进行压缩。

4.1.4.4　*动态 D-P 压缩算法的实验结果*

基于 JAVA 开发环境下，并利用 MATLAB 软件进行了三维图形的绘制，对接收的 30 万条左右的 AIS 数据进行了实验，并与垂距法、光栏法和 D-P 压缩法进行压缩比较。研究表明，该方法提出的动态 D-P 压缩法，克服了垂距法、光栏法、D-P 方法的局限性，能有效地保留下速度和方向变化的特征点。通过压缩航迹和未压缩的航迹的比较，可以看出使用改进后的方法压缩，对于船舶航行的轨迹保真性好，且计算量较小。

4.2　时空轨迹聚类方法

将物理或抽象对象的集合分成由类似的对象组成的多个类的过程被称为聚类。由聚类所生成的簇是一组数据对象的集合，这些对象与同一个簇中的对象彼此相似，与其他簇中的对象相异。“物以类聚，人以群分”，在自然科学和社会科学中，存在着大量的分类问题。聚类分析又称群分析，它是研究(样品或指标)分类问题的一种统计分析方法。聚类分析起源于分类学，但是聚类不等于分类。聚类与分类的不同在于，聚类所要求划分的类是未知的。聚类分析的内容非常丰富，有系统聚类法、有序样品聚类法、动态聚类法、模糊聚类法、图论聚类法、聚类预报法等。

聚类分析(cluster analysis)是一组将研究对象分为相对同质的群组(clusters)的统计分析技术。聚类分析区别于分类分析(classification analysis),后者是有监督的学习。

时空轨迹(Trajectory)是移动对象的位置和时间的记录序列。作为一种重要的时空对象数据类型和信息源,时空轨迹的应用范围涵盖了人类行为、交通物流、应急疏散管理、动物习性和市场营销等诸多方面。通过对各种时空轨迹数据进行聚类分析,可以提取时空轨迹数据中的相似性与异常特征,并有助于发现其中有意义的模式。

本教材根据时空轨迹数据的特点,系统综述了时空轨迹聚类方法的研究进展。首先,从理论、可行性和应用的角度分析时空轨迹数据及其聚类方法研究的重要性,并论述时空轨迹数据的定义、模型与表达;然后,按照相似性度量所涉及的不同时间区间,将现有的时空轨迹聚类方法划分为 6 类,并对每一类方法的原理及特点进行评述;最后,讨论一下现有方法面临的主要问题和挑战,并对时空轨迹聚类研究的发展进行展望。

传统的 GIS 研究中,人们常常只关注某一时刻对地理空间中的属性与空间信息的分析,这实际上只是描述了研究对象的一个快照,没有对连续的时态数据作专门处理,但时间、空间和属性作为地理实体及地理现象本身固有的 3 个基本特征,是反映地理实体的状态和演变过程的重要组成部分。随着卫星定位技术、无线通信技术、跟踪检测设备及视频实时采集技术的快速发展,人们能够方便地以低廉的价格获得时空轨迹数据。例如,通过传感器遥测野生动物或者鱼类的活动,通过旅行日志记录交通工具的运动状况,通过条形码的检入检出了解物流的状况,通过船舶自动识别系统来跟踪船舶的位置,甚至通过互联网搜索某对象的相关事件来确定该对象的运动轨迹等。空间对象的位置、属性都可能随着时间的推移而发生变化,人们不仅需要知道某一对象的属性和空间信息,更要了解该对象的来龙去脉,以便对其形成原因作出评估,对未来情况进行预测。时空轨迹数据恰能有效地表达时空对象的这些特性,通过分析各种不同对象的时空轨迹数据,有助于对人类行为模式、船舶交通流预测、航运物流、应急疏散管理、计算几何以及模拟仿真等各个领域进行研究。综上所述,无论从理论、可行性还是应用的角度来看,时空轨迹数据的研究都非常必要。

为了能够从大量时空轨迹数据中发现有趣的、隐藏的、未知的知识,需要使用空间数据挖掘作为分析方法。空间数据挖掘为研究者们提供了很多有效的数据分析工具。在数据驱动的空间数据挖掘方法中,聚类分析和关联规则挖掘是两种重要的手段,其区别在于关联规则挖掘是一个异中求同的过程,而聚类分析则是同中求异的过程。通过聚类能够识别对象空间中稠密和稀疏的区域,将数据中的相似性与异常特征提取出来,从而发现全局分布模式和数据属性之间的相关性。这正符合人们对时空轨迹数据分析的要求,即在没有先验知识的情况下,先将数据聚合成不同的类,再对各类所代表的模式进行解读从而获得知识。

4.2.1 时空轨迹数据

时空轨迹(Trajectory)数据具有与其他数据不同的重要特征,主要体现在定义、模型和表达 3 个方面。它既是一种重要的时空对象数据类型,又是一种重要的信息源,因此其应用范围也非常广泛。

4.2.1.1 时空轨迹的定义

时空轨迹是移动对象的位置和时间的记录序列。抽象来看,如式(4-3)所示,时空轨迹是时间到空间的映射，由一个以时间为自变量的连续函数 o 来表示，当给定某一个时刻 t（$t\in R^{+}$）时，通过该函数可以得到 t 时刻该对象所处的 d 维空间 R^{d}（一般是二维或者三维空间）中的位置。

$$o:R^{+}\rightarrow R^{d} \tag{4-3}$$

4.2.1.2 时空轨迹的模型

从定义中我们可以看出，时空轨迹是连续的，但通常用一组时空记录点序列，以离散的方式表示。例如，对时空对象的实际轨迹曲线进行采样，用得到的集合来代表时空轨迹。因此，时空轨迹的模型如式(4-4)所示：

$$T=\{(x_1{}^1,\cdots,x_1{}^d,t_1),(x_2{}^1,\cdots,x_2{}^d,t_2),\cdots,(x_n{}^1,\cdots,x_n{}^d,t_n)\} \tag{4-4}$$

式中：T 代表一条轨迹，序列中每一个($d+1$)元组($x_n{}^1,\cdots,x_n{}^d,t_n$)代表轨迹对象 t_n 时刻在 d 维空间中的一个记录点，其空间位置是($x_n{}^1,\cdots,x_n{}^d$)[例如，二维空间位置通常以(x_n,y_n)表示，三维空间位置则通常以(x_n,y_n,z_n)表示]。

4.2.1.3 时空轨迹数据的表达

为了对时空轨迹进行比较，常常需要通过其模型重构时空轨迹，这就是时空轨迹数据的表达。轨迹表达的方法有很多种，本节将结合 Nanni 对轨迹重构方法的分类方式，按照对轨迹记录点间对象运动过程的不同认识，分 3 部分阐述时空轨迹数据的表达。

1)基于全局回归模型的时空轨迹数据表达

如果时空对象的运动方式整体上服从某一规则，那么可对该对象的所有记录点进行全局回归，用关于时间 t 的回归方程代表时空对象的轨迹。如图 4-8(a)所示，黑点和白点分别代表两条不同轨迹的记录点，两条直线是采用线性回归所得到的轨迹。由于这种模型过于简化，重构的时空轨迹也不与所有采样点重合，往往不能满足实际的需要。

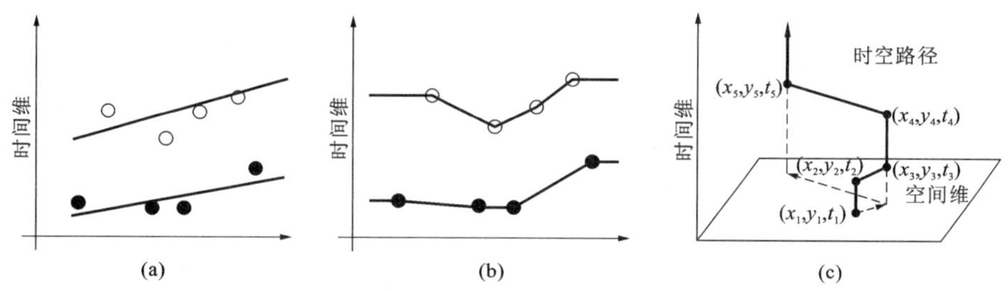

图 4-8 基于全局回归模型的时空轨迹数据表达

2)基于局部插值模型的时空轨迹数据表达

有时时空对象的运动方式并非全局一致，但可以假设在相邻记录点间的局部运动是服从特定规则的，不同的规则可以用不同的局部插值方法来表达。最常见的规则是相邻记录点间对象做匀速直线运动，该规则可以用线性插值方法表达[图 4-8(b)]，这种模型在时空轨迹模拟和分析中均被广泛使用，并且可以采用时空路径(Space-time Path)的方式来可视化表达[图 4-8(c)]。这种表达方式将二维的空间和一维的时间整合到一个三维坐标系中表示，每个记录点的 x、y 坐标对应记录点的空间坐标，第三维坐标则对应记录点的时间值，图中实线表示的是时空路径，虚线为时空路径在空间维上的投影。

3)基于领域知识模型的时空轨迹数据表达

如果没有内插函数作为重构轨迹的依据，那么在任意相邻的记录时刻间，时空对象理论上可能在空间中的任何位置出现,但多数情况下各种领域知识会限制该对象出现的位置。例如,由于存在移动速度的限制,在某个记录时刻后,该时空对象只能存在于以该记录点为顶点的一个圆锥体内;或者由于道路的限制,对象只能沿交通网络运动;或者用户在运动过程中需要使用信息通信技术,故受到网络覆盖区域的限制等。这些情况下,时空棱镜(Space-time Prism)是一种很好的可视化表达方式,两相邻记录点的空间位置分别是 L_1 和 L_2,记录时间分别为 t_1 和 t_2,坐标表示方法与时空路径相同,记录点间的棱镜部分表示对象可能出现的时空范围,而该棱镜在空间维平面上的投影则表示对象的潜在活动区域(Potential Activity Area)。

4.2.1.4　时空轨迹数据研究的应用范围

时空轨迹数据在许多应用领域中都是重要的研究对象,除了时间地理学(Time Geography)中人的活动轨迹之外,还有生物学领域中精子运动的轨迹和人的笔迹轨迹、化学领域中分子的运动轨迹、气象学领域中气团和飓风的轨迹以及体育领域中球员的运动轨迹等。

4.2.2　时空轨迹聚类方法概述

为了从时空轨迹数据中提取其相似性与异常,并发现其中有意义的模式,时空轨迹聚类分析方法被广泛采用。该方法试图将具有相似行为的时空对象划分到一起,而将具有相异行为的时空对象划分开来。其关键是根据时空轨迹数据的特点,设计与定义不同轨迹间的相似性度量。因为要将数据集划分成不同的类别,必须定义一种相似性的程度来度量同一类样本间的类似性和非同类样本间的差异性,而各种时空轨迹聚类方法间的主要区别也正是在于其相似性度量的不同。

两个对象之间的相似度(Similarity)是这两个对象相似程度的数值度量,相异度(Dissimilarity)是这两个对象差异程度的数值度量,距离(Distance)常被看作是相异度的同义词。因而,两个对象越类似,它们的相似度就越高,相异度就越低,距离越小。通常,相似度的取值范围是[0,1](0 代表完全不相似,1 代表完全相似),而相异度(距离)的取值范围是[0,∞)(0 代表完全相似,∞代表完全不相似),它们通常是可以互相转化的,所以使用“相似性度量”作为相似度和相异度(距离)的统称。

依照相似性度量所涉及的不同时间区间,可将现有的时空轨迹聚类方法划分为 6 类(表 4-1)。从表 4-1 第二列的相似时间区间示意图可以看出,这 6 类方法对于相似时间区间的要求是逐渐放松的,从要求时间全区间相似,到局部时间区间相似,最后到无时间区间对应相似。这种分类方式既能体现人们对时空轨迹相似性认知的多样性,又能反映时空轨迹相似性度量的发展过程。下面将对各类时空轨迹聚类方法进行介绍和评述。

表 4-1　时空轨迹聚类方法分类

相似性度量类别	相似时间区间示意图	代表聚类方法
时间全区间相似		轨迹间欧氏距离 最小外包矩形距离
全区间变换对应相似		DTW

续表 4-1

相似性度量类别	相似时间区间示意图	代表聚类方法
多子区间对应相似		最长公共子序列距离 编辑距离
单子区间对应相似		子轨迹聚类 时间聚焦聚类 移动微聚类 移动聚类
单点对应相似		历史最近距离 Fréchet 距离
无时间区间对应相似	无	单向距离 特征提取方法

注:相似时间区间示意图中的实线部分为相似区间,虚线部分为不相似区间。

4.2.2.1 时间全区间相似的聚类方法

时间全区间相似的聚类方法将时空轨迹看作一个整体,并要求同一聚类中的轨迹在各个时刻都对应相似。这类方法所使用的相似性度量主要有轨迹间欧氏距离和最小外包矩形距离等。

1)轨迹间欧氏距离

轨迹间欧氏距离和点与点的欧氏距离有所不同。它首先将轨迹用相同维度的坐标向量表示,然后计算每一个时刻上对应两点的欧式距离,再对这些距离进行综合(如求和,求平均值、最大值或者最小值),就可以得到轨迹间欧式距离。例如,式(4-5)就是二维空间中,以求和方式综合的轨迹间欧式距离公式:

$$Eu(R,S) = \sum_{i=1}^{n} dist(r_i, s_i) \tag{4-5}$$

$$dist(r_i, s_i) = \sqrt{(r_{i,x} - s_{i,x})^2 + (r_{i,y} - s_{i,y})^2}$$

式中:R、S 分别表示两条轨迹,记录点数均为 n;$Eu(R,S)$为轨迹 R、S 间的欧式距离;r_i、s_i 分别表示轨迹 R、S 上第 i 个记录点;$r_{i,x}$、$r_{i,y}$、$s_{i,x}$、$s_{i,y}$分别表示记录点 r_i、s_i 的 x 坐标和 y 坐标;$dist(r_i,s_i)$表示记录点 r_i 和 s_i 间的欧式距离。

Agrawal 等在 1993 年就提出了该方法并用于解决序列的相似性问题。为了提高这种方法的效率,Faloutsos 等和 Chan 提出了一些通过离散傅里叶变换(Discrete Fourier Transform,DFT)和离散小波变换(Discrete Wavelet Transform,DWT)来降维的近似办法。Chakrabarti 也提出了一种名为 APCA(Adaptive Piecewise Constant Approximation)的近似方法。但是这些方法都不能应用于采样率不同或者尺度不同的轨迹数据。Yanagisawa 等先将轨迹分段线性表示,然后内插重采样,再计算轨迹间欧氏距离,这样处理能够将采样率不同的轨迹数据进行比较。而 Keogh 等则认为可以先对轨迹进行全局缩放再计算轨迹间欧式距离,该方法能够有效解决尺度不同的问题。但是由于轨迹间欧氏距离的基本思想是严格计算轨迹在每个时刻的对应距离，因此这类方法对噪声较敏感。

2）最小外包矩形距离

该方法可以看作是一种简化时空轨迹的方法。它首先将整条轨迹划分成一些相对平滑的轨迹区间，再将每条子轨迹用其最小外包矩形（Minimum Boundary Rectangle，MBR）表示，这样每条轨迹就变成了一个最小外包矩形的序列（图 4-9），图中虚线矩形框和实线矩形框分别代表虚线轨迹和实线轨迹的最小外包矩形序列，通过比较最小外包矩形序列即可度量时空轨迹间的相似性。

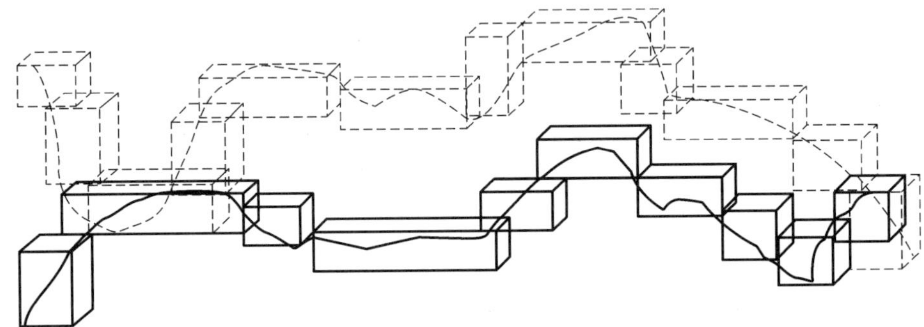

图 4-9　时空轨迹最小外包矩形

Lee 等定义了最小外包矩形间的距离计算规则，并将各对外包矩形间的距离加权平均作为整体轨迹间的距离。而 Elnekave 等则将最小外包矩形重叠部分的大小作为整条轨迹相似性度量。

由于使用最小外包矩形代替了轨迹区间，这种方法使得轨迹的细节变得平滑，并在一定程度上减小了噪声的影响，但是如何有效地将轨迹划分成平滑轨迹区间仍有待研究。这类时间全区间相似聚类方法的优点在于非常直观，易于理解，但那些不在一一对应时刻上完全相似的轨迹，则可能被遗漏。

4.2.2.2　全区间变换对应相似的聚类方法

该类方法在全区间相似聚类方法的基础上，放松了对时间维的限制，即时空轨迹的时间维可以局部拉伸和缩放，只需要保证轨迹记录点的时间顺序，而不需要在一一对应的时刻上进行比较，其中基于 DTW（Dynamic Time Warping）距离的方法是典型代表。

基于 DTW 距离的方法在保证时空轨迹对象记录点顺序不变的前提下，通过重复之前的记录点来完成时间维的局部缩放，以此求出轨迹间的最小距离作为相似性度量。具体计算公式为：

$$DTW(R,S)=\begin{cases}0 & m=n=0\\ \infty & m=0\ \text{或}\ n=0\\ dist(r_1,s_1)\left\{\begin{array}{l}DTW(Rest(R),Rest(S))\\ DTW(Rest(R),S)\\ DTW(R,Rest(S))\end{array}\right\} & (m,n\ \text{均不为零})\end{cases} \tag{4-6}$$

式中：$DTW(R,S)$ 表示时空轨迹 R 与 S 间的 DTW 距离；m 和 n 分别代表时空轨迹 R 与 S 的记录点个数；$dist(r_i,s_i)$ 表示两个记录点 r_i 和 s_i 之间的欧式距离；$Rest(R)$ 和 $Rest(S)$

分别表示轨迹 R 与 S 去掉第一个记录点所得的轨迹区间，其他各项意义与前述相同。从式(4-6)可以看出：如果两条轨迹都无记录点，那么 DTW 距离为 0；如果只有一条轨迹无记录点，则 DTW 距离为无穷大；如果两条轨迹均存在记录点，则采用递归的方式求取最小的距离作为 DTW 距离，在求取最小距离的过程中会产生记录点的最优对应关系。如图 4-10(a)所示，某些点(如 r_i、s_n)在计算 DTW 距离时多次使用，实际上是对时间维的局部拉伸；图 4-10(b)是记录点对应关系的矩阵表示，黑色方块表示的是最优对应关系形成的 DTW 路径，其中每个方块的权值为相应记录点间的欧式距离，DTW 距离就是整条路径的权值之和。

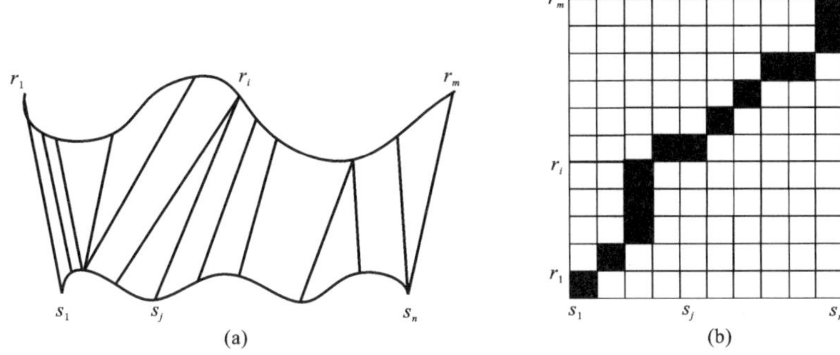

图 4-10 DTW 距离示意图

Sankoff 和 Kruskal 最早使用 DTW 来度量不等长序列的相似性，但该方法存在计算量过大的问题，而通过建立索引则能提高计算效率。也有学者在该方法基础上做出一些其他的改进，例如，Little 和 Gu 先用路径和速度曲线来表示轨迹，再用 DTW 度量距离；而 Vlachos 等则将轨迹引入极坐标空间，通过角度与长度来表示轨迹，再计算轨迹间的 DTW 距离。

DTW 方法可较好地发现时间维局部缩放后才相似的时空轨迹，解决了采样率不同和时间尺度不一的问题。但计算 DTW 距离时，轨迹间的记录点映射需要具有连续性，因此对于噪声很敏感。此外，如果两条轨迹在小部分区间内完全不相似，该方法将无法识别。

4.2.2.3 多子区间对应相似的聚类方法

为解决上一类方法无法识别小部分不相似区间的问题，多子区间对应相似的聚类方法在定义相似性度量时，不要求整条轨迹相似，而是寻找不重叠的多个相似子区间，并将所有子区间的相似性汇总成轨迹间的相似性度量。其中最长公共子序列距离和编辑距离是比较常见的方法。

1)最长公共子序列距离

最长公共子序列(Longest common sub-se-quence，LCSS)是指两个或者多个序列中存在的最长的共同子序列。对于时空轨迹来说，计算其最长公共子序列并转化为 $LCSS$ 距离可以衡量轨迹间的相似程度。$LCSS$ 的计算一般通过递归求得，如式(4-7)所示：

$$LCSS(R,S)=\begin{cases} 0 & m= \quad n=0 \\ LCSS(Rest(R),Rest(S))+1 & |r_{1,x},s_{1,x}|\leqslant\delta \text{ 且 } |r_{1,y},s_{1,y}|\leqslant\varepsilon \\ dist(r_1,s_1)\{LCSS(Rest(R),S),LCSS(R,Rest(S))\} & \text{其他情况} \end{cases} \tag{4-7}$$

式中：$LCSS(R,S)$表示时空轨迹 R 与 S 间的 $LCSS$ 长度，δ 和 ε 分别表示 x 轴和 y 轴

上的相似阈值,也就是说,当横坐标差小于 δ 且纵坐标差小于 ε 时,认为这对记录点相似,*LCSS* 值加 1,其他各项意义与前述相同。当轨迹记录点数都为 0 时,$LCSS(R,S)$ 为 0;若记录点个数不为 0,则用递归的方式判断公共子序列长度的最大值。如图 4-11 所示,实线和虚线分别为一维空间中的两条时空轨迹,横轴为时间,纵轴为一维空间坐标,区间 1、2、3 内是 *LCSS* 公式所定义的公共子序列,两条轨迹在这 3 个子区间内是对应相似的。

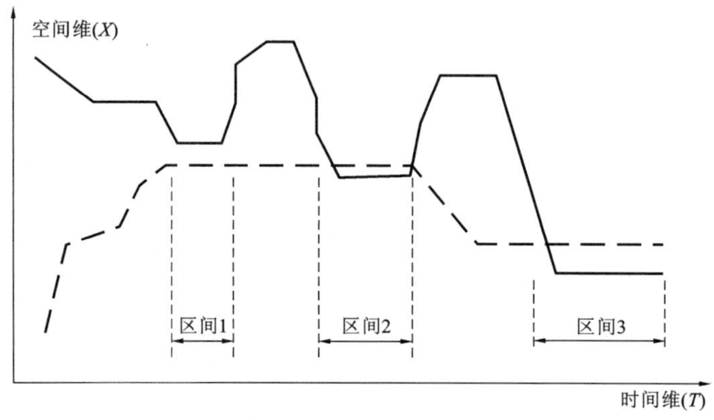

图 4-11　*LCSS* 示意图

在应用中,通常使用轨迹间的距离作为相似性度量,因此研究者们将 *LCSS* 转换为距离的形式来进行聚类,其转换方式是:

$$D_{LCSS}(R,S)=1-\frac{LCSS(R,S)}{\min(m,n)}$$

式中:$D_{LCSS}(R,S)$ 表示时空轨迹 R 与 S 间的 *LCSS* 距离;$\min(m,n)$ 表示 R 与 S 的记录点个数的较小值。这个过程使得轨迹间的 *LCSS* 转换为[0,1]间的距离。Agrawal 最早用这种方法来计算一维时间序列的相似性,他认为如果两个时间序列的 *LCSS* 超过某一阈值,则可以认为它们相似。该方法可以很方便地应用于高维时间序列和时空轨迹的相似性度量中,例如 Vlachos 就提出可以先对轨迹进行平移变换再使用 *LCSS* 方法。

LCSS 方法不需要所有的记录点全部匹配,因此不相似的区间会被剔除。此外,因为点与点的距离被概化为 0 和 1,所以即使噪声点参与到 *LCSS* 的计算中,其影响也会被减弱。

2)编辑距离

编辑距离(Edit Distance,ED)是指两个序列(文本或者模式等)进行比较时,若只进行增、删、改操作,一个序列完全变成另一个序列所需最小操作次数也可以很容易地将其扩展为时空轨迹间的编辑距离,即:

$$ED(R,S)=\begin{cases} n & m=0 \\ m & n=0 \\ ED(Rest(R),Rest(S)) & m,n>0 \text{ 且 } r_1=s_1 \\ \min\begin{Bmatrix} ED(Rest(R),Rest(S))+1 \\ ED(Rest(R),S)+1 \\ ED(R,Rest(S))+1 \end{Bmatrix} & \text{其他情况} \end{cases} \tag{4-8}$$

式中:$ED(R,S)$ 表示轨迹 R 和 S 的记录点序列 $(r_1,\cdots,r_m)$ 和 $(s_1,\cdots,s_n)$ 间的编辑距离,m 和 n 分别代表时空轨迹 R 与 S 的记录点个数,其他各项意义与前述相同。如果其中一条轨迹的记录点个数为 0 时，编辑距离为另一条轨迹的记录点个数；如果两条轨迹均存在记录点，且首个记录点坐标相同，则编辑距离不变；否则编辑距离增加，并采用递归的方式求取最小值作为编辑距离。例如，两条一维时空轨迹的空间坐标序列为{1,3,4,5}和{1,2,3,4,6}，那么它们的编辑距离就为 2，因为序列{1,3,4,5}经过第二位增加 2 和最后一位改成 6 两次操作就可以变成序列{1,2,3,4,6}。

在编辑距离的计算过程中，要求首个记录点坐标相同的判断条件往往过于严格，影响了计算效率和精度，因此很多学者对其进行了改进。Bozkaya 提出的改进方法是：不要求序列在增、删、改操作后完全相同，而只要在一定阈值内相似即可。Chen 和 Ng 则提出 ERP(Edit distance with Real Penalty)距离并用于度量时间序列的相似性。*ERP* 与 *DTW* 类似，也可对时间维进行局部缩放，因此能够处理不同尺度的数据；但是 *ERP* 用真实值来度量距离，而不是将距离概化为 0 和 1，所以该方法同样对噪声敏感。此外，Chen 等提出 EDR(Edit Distance on Real sequence)距离也是编辑距离的扩展，该距离通过正态化处理解决了空间维缩放的问题；与 *LCSS* 和 *EDR* 相比，*EDR* 不仅对噪声不敏感，而且对于轨迹间不同尺寸的缺口(即两段相似区间中的不相似区间)指定不同的惩罚距离，这使得该度量方法更加精确。

最长公共子序列距离和编辑距离都考虑的是多个子区间对应相似的情况，这一大类方法能发现非整体相似的时空轨迹，但是所发现的相似时间区间是离散且不确定的，这种区间在数学上比较清晰，但是并不直观，不易被人们观察和理解。

4.2.2.4　单子区间对应相似的聚类方法

为解决多子区间对应相似聚类方法中相似区间不直观的问题，单子区间对应相似的聚类方法在其基础上，对时间区间的要求进一步放松：只需获得一个最大的相似子区间，就能衡量轨迹间的相似性。这类方法主要有子轨迹聚类、时间聚焦聚类、移动微聚类和移动聚类等。

1)子轨迹聚类

子轨迹聚类方法是由 Lee 等在 2007 年提出的，它采用的是先划分再聚合的思路(Partition-and-group Framework)，其流程如图 4-12(a)所示：首先将时空轨迹看作一组点序列，然后按照最小描述长度(Minimum Description Length，MDL)原则将轨迹划分为一些子轨迹，再用基于密度的聚类方法对这些子轨迹进行聚类，最终可以得到子轨迹的运动模式和整条轨迹的相似子区间。

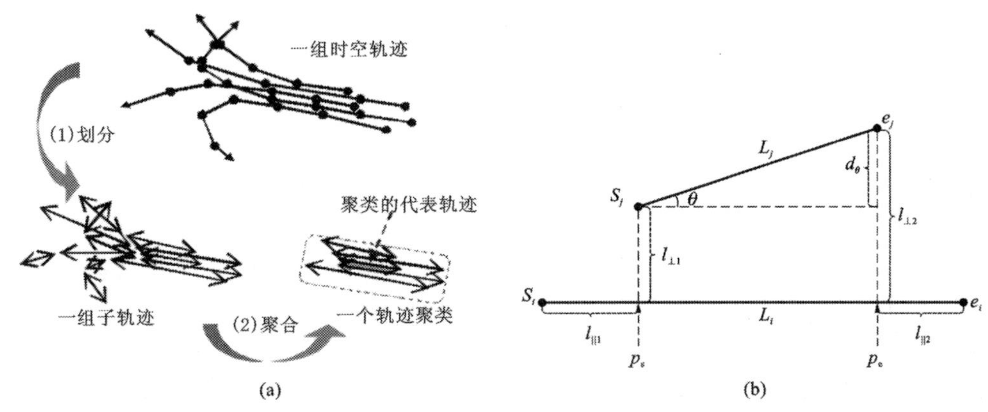

图 4-12　子轨迹聚类示意图

该方法的相似性度量由 3 种距离的加权和表示，分别是其垂直距离 $d_{\perp}$、平行距离 $d_{\parallel}$ 和角度距离 d_{θ}。轨迹 L_i 和 L_j 间的 3 种距离如图 4-12(b)所示，其中：s_i、s_j、e_i、e_j 分别代表轨迹 L_i 和 L_j 的起点和终点；p_s 和 p_e 分别表示 s_j 和 e_j 在轨迹 L_i 上的投影；$l_{\perp 1}$、$l_{\perp 2}$、$l_{\parallel 1}$、$l_{\parallel 2}$ 则分别表示图中对应端点间的欧氏距离，$\| L_j \|$ 表示轨迹 L_j 的长度；θ 是两条子轨迹的夹角($0° \leqslant \theta \leqslant 180°$)。

虽然子轨迹聚类方法能发现具有相似性的单个最大时间区间，但是由于该方法预先将轨迹划分成子轨迹，并以子轨迹为基本单位进行聚类，因此相似时间区间会受到子轨迹时间区间的限制，具有一定的局限性。

2)时间聚焦聚类

时间聚焦聚类(Time-focused Clustering)方法可以较好地解决子轨迹聚类存在的问题。该方法先定义了一个聚类过程，该过程是将某一时间区间内轨迹间的欧氏距离作为相似性度量，并采用基于密度的聚类方法 OPTICS 对轨迹进行聚类；然后对每一个不同的时间区间均进行一次上述聚类过程；最终目标是发现使轨迹聚类结果最优(即类内相似度大、类间相似度小)的时间区间，并记录这个区间和相应的聚类结果。如图 4-13 所示，轨迹集合由三类轨迹添加一些噪声轨迹组成，每条虚线代表一条时空轨迹，实线代表最优轨迹聚类结果，即在实线所示的时间区间内，聚类结果中的各个类别类内相似度大，类间相似度小，能够被清晰地区分。

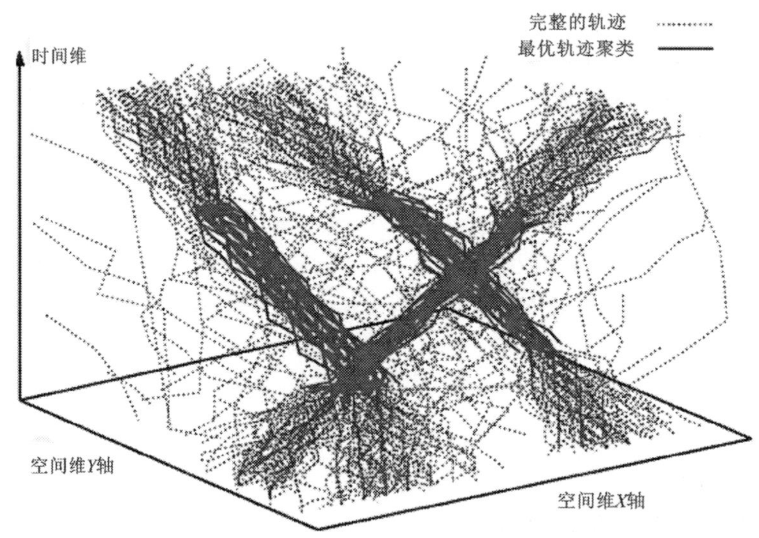

图 4-13　时间聚焦聚类示意图

3)移动微聚类

移动微聚类(Moving Micro Clustering，MMC)方法将数据挖掘中经典的 BIRCH 方法应用于移动对象轨迹数据，在原有的微聚类(Micro Cluster)基础上增加了时间维信息，也就是说在同一聚类中的对象不仅在当前时刻位置靠近，还需要保持相近(共同运动)一段时间。该方法把每个微聚类的中心看作一个对象继续聚类，即不予区分微聚类和对象，最终形成层次结构完成聚类。在这个过程中，移动微聚类需要根据一个预先定义的外包矩形来判断聚类是否应该分裂或合并，但这个矩形的参数需要人为定义，这就是这个方法的不足之处。

4)移动聚类

前面提到的方法中,聚类都可以被认为是"内涵固定"的,即相似时间区间内,类内的个体集合不变。移动聚类(Moving Cluster)改变了这种对聚类的看法,将聚类视为一个动物群落,群落中时有个体迁入,时有个体迁出,但是处于群落中的个体始终保持聚集。这种方法认为移动对象是由多个时间片(Time Slices)上的空间位置组成,应首先分别对每个时间片上的点进行聚类,然后计算连续时间片中聚类所包含点的重合程度,如果大于一定阈值,那么这个移动聚类成立。如图 4-14 所示(图中每条折线代表一条轨迹,而每一个时间片上的聚类用深色圆形表示),这个聚类中成员的生命周期(Lifetime)不需要一致,只需在某一时间段内保持聚集即可成为聚类。这种方法更关注聚类所涉及的区域而非其中的轨迹对象,所以可以认为它是一种介于聚类与频繁模式挖掘之间的方法。

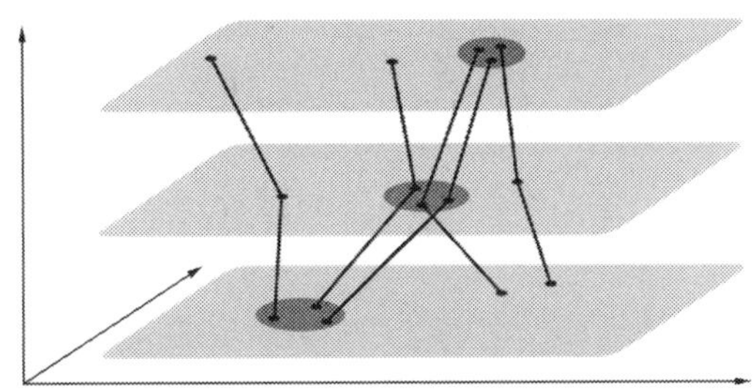

图 4-14　移动聚类示意图

4.2.2.5　单点对应相似的聚类方法

这类方法是将轨迹间的相似性概括为某一对记录点间的相似性,即以一个时间点来代表整个时间区间。其中历史最近距离和 Fréchet 距离是最主要的两种方法。

1)历史最近距离

历史最近距离是任意两条轨迹在给定时间范围内同一时刻的最近距离,其计算如式(4-9)所示:

$$\mathrm{MinDist}(R,S,T) = \min\{dist(R(t),S(t)) \mid \forall t \in T\} \tag{4-9}$$

式中:$\mathrm{MinDist}(R,S,T)$表示时空轨迹 R 与 S 在时间区间 T 内的历史最近距离,$R(t)$和 $S(t)$分别表示轨迹 R 与 S 在 t 时刻的空间位置,$dist(R(t),S(t))$表示 $R(t)$和 $S(t)$间的欧氏距离。如图 4-15 所示,时空轨迹 R 和 S 的历史最近距离为 $d_{\min}$。

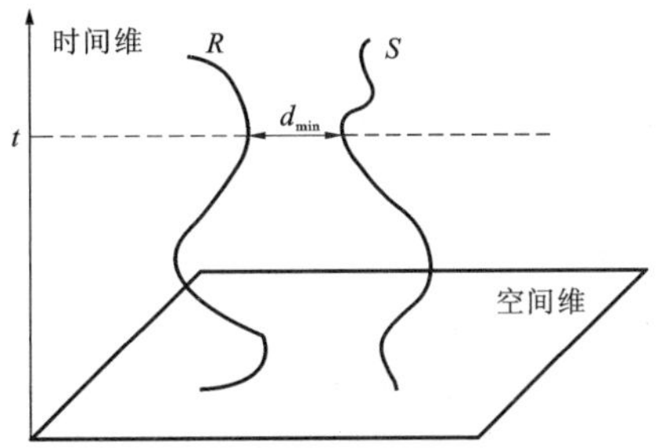

图 4-15　历史最近距离示意图

2)Fréchet 距离

可以这样形象地理解 Fréchet 距离:在遛狗过程中,假设狗沿一条轨迹连续运动,它的主人沿另一条轨迹连续运动，他们在各自轨迹上任意一点速度都可以变化，甚至可以停止，但是不能折返，用遛狗绳将他们相连，Fréchet 距离就是在保证两者运动不互相干扰的前提下，所需最短的遛狗绳的距离。Fréchet 距离原本是用来度量两条曲线间距离的，由于时空轨迹可以看作时空路径曲线，所以 Fréchet 距离也可以用来度量轨迹间的相似性。

历史最近距离和 Fréchet 距离这两种方法，都是将轨迹间的距离抽象为某一个时刻上点与点的距离，以此来代表整条轨迹间的距离。不同之处在于，历史最近距离是一种乐观的相似性度量，只要两条轨迹在某一时刻曾经靠近过就认为它们相似，而 Fréchet 距离是一种悲观的相似性度量，它认为必须在每一时刻都靠近才能说两条轨迹相似。

4.2.2.6　无时间区间对应相似的聚类方法

无时间区间对应相似的聚类方法在度量轨迹间相似性时，将时间维的限制进一步放宽，通常只考虑空间位置的相似性，或者将时空轨迹转换到属性空间进行比较，比如单向距离方法和特征提取方法等。

1）单向距离

单向距离（One-way Distance，OWD）是一种将时间相似性弱化的相似性度量方法。该方法源自巴士线路设计问题，在这类问题中，速度和方向信息不重要，时间顺序的意义也不大，只有空间形状的相似性比较重要，为了定义 OWD，首先需要定义点 p 到轨迹 T 的距离：

$$D_{\text{point}}(p,T) = \min_{q\in T} D_{\text{Euclid}}(p,q) \tag{4-10}$$

式中：点 q 为轨迹 T 上一点，$D_{\text{Euclid}}(p,q)$ 表示点 p 和点 q 间的欧式距离。而轨迹 T_1 到 T_2 的 OWD 定义为 T_1 上的点到 T_2 被 T_1 所截取部分的距离积分：

$$D_{\text{OWD}}(T_1,T_2) = \frac{1}{|T_1|}\left[\int_{p\in T_1} D_{\text{point}}(p,T_2)\,\mathrm{d}p\right] \tag{4-11}$$

由式(4-11)可以看出，OWD 描述的是一种形状上的相似性，并且是一条轨迹到另一条轨迹的有向距离，这种距离不具有对称性。通常，将 $D_{\text{OWD}}(T_1,T_2)$ 和 $D_{\text{OWD}}(T_2,T_1)$ 的均值作为轨迹 T_1 和 T_2 间的距离：

$$D(T_1,T_2) = \frac{1}{2}[D_{\text{OWD}}(T_1,T_2) + D_{\text{OWD}}(T_2,T_1)] \tag{4-12}$$

例如，两条一维轨迹的空间坐标序列为 T_1：{1,2,3,4} 和 T_2：{8,6,4,2}，那么 T_1 上每个点到 T_2 的距离分别为 1、0、1、0，T_1 上每个点到 T_2 的距离分别为 4、2、0、0，那么轨迹 T_1 到 T_2 的 OWD 距离为 0.5，轨迹 T_2 到 T_1 的 OWD 距离为 1.5，T_1 与 T_2 间的距离则为 1。单向距离在定义轨迹间相似性时，尽管同样是抽象成点与点的距离，但是不考虑时间上的顺序关系，这点与历史最近距离和 Fréchet 距离不同。

2）特征提取方法

该方法不对轨迹本身直接进行比较，而是先从轨迹中提取特征，再通过特征来定义相似性度量。例如，Perng 等和 Faloutsos 等分别从轨迹中提取 Landmark 和 Signature 特征，然后对这些特征定义运算规则来计算轨迹间的距离；Pelekis 则将轨迹分别抽象为速度特征和方向特征，并定义了对应的相似性度量进行聚类。

4.2.2.7　其他聚类方法

除了以上 6 类方法外，还有一些方法也可以用来定义轨迹间的相似性度量并用于聚类分析，如人机交互方法、基于模型的方法、递增层次方法、基于图形的方法等。其中，人机交互方法是根据用户提出的一些限制来调整参数获得距离度量函数；基于模型的方法尝试针对轨迹数据特点建模，然后将从同一模型构造出来的对象聚成一类；递增层次方法认为轨迹是由不同元件组成的序列，不同轨迹按泛化程度形成层次结构从而完成聚类；基于图形的方法则是将轨迹曲线看作一些线状图形的组合，依此为轨迹编码，通过这种编码可以有效地查询指定形状的数据，从而将形状相似的轨迹聚成一类。

随着数据获取手段的快速发展，人们不仅仅对事物在某一时刻的空间特性感兴趣，更渴望了解事物随时间的发展演变过程，时空轨迹恰能有效地记录和表达这一时间与空间相结合的过程。而时空轨迹聚类方法则是发现其中所蕴涵知识的重要手段。时空轨迹聚类方法的建立与完善不仅可以拓展空间数据挖掘理论，而且具有广泛的应用前景。时空轨迹聚类方法将点状对象的相似性度量扩展到线状对象的比较中，在传统数据挖掘方法中融入了对时间语义的不同认识。通过对时空轨迹进行聚类分析，能使一些原本只能用于可视化或定性观察的轨迹数据转换为多类定量的时空对象的行为模式，进而结合对象属性转换成知识，帮助人们更好地理解个体在时间与空间维度上的特性，并对各类对象的行为作出相应的预测，从而指导人们的生产生活。例如，通过罪犯的行动轨迹了解其作案模式，以便进行预警和抓捕；通过台风的轨迹认识其形成和运动模式，以便对人群进行疏散；通过人口迁移轨迹数据发现其中不同人群的迁移习惯，以便制定相关政策，帮助人们搬迁定居等。

有关时空轨迹聚类方法的研究在国际上起步不久，却已经成为相关领域研究的热点之一，并取得了一定的研究进展。尽管如此，时空轨迹聚类方法仍面临许多困难与挑战，有待进一步研究和解决，主要体现在以下 5 个方面：

(1)当前大部分时空轨迹数据聚类方法仍然是将时间看作原空间对象的附加维，这种处理方式难免使时间与空间有所分隔，与人们对于事物的直观认识有出入；

(2)现有聚类方法对于某些轨迹数据类型并不完全适用，例如人口迁移轨迹数据，该类数据的时间维是不等长的，但是由于具有年龄的语义，时间维不能拉伸，这种情况目前还没有很好的方法可以处理；

(3)聚类结果在转换成知识的过程中存在一些问题，例如所发现的知识或者过于简单，近乎常识，或者过于复杂，让人们无法直观理解；

(4)海量的轨迹数据的不断产生，一方面为研究者提供了丰富的数据源，但另一方面，也要求研究者从中选择有效的数据并提高算法效率；

(5)在处理与人有关的时空轨迹时，如何保护对象的隐私等也成为研究者应当考虑的问题。

4.2.3　基于 AIS 船舶轨迹聚类模型及应用

为获得船舶典型的运动模型，及时发现船舶异常轨迹并对其进行有效监控和管理，进而实现海上智能交通，基于船载 AIS 蕴藏着大量的海上交通特征的特点，从中获取能够反映船舶行为规律的有效的、潜在的信息。根据海上交通工程理论和数据挖掘技术，利用 AIS 信息并结合轨迹聚类算法，完成对已有轨迹的聚类，从中获取船舶典型的运动轨迹。以厦门港主航道及闽台直航船为实例，通过构建相应的 AIS 数据库并对船舶轨迹进行聚类结果展示，获得该海域船舶典型的运动轨迹。

陆上交通主要利用视频实时监控车辆的位置信息，通过聚类方法提取运动目标的典型运动模式，进而检测出异常的交通行为。空中交通主要对历史航迹进行聚类，从中找出适应当前空中流量的飞行中心轨迹，进而改善终端区进离场航线的组织规划。相比较而言，海上交通目前主要是针对飓风轨迹数据，利用聚类算法从看似无序的数据中发现轨迹数据之间的共性，进而为预测飓风轨迹提供依据。

近年来，随着国内水运量和国际贸易不断扩大，海上交通量迅猛增长，海上交通环境日益复杂，船舶在生产活动中产生的时空轨迹越来越多，从海量的轨迹数据中挖掘出有用信息已非人力所能及。同时，巨大的交通压力对交通控制和管理提出了更高的要求，迫切需要提高交通信息系统的智能化水平。

在该背景下，以海上交通工程为理论基础，利用船舶自动识别系统信息中蕴含着大量海上交通特征的特性，结合数据挖掘技术，对船舶的轨迹进行聚类，从中提取出船舶运动特征规律，进而将轨迹分成不同的、具有相似运动规律的对象组成的子集，并通过典型特征轨迹表示轨迹聚类信息。该研究是分析和预测对象运行行为、正确规范船舶行为、及时发现并处理船舶轨迹异常行为的前提条件，可为下一步实现智能船舶交通管理系统（Vessel Traffic Service，VTS），监控船舶行为打下坚实的基础。

4.2.3.1 相关方法介绍

1）主要的聚类算法

选用哪种聚类算法取决于数据的类型、目的和应用。主要的聚类算法大体上可分为：划分方法（Partition Method）、层次方法（Hierarchical Method）、基于密度的方法（Density-Based Method）、基于网格的方法（Grid-Based Method）和基于模型的方法（Model-Based Method）等。对应上述算法的比较有代表性的具体算法有：K-Means 方法、DBSCAN 算法、STING 算法和统计学习方法。

2）度量轨迹间相似性的方法

度量轨迹间的相似性是实现聚类的基础，目前采用的方法主要有：Euclidean 距离、Hausdroff 距离、最小外包矩形距离、最长公共序列（LCSS）、主成分分析（PCA）、动态时间规整（DTW）、隐马尔科夫模型（HMM）等。在度量轨迹间相似度时，要根据具体的应用对象来选择不同的度量方式。

4.2.3.2 基于 AIS 信息的轨迹聚类模型

1）轨迹聚类总体流程

基于 AIS 信息的船舶轨迹聚类算法流程见图 4-16。

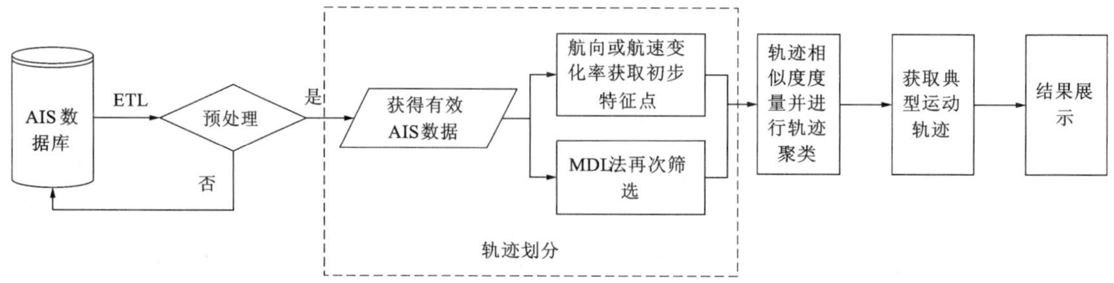

图 4-16 基于 AIS 信息的船舶轨迹聚类算法流程

2）AIS信息的采集与预处理

（1）AIS信息的采集

定时从AIS数据接收服务器中取出所需的AIS信息报文文件，运用AIS信息解码模块实现信息解码和数据入库，并在数据库中预处理，删除使用前的无效数据，以使得到的AIS信息基本表更加有效。

（2）AIS信息的预处理

预处理的主要工作有：删除动态信息表中海上移动业务标志（Maritime Mobile Service Identify，MMSI）为0的记录；删除明显错误的AIS数据（如出现负值，速度＞100kn，经度＞180°，纬度＞90°等）；根据AIS_NAME表删除超过研究水域范围的记录等。基于导入的原始数据建立数据库，围绕一些主题进行数据建模与分析。

3）船舶轨迹聚类算法

（1）轨迹聚类方法的选取

目前，轨迹聚类的应用对象主要有以下2种。

①将整条轨迹作为目标的聚类方法，该方法会存在轨迹较长、时间和空间开销较大、丢失一些相似的轨迹子段等问题；

②对轨迹进行划分，将轨迹子段作为目标的聚类方法，运用该方法可能无法完全获取整条轨迹的特征，但能较好地把握轨迹子段的特征，且综合各子段的特征也能较好地对整条轨迹的特征进行描述。

因此，采取轨迹分段的方法对船舶轨迹进行聚类。

（2）轨迹划分

船舶的动态信息通常每2～180s广播一次，具体时间间隔取决于航速和航向变化率。因此，采集到的AIS数据量可能比较庞大，做到既能有效降低船舶轨迹中AIS的记录点数又能保留轨迹的原始特征是轨迹划分阶段的重要工作，即对轨迹进行划分应保持原有轨迹的精确性与简洁性。

①精确性要求得到的子轨迹与原始轨迹之间的差别尽可能小，将所有的航向变化率、航速变化率大于某一阈值的点选为特征点；

②简洁性要求得到的子轨迹的数量应尽可能少。

图4-17中，假设轨迹点 $p_1 \sim p_8$ 为AIS采集到的位置点，实线为原始轨迹，虚线为划分后的轨迹。此时若将 $p_1 \sim p_8$ 中的所有点都选为特征点，则轨迹精确度将达到最高，但是时间开销将会很大；若只将 $p_1—p_5—p_8$ 部分点归为特征点，则轨迹将获得较好的简洁度，但丢失了原始轨迹的特征。因此，为使轨迹划分的精确性和简洁性达到最佳的平衡状态（$p_2—p_4—p_6—p_8$），主要分为2个过程对轨迹进行划分。

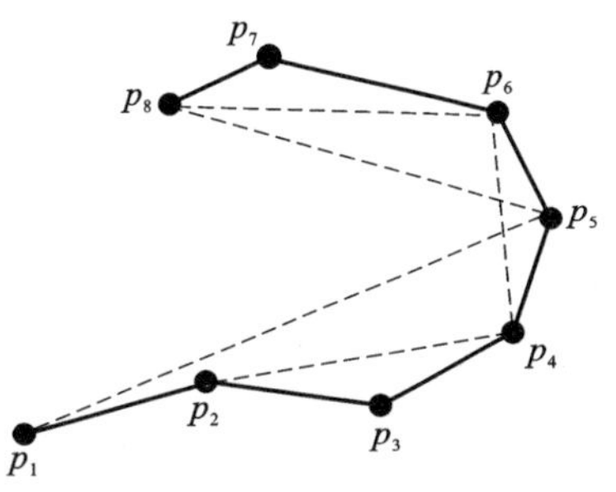

图4-17　轨迹划分实例

①获取特征点候选集

先将起点 p_1 和终点 p_8 选入候选集中，然后利用下述方法计算，具体为式（4-13）。

$$\text{航向或航速变化率} = \frac{\text{相邻时间航向或航速差值}}{\text{相邻时间间隔}} \tag{4-13}$$

根据式(4-13)便可计算出上述每个点的航向或航速变化率，利用事先设定好的阈值，将大于阈值的轨迹点也选入特征点的候选集中。阈值的设定既不能太大也不能太小。太小容易丢失轨迹的重要特征细节，太大则很容易只将轨迹的突变或由采样导致的异常包含进来，使得聚类结果不佳。

②确定最终特征点

利用上述步骤获取的特征点还不是最简洁的，因为 $p_1 \sim p_8$ 可能都会被选入候选集中。为更好地平衡轨迹划分的精确性和简洁性，利用最小描述长度准则(Minimum Description Length，MDL)进一步筛选上述候选集。MDL 开销由 $L(H)$ 和 $L(D/H)$ 组成，假设给定某条轨迹 $T_{ri}=\{p_1,p_2,\cdots,p_n\}$，划分后的特征点集为 $P=\{p_{c1},p_{c2},\cdots,p_{ck}\}$，组成的轨迹为 $T_{r'i}=\{p_{c1},p_{c2},\cdots,p_{ck}\}$，则具体计算公式为：

$$L(H)=\sum_{j=1}^{k=1}\log_2[len(p_j^i P_{j+1}^i)] \tag{4-14}$$

$$L(D/H)=\sum_{x=1}^{n-1}\sum_{j=1}^{k=1}\log_2[d_\perp(p_x p_{x+1},p_y p_{y+1})]+\log_2[d_\theta(p_x p_{x+1},p_y p_{y+1})] \tag{4-15}$$

式(4-14)～式(4-15)中：H 为假设条件；D 为所要描述的数据；$L(H)$ 为假设条件的开销；$L(D/H)$ 为在 H 这种假设条件下数据 D 的开销；$len(\quad)$ 为轨迹的总长度；$d_\perp(\quad)$ 为线段之间的垂直距离；d_θ 为线段之间的角度距离。

从式(4-14)和式(4-15)中可看出：$L(H)$ 越大，表示选取的特征点越多，与原轨迹越接近，但 $L(D/H)$ 越小；$L(H)$ 越小，表示选取的特征点越少，轨迹越简洁，但 $L(D/H)$ 越大。当 $L(H)$ 与 $L(D/H)$ 之和最小时，即运用 MDL 准则找到了一个全局最优结果。

(3)轨迹相似度的度量

船舶接收到的 AIS 数据蕴含着丰富的信息(如位置、航向、航速等)，在轨迹相似度度量中应充分考虑，以提高准确度和分析效果。此处定义的轨迹子段结构主要包括位置、航向、航速等 3 个信息。

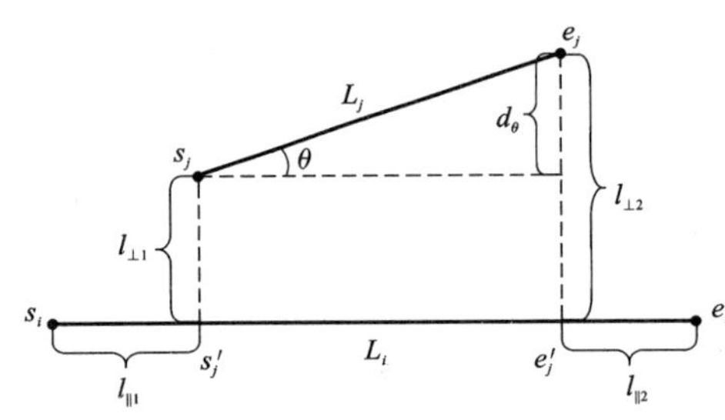

图 4-18　轨迹段之间距离

①位置与航向信息度量

图 4-18 中：L_j 和 L_i 为 2 段子轨迹；s_j、e_j 和 s_i、e_i 分别代表 2 个子轨迹的起点和终点；s_j'、e_j' 为 s_j、e_j 在 L_i 上的投影点，包含位置与航向特征的轨迹子段空间距离，由水平距离 $d_\|$，垂直距离 $d_\perp$ 和角度距离 d_θ 等 3 部分组成，具体定义为：

$$d_\|(L_i,L_j)=\min(l_{\|1},l_{\|2}) \tag{4-16}$$

$$d_\perp(L_i,L_j)=\frac{l_{\perp 1}^2+l_{\perp 2}^2}{l_{\perp 1}+l_{\perp 2}} \tag{4-17}$$

$$d_\theta(L_i,L_j)=\begin{cases}\min(\|L_i\|,\|L_j\|)\sin\theta & 0°\leqslant\theta\leqslant 90°\\ \min(\|L_i\|,\|L_j\|) & 90°\leqslant\theta\leqslant 180°\end{cases} \tag{4-18}$$

②航速信息度量

船舶在海上与他船会遇或避开障碍物等时，航速的控制往往是不一样的；即使是在同一航道中航行，进港与出港船舶的航速控制也可能不一样。因此，利用 $d_{\text{speed}}(L_i,L_j)$ 对轨迹子段的速度差异进行比较，具体定义为式(4-19)。

$$d_{\text{speed}}(L_i, L_j) = | V_{L_i} - V_{L_j} | \tag{4-19}$$

③综合度量

得到式(4-16)～式(4-19)的4种距离后，定义相应的权值 $W=\{w_{\parallel}, w_{\perp}, w_{\theta}, w_{\text{speed}}\}$，并满足：所有权值取值均 $\geqslant 0$，$w_{\parallel}=w_{\perp}=w_{\theta}=w_{\text{speed}}=1$。

随后分别乘以各自权值并求和，即可得到轨迹子段包含位置、航向、航速信息的空间距离公式 D_{dist}，即：

$$D_{\text{dist}}(L_i, L_j) = w_{\parallel} d_{\parallel}(L_i, L_j) + w_{\perp}, d_{\perp}(L_i, L_j) + w_{\theta}, d_{\theta}(L_i, L_j) + w_{\text{speed}}, d_{\text{speed}}(L_i, L_j) \tag{4-20}$$

(4)轨迹聚类

基于密度的聚类方法能够发现任意形状的簇，该方法运用对区域密度的连通性来聚类，因此可发现密度相对较小的区域的噪声。其中，DBSCAN(Density Based Spatial Clustering of Application with Noise)为最典型的密度聚类方法，对象主要为点，通常运用该方法计算核心对象时，搜索区域是以该对象为圆心，半径为8，密度阈值为 $\min P_{\text{ts}}$ 的圆心区域(图4-19)。基于DBSCAN的轨迹段聚类方法与典型的DBSCAN聚类方法有类似之处，在计算轨迹段核心对象时，将距离为8，密度阈值为 $\min P_{\text{ts}}$ 的外包椭圆作为搜索区域来获取(图4-20)。

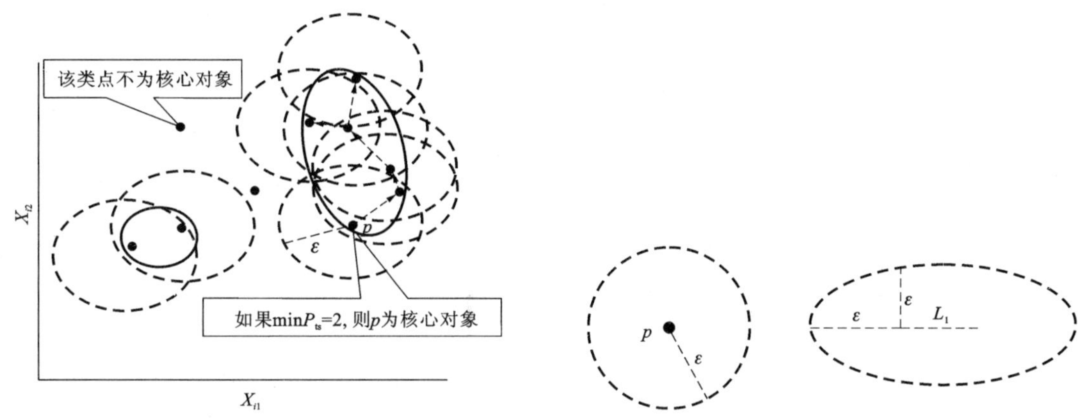

图4-19 DBSCAN聚类示例　　图4-20 核心对象搜索区域对比

相关定义为：

①给定轨迹子段 L_i 的数据空间 $D(L_i \in D)$，L_i 的邻域由所有与其空间距离不超过 ε 的轨迹构成，具体定义为：

$$N\varepsilon(L_i) = \{L_j \in D \mid D_{\text{dist}}(L_i, L_j) \leqslant \varepsilon\} \tag{4-21}$$

②给定轨迹子段 L_i 的数据空间 $D(L_i \in D)$，L_i 为核心轨迹的条件为：关于 ε 和 Min$L$ns 满足式(4-22)，即：

$$| N\varepsilon(L_i) | \geqslant \text{Min}L\text{ns} \tag{4-22}$$

③给定轨迹子段 L_i 的数据空间 $D(L_i \in D)$，如果 L_i 在 L_j 的 ε 邻域范围内且满足式(4-21)和式(4-22)，则称轨迹 L_i 为 L_j 直接密度可达；

④给定轨迹子段 L_i 的数据空间 $D(L_i \in D)$，如果存在 $L_1, L_2, L_3, \cdots, L_i, \cdots, L_n (1 \leqslant i \leqslant n)$，使得所有 L_i+1 从 L_i 出发都是关于 ε 和 Min$L$ns 直接密度可达的，则称 L_n 为 L_i 密度可达；

⑤给定轨迹子段 L_i 和 L_j 的数据空间 $D(L_i, L_j \in D)$，如果存在 $L_k \in D$ 使得 L_i、L_j 从 L_k 出发都是关于 ε 和 Min*L*ns 密度可达的，则称 L_i 和 L_j 为密度相连。

(5)典型运动轨迹的获取

经过上述计算后，将不同的轨迹段归入相应的簇中，并对簇中所有的轨迹段位置（即经度和纬度）、航向、航速取平均值，此时即可获得船舶典型运动轨迹。

4.2.3.3　实例研究

1)厦门港主航道轨迹聚类

挂靠厦门港的船舶主要为1万TEU左右的集装箱船。为方便研究，以最靠近主航道的嵩屿港集装箱码头为研究对象对船舶轨迹进行聚类，选取2013年6月1日至4日的数据。根据条件并滤除错误数据，可从数据库中找到符合上述条件的有效船舶AIS数据13603条，经轨迹划分，获得222段轨迹子段。进行多次试验后发现，当 ε=0.002n mile，密度阈值为 Min*L*ns=4 时，能获得较理想的数据结果。试验结果表明：获取的船舶典型运动轨迹与目前厦门的航道设置相统一，试验结果可信。

2)闽台直航船舶轨迹聚类

与厦门港不同，目前闽台直航船舶还未在台湾海峡设立浮标及相应航道，从中获取的轨迹相似段对未来的研究具有重要意义。这里将“中远之星”作为主要研究对象，根据条件并滤除错误数据，可从数据库中得到符合上述条件的有效船舶AIS数据136347条，经轨迹划分后，获得2103段轨迹子段。进行多次试验后发现，当 ε=0.003n mile，密度阈值为 Min*L*ns=3 时，能获得较理想的数据结果。

基于AIS数据，通过对船舶轨迹段进行聚类，获得了船舶典型的运动模型，并以厦门港主航道的集装箱船和闽台直航船“中远之星”为实例进行了相应研究。该研究仅获取了船舶典型运动模型，如何利用此结果进行船舶异常行为研究将是下一步的主要研究方向。

4.3　雷达回波信息处理技术

雷达不受天气条件的影响，能够实时测出运动目标的距离和方位，因而被广泛应用于船舶的定位、导航和避碰，成为现代化船舶必不可少的导航设备。雷达目标跟踪滤波的实质就是根据雷达录取设备提供的目标点迹参数来建立或更新已有的航迹，并外推下一次天线扫描周期目标出现的位置，即用已知点迹来预测目标的未来位置，并用实际雷达测量值对预测值进行修正。对目标航迹的滤波和外推是整个雷达系统的关键。传统的海事雷达常采用 α-β 滤波算法来跟踪船舶运动，在船舶机动简单时，较好地为船舶安全行驶提供了保障。但随着航运业的快速发展，船舶行驶环境变得日趋复杂，船舶的机动可能性越来越大，α-β 滤波算法已不能为雷达提供可靠而精确的目标跟踪，当前卡尔曼滤波以其良好的跟踪性能已取代了 α-β 滤波为船用雷达提供目标跟踪服务。

卡尔曼滤波理论是R. E. Kalman于1960年提出来的，它的出现标志着现代最优估计理论的建立。卡尔曼滤波是一种时域方法，对于具有高斯分布噪声的线性系统，可得到系统状态的递推最小方差估计(Recursive Minimum Mean-Square Estimation，RMMSE)，它具有如下特点：

(1)算法采用递推计算，且使用状态空间法在时域内设计滤波器，所以卡尔曼滤波适用于对多维随机过程的估计。

(2)采用动力学方程即状态方程描述被估计量的动态变化规律,被估计量的动态统计信息由激励白噪声的统计信息和动力学方程确定。由于激励白噪声是平稳过程,动力学方程已知,所以被估计量既可以是平稳的,也可以是非平稳的,即卡尔曼滤波也适用于非平稳过程。

(3)卡尔曼滤波具有连续型和离散型两类算法,离散型算法可直接在计算机上实现。

4.3.1 离散系统的卡尔曼滤波方程

设随机线性离散系统的状态方程和量测方程分别为

$$\boldsymbol{X}_k = \boldsymbol{\Phi}_{k,k-1}\boldsymbol{X}_{k-1} + \boldsymbol{\Gamma}_{k-1}\boldsymbol{W}_{k-1} \tag{4-23a}$$

$$\boldsymbol{Z}_k = \boldsymbol{H}_k\boldsymbol{X}_k + \boldsymbol{V}_k \tag{4-23b}$$

其中,$\boldsymbol{X}_k$ 为 k 时刻系统的状态变量,即被估计量;$\boldsymbol{Z}_k$ 为 k 时刻系统的量测向量;$\boldsymbol{\Phi}_{k,k-1}$ 为 $k-1$ 时刻至 k 时刻系统的一步状态转移矩阵;$\boldsymbol{W}_{k-1}$ 为 $k-1$ 时刻系统的激励噪声向量;$\boldsymbol{\Gamma}_{k-1}$ 为 $k-1$ 时刻系统的噪声驱动矩阵;$\boldsymbol{H}_k$ 为 k 时刻系统的量测矩阵;$\boldsymbol{V}_k$ 为 k 时刻系统的量测噪声向量。

同时,系统的激励噪声和量测噪声满足以下统计特性

$$\left.\begin{aligned} E[\boldsymbol{W}_k] = 0, \quad \mathrm{cov}[\boldsymbol{W}_k,\boldsymbol{W}_j] = E[\boldsymbol{W}_k\boldsymbol{W}_j^{\mathrm{T}}] = \boldsymbol{Q}_k\delta_{kj} \\ E[\boldsymbol{V}_k] = 0, \quad \mathrm{cov}[\boldsymbol{V}_k,\boldsymbol{V}_j] = E[\boldsymbol{V}_k\boldsymbol{V}_j^{\mathrm{T}}] = \boldsymbol{R}_k\delta_{kj} \\ \mathrm{cov}[\boldsymbol{W}_k,\boldsymbol{V}_j] = E[\boldsymbol{W}_k\boldsymbol{V}_j^{\mathrm{T}}] = 0 \end{aligned}\right\} \tag{4-24a}$$

式中,$\boldsymbol{Q}_k$ 为系统激励噪声向量的非负定方差阵,$\boldsymbol{R}_k$ 为系统量测噪声向量的正定方差阵,δ_{kj} 是 Kronecker δ 函数,即

$$\delta_{kj} = \begin{cases} 0 & (k \neq j) \\ 1 & (k = j) \end{cases} \tag{4-24b}$$

如果被估计状态 $\boldsymbol{X}_k$ 和对 $\boldsymbol{X}_k$ 的量测量 $\boldsymbol{Z}_k$ 满足式(4-23),系统的激励噪声和量测噪声满足式(4-24),则 k 时刻 $\boldsymbol{X}_k$ 的估计 $\hat{\boldsymbol{X}}_k$ 按下述方程求解。

状态一步预测方程

$$\hat{\boldsymbol{X}}_{k/(k-1)} = \boldsymbol{\Phi}_{k,(k-1)}\hat{\boldsymbol{X}}_{k-1} \tag{4-25a}$$

状态估计方程

$$\hat{\boldsymbol{X}}_k = \hat{\boldsymbol{X}}_{k/(k-1)} + \boldsymbol{K}_k(\boldsymbol{Z}_k - \boldsymbol{H}_k\hat{\boldsymbol{X}}_{k/(k-1)}) \tag{4-25b}$$

滤波增益方程

$$\boldsymbol{K}_k = \boldsymbol{P}_{k/(k-1)}\boldsymbol{H}_k^{\mathrm{T}}(\boldsymbol{H}_k\boldsymbol{P}_{k/(k-1)}\boldsymbol{H}_k^{\mathrm{T}} + \boldsymbol{R}_k)^{-1} \tag{4-25c}$$

或

$$\boldsymbol{K}_k = \boldsymbol{P}_k\boldsymbol{H}_k^{\mathrm{T}}\boldsymbol{R}_k^{-1} \tag{4-25c$'$}$$

进一步预测均方误差方程

$$\boldsymbol{P}_{k/(k-1)} = \boldsymbol{\Phi}_{k,k-1}\boldsymbol{P}_{k-1}\boldsymbol{\Phi}_{k,k-1}^{\mathrm{T}} + \boldsymbol{\Gamma}_{k-1}\boldsymbol{Q}_{k-1}\boldsymbol{\Gamma}_{k-1}^{\mathrm{T}} \tag{4-25d}$$

估计均方误差方程

$$\boldsymbol{P}_k = (\boldsymbol{I} - \boldsymbol{K}_k\boldsymbol{H}_k)\boldsymbol{P}_{k/(k-1)}(\boldsymbol{I} - \boldsymbol{K}_k\boldsymbol{H}_k)^{\mathrm{T}} + \boldsymbol{K}_k\boldsymbol{R}_k\boldsymbol{K}_k^{\mathrm{T}} \tag{4-25e}$$

或

$$\boldsymbol{P}_k = (\boldsymbol{I} - \boldsymbol{K}_k\boldsymbol{H}_k)\boldsymbol{P}_{k/(k-1)} \tag{4-25e'}$$

或

$$\boldsymbol{P}_k^{-1} = \boldsymbol{P}_{k/(k-1)}^{-1} + \boldsymbol{H}_k^{\mathrm{T}}\boldsymbol{R}_k^{-1}\boldsymbol{H}_k \tag{4-25e''}$$

式(4-25)即为离散型卡尔曼滤波基本方程，只要给定初值 $\hat{\boldsymbol{X}}_0$ 和 $\boldsymbol{P}_0$，根据 k 时刻的量测 $\boldsymbol{Z}_k$，就可递推计算出 k 时刻的状态估计 $\hat{\boldsymbol{X}}_k(k=1,2,\cdots)$。

在一个滤波周期内，从卡尔曼滤波在使用系统信息和量测信息的先后次序来看，卡尔曼滤波具有两个明显的信息更新过程，即时间更新过程和量测更新过程。式(4-25a)说明了根据 $k-1$ 时刻的状态估计预测 k 时刻状态估计的方法，式(4-25d)对这种预测的质量优劣做了定量描述，这两个式子的计算仅使用了与系统动态特性有关的信息，如一步转移阵、激励噪声驱动阵以及激励噪声的方差阵等；从时间的推移过程来看，这两个式子将时间从 $k-1$ 时刻推进到 k 时刻，所以他们描述的是卡尔曼滤波的时间更新过程。式(4-25)的其余诸式用来计算对时间更新值的修正量，这些修正量由时间更新的质量优劣($\boldsymbol{P}_{k/(k-1)}$)、量测信息的质量优劣($\boldsymbol{R}_k$)、量测与状态的关系($\boldsymbol{H}_k$)以及具体的量测值 $\boldsymbol{Z}_k$ 所确定，所有这些式子均围绕一个目的，即正确合理地利用量测 $\boldsymbol{Z}_k$，所以描述的是卡尔曼滤波的量测更新过程。

4.3.2　连续系统的离散化

式(4-25)所示的卡尔曼滤波基本方程只适用于系统方程和量测方程都是离散型的情况，如式(4-23)和式(4-24)所示。但实际的物理系统一般都是连续的，动力学特性用连续微分方程描述。所以对连续系统，在使用卡尔曼滤波基本方程之前，必须对系统作离散化处理。

设描述物理系统动力学特性的系统方程为

$$\dot{\boldsymbol{X}}(t) = \boldsymbol{F}(t)\boldsymbol{X}(t) + \boldsymbol{G}(t)\boldsymbol{w}(t) \tag{4-26}$$

其中系统的驱动源 $\boldsymbol{w}(t)$ 为白噪声过程，即满足

$$E[\boldsymbol{w}(t)] = 0,\quad E[\boldsymbol{w}(t)\boldsymbol{w}^{\mathrm{T}}(\tau)] = \boldsymbol{q}\delta(t-\tau)$$

这里，$\boldsymbol{q}$ 为 $\boldsymbol{w}(t)$ 的方差强度矩阵。则连续系统的离散化处理实质上就是根据连续系统的系统矩阵 $\boldsymbol{F}(t)$ 和激励白噪声过程 $\boldsymbol{w}(t)$ 的方差阵 $\boldsymbol{q}(t)$，计算出其对应离散系统系统的一步转移矩阵 $\boldsymbol{\Phi}(t_{k+1},t_k)$ 和等效激励噪声方差阵 $\boldsymbol{Q}_k$。

根据线性系统理论，系统方程的离散化形式为

$$\boldsymbol{X}(t_{k+1}) = \boldsymbol{\Phi}(t_{k+1},t_k)\boldsymbol{X}(t_k) + \int_{t_k}^{t_{k+1}}\boldsymbol{\Phi}(t_{k+1},\tau)\boldsymbol{G}(\tau)\boldsymbol{w}(\tau)\mathrm{d}\tau \tag{4-27}$$

令 $\boldsymbol{W}_k = \int_{t_k}^{t_{k+1}}\boldsymbol{\Phi}(t_{k+1},\tau)\boldsymbol{G}(\tau)\boldsymbol{w}(\tau)\mathrm{d}\tau$，则式(4-27)可写成

$$\boldsymbol{X}(t_{k+1}) = \boldsymbol{\Phi}(t_{k+1},t_k)\boldsymbol{X}(t_k) + \boldsymbol{W}_k \tag{4-28a}$$

式中，$\boldsymbol{W}_k$ 满足以下关系

$$E[\boldsymbol{W}_k] = 0,\quad E[\boldsymbol{W}_k\boldsymbol{W}_j^{\mathrm{T}}] = \boldsymbol{Q}_k\delta_{kj} \tag{4-28b}$$

其中，$\boldsymbol{Q}_k = \int_{t_k}^{t_{k+1}}\boldsymbol{\Phi}(t_{k+1},t_k)\boldsymbol{G}(t)\boldsymbol{q}\boldsymbol{G}^{\mathrm{T}}(t)\boldsymbol{\Phi}^{\mathrm{T}}(t_{k+1},t_k)\mathrm{d}t$

当滤波周期 $T(T=t_{k+1}-t_k)$ 较短时，$\boldsymbol{F}(t)$、$\boldsymbol{G}(t)$ 可近似看作常阵，即

$$\begin{aligned}&\boldsymbol{F}(t) \approx \boldsymbol{F}(t_k) = \boldsymbol{F}_k(t_k \leqslant t < t_{k+1})\\&\boldsymbol{G}(t) \approx \boldsymbol{G}(t_k) = \boldsymbol{G}_k(t_k \leqslant t < t_{k+1})\end{aligned} \tag{4-29a}$$

令 $\boldsymbol{\Phi}_{k+1,k}=\boldsymbol{\Phi}(t_{k+1},t_k)$，则有

$$\boldsymbol{\Phi}_{k+1,k}=\boldsymbol{I}+T\boldsymbol{F}_k+\frac{T^2}{2!}\boldsymbol{F}_k^2+\frac{T^3}{3!}\boldsymbol{F}_k^3+\cdots \tag{4-29b}$$

又令 $\bar{\boldsymbol{Q}}=\boldsymbol{G}_k\boldsymbol{q}\boldsymbol{G}_k^{\mathrm{T}}$，则可得到连续系统激励噪声方差阵的等效离散化形式为

$$\boldsymbol{Q}_k=T\bar{\boldsymbol{Q}}+\frac{T^2}{2!}(\bar{\boldsymbol{Q}}\boldsymbol{F}_k^{\mathrm{T}}+\boldsymbol{F}_k\bar{\boldsymbol{Q}})+\frac{T^3}{3!}(\bar{\boldsymbol{Q}}\boldsymbol{F}_k{}^{2\mathrm{T}}+\boldsymbol{F}_k{}^2\bar{\boldsymbol{Q}}+2\boldsymbol{F}_k\bar{\boldsymbol{Q}}\boldsymbol{F}_k^{\mathrm{T}})+\cdots \tag{4-30}$$

如果滤波周期较长，且系统矩阵 $\boldsymbol{F}(t)$ 随时间变化较剧烈，而 $\boldsymbol{F}(t)$ 在一个滤波周期内能得到 N 个采样值，则计算连续系统一步转移矩阵和等效离散系统的激励噪声矩阵时可利用到这些采样值，以简化算法。

设在滤波周期 $[t_k,t_{k+1})$ 内每隔 $\Delta T=\dfrac{T}{N}$ 就能得到系统矩阵的采样值 $\boldsymbol{F}(t_k+i\Delta T)$，记 $\boldsymbol{F}_k(i)=\boldsymbol{F}(t_k+i\Delta T)(i=0,1,2,\cdots,N-1)$，则 $t_{k+1}=t_k+N\Delta T$，并且一步转移矩阵 $\boldsymbol{\Phi}_{k+1,k}$ 和等效离散系统噪声矩阵 $\boldsymbol{Q}_k$ 可按如下式子计算

$$\boldsymbol{\Phi}_{k+1,k}=\boldsymbol{I}+\Delta T\sum_{i=0}^{N-1}\boldsymbol{F}_k(i)\quad(i=0,1,2,\cdots,N-1) \tag{4-31}$$

$$\boldsymbol{Q}_k=T\bar{\boldsymbol{Q}}+\Delta T^2\left\{\left[\sum_{i=0}^{N-1}\left(i+\frac{1}{2}\right)\boldsymbol{F}_k(i)\right]\bar{\boldsymbol{Q}}+\bar{\boldsymbol{Q}}\left[\sum_{i=0}^{N-1}\left(i+\frac{1}{2}\right)\boldsymbol{F}_k{}^{\mathrm{T}}(i)\right]\right\}(i=0,1,2,\cdots,N-1) \tag{4-32}$$

考察式(4-31)式和式(4-32)可看出，计算一步转移阵 $\boldsymbol{\Phi}_{k+1,k}$ 所需的矩阵运算仅需 N 步矩阵求和，计算等效离散系统噪声矩阵 $\boldsymbol{Q}_k$ 所需的矩阵运算为作 N 步矩阵求和后作一步矩阵相乘，与式(4-29)相比计算量大为减少，这对工程实现十分有利。此外，与式(4-29)和式(4-30)仅用到 t_k 时刻系统的动态信息相比，简化算法中利用了$[t_k,t_{k+1})$内 N 次采样获得的系统动态信息，这在一定程度上弥补了级数过早截断引起的精度损失。

4.3.3 非线性系统 EKF 算法

以上所讨论的卡尔曼滤波问题都是假设动力学的数学模型是线性的。但是，工程实践中所遇到的物理系统数学模型往往是非线性的，即系统方程是非线性的，或系统方程和量测方程均是非线性的，所以对非线性系统的滤波问题也必须加以考虑。

对非线性系统进行卡尔曼滤波，必须首先对非线性的状态方程和量测方程进行线性化。目前，有两种线性化的方法比较常用，一种方法是围绕系统标称状态进行线性化，这种方法通常被称为线性化卡尔曼滤波；另一种方法则是按系统的最优状态值进行线性化，这种方法就是所谓的扩展卡尔曼滤波(EKF)。

设有非线性连续系统表示为如下形式：

$$\boldsymbol{X}(t)=\boldsymbol{f}[\boldsymbol{X}(t),t]+\boldsymbol{G}(t)\boldsymbol{w}(t) \tag{4-33}$$

$$\boldsymbol{Z}(t)=\boldsymbol{h}[\boldsymbol{X}(t),t]+\boldsymbol{v}(t) \tag{4-34}$$

其中，$\boldsymbol{w}(t)$ 和 $\boldsymbol{v}(t)$ 均是彼此不相关的零均值白噪声序列，它们与初始状态 $\boldsymbol{X}(0)$ 也不相关。

假设已得到 t 时刻的最优估计状态值 $\hat{\boldsymbol{X}}(t)$，那么可围绕最优估计状态值 $\hat{\boldsymbol{X}}(t)$ 将式(4-33)和式(4-34)展开成泰勒级数，并且取一阶近似值，得：

$$\dot{\boldsymbol{X}}(t) = \boldsymbol{f}[\boldsymbol{X}(t),t]\big|_{X(t)=\hat{X}(t)} + \left.\frac{\partial \boldsymbol{f}[\boldsymbol{X}(t),t]}{\partial \boldsymbol{X}(t)}\right|_{X(t)=\hat{X}(t)} \cdot \delta\dot{\boldsymbol{X}}(t) + \boldsymbol{G}(t)\boldsymbol{w}(t) \tag{4-35}$$

$$\boldsymbol{Z}(t) = \boldsymbol{h}[\boldsymbol{X}(t),t]\big|_{X(t)=\hat{X}(t)} + \left.\frac{\partial \boldsymbol{h}[\boldsymbol{X}(t),t]}{\partial \boldsymbol{X}(t)}\right|_{X(t)=\hat{X}(t)} \cdot \delta\boldsymbol{X}(t) + \boldsymbol{v}(t) \tag{4-36}$$

式中，$\delta\boldsymbol{X}(t)=\boldsymbol{X}(t)-\hat{\boldsymbol{X}}(t)$，为状态偏差。

考虑到标称状态最优估计值：

$$\dot{\hat{\boldsymbol{X}}}^n(t) = \boldsymbol{f}[\boldsymbol{X}(t),t]\big|_{X(t)=\hat{X}(t)} \tag{4-37}$$

$$\hat{\boldsymbol{Z}}^n(t) = \boldsymbol{h}[\boldsymbol{X}(t),t]\big|_{X(t)=\hat{X}(t)} \tag{4-38}$$

则式(4-35)和式(4-36)可改写为：

$$\delta\dot{\boldsymbol{X}}(t) = \boldsymbol{F}(t)\delta\dot{\boldsymbol{X}}(t) + \boldsymbol{G}(t)\boldsymbol{w}(t) \tag{4-39}$$

$$\delta\boldsymbol{Z}(t) = \boldsymbol{H}(t)\delta\boldsymbol{X}(t) + \boldsymbol{v}(t) \tag{4-40}$$

式中，

$$\boldsymbol{F}(t) = \left.\frac{\partial \boldsymbol{f}[\boldsymbol{X}(t),t]}{\partial \boldsymbol{X}(t)}\right|_{X(t)=\hat{X}(t)}$$

$$= \begin{bmatrix} \frac{\partial f_1[X(t),t]}{\partial x_1(t)} & \frac{\partial f_1[X(t),t]}{\partial x_2(t)} & \cdots & \frac{\partial f_1[X(t),t]}{\partial x_n(t)} \\ \frac{\partial f_2[X(t),t]}{\partial x_1(t)} & \frac{\partial f_2[X(t),t]}{\partial x_2(t)} & \cdots & \frac{\partial f_2[X(t),t]}{\partial x_n(t)} \\ \vdots & \vdots & & \vdots \\ \frac{\partial f_n[X(t),t]}{\partial x_1(t)} & \frac{\partial f_n[X(t),t]}{\partial x_2(t)} & \cdots & \frac{\partial f_n[X(t),t]}{\partial x_n(t)} \end{bmatrix} \tag{4-41}$$

$$\boldsymbol{H}(t) = \left.\frac{\partial \boldsymbol{h}[\boldsymbol{X}(t),t]}{\partial \boldsymbol{X}(t)}\right|_{X(t)=\hat{X}(t)}$$

$$= \begin{bmatrix} \frac{\partial h_1[X(t),t]}{\partial x_1(t)} & \frac{\partial h_1[X(t),t]}{\partial x_2(t)} & \cdots & \frac{\partial h_1[X(t),t]}{\partial x_n(t)} \\ \frac{\partial h_2[X(t),t]}{\partial x_1(t)} & \frac{\partial h_2[X(t),t]}{\partial x_2(t)} & \cdots & \frac{\partial h_2[X(t),t]}{\partial x_n(t)} \\ \vdots & \vdots & & \vdots \\ \frac{\partial h_n[X(t),t]}{\partial x_1(t)} & \frac{\partial h_n[X(t),t]}{\partial x_2(t)} & \cdots & \frac{\partial h_n[X(t),t]}{\partial x_n(t)} \end{bmatrix} \tag{4-42}$$

称 $\boldsymbol{F}(t)$和 $\boldsymbol{H}(t)$矩阵为“雅可比矩阵”。式(4-39)和式(4-40)就是式(4-37)和式(4-38)经线性化后得到的“线性干扰方程”。

对式(4-39)和式(4-40)分别进行离散化，仿照线性卡尔曼滤波基本方程，就不难导出偏差 $\delta\boldsymbol{X}_k$ 的卡尔曼滤波基本方程。由于在每一次递推计算下一时刻的状态最优估计值 $\hat{\boldsymbol{X}}_k$ 和标称状态最优估计值 $\hat{\boldsymbol{X}}_k^n$ 时，其初始状态值均采用状态最优估计的初始值，所以，初始时刻的状态偏差最优估计 $\delta\hat{\boldsymbol{X}}_{k-1}$ 恒等于零，即：

$$\delta\hat{\boldsymbol{X}}_{k-1} = \hat{\boldsymbol{X}}_{k-1} - \hat{\boldsymbol{X}}_{k-1}^n = 0 \tag{4-43}$$

从而使状态偏差的一步预测值：

$$\delta\hat{\boldsymbol{X}}_{k/(k-1)} = 0 \tag{4-44}$$

将式(4-44)代入式(4-43)，可得到离散型非线性 EKF 滤波方程为：

$$\hat{\boldsymbol{X}}_{k/(k-1)} = \hat{\boldsymbol{X}}_k^n = \hat{\boldsymbol{X}}_{k-1} + T \cdot \boldsymbol{f}(\hat{\boldsymbol{X}}_{k-1}, t_{k-1}) \tag{4-45a}$$

$$\hat{\boldsymbol{X}}_k = \hat{\boldsymbol{X}}_{k/(k-1)} + \delta\hat{\boldsymbol{X}}_k \tag{4-45b}$$

$$\delta\hat{\boldsymbol{X}}_k = \boldsymbol{K}_k[\boldsymbol{Z}_k - \boldsymbol{h}(\hat{\boldsymbol{X}}_{k/(k-1)}, k)] \tag{4-45c}$$

$$\boldsymbol{K}_k = \boldsymbol{P}_{k/(k-1)}\boldsymbol{H}_k^{\mathrm{T}}(\boldsymbol{H}_k\boldsymbol{P}_{k/(k-1)}\boldsymbol{H}_k^{\mathrm{T}} + \boldsymbol{R}_k)^{-1} \tag{4-45d}$$

$$\boldsymbol{P}_{k/(k-1)} = \boldsymbol{\Phi}_{k,k-1}\boldsymbol{P}_{k-1}\boldsymbol{\Phi}_{k,k-1}^{\mathrm{T}} + \boldsymbol{Q}_{k-1} \tag{4-45e}$$

$$\boldsymbol{P}_k = (\boldsymbol{I} - \boldsymbol{K}_k\boldsymbol{H}_k)\boldsymbol{P}_{k/(k-1)}(\boldsymbol{I} - \boldsymbol{K}_k\boldsymbol{H}_k)^{\mathrm{T}} + \boldsymbol{K}_k\boldsymbol{R}_k\boldsymbol{K}_k^{\mathrm{T}} \tag{4-45f}$$

初始条件为：

$$\hat{X}_0 = E[X_0] = m_{x_0}, P_0 = C_{x_0}$$

4.3.4 基于卡尔曼滤波的雷达目标跟踪模型

观测目标位置的相继变化以建立其运动的过程，称为 ARPA 的自动跟踪。从上节目标录取所得到的目标坐标数据是孤立的、离散的。接着要利用目标运动的相关特性，将这些离散的点迹数据连成航迹，并判明目标运动的规律，这就是目标跟踪。

ARPA 对目标的自动跟踪是采用天线边扫描边跟踪的方式。从每次天线扫描所获得的目标回波信息中，选择和识别出同一目标的位置数据。为此先预测目标在下一次天线扫到时的位置并与实测值比较，同时进行位置差修正。为了进行跟踪，可在预测位置设置一个跟踪窗，使其按一定的预测速度移动。跟踪窗尺寸应保证在下一次采样到来时，预测与实测位置差小于跟踪窗的尺寸，从而保证连续跟踪。

ARPA 实现对目标的自动跟踪采用 α-β 跟踪滤波器。α-β 跟踪滤波器是卡尔曼滤波器的简化形式，由于它简单可靠并且容易实现，因而为目前 ARPA 所普遍采用。

考虑到雷达测量误差和目标的机动都具有随机的性质，ARPA 在实际跟踪中，必须通过对一系列带有误差的实测数据进行处理，以尽可能排除误差，找出所期望的估计值，这就是“滤波”方法。

接下来我们以 α-β 跟踪滤波器为例来介绍 ARPA 实现自动跟踪目标的过程。

α-β 跟踪滤波器可用下列方程组表示：

$$\left.\begin{aligned} \bar{x}(n) &= x_p(n) + \alpha[x(n) - x_p(n)] \\ \bar{\dot{x}}(n) &= \bar{\dot{x}}(n-1) + \frac{\beta}{T}[x(n) - x_p(n)] \\ x_p(n+1) &= \bar{x}(n) + \bar{\dot{x}}(n)\cdot T \end{aligned}\right\} \tag{4-46}$$

式中 n——采样序数；

T——采样周期（常取天线扫描的周期）；

$x(n)$ ——第 n 次采样实测位置；

$x_p(n)$ ——第 n 次采样预测位置；

$\bar{x}(n)$ ——第 n 次采样平滑位置；

$\bar{\dot{x}}(n)$ ——第 n 次采样平滑速度；

α——位置平滑（修正）系数；

β——速度平滑（修正）系数。

跟踪程序即按式(4-46)进行设计。跟踪过程的示意图如图 4-21 所示。

从图 4-21 可见，第 n 次采样预测位置 $x_p(n)$是从第 $n-1$ 次平滑位置 $x(n-1)$，以第 $n-1$ 次的平滑速度$\bar{\dot{x}}(n-1)$平滑而得到；第 n 次雷达实测位置为 $x(n)$；第 n 次平滑位置$\bar{x}(n)$是

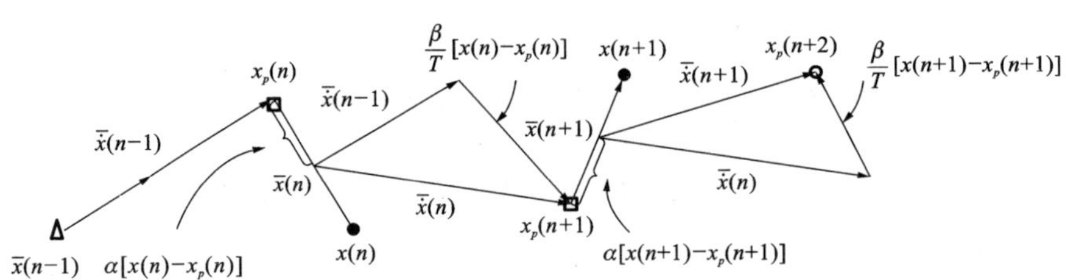

图 4-21　α-β 跟踪滤波器跟踪示意图

从 $x_p(n)$经位置平滑系数 α 修正而得到的,修正量为 $\alpha[x(n)-x_p(n)]$;第 n 次平滑速度$\bar{\dot{x}}(n)$是从$\bar{x}(n)$开始,以第 $n-1$ 次平滑速度$\bar{\dot{x}}(n-1)$经速度平滑系数 β 修正而得到的,修正量为$\frac{\beta}{T}[x(n)-x_p(n)]$。第 n 次到第 $n+1$ 次及以后的情况类同。

从图 4-21 可看出,在跟踪过程中,随着采样序数的增加,预测与实测的位置差越来越小,位置及速度大的修正量也逐次减少,最终使预测与实测的位置差基本一致而进入稳定跟踪状态,从而达到自动跟踪目标的目的。

可见,α-β 跟踪滤波器的跟踪过程就是根据目标实测位置及由计算得到的目标速度和方向数据,计算目标的预测位置、平滑位置及平滑速度。置跟踪波门的中心于预测位置(x_p,y_p),于是目标在移动时,随着天线扫描,跟踪波门也跟着变化位置,但这种变化是跳跃式的。因为跟踪波门中心始终与预测位置一致,当进入稳定跟踪后,实测与预测位置趋于一致,所以,跟踪波门中心移动的轨迹也就是目标的运动航迹。

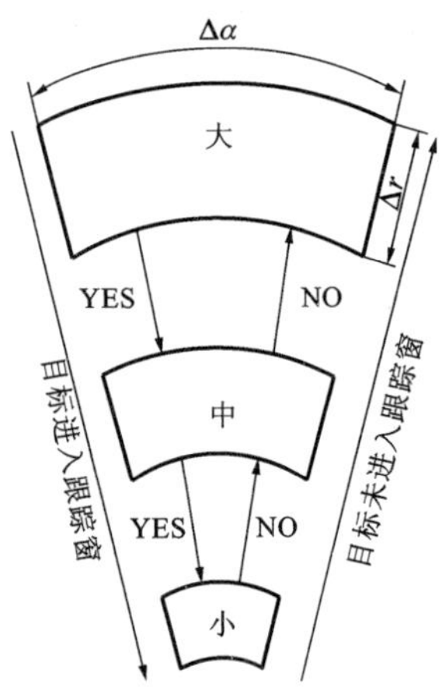

图 4-22　跟踪窗尺寸的变化

跟踪窗是一个扇形窗,其常规录取尺寸为:径向窗深 Δr 为量程的 8.5%,窗宽 $\Delta\alpha$ 为 10 个方位量化单元。

跟踪窗小,跟踪精度高,跟踪分辨力高,但不易跟踪上,跟踪过程中容易丢失目标。

因此,有的 ARPA 采用跟踪尺寸连续可变或大、中、小三种尺寸。随着跟踪过程,窗尺寸由大到小变化,如图 4-22 所示。

通常,在录取时,用大波门;在建立跟踪过程中,用中波门;进入稳定跟踪后,用小波门。尺寸连续可变的跟踪窗,其尺寸一般随目标尺寸变化,一旦进入稳定跟踪,窗尺寸与目标亮点大小一致,形成窗楣。在稳定跟踪过程中,目标因发生机动或其他原因未进入小波门,则自动改用中波门。若能恢复跟踪,则再改用小波门;若未能恢复跟踪,则改用大波门。待进入跟踪后,再改用中波门、小波门。若在大波门情况下,对连续 10 次天线扫描,有 5 次或 5 次以上在跟踪波门中找到目标,继续保持跟踪;否则 ARPA 判定该目标已丢失,并发出目标丢失报警。

4.4　信息传输技术

4.4.1　数据通信传输技术

4.4.1.1　数据通信的基础知识

数据:信息的载体、表现形式,数值、文本、话音、图形和图像等,分为模拟数据和数字数据。

信号:数据是通过物理信号进行传输的,用其特征参数表示数据。根据信号物理参量基本特征的不同,可分为模拟信号和数字信号,参见图 4-23。

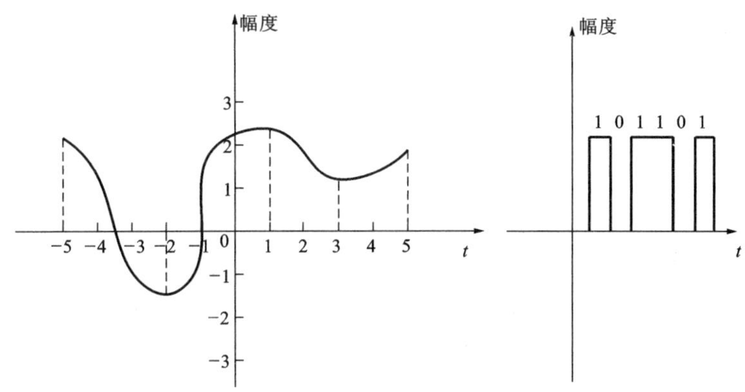

图 4-23　模拟信号与数字信号

(1)模拟信号:电话、传真、电视信号等。

模拟信号——随时间连续变化的电流、电压或电磁波;幅度取值是连续的。

(2)数字信号:电报信号、数据信号等。

数字信号——一系列离散的电脉冲;幅度取值是离散的。

信道:传送信号的介质。

1)波特率与比特率

码元:时间轴上一个信号的编码单元。参见图 4-24。

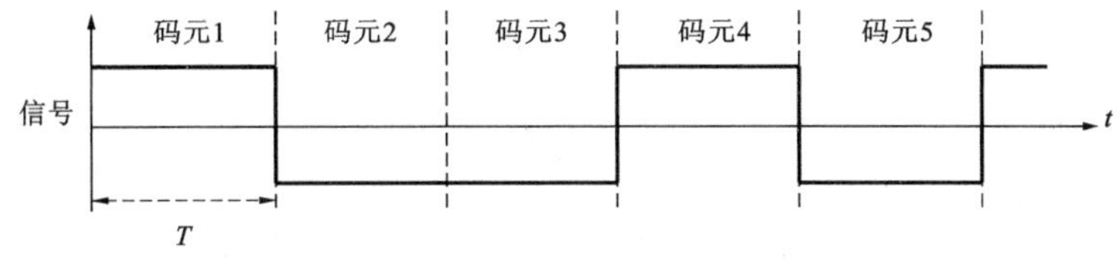

图 4-24　码元示意图

波特率又称信号传输速率 B:编码后传输信号在信道上的传输速率,每秒钟传输信号变化的次数,单位为波特(baud)。

$$B = 1/T \tag{4-47}$$

式中,T 为信号码元的宽度,单位为 s。

比特率又称数据传输速率 R:每秒传输的数据(编码前的数字数据)的二进制位数,单位为 b/s，或 bps。

$$R = (1/T) \times \log_2 N \tag{4-48}$$

式中，T 为一个码元信号的宽度，单位为 s；N 为对一个码元编码采样的离散值的个数；$\log_2 N$ 为每个码元的 bit 数，也称数据传输速率。

由式(4-47)、式(4-48)得：

$$R = B\log_2 N \tag{4-49}$$

或

$$B = R/\log_2 N \tag{4-50}$$

【例 4-5】 采用四相调制方式，即 $N=4$，且一个数字脉冲信号的宽度 $T=833\times10^{-6}$s，则：

(1)$f=1/(833\times10^{-6})=1200$Hz

(2)$R=1/T\times\log_2 N=1/(833\times10^{-6})\times\log_2 4=2400$bps

(3)$B=1/T=1/(833\times10^{-6})=1200$Baud

2)信道容量(信道最大数据传输速率)

信道容量：一个信道的最大数据传输速率，单位：位/秒(bps)。

信道容量与数据传输速率的区别：信道容量表示信道的最大数据传输速率，是信道传输数据能力的极限；数据传输速率是实际的数据传输速率。像公路上的最大限速与汽车实际速度的关系一样。影响信道容量的主要因素是噪声。

(1)无噪声下的信道容量(奈奎斯特定理)

奈奎斯特证明，无噪声下的信道的最大信号传输速率 R_{max} 与信道带宽 B 的关系，可见下式：

$$R_{max} = 2B\log_2 N \tag{4-51}$$

式中，B 为信道的带宽，单位为 Hz；N 为对一个码元采样的离散值个数。

说明在无噪声的理想条件下，信道的容量与采样率成正比。

【例 4-6】 普通电话线路带宽约 3kHz，若码元抽样的离散值个数 $N=16$，则最大数据传输速率：

$$R_{max} = 2\times3\times\log_2 16 = 24\text{kbps}。$$

(2)有噪声下的信道容量(香农定理)

香农证明，对于带宽为 B，信噪比为 S/N 的有噪声信道，其最大数据传输率 R_{max} 为

$$R_{max} = B\log_2(1+S/N) \tag{4-52}$$

式中，S/N 为信号功率与噪声功率的比，称为信噪比(Signal-to-Noise Ratio)。

我们一般使用数值 $10\log_{10}(S/N)$——分贝(dB)来表示信噪比。

【例 4-7】 已知信噪比为 30dB，带宽为 3kHz，求信道的最大数据传输速率。

$$\because 10\log_{10}(S/N) = 30 \qquad \therefore S/N = 10^{(30/10)} = 1000$$

$$\therefore R_{max} = 3\times\log_2(1+1000) \approx 30\text{kbps}$$

奈奎斯特公式和香农公式的比较：

$C=2B\log_2$N 用于理想信道。

数据传输率随信号采样的离散值个数增加而增加。

$C=B\log_2(1+S/N)$用于有噪声信道(实际的信道总是有噪声的)。

无论信号采样的离散值个数增加到多少，此公式给出了有噪声信道可能达到的最大数据传输速率上限。

原因：噪声的存在将使采样的离散值个数不可能无限增加。

4.4.1.2 传输介质

1)物理层的基本概念

任务：在两个具有物理介质相连的接点间传送比特流。

协议(标准)：规定了物理接口的各种特性。

机械特性：物理连接器的尺寸、形状、规格。

电气特性：信号的表示方式，脉冲宽度和频率，数据传送速率，最大传输距离等。

功能特性：接口引(线)脚的功能和作用。

过程特性：信号时序，应答关系，操作过程。

功能：建立和拆除物理连接、位流传输、管理。

例：RS232、RJ45、RJ11、RS449、V. 24、V. 35、G. 703/G. 704。

2)有线介质

双绞线、同轴电缆、光纤。

3)无线介质

无线介质是指信号通过空气传输，信号不被约束在某一物理导体内，包括：无线电、微波(大地微波、卫星微波)、红外线(毫米波)、激光。

(1)无线电波

无线电通信就是利用地面发射的无线电波通过电离层的反射而到达接收端的一种远距离通信方式。无线电通信使用的频率一般为 3MHz～1GHz。

无线电波的传播特性与频率有关。在低频上，无线电波能轻易地绕过一般障碍物，但其能量随着传播距离的增大而急剧递减。在高频上，无线电波趋于直线传播并易受障碍物的阻挡，还会被雨水吸收，参见图 4-25。

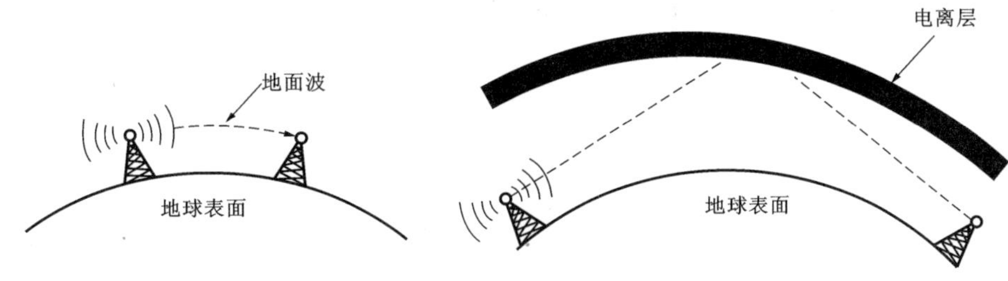

图 4-25 无线电波传播示意图

(2)微波

对于频率在 100MHz 以上的无线电波，其能量将集中于一点并沿直线传播，这就是微波。

微波通信是利用无线电波在对流层的视距范围内进行信息传输的一种通信方式，它使用的频率范围一般为 1GHz～20GHz。

由于微波只能沿直线传播，所以微波的发射天线和接收天线必须精确对准，而且每隔一段距离就需要一个中继站，参见图 4-26。

中继站之间的距离与微波塔的高度成正比。对于100m高的微波塔，中继站之间的距离可以达到80km。

地面微波：

通过地面站之间接力传送；

接力站之间距离：50～100km；

速率：每信道45Mb/s。

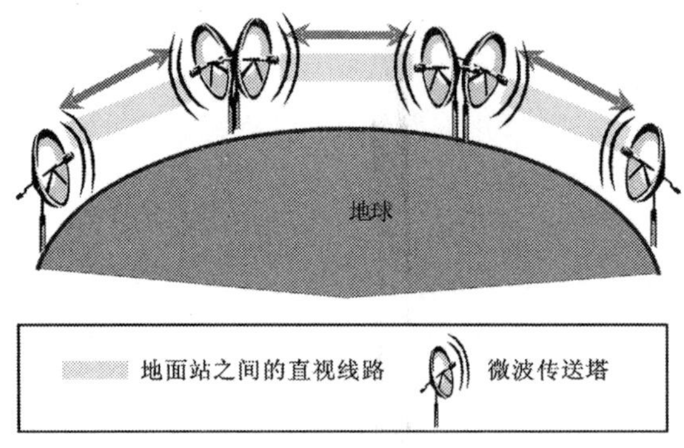

图4-26　微波传播示意图

地球同步卫星：

与地面站相对位置固定；

使用3颗卫星即可覆盖全球，参见图4-27；

传输延迟时间长(≈270ms)；

广播式传输；

应用领域：电视传输、长途电话、专用网络、广域网。

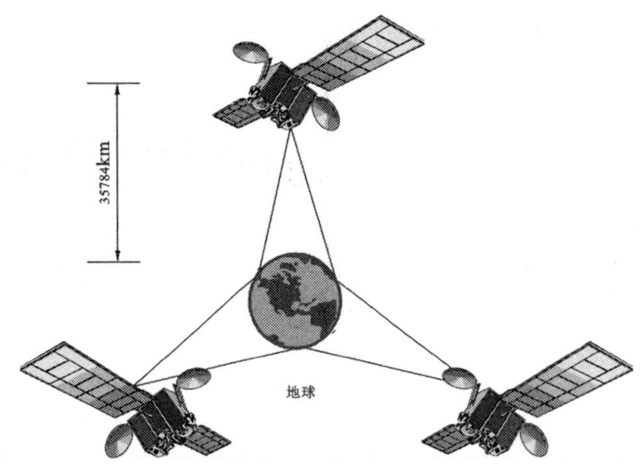

图4-27　卫星信号传播示意图

4.4.1.3　信道编码

完成自动检错或纠错功能。

两种主要类型：

1)前向纠错(Forward Error Correction，FEC)机制

分组码：先把要发送的数据划分成一系列分组，然后给每个分组添加额信息(叫作冗余，

redundancy)。

卷积码:把数据作为一个位元序列来处理,并根据这个连续的位元序列计算编码。

2)自动重传请求(Automatic Repeat-reQuest,ARQ)机制

(1)分组差错编码举例:单奇偶校验(Single Parity Check,SPC)机制

SPC 定义每 8bit 数据单元(即一个字节)为一个分组,在发送方传输每个字节之前,编码器在该字节中增加一个额外的位,称为奇偶位(parity bit)。接收方收到分组后,去除奇偶位并用它校验接收字节中的数据是否正确。

特点:只能检测差错,不能纠正差错。

(2)分组码中的(n,k)编码方案

所有可能的消息集合为一个数据字(datawords)集合。

所有可能的已编码消息为一个编码字(codewords)集合。

如果一个数据字包含 k 个数据位和 r 个附加位形成一个码字,我们就说这种编码结果是:(n,k)编码方案,其中 $n=k+r$。

从 $2n$ 个可能的编码字组合中选择有效码字的子集称为码簿(codebook)。

(3)汉明距离(Hamming distance)

给定两个 n 位的位串,汉明距离定义为两个位串中对应位不同的数量。

通过 d_{min} 最小汉明距离的计算,可以知道码薄中从一个有效码字转变成另一个有效码字最少需要改变的位数。

(4)纵横奇偶校验(Row and Column,RAC)

RAC 编码举例:$n=20$,意味着这是一个(20,12)编码方案,参见图 4-28。

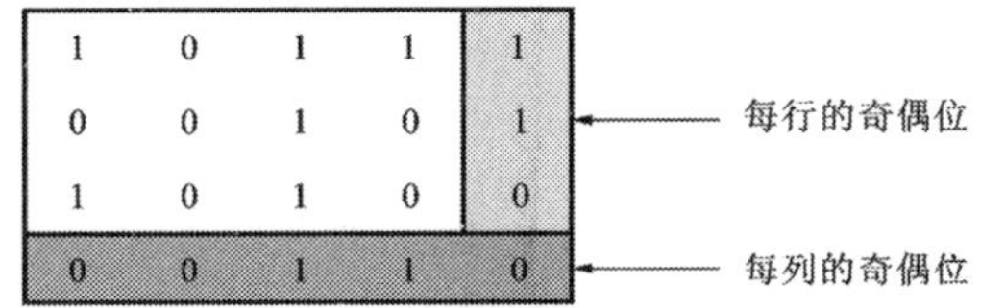

纵横奇偶校验编码:数据位安排成3×4矩阵,对每一行和列进行奇偶校验

图 4-28 纵横奇偶校验示意图

接收方纠错举例,参见图 4-29。

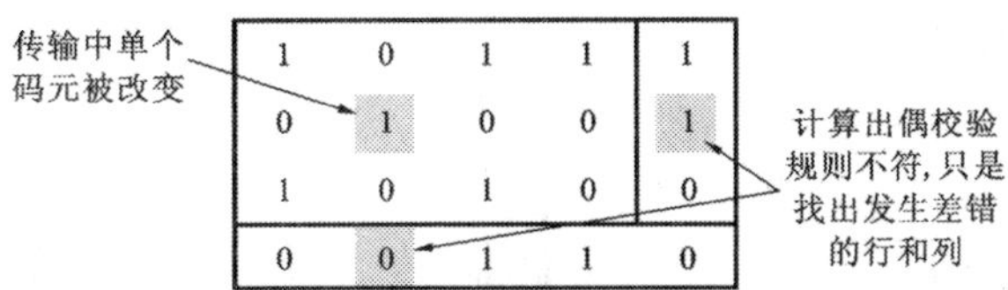

图 4-29 纵横奇偶校验码纠正单比特差错的原理

RAC 能纠正所有单个码元的差错,并能检测到 2 或 3 个码元被改变的情况。

(5)用于因特网的 16 位校验和(Internet checksum)

这个编码由一个 16 位的反码校验和构成,这种算法允许报文为任意长度,对整个报文计算校验和。发送方把逐个 16 位整数值相加,最后对和值计算其反码作为校验和,并将此

结果发送出去。为了验证报文是否出错，接收方执行相同的计算过程即可。

(6)循环冗余检测

该检测方法在计算机网络中广泛采用。

①循环冗余检测(cyclic redundancy check，CRC)编码

即多项式编码 10111 $\longrightarrow x^4+x^2+x+1$，把要发送的比特串看作系数是 0 或 1 的一个多项式，对比特串的操作看作多项式运算。

②基本思想

设发送节点要把数据 D(d 比特)发送给接收节点。

发送方和接收方先共同选定一个生成多项式 G($r+1$ 比特)，最高有效位是 1。

发送方：

计算出一个 r 位附加比特 R，添加到 D 的后面产生 DR($d+r$ 比特)，参见图 4-30。

DR 能被 G 模 2 运算整除，一起发送。

接收方：

用 G($r+1$ 比特)去除接收到的 DR($d+r$ 比特)

余数非 0：传输发生差错；

余数为 0：传输正确，去掉尾部 r 位，得所需数据 D。

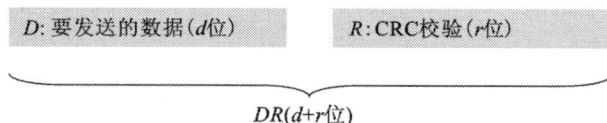

D: 要发送的数据(*d*位)	*R*: CRC校验(*r*位)

DR(*d*+*r*位)

图 4-30 循环冗余检测 CRC

模 2 运算：

加法不进位，减法不借位，即操作数的按位异或(XOR)。

乘法和除法与二进制运算类似，其中加法或减法没有进位或借位。

乘以 2^r，即比特模式左移 r 个位置。

$D\times 2^r$ XOR $R=D00\cdots00$ XOR $R=DR$($d+r$ 比特)

计算 R(CRC 比特)：

DR 能被 G 模 2 运算整除，即

$$D\times 2^r \quad \text{XOR} \quad R = nG$$

等式两边都用 R 异或，得到

$$D\times 2^r = nG \quad \text{XOR} \quad R$$

即用 G 来除 $D\times 2^r$，余数值刚好为 R。

R 的计算：将数据 D 后面添加 r 个 0，除以给定的生成多项式 G，所得余数即为 R(r 位)。

【例 4-8】 设 $D=101110$，$d=6$，$G=1001$，$r=3$，参见图 4-31。

实际传输的数据形式是：101110011。

生成多项式 G 的选择：有 8、12、16 和 32 比特生成多项式 G。

8 比特的 CRC 用于保护 ATM 信元首部；

32 比特的标准 CRC-32 用于链路级协议：

CRC-32＝100000100110000010001110110110111

```
                 1 0 1 0 1 1
        1 0 1 1 ) 1 0 1 1 1 0 0 0 0
   G ←                              → D
          1 0 0 1
            1 0 1
            0 0 0
            1 0 1 0
            1 0 0 1
              1 1 0
              0 0 0
              1 1 0 0
              1 0 0 1
                1 0 1 0
                1 0 0 1
                  0 1 1
              R ←
```

图 4-31　CRC **计算示意图**

CRC　例子：

【例 4-9】　已知：信息码：110011　　信息多项式：$K(X)=X^5+X^4+X+1$

生成码：11001　　生成多项式：$G(X)=X^4+X^3+1(r=4)$

求：循环冗余码 CRC。

解：1)$(X^5+X^4+X+1)\times X^4$ 的积是 $X^9+X^8+X^5+X^4$，对应的码是 1100110000。

2)CRC＝积/$G(X)$　(异或算法)。

```
                       1 0 0 0 0 1 ←Q(X)
G(x)→1 1 0 0 1 ) 1 1 0 0 1 1 0 0 0 0 ←K(X)×X^r
                 1 1 0 0 1
                           1 0 0 0 0
                           1 1 0 0 1
                             1 0 0 1 ←CRC(冗余码)
```

由计算结果知冗余码 CRC＝1001。把 data＝110011，crc＝1001 一起发送。

【例 4-10】　已知：接收数据：1100111001，多项式：$T(X)=X^9+X^8+X^5+X^4+X^3+1$

生成码：11001，生成多项式：$G(X)=X^4+X^3+1\ (r=4)$

判断数据的正确性，若正确，求冗余码和信息码。

解：1)用接收码除以生成码：

```
                       1 0 0 0 0 1 ←Q(X)
G(x)→1 1 0 0 1 ) 1 1 0 0 1 1 0 0 0 1 ←K(X)×X^r+R(x)
                 1 1 0 0 1
                           1 1 0 0 1
                           1 1 0 0 1
                                   0 ←S(X)(余数)
```

余数 $S(x)$ 为 0，所以码字正确。

2)因 $r=4$，所以冗余码 CRC 是：1001，信息码是：110011

循环冗余校验码的特点如下：

a. 可检测出所有奇数位错；

b. 可检测出所有双比特的错；

c. 可检测出所有小于或等于校验位长度($r+1$)的突发错。

例如：

```
                   1 0 0 1 1 0 ←Q(X)
G(x)→1 1 0 0 1)1 1 0 1 1 1 1 0 0 1←K(X) * X^r + R(x)
               1 1 0 0 1
                         1 0 1 1 0
                         1 1 0 0 1
                         1 1 1 1 0
                         1 1 0 0 1
                           1 1 1 1←S(X)
```

余数 $S(x)$不为 0，所以数据不正确。

③帧检验序列 FCS

在数据后面添加上的冗余码称为帧检验序列(Frame Check Sequence，FCS)。

循环冗余检验 CRC 和帧检验序列 FCS 并不等同。

CRC 是一种常用的检错方法，而 FCS 是添加在数据后面的冗余码。

FCS 可以用 CRC 方法得出，但 CRC 并非是用来获得 FCS 的唯一方法。

应当注意：

仅用循环冗余检验 CRC 差错检测技术只能做到无差错接受(accept)。

"无差错接受"是指："凡是接受的帧(即不包括丢弃的帧)，我们都能以非常接近于 1 的概率认为这些帧在传输过程中没有产生差错。"

也就是说："凡是接收端数据链路层接受的帧都没有传输差错"(有差错的帧就丢弃而不接受)。

要做到"可靠传输"(即发送什么就收到什么)就必须再加上确认和重传机制。

4.4.1.4　传输模式

我们使用术语传输模式(transmission mode)来表示数据在底层介质中传输的方式。

传输模式可以分成两个基本类型：

并行传输——同时发送多个码位。

串行传输——一次发送一个码位。

依据传输在时间上的间隔，串行传输机制可以分为三种主要类型：

异步(Asynchronous)传输，数据项的传输可以在任意时间开始，两组数据项之间的间隔时长也可以是任意的。

同步(Synchronous)传输，数据项连续不断地传输，数据项之间没有间隔。

等时(Isochronous)传输，数据项在规则的时间区间上进行传输，两数据项之间的间隔是固定的。

1)异步通信与基带传输

数字通信存在两大类方式：同步通信和异步通信。

同步通信：所谓同步通信是要求接收端的时钟频率和发送端的时钟频率相等，以便接收端能对收到的比特流进行准确的比特"采样"。严格的同步通信是用一个非常精确的主时钟负责全网的同步。

异步通信：所谓异步通信是在发送端以字节(8bit)为单位进行封装，每个字节增加一个起始比特，一个停止比特，共 10bit。接收端每收到一个起始比特，就知道有一个 10bit 的数据单元到来。接收端的时钟只要能保证正确接收 10bit 就行。异步通信是通过增加通信开销使接收端能够使用廉价的、具有一般精度的时钟来进行数据通信。

调制解调器使用异步通信方式。

基带数字信号的编码传输：

(1)数字信号为什么通常要采用编码传输？

①长距离数字信号传输可能存在衰减问题。例如连续发送若干个“1”，可能因存在的衰减导致误识别成“0”；连续发送若干个“0”，可能因干扰或累积电平漂移而误识别成“1”。

②同步问题。例如，当出现一长串的连 1 或连 0 时，接收端可能无法从收到的比特流中提取位同步信号。

③更多信息量的携带问题。

(2)不归零编码 NRZ RS-232-C

①编码原理

用不同的电平信号表示数字的“0”和“1”。例如，用高电平表示“0”，用低电平表示“1”，如图 4-32 所示。

②该编码的优点

实现简单。

③存在的问题

RS-232-C 进行编码传输时的最大问题是当信号中出现一长串的连 1 或连 0 信号时，接收方无法提取比特位同步信号。

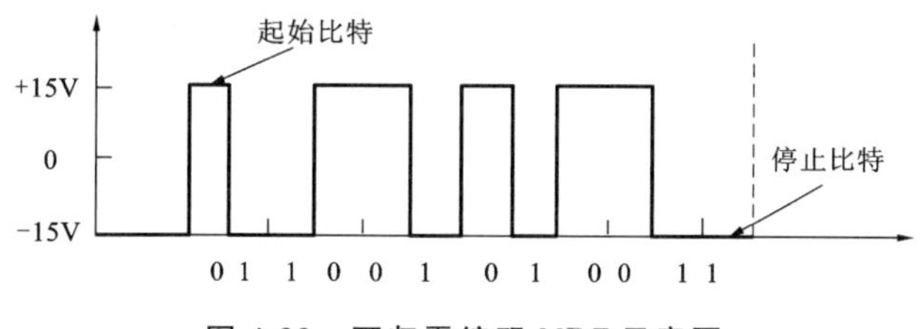

图 4-32　不归零编码 NRZ 示意图

(3)曼彻斯特(Manchester)编码

①编码原理

也叫作相位编码，将每一个码元(bit)的传输时间分成两个相等的时间间隔，且前一个时间间隔与后一个时间间隔的电平值不同。在曼彻斯特编码中，每一位的中间有一跳变，位中间的跳变既做时钟信号，又做数据信号。这里存在两种情况，第一种是 G. E. Thomas，Andrew S. Tanenbaum1949 年提出的，它规定 0 是低—高的电平跳变，1 是高—低的电平跳变。第二种是 IEEE 802.4(令牌总线)和低速版的 IEEE 802.3(以太网)中规定，低—高电平跳变表示 1，高—低电平跳变表示 0。由于有以上两种不同的表示方法，所以有些地方会产生歧义。当然，这可以在差分曼彻斯特编码(Differential Manchester Encoding)方式中克服，参见图 4-33。

②该编码的优点

可以保证在每一个码元的传输时间正中间出现一次电平的转换，这对接收端提取位同步信号是非常有利的。

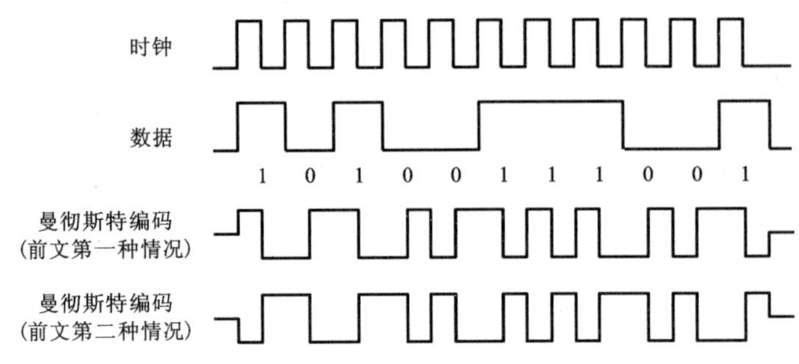

图 4-33　曼彻斯特编码示意图

③存在的问题

它所占的频带宽度比原始的基带信号的频带宽度整整增加了一倍。

(4)差分曼彻斯特编码

编码原理：与曼彻斯特编码一样仍然将每一个码元(bit)的传输时间分成两个相等的时间间隔(图 4-34)，每位中间的跳变仅提供时钟定时，而用每位开始时有无跳变表示"0"或"1"，有跳变为"0"，无跳变为"1"。所不同的是：

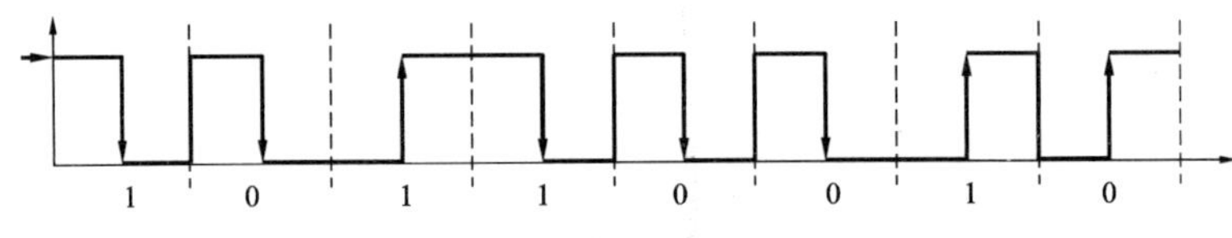

图 4-34　用差分曼彻斯特编码的字符波形

①若码元为"1"，则其前半个码元的持续电平与上一个码元的后半个码元的持续电平一样(即"1"不变)。

②若码元为"0"，则其前半个码元的持续电平与上一个码元的后半个码元的持续电平相反(即"0"变)。

③不论码元是"1"或"0"，在每个码元的正中间的时刻，一定要有一次电平的转换。

2)单工、半双工与全双工传输

单工：数据单向传输(例如：无线电广播)。

半双工：数据可以双向交替传输，但不能在同一时刻双向传输(例如：对讲机)。

全双工：数据可以双向同时传输，该模式需要具有两条物理上独立的传输线路；或者需要具有一条物理线路上的两个信道，分别用于不同方向的信号传输(例如：电话)。

3)远距离通信与载波传输

(1)最基本的信号变换方法

将数字信号变换成模拟信号，最基本的方法是基于某个已知的模拟信号频率(载波信号)来实现，而最典型的设备是使用所谓的调制解调器，参见图 4-35。

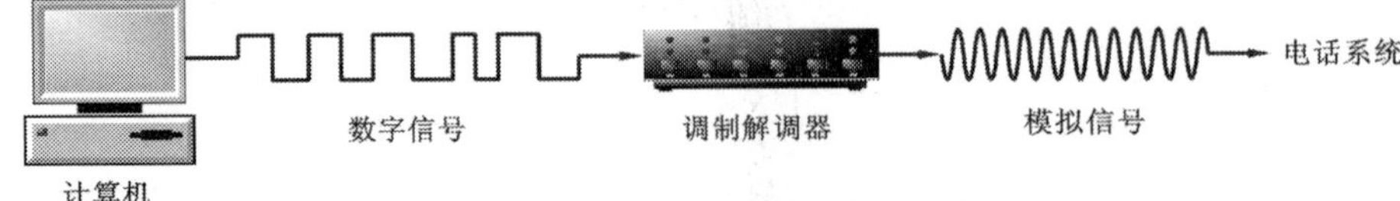

图 4-35　调制解调器工作示意图

(2)调制解调器简介

调制器:波形变换器,将基带数字信号的波形变换成适合于模拟信道传输的波形。

解调器:波形识别器,将经过调制器变换过的模拟信号恢复成原来的数字信号。

三种调制方法,参见图 4-36。

①幅移键控法(Amplitude Shift Keying,ASK)

②频移键控法(Frequency Shift Keying,FSK)

③相移键控法(Phase Shift Keying,PSK)

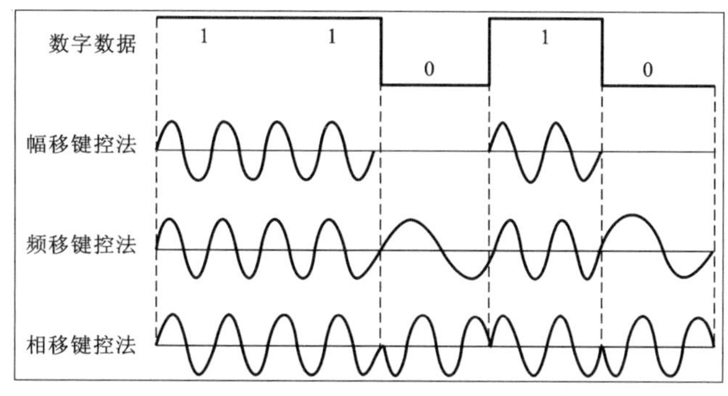

图 4-36 调制解调器的三种调制方法

多个不同载波的调制解调器就形成了所谓的宽带传输系统。图 4-36 是一个以 CATV(电视电缆)技术为基础的宽带局域网。它采用多个调制解调器把带宽为 300MHz 的电视电缆分割成多个子频带,这些子频带可传输各自独立的信息。

4.4.1.5 信道复用

复用(multiplexing)是通信技术中的基本概念。信道复用技术又称为多路复用技术,所谓"多路复用技术"就是把多个不同的信号同时在一条传输线路上进行传输的技术,参见图 4-37。常用的方法有:

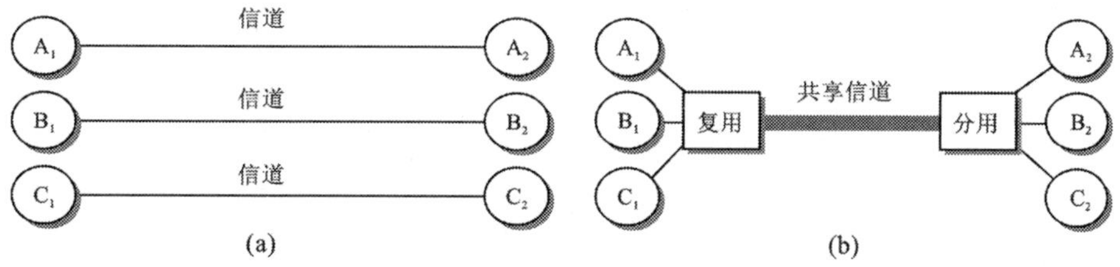

图 4-37 信道复用示意图

(a)不使用复用技术;(b)使用复用技术

1)频分多路复用 FDMA(Frequency Division Multiplex Access)

频分复用本质上就是在频率上并列地把要传输的几个信息合在一起,形成一个合成的信号后进行传输。在频分复用中,信道的可用频带被分成若干个互不交叠的频段,每个信号占据其中一个频段,参见图 4-38。

2)时分多路复用 TDMA(Time Division Multiplex Access)

其主要特点是以信道内传送信号的最大周期 T_s 为间隔,在 T_s 内按信道带宽划分相应的小时隙(Time Slot),利用时隙来传递各路信号。

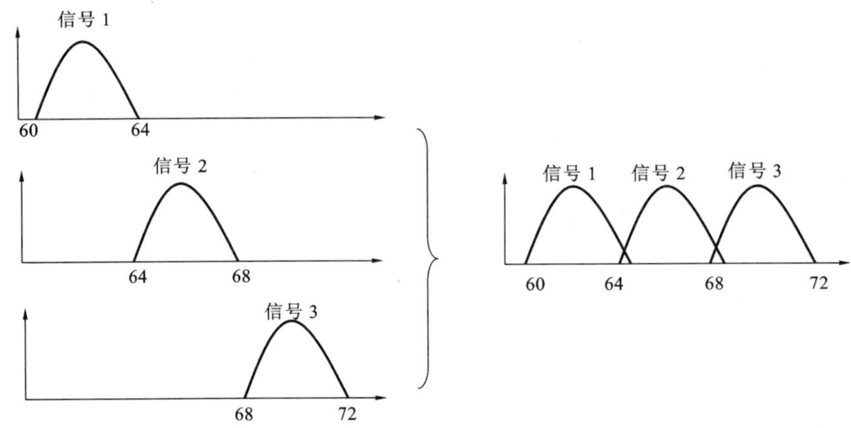

图 4-38　频分多路复用 FDMA **示意图**(单位:kHz)

时分复用技术被广泛应用于包括计算机网络在内的数字通信系统,参见图 4-39。

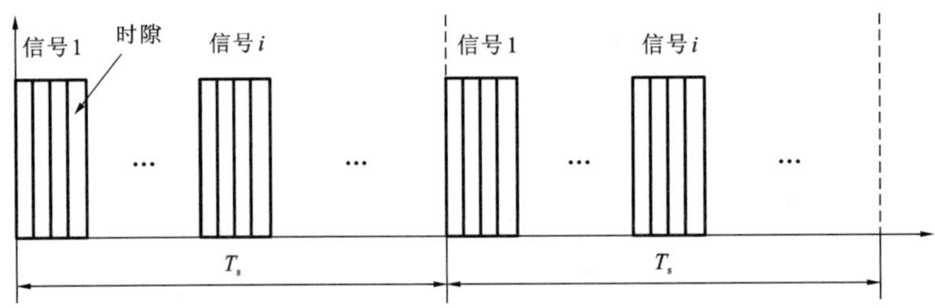

图 4-39　时分多路复用 TDMA **示意图**

3)统计时分多路复用(Statistic TDMA,STDMA)

这种信道共享技术主要适用于数字传输系统中,如图 4-40 所示。

统计时分多路复用是一种改进的时分复用,其特征在于对每路信号不是固定分配时隙,而是按需动态地分配时隙。

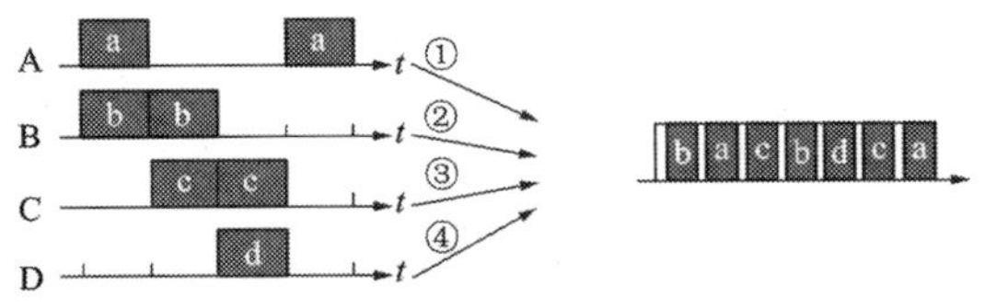

图 4-40　统计时分多路复用 STDMA

4)码分多路复用(Code Division Multiplexing Access,CDMA)

将每一个比特时间划分为 m(m 的值通常为 64 或 128)个很短的间隔,称为码片(chip),系统中的每一个站指定一个唯一的 $m$bit 码片序列(chip sequence)。所有站点都以相同的频率(信道共享)发送数据。当站点发送比特“1”时,就发送指定给该站点的 $m$bit 码片序列;发送比特“0”时,发送此 $m$bit 码片序列的二进制反码。

习惯上,将码片序列中的“0”写成“−1”,“1”写成“+1”。

例如:S 站分配的 8bit 码片序列为 00011011。

当发送 1 时,发送(−1−1−1+1+1−1+1+1);当发送 0 时,发送(+1+1+1−1−1

+1—1—1)。

只要知道发送站的码片序列,接收方就可以从接收到的叠加信号中过滤出正确信息。

4.4.1.6　AIS 通信技术要求

AIS 层模块:涉及开放系统互连(OSI)模型的 1 至 4 层(物理层、链路层、网络层、传输层)。

一个 AIS 站的分层模型(从物理层到传输层)以及和设备应用相关的其他层次(会话层到应用层)参见表 4-2。

表 4-2　OSI 分层模型表

<table>
<tr><td colspan="3">应用层</td></tr>
<tr><td colspan="3">表示层</td></tr>
<tr><td colspan="3">会话层</td></tr>
<tr><td colspan="3">传输层</td></tr>
<tr><td colspan="3">网络层</td></tr>
<tr><td>信道 1</td><td></td><td>信道 2</td></tr>
<tr><td>链路层　链路管理实体</td><td></td><td>链路层　链路管理实体</td></tr>
<tr><td>链路层　数据链路服务</td><td></td><td>链路层　数据链路服务</td></tr>
<tr><td>链路层　介质访问控制</td><td></td><td>链路层　介质访问控制</td></tr>
<tr><td>物理层</td><td></td><td>物理层</td></tr>
<tr><td>RX1 接收机 1</td><td>TX1/2 共用发射机</td><td>RX2 接收机 2</td></tr>
</table>

物理层:物理层负责将上层产生的比特流发送到数据链路。物理层的设计应按 ITU-R. M. 1371 附录 2 的第 2 章的要求进行。

链路层:链路层规定数据如何封装以便在传输中应用检错和纠错技术。链路层分为三个子层:

链路层子层 1 为介质访问控制(MAC)。

介质访问控制子层提供进入数据传输介质(VHF 数据链路)的方法,该方法使用一种采用共同参考时间的时分多址进入方案。介质访问控制子层的设计应按照 ITU-R. M. 1371 附录 2 的第 3.1 章的要求进行。

链路层子层 2 为数据链路服务(DLS)。

DLS 子层提供完成下列任务的方法:

(1)数据链路的激活和释放;

(2)数据发送;

(3)检错和控制。

数据链路服务子层的设计应按照 ITU-R. M. 1371 附录 2 的第 3.2 章的要求进行。

链路层子层 3 为链路管理实体(LME)。

(1)链路管理实体控制 DLS 子层、MAC 子层和物理层的操作。

(2)链路管理实体的设计应按照 ITU-R. M. 1371 附录 2 的第 3.3 章的要求进行。

(3)链路管理实体子层包括甚高频数据链路(VDL)报文的定义。

网络层：网络层用于以下几个方面。

(1)建立和保持频道的连接；

(2)管理消息优先性的指定；

(3)在频道间分配发射报文分组；

(4)解决数据链路的拥挤问题。

网络层的设计应按照 ITU-R. M. 1371 附录 2 的第 4 章的要求进行。

区域操作设置的管理：

(1)所有的区域操作设置均应有时间和日期标签，同时以相关信息标注通过何种输入方式接收到该设置。

(2)移动站应该连续检查以下 2 种情况：

①存储的区域操作设定中所指定的最近边界与船舶现在的位置已超过 500n mile；

②存在 5 周以前的区域操作设置。

对于符合上述两种情况的存储记录应删除。

(3)区域操作设置应作为一个整体对待，对其中任何一个参数的改变，即认为产生一个新的区域操作设置。

(4)当用户要求通过 MKD 手动输入区域操作设置时，现在正在使用的区域操作设置(可能是默认的操作设置)应显示给用户。用户可以部分或全部更改这些设置。移动站应当确认用户输入了区域范围并且该范围满足有关的设置要求。当输入了一个可被接受的区域操作设置后，设备应当要求用户进行第二次确认，确认后该设置将被保存，并可能立即被使用。

(5)移动站应不接受(忽略)任何不符合 M. 1371-1 A2/4. 1 中所述的区域操作规则的区域操作设定。

(6)任何从船载系统通过 PI 输入的新的区域操作设定，当其所包含的区域与前 2 个小时内收到并存储的由 MSG22 或 DSC 命令指定的区域操作设定所包含的区域部分或全部重叠，移动站应不接受该设定。

(7)指定本站接收的 MSG22 或 DSC 命令，只有在移动站位于其所存储的一个区域操作设置规定的区域内，才可以被本站接受。在这种情况下，区域操作设置应由接收到的频道参数和使用区域组合而成。

(8)当一个新的已收到的区域操作设置所规定的区域与一个旧的区域操作设定所规定的区域部分或全部重叠或一致时，旧的设置应从存储器中删除。若新的设置与旧的设置紧挨着(有同一个边界)，旧的设置不应删除。

(9)最后，移动站应将新的、已接受的区域操作设置保存在有 8 个存储位置的存储器中，若存储器已满，最旧的设置应由新的设置替代。

(10)除上述规定的方法外，不应有其他方式清除某个或全部的已保存的区域操作设置，尤其是不应通过 PI、手动或由船载设备清除某个或全部已保存的区域操作设置，除非这种操作是输入一个新的区域操作设置。

传输层：传输层主要负责以下内容。

(1)将数据转换成正确大小的发射分组；

(2)发射分组的排序；

(3)运行与上一层相关的接口协议。

传输层的设计应按照 ITU-R. M. 1371 附录 2 的第 4 章的要求进行。

传输层和其上层之间的接口应由 PI 完成。PI 的一般要求为：

通过 AIS 设备发送到数据链路的数据应通过 PI 输入；AIS 设备接收的数据应通过 PI 输出。输入/输出数据流所采用的数据格式和协议的有关定义应参照 IEC61162 接口系列的有关规定。

如果现存的 IEC61162 系列的数据格式和协议不适用，可以采用其他的协议。

(1)远程应用

A 类船载移动设备应为提供远程通信的设备提供一个双向接口。该接口应满足 IEC61162 系列的规定。

(2)组成

AIS 设备的 PI 应由表 4-3 所列的数据端口组成。

表 4-3 PI 的通道表

一般功能	机制
传感器数据的自动输入 (从船载设备输入数据)	3 个 IEC61162-2 输入端口，可初始化为 IEC61162-1 输入端口
高速的输入/输出端口 (操作者命令和数据的输入；AIS VDL 数据；设备状态)	2 个 IEC61162-2 双绞线输入和输出端口
远程通信	1 个 IEC61162-2 双绞线输入和输出端口
BIIT 报警输出	1 个隔离的常闭触点电路

调制方案是频率调制：高斯滤波最小移频键控(GMSK/FM)。

NRZI 编码的数据应为频率调制发射机之前编码的 GSMK。

用于传输数据的 GMSK 调制器的 BT 乘积最大应为 0.4(最大标称值)。

用于数据接收的 GMSK 解调器的 BT 乘积最大应为 0.5(最大标称值)。

GMSK 编码的数据应对 VHF 发射机进行频率调制，调制指数应为 0.5。

4.4.2 文本文件传输技术

文件传输(file transfer)是将一个文件或其中的一部分从一个计算机系统传到另一个计算机系统。它可能把文件传输至另一计算机中去存储，或访问远程计算机上的文件，或把文件传输至另一计算机上运行(作为一个程序)、处理(作为数据)，或把文件传输至打印机打印。由于网络中各个计算机的文件系统往往不相同，因此，要建立全网公用的文件传输规则，称作文件传输协议(FTP)。

在交通信息应用系统中，通常先将采集得到的数据信息保存到文本文件中，既可以保存起来作为备份资料，也可以作为一个中转站，供其他应用程序调用，而且这种调用不局限于本机，也可以通过网络实现不同设备之间的调用，因此文本文件的传输技术在交通信息应用系统中使用得非常广泛，下面就以 AIS 综合应用平台为例，介绍文本文件的传输技术。

在该平台中使用了基于 Socket 的 Java 网络编程技术，实现了将 txt 文本文件从一台设备传输到另外一台设备的信息传输,并进行了测试,达到了预期目的。

4.4.2.1 Socket 编程

网络上的两个程序通过一个双向的通信连接实现数据的交换,这个双向链路的一端称为一个 Socket。Socket 通常用来实现客户方和服务方的连接。Socket 是 TCP/IP 协议的一个十分流行的编程界面,一个 Socket 由一个 IP 地址和一个端口号唯一确定。

Socket 是面向客户(Client)/服务器(Server),简称 C/S 模型而设计的,针对客户和服务器程序提供不同的 Socket 系统调用。客户随机申请一个 Socket,系统为之分配一个 Socket 号;服务器拥有全局公认的 Socket,任何客户都可以向它发出连接请求和信息请求。

Socket 利用客户/服务器模式巧妙地解决了进程之间建立通信连接的问题。服务器 Socket 为全局所公认这一点非常重要。读者不妨考虑一下,两个完全随机的用户进程之间如何建立通信?假如通信双方没有任何一方的 Socket 固定,就好比打电话的双方彼此不知道对方的电话号码,要通话是不可能的。

根据连接启动的方式以及本地 Socket 要连接的目标,Socket 之间的连接过程可以分为三个步骤:服务器监听,客户端请求,连接确认。

(1)服务器监听:服务器端 Socket 并不定位具体的客户端 Socket,而是处于等待连接的状态,实时监控网络状态。

(2)客户端请求:由客户端的 Socket 提出连接请求,要连接的目标是服务器端的 Socket。为此,客户端的 Socket 必须首先描述它要连接的服务器端的 Socket,指出服务器端 Socket 的地址和端口号,然后向服务器端 Socket 提出连接请求。

(3)连接确认:当服务器端 Socket 监听到或者说接收到客户端 Socket 的连接请求,它就响应客户端 Socket 的请求,建立一个新的线程,把服务器端 Socket 的描述发给客户端,一旦客户端确认了此描述,连接就建立好了。而服务器端 Socket 继续处于监听状态,继续接收其他客户端 Socket 的连接请求。

C/S 模式是在基于 TCP/IP 协议的网络环境下采用网络编程的方式实现的。目前,随着互联网的广泛使用,TCP/IP 协议对于信息传输的意义更加重要,Windows 下网络编程技术的应用也更加普遍。在 TCP/IP 协议的约定下,Windows 提供了 Socket 编程接口,该接口成为 C/S 应用程序开发的关键技术。通过对 Socket 技术的应用,能够实现让不同 IP 地址下的进程在同一环境下顺利地进行网络通信,因此采用 Socket 技术对于 AIS 数据的传输更具可行性。

采用 Socket 实现网络编程过程一般如下:Server 端启动后,开始 Listen(监听)来自 Client端的连接请求,如果有满足要求的 Client 端请求连接,Server 端会向 Client 端返回 Accept(接受)消息,这样 Server 端与 Client 端的连接便建立起来了,然后通过 Send、Write 等方法实现与对方的通信。一个完整的 Socket,都包含一些基本流程:首先创建一个 Socket;然后打开连接到 Socket 的输入/输出流,保证数据传输通道畅通;根据协议对 Socket 进行读或写操作,实现数据的传输;最后,数据传输完成后,关闭 Socket。

网络编程技术是 C/S 模式实现通信的必要条件,是一种基于信息流交换的传输模式。其中的 Client 端是作为服务请求方,Server 端是作为服务供应方。单个机器既可以作为 Client 端又能作为 Server 端来运行,可以根据机器的具体配置来选择。在网络中,网络编程采用了一种便捷的方式来实现分布于不同位置的程序之间的有效连接,在对信息的传输、存储、处理等方面已经相当成熟，为客户端与服务器间的通信提供了完善的技术支持。

4.4.2.2　Java 计算机编程语言

Java 是一门面向对象的编程语言，不仅吸收了 C++语言的各种优点，还摒弃了 C++里难以理解的多继承、指针等概念，因此 Java 语言具有功能强大和简单易用两个特征。Java 语言作为静态面向对象编程语言的代表，极好地实现了面向对象理论，允许程序员以优雅的思维方式进行复杂的编程。

Java 具有简单性、面向对象、分布式、健壮性、安全性、平台独立与可移植性、多线程、动态性等特点。Java 可以编写桌面应用程序、Web 应用程序、分布式系统和嵌入式系统应用程序等。

JDK(Java Development Kit)称为 Java 开发包或 Java 开发工具，是一个编写 Java 的 Applet 小程序和应用程序的程序开发环境。JDK 是整个 Java 的核心，包括了 Java 运行环境(Java Runtime Envirnment)，一些 Java 工具和 Java 的核心类库(Java API)。不论什么 Java 应用服务器实质都是内置了某个版本的 JDK。主流的 JDK 是 Sun 公司发布的 JDK，除了 Sun 之外，还有很多公司和组织都开发了自己的 JDK，例如，IBM 公司开发的 JDK，BEA 公司的 Jrocket，还有 GNU 组织开发的 JDK。

另外，可以把 Java API 类库中的 Java SE API 子集和 Java 虚拟机这两部分统称为 JRE(JAVA Runtime Environment)，JRE 是支持 Java 程序运行的标准环境。

JRE 是个运行环境，JDK 是个开发环境。因此写 Java 程序的时候需要 JDK，而运行 Java 程序的时候就需要 JRE。而 JDK 里面已经包含了 JRE，因此只要安装了 JDK，就可以编辑 Java 程序，也可以正常运行 Java 程序。但由于 JDK 包含了许多与运行无关的内容，占用的空间较大，因此运行普通的 Java 程序无须安装 JDK，而只需要安装 JRE 即可。

在 AIS 综合应用平台中采用了 Java 网络编程技术，以实现文本文件的传输。网络编程中 Socket 接口是实现网络通信的基础。在 Java 中，主要定义了两个类即 Socket 与 ServerSocket 来实现两台或多台机器之间的通信，这两个类在 Java. net 包中定义，一个 ServerSocket 对象对应一个监听服务，一个 Socket 对象对应一个连接服务。ServerSocket 位于服务端，Socket 位于客户端，当两者建立连接后，会创建一个 Socket 实例，通过这个实例完成两端的会话。Socket 中主要包含三个方法来完成会话：accept 方法对进程会产生一个"阻塞"，等待 Client 端的连接，连接成功后会返回一个 Socket 对象实例。当此次对话结束后，会继续调用 accept 方法产生新的阻塞，如此不断地完成 Client 端与 Server 端的会话。连接成功后，会调用 getInputStream 方法获得网络连接输入，并返回一个 InputStream 实例对象。同时调用 getOutputStream 方法获得另一端的连接输入，并返回一个 OutputStream 实例对象。通过 getInputStream 与 OutputStream 方法将数据转化为字节流的形式进行传输以完成通信。

在 AIS 综合应用平台的设计中，有两种传输模式能够实现对 AIS 信息的传输过程，一种是基于 AIS 采集服务器与 AIS 存储服务器组合的数据传输模式，如图 4-41(a)所示，这种模式将数据的采集过程与数据的存储解析过程分开单独处理，将服务器对数据的处理能力分配给多个服务器，有效地增强了服务器对数据的处理能力，提高了数据处理的效率。同时，减轻了单个服务器的压力，降低了对服务器的硬件要求。另一种是将 AIS 数据的采集、存储、解析过程集中到单个服务器上实现的传输模式，如图 4-41(b)所示，这种传输模式有效地减少了数据的传输过程，增强了数据的传输效率，但对服务器的处理能力有较高要求。

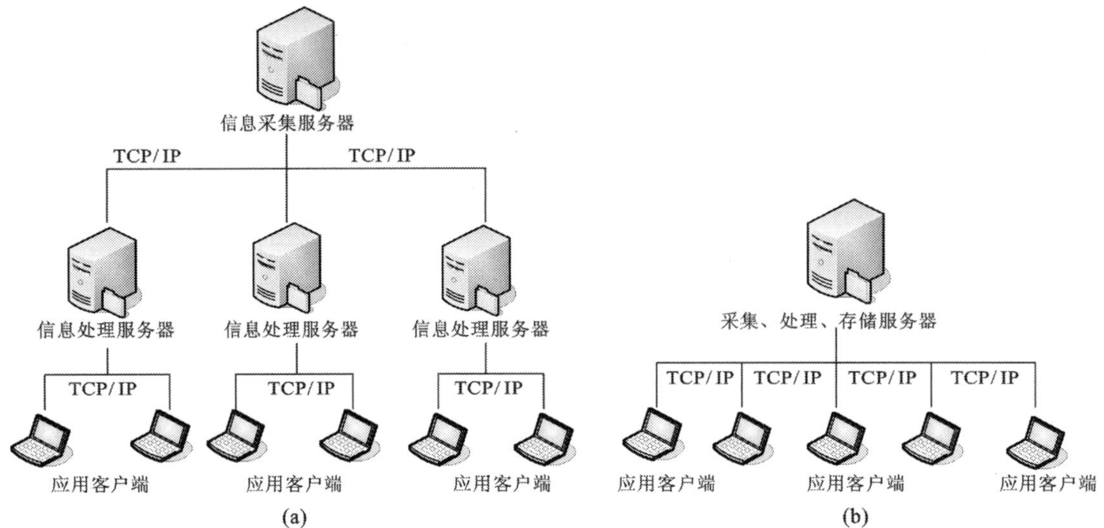

图 4-41　AIS 应用平台网络传输模式

方案一实现的具体过程是将 AIS 采集服务器接收到的数据发送给 AIS 存储服务器，由各个存储服务器统一进行数据解码、存储，应用客户端再通过访问存储服务器来获取数据，通过 TCP/IP 协议实现数据的通信。方案二集成了第一种模式，直接由客户端通过 TCP/IP 协议访问服务器，这样有效地降低了 AIS 数据延时，保证了数据显示的实时性。

AIS 服务器如何把 AIS 数据传输到客户端进行数据显示，这里需要解决各部分之间的网络通信问题。因为与 AIS 信息相关联的各个部分都是计算机设备，并通过以太网连接，所以问题转化为如何通过以太网来实现不同计算机之间的数据传输。使用 TCP/IP 协议将能够帮助解决这个问题。尽管传输模式不同，但信息传输的过程并无差异，都是实现 AIS 信息从服务端向客户端传输的过程。

AIS 信息的传输主要是指信息接收到采集服务器、传输到解析服务器、保存到数据库的过程以及各应用程序之间的信息流动。信息通过串口接入计算机，并写入文本文档，文本文档信息可通过 socket 技术实现信息共享，传输给其他应用服务器；获取数据后的解析服务器将 AIS 暗文解析为 AIS 明文，即船舶的动静态信息；将船舶信息保存入船舶信息数据库中。AIS 综合应用平台采用的数据库为 MySQL，数据库中根据日期的不同来创建 table，以减少数据的冗余，增强数据库的存取效率。最后，数据会被载入电子海图，当电子海图启动数据加载后，数据库中的船舶信息会被读取，并在海图上显示船舶动态。整个过程如图 4-42 所示。

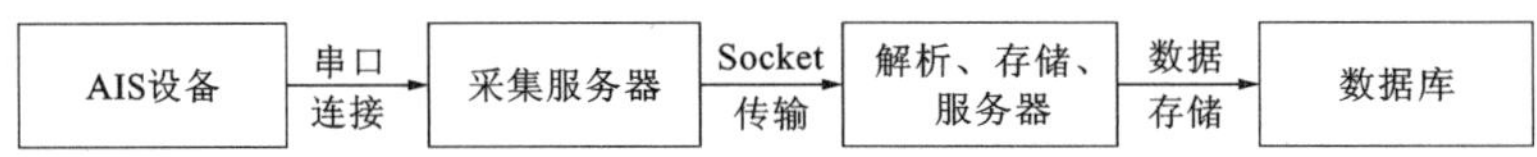

图 4-42　AIS 信息传输过程

AIS 信息传输的过程基本可以分为四个部分，即 AIS 设备信息向采集服务器的传输；文本数据文件向解析、存储服务器的传输；文本数据解析后向存储数据库的传输及数据库中的信息被电子海图显示软件读取。

4.4.2.3 文本数据的传输

采集服务器获取 AIS 信息后首先保存为 txt 文本文件,依据需要向解析、存储服务器传递 AIS 信息文本文件,以实现信息分流,给采集服务器减压。对于文本文件的传输采用 Java Socket 技术实现,具体实现流程如图 4-43 所示。

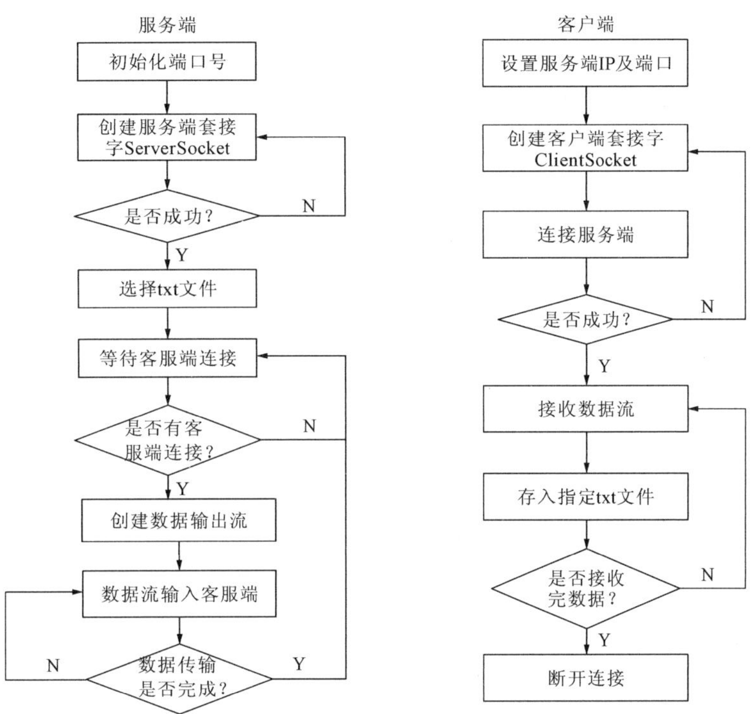

图 4-43 Java Socket **网络编程流程图**

服务端通过创建对象 ServerSocket(),建立服务端套接字,通过调用 accept()方法来实现对客服端的侦听,一旦连接上客服端,开始创建新的对象 DataInputStream(),将文本数据写入该输入流,最后创建 DataOutputStream()输出流,通过该对象将数据传给客服端,即基站服务器。客服端的接收过程与服务端相似,要设置好服务端 IP 及端口号,便于客服端套接字 ClientSocket 连接服务端。首先,调用 createConnection()方法,再创建 ClientSocket()对象,调用对象 Connection(),如果返回 true,则表明连接成功,否则连接失败。连接成功后开始传递数据,调用方法 getMessageStream();将获取的数据存入对象 BufferedOutputStream()中。最后调用 read()方法,将数据写入指定文件中。由此完成文本文件数据的传输,即采集服务器向其他存储服务器的信息传输。

(1)服务端主要程序

```
//选择进行传输的文件
String filePath="E:\AIS_Info\AIS.txt";
File fi=new File(filePath);
//侦听并接收到此套接字的连接,此方法在进行连接之前一直阻塞
s=ss.accept();
//创建新的输入流对象 dis
```

```
DataInputStream dis=new DataInputStream();
//创建新的输出流对象 dos
DataOutputStream dos=new DataOutputStream();
//循环读取输入流中的数据,直到结束
while (true){
    int read=0;
//判断输入流数据是否为空
    if(dis ! =null) {
    read=dis.read(buf);}
//判断读取数据是否结束
    if(read==-1)
    {break;}
//向输出流写入包含的字符数据
    dos.write(buf,0,read);
}
```

(2)客服端主要程序

```
//设置需要访问服务器 IP
private String ip="127.0.0.1";
//设置访问端口
private int port=8899;
public AisClient() {
try {
//判断是否连接上服务器
if(isConn()) {
//如果连接上调用方法 getAisMessage()获取数据
getAisMessage();}
}
catch(Exception ex){
ex.printStackTrace();}
}
//存储服务器保存路径,文件名会自动从服务器端继承而来
String saveAisPath="E:\\AIS";
int bufSize=9200;
byte[] buf=new byte[bufSize];
saveAisPath+=inpStre.readUTF();
//创建数据输出流对象
DataOutputStream dos= new DataOutputStream();
while (true){
int read=0;
```

```
//判断获取数据的输入流是否为空
if (inpStre! =null){
read=inpStre.read(buf);}
//判断获取数据是否结束
if(read==-1)
{break;}
}
```

如果采用网络传输方案二，则不需要文本数据的传输过程，因为数据的采集、解析、存储都在一个独立的服务器中完成。而网络传输方案一是将数据采集和解析存储过程分别安排在不同的服务器中实现的。方案一的优点是对硬件设备的要求不高，缺点是中间环节较多，容易丢失数据；方案二的优点是没有中间环节，不易丢失数据，缺点是对硬件设备的要求较高。笔者开发的 AIS 综合应用平台开始采用的是方案一，随着实验条件的改善，后来采用的是方案二。

4.4.2.4　AIS 综合应用平台网络文本文件传输测试

1)测试环境搭建

本系统测试数据来源于武汉理工大学 AIS 实验室直接获取的长江流域武汉段 AIS 数据，数据真实有效。其中测试环境主要包括硬件环境与软件环境，硬件环境主要由 AIS 设备、串口连接设备、采集服务器、解析及存储服务器，多台客服端组成。软件环境主要由服务端、客户端、MySQL 数据库、电子海图、Java 环境配置及互通的网络环境。串口连接线将 AIS 信息收集设备与数据采集服务器连接，通过串口连接程序实现信息的采集，即将 AIS 原始信息存入文本文件中，然后采集服务器通过 Internet 网络将存有 AIS 信息的文本文件传给分布在其他实验室的解析、存储服务器，这些服务器将数据解析后存入自带的数据库中，最后各个客服端通过网络访问它们，并读取数据，将其显示在电子海图上。也可以将采集服务器和解析及存储服务器合二为一，具体的环境搭建如图 4-44 所示。

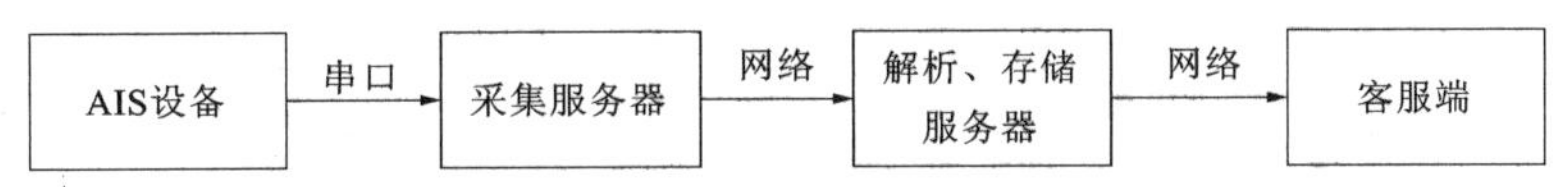

图 4-44　AIS 环境搭建图

2)采集服务端开启监听测试

采集服务端开启监听测试，接收来自客服端的连接，如图 4-45 所示，将指定位置的文本文件进行传输。

当有客服端连接时，会与服务端建立 Socket 连接，然后开始文件的传输，传输结束后继续等待客服端的连接，如图 4-46 所示。

3)解析、存储服务器接收文件

解析、存储服务器从数据采集服务器接收写有 AIS 暗文的文本文件，经解码后将其存储于数据库，如图 4-47 为连接采集服务器成功后，传输的 lib 文件，并指定存放的位置。

lib.txt 文件中写入的 AIS 信息如图 4-48 所示，该文件的信息随时被更新，因此存储的数据信息每个时间点都会有相应的变化。这些数据被获取后会进行解码，转化为明文后存入数据库中。

```
管理员: C:\Windows\system32\CMD.exe - java ServerTest
Microsoft Windows [版本 6.1.7601]
版权所有 (c) 2009 Microsoft Corporation。保留所有权利。

C:\Users\Administrator>e:

E:\>cd E:\java_test

E:\java_test>java ServerTest
文件目录:E:\java_test\lib.txt
文件长度:502
等待客服端连接....
```

图 4-45　采集服务端开启监听测试

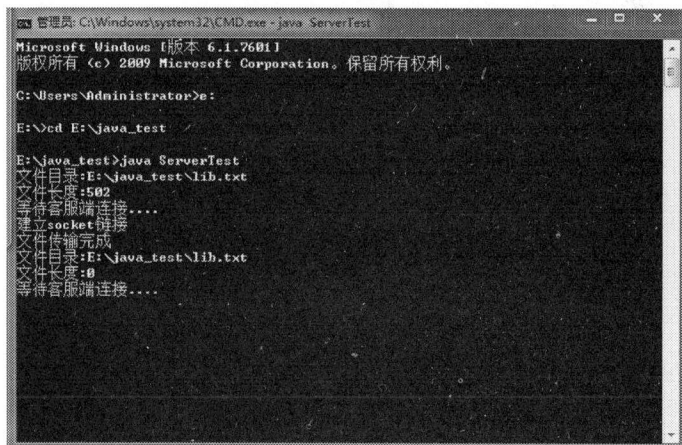

```
管理员: C:\Windows\system32\CMD.exe - java ServerTest
Microsoft Windows [版本 6.1.7601]
版权所有 (c) 2009 Microsoft Corporation。保留所有权利。

C:\Users\Administrator>e:

E:\>cd E:\java_test

E:\java_test>java ServerTest
文件目录:E:\java_test\lib.txt
文件长度:502
等待客服端连接....
建立socket链接
文件传输完成
文件目录:E:\java_test\lib.txt
文件长度:0
等待客服端连接....
```

图 4-46　文件传输测试

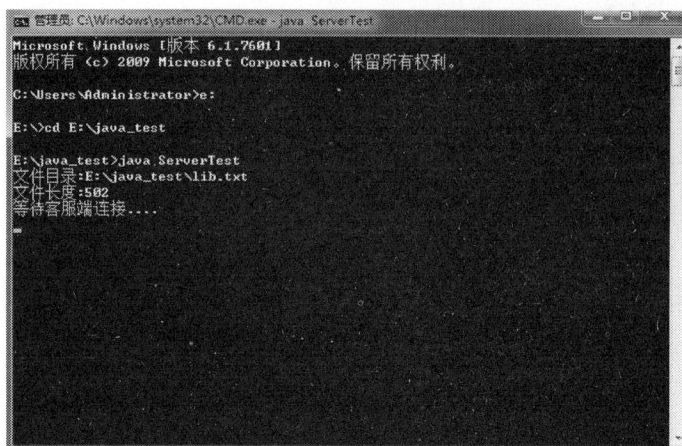

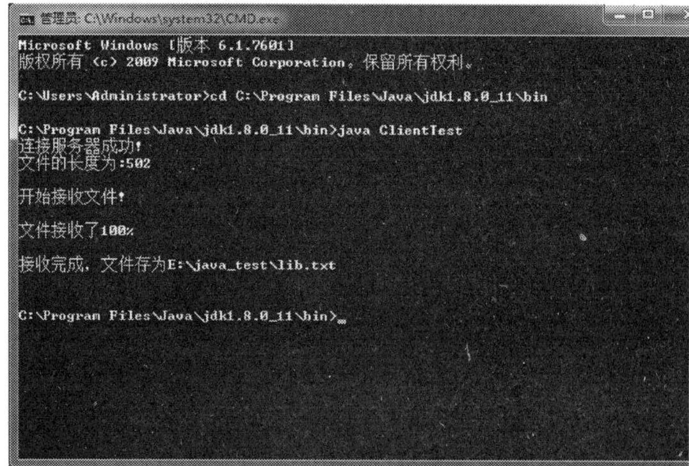

图 4-47　解析存储服务器获取文件测试

图 4-48　传输的 AIS 文本文件

通过对 AIS 信息的文本文件传输进行了测试，包括系统环境搭建，AIS 信息从采集服务器、解析存储服务器到客服端的过程，并对信息一致性进行了验证。系统测试是对系统实现程度及系统稳定性的检测，以确保系统能正常投入使用。

4.4.3　基于 CAN 总线的信息传输技术

4.4.3.1　CAN 总线概述

CAN 是 Controller Area Network 的缩写，是 ISO 国际标准化的串行通信协议，广泛应用于汽车、船舶等，具有已经被大家认可的高性能和可靠性。在汽车产业中，出于对安全性、舒适性、方便性、低公害、低成本的要求，各种各样的控制模块被开发了出来。由于这些模块之间所用的通信数据类型及对可靠性的要求不尽相同，由多条总线构成的情况很多，线束的数量也随之增加。为适应"减少线束的数量""通过多个 LAN，进行大量数据的高速通信"的需要，1986 年德国电气商博世公司开发出面向汽车的 CAN 通信协议。CAN 的高性能和可靠性已被认同，并被广泛地应用于工业自动化、船舶、医疗设备、工业设备等方面。现场总线是当今自动化领域技术发展的热点之一，被誉为自动化领域的计算机局域网。它的出现为分布式控制系统实现各节点之间实时、可靠的数据通信提供了强有力的技术支持。同时 CAN 通信协议是一种支持模块化集成、团队合作开发的有效手段。

以往，在交通信息应用系统中，PC 机与传感器设备通信多借助 RS232、RS485、以太网等方式，这主要取决于设备的接口规范。但 RS232、RS485 只能代表通信的物理介质层和链路层，如果要实现数据的双向访问，就必须自己编写通信应用程序，但这种程序多数都不能符合 ISO/OSI 的规范，只能实现较单一的功能，适用于单一设备类型，程序不具备通用性。在 RS232 或 RS485 设备连成的设备网中，如果设备数量超过 2 台，就必须使用 RS485 做通信介质，RS485 网的设备间要想互通信息只有通过"主(Master)"设备中转才能实现，这个主设备通常是 PC，而这种设备网中只允许存在一个主设备，其余全部是从(Slave)设备。而现场总线技术是以 ISO/OSI 模型为基础的，具有完整的软件支持系统，能够解决总线控制、冲突检测、链路维护等问题。现场总线设备自动成网，无主/从设备之分或允许多主存在。在同一个层次上不同厂家的产品可以互换，设备之间具有互操作性。

RS232 串口标准是在低速率串行通信中增加通信距离的单端标准。RS232 采取不平衡传输方式，即单端通信。其收发端的数据信号都是相对于地信号的。所以其共模抑制能力差，再加上双绞线的分布电容，其传输距离最大约为 15m，最高速率为 20kbps，且其只能支持点对点通信。

针对 RS232 串口标准的局限性，人们又提出了 RS422、RS485 接口标准。RS485/422 采用平衡发送和差分接收方式实现通信：发送端将串行口的 TTL 电平信号转换成差分信号 A、B 两路输出，经过线缆传输之后在接收端将差分信号还原成 TTL 电平信号。由于传输线通常使用双绞线，又是差分传输，所以有极强的抗共模干扰的能力，总线收发器灵敏度很高，可以检测到低至 200mV 的电压。故传输信号在千米之外都可以恢复。RS485/422 最大的通信距离约为 1219m，最大传输速率为 10Mb/s，传输速率与传输距离成反比，在 100kb/s 的传输速率下，才可以达到最大的通信距离，如果需传输更长的距离，需要加 485 中继器。RS485 采用半双工工作方式，支持多点数据通信。RS485 总线网络拓扑一般采用终端匹配的总线型结构。即采用一条总线将各个节点串接起来，不支持环形或星型网络。如果需要使用星型结构，就必须使用 485 中继器或者 485 集线器才可以。RS485/422 总线一般最大支持 32 个节点，如果使用特制的 485 芯片，可以达到 128 个或者 256 个节点，最大的可以支持到 400 个节点。

CAN(Controller Area Network)属于现场总线的范畴，它是一种有效支持分布式控制或实时控制的串行通信网络。较之目前 RS485 基于 R 线构建的分布式控制系统而言，基于 CAN 总线的分布式控制系统在以下方面具有明显的优越性：

1)CAN 控制器工作于多主方式，网络中的各节点都可根据总线访问优先权(取决于报文标志符)采用无损结构的逐位仲裁方式竞争向总线发送数据，且 CAN 协议废除了站地址编码，而代之以对通信数据进行编码，这可使不同的节点同时接收到相同的数据，这些特点使得 CAN 总线构成的网络各节点之间的数据通信实时性强，并且容易构成冗余结构，提高系统的可靠性和系统的灵活性。而利用 RS485 只能构成主从式结构系统，通信方式也只能以主站轮询的方式进行，系统的实时性、可靠性较差。

2)CAN 总线通过 CAN 控制器接口芯片 82C250 的两个输出端 CANH 和 CANL 与物理总线相连，而 CANH 端的状态只能是高电平或悬浮状态，CANL 端只能是低电平或悬浮状态。这就保证不会出现像在 RS485 网络中，当系统有错误，多节点同时向总线发送数据，导致总线呈现短路，从而损坏某些节点的现象。而且 CAN 节点在错误严重的情况下具有自动关闭输出功能，以使总线上其他节点的操作不受影响，从而保证不会出现网络中因个别节点出现问题，使得总线处于“死锁”状态。

3)CAN 具有完善的通信协议，可由 CAN 控制器芯片及其接口芯片来实现，从而大大降低了系统的开发难度，缩短了开发周期，这些是仅仅只有电气协议的 RS485 所无法比拟的。

4.4.3.2　USBCAN 总线连接

1)功能概述

USBCAN-Ⅱ/Ⅰ是集成 2 路 CAN 接口的高性能型 CAN-bus 总线通信接口卡。该型号 CAN 卡可兼容 USB2.0 总线全速规范，采用 USBCAN-Ⅱ/Ⅰ高性能 CAN 接口卡，PC 可以通过 USB 接口快速连接至 CAN-bus 网络，构成现场总线实验室、工业控制、智能小区、汽车电子网络等 CAN-bus 网络领域中数据处理、数据采集的 CAN-bus 网络控制节点。

USBCAN-Ⅱ/Ⅰ高性能 CAN 接口卡是 CAN-bus 产品开发、CAN-bus 数据分析的强大工具；同时具有体积小巧、即插即用等特点，也是便携式系统用户的最佳选择。USBCAN-Ⅱ/Ⅰ接口卡上自带 USB 接口，集成 CAN 接口电气隔离保护模块，使其避免由于瞬间过流/过压而对设备造成损坏，增强系统在恶劣环境中使用的可靠性。

USBCAN-Ⅱ/Ⅰ高性能 CAN 接口卡支持 Win2000/XP/Win7/Win8 等 32 位/64 位操作系统。产品为用户提供统一的应用程序编程接口和完整的应用示范代码，含 VC、VB、Net、Delphi、Labview 和 C++Builder 等开发例程示范，方便用户进行应用程序开发。

USBCAN-Ⅱ/Ⅰ接口卡带有通用测试软件，可执行 CAN-bus 报文的收发和监测等功能。

2）USBCAN 总线架构

将 PC 与 USBCAN-Ⅱ/Ⅰ接口卡通过随机附带的 USB 电缆直接连接，由 USB 电缆向 USBCAN-2A/Ⅱ/Ⅰ接口卡提供+5V 电源；此时，指示灯 SYS 点亮，先显示红色，表示设备有电源供给，稍后将闪烁数次，并稳定显示绿色，表示与 PC 实现通信连接。

USBCAN-Ⅱ/Ⅰ接口卡的 USB 端口符合 USB1.1 协议规范，可以与具有 USB1.1 标准或 USB2.0 标准的 PC 机连接通信。USBCAN-Ⅱ/Ⅰ接口卡与 PC 的连接方式有以下两种：

（1）通过随机附带的 USB 电缆，直接连接 PC 的 USB 端口；此时，由 PC 的 USB 端口向 USBCAN-2A/Ⅱ/Ⅰ接口卡提供+5V 电源，采用总线供电模式。

（2）USBCAN-Ⅱ/Ⅰ接口卡通过外置的 USB 总线集线器连接到 PC 机；如果使用总线供电方式的 USB 集线器，USBCAN-Ⅱ/Ⅰ接口卡必须使用外部电源（DC+9～+25V@200mA，插头无极性要求），采用外部供电模式。参见图 4-49。

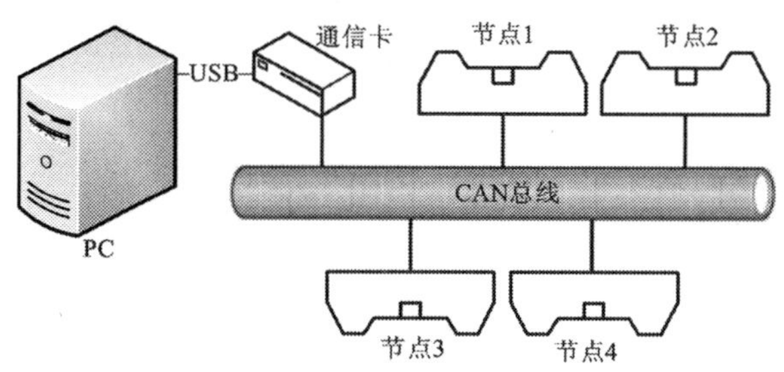

图 4-49　USBCAN 总线架构图

4.4.3.3　USBCAN 总线二次开发库函数

USBCAN-Ⅱ/Ⅰ接口卡为二次开发的用户提供标准的接口函数库，包括：ControlCAN.h，ControlCAN.lib，ControlCAN.dll 和一个文件夹 kerneldlls。该接口函数库均为标准格式，用户可以在 VC、VB 等编程环境中，调用这些接口函数声明，具体使用方法详见“CAN-bus 通用测试软件及接口函数库使用手册.pdf”。图 4-50 为常用结构体名称及函数库调用流程。

1）函数库中的数据结构定义

（1）存储接口卡信息的数据结构

定义：

```
typedef struct _VCI_BOARD_INFO{
USHORT hw_Version;
```

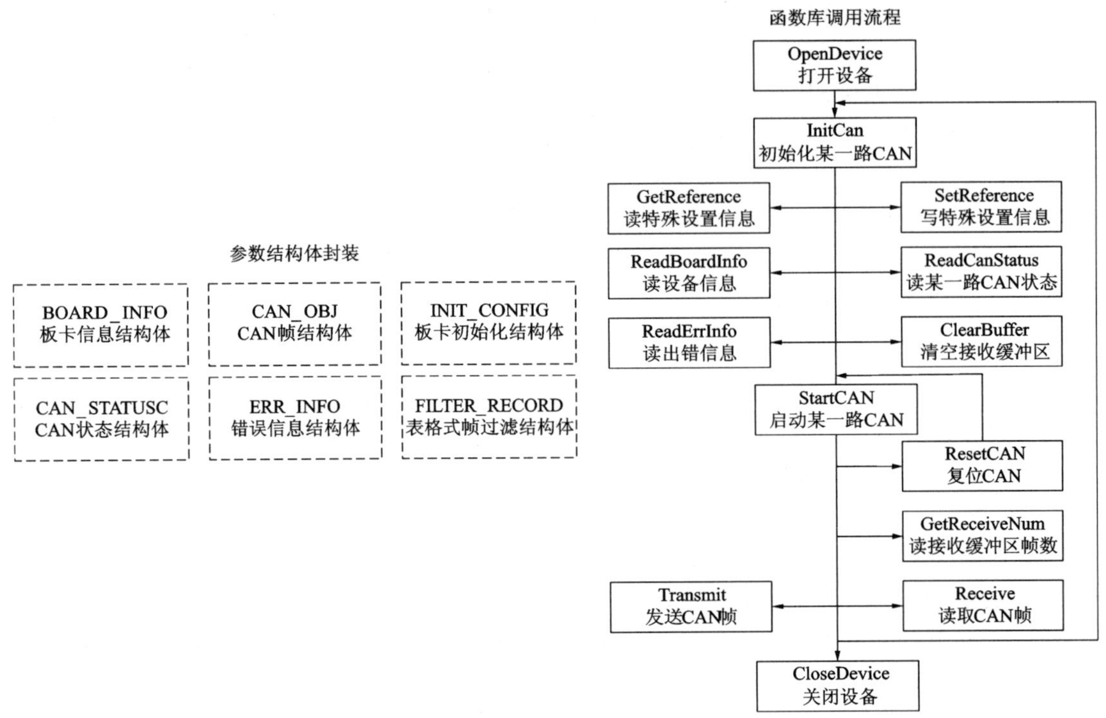

图 4-50　常用结构体名称及函数库调用流程图

```
USHORT fw_Version;
USHORT dr_Version;
USHORT in_Version;
USHORT irq_Num;
BYTE can_Num;
CHAR str_Serial_Num[20];
CHAR str_hw_Type[40];
USHORT Reserved[4];
} VCI_BOARD_INFO, * PVCI_BOARD_INFO;
```

参数:

hw_Version　用 16 进制表示的硬件版本号,比如 0x0100 表示 V1.00;

fw_Version　用 16 进制表示的固件版本号;

dr_Version　用 16 进制表示的驱动程序版本号;

in_Version　用 16 进制表示的接口库版本号;

irq_Num　板卡所使用的中断号;

can_Num　表示有几路 CAN 通道;

str_Serial_Num　此板卡的序列号;

str_hw_Type　硬件类型,比如"USBCAN V1.00"(注意:包括字符串结束符'\0');

Reserved　系统保留。

(2)定义 CAN 信息帧的数据结构

定义：

```
typedef struct _VCI_CAN_OBJ{
UINT ID;
UINT TimeStamp;
BYTE TimeFlag;
BYTE SendType;
BYTE RemoteFlag;
BYTE ExternFlag;
BYTE DataLen;
BYTE Data[8];
BYTE Reserved[3];
}VCI_CAN_OBJ, * PVCI_CAN_OBJ;
```

参数：

TimeStamp　接收到信息帧时的时间标志，从 CAN 控制器初始化开始计时；

TimeFlag　是否使用时间标志，为 1 时 TimeStamp 有效，TimeFlag 和 TimeStamp 只在此帧为接收帧时有意义；

SendType　发送帧类型，=0 时为正常发送，=1 时为单次发送，=2 时为自发自收，=3 时为单次自发自收，只在此帧为发送帧时有意义；

RemoteFlag　是否是远程帧；

ExternFlag　是否是扩展帧；

DataLen　数据长度(≤8)，即 Data 的长度；

Data　报文的数据；

Reserved　系统保留。

(3)存储 CAN 控制器状态的数据结构

定义：

```
typedef struct _VCI_CAN_STATUS{
UCHAR ErrInterrupt;
UCHAR regMode;
UCHAR regStatus;
UCHAR regALCapture;
UCHAR regECCapture;
UCHAR regEWLimit;
UCHAR regRECounter;
UCHAR regTECounter;
DWORD Reserved;
}VCI_CAN_STATUS, * PVCI_CAN_STATUS;
```

参数：

ErrInterrupt　中断记录，读操作会清除；

regMode CAN　控制器模式寄存器；

regStatus CAN 控制器状态寄存器；

regALCapture CAN 控制器仲裁丢失寄存器；

regECCapture CAN 控制器错误寄存器；

regEWLimit CAN 控制器错误警告限制寄存器；

regRECounter CAN 控制器接收错误寄存器；

regTECounter CAN 控制器发送错误寄存器；

Reserved 系统保留。

(4)存储错误信息的数据结构

定义：

```
typedef struct _ERR_INFO{
UINT ErrCode;
BYTE Passive_ErrData[3];
BYTE ArLost_ErrData;
}VCI_ERR_INFO, * PVCI_ERR_INFO;
```

参数：

ErrCode 错误码；

Passive_ErrData 当产生的错误中有消极错误时表示为消极错误的错误标志数据；

ArLost_ErrData 当产生的错误中有仲裁丢失错误时表示为仲裁丢失错误的错误标志数据。

(5)定义初始化 CAN 的数据结构

定义：

```
typedef struct _INIT_CONFIG{
DWORD AccCode;
DWORD AccMask;
DWORD Reserved;
UCHAR Filter;
UCHAR Timing0;
UCHAR Timing1;
UCHAR Mode;
}VCI_INIT_CONFIG, * PVCI_INIT_CONFIG;
```

参数：

AccCode 验收码；

AccMask 屏蔽码；

Reserved 保留；

Filter 滤波方式；

Timing0 定时器 0；

Timing1 定时器 1；

Mode 模式。

2)接口库函数说明

(1) DWORD _ stdcall VCI _ OpenDevice (DWORD DevType, DWORD DevIndex, DWORD Reserved);

入口参数:

DevType:设备类型号。

DevIndex:设备索引号,比如当只有一个 PCI5121 时,索引号为 0,有两个时可以为 0 或 1(注:当为 CAN232 时,0 表示要打开的是 COM1,1 表示要打开的是 COM2)。本小节接下来的函数中此项参数的意义全部同本条。

Reserved:当设备为 CAN232 时,此参数表示用以打开串口的波特率,可以为 2400bps, 4800bps,9600bps,14400bps,19200bps,28800bps,57600bps。当为其他设备时此参数无意义。

函数功能:此函数用以打开设备。

返回值:为 1 表示操作成功,为 0 表示操作失败。

(2)DWORD_stdcall VCI_CloseDevice(DWORD DevType,DWORD DevIndex);

入口参数:

DevType:设备类型号。

DevIndex:设备索引号。

函数功能:此函数用以关闭设备。

返回值:为 1 表示操作成功,为 0 表示操作失败。

(3)DWORD_stdcall VCI_InitCan(DWORD DevType,DWORD DevIndex,DWORD CANIndex,PVCI_INIT_CONFIG pInitConfig);

入口参数:

DevType:设备类型号。

DevIndex:设备索引号。

CANIndex:第几路 CAN。

pInitConfig:初始化参数结构(注:当为 CAN232 时,忽略此参数,其值设为 NULL)。

函数功能:此函数用以初始化指定的 CAN。

返回值:为 1 表示操作成功,为 0 表示操作失败。

(4)DWORD_stdcall VCI_ReadBoardInfo(DWORD DevType,DWORD DevIndex,PVCI_BOARD_INFO pInfo);

入口参数:

DevType:设备类型号。

DevIndex:设备索引号。

pInfo:用来存储设备信息的 VCI_BOARD_INFO 结构指针。

函数功能:此函数用以获取设备信息。

返回值:为 1 表示操作成功,为 0 表示操作失败。

(5) DWORD _ stdcall VCI _ ReadErrInfo (DWORD DevType, DWORD DevIndex, DWORD CANIndex,PVCI_ERR_INFO pErrInfo);

入口参数:

DevType:设备类型号。

DevIndex:设备索引号。

CANIndex:第几路 CAN(注:当要读取设备错误的时候,此参数应该设为-1。比如当调用 VCI_OpenDevice, VCI_CloseDevice 和 VCI_ReadBoardInfo 这些与特定的第几路 CAN 操作无关的操作函数失败后,调用此函数来获取失败错误码的时候应该把 CANIndex 设为-1。)

pErrInfo:用来存储错误信息的 VCI_ERR_INFO 结构指针。

函数功能:此函数用以获取最后一次错误信息。

返回值:为 1 表示操作成功,为 0 表示操作失败。

(6) DWORD _stdcall VCI_ReadCanStatus(DWORD DevType, DWORD DevIndex, DWORD CANIndex, PVCI_CAN_STATUS pCANStatus);

入口参数:

DevType:设备类型号。

DevIndex:设备索引号(注:当为 CAN232 时,0 表示要打开的是 COM1,1 表示要打开的是 COM2)。

CANIndex:第几路 CAN。

pCANStatus:用来存储 CAN 状态的 VCI_CAN_STATUS 结构指针。

函数功能:此函数用以获取 CAN 状态。

返回值:为 1 表示操作成功,为 0 表示操作失败。

(7) DWORD _stdcall VCI_GetReference(DWORD DevType, DWORD DevIndex, DWORD CANIndex, DWORD RefType, PVOID pData);

入口参数:

DevType:设备类型号。

DevIndex:设备索引号。

CANIndex:第几路 CAN。

RefType:参数类型。

pData:用来存储参数有关数据缓冲区地址首指针。

函数功能:此函数用以获取设备的相应参数。

返回值:为 1 表示操作成功,为 0 表示操作失败。

(8) DWORD _stdcall VCI_SetReference(DWORD DevType, DWORD DevIndex, DWORD CANIndex, DWORD RefType, PVOID pData);

入口参数:

DevType:设备类型号。

DevIndex:设备索引号。

CANIndex:第几路 CAN。

RefType:参数类型。

pData:用来存储参数有关数据缓冲区地址首指针。

函数功能:此函数用以设置设备的相应参数,主要处理不同设备的特定操作。

返回值:为 1 表示操作成功,为 0 表示操作失败。

(9) ULONG _stdcall VCI_GetReceiveNum(DWORD DevType, DWORD DevIndex,

DWORD CANIndex);

入口参数:

DevType:设备类型号。

DevIndex:设备索引号。

CANIndex:第几路 CAN。

函数功能:此函数用以获取指定接收缓冲区中接收到的但尚未被读取的帧数。

返回值:返回尚未被读取的帧数。

(10) DWORD _ stdcall VCI _ ClearBuffer (DWORD DevType, DWORD DevIndex, DWORD CANIndex);

入口参数:

DevType:设备类型号。

DevIndex:设备索引号。

CANIndex:第几路 CAN。

函数功能:此函数用以清空指定缓冲区。

返回值:为 1 表示操作成功,为 0 表示操作失败。

(11) DWORD _ stdcall VCI _ StartCAN (DWORD DevType, DWORD DevIndex, DWORD CANIndex);

入口参数:

DevType:设备类型号。

DevIndex:设备索引号。

CANIndex:第几路 CAN。

函数功能:此函数用以启动 CAN。

返回值:为 1 表示操作成功,为 0 表示操作失败。

(12) DWORD _ stdcall VCI _ ResetCAN (DWORD DevType, DWORD DevIndex, DWORD CANIndex);

入口参数:

DevType:设备类型号。

DevIndex:设备索引号。

CANIndex:第几路 CAN。

函数功能:此函数用以复位 CAN。

返回值:为 1 表示操作成功,为 0 表示操作失败。

(13)ULONG_stdcall VCI_Transmit(DWORD DevType,DWORD DevIndex,DWORD CANIndex,PVCI_CAN_OBJ pSend,ULONG Len);

入口参数:

DevType:设备类型号。

DevIndex:设备索引号。

CANIndex:第几路 CAN。

pSend:要发送的数据帧数组的首指针。

Len:要发送的数据帧数组的长度。

函数功能：此函数向指定的设备发送数据。

返回值：返回实际发送的帧数。

(14)ULONG_stdcall VCI_Receive(DWORD DevType,DWORD DevIndex,DWORD CANIndex,PVCI_CAN_OBJ pReceive,ULONG Len,INT WaitTime=－1)；

入口参数：

DevType：设备类型号。

DevIndex：设备索引号。

CANIndex：第几路 CAN。

pReceive：用来接收的数据帧数组的首指针。

Len：用来接收的数据帧数组的长度。

WaitTime：等待超时时间，以毫秒为单位。

函数功能：此函数从指定的设备读取数据。

返回值：返回实际读取到的帧数。如果返回值为 0xFFFFFFFF，则表示读取数据失败，有错误发生，请调用 VCI_ReadErrInfo 函数来获取错误码。

3)接口库函数使用方法

首先，把库函数文件都放在工作目录下。总共有三个文件 ControlCAN. h，ControlCAN. lib，ControlCAN. dll 和一个文件夹 kerneldlls。

(1)VC 调用动态库的方法

①在. CPP 中包含 ControlCAN. h 头文件；

②在工程文件中加入 ControlCAN. lib 文件。

(2)VB 调用动态库的方法

通过以下方法进行声明后就可以调用了。语法：

[Public][Private]Declare Function Name Lib "Iibname"[Alias "Aliasname"][([Arglist])] [As Type]

Declare 语句的语法包含下面部分：

Public(可选)，用于声明在所有模块中的所有过程都可以使用的函数。

Private(可选)，用于声明只能在包含该声明的模块中使用的函数。

Name(必选)，任何合法的函数名。动态链接库的入口处(entry points)区分大小写。

Libname(必选)，包含所声明的函数动态链接库名或代码资源名。

Alias(可选)，表示将被调用的函数在动态链接库(DLL)中还有另外的名称。当外部函数名与某个函数重名时，就可以使用这个参数。当动态链接库的函数与同一范围内的公用变量、常数或任何其他过程的名称相同时，也可以使用 Alias。如果该动态链接库函数中的某个字符不符合动态链接库的命名约定时，也可以使用 Alias。

Aliasname(可选)动态链接库。如果首字符不是数字符号(#)，则 Aliasname 是动态链接库中该函数入口处的名称。如果首字符是数字符号(#)，则随后的字符必须指定该函数入口处的顺序号。

Arglist(可选)，代表调用该函数时需要传递参数的变量表。

Type(可选)，Function 返回值的数据类型；可以是 Byte、Boolean、Integer、Long、Currency、Single、Double、Decimal(目前尚不支持)、Date、String(只支持变长)或 Variant，用户

定义类型，或对象类型。

Arglist 参数的语法如下：

[Optional] [ByVal][ByRef] [ParamArray] varname[(　)] [As Type]

部分描述：

Optional(可选)，表示参数不是必需的。如果使用该选项，则 Arglist 中的后续参数都必须是可选的，而且必须都使用 Optional 关键字声明。如果使用了 ParamArray，则任何参数都不能使用 Optional。

ByVal(可选)，表示该参数按值传递。

ByRef(可选)，表示该参数按地址传递。

例如：Public Declare Function VCI_OpenDevice Lib "ControlCAN" (ByVal devicetype As Long,ByVal deviceind As Long,ByVal reserved As Long)As Long

4.4.3.4　USBCAN 总线二次开发实例

读者可以参考测试软件及接口函数库使用手册，编写适合自己使用的数据传输软件，在交通信息应用系统集成时，利用 CAN 总线将各个功能模块连接起来，相互交换信息，实现团队合作开发综合应用系统。下面以 VB 6.0 为开发工具，具体说明 USBCAN 总线二次开发过程。其工作界面如图 4-51 所示。

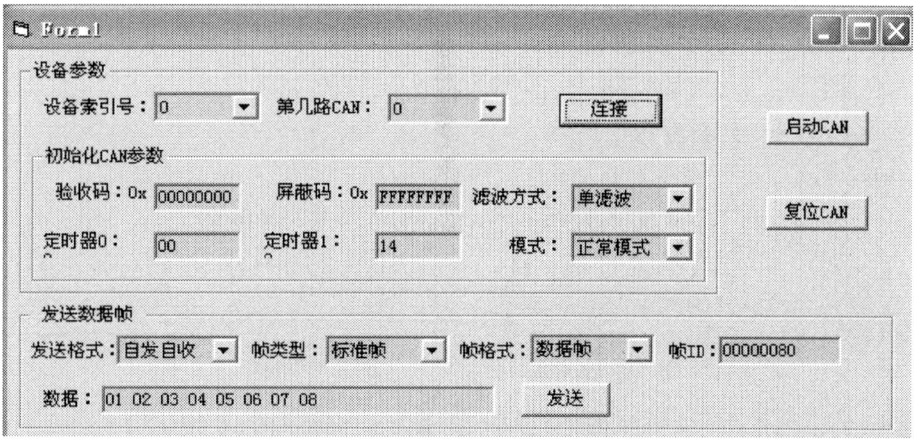

图 4-51　USBCAN 自发自收测试图

1)USBCAN 自发自收测试

下面将以 VB 为开发工具，参考 USBCAN 接口的一些基本的函数库，编写 USBCAN 设备的连接、启动、复位、数据发送、数据接收的程序，参见图 4-51，因为 USBCAN 具有发送/接收的功能，所以，可以使用一台 USBCAN 设备与 PC 机连接，实现最简单的自发自收测试，后续复杂的功能在此基础上进行修改、完善即可。

要利用 USBCAN 实现不同设备之间的数据传输，首先要做的就是将 USBCAN-Ⅱ/Ⅰ接口卡连接到 PC 机，连接设备的程序为：

```
Private Sub Connect_Click()                REM:连接程序
    Dim index As Long
    Dim cannum As Long
```

```
    Dim code,mask As Long
    Dim Timing0,Timing1,filtertype,Mode As Byte
    Dim InitConfig As VCI_INIT_CONFIG
    If Combo1.ListIndex<>-1 And Combo2.ListIndex<>-1 Then
      index=Combo1.ListIndex
      cannum=Combo2.ListIndex
      filtertype=Combo6.ListIndex
      Mode=Combo7.ListIndex
      code=Val("&H"+Text2.Text)
      mask=Val("&H"+Text3.Text)
      Timing0=Val("&H"+Text5.Text)
      Timing1=Val("&H"+Text6.Text)
      InitConfig.AccCode=code
      InitConfig.AccMask=mask
      InitConfig.Filter=filtertype
      InitConfig.Mode=Mode
      InitConfig.Timing0=Timing0
      InitConfig.Timing1=Timing1
      If VCI_OpenDevice(m_devtype,index,0)<>1 Then
        MsgBox("打开设备错误")
      Else
        If VCI_InitCAN(m_devtype,index,cannum,InitConfig)=1 Then
          m_connect=1                    REM:初始化设备成功,设备连接成功
          m_devind=index
          m_cannum=cannum
          Connect.Caption="断开"
        Else
          MsgBox("初始化 CAN 错误")
        End If
      End If
    End If
    End Sub
```

USBCAN-Ⅱ/Ⅰ接口卡连通到 PC 机后,还要启动设备,才能正常工作,启动设备的程序为:

```
  Private Sub Command2_Click()            REM:启动程序
    If m_connect=0 Then
      MsgBox("请先打开端口")
      Exit Sub
    End If
```

```
  If VCI_StartCAN(m_devtype,m_devind,m_cannum)<>1 Then
    MsgBox("启动 CAN 错误")
  Else
    List1.AddItem"启动 CAN 成功",List1.ListCount
  End If
End Sub
```

如果设备运行不正常,可以试着使用复位,复位的程序为:

```
Private Sub Command3_Click()                REM:复位程序
  If m_connect=0 Then
    MsgBox("请先打开端口")
    Exit Sub
  End If
  If VCI_ResetCAN(m_devtype,m_devind,m_cannum)<>1 Then
    MsgBox("复位 CAN 错误")
  Else
    List1.AddItem"复位 CAN 成功",List1.ListCount
  End If
End  Sub
```

当 USBCAN 设备连通并启动之后,就可以试着传输数据了,以传输一组“01 02 03 04 05 06 07 08”数据为例,以下为传输数据的程序:

```
Private Sub Command1_Click()                REM:发送程序
  If m_connect=0 Then
    MsgBox("请先打开端口")
    Exit Sub
  End If
  Dim SendType,frameformat,frametype As Byte
  Dim ID As Long
  Dim data(7)As Byte
  Dim frameinfo As VCI_CAN_OBJ
  Dim str As String
  SendType=Combo3.ListIndex
  frameformat=Combo5.ListIndex
  frametype=Combo4.ListIndex
  str="&H"
  str=str+Text1.Text                        REM:帧 ID
  ID=Val(str)
  str=Text4.Text                            REM:待发送的数据
  strdata=""
  i=0
```

```
    For i=0 To 7                              REM:依次将数据存入数组
      strdata=Left(str,2)                     REM:取前面 2 位数字
      If Len(strdata)=0 Then
        Exit For
      End If
      str=Right(str,Len(str)-3)               REM:去掉前面 2 位数字
      data(i)=Val("&H"+strdata)               REM:将数据存入数组
    Next
    frameinfo.DataLen=i
    frameinfo.ExternFlag=frametype
    frameinfo.RemoteFlag=frameformat
    frameinfo.SendType=SendType
    frameinfo.ID=ID
    For j=0 To i -1
      frameinfo.data(j)=data(j)               REM:将数据装入数据帧数组
    Next
    If VCI_Transmit(m_devtype,m_devind,m_cannum,frameinfo,1)<>1 Then
      MsgBox("发送数据失败")
    Else
      List1.AddItem"发送数据成功",List1.ListCount
    End If
End Sub
```

USBCAN 设备具有自己发送、自己接收的功能，在前面发送数据的基础上，编写一段接收数据的程序，为了能够在数据发送之后自动接收，此处采用了一个 Timer 控件，具体程序如下：

```
  Private Sub Timer1_Timer()                  REM:定时接收
     Timer1.Enabled=False
     file1=App.Path+"\test1_out.txt"          REM:将接收的数据保存到 txt 文本文
                                                   件之中
     Dim ErrInfo As VCI_ERR_INFO
     If m_connect=0 Then
          Timer1.Enabled=True
          Exit Sub
     End If
     Dim length As Long
     Dim frameinfo(49) As VCI_CAN_OBJ
     Dim str As String
     length=VCI_Receive(m_devtype,m_devind,m_cannum,frameinfo(0),50,10)
     If length<=0 Then                        REM:如果接收数据失败,退出程序
```

```
    VCI_ReadErrInfo m_devtype,m_devind,m_cannum,ErrInfo
    Timer1.Enabled=True
    Exit Sub
End If
For i=0 To length - 1                    REM:逐个数据接收
    str="接收到数据帧:"
    If frameinfo(i).TimeFlag=0 Then
        tmpstr="时间标识:无"
    Else
        tmpstr="时间标识:0x"+Hex(frameinfo(i).TimeStamp)
    End If
    str=str+tmpstr
    tmpstr="帧 ID:0x"+Hex(frameinfo(i).ID)
    str=str+tmpstr
    str=str+"帧格式:"
    If frameinfo(i).RemoteFlag=0 Then
        tmpstr="数据帧"
    Else
        tmpstr="远程帧"
    End If
    str=str+tmpstr
    str=str+"帧类型:"
    If frameinfo(i).ExternFlag=0 Then
        tmpstr="标准帧"
    Else
        tmpstr="扩展帧"
    End If
    str=str+tmpstr
    List1.AddItem str,List1.ListCount
    If frameinfo(i).RemoteFlag=0 Then
        str="数据:"
        If frameinfo(i).DataLen>8 Then
            frameinfo(i).DataLen=8
        End If
        Open file1 For AppendAs #1
        For j=0 To frameinfo(i).DataLen-1
            tmpstr=Hex(frameinfo(i).data(j))+"  "
            str=str+tmpstr
        Next
```

```
            Print #1,str                    REM:将接收的数据保存
            Close #1
            List1.AddItem str,List1.ListCount
        End If
    Next
    Timer1.Enabled=True
End Sub
```

2)USBCAN 自定义协议

在一个大型应用系统进行开发时，需要开发团队分工独立开发功能模块，最后再集中集成为一个完整的应用系统，例如无人艇系统开发，有路径规划、自动定位、自动避障、自动控制、实时监控等功能模块。因此，各个功能模块之间互相传输信息时可以使用 USBCAN 总线传输数据，为了实现各个功能模块之间的数据传输，就必须要制定一个团队成员公认的数据传输规则，即自定义一个协议。各个团队成员就以此协议为依据，将数据打包发送给其他成员；同时将接收到的其他成员的数据，依据此协议进行解包。

下面就以输入到本船的数据——经度、纬度、航向、航速，接收到他船的数据——经度、纬度、航向、航速以及输出数据——航向、航速为例介绍自定义协议中的数据格式、示例以及解析方法，CAN 接口数据协议参考表 4-4 所示。

表 4-4　CAN 接口数据协议参考表

输入本船数据	ID(扩展帧)	数据格式(以包头、包尾区分)	示例
纬度(两包数据)	0001 0110 (0x16)	0x43 XX(数据长度)XX XX XX XX XX XX XX XX XX XX XX XX XX 0x63	0x43 0x09 0x33 0x30 0x2e 0x31 0x33 0x34 0x39 0x36 0x35 0x00 0x00 0x00 0x00 0x63
经度(两包数据)	0001 0111 (0x17)	0x44 XX(数据长度)XX XX XX XX XX XX XX XX XX XX XX XX XX 0x64	
航向(一包数据)	0001 0010 (0x12)	0x41 XX XX XX XX XX XX 0x61	0x41 0x31 0x35 0x32 0x2e 0x33 0x00 0x61
航速(一包数据)	1000 0110 (0x86)	0x53 0x86 XX XX XX XX XX 0x45	0x53 0x86 0x33 0x32 0x00 0x00 0x00 0x45
输入他船数据			
纬度(两包数据)	0001 0100 (0x14)	0x01 XX XX XX XX XX XX XX XX XX XX XX XX XX XX 0x21	0x01 0x33 0x33 0x2e 0x34 0x30 0x34 0x30 0x00 0x00 0x00 0x00 0x00 0x00 0x00 0x21
经度(两包数据)	0001 0100 (0x14)	0x02 XX XX XX XX XX XX XX XX XX XX XX XX XX XX 0x22	
航向(一包数据)	0001 0100 (0x14)	0x03 XX XX XX XX XX XX 0x23	0x03 0x30 0x35 0x32 0x2e 0x33 0x00 0x23

续表 4-4

输入本船数据	ID(扩展帧)	数据格式(以包头、包尾区分)	示例
航速(一包数据)	0001 0100 (0x14)	0x04 XX XX XX XX XX XX 0x24	0x04 0x33 0x34 0x00 0x00 0x00 0x00 0x24
输出数据			
航向(一包数据)	1000 0101 (0x85)	0x53 0x85 XX XX XX XX XX 0x45	0x53 0x85 0x33 0x32 0x32 0x2e 0x34 0x45
航速(一包数据)	1000 0110 (0x86)	0x53 0x86 XX XX XX XX XX 0x45	0x53 0x86 0x33 0x32 0x00 0x00 0x00 0x45

输入到本船的纬度数据，由于数据较长，一个包发送不完，所以分为两个包发送。其数据格式为："0x43 XX(数据长度) XX XX XX XX XX 及 XX XX XX XX XX XX XX XX 0x63"，此处的包头(16 进制的 0x43)和包尾(0x63)为识别关键字，代表此数据包为输入到本船的纬度数据；第 2 个数据："XX(数据长度)"注明了数据长度，以提醒使用者注意该数据是由 2 个包发送的。

示例 1：0x43 0x09 0x33 0x30 0x2e 0x31 0x33 0x34 及 0x39 0x36 0x35 0x00 0x00 0x00 0x00 0x63

解析方法：接收到包头 0x43、包尾 0x63 这两个识别关键字，可以判断出该数据是本船的纬度数据；0x09 表明数据长度为 9；从第三位开始解析数据同时注意判断小数点 0x2e，因此，小数点前只有两位数 0x33 0x30，那么纬度的整数部分为(0x33－0x30) ×10＋(0x30－0x30) ×1＝30。纬度的小数部分有 0x31 0x33 0x34 0x39 0x36 0x35 共保留六位小数，解析后(0x31－0x30) ×0.1＋(0x33－0x30) ×0.01＋(0x34－0x30) ×0.001＋(0x39－0x30) ×0.0001＋(0x36－0x30) ×0.00001＋(0x35－0x30) ×0.000001＝134965 最后得到解析后的本船纬度数据：30.134965°。

在使用 USBCAN 接口接收到 0x43 0x09 0x33 0x30 0x2e 0x31 0x33 0x34 及 0x39 0x36 0x35 0x00 0x00 0x00 0x00 0x63 数据之后，编写数据包解析程序，依据 CAN 接口数据协议自动将本船的纬度数据解析为 30.134965 度。反之，在通过传感器采集到本船的纬度数据 30.134965 度之后，依据该协议，编写数据包打包程序将其打包为 0x43 0x09 0x33 0x30 0x2e 0x31 0x33 0x34 及 0x39 0x36 0x35 0x00 0x00 0x00 0x00 0x63 之后发送出去，实现不同功能模块之间的数据交换。

输出本船的航向数据，只需要一个包就可以发送完，其数据格式为："0x53 0x85 XX XX XX XX XX 0x45"，此处的包头(16 进制的 0x53)和包尾(0x45)为识别关键字，代表此数据包为输出的本船航向数据；第二位的 0x85 是为了区别另外一个本船的输出数据航速而设置的一个识别码。

示例 2：0x53 0x85 0x33 0x32 0x32 0x2e 0x34 0x45

解析方法：接收到包头 0x53、包尾 0x45 这两个识别关键字，第二位为 0x85，因此判定此数据包为输出的本船航向数据。解析从第三位开始，到小数点之前有 0x33 0x32 0x32 三位数据，因此航向的整数值为(0x33－0x30) ×100＋(0x32－0x30) ×10＋(0x32－0x30) ×1＝322°。航向的小数位为 0x34，转化为数值(0x34－0x30) ×0.1＝0.4。最后解析的本船航向数据输出为 322.4°。

通过以上实例看出,CAN 接口数据协议只是开发团队内部制定的一个数据规则,没有固定的格式,一般的协议以使用方便、简单为原则制定,当然为了保护数据不被其他人员破解也可以制定更为复杂、更优化的协议。

3)USBCAN 自定义协议实例

在通过相关功能模块完成预期任务后,需要输出数据时,应当依据自定义协议将要输出的数据转换为发送格式送 USBCAN 接口输出,例如,海事无人艇在经过路径规划后要沿着既定的路径航行,或者在航行途中遇到障碍物,做出自主改向/改速时,都需要将本船的预期航向、航速输出给自动控制系统,以实现自主航行。输出的航向、航速就必须转换为自定义协议规定的格式输出,下面就以输出本船的航向数据为例说明航向数值转换为发送格式的实现方法,以下为主要程序:

```
Public Function hangxiang_out_zh(ByVal cse As String)As String
                                                  REM:输出航向转换格式函数
Dim strdata As String
Dim hangxiang As String
Dim xiaoshu_pos As Integer
    strdata=cse                                   REM:输入航向数值
    xiaoshu_pos=InStr(strdata,".")                REM:取小数点位置
    Select Case xiaoshu_pos
    Case 0                                        REM:0.0°时
    hangxiang="53"+"85"+"30"+"2e"+"30"+"00"+"00"+"45"
    Case 1                                        REM:0.*°时
    hangxiang="53"+"85"+"30"+"2e"+"3"+Mid(strdata,2,1)+"00"+"00"+"45"
    Case 2                                        REM:*.*°时
    hangxiang="53"+"85"+"3"+Left(strdata,1)+"  "+"2e"+"3"+Mid(strda-
              ta,3,1)+"00"+"00"+"45"
    Case 3                                        REM:**.*°时
    hangxiang="53"+"85"+"3"+Left(strdata,1)+"  "+"3"+Mid(strdata,2,1)
              +"  "+"2e"+"3"+Mid(strdata,4,1)+"00"+"45"
    Case 4                                        REM:***.*°时
    hangxiang="53"+"85"+"3"+Left(strdata,1)+"  "+"3"+Mid(strdata,2,1)
              +"  "+"3"+Mid(strdata,3,1)+"  "+"2e"+"3"+Mid(strdata,
              5,1)+"  "+"45"
    Case Else
    End Select
    hangxiang_out_zh=hangxiang                    REM:返回转换格式后的字符串
End  Function
```

将前面示例 2 中使用的航向数据 322.4°代入输出航向转换格式函数 hangxiang_out_zh(322.4),执行后返回 hangxiang_out_zh=53 85 33 32 32 2e 34 35,达到数值转换为既定发

送格式的要求,将此字符串送到发送程序发送即可。

反之,由其他功能模块通过 USBCAN 传输来的数据,也需要依据自定义协议,将带有一定格式的信息解析为数值使用,下面就介绍解析程序。

从 USBCAN 接口接收到带有一定格式的字符串 str,提取字符串的第一位 strdata=Left(str,2)作为识别关键字,使用选择语句 Select Case,导入到相应的函数中去做进一步的数据解析。程序如下:

```
Select Case strdata                     REM:根据第一位标志字判断
  Case  "43"                            REM:本船纬度
      If right(str,2)="63" Then         REM:结合最后一位标志字进一步判断
        frame_sw=2                      REM:为第 2 个数据包
      else
        frame_sw=1                      REM:为第 1 个数据包
      End If
      Call os_weidu(str,frame_sw)       REM:导入到本船纬度函数中进一步解析
  Case"44"                              REM:本船经度
      If right(str,2)="64" Then
        frame_sw=2                      REM:为第 2 个数据包
      else
        frame_sw=1                      REM:为第 1 个数据包
      End If
      Call os_jingdu(str,frame_sw)      REM:导入到本船经度函数中进一步解析
  Case "41"                             REM:本船航向
      If ID=Val("&h"+"12") Then
        os_ship_info_var. Hdg=hangxiang(str)
                                        REM:导入到本船航向函数中进一步解析
      End If
  Case "53"                             REM:本船航速
      If ID=Val("&h"+"86") Then
        os_ship_info_var. Sog=hangsu(str)
      End If
  Case "01"                             REM:他船纬度
      If right(str,2)="21" Then
        frame_sw=2                      REM:为第 2 个数据包
      else
        frame_sw=1                      REM:为第 1 个数据包
      End If
      Call ts_weidu(str,frame_sw)       REM:导入到他船纬度函数中进一步解析
  Case "02"
      If right(str,2)="22" Then         REM:他船经度
```

```
        frame_sw=2                      REM:为第 2 个数据包
      else
        frame_sw=1                      REM:为第 1 个数据包
      End If
      Call ts_jingdu(str,frame_sw)      REM:导入到他船经度函数中进一步解析
  Case "03"                             REM:他船航向
      If ID=Val("&h"+"14") Then
        ts_ship_info_var. Hdg=hangxiang(str)
                                        REM:导入到他船航向函数中进一步解析
      End If
  Case "04"                             REM:他船航速
      If ID=Val("&h"+"14") Then
        ts_ship_info_var. Sog=hangsu(str)
                                        REM:导入到他船航速函数中进一步解析
      End If
  Case Else
  End Select
```

以本船纬度函数为例说明进一步解析数据的方法,程序如下。

```
Private Sub os_weidu(ByVal str As String,ByVal str As frame_sw)
Dim strdata As String
Dim tmp_data(7) As Byte                      REM:应为全局变量
Dim weidu As Double
If frame_sw=1 Then                           REM:如果是第一个数据包,则暂
                                                 时保存到存储器中
  For i=0 To 7
    strdata=Left(str,2)
    tmp_data(i)=Val("&H"+strdata)            REM:将第一帧的数据读入到
                                                 tmp_data 之中保存
    If Len(str)-3>0 Then
      str=Right(str,Len(str)-3)              REM:去掉第 i 位数据
    End If
  Next
elseIf frame_sw=2 Then                       REM:如果是第二个数据包,则连
                                                 同保存在存储器中的数据
                                                 一起解析
strdata=str
weidu=(Val(tmp_data(2))-Val("&h"+"30"))*10+(Val(tmp_data(3))-Val("
      &h"+"30"))*1+(Val(tmp_data(5))-Val("&h"+"30"))*0.1+(Val
      (tmp_data(6))-Val("&h"+"30"))*0.01+(Val(tmp_data(7))-Val("
```

```
        &h"+"30"))*0.001+(Val("&h"+Left(strdata,2))-Val("&h"+"30"))
        *0.0001+(Val("&h"+Mid(strdata,4,2))-Val("&h"+"30"))*0.00001
        +(Val("&h"+Mid(strdata,7,2))-Val("&h"+"30"))*0.000001
    End If
    End Sub
```

将前面示例1中使用的2个数据包0x43 0x09 0x33 0x30 0x2e 0x31 0x33 0x34及0x39 0x36 0x35 0x00 0x00 0x00 0x00 0x63依次代入数据解析函数后，得到本船的纬度值为30.134965°，达到预期的效果，实现了通过USBCAN传输数据的目的。

5 交通信息存储与数据库

5.1 txt 文本文件的存储、读取技术

采集到的交通信息必须保存起来作为原始资料备份，以便做进一步的处理；或者在经过相关处理、分析后作为中间结果加以保存。信息的保存通常都是存储在数据库中。常用数据库系统软件主要有大型数据库软件 Oracle 和 SQL Server，以及小型数据库软件 MySQ1、Visual Foxpro 和 Access。

有时可能仅仅只需要存储信息，而不需要存储的信息具备数据库功能（不涉及额外编码、配置等）。那么，将信息保存在文本文件中可能正是读者所需要的，txt 文档在工作中经常用到，在 AIS 设备中采集的原始信息也保存在 txt 文档中。txt 文件不只是用起来方便，打开速度也比较快，也不需要专门安装数据库软件，在 Windows 中自带有该文件。而且任意一个 Windows 编程软件都可以对 txt 文件进行操作，保存数据和读取数据。

5.1.1 txt 文件的读取方法

首先，在读取或写入信息之前，必须用 Open 语句来打开文件。每打开一个文件 Open 语句将建立一个文件号，文件号是用来将文件与其他编程代码区分开来的一个整数，为了节约系统资源，使用完文件后，应用 Close 语句关闭它，为其他文件的使用释放文件号。

关键字 Input 指明文件打开后用于顺序输入，意味着只能按顺序向下浏览文件。从文件中读取信息的操作会自动地将一个内部文件指针向下移到下一个读取入口处。txt 文件打开后，一般对它的操作是从文件中读出数据并赋给程序中的变量，以便进一步完成对数据的使用。或者将程序中的数据通过变量写入到 txt 文件中去，在应用程序中存储和读出 txt 文件都非常的简单、方便，有时候也可以把 txt 文件存放到硬盘中长期保存，有时也可以作为中间环节代替变量的作用临时保存。

例如：某文本文件中有一行 Test，100，#1998-01-01#，使用代码 Input #1，stringvar，intvar，datavar 可以正确地将此行信息从 txt 文件中读入到相应的变量中，即将硬盘中的数据 stringvar＝test intvar＝100datavar＝#1998-01-01# 读入到计算机内存中，以便应用程序快速处理该数据，Input 语句的具体示例如下：

本示例使用 Input 语句将 txt 文件内的数据读入到两个变量中。

```
Dim MyString,MyNumber                       REM:定义 2 个变量
File1="D:\交通信息技术及应用\sin.txt"        REM:sin.txt 文档的路径
Open file1 For Input As #1                  REM:打开文件读入数据，#1 为文件号
     Do While Not EOF(1)                    REM:循环读入数据至文件尾，即全部
                                                读取
          Input #1,MyString,MyNumber        REM:将数据读入两个变量
```

```
        Debug.Print MyString,MyNumber      REM:在窗口中显示 2 个数据
    Loop                                   REM:与 Do 呼应,构成封闭循环圈
Close #1                                   REM:关闭文件
```

5.1.2　txt 文件的存储方法

与读取数据相反,使用代码 Output #1 或者 Append#1 可以实现将程序中变量值写入到 txt 文件中去,Output 指打开文件进行写操作,是覆盖旧的内容写入;Append 指打开文件进行数据追加操作,不覆盖旧的内容。

```
file 2="D:\交通信息技术及应用\sin.txt"
Open file2 For Output As #2                REM:打开 sin.txt 文档写入
For i=1 To 360                             REM:循环语句
    x(i)=i*2                               REM:x(i)数组,数据先存储到数组
    y(i)=300-300*Sin(i*3.1415/180)         REM:y(i)数组,数据先存储到数组
    Write #2,x(i),y(i)                     REM:将 x(i)数组的值和 y(i)数组的值
                                               存入 txt 文件
Next                                       REM:循环结束
Close #2                                   REM:关闭文件
```

将该语句重复运行一次,再将 Open file2 For Output As #2 改为 Open file2 For Append As #2 后重复运行一次,分别比较 sin.txt 文件中存储的内容,可以看出 Output 和 Append 的区别。

下面介绍 txt 文本保存数据的 VS 软件实例,在实际使用过程中,可以用来监控程序的运行,检查程序模块的运行错误,记录一些单纯、简单的数据,如下所示(保存的文本文件参见图 5-1):

```
Dim sCurrentDate As String                 REM:定义记录的时间变量
Dim sDir As String                         REM:定义记录的文件夹变量
Dim sLogFile As String                     REM:定义记录的文件名变量
Dim intFileNum As Integer=FreeFile()       REM:定义记录的文件号
sCurrentDate=FormatDateTime(Now,DateFormat.ShortDate)
                                           REM:获取记录当时的时间、日期
sDir=Application.StartupPath&"\data\ship_num\"& sCurrentDate
                                           REM:获取记录的文件夹名
sLogFile =sDir & "\"& sCurrentDate & ".txt"
                                           REM:获取记录的文件名
If Not Directory.Exists(sDir)Then          REM:如果文件夹不存在,就
  My.Computer.FileSystem.CreateDirectory(sDir)
                                           REM:创建文件夹
End If
FileOpen(intFileNum,sLogFile,OpenMode.Append,OpenAccess.Write,OpenShare.
Shared,)              REM:打开文件,以追加数据写入到 sLogFile 文件中的模式记录
```

```
    PrintLine(intFileNum,Now,ship_num)        REM:保存某一时刻的水域内船舶数
FileClose(intFileNum)
```

2016-8-24 - 记事本

文件(F)　编辑(E)　格式(O)　查看(V)　帮助(H)

```
2016-8-24 16:19:21        317
2016-8-24 16:19:22        316
2016-8-24 16:19:22        315
2016-8-24 16:19:22        314
2016-8-24 16:19:49        315
2016-8-24 16:19:49        316
2016-8-24 16:20:09        317
2016-8-24 16:20:09        318
2016-8-24 16:20:09        319
2016-8-24 16:20:31        320
2016-8-24 16:20:31        321
2016-8-24 16:20:49        320
```

图 5-1　保存的文本文件数据

5.2　Excel 文件的存储、读取技术

VB 是常用的应用软件开发工具之一，应用程序中对数据进行处理后，需要保存为报表的形式，并且以图形化的形式显示出来。但是由于 VB 的报表功能有限，而且一旦报表格式发生变化，就得相应地修改程序，给应用软件的维护工作带来极大的不便。因此有很多程序员在 VB 中调用 Excel 来实现数据报表，充分利用 Excel 的强大报表功能来开发实现应用数据报表。但由于 VB 与 Excel 分别属于不同的应用系统，如何把它们有机地结合在一起，是本教材需要介绍的内容。

先介绍 VB 与 Excel 的数据交换，通过 VB 采集的数据，或者是通过计算、处理后得到的数据输出给 Excel 以报表的形式保存并以图形的形式显示。反之也可将通过 Excel 获得的数据提供给 VB。再介绍 Excel 与函数曲线，利用 Excel 的绘图功能，将 Excel 中的数据通过曲线描绘出来，以便分析。最后介绍 VB 与 Excel 及函数曲线串联起来的整体应用，即将 VB 中的数据经过处理后输出给 Excel，然后绘出曲线。

5.2.1　VB 读写 Excel 表

VB 本身具备的自动化功能可以读写 Excel 表，其方法如下：

1)在工程中引用 Microsoft Excel 类型库：

在 VB 应用软件中，从“工程”菜单中选择“引用”栏；选择 Microsoft Excel 11.0 Object Library(Excel 2003)，然后选择“确定”，表示在工程中要引用 Excel 类型库。

2)在 VB 的通用对象的声明过程中定义 Excel 对象：

```
Dim xlApp As Excel. Application
Dim xlBook As Excel. WorkBook
Dim xlSheet As Excel. Worksheet
```

3)在程序中操作 Excel 表常用命令：

```
Set xlApp=CreateObject("Excel. Application")     REM:创建 Excel 对象
Set xlBook=xlApp. Workbooks. Open("文件名")     REM:打开已经存在的 Excel 工件
```

```
                                            簿文件
xlApp.Visible=True                          REM:设置 Excel 对象可见(或不
                                            可见)
Set xlSheet=xlBook.Worksheets("表名")       REM:设置活动工作表
xlSheet.Cells(row,col)=值                   REM:给单元格(row,col)赋值
xlSheet.PrintOut                            REM:打印工作表
xlBook.Close(True)                          REM:关闭工作簿
xlApp.Quit                                  REM:结束 Excel 对象
Set xlApp=Nothing                           REM:释放 xlApp 对象
```

4)在运用以上 VB 命令操作 Excel 表时,除非设置 Excel 对象不可见,否则 VB 程序可继续执行其他操作,也能够关闭 Excel,同时也可对 Excel 进行操作。但在 Excel 操作过程中关闭 Excel 对象时,VB 程序无法知道,如果此时使用 Excel 对象,则 VB 程序会产生自动化错误,形成 VB 程序无法完全控制 Excel 的状况,使得 VB 与 Excel 脱节。为了解决这个问题,可以利用 Excel 的宏功能在使用 VB 打开 Excel 时产生一个标记,关闭 Excel 时删除该标记。

5.2.1.1 Excel 的宏功能

Excel 提供一个 Visual Basic 编辑器,打开 Visual Basic 编辑器,其中有一个工程属性窗口,点击右键菜单的"插入模块",增加一个"模块 1",在此模块中可以运用 Visual Basic 语言编写函数,并将该函数称之为宏。

其中,Excel 有两个自动宏:一个是启动宏(Sub Auto_Open()),另一个是关闭宏(Sub Auto_Close())。它们的特性是:当用 Excel 打开含有启动宏的工作簿时,就会自动运行启动宏,同理,当关闭含有关闭宏的工作簿时就会自动运行关闭宏。但是通过 VB 的自动化功能来调用 Excel 工作表时,启动宏和关闭宏不会自动运行,而需要在 VB 中通过命令 xlBook.RunAutoMacros(xlAutoOpen)和 xlBook.RunAutoMacros(xlAutoClose)来运行启动宏和关闭宏。

5.2.1.2 VB 与 Excel 的相互联通

充分利用 Excel 的启动宏和关闭宏,可以实现 VB 与 Excel 的相互联通,其方法如下:

在 Excel 的启动宏中加入一段程序,其功能是在磁盘中写入一个标志文件,同时在关闭宏中加入一段删除此标志文件的程序。

VB 程序在执行时通过判断此标志文件存在与否来判断 Excel 是否打开,如果此标志文件存在,表明 Excel 对象正在运行,应该禁止其他程序的运行。

如果此标志文件不存在,表明 Excel 对象已被读者关闭,此时如果要使用 Excel 对象运行,必须重新创建 Excel 对象。

5.2.1.3 应用实例

1)在 VB 中,建立一个 Form,在其上放置两个命令按钮,将 Command1 的 Caption 属性改为 Excel,将 Command2 的 Caption 属性改为 End。然后在其中输入如下程序:

```
Dim xlApp As Excel.Application              REM:定义 Excel 类
Dim xlBook As Excel.Workbook                REM:定义工作簿类
Dim xlsheet As Excel.Worksheet              REM:定义工作表类
```

```
Private Sub Command1_Click()                                   REM:打开 Excel 过程
  If Dir("D:\temp\excel.bz")=" "Then                           REM:如果 Excel 没有打开
    Set xlApp=CreateObject("Excel.Application")                REM:创建 Excel 应用类
    xlApp.Visible=True                                         REM:设置 Excel 可见
    Set xlBook=xlApp.Workbooks.Open("D:\temp\bb.xls")          REM:打开 Excel 工作簿
    Set xlsheet=xlBook.Worksheets(1)                           REM:打开 Excel 工作表
    xlsheet.Activate                                           REM:激活工作表
    xlsheet.Cells(1,1)="abc"                                   REM:给单元格1行1列赋
                                                                   值
    xlBook.RunAutoMacros(xlAutoOpen)                           REM:运行 Excel 中的启动
                                                                   宏
  Else
    MsgBox ("Excel 已打开")
  End If
End Sub
Private Sub Command2_Click()
  If Dir("D:\temp\excel.bz")<>" "Then                          REM:如果 Excel 已经打开,
                                                                   由 VB 关闭 Excel
    xlBook.RunAutoMacros(xlAutoClose)                          REM:执行 Excel 关闭宏
    xlBook.Close(True)                                         REM:关闭 Excel 工作簿
    xlApp.Quit                                                 REM:关闭 Excel
  End If
  Set xlApp=Nothing                                            REM:释放 Excel 对象
  End                                                          REM:退出程序
End  Sub
```

2)在D盘根目录上建立一个名为Temp的子目录,在Temp目录下建立一个名为“bb.xls”的EXCEL文件。

3)在“bb.xls”中打开Visual Basic编辑器,在工程窗口中点鼠标键选择插入模块,在模块中输入以下程序存盘(完成此操作才能在VB中关闭Excel,参见图5-2)。

```
Sub auto_open()
  Open "d:\temp\excel.bz"
        For Output As #1              REM:写标志文件
  Close #1
  End Sub
  Sub auto_close()
        Kill "d:\temp\excel.bz"       REM:删除标志文件
  End Sub
```

4)运行VB程序,点击Excel按钮可以打开Excel系统,打开Excel系统后,VB程序和Excel分别属于两个不同的应用系统,均可同时进行操作。

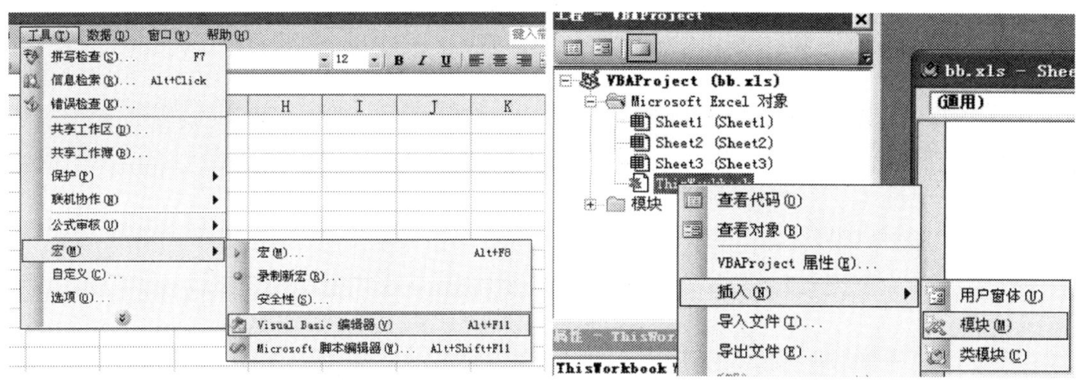

图 5-2 Visual Basic 编辑器操作界面

由于系统有所判断，因此在 VB 程序中重复点击 Excel 按钮时会提示 Excel 已打开。如果在 Excel 中关闭 Excel 后再点击 Excel 按钮，则会重新打开 Excel。而无论 Excel 打开与否，通过 VB 程序均可关闭 Excel。这样就实现了 VB 与 Excel 的无缝连接。

5.2.2 Excel 与函数曲线

获得数据后，一般要求绘制函数曲线进行数据分析，要准确地绘制一条函数曲线，可以借助 EXCEL 的图表功能完成。以绘制 y=|lg(6+x^3)|的曲线为例，其方法如下：

1)自变量的输入

在某张空白的工作表中，先输入函数的自变量：在 A 列的 A1 格输入“X=”，表明这是自变量。

再在 A 列的 A2 及以后的格内逐次从小到大输入自变量的各个值。

实际输入的时候，通常应用等差数列输入法，先输入前两个值，定出自变量中数与数之间的步长。然后选中 A2 和 A3 两个单元格，使这两项变成一个带黑色边框的矩形，再用鼠标指向这黑色矩形的右下角的小方块“■”，当光标变成“+”字形后，按住鼠标拖动光标到适当的位置，就完成自变量的输入，参见图 5-3。

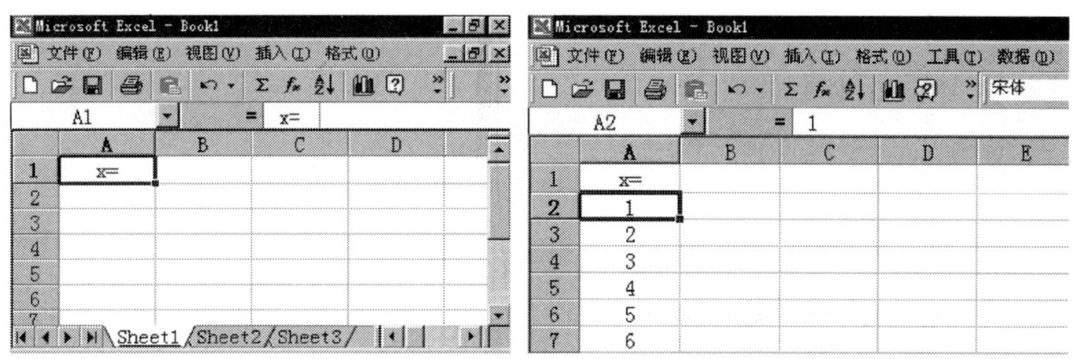

图 5-3 自变量的输入图

2)输入函数式

在 B 列的 B1 格输入函数式的一般书面表达形式，y=|lg(6+x^3)|。在 B2 格输入“=ABS(LOG10(6+A2^3))”，B2 格内马上得出了计算的结果，参见图 5-4。

这时，再选中 B2 格，让光标指向 B2 矩形右下角的"■"，当光标变成"＋"时按住光标沿 B 列拖动到适当的位置即完成函数值的计算。

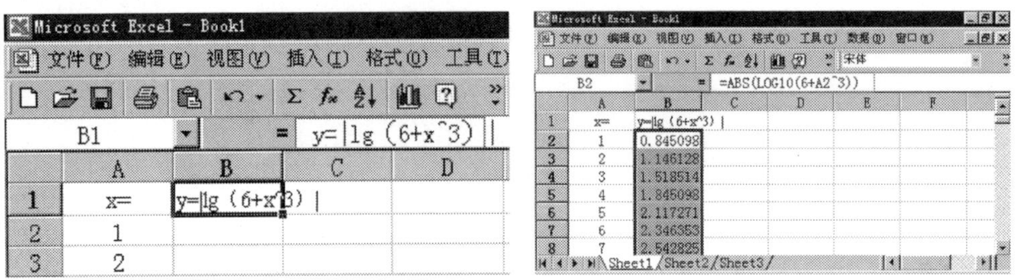

图 5-4　函数式的输入

3）绘制曲线

点击工具栏上的"图表向导"按钮，选择"X，Y 散点图"，然后在出现的"X，Y 散点图"类型中选择"无数据点平滑线散点图"。此时可查看即将绘制的函数图像，发现并不是我们所要的函数曲线，参见图 5-5。

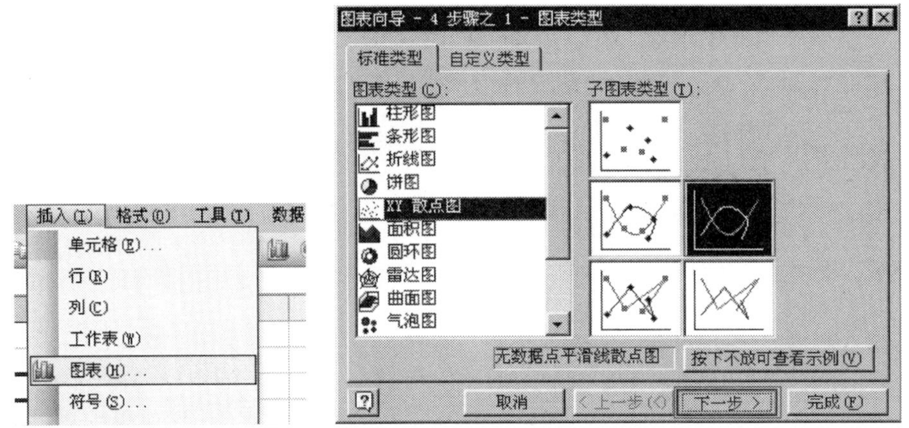

图 5-5　函数曲线的选择(一)

单击"下一步"按钮，选中"系列产生在列"项，给出数据区域，参见图 5-6。

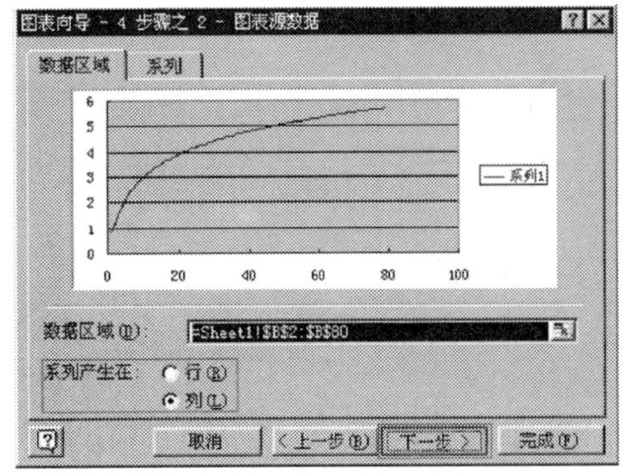

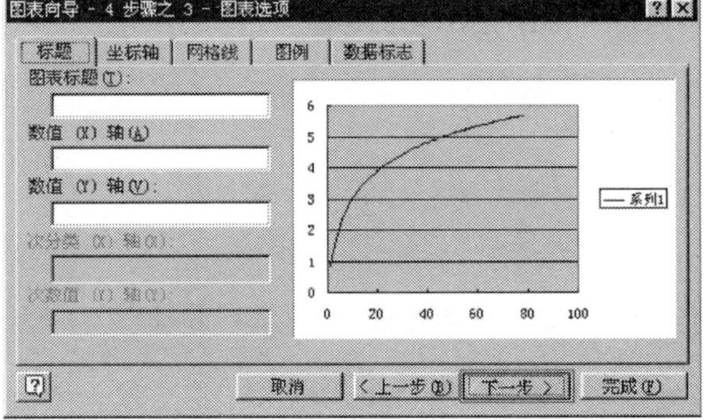

图 5-6　函数曲线的选择(二)

单击"完成"按钮。这时曲线就画好了，参见图 5-7。

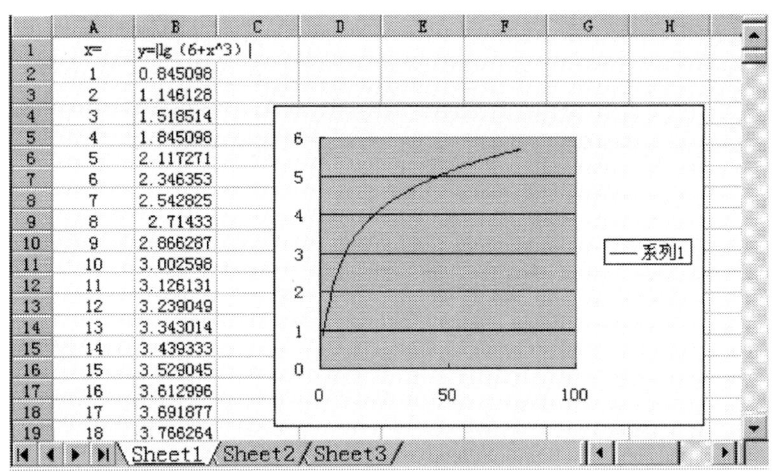

图 5-7 函数曲线的选择(三)

5.2.3 VB 与 Excel 及曲线的实例

前面分别介绍了 VB 与 Excel、Excel 与曲线的内容，实际上我们有时候更希望将它们连为一体，形成从数据处理到表格图形显示完全自动完成。使用 Excel 绘图表，在 VB 中可以调用 Chart 对象，该图表既可为嵌入式图表(包含于 ChartObject 对象中)，也可为分立的图表工作表。也可以调用 ChartObject 对象，这是一个代表嵌入到 sheet 表中的图表。这两者的编程方法和效果是有区别的，下面介绍 ChartObject 实现过程：

```
Dim i As Integer
Dim oChart As ChartObject                          REM:定义为 ChartObject 对象
If Dir("D:\temp\excel. bz")=" "Then                REM:判断 Excel 是否打开
  Set xlApp=CreateObject("Excel. Application")     REM:创建 Excel 应用类
    xlApp. Visible=True                            REM:设置 Excel 可见
  Set xlBook=xlApp. Workbooks. Open("D:\temp\bb. xls")
                                                   REM:打开 Excel 工作簿
  Set xlsheet=xlBook. Worksheets(1)                REM:打开 Excel 工作表
    xlsheet. Activate                              REM:激活工作表
    xlsheet. Range("A1:IV65536"). Clear            REM:清除表中的内容
    i=xlsheet. ChartObjects. Count                 REM:获取图表的数量
    If i Then
      xlsheet. ChartObjects(i). Delete              REM:清除全部图表
    End If
  For i=1 To 359
    xlsheet. Cells(i,1)=i                          REM:给单元格 i 行 1 列赋值
    xlsheet. Cells(i,2)=Sin(i * 3. 14/180)         REM:给单元格 i 行 2 列赋值
  Next
  Set oChart=xlsheet. ChartObjects. Add(200,330,480,290)
```

```
                                          REM:增加一个绘图区域
    oChart. Chart. ChartWizard Source: = xlsheet. Range( " A1: B359" ), gallery: =
      xlXYScatter, Format: = 3, PlotBy: = xlColumns, CategoryLabels: = 1, Se-
      riesLabels:=0,HasLegend:=2,Title:="正弦函数曲线图"
    xlBook. RunAutoMacros(xlAutoOpen)     REM:运行 Excel 中的启动宏
Else
      MsgBox("Excel 已打开")
End
```

如果是使用 chart 对象绘图,则将上面的语句进行以下修改:

```
Dim oChart As Excel. Chart                REM:定义为 chart 对象
Set oChart=xlBook. Charts. Add            REM:增加一个绘图区域
With oChart
    . ChartType=xlXYScatter               REM:图表类型
    . SetSourceData Source:=xlsheet. Range("A1:B359"),PlotBy:=xlColumns
    . HasTitle=False
    . Axes(xlCategory,xlPrimary). HasTitle=False
    . Axes(xlValue,xlPrimary). HasTitle=False
    . HasLegend=False
    . Location Where:=xlLocationAsObject,Name:="Sheet1"
                                          REM:嵌入到 Excel,取消则不嵌入
End With
```

图 5-8 为使用这两种对象绘制的图形。

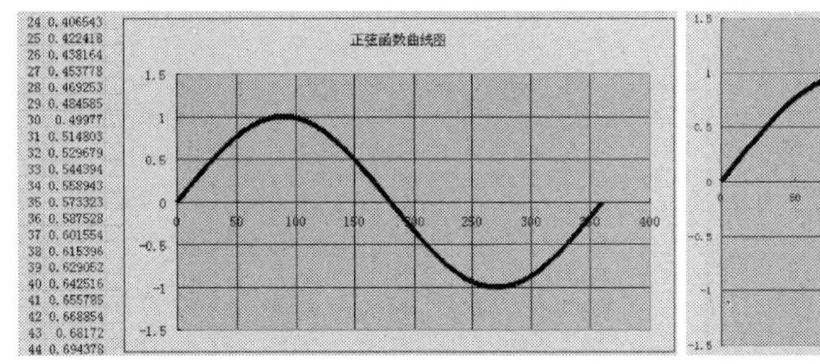

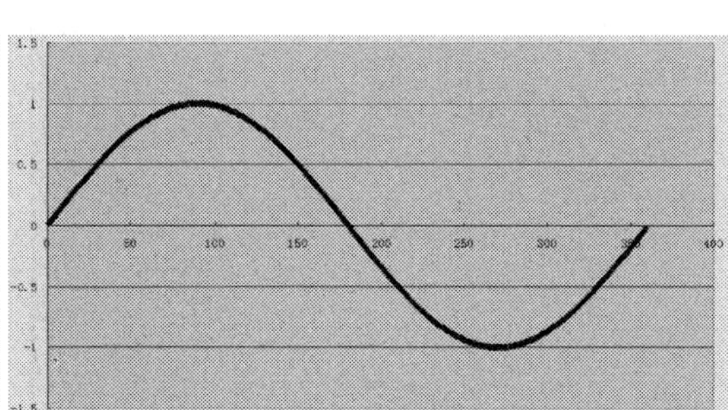

图 5-8　使用 chart 对象绘制的图形

以上讲解了 VB 与 Excel 的无缝连接,以及在 Excel 中绘制一些函数曲线的方法,相信大家对 Excel 已经有了一些认识和理解。但 Excel 的功能远不止这些,这里只是给出一个思路,在实际工作中,如果遇到更复杂的情况,可以结合上面的例子,对相应的公式进行调整和扩展,以完成任务。

单击“插入”工具栏上的“函数”按钮,在“函数”对话框中可以查到很多函数,点击其中的一个函数,在下面就有函数的名称和解释。

5.3　Access 文件的存储、读取技术

在上一节中讨论了 VB 与 Excel 的无缝连接，虽然使用 Excel 进行图表处理非常方便，但是在对数据的查询、增加、删减等数据操作方面不及数据库方便，实际上 Access 也可以作为数据库使用，Excel 和 Access 都是 Office 自带的软件，无须单独安装，使用方便，下面以 Access 为例说明数据库的使用。

首先打开 Access 创建 db1. mdb 文件，如图 5-9(a)所示，选择“设计”后出现图 5-9(b)的表。

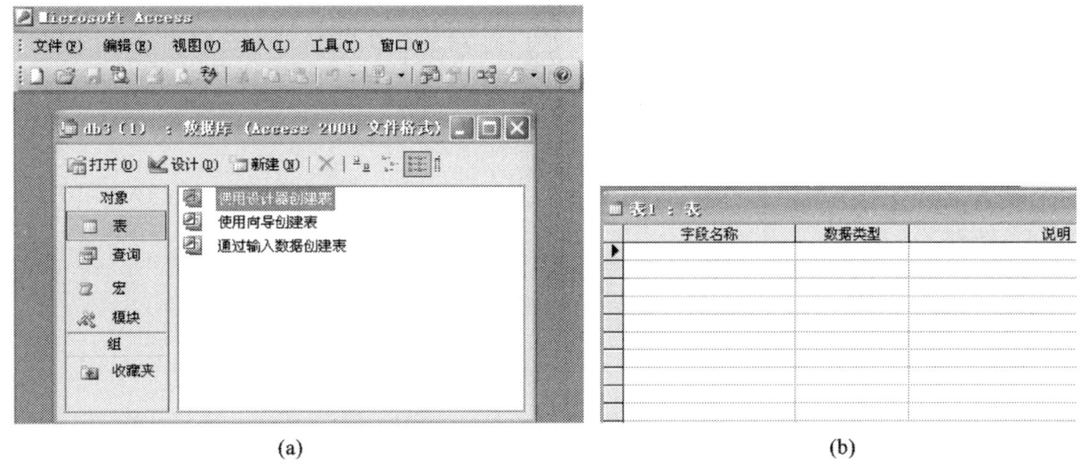

(a)　　(b)

图 5-9　设计 Access 数据库表

首先增加字段及该字段所对应的类型，设置完成后选取保存，弹出输入表名的窗口，建立表的 MMSI、船名、呼号、船的经度、船的纬度等保存后退出，参见图 5-10。

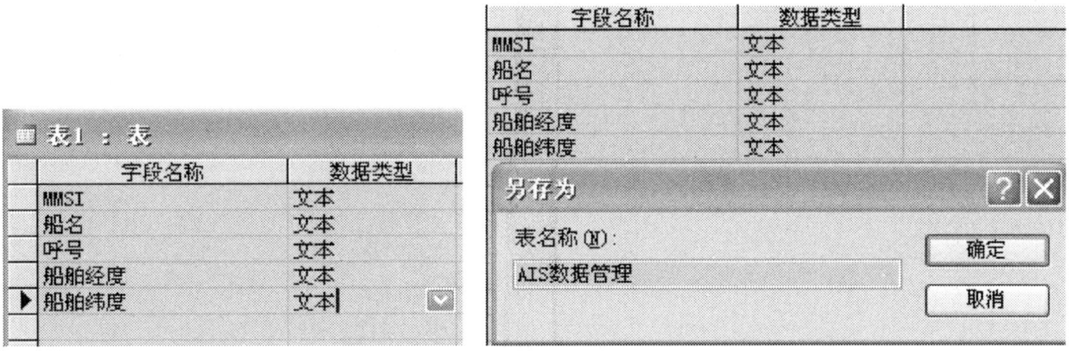

图 5-10　增加 Access 数据库字段

关闭上述窗口，可见“AIS 数据管理”表，双击“AIS 数据管理”后出现记录登记窗口，可以直接给数据库赋值。输入数据后，增加几条记录，参见图 5-11。

数据库的结构图，参见图 5-12。

在了解了数据库的结构，并建立了数据库之后，如何在 VB 中使用该数据库是本节要重点讲解的内容。在 VB 中新建一个名为 shuju4 的窗体和工程，然后在窗体上添加数据库控件。

图 5-11　增加 Access 数据库记录

AIS数据管理 : 表

MMSI	船名	呼号	船舶经度	船舶纬度
413801393	ZHENRONG169	@@@@@@@@	114.363146666	30.636845
413000000	HANGHAIXUEY	AIS3 @	114.674443333	30.685555
412070210	HANG JUN 14	BTZM@@@@	114.334396666	30.613383333
413813202	HAIXUN12252	AV7RDUH@	114.665	30.579101666
413817915	YUXINHUO112	11266@@@	114.276691666	30.549006666
413950619	GANDONGGANG	52092@@@	114.670273333	30.577885
413818043	YU.YANG.09	2345670@	114.49007	30.682295
413801499	YU XIN HUO	1002000@	114.399533333	30.656806666
413932555	JIANGCHEN11	1002000@	114.290343333	30.57157

文件
- 表1
  - 记录1
    - 字段1
    - 字段2
    - 字段n
  - 记录2
  - 记录n
- 表2
- 表n

图 5-12　Access 数据库结构图

如图 5-13 所示，在左侧工具栏中空白处点击鼠标右键，选取“部件”，出现图 5-13(b)“部件”对话框。

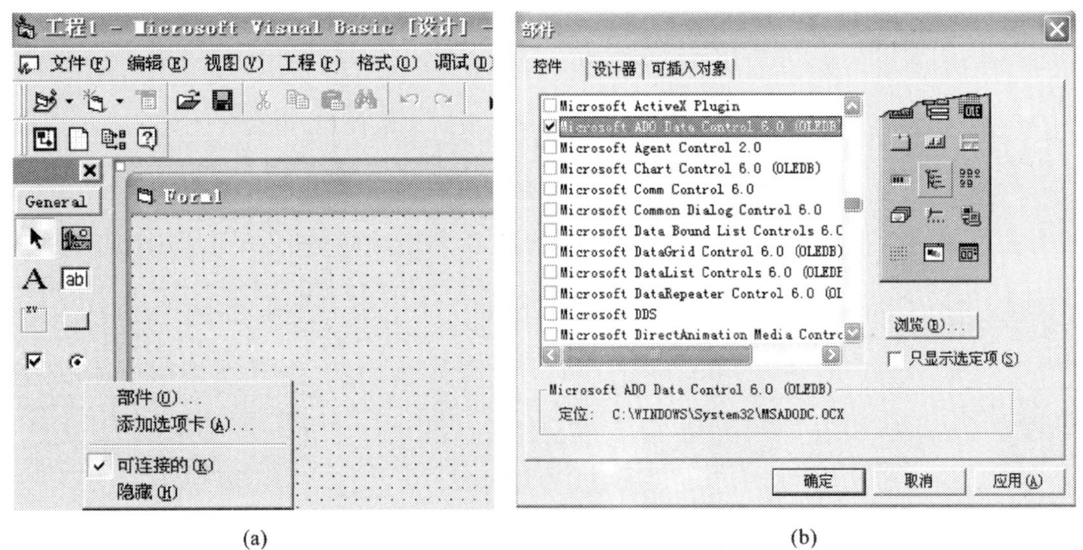

(a)　　(b)

图 5-13　选取 ADO 部件

在菜单中选取 Micosoft ADO Data Contror 6.0，得到 adodc 控件，将其添加到 Form 窗体上，并使用右键点击 adodc 控件，打开其属性窗口，点击“生成”键，得到图 5-14(b)菜单。

单击“下一步”后，图 5-15 中出现前面建好的数据库 db1，选择或输入该数据库名称。选择好数据库之后，可以测试一下数据库是否连通，点击“测试连接”键，如果出现“测试连接成功”的窗口，表明连接数据库成功，否则需要重新设置连接。

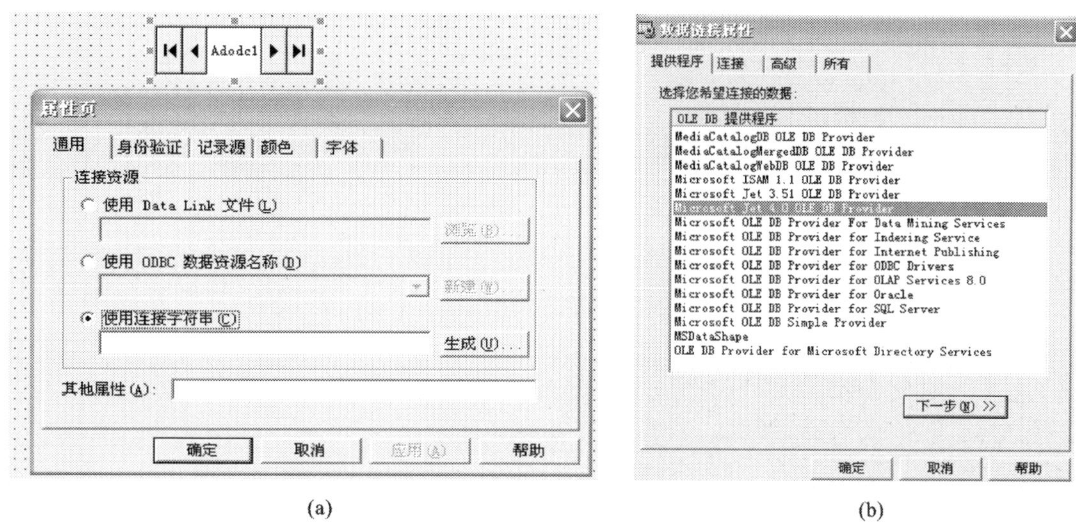

(a)　　　　　　　　　　(b)

图 5-14　选取 Access 数据库驱动

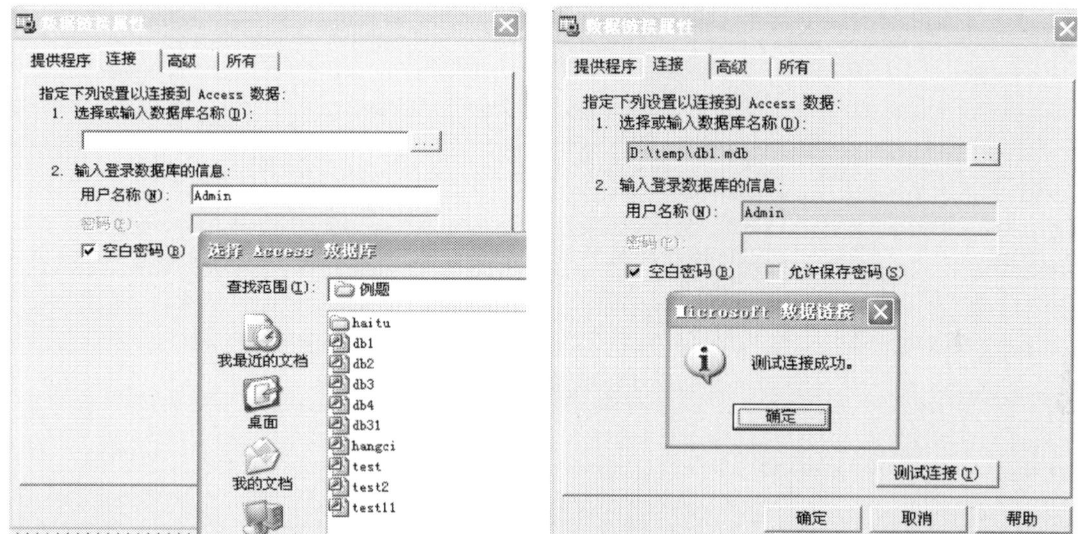

图 5-15　选取并测试数据库

连通好数据库之后，选择记录源（AIS 数据管理），最后点击“确定”。至此，VB 通过 adodc 控件与数据库之间的连接设置完成。

连接上数据库后，接下来在 VB 的 Form 上添加文本控件 text1 来作为数据库的显示平台，测试一下能否操作并显示数据库中的数据，如图 5-16 所示。

右键点击 text1，出现菜单窗口，选择“属性窗口”，如图 5-17 所示。修改 Text1 的属性表，将 datasource 设为控件的名字 Adodc1；将 datafield 设为“MMSI”，即可通过 Adodc1 将 text1 窗体和数据库绑在一起，访问数据库文件 db1. mdb。

使用类似的方法再添加几个 Text 窗体，在其属性表中将 datasource 设为控件的名字 Adodc1；将 datafield 依次设为船名、呼号、船舶经度、船舶纬度；设置好后运行，就会在对应的窗体上显示出数据，效果如图 5-18 所示，可以在 Access 中再增加几条记录，通过操作 adodc 控件上的导航键来观察选取不同记录的效果。

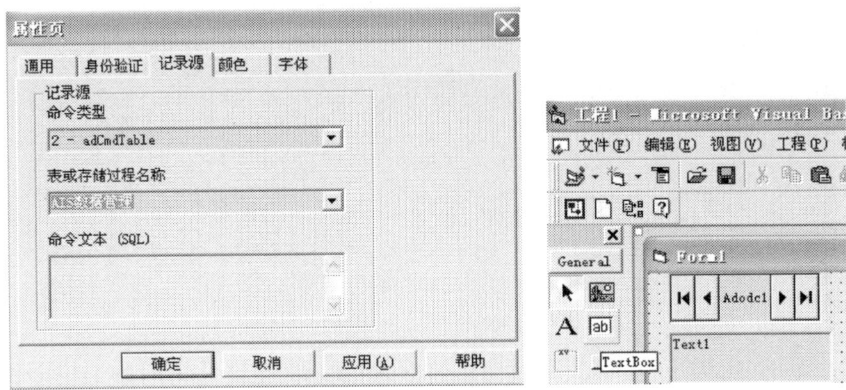

图 5-16 添加文本控件

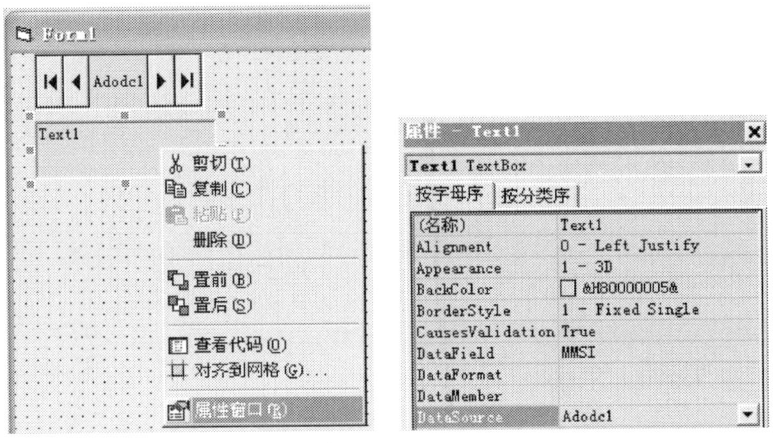

图 5-17 设置文本控件属性

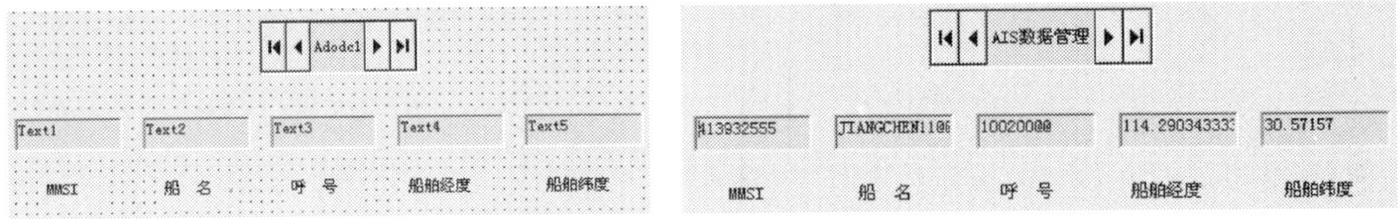

图 5-18 数据库运行效果图

数据库的导航可以用下述方式来进行。

(1)向前移动一条记录

```
Private Sub Command1_Click()
   Adodc1.Recordset.MovePrevious                    REM:向前移动一条记录
   If Not Adodc1.Recordset.BOF Then                 REM:如果没有移到记录的最前面
    Text3.Text=Adodc1.Recordset.Fields(2)           REM:显示某一个字段的内容,以观
                                                        察移动效果
   Else:Adodc1.Recordset.MoveFirst                  REM:已经移动到最前面一条记录
   End If
```

```
End Sub
```

(2)向后移动一条记录

```
Private Sub Command2_Click()
   Adodc1. Recordset. MoveNext                    REM:向后移动一条记录
   If Not Adodc1. Recordset. EOF Then             REM:如果没有移到记录的最后面
    Text3. Text=Adodc1. Recordset. Fields(2)      REM:显示某一个字段的内容,以观
                                                       察移动效果
   Else:Adodc1. Recordset. MoveLast               REM:已经移动到最后面一条记录
   End If
End Sub
```

(3)增加一条记录

```
Private Sub Command3_Click()                      REM:增加记录
   Adodc1. Recordset. MoveLast                    REM:移到记录的最后
   Adodc1. Recordset. AddNew                      REM:增加记录的命令
   Text1. Text=InputBox("请输入 MMSI")            REM:输入记录的内容
   Text2. Text=InputBox("请输入船名")             REM:输入记录的内容
   Text3. Text=InputBox("请输入呼号")             REM:输入记录的内容
   Text4. Text=InputBox("请输入船舶经度")         REM:输入记录的内容
   Text5. Text=InputBox("请输入船舶纬度")         REM:输入记录的内容
   Adodc1. Recordset. Update                      REM:更新记录
End Sub
```

(4)查询一条记录

```
Private Sub Command6_Click()
   Dim temp As String
   Adodc1. Recordset. MoveFirst                   REM:移到记录的最前面
   temp=InputBox("请输入 MMSI")                   REM:输入要查询的记录
   If CInt(temp)>1 Then
   Adodc1. Recordset. Move Val(temp)-1            REM:移动到要查询的记录
        If Not Adodc1. Recordset. EOF Then
            ——————
        Else:Adodc1. Recordset. MoveLast
        End If
        Adodc1. Recordset. Update
   Else
        MsgBox"请重新输入"
   End If
End Sub
```

(5)修改一条记录

```
Adodc1. Recordset. MoveFirst                      REM:移动到记录的最前面
```

```
Adodc1.Recordset.Move Val(InputBox("请输入要修改的记录数"))－1
                                                REM:输入要修改的记录数
a=(Val(InputBox("请输入要修改的字段数"))－1)   REM:记录数
Select Case a
Case 0
  Text1=InputBox("请输入新的内容")              REM:修改的内容
Case 1
  Text2=InputBox("请输入新的内容")              REM:修改的内容
Case 2
  Text3=InputBox("请输入新的内容")              REM:修改的内容
Case 3
  Text4=InputBox("请输入新的内容")              REM:修改的内容
Case Else
  MsgBox"请重新输入"
End Select
Adodc1.Recordset.Update                         REM:更新内容
```

(6)删除一条记录

```
Private Sub Command5_Click()                     REM:删除记录
  Adodc1.Recordset.MoveFirst                    REM:移动到记录的最前面
  Adodc1.Recordset.Move Val(InputBox("请输入要删除的记录数"))－1
  Adodc1.Recordset.Delete                       REM:删除记录
  If Not Adodc1.Recordset.EOF Then
   Adodc1.Recordset.MoveNext
  Else: Adodc1.Recordset.MoveLast
  End If
End Sub
```

5.4　MySQL 数据库编程

首先需要了解一下什么叫作数据库，什么叫作 MySQL？数据库简单来说，就是一个数据存放的大仓库，比方说，船舶信息需要存在数据库中，如果光靠文字来描述，那全国的船舶信息早乱套了，而这个大仓库，可以取走数据(删除)，可以拿进来数据(插入)，也可以更改一些没有用数据的状态(更新)，当然，一个仓库肯定是可以查到你都有什么数据的(查询)。所以，在数据库中，一样也有＜新增＞＜修改＞＜删除＞＜查找＞。既然 MySQL 也是数据库的一种，当然也具有这些功能。MySQL 是一个关系数据库管理系统。关联数据库将数据保存在不同的表中，而不是将所有数据放在一个大仓库内，这样就增加了速度并提高了灵活性。MySQL 所使用的 SQL 语言是用于访问数据库的最常用标准化语言。

MySQL 数据库有服务器和客户端，其中提供服务的一端称作服务器端，对于 MySQL 而言，其安装数据库本体的机器就是 MySQL 数据库的服务器端。而客户端可以是本机，通过网络协议访问 MySQL 数据库；也可以是局域网上的另外一台计算机，通过网络协议或者开发专门的客户端访问程序；也可以通过 MySQL 专门的客户端来访问服务器；当然也可以在互联网中使用专门开发的软件，访问 MySQL 数据库。

在交通信息领域使用 MySQL 数据库，可以将采集、处理后的信息保存到服务器，在客户端通过开发应用软件访问服务器，实现远程、多用户使用交通信息，达到监控、统计、分析等目的，实现信息可视化显示。

在 Windows 上安装 MySQL 相对来说较为简单，需要下载 Windows 版本的 MySQL 安装包，并解压安装包。双击 setup. exe 文件，接下来只需要按照默认的配置点击“next”即可，默认情况下安装信息会在 C:\Program Files\MySQL\MySQL Server 5. 1 目录中。

接下来可以通过 PC 机左下角的“开始”→在运行框中输入“cmd”命令→在命令提示符上切换到 CD C:\Program Files\MySQL\MySQL Server 5. 1\bin 目录，并输入以下命令：

mysqld. exe—console

如果安装成功以上命令将输出一些 MySQL 启动及 InnoDB 信息。

在成功安装 MySQL 后，一些基础表会进行初始化，在服务器启动后，你可以通过简单的测试来验证 MySQL 是否工作正常。

使用 mysqladmin 命令检查服务器的版本，在 linux 上该二进制文件位于/usr/bin on linux，在 Windows 上该二进制文件位于 C:\Program Files\MySQL\MySQL Server 5. 1。

mysqladmin—version

Windows 上该命令将输出以下结果，该结果基于你的系统信息：

mysqladmin Ver 8. 42 Distrib 5. 1. 33，for win32 on ia32

如果以上命令执行后未输入任何信息，说明 MySQL 未安装成功。

以上介绍的是 MySQL 服务器的安装方法，为了访问服务器，需要在机器上安装一个 MySQL 客户端软件，直接访问 MySQL 数据库。在客户端安装的软件上，可在 MS_DOS 下操作 MySQL 数据库，直接在 Windows 窗口操作 MySQL 连接本地数据库、远程数据库的命令如下：

(1)MySQL 连接本地数据库，用户名为“root”，密码“123”(注意：“-p”和“123”之间不能有空格)，语句如下：

C:/>mysql -h localhost-u root -p123 REM:直接在 MS_DOS 上输入

(2)MySQL 连接远程数据库(192. 168. 1. 3)，端口“3306”，用户名为“myuser”，密码“123”，语句如下：

C:/>mysql -h 192. 168. 0. 201 -P 3306 -u root -p123

(3)MySQL 连接本地数据库，用户名为“root”，如果隐藏密码，则系统会提示输入密码：

C:/>mysql -h localhost -u root -p

Enter password:

(4)MySQL 连接本地数据库，用户名为“root”，指定所连接的数据库为“test”，参见图 5-19。

C:/>mysql -h localhost -u root -p123 -D test

mysql>use mysql; REM:使用 MySQL 数据库

mysql>select host,user from user;　　REM:查询数据库的机器、用户名

mysql>show processlist;

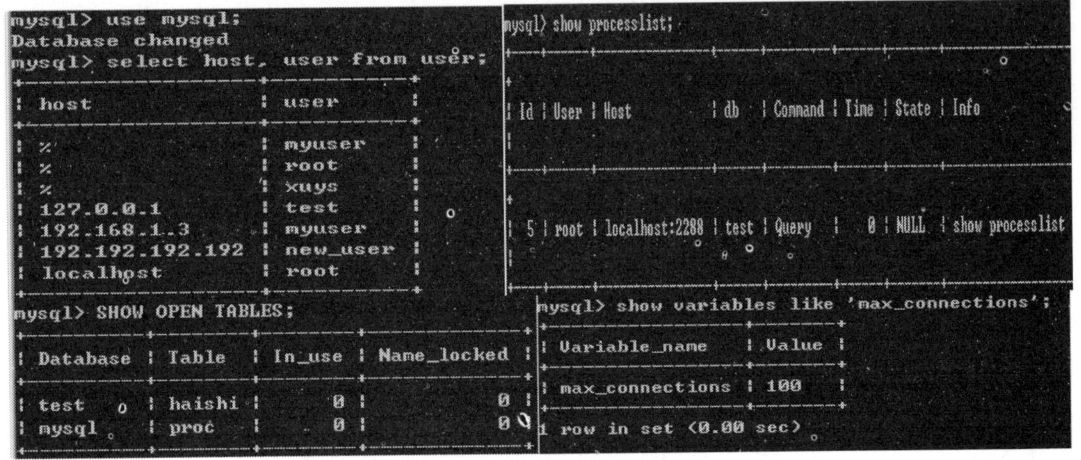

图 5-19　在 MS_DOS 下操作 MySQL 数据库

可以在 MySQL Client(MySQL 客户端)使用 mysql 命令连接到 MySQL 服务器上，默认情况下 MySQL 服务器的密码为空，如果在安装时设置了密码，则系统会提示你输入密码。

命令如下:mysql -u root -p

以上命令执行后会输出 mysql>提示符，这说明已经成功连接到 MySQL 服务器上，可以在 mysql>提示符执行 SQL 命令。

首先，我们要操作数据库，就要创建一个数据库，那么如何创建一个数据库呢？使用语法:create database 数据库名称;这样就创建了一个简单的数据库。这里创建的数据库叫“mybase”，所以使用以下代码，参见图 5-20。

代码为:create database mybase;

这样就创建了一个数据库 mybase。

```
mysql> create database mybase;
Query OK, 1 row affected (0.01 sec)

mysql>
```

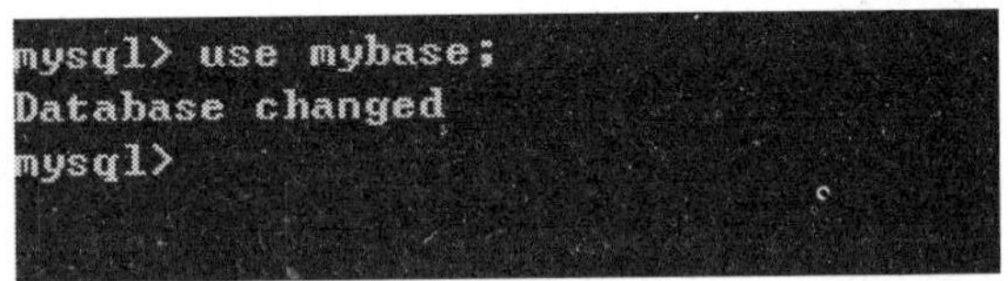

图 5-20　在 MS_DOS 下创建、使用 MySQL 数据库

数据库创建好了，这里需要注意了，因为，用户创建的数据库，可能不止一个，那么怎么使用刚刚创建的那个呢？语法为:use 数据库名称;参见图 5-20。

代码为:use mybase;

这样操作的对象就是 mybase 的数据库。

数据库就相当于一个大船，船舶里，有驾驶台，有机舱，有货仓等，在数据库中，也存在表、视图等概念，数据库信息主要存放在表里面，然后就需要知道怎么来创建表(table)。语法:create table 表名(字段名 字段属性);我们创建一个 users 的表名。然后里面有 username,userid,password 字段。

代码:create table users(userid int,username varchar(20),password varchar(32),primary key(userid));参见图 5-21。

```
mysql> create table users(userid int,username varchar(20),password varchar(32),p
rimary key(userid));
Query OK, 0 rows affected (0.11 sec)

mysql> _
```

图 5-21 创建数据表

表名创建之后,我们就可以新增数据了,新增数据使用语法:insert into 表名(字段名,字段名…)values(值,值…)。例如,新增一条名字叫作 mysql 的值,id 为 1,然后密码也是 mysql。

代码:insert into users(userid,username,password)values(1,' mysql ',' mysql ');参见图 5-22。

```
mysql> insert into users(userid, username, password) values(1, 'mysql', 'mysql')
;
Query OK, 1 row affected (0.03 sec)

mysql> _
```

图 5-22 新增一条记录

数据增加之后,需要查询一下刚刚插入的数据,我们怎么查询数据呢? 使用语法:select * from 表名;或者 select 字段名,字段名…from 表名。这里需要注意的是:* 代表全部,但是在应用程序开发中,推荐大家使用字段名的方式。

代码为:select userid,username,password from users;参见图 5-23。

```
mysql> select userid, username, password from users;
+--------+----------+----------+
| userid | username | password |
+--------+----------+----------+
|      1 | mysql    | mysql    |
+--------+----------+----------+
1 row in set (0.00 sec)

mysql>
```

```
mysql> update users set password = 'password' where userid = 1;
Query OK, 1 row affected (0.06 sec)
Rows matched: 1  Changed: 1  Warnings: 0

mysql> select userid, username, password from users;
+--------+----------+----------+
| userid | username | password |
+--------+----------+----------+
|      1 | mysql    | password |
+--------+----------+----------+
1 row in set (0.02 sec)

mysql>
```

图 5-23 查询、修改一条记录

如果想把数据库的数据修改一下,把密码修改成 password,应该怎么修改呢? 这里的语法结构为:update 表名 set 字段=值 where 字段=值;这里有一个新的关键字 where,代表的意思是,过滤查询的结果,只要你想要的结果。

代码为:update users set password=' password ' where userid=1;参见图 5-23。

图 5-23 为修改之后查询结果的效果。更新过程中,除非有需求,最好都要带上 where 条件,特别是运行中的项目,还有就是,修改删除数据的时候,最好能够备份一下数据库。

现在不想要这条数据库记录,怎么删除呢? 使用 delete 来删除。

语法:delete from 表名 where 字段=值;

这里和更新一样,在删除数据的时候,最好能够带上 where 条件,即使是没有条件,这样养成一个好习惯，对以后写代码有很大的好处。

代码：delete from users where userid＝1；参见图 5-24。

```
mysql> delete from users where userid = 1;
Query OK, 1 row affected (0.03 sec)

mysql> select userid, username, password from users;
Empty set (0.00 sec)

mysql>
```

图 5-24　删除一条记录

MySQL 数据库具有体积小、速度快、总体成本低的特点，并且核心线程为多线程，支持多处理器，有助于数据的快速存取。MySQL 内部集成有高度优化的类库，实现了 SQL 的基本功能，利用类库函数能快速地获取数据。不仅如此，MySQL 数据库支持.net，C＋＋，Java 和 Perl 等多种语言的连接，为以后系统扩展创造了条件。各种信息解析后需要存储到数据库，首先必须连接数据库，这里介绍连接 MySQL 的主要过程：首先需要定义数据库驱动参数，如 MySQL ODBC 5.1 Driver，接下来定义数据库连接参数，如主机名 Host，数据库名 Database，登录名 UserId，登录密码 Password 等。然后通过调用 Open 方法来连接数据库，利用 SQL 语句实现数据存取。数据库连接语句如下：

AIS_host＝"localhost"；　　REM：主机名

AIS_user＝"HaiShi"；　　REM：用户名

AIS_pass＝"111111"；　　REM：用户密码

AIS_data＝"AIS"；　　REM：数据库名

MyConnection.ConnectionString＝"DRIVER＝{MySQL ODBC 5.1 Driver}；"&_"SERVER＝"&AIS_host&"；"&_"DATABASE＝"&AIS_data&"；"&_"UID＝"&AIS_user&"；PWD＝"&AIS_pass&"；"&_"OPTION＝3；stmt＝SET NAMES GB2312"
REM：数据库驱动连接

MyConnection.Open()　　REM：打开数据库

MyConnection.Close()　　REM：使用完后，关闭数据库

数据库连接成功后，通过对数据库的操作就能实现将数据读出/存入数据库。

5.5　MySQL 数据库的管理

MySQL 数据库管理工作包括数据库的启动与关闭，安全、访问控制和权限，数据库的备份与恢复，导入和导出记录，因此对于开发应用程序中涉及数据的存储问题，需要了解数据库的一般管理知识。下面介绍 MySQL 数据库的一些管理知识。

MySQL 装在机器中，需要启动或者关闭才能访问使用，但是一般启动后就保持启动状态，即使关机也不需要关闭，当机器开机后，自动保持连通状态。

5.5.1　在 MS_DOS 下数据库的启动/关闭

数据库的启动：

C:\net start mysql

通过运行它来启动 MySQL 服务。

数据库的关闭：

C:\net stop mysql

通过运行它来关闭 MySQL 服务。

5.5.2 用户管理

5.5.2.1 新建用户

登录 MySQL：

@>mysql -u root -p

@>密码

创建用户：

mysql>insert into mysql. user(Host,User,Password) values("localhost","test",password("1234"));

这样就创建了一个用户名为 test,密码为 1234 的用户。

注意:此处的"localhost",是指该用户只能在本地登录,不能在另外一台机器上远程登录。如果想远程登录的话,将"localhost"改为"%",表示在任何一台电脑上都可以登录。也可以指定某台机器可以远程登录。

然后登录一下：

mysql>exit;

@>mysql -u test -p

@>输入密码

mysql>登录成功

5.5.2.2 为用户授权

授权格式:grant 权限 on 数据库. * to 用户名@登录主机 identified by"密码";

登录 MySQL(有 ROOT 权限),这里以 ROOT 身份登录：

@>mysql -u root -p

@>密码

首先为用户创建一个数据库(testDB)：

mysql>create database testDB;

授权 test 用户拥有 testDB 数据库的所有权限：

mysql>grant all privileges on testDB. * to test@localhost identified by'1234';

mysql>flush privileges;//刷新系统权限表

如果想指定部分权限给一用户,可以这样来写：

mysql>grant select,update on testDB. * to test@localhost identified by'1234';

mysql>flush privileges;//刷新系统权限表

授权 test 用户拥有所有数据库的某些权限：

mysql>grant select,delete,update,create,drop on * . * to test@"%" identified by "1234";

test 用户对所有数据库都有 select,delete,update,create,drop 权限。

@"%"表示对所有非本地主机授权，不包括 localhost。

对 localhost 授权：加上一句 grant all privileges on testDB. * to test@localhost identified by'1234';即可。

5.5.2.3 删除用户

@>mysql -u root -p

@>密码

mysql>delete from user where user='test' and host='localhost';

mysql>flush privileges;

mysql>drop database testDB;//删除用户的数据库

删除账户及权限：>drop user 用户名@'%';

>drop user 用户名@localhost;

5.5.2.4 修改指定用户密码

@>mysql -u root -p

@>密码

mysql>update mysql. user set password=password('新密码')where User="test" and Host="localhost";

mysql>flush privileges;

5.5.3 数据管理

(1)列出所有数据库

mysql>show database;

(2)切换数据库

mysql>use'数据库名';

(3)列出所有表

mysql>show tables;

(4)显示数据表结构

mysql>describe 表名;

(5)复制整个表及数据

mysql>create table new_table select * from old_table;

(6)复制表，不复制数据

create table new_table select * from old_table where 0;

update table_name set field_name='';

update haishi1 set mmsi='';

(7)删除某个字段

如果删除字段的值，可以将所有值清空：

update table_name set field_name=null;

如果删除字段(这个字段从此就没有了)：

alter table table_name drop column field_name;

(8)删除数据库和数据表

mysql＞drop database　数据库名；

mysql＞drop table　数据表名；

5.5.4　导入和导出记录

insert 语句不是向表中插入记录的唯一方法，MySQL 还允许使用 load data infile 命令一次性插入多条记录。这个命令可以从文本文件读出原始数据（该文件可以放置在连接服务器上或者客户端），在列和行界定符号的基础上进行分析，然后自动产生 insert 语句来向一个表写数据。

默认情况下，MySQL 认为数据文件是在服务器上，可使用 load data infile 语句指定位置。

如果想要使用客户机上的数据，可以在语句中添加 local 关键字，告诉 MySQL 在客户机的文件系统上查找文件。

（1）导出

①使用默认的路径

使用命令　select * from 数据表名 into outfile'文本名.txt'；

②指定存放的路径

使用命令　select * from 数据表名 into outfile'd:\文本名.txt'；

例：select * from haishi into outfile'C:\wu.txt'；

③导出数据表指定的字段

使用命令　select 字段名 1，字段名 2…from 数据表名 into outfile'文本名.txt'；

例：select mmsi from haishi into outfile'C:\wu1.txt'；

（2）导入

①记录包含数据表所有字段

使用命令 load data infile'文本名.txt 的路径'into table 数据表名；导入记录包含所有字段

例：load data infile'c:\wu.txt'into table haishi；

②记录包含数据表指定字段

使用命令 load data infile'文本名.txt'into table 数据表名（字段名 1，字段名 2…）时应注意，字段名的排序应与导出的指定字段名排序一致

load data infile'c:\wu1.txt'into table haishi(mmsi)；

5.5.5　MySQL 在命令行下导入导出.sql 文件的方法

1）命令行下导出数据库：MS_DOS 下的命令行

（1）进入 MySQL 目录下的 bin 文件夹：

cd MySQL 到 bin 文件夹的目录

例如：输入的命令行是：

cd C:\Program Files\MySQL\MySQL Server 5.1\bin

（2）导出数据库：

mysqldump -u 用户名 -p 数据库名＞导出的文件名

例如：输入的命令行：

mysqldump -u root -p test>haishi4. sql

输入后会让你输入进入 MySQL 的密码。

如果导出单张表的话在数据库名后面输入表名即可。

mysqldump -u root -p test haishi>haishi4. sql

(3)会看到文件 haishi4. sql 自动生成到 bin 文件下。

2)命令行导入数据库：

(1)将要导入的. sql 文件移至 bin 文件下，这样的路径比较方便

(2)同上面导出的第 1 步，进入 bin 文件夹。

(3)进入 MySQL：

mysql -u 用户名 -p

例如：mysql -u root -p

输入后同样会让你输入 MySQL 的密码。

(4)输入：

mysql>use 目标数据库名

例如：mysql>use test；

(5)导入文件：

mysql>source　导入的文件名；

例如：mysql>source haishi4. sql；参见图 5-25。

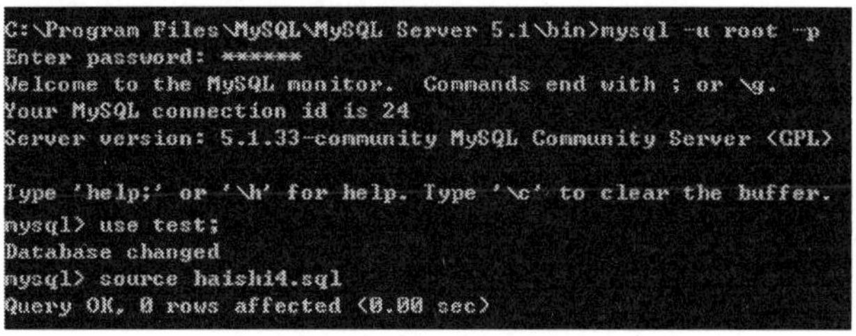

```
C:\Program Files\MySQL\MySQL Server 5.1\bin>mysql -u root -p
Enter password: ******
Welcome to the MySQL monitor.  Commands end with ; or \g.
Your MySQL connection id is 24
Server version: 5.1.33-community MySQL Community Server (GPL)

Type 'help;' or '\h' for help. Type '\c' to clear the buffer.
mysql> use test;
Database changed
mysql> source haishi4.sql
Query OK, 0 rows affected (0.00 sec)
```

图 5-25　命令行导入数据库图

6 电子海图系统及交通信息显示

6.1 电子海图概述

电子海图显示与信息系统(ECDIS)被认为是继雷达/ARPA之后在船舶导航方面又一项伟大的技术革命。它不仅能在电子海图上连续地给出船位,还能可视化地提供和综合与航海有关的各种信息,保障船舶航行安全。

各种交通信息功能,只能在图像显示模式下才能得到最大限度的发挥,ECDIS则提供了这个显示平台。

一套性能完善的电子海图系统可以进行自动航线设计,航向航迹监测,黑匣子,自动存储本船航迹和ARPA目标,历史航程重新演示,航行自动警报(如偏航,误入危险区等),快速查询各种信息(如水文、港口、潮汐、海流等),船舶动态实时显示(如每秒刷新船位、航速、航向)等多种功能。

除此之外,ECDIS还可以与其他航海仪器进行数据与信息交流,将雷达/ARPA的回波图像(如目标船矢量及岸线)叠加并显示在海图上,与电子海图系统相配的雷达信号综合处理卡可直接处理和显示来自雷达天线的视频信号,自动生成若干类型的搜救(SAR)航线,具有面对用户的海图内容编辑模块,海图自动改正(数千幅海图的改正只需几分钟)功能。

6.1.1 电子海图基础知识及发展概况

地理信息系统(Geographic Information Systems,GIS)是在计算机软硬件支持下,对地理空间数据进行采集、存储、显示、管理和分析的技术系统。

地理空间数据:除了空间位置及关系外,还包括描述地物自然或人文属性的定性或定量的数据或信息。

GIS数据库:空间特征数据和属性数据通常被分别组织起来。数据库技术是地理信息系统的主要支撑技术,可视化功能是地理信息系统的必要条件。地理信息系统利用计算机分析、处理地理空间数据和信息,为资源、环境及其他区域研究、规划、管理和决策服务,当然不可缺少可视化功能和数据库支撑。

区域性和多层次:地理信息系统以地理空间数据和信息为处理对象。而地理空间数据和信息通常是以区域为单位来组织的,地球表面分成很多的图幅来制图,所以地理信息系统的数据处理必须具备图幅接边和读图剪切等功能,数据组织管理中需要有图幅管理和图库管理的功能。地理信息系统还有鲜明的层次性:具有描述不同地理要素的专题层次,或图层。

空间分析:指一切涉及空间位置要素的分析或区域性分析,用以提取地理空间信息乃至关于地物时空分布、组合、联系和发展的知识。

地理信息系统的主要功能如下：

(1)数据采集和输入

从现实世界的观测，以及从现存文件、地图中获取地理空间数据，并输入到计算机中。

实现方法。计算机方法——键盘、光盘、扫描仪等；专业方法——手扶跟踪化仪、专业软件等。

(2)数据处理

主要包括检验与编辑、格式化、转换等。地理空间数据输入到地理信息系统之后，需要检验，并按照地理信息数据库运作和分析功能等的要求进行编辑、修改，以保证数据在内容与空间上的完整性、数值逻辑一致性，适宜于使用者的具体要求等。

(3)数据存储、组织和管理

地理空间数据必须按 GIS 表达和运作的要求来组织和管理，这种组织和管理与地理空间数据的存储技术密切相关(空间特征、属性特征及关联关系)。

(4)显示与输出

可视化是地理信息系统的基本特征。除采用报告、表格和图表等常规数据表达方式外，所有的地理信息系统皆为使用者提供可视化表达地理空间数据的手段或输出产品。

(5)空间查询与分析

空间分析是地理信息系统的核心功能。凡是需要使用地图的领域，都是地理信息系统的应用领域。

将地理信息系统应用于航海，就产生了电子海图。电子海图系统(Electronic Chart System，ECS)是近年来发展起来的，从最初的纸海图的简单电子复制品到 ECS，最后发展到电子海图显示与信息系统(Electronic Chart Display and Information System，ECDIS)被认为是继雷达/ARPA 之后在船舶导航方面又一项伟大的技术革命。

电子海图的发展大致经历了三个阶段。

第一阶段：与纸质海图等同阶段，1970 年末到 1984 年，人们主要是想减少体积和减轻海图作业的劳动强度，因此，仅仅是把纸质海图经数字化处理后存入计算机中。

第二阶段：功能开拓阶段，到 1986 年，人们开始挖掘电子海图的各种潜能。如在电子海图上显示船位、航线绘制，显示船速、航向等船舶参数、报警等。

第三阶段：航行信息系统阶段，将电子海图作为航行信息系统的核心，包括电子海图数据库的完善，与雷达、定位仪、计程仪、测深仪、GPS、VTS、AIS 等各种设备和系统的接口和组合等。

多功能船用电子海图系统对保证船舶航行安全所起的重要作用，得到了 IMO(国际海事组织)和 IHO(国际水道测量组织)以及众多航海专家的认可。

经过多年的发展，电子海图技术不断成熟和完善，电子海图及其应用系统对于提高船舶航行安全、减轻船员工作量的作用也越来越明显。

在 2009 年召开的 IMO NAV 第 54 次会议上决定：为了提高航海安全，从 2012 年到 2018 年间在各类相应吨位船舶上陆续强制安装电子海图显示及信息系统(ECDIS)。

6.1.2　电子海图术语与分类

6.1.2.1　电子海图数据与电子海图应用系统

1)电子海图数据

电子海图数据是指描写海域地理信息和航海信息的数字化产品，是数字海图的一种，其内容以海域要素为主，详细表示航行障碍物、助航标志、港口设施、潮流、海流等要素，陆地着重表示沿海的航行目标和主要地貌、地物。

电子海图数据由各个国家官方水道测量机构出版发行，这些机构同时负责根据航行要素的变化情况及时对已出版的电子海图数据进行补充和改正，以保持电子海图数据的现势性。

电子海图可分为光栅电子海图和矢量电子海图两大类。

2)电子海图应用系统

电子海图应用系统是指接收并显示电子海图数据，同时提供一定航海功能的软件或设备(包括软件和硬件)。

电子海图应用系统的种类繁多，主要有电子海图显示及信息系统(ECDIS)和电子海图系统(ECS)。

6.1.2.2　光栅海图和矢量海图

根据IHO的特别出版物S-51(联合国海洋法会议技术手册)2006年3月第四版的定义，电子海图可分为光栅式和矢量式两大类。

1)光栅海图(Raster Chart,RC)

光栅海图是指以栅格形式(也就是通常所说的图像方式如TIF、JPG等格式文件)表示的数字海图，是纸海图基础上的“扫描海图”，可以看作是纸海图的复制品，具有纸海图的同等精度。

但扫描海图形成的是单一的数字图像文件，其显示的几何图形(岸线、水深等)与纸海图一一对应，不能描述其详细资料。

光栅海图可以被改正，可以与定位传感器(如GPS)等接口，但使用者不能对光栅海图作询问式操作(如查询某一海图要素特征，或隐去某类海图要素)，也不能任意缩放其比例尺。

因此，有人称光栅海图为“非智能化电子海图”。

2)矢量海图(Vector Chart,VC)

矢量海图以空间数据和属性数据所组成的矢量数据(vector data)来描述海图及相关信息。

矢量数据可有多种文件格式，每一种格式按自己的方式保存信息。

相似的信息被包含在相同层次中。大多数的矢量海图系统允许航海者使某些层次的信息处于非活动或隐藏状态，使某些层次的信息置于基础层信息之下。

在某些情况下，数据信息能依据储存在海图文件中的设置自动被隐藏和显示。

矢量数据的另一重要功能是可查询任意图标的细节，因为一个图标数据的各种信息分层次存放，使其很容易被找到并显示，这意味着航海者可以手动查询不同图标的性质，也可命令系统自动完成这种查询。例如，可以设置系统使航海者只要点击一灯标，就能在显示屏上显示其详细资料。

使用者还可以根据需要选择不同层次的信息量(例如只显示小于某一深度的水深),并能设置警戒线、危险区的自动报警,还可查询其他航海信息(如港口设施、潮汐变化、海流矢量等)。

在较高的自动化程度下,系统能设计成搜索船舶前方一定距离的影响船舶安全航行的水深、等深线或陆地区域等。

海图矢量数据不仅可通过纸海图或其他纸质航海出版物获得,也可以直接从官方水道测量部门的电子海图数据库(Electronic Chart DataBase,ECDB)中获得。

ECDB 的数据主要来源于两大部分:

一是由水道测量部门实际观测到的航海信息经格式转换后的数据。

二是根据原先的纸海图或其他纸质航海出版物等资料经数字化后产生的数据。

按照标准化程度的不同,矢量海图可分为非标准电子海图和标准电子海图。

3)光栅海图与矢量海图的比较

光栅海图与矢量海图相比,后者比前者具有更多的优点。

6.1.2.3 标准电子海图和非标准电子海图

1)标准电子海图

所谓的标准电子海图就是指符合 IHO 相关标准《数字化水道测量数据传输标准》(S-57)的电子海图,简称 ENC,我们常说的标准电子海图就是指 ENC。

标准的 ENC 不能在图像显示软件中打开、显示。

在 S-57 标准中规定,只有由各国官方水道测量机构制作并发行的符合 S-57 标准的电子海图才是 ENC,其产品基本覆盖了全球海域。

它是标准化程度最高、最具有权威性的电子海图数据类型。

ENC 必须由各个国家官方水道测量机构按 IHO 统一分配的机构代码制作并发布。

中国海事局的代码是“CN”。

ENC 须按 S-57 的特征物标编码、几何图形制作,以保证数据传递过程的正确性。

ENC 具有标准的数据封装形式,保证了数据在不同系统中传输的正确性。

ENC 以 IHO《电子海图显示及信息系统海图内容与显示规范》(S-52)标准作为其显示依据,保证了数据显示的一致性。

标准电子海图不仅具有常规海图的特性,也同时包含有船舶航行需要的各种信息,且更新及时,用户能灵活便捷地进行海图显示控制和各种信息查询,能为船舶导航、航运管理、港口工程等方面提供极大的便利,有助于提高航海安全。

ENC 是电子海图数据领域中的主流产品,代表了电子海图数据的发展方向。

2)非标准电子海图

所谓的非标准电子海图就是指不符合 IHO 相关标准的电子海图,由非官方机构按自己的数据格式生产制作的电子海图数据均属于非标准电子海图。

非标准的电子海图也不能在图像显示软件中打开、显示。

在航海领域常用的非标准电子海图主要有 C-Map 公司的 CM93 数据、Transas 公司的 TX97 数据和美国国家地理空间情报局(NGA)生产的数字航海图(Digital Nautical Chart,DNC)。

非标准电子海图相对标准电子海图(ENC)存在着明显的缺陷,主要有:

(1)不是官方水道测量机构制作的,不能保证数据的权威性。

(2)不直接从事水道测量,数据的现势性不能得到保证。

(3)通用性较差。

正是由于这些缺陷的存在,非标准电子海图可能在航海安全方面给用户带来致命的安全隐患。

虽然美国国家地理空间情报局(NGA)是美国官方的水道测量机构,但其产品数字航海图(Digital Nautical Chart,DNC)主要覆盖美国沿海海域,只能在特定海域使用,美国标准的ENC主要由另一家官方水道测量机构——美国国家海洋及大气管理局(NOAA)生产制作。

非标准电子海图不能代表电子海图数据的发展方向。

6.1.2.4　电子航海图和系统电子航海图

1)电子航海图(Electronic Navigational Chart,ENC)

ENC是矢量电子海图,其内容、结构和格式符合IHO S-57(3.1版)标准和规范。

数字化海图数据可以像没有边界的海图那样显示,ENC由它的个别元素("objects")构成的数据库编制而成。

ENC装入ECDIS后被转换成系统的内部格式(SENC)。

ENC依据其比例尺可以作为单一海图,也可作为无边界显示的多海图浏览。

ENC是标准化了的电子海图数据库,由各国官方或官方授权的水道测量部门或者其他的相关政府机构制作和发行。

ENC是应用于ECDIS的官方电子海图,不应与商业公司出售的电子海图(Electronic Charts,EC)相混淆。

ENC不仅包含了所有航海安全所需的海图资料,还可能包含纸海图以外的补充资料,如航路指南上被认为对航海安全有用的资料。

2)系统电子航海图(System Electronic Navigational Chart,SENC)

SENC是ENC经过更新、补充并转换成ECDIS内部格式后形成的可以在ECDIS中直接使用的电子海图数据库。

如果把ENC看成是ECDIS的基础数据,则SENC是ENC经更新后的系统数据,因此SENC等效于现行版的已改正到最新状态的纸海图。

但无论是基础数据还是更新数据,均必须符合IHO S-57(3.1版)的标准和规范,从而使不同国家的水道测量机构制作的ENC可以在各个符合IHO要求的ECDIS上准确有效地使用。

ENC是基于数字数据而非纸海图的一种新数据概念,其精度比纸海图或光栅航海图高得多。

航海人员应该注意,ECDIS显示的数据表象和内容与相同或相似的纸海图格式的数据有本质的区别。

还应注意,尽管IHO的规范要求ENC包含航海出版物中的信息,但目前的ENC并不包含满足SOLAS要求的所有这些信息,因此,使用ENC的航海者必须继续使用相关的官方航海出版物。

6.1.3　电子海图应用系统

电子海图应用系统是指接收并显示电子海图数据并提供一定功能的软件或软件和硬件设备的综合。

电子海图应用系统的种类繁多，如电子海图显示及信息系统(ECDIS)、船舶交通管理系统(VTS)等。

有些电子海图应用系统只包括软件；有些应用系统则是软件和硬件的集成。

大多数应用系统都可接收其他航海设备(如 GPS、AIS、罗经等)信息。

但是，所有的电子海图应用系统都以电子海图数据为基础。

电子海图数据和电子海图应用系统为航海人员提供了基础的海图信息平台，让使用者能够直观、方便地了解所处海域的状况，并有效利用这些信息保障船舶的航行安全或者实现相关管理。

随着信息化的发展，电子海图数据及应用系统已经惠及其他应用领域，在海事监管、港航管理、海洋渔业管理与作业、海洋环境保护等方面得到了大量的应用。

ENC 是官方水道测量机构制作的电子海图，具有标准化、权威性、现势性，代表电子海图数据发展方向，几乎适用各种电子海图应用系统。

这里重点介绍基于 ENC 的电子海图应用系统的主要作用。

6.1.3.1.　电子海图显示与信息系统(ECDIS)

具有足够备份布置的 ECDIS，能被视为符合经修正的 1974 年 SOLAS 公约第 V/19 条和第 V/27 条要求的最新海图的航行信息系统，可有选择地显示系统电子航海图(SENC)信息及航行传感器的位置信息来帮助航海人员计划航线和监控航线，如有要求，还可显示其他关于航行的信息。

ENC 是唯一可以合法地用于 ECDIS 的电子海图数据库。

目前 IMO 允许 ECDIS 设备工作于两种模式：

一种为 ECDIS 模式，使用 ENC；

另一种是当没有 ENC 数据时，工作于光栅海图显示系统(Raster Chart Display System, RCDS)模式。

6.1.3.2　电子海图系统(Electronic Chart System，ECS)

ECS 是用来显示非官方矢量电子海图或光栅电子海图数据库的海图显示系统。但是它不必符合 IMO、IHO 和 IEC 的有关国际标准，主要用于小型船舶导航。

ECS 的基本功能与 ECDIS 类似，但在硬件和软件方面可根据用户的需要灵活设计。

ECDIS 与 ECS 的区别在于，ECDIS 必须严格符合 IMO、IHO 和 IEC 的有关国际标准，并且须得到有关组织的认证，其可靠性高、性能稳定，能够满足 SOLAS 公约的要求。

ECS 相对来说更加灵活，它不必严格符合有关国际标准，可根据用户的需要灵活设计功能，但其产品可靠性不如 ECDIS。

对于适用 SOLAS 公约的船舶最好使用 ECDIS。

对于那些小型船舶可根据需要选择适用的 ECS。

6.1.3.3　光栅海图显示系统(RCDS)

RCDS 是只能显示光栅电子海图数据库的海图显示系统。

IMO 的海上安全委员会(MSC)于 1998 年通过了 RCDS 的性能标准。

RCDS 模式的局限性：

由于目前 ENC 还未覆盖全球，光栅海图也有一定市场，因此 IMO 在 ECDIS 的性能标准修正案中规定，ECDIS 设备在得不到相应的矢量电子海图时可以工作于 RCDS 模式。

但 RCDS 模式并不具有 ECDIS 的全部功能，故在 RCDS 模式下，应该同时使用相应的最新状态的纸海图。

RCDS 模式具有以下一些局限性：

(1)RCDS 模式下的 RNC 类似于纸海图，是有边界的，不像 ECDIS 的 ENC 没有边界。

(2)不同 RNC 间的海图坐标系或海图投影可能存在差异。航海者应该知道海图坐标系的不同，在有些情况下会引起船位偏差。

(3)RNC 应以纸海图的比例尺显示，显示比例过大或过小都会严重降低 RCDS 的显示性能，例如会降低海图影像的清晰度。

(4)其他局限性：

RNC 数据若不作设置就不能触发自动报警；海图画面不能被简化或隐去；必须置正 RCDS 显示(chart-up)，否则可能影响海图文字和符号的读取；不能询问 RNC 以获得图标的详细信息；除非手动设置，一般不能显示船舶安全等深线或安全水深，不能高亮显示它们；海图数据(包括 ENC)的准确性在狭窄海域(confined waters)可能还不及所用的诸如差分 GNSS(参阅《英版无线电信号表》VOL. 2)定位系统的准确性，而 ENC 模式的 ECDIS 会检测数据质量，并显示其指标。

综上所述，RCDS 只能显示光栅航海图(RNC)，而 ECS 和 ECDIS 主要用来显示矢量海图。就显示界面而言，一个性能完善的 ECS 与 ECDIS 之间并没有本质区别。但 ECS 可以使用非官方、非 S-57 格式的海图数据库，而 ECDIS 必须使用 ENC。

6.2 电子海图的国际标准与规定

6.2.1 IHO 关于 ECDIS 的相关标准

许多国际组织一直致力于 ECDIS 规范标准的制定工作，并且已经通过了许多相关的国际标准和规范。

其中，国际水道测量组织(IHO)制定了与数据格式相关的数字水道测量数据传输标准(IHO S-57)，以及 ECDIS 内容和显示规范(IHO S-52)。

IHO S-57 和 IHO S-52 在 1995 年 11 月被批准为 IMO 有关 ECDIS 的国际通用性能标准。

6.2.1.1 IHO 数字水道测量数据传输标准(S-57)

S-57(IHO Transfer Standard for Digital Hydrographic Data)标准旨在对各国水道部门之间用于交换数字化水道数据以及将这些数据传递给生产厂家、航海者和其他数据用户的标准加以说明，包括 ENC 数据库的性能标准，以及 ENC 的更新概要。例如，该标准可用作 ECDIS 的数据源，并且在交换传递过程中，数据的含义不能有任何的改变。S-57 标准专门用于描述真实世界数据的传输。该传输模型将真实世界实体定义为特征物标(Feature

Object)和空间物标(Spatial Object)的组合。

物标可以具有属性,并且可能与其他物标相关。特征物标描述了实体的种类、性质、特征等属性信息,而空间物标则描述了实体的空间位置特性。特征物标包含描述属性但是没有任何几何属性(如关于真实世界实体形状和位置的信息)。

空间物标可能有描述属性但必须有几何属性。

特征物标由它与一个或多个空间物标的关系定位,可以不参照空间物标存在,但每个空间物标必须参照一个特征物标。

特征物标由一个或多个空间物标来定位,特征物标也可以不包含与之对应的空间物标,但每个空间物标必须有一个特征物标与之参照。

特征物标之间也有相互参照关系,以指示它们之间的相互联系。

6.2.1.2 ECDIS 海图内容与显示规范(S-52)

S-52(Specifications for Chart Content and Display Aspects of ECDIS)是 IHO 在 1996 年 12 月补增的关于 ECDIS 的海图内容、图标、颜色和显示规范,简称 IHO S-52。

目前其最新版是 2008 年 1 月的 3.4 版,主要内容是 ENC(SENC)的内容和结构、更新、信息显示等的规定。

6.2.1.3 IHO 关于电子海图的其他标准

(1)S-61《光栅海图产品规范》(Product Specifications for Raster Navigational Charts),是 RNC 制作的主要标准。

(2)S-63《IHO 数据保护方案》(IHO Data Protection Scheme),是 ENC 数据保护标准。

(3)S-58《ENC 有效性检验推荐标准》(Recommended ENC Validation:Checks)。

(4)S-65《ENC 数据生产指南》(PRODUCTION GUIDANCE)。

6.2.1.4 电子海图的比例尺

电子海图的最大比例尺反映了电子海图的精度,由纸海图通过数字化处理形成的电子海图的比例尺不能大于原纸海图的比例尺。

为了保证显示的海图符合精度要求,IHO 对电子海图的显示范围作了规定。

例如,比例尺为 1∶100000 至 1∶190000 的沿岸航行图,最小显示范围为 30′,而比例尺为 1∶10000 的港湾图,最小显示范围为 15′。

也就是说,电子海图的显示范围是不能任意缩小的。

在最新的有关 ECDIS 性能标准中有关比例尺的规定如下:

(1)如遇下列情况,ECDIS 应提供指示:信息显示所用比例比 ENC 内存的大;ENC 覆盖本船位置所用比例比显示所用比例大。

(2)如果在 ECDIS 显示覆盖的区域中,有些水域的 ENC 比例不适合导航,则代表这些水域的区域应有指示标记让航海人员参见纸质海图或 RCDS 操作模式。

(3)ECDIS 在船舶穿过其安全轮廓线和进入禁航区时发出的各种报警或指示以及按附录 5 发出的报警和指示,应始终使用给定区域的 SENC 所能够提供的最大比例数据。

英国水道测量部(UKHO)已出版了与其纸海图相一致的光栅海图(Admiralty Raster Chan Service),称为 ARCS 海图(详见《英版海图和出版物总目录》);生产了其国内水域和授权的其他水域的 ENCs,后者的 ENC 覆盖面依赖于这些政府水道组(GHOs)所提供的 ENCs。

UKHO 将尽力通过多种来源的数据组合提供 AVCS(Admiralty Vector Chart Service)和 ECDIS 服务(ECDIS Service)区域内的所有 ENCs。

英国 Transas 公司生产的 TX97 电子海图是较有影响的矢量数字海图。一张 TX97 光盘内有 3500 多幅电子海图。

我国作为一个航海大国,发展制作电子海图并推广应用是中国水道测量组织努力的目标。

中国海事局作为我国的官方水道测量机构,一直致力于电子海图的研究、生产和推广应用,经过多年的发展,在各方面取得了丰硕的成果,已经于 2008 年 9 月 1 日公开对外发布了中国沿海港口航道的电子海图,在保障航海安全方面发挥了重要的作用。

6.2.2　IMO 和 IEC 关于 ECDIS 的相关标准

6.2.2.1　IMO 关于 ECDIS 的性能标准

2006 年 12 月 5 日通过经修订的电子海图显示和信息系统(ECDIS)性能标准的 IMO MSC.232(82)决议以确保此种设备的操作可靠性。

该决议在考虑科技进步和使用经验的基础上改进了先前的 A.817(19)决议所提出的 ECDIS 性能标准。

该性能标准载于本决议的附件中,并建议各国政府确保:

(1)在 2009 年 1 月 1 日或以后安装的 ECDIS 设备,符合不低于本决议附件所规定的性能标准;

(2)在 1996 年 1 月 1 日或以后但于 2009 年 1 月 1 日以前安装的 ECDIS 设备,符合不低于经 MSC.64(67)决议和 MSC.86(70)决议修正的 A.817(19)决议附件所规定的性能标准。

在该性能标准中的附录 6,即 ECDIS 备份布置中明确规定,ECDIS 可以作为"1974 SOLAS 公约"所要求的纸海图的等价物,必须具有完全备份能力。

换句话说,符合 IMO 性能标准和 ECDIS 备份协议以及 IEC 测试标准的 ECDIS(配以 ENC)可以合法取代纸海图。但 ECS 则不行,即船舶若使用 ECS,须配备同等的纸海图一起使用。

ECDIS 最新性能标准(包含 7 个附录)主要包括以下内容:

(1)ECDIS 所涉及的范围

具体阐述 ECDIS 的主要功能是增进航行安全;具有足够备份布置的 ECDIS 可以视为符合;经修正的 1974 年 SOLAS 公约第 V/19 条和第 V/27 条要求的最新海图;应能显示安全和有效航行所需的由政府授权的航道测量机构发出或经其授权分发的所有海图资料;应便于电子海图的简单可靠更新;与使用纸质海图相比,ECDIS 应能减轻航行工作负担;应使航海人员能用简便和及时的方式进行所有目前在纸质海图上做的航线计划、航线监控和定位工作;应能连续标绘船舶位置;ECDIS 显示也可用于雷达、雷达跟踪目标信息、AIS 和其他相应数据层的显示以帮助航线监控;应至少有与政府授权的航道测量机构出版的纸质海图相同的可靠性和显示效能;在信息显示或设备故障方面应有适当的报警或指示;如相关海图信息未以相应格式提供,一些 ECDIS 设备可以附录 7 中定义的光栅海图显示系统(RCDS)模式操作。

RCDS 操作模式的性能标准应不低于本标准附录 7 所规定者。

(2)本标准的适用范围

本性能标准对所有船上的所有 ECDIS 设备；适用于 ECDIS 操作模式、附录 7 所规定的操作；RCDS 操作模式的 ECDIS 和附录 6 所规定的 ECDIS 备份布置；海图数据的结构和格式、海图数据的加密和海图数据的显示要求在相关 IHO 标准范围之内，包括本标准附录 1 中所列的标准；除 A. 694(17)决议①中的一般要求和 MSC. 1 91(79)决议中的显示要求外，ECDIS 设备还应满足本标准的要求并遵循本组织通过的人机工程学原理的相关指南。

(3)相关定义

该部分具体定义了 ECDIS、ENC 和 SENC 以及标准显示和基本显示的概念。

(4)提供和更新海图信息

ECDIS 所使用的海图信息应为政府或政府授权的航道测量机构或其他相关政府机构发布并经官方更新的最新版本，并符合 IHO 标准；SENC 的内容应是足够的和最新的，使预定航程能符合经修正的 1974 年 SOLAS 公约第 V/27 条的要求；应不可能改变 ENC 的内容或从 ENC 转换的 SENC 信息；各次更新应与 ENC 分开贮存；ECDIS 应能接受根据 IHO 标准提供的 ENC 数据的官方更新；官方更新应自动应用于 SENC。无论以什么方式得到更新，执行程序不得干扰正在使用的显示内容；ECDIS 还应能接受手动输入的 ENC 数据的更新，并在最终接收数据前用简单的方式加以验证。

这些数据在显示时应同 ENC 信息及其官方更新有区别，并且不影响显示的清晰度；ECDIS 应对各次更新(包括应用于 SENC 的时间)保持记录并在要求时显示记录。该记录应包括每个 ENC 的各次更新，直到其被新的版本取代；ECDIS 应允许航海人员显示各次更新以审查其内容并核实其已纳入 SENC；ECDIS 应能接受非加密 ENC 和按 IHO 标准实行数据保护计划。

(5)SENC 信息显示

ECDIS 应能显示所有 SENC 信息；可在计划航线和监控航线时显示的 SENC 信息应分以下 3 种类型：基本显示、标准显示和所有其他信息。

在任何时候，ECDIS 应经操作员的单次操作提供标准显示；ECDIS 在关闭或断电后打开时，应恢复至最近手动选择的显示设置；应易于增加或消除 ECDIS 显示的信息，应不能消除基本显示中的信息；对操作员确定的任何地理位置(例如通过光标选择)，ECDIS 应在要求时显示与该位置相关的海图目标的信息；应能通过适当的步骤(例如通过海图比例值或海里范围)改变显示比例；航海人员应能从 SENC 提供的水深轮廓线中选择安全轮廓线，ECDIS 应在显示的轮廓线中突出安全轮廓线；航海人员应能选择安全水深，且每当选择显示任意的测深值时，ECDIS 应突出等于或小于安全水深的测深值；ENC 及其所有更新应予以显示，但信息内容不能降级；ECDIS 应提供方法确保 ENC 及其所有更新正确地载入 SENC；ENC 数据及其更新应与显示的其他信息有明显区别。

(6)显示模式和邻近区域的生成

ECDIS 应一直能以“北向上”方式显示 SENC 信息，也允许其他方向显示。

在显示其他方向时，方向应按足够大的步幅改变以避免海图信息不稳定显示。

ECDIS 应提供真运动模式，也允许其他模式。

在使用真运动模式时，邻近区域的海图显示应根据航海人员确定的本船与显示边缘的距离自动调整和生成。

ECDIS应能手动改变海图显示区域和本船相对于显示边缘的位置。

如果在ECDIS显示覆盖的区域中，有些水域的ENC比例不适合导航，则代表这些水域的区域应有指示标记(可参考附录5)让航海人员参见纸质海图或RCDS操作模式。

(7)航线设计、监控和航程记录

①航线设计(实为航线绘制)

ECDIS应能以简单可靠的方法进行航线计划和航线监控，在船舶穿过其安全轮廓线和进入禁航区时发出的各种报警或指示，应始终使用给定区域的SENC所能够提供的最大比例数据。

ECDIS应能进行包括直线和曲线的航线设计。

应能用字母、数字和图形调整设计的航线，包括：对一些航线增加航路点、删除航路点和改变航路点的位置。

除了已选择的航线外，还应能设计一条或多条替代航线并使所选的航线能与其他航线明显区分。

如果航海人员计划的航线穿过了本船的安全轮廓线，应有相应指示。

如果航海人员计划的航线与禁航区或有特殊条件的地理区域边界的距离比使用者规定的距离近，应有指示。

如果航海人员计划的航线离点目标(例如固定或浮动的航标或单独的危险物)比使用者规定的距离近，也应有指示。

航海人员应能规定偏离计划航线的交叉航迹极限，并在达到此极限时，自动偏航报警应启动。

②航线监控

只要显示覆盖所在区域，ECDIS就应显示所选航线和本船位置；在进行航线监控时，应能显示无船舶显示的海区。

自动航线监控功能(例如更新船舶位置、提供报警和指示)应是连续的；应能通过操作员单次操作立即恢复到覆盖本船位置的航线监控显示。

如果本船将在航海人员规定的时间内穿越安全轮廓线，ECDIS应发出报警；如果本船将在航海人员规定的时间内穿越禁航区或有特殊条件的地理区域的边界，ECDIS应根据航海人员的选择发出报警或指示；在偏离计划航线的交叉航迹超过规定极限时，应发出报警。

如果本船按航海人员规定的时间或距离继续其当前航向和航速，与危险物(例如障碍物、残骸、岩石)的距离就会比使用者规定的距离近，而该危险物比航海人员规定的安全轮廓线或航标浅，则应向航海人员发出指示。

ECDIS应从精度符合安全航行要求的连续定位系统得出船舶位置。

只要有可能，应提供第二个独立的且最好是不同类型的定位位置。

在这种情况下，ECDIS应能辨别两个船位之间的差异。

当来自船位、船首向或航速源的输入丢失时，ECDIS应报警。

ECDIS还应重复(但只作为指示)从船位、船首向或航速源传来的任何报警或指示。

当船舶在计划航线的临界点之前到达航海人员规定的时间或距离时，ECDIS应报警。

定位系统和SENC应采用相同的大地测量基准。如不是这样，ECDIS应报警。

ECDIS 应能显示除所选航线以外的替代航线。

所选航线应能与其他航线有明显区分。

在航行时,航海人员应能修改所选航线或改变替代航线。

应能显示:船舶航迹的时间标记(根据需要手动显示和按选定的 1～120min 之间的间隔时间自动显示)和足够数量的点、自由移动的电子方位线,可变和固定的距离标志以及用于航行目的并在附录 3 中规定的其他符号。

ECDIS 应能登录任何位置的地理坐标并根据需要显示该位置。

还应能选择显示中的任何点(特征、符号或位置)并根据需要读出其地理坐标。

应有可能手动调节显示的船舶地理位置。

此种手动调节应在屏幕上用字母数字注明并保持到航海人员将其变更和自动记录后。

ECDIS 应有能力登录和标绘手动获得的方位和距离位置线(LOP),并计算本船的合成位置。

应有可能使用合成位置作为推算船位的原点。

ECDIS 应指出连续定位系统获得的位置和手动观测获得的位置之间的差异。

③航程记录

ECDIS 应贮存并能再生重构航行所需的某些最小要素,并验证过去 12h 所使用的正式的数据库。

下列数据应以 1min 间隔时间加以记录:

a. 确保记录本船经过的航迹:时间、船位、航向和航速;

b. 确保记录使用过的正式数据:ENC 信息源、版本、日期、单元和更新史。

另外,ECDIS 应对全航程有完整的航迹记录,并有不超过 4h 间隔的时间标记;应不可能篡改或改变已记录的信息;应有能力保存前 12h 的记录以及航程航迹的记录。

6.2.2.2 IEC 对 ECDIS 硬件设备的检验和测试标准

与 IMO 的 ECDIS 性能标准相呼应,IEC 在"IEC Test Requirements for Type Approval(IEC611 74)"文件中确定了对 ECDIS 硬件设备的检验和测试标准,要求 ECDIS 的硬件设备要通过 IEC 的性能测试,标准规定了设备的工作和性能要求、测试方法及要求的测试结果,其目前的最新版是 2008 年第 3 版。

6.3 电子海图的功能与应用

6.3.1 电子海图的功能

6.3.1.1 海图作业

电子海图通常都与定位设备连接使用,因而使航行自动化的水平得到提高,海图作业被大大简化。海图作业主要是绘制计划航线和自动航迹绘算。

1)计划航线的绘制

在电子海图上只需将计划航线上的所有航路转向点(waypoint)依次输入,即可自动生成计划航线。航线可以是恒向线,也可以是大圆航线。转向点可以是经纬度,也可以是某物标的方位和距离。

同时可以对航线进行如下的操作：

(1)对计划航线进行调整，如在航线上添加、删除、改变转向点的位置或次序等；

(2)除选用的航线外，还可设计一条备用航线；

(3)可以事先根据船舶吃水设定安全等深线；

(4)可以事先设定禁航区界线或存在特殊条件的地理区域(如通航分道、警戒区等)界线；

(5)可以设定航线偏离值；

(6)还能报告转向点的资料，如转向点经纬度、到下一转向点的方位距离和整个航线的资料等。

2)自动航迹绘算和跟踪

当GPS与电子海图连接后，采用航迹自动显示功能，GPS船位可自动显示在电子海图上。

它是通过每隔一定时间(如2min)，或每隔一定航行距离(如1n mile)，自动在电子海图上标注一个船位点形成船舶航迹。自动船位点的标绘不仅使我们知道船位的经纬度，还可以使我们知道船与物标、危险物等的相对位置(方位、距离等)和到转向点的方位、距离和时间。

自动航迹标绘还可以使我们直接看到船舶偏离计划航线的情况，操船恢复到计划航线的效果等。

6.3.1.2 异常情况的标示和报警

当发生船舶在所设定的时间和范围内穿越安全等深线、禁航区或特殊地理区域界限、到达转向点和超过偏航设定值、定位信息丢失、定位系统与信息系统选用了不同的大地坐标系等情况时，系统可以以语言、图形、文字等形式报警或标示。

6.3.1.3 信息记录

(1)可存储并再现至少前12h的航行要素，能每隔1min记录本船的航迹(时间、位置、航向、航速)、所使用的官方数据(来源、版本、数据单元及改正情况)等，一旦发生事故，可以将这些数据重现在屏幕上以供有关人员分析；

(2)可按一定的时间间隔记录整个航行中的航迹和时间标注；

(3)记录的航行信息不可修改。

6.3.1.4 信息查询和分层显示

(1)可以同时显示海图中所有的信息，也可以按照海图的显示模式分层显示部分信息而隐藏部分信息；

(2)可以对海图上任意点海图信息进行查询操作，查询物标的属性，特别是显示一些纸海图中不能反映出来而需要查询的信息。

6.3.1.5 信息叠加

可选择性地实时接收雷达和气象信息，并使其与海图信息叠加后显示在ECDIS上，以协助船舶避碰，或指导船舶避离恶劣天气和海况，确保船舶航行安全。

6.3.2 电子海图的应用

6.3.2.1 在港口引航工作中应用

港口引航系统由引航员随身携带到引航船舶上，为引航船导航。该系统一般以一台便携式计算机作为电子海图显示终端，而便携机与一个移动单元连接。

移动单元内封装了 GPS 接收板、差分信号接收板、便携式罗经、VHF 数传电台（或 GSM 通信模块）、电源模块、通信接口板等。

除了为引航船导航外，港口引航系统与岸上值班室的港口引航监控系统相配合，实时地将引航船的船位、航向、航速、船首向等信息通过 VHF 数传电台发给监控系统。

这样，岸上值班室就可以对引航船舶进行动态监控，必要时给予指导。

目前全国各大港口（如上海港、宁波港、青岛港等）的引航员，都已相继配备具有 ECDIS 的港口引航系统，为港口引航提供了有力的安全保证。主要体现在以下几个方面：

1）航线监视，准确把握船位

由于在 ECDIS 上清晰地显示着所引航船舶周围的各种航标、航道等重要导航信息，并且图像不受外界干扰，同时也清晰地显示本船的动态信息及船位，引航员只需很短的时间，就可以知道航标的位置和本船船位。

这样，引航员可以把更多精力放在船舶的操纵和避碰上。

2）轻松应对突发天气

当船舶在航行中突遇雷暴雨袭击时，能见度极差，有时看不见本船船首，雷达屏幕被雨的干扰回波覆盖，雷达失去了助航作用。同时由于强风的作用使船向下风偏移，但偏移的幅度很难估计，没法把握自己的船位，特别是临近航标或有对遇船时，显得十分危险。而 ECDIS不受任何天气的影响，航标、水深、本船船位及动态能够清晰显示。只要引航员及时修正本船船位，调整合适的分流压差，就可以保证船舶航行在安全水域。

3）为锚泊操纵提供准确定位

影响锚泊作业的因素很多，每次锚位的选择随着抛锚船舶的分布而不同。船舶锚泊后由于受到风流、潮汐的影响，会发生偏荡、回旋。

因此需要选择范围比较大的水域，使得船舶在偏荡、受潮流回旋时不至于与其他锚泊船发生触碰，不至于进入浅水区搁浅或者进入航道边缘线影响其他船舶航行。

而且 VTS 对锚泊定位要求较严，引航员在锚泊作业时的选择余地很小，抛准锚位显得非常重要，但又较难掌握。使用了 ECDIS 以后，引航员可以根据本船目标在电子海图的显示（有的 ECDIS 可按比例显示船形），随时确认本船的位置；锚位判定及锚泊操纵变得快速而准确，从而提高了引航员的工作效率。

4）及时了解本船周围船舶的信息

如果想了解本船周围船舶信息，引航员的通常做法是先用雷达测出目标船的距离和方位，然后在 AIS 接收机上查找，找到合适的目标后再选择。通过不断地翻页才能完全了解该目标的动静态数据，花费不少时间。

而使用 ECDIS 后，在电脑上显示的目标一目了然，要查看目标船的数据，鼠标一点，目标船的所有动静态数据马上可以知道，极大地缩短了查找时间，减轻了引航员的劳动强度。

5)比雷达拥有更直观的动态显示

在目标船的避碰参数的显示上,ECDIS 比雷达更加合理。

有 ARPA 功能的雷达能够计算出本船和目标船的 CPA 和 TCPA,并以数字形式显示在雷达屏幕上,但没法显示两目标最近时的相对位置。

而 ECDIS 就能非常直观地显示出两船最近时的相对位置,为引航员的操纵避让行动提供一个预期结果,从而使引航员做出的决定更加准确有效。

该项功能更多地运用在对遇船局面、追越局面或交叉相遇局面时最近距离的估计上。

ECDIS 的使用,在一定程度上减少了鲁莽动作的发生,很大程度上避免了紧迫局面的形成,具有一定的前瞻性。

6)完整的航迹数据保留

引航员平时在引航操作时,特别是在抛起锚、靠离泊作业时,很少有时间和精力把引航操作的步骤记录下来,从而失去了许多宝贵的资料,也失去了许多研究总结提高的机会。

有了 ECDIS,在引航结束后的空余时间,可以进行航迹记录回放,对引航操作的整个过程回放分析,通过查看船位、船舶航行轨迹,计算时间、速度,调整引航操作方案,调整用车用舵的时机和大小,逐步从定性操作上升到定量操作。

同时航迹数据的保留给海事处理提供了有力证据,给海事分析提供了现场动态资料,对提高引航水平起到了一定的促进作用。

6.3.2.2 在船舶操纵性能测试中的应用

由于 ECDIS 能以适当的时间间隔自动记录船舶航迹,因此在船舶操纵性能测试(包括各种船舶状态和外界条件下的旋回圈、冲程)时,在每种测试完成后可利用 ECDIS 航迹回放功能精确快速地求得船舶操纵性能数据。

6.3.2.3 在 AIS 中的应用

AIS 即通用船载识别系统。它可以周期性地发射和接收船舶的静态信息(如船舶 IMO 编号、船舶国籍、呼号、船名等)、动态信息(如船位、对地航速、对地航向、航行状态等)以及与船舶有关的其他信息(如船舶吃水、危险货物种类等)。

凡配有 AIS 的船舶都可以接收到这些信息,并可以在 ECDIS 上显示出来。

AIS 可以向航行船舶提供所在航行区域的实时交通动态和相关信息,最大限度地避免船舶碰撞,提高海上搜救的工作效率。

AIS 系统能够与其他传感器相连,以便自动地从这些传感器中输入数据,其外部终端是 ECDIS。

叠加了 AIS 信息的电子海图,使船舶能将自己的导航信息和其他船舶的信息显示在电子海图和雷达显示器上,提高了所有船舶的视见度及动向的明显性,解决了恶劣天气或雷达信号覆盖不到的区域中船舶的监控问题,同时也避免了船舶避碰过程中由于语言不通无法协商而引起误解而导致碰撞等问题的出现。

6.3.2.4 在 VTS 中的应用

VTS 即船舶交通服务系统,是为了解决海上船舶航行安全与效率而建立的,ECDIS 的出现,使 VTS 向数字化导航广播服务方向发展。

VTS 监控站通过数字化通信网络把在船舶交通管制作用范围内的各种船舶的位置和运动情况通报给所有有关船舶,除了其他与航行安全有关的事项之外,这一信息被显示在船舶交通控制的控制中心和有关船舶的电子海图显示信息系统上，进入 VTS 作用范围的每艘船舶的 ECDIS 能够自动显示所接收到的其他船舶的位置和运动情况，并能查询这些船舶的静、动态信息，根据需要，与他船建立通信联系，解决了狭水道中通信目标容易混淆的问题。

6.3.2.5 在船舶避碰中的应用

ECDIS 不仅能提供海图信息（水深数据、海底危险物情况、离岸距离等）和航行信息（本船位置、航向、航速等），而且还能适时提供海线上航运目标的动态信息（目标的航向、航速、方位、距离、CPA、TCPA 等）。

因此，我们制定避碰方案时，可通过 ECDIS 系统检测避碰方案的可行性，检测本船的航行是否在可航水域。

6.3.2.6 在船舶调度管理中的应用

船务公司可以通过在电子海图上显示和标绘本公司所有船舶，查询其动态，对其进行调度指挥。当然，它离不开岸-船通信系统，以便及时地获得船舶的动态信息。

该系统中所使用的海图应该覆盖本公司所有船舶运营的航线。

6.3.2.7 在航标管理中的应用

在电子海图上显示和标绘某个航标区的所有航标的信息，包括其照片、当前状态、设置和维修记录等，使航标管理信息化。

6.3.2.8 在通航安全评估中的应用

运用船舶操纵模拟器进行港航设施通航安全评估时，制作包括拟建工程相关水域和拟建港航设施的电子海图是非常重要的一步。

在船舶操纵模拟器的 ECDIS 系统中显示制作的区域海图，以此为平台进一步进行相应的模拟操作和分析，评价其通航安全性，从而为港航设施建设提供科学的决策依据。

6.4 电子海图二次开发技术

6.4.1 MapInfo MapX 编程技术

6.4.1.1 MapInfo MapX 介绍

MapInfo MapX 是一个用来做地图化工作的 OCX 控件，它可以很容易地在应用程序中加入强大的制图功能。它可以把船舶数据用地图的形式显示出来，使其更易于理解。地图形式可以比简单的图表、图形提供更多的信息，而且描述地图比描述数据表更加简单迅速。前述的 ECDIS 实际上就是使用 MapInfo、arcinfo 等地理信息系统软件开发出来的专门用于船舶信息显示的应用软件。MapInfo 是美国 MapInfo 公司的桌面地理信息系统软件，MapX 是美国 MapInfo 公司在其开发的可视化地图组件 DataMap 基础上，向使用者提供的具有强大地图分析功能的 ActiveX 控件产品。MapX 以 OCX 的方式提供了真正的对象连接与嵌入式 OLE 的地理信息系统应用开发方案。MapX 是一个基于 ActiveX（OCX）技术的可编程控件。它使用与 MapInfo Professional 一致的地图数据格式，并实现了大多数 MapInfo Professional 的功能。

本小节主要对 MapX 的安装和在编程语言中的使用进行讲解。

MapX 是一个提供给应用程序开发人员的工具。它提供了一个最简单和最节约成本的方法，用来将地图化功能嵌入到新的和现有的应用中。MapX 是一个 OCX 组件，可以被快速集成到使用 Visual Basic、PowerBuilder、Delphi、VisualC++或其他面向对象的语言的客户端应用程序以及使用 Lotus Script 的 Lotus Notes(v4.5)中。开发人员可以在他们熟悉的环境中工作，最终使用者可以通过他们熟悉的应用程序来访问地图数据。

通过 MapX，可以按照用户自己的意愿在应用程序中加入强大的制图功能。用户可以按点、按专题渲染区域，按饼图或直方图等来显示数据。启用 MapX 的分析功能，可以分组和组织数据，执行搜索，或在一个指定的半径、矩形区域或指定的点的周围选择地图图元。

例如，MapX 能够计算距离船舶层最近的危险点，启动自动报警的功能；也可以计算某一块锚地区域中停泊的船舶信息；还可以在监控水域快速查找某一艘船舶等。

Visual Basic 可以使用地理信息软件提供的控件 MapInfo MapX，来对电子海图进行二次开发。

6.4.1.2 安装 MapInfo MapX

系统要求：因为 MapX 是 32 位 OCX，所以它需要一个 32 位版本的 Windows(Windows 95/98 或 Win7/Win8/Windows NT 4.0)，MapX 应用程序不能在 Windows 3.1 中运行。

MapX 使用面向对象的程序设计语言(例如 Visual Basic、Visual C++、PowerBuilder 或 Delphi)或者是使用 Lotus Script 的 Lotus Notes。

MapX 安装过程描述如下：

(1)将 MapX CD 放置在 CD 驱动器中(例如 D:)。单击 Windows 开始按钮并选择运行。

(2)在打开的下拉列表框中键入或选择[CD 驱动器符]\Setup.exe(例如，D:\Setup.exe)并单击确定。出现欢迎显示屏。选择“下一步”继续安装过程。

(3)软件许可协议屏出现。选择接受协议的条款并继续安装过程。

(4)显示选择目标位置屏。指定要安装 MapX 的目录。如果还没有安装 MapX，缺省位置是：Program Files\MapInfo MapX 5.0\。如果已经了安装 MapX，缺省位置就是现有的安装目录。

说明：强烈建议在开始安装之前，卸载 MapX 所有的早期版本并关闭所有 Windows 程序。要指定一个不同的位置，选择浏览按钮并指定目标。单击“下一步”继续安装过程。

(5)指定要安装的产品组件。显示出所选组件所需要的磁盘空间。当选择某个组件，其相关描述也显示出来。如果更改按钮可用，说明此组件有子组件。单击更改按钮以显示那些组件的列表以及安装所需的磁盘空间。选择要安装的子组件。例如，如果选择 Exporting/Importing Formats 组件，显示五个子组件(GIF、JPG、TIF、PSD 和 PNG)以及每个组件所需的磁盘空间。可以选择安装这些子组件中的一个或全部。如果要安装对 Lotus Notes 数据库的支持，要确信在安装 MapX 时已选中 Lotus Notes 选项(Lotus Notes 选项是 Data Drivers 选项的子组件)。

(6)选择程序文件夹屏出现；指定程序文件夹。

(7)开始复制文件屏出现。检查现在设置的信息。如果正确无误，选择“下一步”安装 MapX。进度条会显示安装的状态。如果要更改信息，选择返回回到上一屏幕。

安装 MapX 之后，就可以按需要添加 Map 控件了。

在 Visual Basic 工具箱上放置 Map 控件。在一个打开的 Visual Basic 工程中执行如下操作。

如果使用的是 Visual Basic 5 或更新的版本：

(1)右键单击 Visual Basic 工具箱，从快捷方式菜单中选择部件。

(2)在部件对话框中，单击控件选项卡，寻找列表中的“MapInfo MapX V5”。如果该项未选中，请选中它。单击“确定”。

Map 控件出现在工具箱上。要在 Visual Basic 窗体上放置地图，请选择 Map 控件并在窗体上绘制一个方框。

如果保存工程，在下一次重新加载工程时，Map 图标将自动出现在工具箱中。

使用 MapX 可以很容易把地图添加到应用程序。事实上，不必写一行代码就可以向 Visual Basic 窗体添加工作地图。操作步骤如下，参照图 6-1。

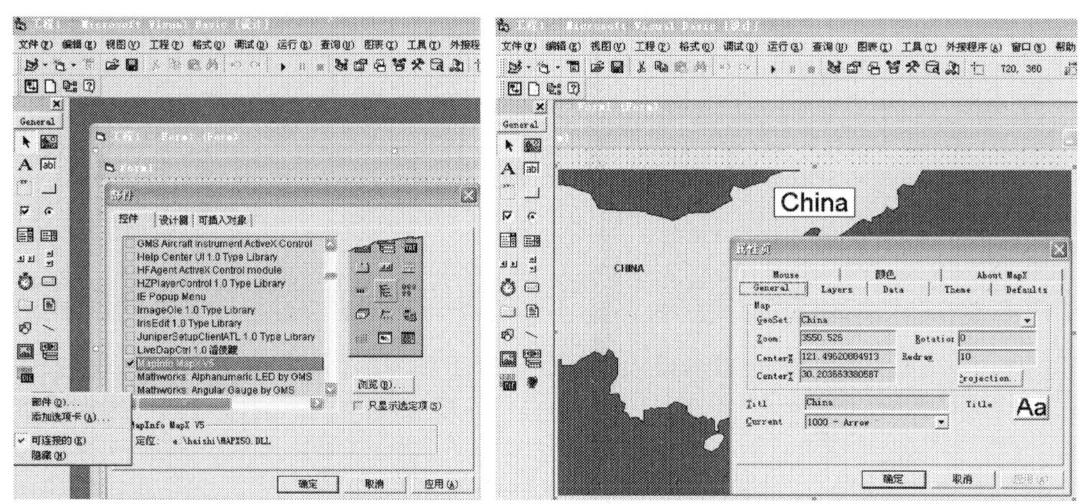

图 6-1　MapX 控件使用方法

(1)在 Visual Basic 工具箱中选择 Map 控件。

(2)在窗体中绘制一个方框，这表示将显示地图的区域。MapX 显示地图的预览。

(3)右键单击 Map 控件，从快捷方式菜单中选择属性。MapInfo MapX 属性对话框出现。

(4)在属性页中可以选择地图(GeoSet)、设置 Zoom、选择地图的中心位置等各种属性。

6.4.1.3　MapX 对象模型及实例

图 6-2 是 MapX 对象体系的局部，您可以看到 Map 对象存在于最顶端。每个 MapX 的对象、属性和方法都衍生于 Map 对象。每个在 Map 对象之下的属性和方法都会对生成整个 Map 对象有所影响。主要是由 DataSets、Layers 和 Annotations 对象定义每一个 Map 对象。

表 6-1 显示了一些由数值表示的 Map 对象属性。可以在“设计时”改变这些属性，也可以在“运行时”使用以下代码示例来更改。

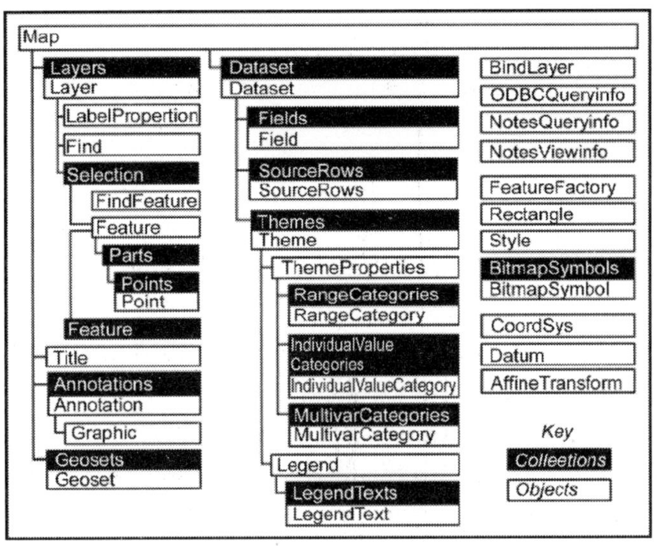

图 6-2 MapX 对象体系图

表 6-1 Map 对象属性表

属性	描述	代码示例
Zoom	设置在地图中显示的英里(默认的距离单位)数	Map1. Zoom=500
Rotation	对地图旋转指定的度数	Map1. Rotation=179
CenterX	设置 x 和 y 坐标,它们可能代表经纬度。这是由地图的投影来决定的	Map1. CentreX=-79.4458
CenterY	设置 x 和 y 坐标,它们可能代表经纬度。这是由地图的投影来决定的	Map1. CenterY=44.9932

用 Map 对象,可以通过操纵地图的几个方法和属性来控制地图的显示。有一些属性是由其他对象来表示的。例如,当您看到 MapX 地图时,也就是看到单独图层的集合,它是由 Layers 集合来表示的。Layers 集合是 Map 对象的属性。

如图 6-3 所示,点图层本身并不是非常有用,但当把这样的由点类型构成的地图覆盖在线状地图和区域地图上时,就得到了一幅非常有用的地图。每一幅单独的地图是一个图层,MapX 把地图存储为图层的集合。

图 6-3 MapX 图层集合

在"设计时"通过 MapX 属性对话框或是在"运行时"通过编程可以对图层进行改变。

在上述部分，属性对话框允许设计者通过简单地更改设置来操作图层。我们也可以在程序中随时更改图层属性和方法的代码。新建图层、删除图层以及更改图层的可见性和样式都是一些能在图层上完成的操作。

1）图层 Layer 对象

图层集合（Layers）是由 0 到 n 个 Layer 对象组成的。图层对象（Layer）是由特性集合（Features）组成的，且每一个特性（Feature）都有其自己的属性和样式。特性集合（Features）由 Feature 对象组成，它对应地图中的图元，例如点、线或区域。可以创建独立的 Feature 对象，也可以取得 Feature 对象的集合。

经过前面几个小节的学习，我们已经明白作为多个图层集合的计算机地图的概念。在地图窗口中，每个含有图形对象的数据表都可以显示为一个图层。例如，您可以在显示一个船舶表、船舶矢量表以及锚区表时，设想这些图层是透明的，每一图层包含地图的一个不同的部分。这些图层叠加在一起，使您同时可以看到地图的所有方面。例如，第一个图层包含船舶，第二个图层包含代表船舶矢量的符号，第三个图层包含锚地。将这些透明的图层叠加在一起就组织起一个完整的地图。

（1）Layers 集合的属性

每个 Map 都有图层的集合。Layers 集合由 Layer 对象组成。Layers 集合具有从集合中添加和删除 Layer 对象的方法和属性。Layers 集合方法和属性的完整列表请参见《MapX 参考指南》和联机帮助。

Count——获得集合中的图层数量。

所有集合都有 Count 属性，该属性非常有用，可得到图层的数目，遍历 Layers 集合的每一图层，就可以用到此属性：

```
Dim x as integer
For x=1 to Map1. Layers. Count
   Print Map1. Layers(x). Name              REM:遍历层的名称
Next
```

Item——从集合中获取图层。

Item 属性从集合中获得特定的 Layer 对象。Item 属性返回一个图层作为对象，它是 Layers 集合的默认方法。可以通过索引值，如 1、2 等，来引用图层，也可以通过它们的名称引用，例如 Ship 或者 Vector：

```
Dim lyr as Layer
Set lyr=Map1. Layers. Item("Ship")
```

或者，

```
Dim lyr as Layer
Set lyr=Map1. Layers. Item(3)
```

（2）Layers 集合的方法

Layers 集合有一些方法来控制集合包含哪些图层以及如何对其进行显示。还有一个方法使使用者能通过打开图层控制对话框来操作图层的方法和属性。这些方法也可在设计时使用属性页设置，参考图 6-1，使用“图层控制”对话框，LayersDlg 方法显示可便于使用者添加图层、删除图层、更改图层顺序和更改图层属性的对话框。

创建图层：

可以创建新的临时或永久的 MapInfo 表图层。该方法返回 Layer 对象，即添加到集合的Layer对象。

```
dim lyr as layer
set lyr=Map1.Layers.CreateLayer("Temporary")
```

添加图层：

添加现有的图层到集合中并在地图上显示。

当添加图层时，可以使用可选的 Position 参数指定图层在集合中的位置。如果没有指定 Position 参数，图层将根据地图中的其他图层自动放置。例如，点图层将置于区域图层之上。

```
Map1.Layers.Add "C:\Data\Counties.tab"
```

或者，

```
Private Sub mnuAddLayers_Click()
Dim sFile As String
 With dlgCommonDialog      REM:在控件中选取 Microsoft Common Dialog Control 6.0
     .DialogTitle="Add Layer"
     .Filter="MapInfo Tables(*.tab)|*.tab"
     .ShowOpen
       If Len(.filename)=0 Then
         Exit Sub
       End If
     sFile=.filename      REM:出现对话框，找到相应的 tab 文件
 End With
On Error Resume Next
Map1.Layers.Add sFile
End Sub
```

删除图层：

Remove 方法将指定的图层从地图中删除。

```
Map1.Layers.Remove 3
```

删除所有图层：

RemoveAll 方法将所有图层从地图中删除。

重定位图层：

Move 方法重确定图层在 Layers 集合中的顺序。第一个参数是原来的顺序(顶端图层为 1)，第二个参数是要移动到的顺序。

```
Map1.Layers.Move 1,2      REM:从第一层移动到第二层
```

(3)动态图层

Animation 图层在地图图元需要经常更新(例如在实时应用时)时很有用。例如，可以开发一套船队管理应用程序，将每一艘舰船用一个点对象来代表。可以通过使用 GPS 技术获取船舶的当前位置，然后更新点对象以显示船舶在地图上的更新位置。

在这类应用程序中，如果被更新的对象存储在动态图层而不是常规图层中，那么在地图对象经常改变的地方，地图可以更快地重新绘制。

最初，AnimationLayer 设置为 null。可以向 Layer 对象分派属性以使图层成为动态图层(它可以是常规图层或是用户绘制图层)。当图层被分派了 AnimationLayer 属性，它就会绘制在所有图层的上方，包括 Annotations 图层和选择结果。该图层仍然在 Layers 集合中的同样位置。浮动对象如图标符号仍然显示在动态图层的顶端，尽管它们因为被省略了而不必每次重新绘制。如果普通的图层被用作动态图层，其选择结果和标注会依然有效。

实例：

```
Set Map. Layers. AnimationLayer＝Layers(3)
for each lyr in Map. Layers
  if Map. Layers. AnimationLayer＝lyr then      REM:找到动画层
    Print Map1. Layers(x). Name                 REM:打出动画层名
  end if
next
```

要关闭动态图层，给它赋予空值：

```
Set Map. Layers. AnimationLayer＝nothing
```

这样使该图层变回普通图层，且其在图层列表中的位置不变。

2)图元 Feature 对象

什么是地图图元？地图图元是地图上的地理对象，例如点、线或区域。例如，在电子海图中区域表示锚地、线表示航道、点表示船舶。在 MapX 中，地图图元表示为 Feature 对象。

什么是 Features 集合？在 MapX 中，组成地图的不同图层中的每个图层通常具有相同类型的图元。例如，“Anchor”图层使用区域图元表示每个锚地，“Vector”图层使用线图元表示船舶矢量线，“Ship”图层使用点图元表示每艘船舶。在 MapX 中，地图图层中的所有图元及其所有子集表示为 Features 集合。许多 Layer 对象方法都返回图层的 Features 集合。

一般说来在地图上不突出显示 Features 集合中的图元。要想突出显示，那么使用 Selection 集合。

什么是 Selection 集合？和 Features 集合类似，Selection 集合也是 Feature 对象的集合。但是，Selection 集合表示当前已选中的 Feature 对象。每个图层对象都有自己的 Selection 集合(Layer. Selection)。根据那些已选中的图元，MapX 自动高亮显示在 Selection 集合中的所有图元。

(1)使用 Features 集合

Features 集合类似于 Selection 集合，因为两个集合都是 Feature 对象的集合。但是，Features 集合与 Selection 集合各有一组不同的方法和属性集，而且两个集合类型的行为也不同。在 Selections 集合中自动高亮显示选中的图元，而在 Features 集合中不会突出显示图元。

取得图层中的图元：在使用 Features 集合前必须先创建集合。可以用 Layer 对象方法创建 Feature 对象的集合。

表 6-2 所示 Layers 集合获取示例提供了多种途径来取得 Features 集合。

表 6-2 Features 集合获取示例

方法	描述	代码示例 (Dim fs as Features 创建 Features 集合)
AllFeatures	返回图层中包括所有图元的 Features 集合	Set fs=Map1. Layers(2). AllFeatures
NoFeatures	返回图层的空 Features 集合	Set fs=Map1. Layers(9). NoFeatures
SearchWithinDistance	返回在指定点对象周围的某个范围内图元的 Features 集合	Set fs = Map1. Layers(3). SearchWithin-Distance(objPoint, 36.5, miUnitMile, _ miSearchTypeCentroidWithin)
SearchWithinFeature	返回由另一指定区域图元中图元组成的图元对象	Set fs = Map1. Layers(3). SearchWithin-Feature(ftr, miUnitMile, miSearchType-CentroidWithin)
SearchWithinRectangle	返回在指定矩形边界中的图元集合	Set fs = Map1. Layers(3). SearchWithin-Rectangle(miRect, miUnitMile, miSearch-TypePartiallyWithin)
SearchAtPoint	返回由指定点处图元组成的图元集合	Set fs = Map1. Layers(3). SearchAtPoint (objPoint)

MiSearchTypeCentroidWithin　如果图元的中心位于区域中,则在搜索中包含该常数。

MiSearchTypeEntirelyWithin　如果区域包含此图元,则在搜索中包含该常数。

MiSearchTypePartiallyWithin　如果图元的任意部分位于区域中,则在搜索中包含该常数。

操纵 Feature 集合,表 6-3 所示为通过在集合中添加、删除、复制图元对象来操作 Features 集合的方法:

表 6-3 Features 集合操作方法

方法	描述
Add	将 Feature 对象或整个 Features 集合添加到集合
Clone	将集合复制为另一个 Features 集合对象
Common	将此集合与另一个 Features 集合相结合,这样该集合将仅包含二者中均包含的图元(INTERSECT集合操作)
Remove	从该集合的 Feature 集合中删除 Feature 对象或所有图元(SUBTRACT 集合操作)
Replace	将集合内容替换为 Feature 对象或 Selection 集合对象的所有图元

Feature 对象:Features 集合由 Feature 对象集合组成。Feature 对象对应于地图上的图元,例如符号、线或区域。Feature 对象方法使用户可以创建和操作独立图元对象。在创建独立图元对象后,必须将该图元对象附加到地图上后才能引用对象的所有方法和属性。把图元附加到地图时地图的坐标系与图元相关联。

以下 Visual Basic 示例显示如何创建独立的 Text 图元,然后修改其标题。

```
Dim f As New Feature
```

```
Dim fNew As Feature
f. Attach Map1
f. Type=miFeatureTypeText
f. Point. Set Map1. CenterX,Map1. CenterY     REM:增加一个 text 图元到层
f. Caption="This is a text object"
Set fNew=Map1. Layers(1). AddFeature(f)
fNew. Caption="Changed Text"                  REM:改变图元标题
fNew. Update                                  REM:更新图元
```

图元对象属性:图元作为在地图上显示的最基本单位,具有显示的位置值、名称、类型等属性,参照表 6-4 属性定义图元对象。

表 6-4 图元对象定义表

属性	描述	代码示例
CenterX	包含图元在 X 轴方向的中心	Print ftr. CenterX
CenterY	包含图元在 Y 轴方向的中心	MsgBox ftr. CenterY
FeatureID	包含图元 ID。图层中的每个图元在每个图层中包含唯一 ID。为整数值	IVar=ftr. FeatureID
Length	包含图元长度(限于线形图元)	Print ftr. Length
Perimeter	长度指图元的周长(限于区域图元)	Print ftr. Perimeter
Name	包含图元名称	MsgBox ftr. name
Type	包含图元(点、线等)类型	ftr. Type=miFeatureTypeSymbol

(2)使用 Selection 集合

MapX 的一个基本功能是在地图上选择图元,这样就可以在图元上执行其他任务。使用者可以单击地图选择一个或多个图元(点、区域等)。MapX 高亮显示所有选中的图元。

要检查所选图元列表,请使用 Selection 集合,它是 Feature 对象的集合。Selection 集合还提供了不同方法(例如 SelectByRadius)可以完成不同类型的选择,例如,选择以某城市为圆心的一定半径范围内的所有图元。所选图元将在地图上高亮显示出来。每个图层都有所选图元对象的集合(Layer. Selection)。

Selection 集合具有在集合中添加和删除图元的方法。同时,如果已经具有 Selection 或 Features 集合,那么可以追加、删除、复制或查找两个集合的交集。表 6-5 列出了一些 Selection 集合方法。有关完整清单,请参阅《MapX 参考指南》或联机帮助。

表 6-5 Selection 集合定义表

方法	描述	代码示例
ClearSelection	取消选择该图层中的所有图元。使用 Layers. ClearSelection 从所有图层中清除选择	Map1. Layers("SalesReps1997)". Selection. ClearSelection
Clone	将集合复制为另一个 Selection 集合对象	Map1. Layers(2). Selection. Clone ftrs

续表 6-5

方法	描述	代码示例
Common	结合该集合与另一个 Selection 对象，使该集合仅包含二者都有的图元(INTERSECT 集合图元)	Map1. Layers(2). Selection. Common Map1. Layers(4). Selection
Remove	从该集合的 Selection 对象中删除 Feature对象或所有图元(SUBTRCT 集合操作)	Map1. Layers(2). Selection. Remove fs
Replace	将集合内容替换为某个 Feature 对象或某个 Selection 集合对象中的所有图元	Map1. Layers("Boston"). Selection. Replace lyr. AllFeatures
SelectAll	选择图层中的所有图元	Map1. Layers("Cargo"). Selection. SelectAll
SelectByPoint	选择图层中指定点处的图元	Map1. Layers(5). Selection. SelectByPoint 75. 14,42. 9,minSelectionAppend
SelectByRadius	从图层中选择某点周围指定半径内的图元	Map1. Layers(4). Selection. SelectByRadius X,Y,Radius, miSelectionNew
SelectByRectangle	选择矩形中的图层图元	Map1. Layers(5). Selection. Select-ByRectangle 98. 7,31. 56,-75. 14,42. 9, miSelectionRemove
SelectByRegion	选择区域内的图层图元	Selection. SelectByRegion Layer, FeatureID,Flag

搜索类型常数如下：

MiSelectionNew　创建新的选择。

MiSelectionAppend　添加到当前选择。

MiSelectionRemove　从当前选择中删除。

以下代码在指定点创建新的选择：

```
Private Sub Command1_Click()
  Map1. Layers(5). Selection. SelectByPoint -98,31. 56,miSelectionNew
End Sub
```

SelectionChanged 事件：当更改选择时调用该事件。该事件使容器可以重新与建立在地图上的选择发生作用。使用选择工具或使用 Layer 对象的某一 Selection 方法可以将选择更改为使用者结果。

```
Private Sub Map1_SelectionChanged()
Dim ftr As Feature                        REM:定义一个图元对象
Dim lyr As Layer                          REM:定义一个层对象
For Each lyr In Map1. Layers              REM:搜寻每一个层
  For Each ftr in lyr. Selection          REM:搜寻每一个层中的选择集
    MsgBox("found:")ftr. name             REM:输出每一个选择集中的元素名
```

```
  Next
Next
End Sub
```

3)Annotations 对象

Annotations 集合是把文本和符号放在地图上的简单方法。注释放在所有其他图层的最顶端,并且不和任何数据连接。

表 6-6、表 6-7 列出了 Annotations 集合对象的方法和属性。

表 6-6　Annotations 集合方法

方法	描述
AddSymbol	向 Annotation 集合添加符号。使用默认样式(由 Map. DefaultStyle 指定)
AddText	向 Annotation 集合添加文本。第四个参数表示文本在指定坐标系中的初始位置
Remove	从集合中删除指定的 Annotation
RemoveAll	从集合中删除所有的 Annotation

表 6-7　Annotations 集合属性

属性	描述
Editable	指定注释是否能够编辑
Type	指定 Annotation 对象类型
Graphic	包含了拥有 Annotation 属性的 Graphic 对象。请参阅联机帮助中的 Graphic 对象描述

请注意在注释对象中没有关于位置、符号样式或是注释的属性。注释的图形属性包含了该信息的图形对象。要修改注释,可修改注释的图形对象。

下列代码在指定位置添加符号:

```
Map1. Annotations. AddSymbol X1,Y1          REM:在指定位置增加一个符号
```

4)GeoSet 集合

GeoSet 是地图图层及其设置的集合。可以在"设计时"指定 GeoSet。如果在"运行时"设置,则先要删除所有已加载的图层和数据集,然后加载新的 GeoSet。如前所述,在运行时指定要加载的其他 GeoSet、给地图对象添加图层或是操作图层的外观等操作都可以通过属性页来实现,或者可以通过与 MapX 一起装载的 MapX Geoset Manager 程序来实现(此程序可以在 MapX 程序组中找到),参见图 6-4。

GeoSetManager 的用户界面,可以利用此管理工具更改图层设置,当认为满意时,就可以保存地图。这将把 GeoSet 文件(*.GST)写到驱动器中。当打开该 GeoSet 文件时,将返回所有的地图图层和设置。Geoset Manager 使用户可以修改图层、管理缩放等级、标注,以及其他属性。

GeoDictionary:利用 MapX 制作数据绑定或创建专题地图时,可以用 GeoDictionary 来匹配数据源与地图图层。GeoDictionary 是一个保存了关于哪个地图图层可以匹配、哪个字段可以用作匹配字段的信息文件(一般命名为 geodict. dct)。如果想运用自动匹配/自动绑

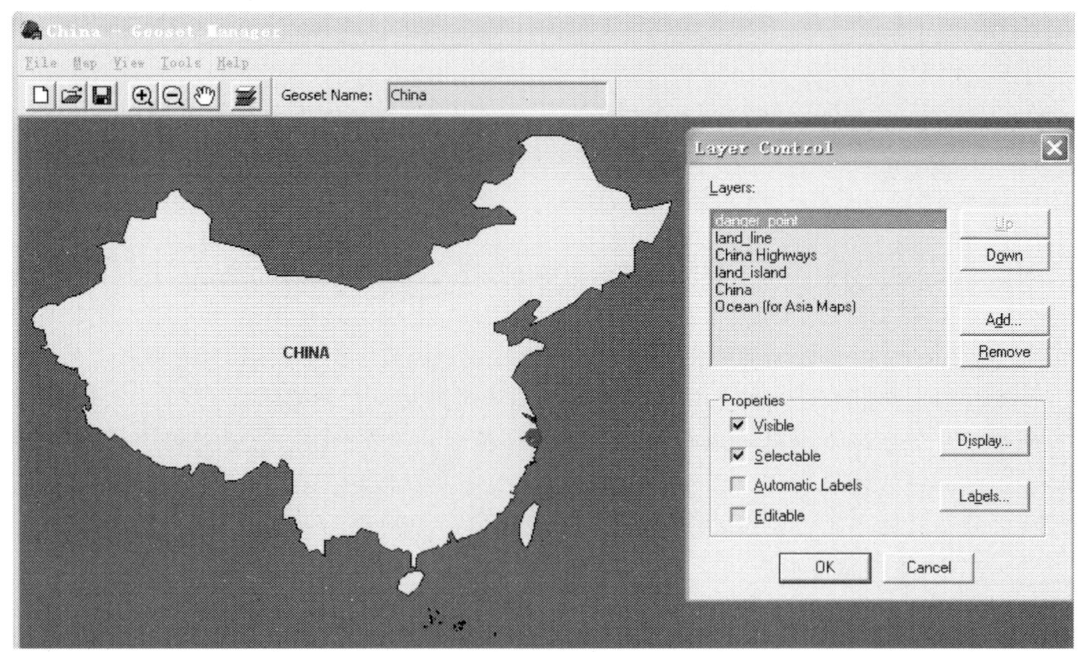

图 6-4 GeoSet Manager **的用户界面**

定,则必须在 GeoDictionary 中注册文件。可以编程或者明确指定图层中要匹配的列与数据文件/表中的哪些列匹配,也可以让 MapX 参考 GeoDictionary 尝试找到匹配。

修改 GeoDictionary:如果在做数据绑定时要利用自动匹配,则在 GeoDictionary 里注册 MapInfo 表是必要的。在 MapFX GeoSet Manager 的工具菜单下有执行 GeoDictionary 程序的选项。MapX GeoDictionary 程序允许把新的 MapInfo 表注册到 GeoDictionary 中。同时,在 MapX GeoDictionary 中,单击"注册表"按钮,然后选择要注册的表,设置表属性并为其输入描述。如果想要自动地把这张表加载到 GeoSet 中,请单击添加按钮然后选择要添加表的 GeoSet。

6.4.1.4 MapX 工具概述

多数的地图化应用都提供一类工具来帮助完成普通的绘制任务(如在地图上画线)和导航任务(如放大)。MapX 提供了几个常用的地图化工具,此外也可以创建自定义工具。

内置工具:使用 MapX,能够轻松地把普通的工具栏按钮应用到你的应用中。MapX 为多个常用地图化工具提供了内置支持,其中包括:

使用者更改地图的比例和/或位置的导航工具(放大、缩小、漫游、居中)。

使用者单击地图图元来进行标注的标注工具。

给予使用者不同的方式来选择地图图元的选择工具集合。

对象创建工具,可创建地图图元。

选择工具为修改键(SHIFT 键、CTRL 键)提供内置支持:按住 SHIFT 键同时使用选择工具,不选中图元;按住 CTRL 键同时使用选择工具,则把图元添加到选择结果中。

只要按下修改键,MapX 就会自动地显示不同的光标(加号或减号出现在光标旁边),以便用户理解该键的作用。

控制当前工具:要设定当前使用的工具,请设置 Map 对象的 CurrentTool 属性。

要激活一个标准工具，请把该属性设为某个 ToolConstants 常量。例如，转到放大工具：

Map1. CurrentTool＝miZoomInTool

Map1. CurrentTool＝miTextTool　　EM：直接在电子海图上增加文字

Map1. CurrentTool＝miSymbolTool　　REM：直接在电子海图上增加符号

Map1. CurrentTool＝miRectSelectTool　　REM：拖动鼠标画一个矩形，选择矩形内的图元

对象编辑工具：对象编辑工具使使用者能在地图图层中创建和修改图元。有四种标准的对象创建工具：添加点、添加线、添加折线和添加区域。这些工具把新的图元添加到那些用 Map. layers. InsertionLayer 属性指定的任一图层上。仅只能有一个插入图层，缺省值是无。

当没有插入图层而把当前工具设置成对象创建工具时将会导致错误。

MapX 也支持修改现存的地图图元。对于任何要更改的图层，若要编辑图元，必须把 Layer. Editable 属性设为 True。这样，内置的箭头工具就能用于在当前的选择结果中移动图元或者调整其大小。若要移动选中的图元，只需要简单地单击并拖动。若要改变选中的图元的大小，请用编辑手柄拖动。若要删除选中的图元，请按 Delete 键。

可用的标准工具：不同的工具将会使鼠标能够完成多种任务。例如，如果当前的工具设成 miLabelTool，那么当单击鼠标时，会在此特指的地图对象上放置标签。鼠标光标将根据正使用的工具更改形状，参照表 6-8。

表 6-8　MapX 可用的标准工具

工具	常量	描述
Add Line	miAddLineTool	向插入图层添中线图元
Add Point	miAddPointTool	单击从而向插入图层添加点图元
Add Polyline	miAddPolyLineTool	添加折线图元到插入图层
Add Region	miAddRegionTool	添加区域图元到插入图层
Arrow	miArrowTool	单击标题或注释。并且，它也可用在可编辑的图层中移动选中的图元或者改变其大小
Center	miCenterTool	单击鼠标使地图居中显示
Label	miLableTool	单击图元进行标注
Pan	miPanTool	拖动地图并重新定位地图的中心
Polygon Select	miPolygonSelectTool	单击鼠标画多边形，在多边形内的对象被选中
Radius Select	miRadiusSelectTool	拖动鼠标并选中在拖动半径内的图元
Rect Select	miRectSelectTool	拖动鼠标选中在矩形内的图元
Select Tool	miSelectTool	单击选择图元
Symbol	miSymbolTool	放置符号注释
Text	miTextTool	放置文本注释
Zoom In	miZoomInTool	放大
Zoom Out	miZoomOutTool	缩小

自定义工具：如果需要一种 MapX 没有提供的工具栏按钮，可以使用 Map. CreateCustomTool 方法来创建自定义工具。

创建自定义工具时，需要控制创建工具的"类型"，就是要选择此工具是否允许使用者单击，或是单击并拖动来画线，或是单击并拖动来画矩形等，也可以选择使用自定义工具时显示的光标。

创建自定义工具：为任何应用创建自定义工具时，通常有三个常用步骤：

(1)创建工具。

(2)编写工具的处理过程(反映工具实际上所做的代码)。

(3)使用工具(把工具交付给使用者)。

创建工具：若创建自定义工具，请调用 CreateCustomTool 方法。

以下示例创建了自定义 Ruler 工具。Ruler 工具的用途是确定地图上两点之间的距离。首先我们声明一个等于 500 的常量 RULERTOOLID 来代表我们的自定义工具。然后，当装载该应用的主窗体时，创建该工具。

```
Const RULERTOOLID=500
Private Sub Form_Load()
  Map1.CreateCustomTool RULERTOOLID,miToolTypeLine,miSizeCursor
End Sub
```

在以上 CreateCustomTool 的调用中，指定了三个必选参数：ToolNumber、Type 和 Cursor。

ToolNumber 是创建来代表该工具的 RULERTOOLID 常量。Type 是决定工具行为的 ToolType Constants 值。在这里，指定为使使用者可以用该工具拖动鼠标来画直线的 miToolTypeLine 常量。

Cursor 指定为 miSizeCursor 常量，这意味着当工具被选中时，它会以方向光标的形式出现。

ShiftCursor 指定为当＜SHIFT＞键按下时工具的光标形状。CtrlCursor 指定为当＜CTRL＞键按下时光标的形状。如果想让工具行为与这些键相联系，这两个参数是有用的。若要使自定义工具成为活动工具，请设置 CurrentTool 属性。例如，可以在 Visual Basic 窗体中放置一个按钮，当使用者单击这个按钮，就可以设置 CurrentTool 属性。

可用的自定义工具类型：ToolTypeConstants 描述当创建一个自定义工具时可使用的工具类型。它们描述工具的行为(例如，miToolTypeLine 使使用者可以画线；miToolTypeCircle 使使用者可以画圆等)，参见表 6-9。

表 6-9　自定义工具表

常量	行为
miToolTypePoint	在指定位置显示点
miToolTypeLine	画线
miToolTypeCircle	画圆
miToolTypeMarquee	画选取框，并在此框中选择地图对象
miToolTypePoly	画折线
miToolTypePolygon	画多边形

如要激活自定义工具，请使用在运用 CreateCustomTool 方法时指定的 ToolNumber 值。

```
Map1.CurrentTool=500
```

Ruler 自定义工具创建以后，需要为该工具实际要做的事件编写代码。

编写工具处理过程：工具的代码可以在两个不同的时刻执行，在工具使用过程中，或者使用工具之后。

对于自定义的 Ruler 工具，如果要在工具使用时执行代码，自定义的 Ruler 工具的操作方式为：当使用者使用它单击在一个地图位置时，工具的距离测量开始点被标记；使用者按下鼠标按钮并且在地图上移动鼠标，然后把鼠标停在另一个位置，完成标记距离测量的终点，然后 Ruler 工具计算两点间的距离。要做到这样，需要在使用者按下鼠标按钮时，在地图上移动鼠标时和把鼠标停在另一点时执行 Ruler 工具的代码。

要在使用者按下鼠标时捕获起始点，需要在 MouseDown 事件中写如下代码：

```
Dim XDown As Double
Dim YDown As Double
Private Sub Map1_MouseDown(Button As Integer,Shift As Integer,X As Single,Y As Single)
If Map1.CurrentTool=RULERTOOLID And Button=vbLeftButton Then
 Map1.ConvertCoord X,Y,XDown,YDown,miScreenToMap
        REM:将屏幕坐标转换为经纬度坐标,保存到 XDown,YDown 变量中(起点)
 End If
End Sub
```

当使用者单击按下鼠标，MouseDown 事件被激活。在 MouseDown 事件中的代码获取使用者所单击点的 X、Y 坐标，然后把它从屏幕坐标转化为地图坐标，并储存在全局变量 Xdown 和 Ydown 中。Xdown 和 Ydown 代表距离测量的起始点。

要捕获当用户移动鼠标在另一点停下时得到的终止点，需要在 MouseMove 事件中编写代码。

```
Private Sub Map1_MouseMove(Button As Integer,Shift As Integer,X As Single,Y As Single)
 If Map1.CurrentTool=RULERTOOLID And Button=vbLeftButton Then
 Dim MapCoordX As Double,MapCoordY As Double
 Map1.MapUnit=miUnitMile
 Map1.ConvertCoord X,Y,MapCoordX,MapCoordY,miScreenToMap
       REM:将屏幕坐标转换为经纬度坐标,保存到 MapCoordX,MapCoordY 变量中
           (终点)
   Text1.Text=Map1.Distance(XDown,YDown,MapCoordX,MapCoordY)&"miles"
       REM:计算两点之间的距离
 End If
End  Sub
```

这段代码将持续执行直到使用者停止移动鼠标并释放鼠标按钮为止。最后一次代码执行是鼠标停止移动之前在地图上经过的最后一点，也正是距离测量的终止点。把点从屏幕

坐标转化到地图坐标，然后使用 Map 对象的 Distance 方法计算两点之间的距离。结果则显示在 text 控件里。

以上示例说明：使用 Map. CreateCustomTool 方法创建自定义"line"工具（使使用者能拖动鼠标来画线的工具）。

ToolUsed 事件：在许多时候可能都需要在工具使用后再执行工具代码。比如使用者画圆，并在鼠标按钮被释放以后，计算在该圆半径内的客户数量。如果这是工具需要的功能，则要使用 Map 对象的 ToolUsed 事件来放置代码。

当使用者使用自定义工具时用 ToolUsed 事件实现操作。

```
Private Sub Form_Load()
    Map1. CreateCustomTool 1,miToolTypeLine,miIconCursor
    Map1. CurrentTool=1
End sub
Private Sub Map1_ToolUsed(ByVal ToolNum As Integer,ByVal X1 As Double,By-
Val Y1 As Double,ByVal X2 As Double, ByVal Y2 As Double,ByVal Distance As
Double,ByVal Shift As Boolean, ByVal Ctrl As Boolean,EnableDefault As Boolean)
    If ToolNum=1 then
      lblDistance. Caption=StrMYM(Distance)
    End If
End Sub
```

把工具交付至使用者：若要"把工具交付至使用者"，请把 Map 对象的 CurrentTool 属性值设置成该工具：Map1. CurrentTool=miZoomInTool，或者：Map1. CurrentTool=1

创建多边形绘制工具（Polytools）的实例如下：

Polytool 是可使使用者重复单击的工具，例如，画多边形或者折线。MapX 提供了标准的多边形选择工具。该工具允许使用者画多边形，然后选择所有质心落于该多边形内的图元。只有可选图层才能够被搜索，无缝图层、栅格以及使用者自定义的图层被忽略。

若要激活该工具，请把 CurrentTool 属性设置为 miPolygonSelectTool（值为 1010）。当使用这个工具时，PolyToolUsed 事件被激活。若使用者双击、按空格或者回车结束多边形（miPoly ToolEnd）时，则执行搜索，并且 miPolyToolEnd(1)将传递给 PolyToolUsed 事件。

如果使用者是用 ESC 键结束多边形，则取消查询；并将 miPolyToolEndEscaped(2)传递给 Poly ToolUsed 事件。使用者可以删除线上所有的节（退格键删除）。当最后一个节被删除后，会发送一个(2)标志。

自定义 Polytools：若要创建自定义 Polytool，请调用 CreateCustomTool 方法，并指定 Tool TypeConstants 的值为 miToolTypePoly。若要激活自定义 Polytool，请设置 Current-Tool 属性。

无论何时使用者想要在地图上使用自定义 Polytool，MapX 都会调用 PolyToolUsed 事件。因此，需要把代码添加在 PolyToolUsed 事件过程中，以使工具生效。

使用自定义 Polytool 示例如下：

一旦已经使用了 CreateCustomTool 方法创建 Polytool 工具，就可以看看以下的示例是如何处理 PolyToolUsed 事件的。这个示例让使用者在图层 1 上绘制区域或是线。此示例使用了图元对象。它也用到了 Parts 对象，在联机帮助和《MapX 参考指南》中有对该对象的解释。

```
Private Sub map1_PolyToolUsed(ByVal ToolNum As Integer, ByVal Flags As Long, ByVal pts As Object,
    ByVal Shift As Boolean, ByVal Ctrl As Boolean,EnableDef As Boolean)
    If Flags=miPolyToolBegin Then                REM:开始使用多边形画图
        ……
    ElseIf Flags=miPolyToolEnd Then              REM:双击鼠标,结束使用多边形画图
      If ToolNum=MY_SUPER_POLYGON_TOOL Then
                                                 REM:如果使用自定义工具
        Dim f1 As New Feature
        Set f1=Map1.FeatureFactory.CreateRegion(pts,Map1.DefaultStyle)
        Map1.Layers(1).AddFeature f1             REM:画多边形并保存到层 1
      ElseIf ToolNum=MY_SUPER_POLYLINE_TOOL Then
                                                 REM:如果使用自定义工具
        Dim f2 As New Feature
        Map1.Layers(1).AddFeature f2             REM:画线段并保存到层 1
      End If
    ElseIf Flags=miPolyToolEndEscaped Then       REM:使用 ESC 键退出
        ……
    End If
End Sub
```

6.4.2 空间分析方法应用实例

航线设计与航路监视是 ECDIS(Electronic Chart Display and Information System)提供的两个重要的航海功能。ECDIS 中的航海功能与纸海图作业相比有明显的优势。在纸质海图上进行航线设计通常是由驾驶员先在纸质海图上进行航线设计，然后在纸质海图上人工标绘船位、作图，进而人工判断航线是否可行。一方面，这种人工作业方法由于障碍物尺寸小或海图破损，而容易掩盖真实海图数据，导致航行中因为信息判断失误，而酿成严重的不良后果。另外一方面，由于手工操作，工作强度很大，并且航线设计结果的优劣完全取决于航海人员的经验、作业熟练程度及工作态度，这往往会给航行带来很多潜在的不安全因素。在 ECDIS 中，航线设计、航路监视可以完全自动进行，这就能够有效避免上述问题的发生，不仅可以减轻航海作业人员的工作强度，而且增强了航行安全性。

航线设计的内容是要能够判别航线附近有无低于安全水深点、有无孤立危险物、是否穿越安全等深线、是否穿过某些危险区，除此以外还应判别是否穿越陆地，以防止使用者的误操作;航路监视的主要内容有判断船舶是否偏航、是否到达转向点、是否穿越安全等深线、是否穿越危险区等。由于航路监视是在选择好航线后进行监视，所以我们采用两者结合的方法来实现。在航线设计时充分考虑偏航极限范围内有无不适合的点(包括水深点、孤立危险物等)，线(包括等深线)，面(包括危险区、禁航区、陆地等)。而在航路监视时，则可以判断表

示本船的位置点是否包含在偏航极限的范围内，这样就能及时地对偏离航线的船舶给出预警；同时还可以在以本船为中心，一定距离（如 2～3n mile）为半径的圆形区域内，实时地（或周期性地）监控有无危险点、线、面进入，以进行判断和报警。

ECDIS 的实现方法很多，但大多和地理信息系统（Geographic Information System，GIS）相关，系统分析员可以根据实际需要选择直接在 GIS 平台上开发或把 GIS 控件嵌入到系统中实现电子地图的功能。以这类方法开发 ECDIS 中的航线设计和航路监视功能，其中涉及的点、线和面三者之间的计算和判断，早期 DOS 或 Windows 程序员的做法是：从数学和几何方面考虑，通过调用 Windows API 函数的方式进行几何相交的判断。其算法复杂，速度也不快，同时要实现较为复杂和灵活的功能也显得无能为力。

本教材运用空间分析（Spacial Analysis）的方法，在 VB 中使用 GIS 控件 MapX 强大的地图函数进行计算和判断，无须从底层做起，能实现较为复杂的功能计算，程序也简明易读，便于程序员的二次开发与维护。

6.4.2.1 航线设计

计划航线，可以抽象为由几何线段组成的折线，它没有宽度。在海上航行由于风流压的影响，船舶往往会偏离计划航线一定的范围，但这个距离不能太大，否则就可能偏航甚至发生意想不到的事故。因此，人们提出了“偏航极限”（Limit of deviation）的概念，即船舶在偏航极限范围内则认为可以安全航行，否则系统给予报警。偏航极限是由航海人员根据自己船舶的实际情况和航行环境等情况自行设置的，在航路监视时如若发现船舶的偏离程度超过了偏航极限就会报警。以计划航线为中线，设定的偏航极限为 1D，给出了一个安全的“航线带”，带宽为 2D，即两边极限距离之和。如图 6-5 所示，w_{p1}、w_{p2}，… 为转向点，1D 为偏航极限，航线两侧分布的黑点表示水深点、孤立危险物等。

在设计航线时，由使用者选定偏航极限，由此形成“航线带”，两个转向点之间的“航线带”就会形成一个缓冲区域。例如 w_{p1}—w_{p2} 之间的计划航线实际上是处于由 p_1、p_2、p_3、p_4 四点形成的一个缓冲区域内。

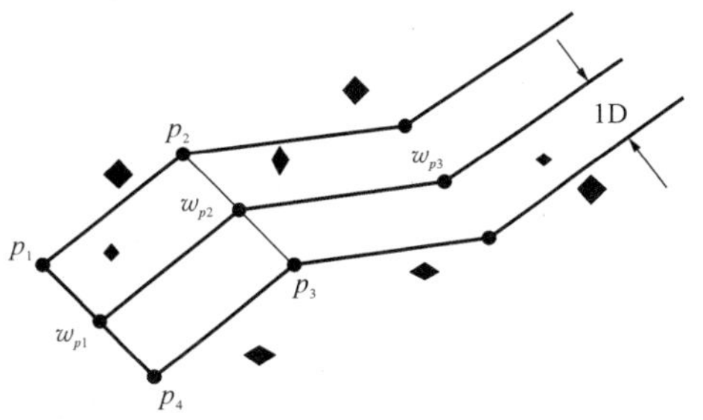

图 6-5 偏航极限示意图

我们采用 MapX 控件的缓冲分析和叠置分析函数来判断此区域内是否存在危险点、线、面。下面我们以 Visual Basic 6.0 开发的程序为例分别介绍其实现的方法。

1）点的检测

检测偏航极限内有无低于安全水深点，是否有孤立危险物的判断，我们称之为点的检测。当选择好转向点时，在 MapX 中提供的缓冲分析函数可以直接对初步设计的整个折线航线进行判断得出结果，考虑到实际需要及航路监控，我们以两个转向点之间一段航线所形成的“航线带”为一个区域进行判断，那么对于表示计划航线的整个折线来说，就可以用循环方式逐步对每两个转向点之间的区域进行判断，其中在判断 w_{p1}—w_{p2} 计划航线是否可行时，如图 6-5 所示，首先由 p_1、p_2、p_3、p_4 形成一缓冲区域，再判断这一区域中有无不适合的点。程序如下：

```
Dim wpt_line as Feature                    REM：wpt_line 为转向点之间的线段（Feature）
```

```
wpt_line Attach Map1                    REM:将 wpt_line 加入地图
wpt_line. Type=miFeatureTypeLine        REM:定义为线元
wpts. AddXY wptx(1),wpty(1)             REM:wpts 为点集合,wptx、wpty 为转向点的
                                            经纬度
wpts. AddXY wptx(2),wpty(2)
wpt_line. Parts. Add wpts               REM:把点集合赋值给线元
Map1. Layers. Item("route"). AddFeature wpt_line
                                        REM:将线段加入 route 图层
REM:检测缓冲区域中是否存在不适合点
Set check_points=Map1. Layers. Item("point"). SearchWithinDistance(wpt_line,1D,
miUnitNauticalMile,miSearchTypePartiallyWithin)
                                        REM:point 图层为危险点层,check_points 为
                                            检测出的不适合点集
                                        REM:把检测到的不适合点列表在 ListBox 中
If check_point. Count>0 Then
  List1. AddItem("转向点"&"1 和 2"&"之间的危险点个数为:"& check_point. Count)
End If
```

SearchWithinDistance 函数即为缓冲函数,表示在危险点图元两边(或周围)一定距离范围内建立缓冲检测区域。上例中在转向点之间线段的两边形成缓冲区,并在其中检测危险点的存在。

2)线的检测

在判断计划航线是否穿越安全等深线等线状物体时,要判断两线是否相交。等深线可以看作由若干首尾相接的线元组成,如图 6-6 所示。

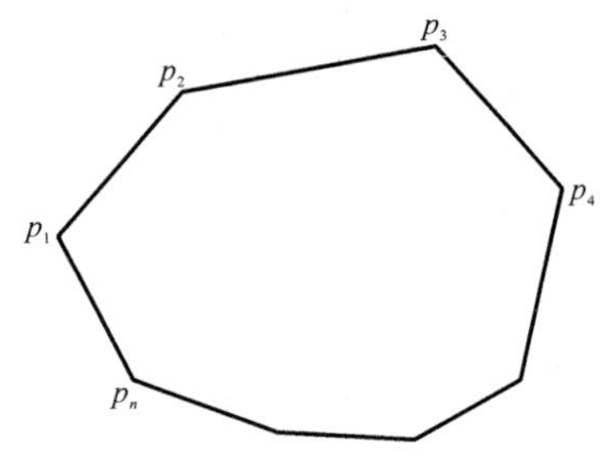

图 6-6 等深线示意图

图 6-6 中表示的一条安全等深线,由 p_1p_2、p_2p_3、p_3p_4 等 n 条线段组成。将计划航线与等深线中的每条线段进行相交判断,就可以判断出计划航线是否穿越安全等深线。我们当然也可以使用上文点的检测方法,不同之处是把 point 参数改为要检测的图层对象(如等深线图层),最后其返回值为线元集。但 MapX 同时也提供了交叉检测(即叠置分析)的系列函数,这里将运用 InterSectionTest 函数对 route 图层中的每段线元与等深线图层中线元循环进行交叉检测,从而判断计划航线是否穿越等深线。在前文程序中添加如下程序,就可以实现对线的检测:

```
Set FacLine=Map1. FeatureFactory
For Each Fcontour In Lcontour. AllFeature
    If FacLine. InterSectionTest(Fcontour,wpt_line,1)Then
        MsgBox("本段航线与等深线交叉")
    End If
Next
```

Fcontour 表示等深线图层(Lcontour)中的线元，wpt_line 表示前文中两转向点间的线段，函数 InterSectionTest 检测每段航线是否穿越等深线。

程序中用到的叠置分析函数 InterSectionTest 的格式如下：

[Boolean=]OBJECT. IntersectionTest(feature1,feature2,[flag])

其中，OBJECT 是 MapX 中的 FeatureFactory 对象；feature1 与 feature2 为要检测的两个图元；返回值为是否相交的布尔型值。

3)区域检测

判断计划航线是否穿越某些特殊区域(包括危险区、禁航区、陆地等)，这归结为线元与区域图元的交叉问题。同样，我们可采用上文的方法判断是否相交，但若要求访问交叉截取得到的图元(点、线、区域图元)对象，则可用如下程序实现：

```
Set FacRegion=Map1. FeatureFactory
check_region=FacRegion. IntersectFeatures(wpt_line region)
If check_region. count>0 then
   Msgbox("本段航线穿越特殊区域")
End If
```

其中使用的 IntersectFeatures 函数定义如下：

[Feature=]OBJECT. IntersectFeatures(feature1 [feature2])

该函数返回图元交叉部分形成的新图元。其中，OBJECT 是一个 FeatureFactory 对象，参数 feature1 和 feature2 为图形元素或图元集，可以是线元或区域，若 feature1 是图元集合，则 feature2 可选。使用该函数时，若有交叉部分，则返回交叉部分图元；如不相交，则返回一个包含零点集(ZERO POINTS)的 POLYLINE FEATURE 或 REGION 对象。

6.4.2.2 航路监视

在航线设计时，利用 MapX 的相关函数对每段航线所在缓冲区内的危险点、线、面进行了严格的判断，从而给决策者提供参考。而在航路监视中，也可以采用上述方法开发相应程序，在实际航行中进行偏航报警和到达转向点的报警，还可以实时地监视本船所在缓冲区域的危险情况。

1)偏航报警

航线带为一不规则的折线带，船位数据带有随机性，判断船位的偏航，可以运用航线设计中点的检测方法，以航线为中心，实时地判断表示船舶的点图元是否在计划航线带中，将前文点的检测事例进行修改，即把参数 point 用 wpt_line 代替，wpt_line 使用船舶位置点 ship_wpt 代替；wpt_line 代表计划航线层，ship_wpt 代表船舶位置点图元。检测船舶是否位于计划航线两侧距离 1D 内，如果位于 1D 之内，则正常；如果位于计划航线两侧距离 1D 之外，则判断偏航，发出报警。代码如下：

```
Set check_points=Map1. Layers. Item("wpt_line"). SearchWithinDistance(ship_wpt,
                    1D,miUnitNauticalMile,miSearchTypePartiallyWithin)
if check_points then
      REM:船舶正常航行于计划航线内
else
      REM:船位接近临界区域或出现在航线带外，发出声音或视觉报警
```

```
end if
```

2)实时监控

航线设计时即使尽量避免在航线带中出现不合适的点、线和区域，但在某些特殊地形或航行环境较为复杂时，航线两边的极限距离不可能设置得很大，航线带内有可能包含了不合适的点、线、区域，因此就需要及时的航行预警。这里以船位点为中心，在它周围创建以一定的距离为半径的圆形缓冲区，从而实时地检测在船舶周围是否存在有危险物。实现方法：只需要将前文“点的检测”中 SearchWithinDistance 函数的 wpt_line 参数修改为船舶位置点图元，再分别用危险点层、危险线层、危险区域图层对象代替 point 参数就可以实现对不合适点、线和区域的检测。代码如下：

```
Set check_objects=Map1.Layers.Item("danger_Point").SearchWithinDistance
        (ship_wpt,1D,miUnitNauticalMile,miSea-rchTypePartiallyWithin)
Set check_objects=Map1.Layers.Item("danger_Line").SearchWithinDistance
        (ship_wpt,1D,miUnitNauticalMile,miSea-rchTypePartiallyWithin)
Set check_objects=Map1.Layers.Item("danger_Area").SearchWithinDistance
        (ship_wpt,1D,miUnitNauticalMile,miSea-rchTypePartiallyWithin)
if check_points then
    REM:距离船舶 1D 处有危险点或危险线或危险面，报警
end if
```

3)到达报警

在海上长时间航行，为了减轻驾驶员的工作量，一般都使用自动舵操船，但是到了转向点，需要将舵改为人工舵并重新设置航向，为了提醒驾驶员改航向，可以使用到达报警的功能，即离下一个转向点还有多远距离时报警，使用者可以提前设置好这个距离，当船舶离转向点的距离小于所设置的距离时，就发出到达报警。

实现方法：将前文“点的检测”中 SearchWithinDistance 函数的 point 参数改为转向点图层对象 wpt_point，将 wpt_line 参数改为船舶位置点图元 ship_wpt，检测转向点是否存在于船舶周围的圆形缓冲距离 1D 内，就可以检测到是否将要达到下一个转向点。

4)锚位监控

在锚区船舶抛锚后，由于受风流的影响，锚位可能会移动而发生危险，所以必须对锚位实施监控，当走锚距离大于使用者所设定的距离 danger_distance 后，就发出锚位报警。Mapx 空间分析函数 Distance 是专门计算两点之间距离的函数。如：抛锚时采集获取抛锚点的位置(anchor_x,anchor_y)、实时采集船舶位置点(ship_x,ship_y)就可以实时计算船舶离抛锚点的距离，实现代码为：

```
Dim dragging_anchor,danger_distance As Double
Dim anchor_x,anchor_y,ship_x,ship_y as Double
Map1.MapUnit=miUnitMile
dragging_anchor=Map1.Distance(anchor_x,anchor_y,ship_x,ship_y)
Print "dragging_anchor:"& dragging_anchor
if dragging_anchor>danger_distance then
    REM:船舶走锚距离大于所设定的距离，报警
```

end if

综上所述，在航线设计和航路监视时，根据偏航极限和转向点把计划航线以缓冲区域的形式分段，采集抛锚点的位置以及实时获取船舶位置点信息，再应用 MapX 控件中的空间分析函数 SearchWithinDistance 和 Distance 进行危险状况判断，为航海人员提供决策支持。利用电子海图自带空间分析函数实现航线设计和航路监视，设计原理简单，方法简单，对于海上或陆地交通等导航应用系统具有较强的实用性。但其中所有危险物的判断都是建立在电子海图已有数据的基础之上，新的、变化的危险物仍然是潜在的威胁，这是使用空间分析函数方法时应当注意的问题。

6.4.3 虚拟航标显示技术

航标是帮助船舶在特定航道水域安全航行而设置的助航设施，由于航标所处的环境使得航标会出现移位、损坏、设备故障等问题，因此需要经常巡视、维护。传统的视觉航标系统中尤其以灯浮、灯塔和灯船等水上航标的日常维护管理最为困难而且成本很高。正常情况下，航标的异常情况难以及时发现；在恶劣气候条件下，维护人员难以及时修复航标；灯浮是容易漂移的航标，一旦漂移，容易造成船舶的搁浅等航行事故。另外在灯浮的设置方面，当需要变更航道，大量灯浮需要重新设置时，现行的施工方法耗时耗力耗能源，在对航标重新设置期间，因船方不能及时获得航标的变更信息，对船舶航行安全是很不利的。

针对以上问题，研究人员提出采用虚拟航标系统加以解决确实是一个行之有效的方法，另外，有些突发事件场地需要临时设置航标，以及水下电缆、输油管道等不能布设实体航标的地方，都可以采用虚拟航标系统。

虚拟航标系统是基于计算机技术、DGPS、ECDIS 和 AIS 等新型航海技术产生和发展起来的一种新型航标系统。其主体是 AIS 基站和船舶，实现原理是通过岸基 AIS 不断发送航标的位置、符号、标名等信息；船载 AIS 设备接收到该信息后，经过解析处理，在雷达显示屏或者电子海图上就会在特定的地方以特殊的符号显示一个航标符号，由于该处并无实体航标，但是又具备航标的功能，所以称之为“虚拟航标”。例如基于长江干线 AIS 基站所建立的航运信息综合运用平台发布的航标位置数据，来往于虚拟航标系统覆盖范围内的船舶都可以接收到它们的广播信息并在相应的设备上显示虚拟航标，达到助航服务的目的。

各类助航标志通过基站 AIS 设备发送到船舶，经过相关处理后都可以被船载 AIS 接收并准确地显示在电子海图上，使来往船舶可以及时准确地了解周围助航标志的情况。与实物航标不同，虚拟航标的维护、设置、更改都是在基站的 AIS 设备上完成的。虚拟航标也不会发生移位现象，因灯浮漂移而造成船舶搁浅的因素也就不成立，部分搁浅事故也就可以避免。虚拟航标是节能、无污染的一种绿色航道标志，使用虚拟航标代替物理航标，具有现实意义。

虚拟航标系统是未来航标的发展方向，是绿色航道养护的一种新技术，作者通过 AIS 综合运用平台对虚拟航标系统的应用技术进行了探讨，开发了船载虚拟航标应用软件，并使用 AIS 设备进行了仿真，实验结果证实了所研究的虚拟航标技术是可行的，下面对其予以介绍。

6.4.3.1 虚拟航标系统分析

虚拟航标系统由 AIS 综合运用平台、AIS 基站、船载 AIS、微处理器及相关应用软件组成，见图 6-7。

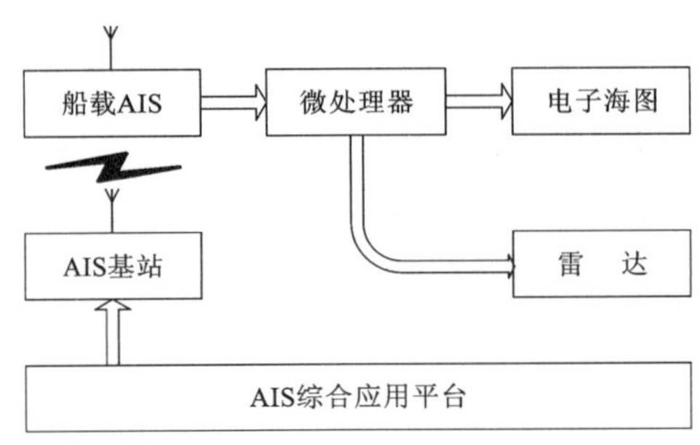

图 6-7　虚拟航标系统组成框图

AIS 综合运用平台通过 AIS 基站将一些航标的位置参数发送给船载 AIS，船载 AIS 接收到该信息后通过微处理机中应用软件进行相关处理，将虚拟航标位置及船舶位置输出到电子江图上显示。通过观测电子江图上的船舶和虚拟航标的相对位置关系来引导船舶导航，达到和物理实体航标一样的导航效果。

AIS 采用 VHF 频段，它的覆盖范围取决于天线高度，在长江上通常为 20n mile 左右。因为其波长较雷达波长长，波的绕射能力较强，所以视线较雷达好，在地面障碍物不高的情况下，能看到弯道或岛屿背面的 AIS 台站。借助于 AIS 网络，可以覆盖到长江河段的船载 AIS。AIS 基站在设计时考虑了所管辖水域的船台 AIS 覆盖的问题，所以通过本平台发送的航标信息应该能被长江河段上的船舶接收而在其电子江图上显示虚拟航标的信息。为了验证虚拟航标技术的可行性，在长江武汉段取了四个点的经纬度数据作为虚拟航标的位置数据，如图 6-8 所示。

图 6-8　虚拟航标的位置图

4 个航标点的经纬度数据分别为(30°30′19″N，114°14′48″E；30°29′52″N，114°14′23″E；30°29′56″N，114°14′17″E；30°30′23″N，114°14′41″E)。

6.4.3.2　虚拟航标系统仿真

采用2套SKANTI UAIS 2100 AIS设备来仿真虚拟航标系统，其中一套代表AIS基站，另外一套代表船载AIS。

(1)信息发送

虚拟航标位置信息可以通过基站AIS采取发送安全信息的方法传输出去，根据具体情况可以采取群发安全信息和编址安全信息两种方法。将4个航标点的位置数据采用群发的方式，进行了发送。为了便于区别普通安全短信息和便于接收航标信息，在每个航标点数据前加了识别字符@，信息发送界面见图6-9。

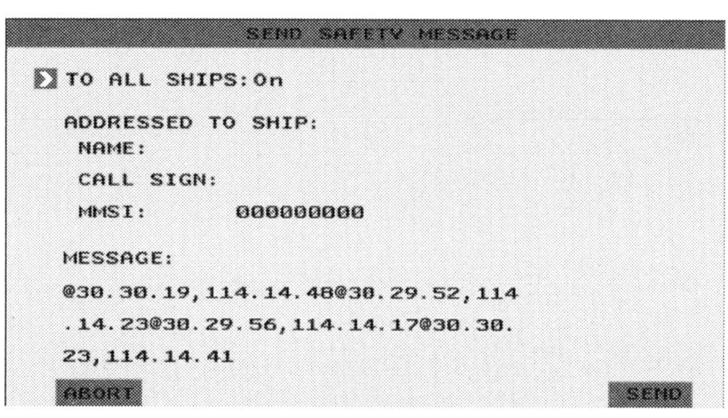

图6-9　信息发送界面

(2)信息接收

船载AIS通过串口线将接收到的信息送至微处理机，AIS提供了以串行输出AIS信息的方式，当使用者接口采用RS422通信协议时，首先必须将信号经过RS422/RS232转换器转换，转换后的信号送入微处理机串口，由微处理机完成信号的采集和处理。

(3)信息处理

采用VB作为开发软件开发了虚拟航标应用软件，对接收到的信息进行处理，其处理流程见图6-10。下面对主要程序作一介绍。

串口是以文本方式读取AIS输出的信息。因此，在数据处理程序中，首先必须将接收的字符转换成ASCII码，再调用校验模块，对接收到的数据进行校验。当校验正确后，该信息被保存。由于航标信息在船舶通过期间是相对稳定的，所以利用VB附带的具备串行通信功能的MScomm控件，将接收到的信息保存到hua.dat文件中。其实现方法如下：

```
MSComm1.Settings="38400,n,8,1"
                    REM:38400波特率，无奇偶校验，8个数据位，1个停止位
Do Until InStr(Instring,"!")
DoEvents
  Instring=MSComm1.Input        REM:将接收到的数据存入字符串变量
  Text1.Text=Instring           REM:text文本多行显示
Loop
file1="D:\AIS\hua.dat"          REM:将接收到的信息写入hua.dat文件
Open file1 For Append As #1
Write #1,Text1.Text
```

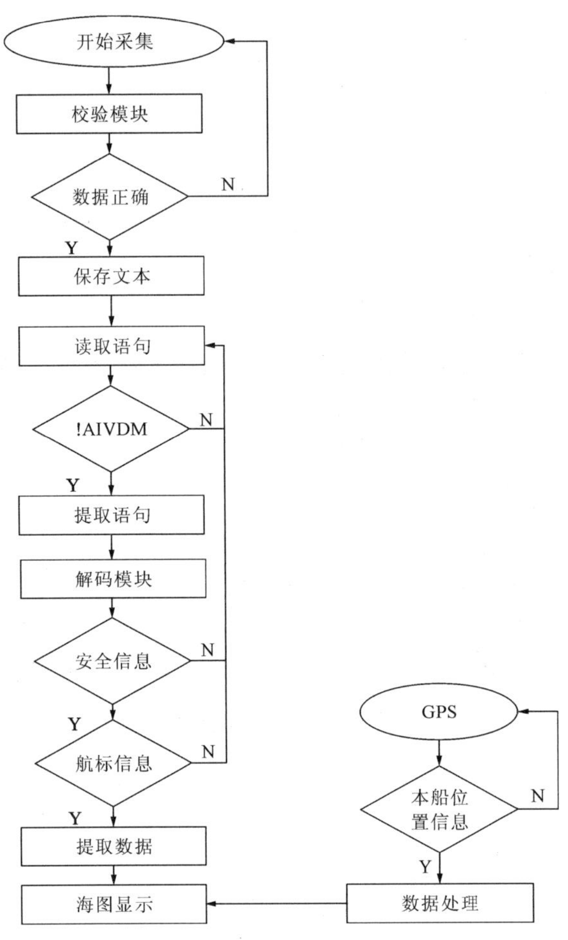

图 6-10　航标信息处理流程框图

Close ＃1

hua. dat 文件中保存的部分数据如图 6-11 所示。

```
!AIVDM, 2, 1, 2, A, >68rO0@3?2s7Vk77BsCP3?2s;VsG:k77Bs;<3?2s;VSGJk77Bs7, 0*31
!AIVDM, 2, 2, 2, A, Bs7L3?2S?2s;>K77Bs7BsC4, 2*41
!AIVDM, 2, 1, 3, B, >68rO0@3?2s?2s7Vk77Bs7BsCP3?2s;VsG:k77Bs;<3?2s;VsGJk77bS7, 0*33
!AIVDM, 2, 2, 3, B, Bs7L3?2s?2s;>k77Bsc4, 2*43
```

图 6-11　采集的 AIS 信息数据图

采集的信息符合 ITU-R M. 1371-1 和 IEC61162-2 协议。AIS 信息报文分为明码和暗码，明码虽易读，但使用了过多的字符。如果信息更新很快，就会减少整个系统的数据容量。所以 IEC 对明码有明确的字符限制，同时推出了数据封装的暗码。暗码则是封装的信息包，以“!”开头。其格式为：

$$! \ XXXXX,a,b,c,d,e\text{-}e,f*hh＜CR＞＜LF＞$$

其中 XXXXX 为 AIVDM(AIS VHF data-link Message)的句型，含有船舶动态和船舶静态信息、航行相关信息；a，b，c 分别表示发送这一信息需要的句子总数(1～9)、本句的句子序数(1～9)和连续信息的识别(0～9);d 表示 AIS 信道号;e-e 为封装信息;f 表示填充的 BIT 数,因为封装的字符需要是 6 的整数倍,若不满足,则需要填充 0～5 个字符;hh 表示检验和字段。在接收端,必须从接收到的信息中提取包含航标数据有关的语句并进行解码。

```
file2="D:\AIS\hua.dat"                REM:读取数据
Open file2 For Input As #2
Do Until EOF(2)
Line Input #2,code                    REM:逐行读取数据
Text1.Text=code
str=InStr(1,code,"! AIVDM,2",0)  REM:逐行查找"! AIVDM,2"
                                      REM:因为航标信息量多,需要两句才能完成发送
 If str Then                          REM:找到后执行下列语句
   While m<5                          REM:循环执行 5 遍,查找 5 个","
      r=InStr(str+1,code,",",1)
      str=r                           REM:找到一个后,赋值给 str,再从 str 处找下一
                                          个","
      m=m+1
   Wend
   k=InStr(r+1,code,",",1)
                  REM:找第 6 个",",所需字符串在第 5 和第 6 个","之间,p=k-r
                  REM:所需字符串共有 p 个字符
   If InStr(1,code,"! AIVDM,2,1",0) Then
     mtr1=Mid(code,r+1,p-1)              REM:提取第一句字符串
   ElseIf InStr(1,code,"! AIVDM,2,2",0)Then
     mtr2=Mid(code,r+1,p-1)              REM:提取第二句字符串
     restr=uncode(mtr1&mtr2)             REM:调用解码模块进行解码,并返回解码
                                             后的信息。
   End If
 End If
Loop
Close #2
```

解码模块将接收字符转换成 6bit ASCII 码,再根据 ITU-R M.1371-1 和 IEC61162-2 协议将 6bitASCII 码信息转换成各种所需的格式。AIS 有 22 种不同的消息,可以根据消息识别码来获取所需的消息,群发安全信息的消息识别码为 14,编址安全信息的消息识别码为 12。

解码模块进行处理后,如果有安全信息,则返回 safty_msg;如果没有安全信息则返回空信息。接收到的 AIS 信息及解码后的结果参见图 6-12。

接收到安全信息后,程序需对安全信息进一步判断是否为航标信息。判断的依据就是发射航标位置信息时增加的识别字符@,判断程序代码如下:

```
If restr<>"" Then          REM:如果有安全信息,则执行下列语句
```

```
!AIVDM, 2, 1, 2, A, >68r00@3?22s?2s?2s7Vk77BsCP3?2s:VsG:k77Bs:<3?2s:VsGJk77Bs7, 0*31
!AIVDM, 2, 2, 2, A, Bs7L3?2s?2s:>k77BsC4, 2*41
    REM: 解码结果如下:
iDentify Code :14
Source MMSI:412000001
Safty Msg:@30.30.19, 114.14.48@30.29.52, 114.14.23@30.29.56, 114.14.17@30.30.23, 114.14.41
```

图 6-12　解码后信息图

```
For i=0 To 3                   REM:将 4 个航标位置存入数组 wpty(i)和 wptx(i)
    If Left(safty_msg,1)="@"Then          REM:如果有航标信息,则执行下列字
                                               符串处理语句
      fm=InStr(safty_msg,"@")             REM:确定"@"位置
      sm=InStr(safty_msg,".")             REM:确定第一个"."位置
      tm=InStr(sm+1,safty_msg,".")
      rm=InStr(safty_msg,",")             REM:确定","符号位置
      lm=InStr(rm,safty_msg,".")
      km=InStr(lm+1,safty_msg,".")
      pm=InStr(lm+1,safty_msg,"@")
       wpty(i)=Mid(safty_msg,fm+1,sm-fm-1)&(CInt(Mid(safty_msg,sm
                 +1,tm-sm-1))+ CInt(Mid(safty_msg,tm+1,rm-tm-
                 1))/60)/60
                                          REM:第 i 个纬度值送入 wpty(i)
       wptx(i)=Mid(safty_msg,rm+1,lm-rm-1)&(CInt(Mid(safty_msg,lm
                 +1,km-lm-1))+ CInt(Mid(safty_msg,km+1,pm-km-
                 1))/60)/60
                                          REM:第 i 个经度送入 wptx(i)
      safty_msg=Mid(safty_msg,pm,Len(safty_msg)-pm+1)
                                          REM:移去一个航标经纬度数值,进入
                                               后一个
    Else:MsgBox"continue search"          REM:没有航标信息
    End If
  Next i
End If
```

而本船的船位信息虽然也可以从 AIS 的信息中通过解码获得,但是由于船位数据在通过期间是不断变化的,所以必须定期采集,而采用解码的方法太费时,效率不高,利用 AIS 设备上的 GPS 位置输出接口,使用另一个串口来采集更方便,实现方法如下:

```
MSComm2.Settings="4800,n,8,1"      REM:4800 波特率,无奇偶校验,8 个数据位,
                                        1 个停止位
Private Sub Timer1_Timer()
```

```
Do Until InStr(Instring,"GPGLL")        REM:接收来自串行口的数据,直到接收到字
                                            符"GPGLL"
DoEvents
Instring=Instring & MSComm1.Input     REM:将接收到的数据存入字符串 Instring 变量
a=InStr(Instring,"GPGGA")              REM:确定经纬度在字符串中的开始位置为 a
os_y=Mid(Instring,a+16,2)& CDbl(Mid(Instring,a+18,7))/60
                                        REM:获得船舶纬度值
os_x=Mid(Instring,a+27,3)& CDbl(Mid(Instring,a+18,7))/60
                                        REM:获得船舶经度值
Loop
End sub
```

(4)信息显示

要将得到的航标信息在电子海图中显示,使用的 MapX 是 MapInfo 公司向使用者提供的具有强大地图分析功能的 ActiveX 控件产品,能支持绝大多数标准的可视化开发环境如 VC++、VB、Delphi 等。编程人员在开发中可以选用自己最熟悉的语言,轻松地将地图功能嵌入到应用中,并且可以脱离 MapInfo 的软件平台运行。MapX 提供了绘图的各种工具、属性和方法,实现航标和船位显示功能是非常容易的。将虚拟航标符号显示在电子海图上的实例如下:

```
Dim wpt_pointlayer As mapxlib.Layer          REM:定义航标点层
Dim wpt_point As New Feature                 REM:航标点作为新元素用来在江图中
                                                 显示
Dim wpt_newpoint As New Feature
Dim hb_wpt_point As New mapxlib.Point        REM:定义点
Map1.DefaultStyle.SymbolFont="symbol"        REM:设置航标和船舶在江图上显示的
                                                 符号类型
Map1.DefaultStyle.SymbolCharacter=196        REM:设置航标的符号为⊕
Map1.DefaultStyle.SymbolCharacter=209        REM:设置船舶的符号为△
Map1.DefaultStyle.SymbolFont.Size=14
Map1.DefaultStyle.SymbolFontRotation=210
If wptx(0) And wpty(0) <> 0 Then             REM:如果有信息
  For i=0 To 3
      hb_wpt_point.Set wptx(i),wpty(i)       REM:将航标位置值赋值给点
      Set wpt_newpoint=Map1.FeatureFactory.CreateSymbol
      (hb_wpt_point,Map1.DefaultStyle)        REM:产生航标点
      Set wpt_point=wpt_pointlayer.AddFeature(wpt_newpoint)
                                             REM:将航标点加入层
    Next i
End If
```

同样的方法将船位点显示在电子海图上,参见图 6-13。

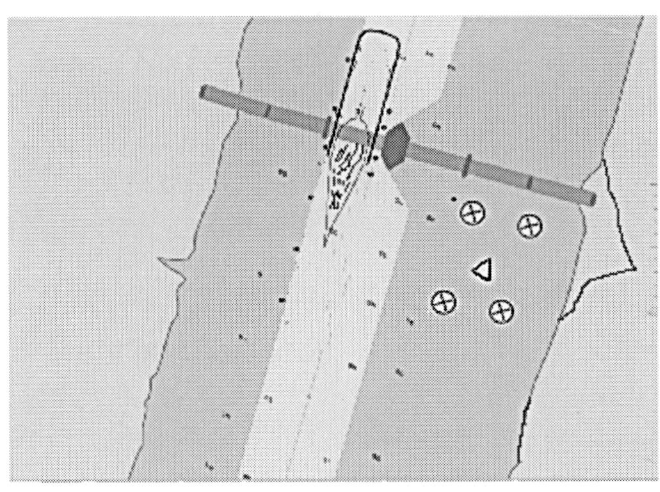

图 6-13　航标及船舶关系图

为了确保船舶航行安全，在利用虚拟航标导航时，可以利用 MapX 中空间分析函数 Distance 来计算船舶到四个航标点的距离，并显示出来实时监控船舶通过航标时的状态，具体如下：

```
Map1.MapUnit=miUnitMeter        REM:定义距离单位为米
                                REM:以下依次显示船舶到第 1、2、3、4 个航标点
                                    的距离
Text5(0)=Map1.Distance(os_x,os_y,wptx(0),wpty(0))
Text5(1)=Map1.Distance(os_x,os_y,wptx(1),wpty(1))
Text5(2)=Map1.Distance(os_x,os_y,wptx(2),wpty(2))
Text5(3)=Map1.Distance(os_x,os_y,wptx(3),wpty(3))
```

6.4.3.3　*仿真结果分析*

综上所述，虚拟航标系统的特点突出，实现技术容易，是未来航标发展的趋势。但是其不足之处也很明显，整个系统的命脉取决于 GPS 的精度和系统的设备工作状态，受外界因素影响较大。另外如果船舶没有安装 AIS 设备或者 AIS 设备故障等无法接收到岸台 AIS 基站发射的虚拟航标信息，而且航行时无实体航标参考，就会出现无航标导航的问题。解决该问题的方法是在基站使用雷达设备来监控虚拟航标系统的工作状态，可以避免完全依赖 GPS 的窘况，同时确保航行安全。所以推荐在 VTS 管辖水域首先进行虚拟航标系统的试验。

7 船舶自动识别系统及应用平台

7.1 AIS综合应用平台

AIS综合应用平台系统是整合了自动识别系统、数据库技术、计算机网络技术以及电子海图系统于一体，对装载有AIS设备的船舶进行高效、实时、全天候的系统监控，能有效地保障水上交通的安全性。本系统主要包括四大模块：AIS数据收集模块、AIS信息解析模块、AIS信息存储模块以及AIS信息显示模块。AIS数据收集模块通过基站配备的AIS接收机，可实时采集船舶AIS设备自动发送过来的AIS电文，将电文信息存储至文本文件中作为原始资料保存；信息解析模块则将采集的AIS电文送至服务器，服务器端解码程序将电文信息解码后存储至数据库中的存储模块；存储模块主要负责解码后信息存储，包括船舶静态信息、动态信息及航行相关信息；信息显示模块则是在对船舶数据进行进一步的解析处理后，将水域内各种船舶及其船舶静态数据和动态数据显示到电子海图中。AIS综合应用平台系统可通过船舶显示、信息查询等功能，实现对船舶的监控、航迹线回放、船舶交通流实时感知、AIS网络通信性能指标测试等功能。系统总体框架如图7-1所示。

在客户端，使用者通过AIS综合应用平台的数据库来获取所需信息。AIS应用平台所具有的功能主要包括实时监控、交通流分析、通信保障、海图操作及AIS信息查询等。这些功能模块构成了系统用户层获取信息的主要途径。其主要的功能如下：

(1)实时监控

船舶实时监控包括海图图元显示和船舶显示。主要是对存储在数据库中的数据进行调用分析并将相关的船舶及数据显示在电子海图上，以便使用者能快速地查看船舶动静态信息。

(2)交通流分析

船舶交通流分析主要对船舶航行的宏观特征以及微观特征进行分析。两种特征中包含了不同的船舶信息，通过对这些信息的分类统计分析来实时获取船舶交通流数据，为相关部门提供可靠数据支撑。

(3)通信保障

通信保障包括通信性能分析与AIS工作模式控制。AIS信息的发送与接收是采用时分多址技术实现的，信息的传输过程中可能因为信道容量有限、信息量大等问题导致通信出现延时或中断等问题。一旦出现AIS网络通信阻塞问题，应该能快速地发现并提出解决方案。

(4)海图操作

海图操作主要包括海图放大缩小和海图上目标的测距。海图放大缩小操作主要是对海图缩放比例的操作，便于使用者更灵活地获取所需的信息。海图测距是指通过两点之间的距离公式能够快速地获取海图上船船、船岸之间的实际间距。

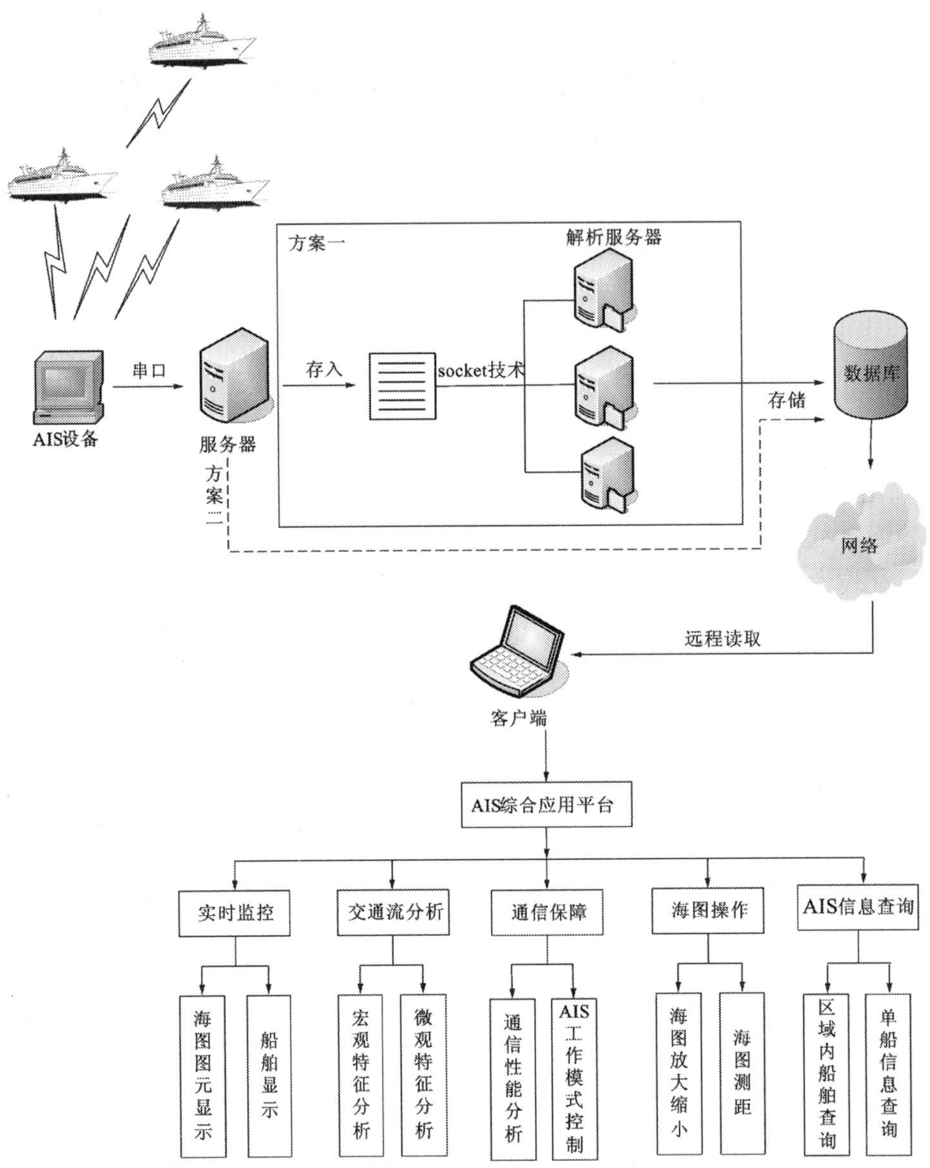

图 7-1　AIS 综合应用系统总体框架图

(5)AIS 信息查询

AIS 信息查询包括区域内船舶查询及单船信息查询。通过对电子海图的操作选择某一特定区域，系统会查询出该特定区域内船舶的航行状态，包括船舶的动静态信息。如果需要了解特定船舶的航行数据，也可以通过电子海图中的 layer. Find. Search 函数进行查询。信息查询功能为使用者提供了更加快捷的获取所需信息的方式。

在本章的最后一节应用功能模块中将详细介绍交通流分析功能中的基于 AIS 的船舶交通流的实时感知技术、船舶交通流量自动统计方法及舶舶 AIS 轨迹异常的自动检测与修复算法；通信保障功能中的 AIS 网络性能指标实时监控技术。

7.2 AIS信息采集

AIS设备除了通过自身的收发天线与外面的AIS设备交换信息之外，设备自身也有输入输出接口，与其他传感器连接，参见图7-2，例如外接罗经信号获取本船的航向信息、外接计程仪信号获取本船的航速信息，也可以外接GPS获取本船的位置和系统的时间信息。还可以将本AIS设备获取的其他船舶的信息输出到RADAR、ECDIS、VDR等设备显示及保存起来。因此对于AIS信息的处理及二次开发来说，AIS信息的采集是基础，对于采集的AIS数据可以实时解析、显示，达到监控的目的，也可以将AIS数据保存起来事后进行处理、分析。本AIS综合应用平台采取的是实时采集数据、实时解析、显示并保存的方式。AIS提供了串行输出AIS信息的方式，当用户接口采用RS422通信协议时，首先必须将信号经过RS422/RS232转换器转换，转换后的信号送入PC机串口，由PC机完成信号的采集和处理。本书采用实验室的SKANTI UAIS 2100AIS设备对AIS信息进行了采集，利用Microsoft Visual Studio 2010版(VS 2010)作为开发工具，选取SerialPort控件用于PC机与AIS设备之间进行数据通信，其接口设置为：传输波特率为38400bit，8位数据位，1位停止位，无校验位。采集AIS输出信息的硬件连接图如图7-3所示：既可以使用AIS设备的串行接口与PC机连接，也可以使用AIS设备里面的接线柱与PC机连接。

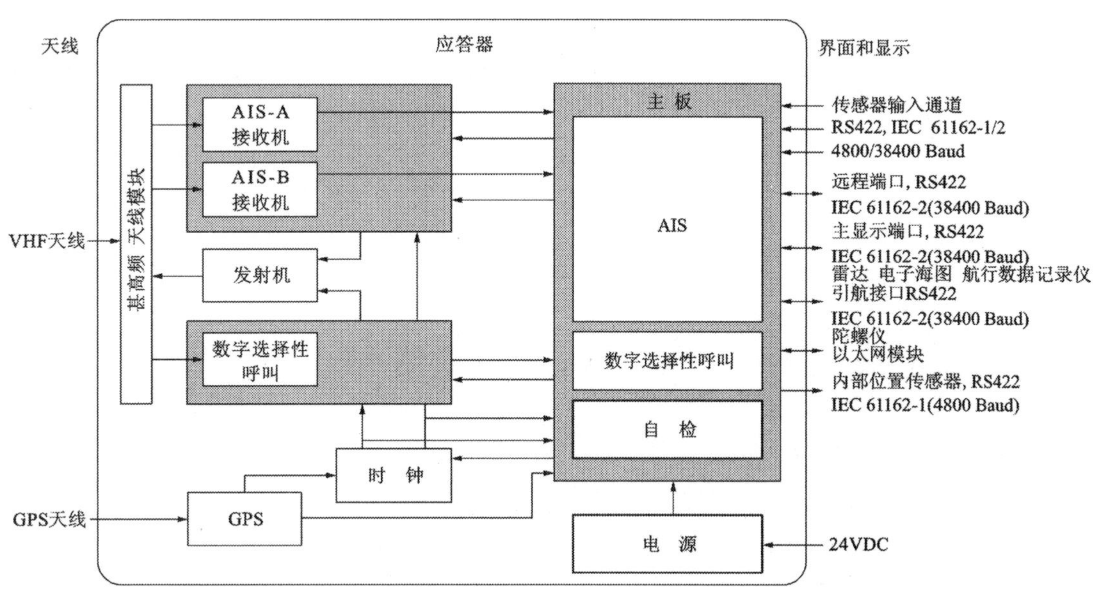

图7-2 AIS设备组成框架图

以下为串口开始函数：

```
If SerialPort.IsOpen=False Then
    SerialPort.Open()      REM:打开串口
End If
```

以下为串口接收函数：

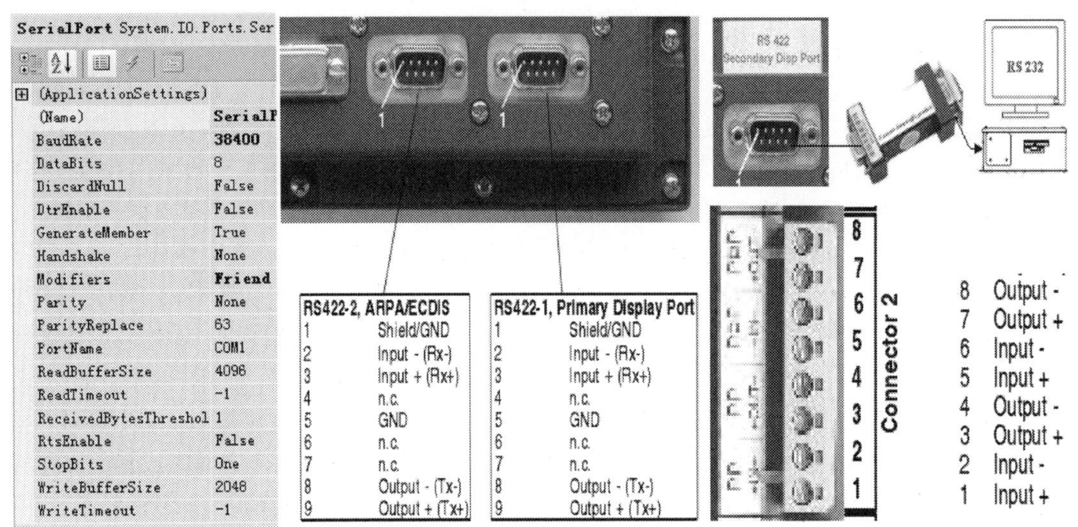

图 7-3　AIS 信息采集的硬件连接图

Private Sub SerialPort_DataReceived(ByVal sender As Object, ByVal e As System.IO.Ports.SerialDataReceivedEventArgs) Handles SerialPort.DataReceived

```
    Dim str As String
    str=SerialPort.ReadLine          REM:串口读取的每行数据
    display(str)                     REM:送显示函数显示在屏幕上,用于监控采集
                                         的效果
    decode(str)                      REM:送解析函数,将 AIS 信息解析后送数据库
    save(str)                        REM:保存 AIS 原始数据
End Sub
```

以下为串口结束函数:

```
If SerialPort.IsOpen Then
    SerialPort.Close()           REM:关闭串口
End If
```

实际采集到的部分数据如图 7-4 所示。

```
!AIVDO, 1, 1, , , 169oQ@?1A68<t1lASgA@7W3:0000, 0*6C
!AIVDM, 1, 1, , A, 16:Vvi0002`<FDJAS1P0001p0000, 0*46
!AIVDM, 1, 1, , A, B6:aCQP08R2j@54GhcieeGiSQP06, 0*57
!AIVDM, 1, 1, , B, B6:`Hdh00234Q@4Hjido4dB3QP06, 0*39
!AIVDM, 1, 1, , A, B6:aQ2@00:2pM@4HPDhICwjUwP06, 0*3C
```

图 7-4　AIS 输出电文信息图

7.3 AIS信息解析

要想充分利用AIS信息,必须掌握AIS信息解码关键技术。AIS采用编码方式进行信息传输,所以接收到的AIS信息必须解码之后才能使用,即把AIS输出的数据包中含有的船舶静态、动态信息,航次信息和航行安全信息中数据的定义、格式进行研究和解码,然后将数据格式转换成应用系统所需的格式。因此,研究AIS数据包的解包技术,对于AIS信息的综合应用具有非常重要的意义。本书介绍一种基于Visal Basic的经典信息解码的实现方法,叙述如下。

7.3.1 AIS基本信息的解码

AIS信息可以分为以船位报告内容为主的基本信息和与航行数据相关的扩展信息,本小节主要研究基本信息的解码,扩展信息的解码在后面一个小节中介绍。

7.3.1.1 AIS通信协议

AIS采用时分多址通信方式(SOTDMA),它把每个信道的时间分成固定的时间时隙,1帧持续1min,包含2250个时隙,所有这些时隙都可以由工作在数据链路上的电台使用。AIS的数据链路采用高级数据链路控制(HDLC)协议,报文的结构、时隙以及数据分组和时隙之间的关系如图7-5所示。

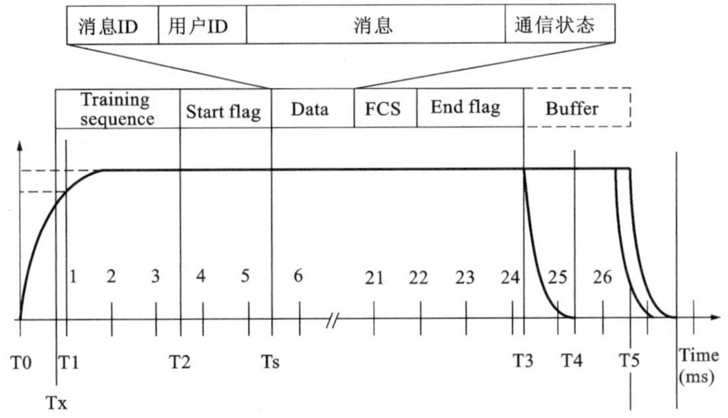

图7-5 数据分组结构图

最上层表示的数据包中的168bit是用于传输电文的,前6位是消息识别码,后面是30bit是电台标志码,最后是用于数据链路管理的通信状态项信息。AIS的基本报文分为22种类型,现在扩展到27种报文,能支持船位报告、航行相关数据、安全信息广播和轮询等多种服务(表7-1)。

表7-1 报文分类简表

消息号	信息名称	信息描述
1	船位报告	定时船位报告
2	船位报告	分配定时船位报告

续表 7-1

消息号	信息名称	信息描述
3	船位报告	询问船位报告
4	基站报告	目前的位置、时间、时隙
5	静态、航行相关数据	静态和航行相关数据报告
10	UTC/日期响应	输出有效的 UTC/日期
11	申请安全相关信息	安全相关数据通信
12	安全相关确认	接收安全相关数据的确认
13	安全广播信息	安全相关的广播通信

如消息号为 1 的船位报告内容参见表 7-2，消息号为 12 的安全相关确认内容参见表 7-3。

表 7-2　消息 1 的内容

参数	位	描述
消息 ID	6	消息 1，2 或 3 的标识符
数据指标	2	表示可传输的数据
用户名	30	MMSI 号
导航状态	4	0＝在航中，1＝锚泊状态…
旋转速率	8	±127°/min
航速	10	对地航速 1/10kn
位置精度	1	1＝高精度 0＝低精度
经度	28	1/10000′的经度
纬度	27	1/10000′的纬度
航向	12	对地航向 1/10°
船首向	9	0～359°范围

表 7-3　消息 12 的内容

参数	位数	描述
消息 ID	6	消息 6，12 的标识符
备用	2	未被使用为 0
消息源 ID	30	MMSI 号
备用	2	未被使用为 0
目的地 ID	30	MMSI 号
备用	2	未被使用为 0
数据	936	最多 117 字节

以接收到的报文为例，对实际采集的 AIS 信息解码过程进行分析：

！AIVDO,1,1,,,168rO000008;Mp:APith06RP0000,0＊25

由！AIVDO 可知该信息为本船的动态暗码信息，其中的 168rO000008；Mp：APith06RP0000 是前面 HDLC 数据分组中的数据部分，每一位字符都为 8bit ASCII 码，首先必须逐一将其转换为 6bit 二进制码，转换参考表如表 7-4 所示。

表 7-4 8bit ASCII 码转 6bit 二进制表

字符	二进制	字符	二进制	字符	二进制	字符	二进制	字符	二进制
0	000000	=	001101	J	011010	W	100111	l	110100
1	000001	>	001110	K	011011	‘	101000	m	110101
2	000010	?	001111	L	011100	a	101001	n	110110
3	000011	@	010000	M	011101	b	101010	O	110111
4	000100	A	010001	N	011110	c	101011	p	111000
5	000101	B	010010	O	011111	d	101100	q	111001
6	000110	C	010011	P	100000	e	101101	r	111010
7	000111	D	010100	Q	100001	f	101110	s	111011
8	001000	E	010101	R	100010	g	101111	t	111100
9	001001	F	010110	S	100011	h	110000	u	111101
:	001010	G	010111	T	100100	i	110001	v	111110
:	001011	H	011000	U	100101	j	110010	w	11111
<	001100	I	011001	V	100110	k	110011		

例如：第一位字符 1 转换为 6bit 后即为 000001，字符 6 转换后即为 000110，依此类推，转换后的结果见表 7-5 的左半部分。第一行的 6 个 bit 代表消息识别码，000001 转换为十进制的 1，由表 7-1 可知本句是 1 号电文即船位报告消息。

其他行代表的含义参考 bit 分配表 7-2。本语句全部转换后的二进制 bit 一共有 6×28＝168 位，根据表 7-2 可知第 8 位后的 30 位(bits 9～38)(011000100011101001111100000000)分配给了用户 ID(MMSI)，将其转换为十进制后即可解码得出该船舶的海上移动识别码 MMSI 为 412000000。

用相同的方法可以解码出船舶对地速度 SOG(bits 51～60)(0000000000，二进制码转换为十进制后除以 10，此处 SOG＝0)、船舶所在地的经度 Longitude(bits 62～89)(0100001011011101111100000101，二进制码转换为十进制后除以 10000，所得结果是以分为单位的经纬度，此处为 114.35°)、纬度 Latitude(bits 90～116)(010001100000110100111110011，此处解码后为 30.60°)、COG 船对地航向(bits 117～128)(二进制码转换为十进制后除以 10，此处 COG＝0)、船首向 Hdg(bits 129～137)(011010001)(二进制码转换为十进制后除以 10，此处 Hdg＝209)等信息(见表 7-5 的右半部分)。

表 7-5　消息 1 的 bit 转换及分配表

1	0	0	0	0	0	1	bits 1～6＝Identifier for this message
6	0	0	0	1	1	0	bits 9～38＝MMSI
8	0	0	1	0	0	0	011000100011101001111100000000
r	1	1	1	0	1	0	
O	0	1	1	1	1	1	
0	0	0	0	0	0	0	
0	0	0	0	0	0	0	
0	0	0	0	0	0	0	bits 51～60＝Speed over ground
0	0	0	0	0	0	0	0000000000＝0；
0	0	0	0	0	0	0	bits 62～89＝Longitude in 1/10000 minute
8	0	0	1	0	0	0	0100000101101110111100000101(二进制)
;	0	0	1	0	1	1	68611845(十进制)
M	0	1	1	1	0	1	68611845/10000/60＝114.35°(E)
p	1	1	1	0	0	0	bits 90～116＝Latitude in 1/10000 minute
:	0	0	1	0	1	0	010001100000110100111110011(二进制)
A	0	1	0	0	0	1	18363635(十进制)
P	1	0	0	0	0	0	18363635/10000/60＝30.60°(N)
i	1	1	0	0	0	1	bits 117～128＝Course over ground
t	1	1	1	1	0	0	000000000000
h	1	1	0	0	0	0	bits 129～137＝Heading
0	0	0	0	0	0	0	011010001(二进制)
6	0	0	0	1	1	0	209(十进制)
R	1	0	0	0	1	0	
P	1	0	0	0	0	0	
0	0	0	0	0	0	0	
0	0	0	0	0	0	0	
0	0	0	0	0	0	0	
0	0	0	0	0	0	0	

下面再分析另外一句报文：

！AIVDM,1,1,,A,<68rO0IR>Wh0J8？EP@5>70,4＊23

这是从一台 AIS 发给另一台 AIS 的一条短信息的暗码，不进行解码完全读不出它的意思。按前面的解码步骤，依据表 7-4 将＜68rO0IR＞Wh0J8？EP@5＞70 转换为 6 位二进制后得到如表 7-6 左半部分所示。判断第一行的消息识别码 001100 为十进制 12，由表7-1可知 12 号报文为安全相关确认信息，据此参考表 7-3，可以提取 bits 9～38＝MMSI(Source，412000000)、bits 41～70＝MMSI(Destination，412000001)，bits 73～后的为安全信息内容，参见表 7-6 右半部分。

表 7-6 消息 12 的 bit 转换及分配表

＜	0	0	1	1	0	0	bits 1～6＝Identifier for this message
6	0	0	0	1	1	0	bits 9～38＝MMSI(Source)
8	0	0	1	0	0	0	011000100011101001111100000000
r	1	1	1	0	1	0	412000000
O	0	1	1	1	1	1	
0	0	0	0	0	0	0	
I	0	1	1	0	0	1	bits 41～70＝MMSI(Destination)
R	1	0	0	0	1	0	011000100011101001111100000000
＞	0	0	1	1	1	0	412000001
W	1	0	0	1	1	1	
h	1	1	0	0	0	0	
0	0	0	0	0	0	0	
J	0	1	1	0	1	0	bits 73～(安全信息内容，最多 936)—26—Z
8	0	0	1	0	0	0	--8—H
?	0	0	1	1	1	1	--15—O
E	0	1	0	1	0	1	--21—U
P	1	0	0	0	0	0	--32—空格
@	0	1	0	0	0	0	--16—P
5	0	0	0	1	0	1	--5—E
＞	0	0	1	1	1	0	--14—N
7	0	0	0	1	1	1	--7—G
0	0	0	0	0	0	0	

而安全信息内容的解码方法如下：

将 6 位二进制码转换为十进制，011010→26，参考表 7-7 的数字转字符表，26→Z；001000→8，8→H，后面依此类推，直到全部转换完后，解码出短信息为：ZHOU PENG。

表 7-7　数字转字符表

字符	十进制	字符	十进制	字符	十进制	字符	十进制
@	0	P	16		32	0	48
A	1	Q	17	!	33	1	49
B	2	R	18	“	34	2	50
C	3	S	19	#	35	3	51
D	4	T	20	$	36	4	52
E	5	U	21	%	37	5	53
F	6	V	22	&	38	6	54
G	7	W	23	‘	39	7	55
H	8	X	24	(	40	8	56
I	9	Y	25	)	41	9	57
J	10	Z	26	*	42	:	58
K	11	[	27	+	43	;	59
L	12	\	28	,	44	<	60
M	13	]	29	—	45	=	61
N	14	^	30	.	46	>	62
O	15	_	31	/	47	?	63

7.3.1.2　*解码应用程序的实现方法与验证*

以上以 AIS 通信协议为基础，分析了 AIS 编码的内涵，而 AIS 信息从采集到解码处理、信息显示可以使用计算机编程，实现其过程的自动化，采用 VB 作为开发软件，VB 是用于编写基于Windows计算机应用程序的可视化编程开发工具，具有功能强大、编程简单的特点。由于 AIS 解码过程中涉及大量的表格数据，可以利用 VB 和 Excel 表格处理软件的无缝连接，初学者容易理解和掌握，熟练掌握 AIS 信息解码后可以将表格存储到内存中，大大缩短程序的运行时间。将表 7-4 和表 7-7 的数据用 Excel 软件输入后保存为 Sheet1 和 Sheet3，其数值作为参考表使用是固定不变的，而 Sheet2 则用于保存转换中间结果数据。

AIS 信息解码应用软件的流程如图 7-6 所示。

串口是以文本方式读取 AIS 输出的信息，因此在数据处理程序中，首先调用校验程序，对接收到的数据进行校验，这是为了避免 AIS 信息在通信过程中数据有误而采取的一种措施，当校验正确后，才能进行编码转换。

首先将接收的字符转换成 6 位二进制码，再根据电文号，参考该电文所对应的 bit 分配表(表 7-2 和表 7-3)，再将二进制转换为十进制，如果需要进一步再将十进制转换为字符(表 7-7)。对于本教材中未列出的其他电文的 bit 分配表可参考 ITU1371-4AIS 技术特性文档。

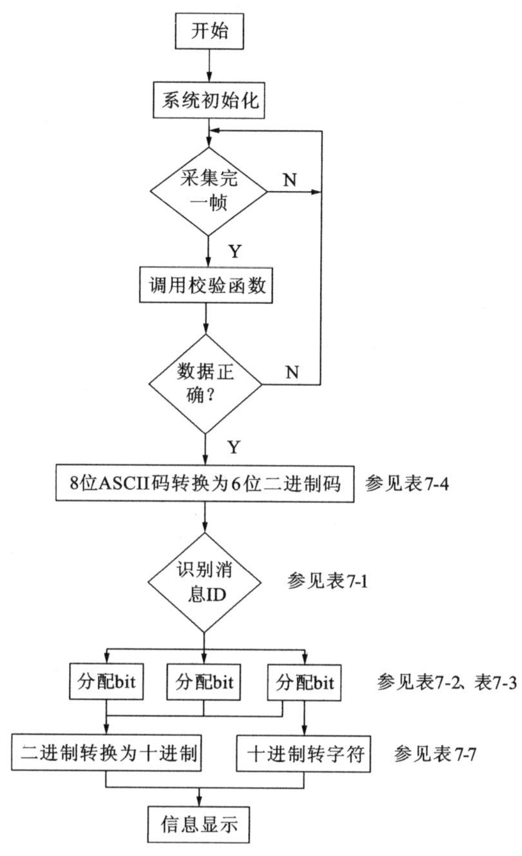

图 7-6 AIS 信息解码应用程序流程图

下面对应用软件中的主要程序进行介绍：

```
file1="D:\AIS\hua.dat"                REM:将接收到的信息 Text1.Text 写入 hua.dat 文
                                          件保存
Open file1 For Append As #1
Write #1,Text1.Text
                                      REM:完成 8bit 转换为 6bit 的程序
chrint=Len(Text1.Text)                REM:计算输入待解电文长度
For i=1 To chrint                     REM:从报文第一个到最后一个循环
chr=Mid(Text1.Text,i,1)               REM:依次取一个字符
For j=0 To 4                          REM:完成表 7-4 的 5 列循环
For k=1 To 13                         REM:完成表 7-4 的 13 行循环
                                      REM:以上的两个循环完成从表 7-4 中依左上至左下
                                          再折回的顺序提取每一个字符来和报文中的字
                                          符进行比对
If xlsheet1.Cells(k+1,j*2+1)=chr Then
                       REM:如果报文和表 7-4 中的某一字符相同则执行下列句子
 Text2.Text=xlsheet1.Cells(k+1,j*2+2)
```

```
                REM:将 6bit 二进制数送入 text2
xlsheet2.Cells(i,1)=Mid(Text1.Text,i,1)
                REM:将字符挑出来,作为第一列,并将 6bit 二进制数一起存入
                    Sheet2,完成 8bit 与 6bit 的转换
xlsheet2.Cells(i,2)=Mid(Text2.Text,1,1)
xlsheet2.Cells(i,3)=Mid(Text2.Text,2,1)
                ……
xlsheet2.Cells(i,7)=Mid(Text2.Text,6,1)
                REM:以上完成表 7-5 或表 7-6 左半部分内容填充
```

下面再给出二进制转换为十进制的程序,应用程序中多次用到该代码,所以用调用函数的方法来处理。

```
Private Function inv(ByVal str As String)As Double
   k=Len(str)              REM:计算二进制的长度
For i=1 To k               REM:从第一个到最后一个的循环
   sum=sum+(2^(i-1)) * Mid(str,k-i+1,1)
Next i                     REM:完成二进制数的求和运算
inv=sum                    REM:返回
            REM:第 8 位后的 30 位(bits 9~38)分配给了用户 ID(MMSI)
mmsi=xlsheet2.Cells(2,4) & xlsheet2.Cells(2,5) & xlsheet2.Cells(2,6) & xlsheet2.Cells(2,7)
for i=3 to 6
   for j=2 to 7
      mmsi=mmsi & xlsheet2.cells(i,j)
   next j
next i        REM:此段语句将表 7-5 或表 7-6 中的 9 到 38 位串接起来
mmsi=mmsi & xlsheet2.Cells(7,2) & xlsheet2.Cells(7,3)
inv(mmsi)          REM:转换为十进制输出 MMSI,其他信息输出方法类似
```

应用程序最后将电文解码后用 ListBox 控件输出,如图 7-7 为上述两句电文的解码结果显示。其数据和 AIS 设备上显示的数据完全一致,验证了 AIS 信息解码应用程序的正确性。

本教材使用的 VB 开发 AIS 信息解码程序的通用方法,简单易行,从验证的结果来看,技术路线可行。采用模块化编程具有扩展功能,可以运用于许多领域,具有很强的实用性。在后面的船舶交通流量自动统计、航运物流综合运用技术(提取船舶类型、货物类型、预计到达港口、预计到达时间数据)、危险品船舶的实时监控技术、AIS 的汉字传输技术、移动 VTS 技术、虚拟航标技术、航道水深自动监控技术、航道通航安全评估等研究中都可以使用该方法从 AIS 中提取相应的信息数据,进一步整合后加以应用。

!AIVDO，1，1，，，168rO000008;Mp:APith06RF0000，0*25
Identify Code:1
MMSI:412000000
Lat:30.6047783333333°
Lon:114353075°
Speed:0 knot
Hdg:209
COG:0
!AIVDM，1，1，，A，<68rO0IR>Wh0J8?EP@5>70，4*23
Identify Code:12
Source MMSI:412000001
Destination MMSI:412000000
Safety Msg: ZHOU PENG@@

图 7-7　两种 AIS 报文信息的解码结果

7.3.2　AIS 扩展信息的解码

由于船载 AIS 设备中包含有船名、船舶吃水、船舶类型、危险货物类型、预计到达港口、预计到达时间、船舶吃水、船舶尺寸等航行信息数据，其中船名、船舶吃水、船舶类型、危险货物类型、预计到达港口、预计到达时间等信息可以应用于物流业务；危险货物类型、船舶尺寸、船位信息可用于航运安全保障；船舶吃水、船舶尺寸信息可应用于绿色航道维护，如图 7-8所示。

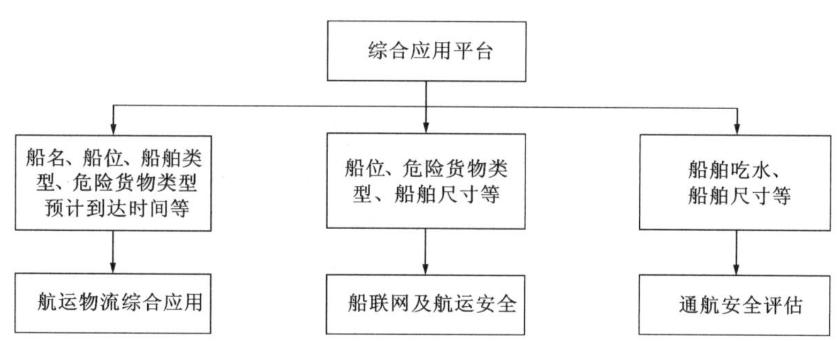

图 7-8　AIS 信息运用分类图

基于长江干线 AIS 信息的综合运用平台将收集到的船舶航行信息加以解码处理后分别提供给航运物流综合应用、航运安全保障、绿色航道维护等，在此基础上结合物流中心传送过来的货物信息，进行航运物流的综合应用。前面一节对 AIS 的基本信息内容已经详细地作了介绍，研究了 AIS 信息解码的通用方法，以及船舶位置、航向、航速等基本信息的解码过程。本节则把以上航行信息作为 AIS 的扩展信息，对其解码过程加以分析，并以实验室所接收到的实例电文进行研究。扩展信息的接收格式，可以参考表 7-1 报文分类简表，找到报文识别码 5(Identify Code:5)来进行解码处理。

报文识别码 5(Identify Code:5)为静态和与航程有关的信息数据，解码后可以得到 MMSI 号、IMO 号、呼号(Call NUM)、船舶吃水(draught)、船舶尺寸(DIM)、船名(ship name)、船舶类型(ship type)、货物类型、预计到达港口(Destination)、预计到达时间(ETA)等信息,其信息格式分配参见表 7-8。

表 7-8　消息 5 的内容

参数	位数	描述
消息 ID	6	消息 5 的标识符
重复指示符	2	消息被重复的次数
用户 ID	30	MMSI 号
AIS 版本指示器	2	0 = 和 AIS 版本 0 一致的站;1～3 = 和 AIS 未来版本 1,2,3 一致的站
IMO 号	30	1～9999999999;0=不可用=默认
呼号	42	7×6bit ASCII 字符."@@@@@@@"= 不可用 = 默认
船名	120	最多 20 个字符 @@@@@@@@@@@@@@@@@@@@= 不可用= 默认
船舶和货物类型	8	0= 不可用 or 无船 = 默认 1～99 = 如相关文件中定义的 100～199=保留,供区域使用 200～255=保留,供未来使用
轮廓尺寸/位置的参考	30	报告位置的参照点也表示船舶的尺寸
电子导航设备的类型	4	0=未定义(默认) 1=GPS 2=GLONASS 3=Combined GPS/GLONASS 4=Loran-C 5=Chayka 6=综合导航系统 8～15=未使用
ETA	20	预计到达时间 19～16 位:月份 1～12;0=不可用=默认 15～11 位:天数 1～31;0=不可用=默认 10～6 位:小时 0～23;24=不可用=默认 5～0 位:分钟 1～59;60=不可用=默认
当前最大静态吃水深度	8	单位为 1/10m, 255 = 吃水深度为 25.5m 或更大, 0 = 不可用 = 默认 依据 IMO A851 决议
目的地	120	使用 6 位 ASCII 码最大为 20 字符

AIS 接收到的 5 号电文：

！AIVDO,2,1,3,A,568rO00MKkAD4U? 4000P4pMUDqQDEUD4p4U? 401:5@N5:0Npt7R0CQnECV5A,0*0E

！AIVDO,2,2,3,A,FE@CP000000,2*45

首先参照表 7-4“8bitASCII 码转 6bit 二进制表”转换为二进制码，其 bit 分配参照表 7-8 来处理。

解码过程简介如下(参见表 7-9)：

Bit 1～6 位：Identifier for the message，000101 转换为十进制后为 5，说明此电文为 5 号电文，便于编程自动解码的识别号。

Bit 9～38 位：MMSI，011000100011101001111100000000 转换为十进制后为 412000000，是海上移动识别码，也是 AIS 设备唯一的识别码，如果要指定给某船发送安全短信息必须输入此识别码，412000000 是本实验室一台 AIS 的 MMSI 号，本教材中的实例都是以这台为主进行实验验证并通过的。

Bits 41～70 位：IMO number，000111010110111100110100010101 转换为十进制后为 123456789。

Bits 71～112 位：Call sign，000001001001010011110001000000000000000000，以 6bit 为一组，每组分别转换为十进制，再参考表 7-7“数字转字符表”将其转换为字符。000001→1→“A”；001001→9→“I”；010011→19→“S”；110001→49→“1”；所以解析后的呼号为：AIS1。

Bits 113～232 位：船名(ship name)，首先将字符转换为 6bit 二进制码，再将其六位数一组进行排列共 20 组，并将每组转换为十进制数字，再参考表 7-7“数字转字符表”将其转换为字符，第一组 001000→8→“H”；第二组 000001→1→“A”；依此类推，全部转换后得到船名：HANGYUNXUEYUANAIS1@@。

Bits 233～240 位：Type of ship and cargo type，船舶类型、货物类型。01001010 转换为十进制数字得 74。查表 7-10“船舶类型转换表”，第一位数 7 表明该船为 Cargo ships 货船，第二位数 4 表明该船货物为 Carrying DG(危险品货物)、HS(有害物质)、MP(海洋污染物)，IMO hazard or pollutant catrgory D(IMO 危险物或者 D 类污染物)中的最后一组，这说明该船舶是运载有 D 类污染物/危险物的船舶，在进行物流运输时必须进行危险物的申报，同时该危险品货物信息在第 8 章危险品船舶的实时监控技术中也会应用。

bits 241～270 位：Dimension/Reference for Position，船舶尺寸数据的描述参见图 7-9(AIS 报告位置参考点及船舶综合尺寸图)，AIS 报告位置参考点距离船首的距离为 A，距离船尾的距离为 B，距离左舷的距离为 C，距离右舷的距离为 D。$A+B$ 为船舶长度尺寸，$C+D$ 为船舶宽度尺寸。从 241 位 bit 开始，bits 0～8：A|000101010＝42m，bits 9～17：B|000011110＝30m，bits 18～23：C|000101＝5m，bits 24～29：D|001010＝10m。所以船舶长度为 42＋30＝72m，船舶宽度为 5＋10＝15m。船舶的尺寸数据在第 8 章的实例五“基于 AIS 的航道通航安全评估”中将得到应用。

表 7-9　消息 5 解码的过程及内容

5	0	0	0	1	0	1		4	0	0	0	1	0	0	
6	0	0	0	1	1	0	Bits 9～38:MMSI	0	0	0	0	0	0	0	
8	0	0	1	0	0	0	011000100011101001111100000000	1	0	0	0	0	0	1	Bits 233～240:Type
r	1	1	1	0	1	0	412000000	:	0	0	1	0	1	0	01001010——74 cargo:cat D
O	0	1	1	1	1	1		5	0	0	0	1	0	1	Bits 241～270:Dimension
0	0	0	0	0	0	0		@	0	1	0	0	0	0	A=42 B=30 C=5 D=10
0	0	0	0	0	0	0	Bits 41～70:IMO number	N	0	1	1	1	1	0	船长 72 船宽 15
M	0	1	1	1	0	1	000111010110111100110100010101	5	0	0	0	1	0	1	
K	0	1	1	0	1	1	123456789	:	0	0	1	0	1	0	
k	1	1	0	0	1	1		0	0	0	0	0	0	0	Bits 275～294:ETA
A	0	1	0	0	0	1		N	0	1	1	1	1	0	Mon:1 D:29 H:24=无效 M:60=无效
D	0	1	0	1	0	0		p	1	1	1	0	0	0	
4	0	0	0	1	0	0		t	1	1	1	1	0	0	
U	1	0	0	1	0	1		7	0	0	0	1	1	1	Bits 295～302:Draught:3m
?	0	0	1	1	1	1	Bits= 71～112:Call sign	R	1	0	0	0	1	0	
4	0	0	0	1	0	0	000001001001010011110001000000000000000000	0	0	0	0	0	0	0	Bits 303～422:Destination
0	0	0	0	0	0	0	AIS1@	C	0	1	0	0	1	1	HANGYUNXUEYUAN
0	0	0	0	0	0	0		Q	1	0	0	0	0	1	
0	0	0	0	0	0	0		n	1	1	0	1	1	0	
P	1	0	0	0	0	0	Bits 113～232:Name	E	0	1	0	1	0	1	
4	0	0	0	1	0	0	HANGYUNXUEYUANAIS1@	C	0	1	0	0	1	1	
p	1	1	1	0	0	0		V	1	0	0	1	1	0	
M	0	1	1	1	0	1		5	0	0	0	1	0	1	
U	1	0	0	1	0	1		A	0	1	0	0	0	1	
D	0	1	0	1	0	0		F	0	1	0	1	1	0	
q	1	1	1	0	0	1		E	0	1	0	1	0	1	
Q	1	0	0	0	0	1		@	0	1	0	0	0	0	
D	0	1	0	1	0	0		C	0	1	0	0	1	1	
E	0	1	0	1	0	1		P	1	0	0	0	0	0	
U	1	0	0	1	0	1		0	0	0	0	0	0	0	
D	0	1	0	1	0	0		0	0	0	0	0	0	0	
4	0	0	0	1	0	0		0	0	0	0	0	0	0	
p	1	1	1	0	0	0		0	0	0	0	0	0	0	
4	0	0	0	1	0	0		0	0	0	0	0	0	0	
U	1	0	0	1	0	1		0	0	0	0	0	0	0	
?	0	0	1	1	1	1									

表 7-10 船舶类型转换简表

船舶使用报告其类型的标识符和指向一组船舶的称呼	
标识符号码	特殊船只
50	引航船
51	搜救船
53	港口补给船
其他船	
第一位数字	第二位数字
留作将来使用	0—全部该类型的所有船只
6—客船	1—载有危险品，有害物品，或 IMO 组织规定的 A 类海洋污染物
7—货船	2—载有危险品，有害物品，或 IMO 组织规定的 B 类海洋污染物
8—油船	3—载有危险品，有害物品，或 IMO 组织规定的 C 类海洋污染物
9—其他类船	4—载有危险品，有害物品，或 IMO 组织规定的 D 类海洋污染物

Bit 275～294：预计到达时间 ETA，此处 bit 的使用顺序是倒过来的。289～294 位 bit 分配给 minute，111100 转换为十进制为 60，表示不可用数据；282～287 位 bit 分配给 hour，11000 转换为十进制为 24，表示不可用数据；279～281 位 bit 分配给 day，11101 转换为十进制为 29 号；275～278 位 bit 分配给 month，0001 转换为十进制为 1 月，所以该船于 UTC 时间 1 月 29 日到达某港口。

Bits 295～302：船舶吃水，00011110 转换为十进制数字为 30，30/10＝3m，船舶吃水为 3m。

bits 303～422＝Destination（预计到达港口），此处的解码过程和前述的船名（ship name）的解码过程完全相同，不再叙述，解码的结果为：预计到达港口（Destination）＝HANGYUNXUEYUAN@@@@@@。

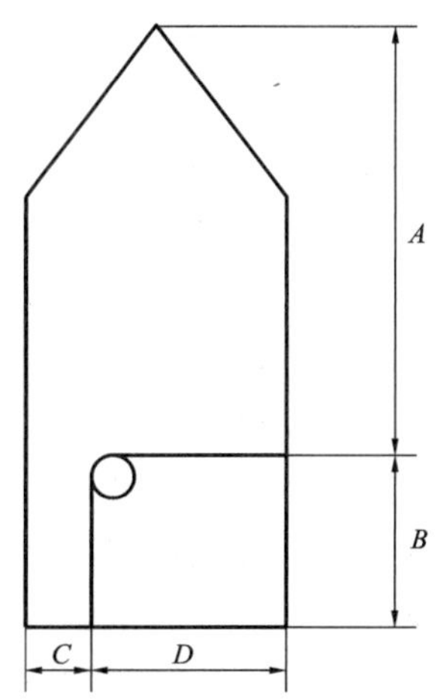

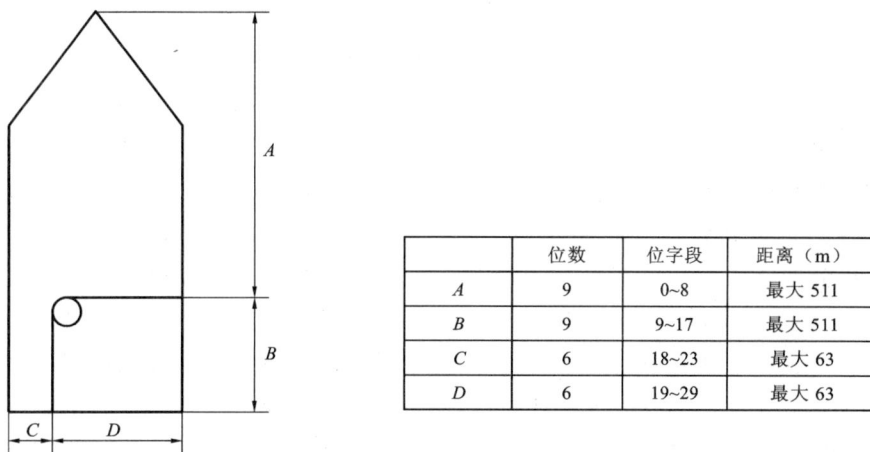

	位数	位字段	距离（m）
A	9	0~8	最大 511
B	9	9~17	最大 511
C	6	18~23	最大 63
D	6	19~29	最大 63

图 7-9 AIS 报告位置参考点及船舶综合尺寸图

最后完整的解码结果如图 7-10 所示。

Tick Stamp	4.532
PC time	20160626-081648
Sentence	! AIVDO,2,2,...
Transmission	Own
Channel	Channel A
Repeater	0
Hex	14 62 3A 7C...
Telegram Id	Pos Ext<5>
MMSI	4120000000
IMO	123456789
DTM	[42,30,5,10…
Pos Src	Undefined
Type	Cargo,DS,HS,HP,Cat D<74>
Name	HANGYUNXUEYUANAIS1@
Call Sign	AIS1@@@
ETA	Mon::1,D:29
Destination	HANGYUNXUEYUAN
Max Present	3.0
AIS ver	AIS 0
DTE	Not available

图 7-10　消息 5 例句详细解码后的结果

本小节对于船舶 AIS 提供的物流信息（船名、船舶类型、货物类型、船舶到达港、预计到达时间）及船舶的吃水、船舶尺寸等信息进行了解码处理，结合上一小节的船舶位置、MMSI 等基本信息的解码研究，采集了相对全面的船舶航运信息，为航运物流创新平台的综合应用提供了重要的数据支撑，本教材的大量研究也是建立在此数据基础之上进行的。

7.4　AIS 信息传输

AIS 设备除了可以自动播发本船的静态信息、动态信息、航行相关信息之外，还可以人工输入安全短信以群发和指定用户的形式发送。静态信息一般在设备安装时就将本船的基本信息输入设备保存，然后定时播发，而且静态信息一般不会修改；动态信息通过外接传感器自动采集本船的位置、航向、航速等信息以一定的重复周期播发；航行相关信息是在船舶离港时将本船的最新航行信息进行更新后播发出去；而安全短信息是视需要播发，一般的 AIS 设备传输安全信息是以字母、数字的形式通过 VHF 传输的，没有直接传输汉字的功能，因此要实现汉字传输，必须将汉字转换成字母或者数字后再传输。因此 AIS 设备要播发汉字短信息就必须在发射端首先将汉字转换成字母、数字的形式进行传输；在接收端将接收到的字母、数字再转换为汉字。AIS 播发汉字的转换方式有两种，一种是机器内进行转换，一种是机器外进行转换。本教材以后一种汉字的传输方式为例，介绍 AIS 信息传输的基本方法。AIS 汉字传输技术组成框图见图 7-11，汉字传输转换过程是一个可逆的双向过程。作者使用该方法在 AIS 设备上进行了汉字传输试验并取得了预期的效果。

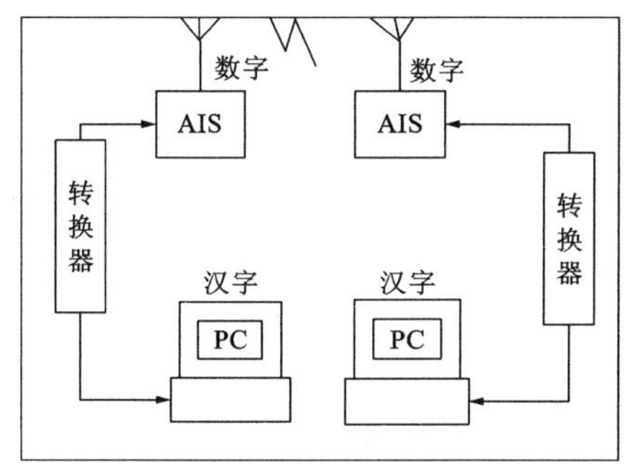

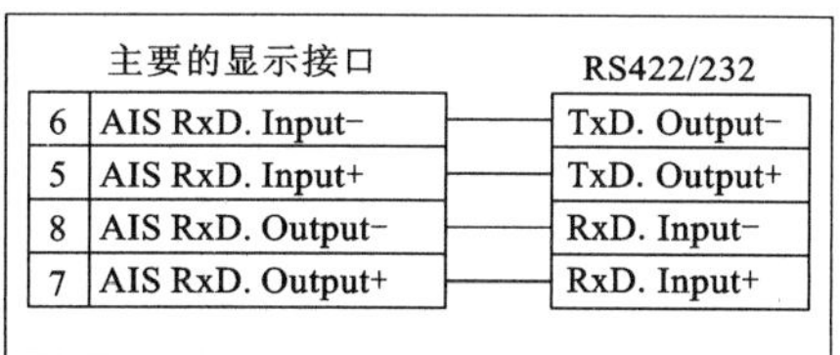

图 7-11 AIS 汉字传输技术组成框图

7.4.1 AIS 信息传输机制

AIS 信息是以报文的形式传输的，一些特殊数据的传输可以使用长数据包，最长的数据包可以占用 5 个连续的时隙。通常报文 12 是用来传输编址安全信息的(制定用户的 MMSI)，报文 14 是用来传输广播安全信息的。AIS 的短信息就是采用这两种形式传输的，但是只限于传输字母和数字，理论上可以借助于这两种形式的报文将汉字转换为数字(字母)进行传输，但这种方式容易引起 AIS 自带显示器的错误显示，所以该方式适用于 PC 机与 AIS 之间的字母、数字的信息传输。报文 6 是用来传输二进制编址信息的，报文 8 是用来传输二进制广播信息的，采用这两种报文可以将汉字转换为数字(字母)进行传输，在接收端再将其转换为汉字，从而通过 AIS 设备实现 PC 机与 PC 机之间的汉字信息传输而不会在 AIS 显示器上产生错误的显示。

表 7-11 为报文 6 的 bit 位内容分配情况，将要传输的汉字信息经过转换后放入 Data 中，而 Data 所占的 bit 是 6 号报文的二进制码串第 73 位开始后的 936 位二进制码串。下面就以使用报文 6 为例说明 AIS 设备之间汉字传输的实现方法。

表 7-11 报文 6 的 bit 分配表

参数	位数	描述
消息 ID	6	消息 6 的标识符
备用	2	未被使用是 0
消息源 ID	30	MMSI 号
备用	2	未被使用是 0
目的地 ID	30	MMSI 号
备用	2	未被使用是 0
数据	936	最多 117 个字节
缓冲	184	最多 23 个字节
总位数	1192	

7.4.2 汉字传输技术的实现方法

由于 AIS 设备之间传输的报文信息是以数据字符串的形式出现的，每一位字符都为

8bit ASCII 码。所以通过 AIS 设备传输汉字的关键技术就是在发送端将汉字转换成满足 AIS 设备之间通信协议的 8bit ASCII 码字符串格式，借助于适当的报文（本例为报文 6）将汉字从发射端的 AIS 设备传输给接收端的 AIS 设备。

在接收端，就反过来操作，首先提取出包含有汉字信息的 6 号报文，将 8bit 的 ASCII 码转换成 6bit，再以 8 位 bit 为一组，转换成 8bit ASCII 码，再转换成汉字。最终实现 AIS 设备之间的汉字传输。8bit ASCII 码和 6bit 二进制转换表如表 7-4 所示。

7.4.2.1 汉字信息的调制与发送

(1)发送的 AIS 语句格式

AIS 信息中的 6 号报文是以“！RAABM”作为标志符号的，其语句格式如下：

！RAABM,〈1〉,〈2〉,〈3〉,〈4〉,〈5〉,〈6〉,〈7〉, * hh

〈1〉传送的消息总数；〈2〉传送的消息的序号；〈3〉连续信息标示符；〈4〉目的地地址；〈5〉信道(A 或者 B)；〈6〉消息识别码，这里为 6；〈7〉数据位。

所需要传输的汉字信息数据经过转换后作为数据位〈7〉封装在该语句中。

(2)汉字信息转换的步骤

AIS 信息报文分为明码和暗码，明码虽然容易解读，但使用了更多的字符，实际应用中就会直接影响数据传输容量，所以在传输时使用数据封装的暗码。

在 AIS 设备之间传输的报文内容都是以字母或者数字的形式出现的，所以在发射端要首先将汉字转换成数字或者字母的形式。考虑到传输容量和传输效率的问题，这里采用的方式是将每个汉字转换成 5 位的 Unicode 码。使用 VB 编程语言中的 AscW()函数可以将输入的汉字转换为 5 位 Unicode 码位(比如，汉字“好”这个字符转换后的 Unicode 为“22909”)，并将得到的各个汉字的 Unicode 码串连成一个数字字符串，作为所需传输的汉字的初步转换格式。因此，汉字信息转换的步骤如下：

①将前述汉字所转换的 Unicode 码数字串逐位转换成 4 位的二进制字符串。

②将①中所得到的二进制字符串分割成 6 位一组的 6bit 二进制字符串。

③将②中得到每组 6bit 二进制字符串转换成 8bit 的 ASCII 码。

④将③中得到数据暗码放入识别码！RAABM 的数据位上(这里为消息识别码的 6 的发射语句)。

⑤将要发送的语句赋给串口的输出语句 MSComm1. Output 即可完成发送。其转换过程参见图 7-12。

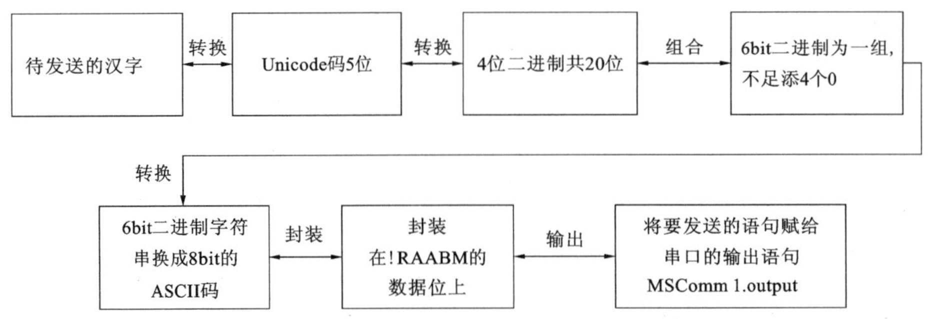

图 7-12 发射端汉字转换为字符串流程框图

7.4.2.2 汉字信息的接收与解码

(1)接收的 AIS 语句格式

对应于前面识别码！RAABM 发送的数据，接收端的信息贮存在以！AIVDM 为识别符号，消息识别码为 6 的语句中。其语句的格式如下：

！AIVDM,〈1〉,〈2〉,〈3〉,〈4〉,〈5〉,＊hh

〈1〉接收消息的总句数；〈2〉接收消息的序号；〈3〉连续信息标示符；〈4〉接收消息的信道；〈5〉数据位。

接收到的汉字信息位于数据位〈5〉中，通过下面一系列的转换处理，最终还原为汉字。实现 AIS 设备之间的汉字传输问题。

(2)汉字的接收与解码的步骤

①提取出以！AIVDM 为识别码，消息识别码为 6 的语句，并取出数据位的字符串。

②将得到的 ASCII 码数据串逐位转换成二进制码。

③按照数据位的分配规定，取出需要的数据位信息。本程序中第 91 位 bit 以后的所有二进制位为需要的数据位。

④将得到的二进制数据串按照四位一组转换成相应的十进制数串，即得到 Unicode 码。

⑤将 Unicode 码串按照 5 位一组进行分组，得到与发送端汉字所转换成的 Unicode 码相同的字符串组。

⑥然后使用 VB 函数 ChrW()将该 Unicode 码串组转换成汉字，与发送端所发送的汉字完全相同。这样就最终实现了 AIS 设备之间的汉字传输功能。

其转换过程参见图 7-13。

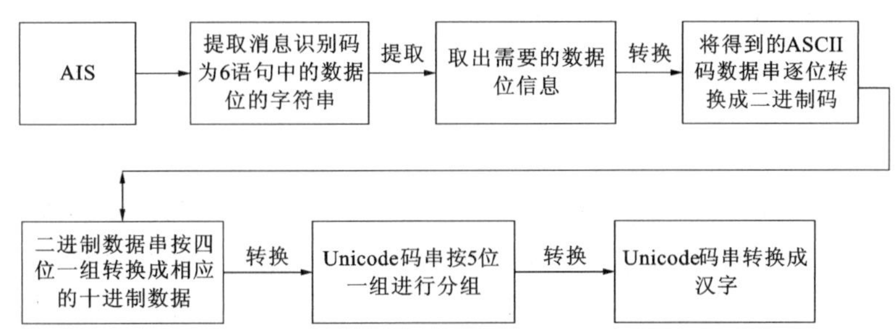

图 7-13　接收端字符串转换为汉字流程框图

7.4.3　AIS 设备之间汉字传输实验

为了验证前述的 AIS 设备传输汉字方法的正确性，在两台型号为 Denmark SKANTI UAIS 2100 的 AIS 设备之间进行了相关汉字的传输实验。具体的硬件连接如图 7-3 所示。在发送端，PC 机将所需传送的汉字按上节所述方法进行编码，并通过串口的方式传送给 AIS 设备 1，AIS 通过甚高频发射机将数据发送出去。在接收端，AIS 设备 2 与 PC 机同样用串口方式连接，PC 机通过串口提取所需要的数据信息，并进行一定的解码，最终得到发送端传送过来的汉字信息。由于通信的双向性，在图中就没有明确标示出发送端和接收端。也就是说该连接方式可以实现双向的汉字传送功能。

7.4.3.1　发送端数据转换过程

①发送端将汉字“中华人民共和国”经过 VB 编程语言中的 AscW()函数逐字转换后的

Unicode 码组串为:20013|21326|20154|27665|20849|21644|22269

②将上面得到的 Unicode 码组串逐位转换成 4bit 的二进制码组串则为:

0010 0000 0000 0001 0011|0010 0001 0011 0010 0110|0010 0000 0001 0101 0100|0010 0111 0110 0110 0101|0010 0000 1000 0100 1001|0010 0001 0110 0100 0100|0010 0010 0010 0110 1001

③将上面的 4bit 的二进制码组串重新组合成 6bit 码组串,每组的二进制码组串则为:

001000 000000 000100 11|0010 000100 110010 0110|00 100000 000101 010100|001001 110110 011001 01|0010 000010 000100 1001|00 100001 011001 000100| 001000 100010 011010 01

由于本实例在 4bit 的二进制码组串转换到 6bit 的二进制码组串的过程中最后会剩下 2 位二进制码,因此,在这里补“0000”进行修正,则为:

001000 000000 000100 110010 000100 110010 011000 100000 000101 010100 001001 110110 011001 010010 000010 000100 100100 100001 011001 000100 001000 100010 011010 010000

④对照表 7-4 将上面的 6bit 的二进制码组串转换成 8bit 的 ASCII 码串则为:

804j4jHP5D9nIB24TQI48RJ@

⑤将上面得到的 ASCII 码数据串暗码放入识别码! RAABM 的数据位上,即得到发送端发送语句:

! RAABM,,,1,412000001,A,6,804j4jHP5D9nIB24TQI48RJ@,4 * 3A

7.4.3.2　接收端数据转换过程

①提取出以! AIVDM 为识别码,消息识别码为 6 的语句如下:

! AIVDM,1,1,,A,668rO05R>Wh4000804j4jHP5D9nIB24TQI48RJ@,4 * 56

②取出数据位的字符串:

Wh4000804j4jHP5D9nIB24TQI48RJ@

③对照表 2 将上面的 8bit 的 ASCII 码串转换成 6bit 的二进制码组串则为:

000110000110001000111010011111000000000010110001000111010011111000000000100000000000000000000001000000000000100110010000100110010011000100000000010101010000100111011001100101001000000100001001001001000010110010001000010001000100110100 10000

④按照报文 6 的 bit 位内容分配表(表 7-11),从 91 位开始,之后的就为加载汉字的 bit 位,即得:

0010000000000000100110010000100110010011000100000000010101010000100111011001100101001000000100001001001001000010110010001000010001000100110100 10000

由于在前面发送端将 4bit 的二进制码组串转换到 6bit 的二进制码组串的过程中进行了补“0000”进行修正,这里则需要将“0000”去掉以修正回原来的数据,即为:

0010000000000000100110010000100110010011000100000000010101010000100111011001100101001000000100001001001001000010110010001000010001000100110100 1

⑤将上面得到的二进制数据串按照四位一组转换成相应的十进制数串,即得到发送端的 Unicode 码:

20013 21326 20154 27665 20849 21644 22269

⑥上面得到的 Unicode 码组串经过 VB 编程语言中的 ChrW()函数逐字转换后即得到汉字:“中华人民共和国”

经验证,接收端所显示出的汉字和发送端发送的汉字完全一致,实现了 AIS 设备之间的汉字传输。

7.5　AIS 信息存储

从 AIS 设备中采集到的 AIS 信息是研究本船和其他船舶之间相互作用的数据基础,包括船舶动态实时监控、AIS 网络通信性能监控、船舶交通流统计分析、海事事故调查分析等各种 AIS 数据的直接应用,也包括移动 VTS 工作、航道水深自动监控、虚拟航标显示等 AIS 数据二次开发后的间接应用。因此 AIS 信息的存储就包含尚未解析的 AIS 原始数据的存储和解析后的数据库存储两种类型。以下就分别介绍这两种类型的存储方式。

7.5.1　AIS 原始信息的存储

AIS 原始信息的存储是指从 AIS 设备中采集到 AIS 信息后不加以解析处理,直接先保存起来的一种方式,该信息作为记录某段水域船舶运动状况的一种历史资料先保存起来,等需要使用时再根据需求进行相应的解析处理。一般采用 txt 文本的形式保存,保存方法简单、维护管理容易。

```
Sub save_textMethod(ByVal str As String)        REM:定义一个存储函数
    Dim sCurrentDate As String                  REM:定义一个存储 AIS 信息的以时
                                                    间命名的文件夹
    Dim sDir As String
    Dim sLogFile As String
    sCurrentDate=FormatDateTime(Now,DateFormat.ShortDate)
                REM:获取系统的时间,此处可以以天为单位,记录每天的 AIS 数据
    sDir="E:\AIS_PLAT\data\" & sCurrentDate
    sLogFile=sDir & "\" & sCurrentDate & ".txt"
    If Not Directory.Exists(sDir) Then
        My.Computer.FileSystem.CreateDirectory(sDir)
                REM:如果文件夹不存在,则创建
    End If
    Dim sw As StreamWriter=New StreamWriter(sLogFile,True)
                REM:True 为非覆盖连续记录
    sw.WriteLine(Now & str)
                REM:记录时加上时间标签
    sw.Close()
End Sub
```

```
Private Sub SerialPort_DataReceived(ByVal sender As Object,ByVal e As System.IO.Ports.SerialDataReceivedEventArgs) Handles SerialPort.DataReceived
        Dim str As String
        str=SerialPort.ReadLine                    REM:采集的 AIS 数据,以行为单位
        save_textMethod(str)                       REM:送保存函数保存
End Sub
```

保存在 txt 文档中的部分 AIS 信息如图 7-14 所示。

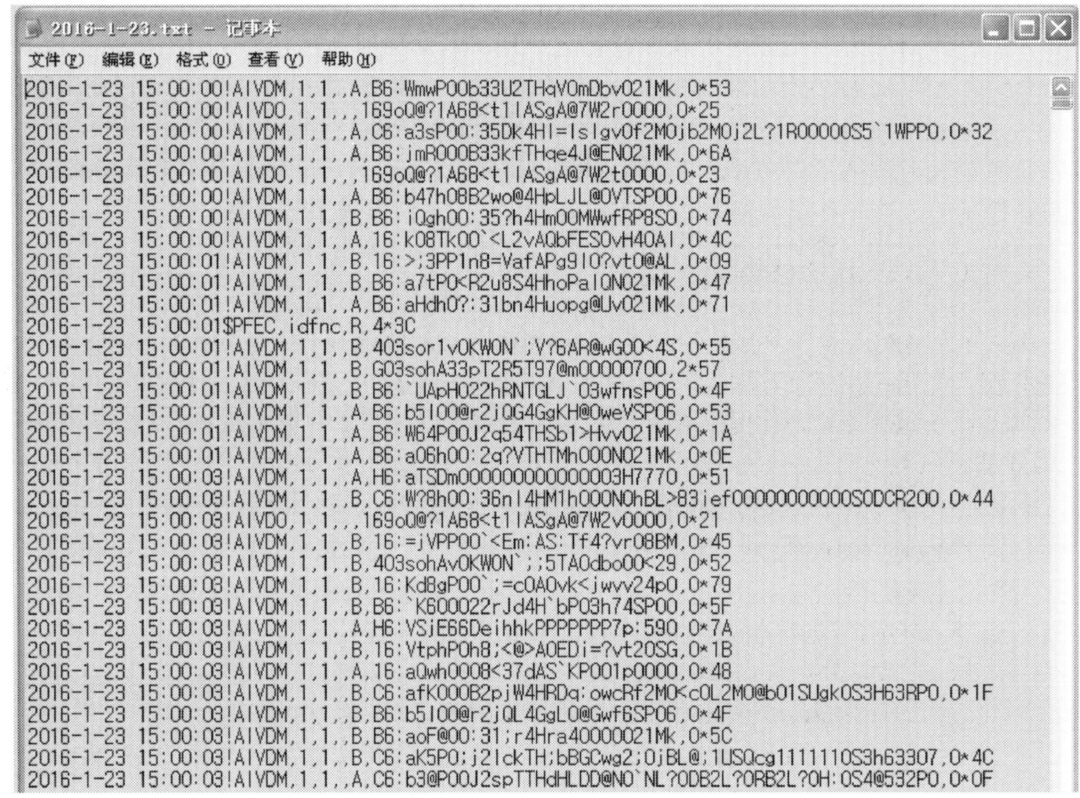


```
2016-1-23 15:00:00!AIVDM,1,1,,A,B6:WmwP00b33U2THqV0mDbv021Mk,0*53
2016-1-23 15:00:00!AIVDO,1,1,,,169oQ@?1A68<t1lASgA@7W2r0000,0*25
2016-1-23 15:00:00!AIVDM,1,1,,A,C6:a3sP00:35Dk4Hl=IslgvOf2M0jb2M0j2L?1R00000S5`1WPP0,0*32
2016-1-23 15:00:00!AIVDM,1,1,,A,B6:jmR000B33kfTHqe4J@EN021Mk,0*6A
2016-1-23 15:00:00!AIVDO,1,1,,,169oQ@?1A68<t1lASgA@7W2t0000,0*23
2016-1-23 15:00:00!AIVDM,1,1,,A,B6:b47h08B2wo@4HpLJL@0VTSP00,0*76
2016-1-23 15:00:00!AIVDM,1,1,,B,B6:iQgh00:35?h4HmOOMWwfRP8S0,0*74
2016-1-23 15:00:00!AIVDM,1,1,,A,16:k08Tk00`<L2vAQbFES0vH40AI,0*4C
2016-1-23 15:00:01!AIVDM,1,1,,B,16:>;3PP1n8=VafAPg9l0?vt0@AL,0*09
2016-1-23 15:00:01!AIVDM,1,1,,B,B6:a7tP0<R2u8S4HhoPalQN021Mk,0*47
2016-1-23 15:00:01!AIVDM,1,1,,A,B6:aHdh0?:31bn4Huopg@Uv021Mk,0*71
2016-1-23 15:00:01$PFEC,idfnc,R,4*3C
2016-1-23 15:00:01!AIVDM,1,1,,B,403sor1v0KWON`;V?6AR@wG00<4S,0*55
2016-1-23 15:00:01!AIVDM,1,1,,B,G03sohA33pT2R5T97@m00000700,2*57
2016-1-23 15:00:01!AIVDM,1,1,,B,B6:`UApH022hRNTGLJ`03wfnsP06,0*4F
2016-1-23 15:00:01!AIVDM,1,1,,A,B6:b5l00@r2jQG4GgKH@0weVSP06,0*53
2016-1-23 15:00:01!AIVDM,1,1,,A,B6:W64P00J2q54THSb1>Hvv021Mk,0*1A
2016-1-23 15:00:01!AIVDM,1,1,,A,B6:a06h00:2q?VTHTMh000N021Mk,0*0E
2016-1-23 15:00:03!AIVDM,1,1,,A,H6:aTSDm000000000000003H7770,0*51
2016-1-23 15:00:03!AIVDM,1,1,,B,C6:W?8h00:36nl4HM1h000N0hBL>83ief0000000000S0DCR200,0*44
2016-1-23 15:00:03!AIVDO,1,1,,,169oQ@?1A68<t1lASgA@7W2v0000,0*21
2016-1-23 15:00:03!AIVDM,1,1,,B,16:=jVPP00`<Em:AS:Tf4?vr08BM,0*45
2016-1-23 15:00:03!AIVDM,1,1,,B,403sohAv0KWON`;5TA0dbo00<29,0*52
2016-1-23 15:00:03!AIVDM,1,1,,B,16:Kd8gP00`;=c0A0vk<jwvv24p0,0*79
2016-1-23 15:00:03!AIVDM,1,1,,B,B6:`K600022rJd4H`bP03h74SP00,0*5F
2016-1-23 15:00:03!AIVDM,1,1,,A,H6:VSjE66DeihhkPPPPPPP7p:590,0*7A
2016-1-23 15:00:03!AIVDM,1,1,,B,16:VtphP0h8;<@>A0EDi=?vt20SG,0*1B
2016-1-23 15:00:03!AIVDM,1,1,,A,16:aQwh0008<37dAS`KP001p0000,0*48
2016-1-23 15:00:03!AIVDM,1,1,,B,C6:afK000B2pjW4HRDq:owcRf2M0<c0L2M0@b01SUgk0S3H63RP0,0*1F
2016-1-23 15:00:03!AIVDM,1,1,,B,B6:b5l00@r2jQL4GgL0@Gwf6SP06,0*4F
2016-1-23 15:00:03!AIVDM,1,1,,B,B6:aoF@00:31;r4Hra40000021Mk,0*5C
2016-1-23 15:00:03!AIVDM,1,1,,B,C6:aK5P0;j2lckTH;bBGCwg2;0jBL@;1USQcg111110S3h63307,0*4C
2016-1-23 15:00:03!AIVDM,1,1,,A,C6:b3@P00J2spTTHdHLDD@N0`NL?0DB2L?0RB2L?0H:0S4@532P0,0*0F
```

图 7-14　保存在 txt 文档中的部分 AIS 信息

7.5.2　AIS 信息解析后的存储

AIS 信息在采集时,为了达到可视化显示信息的目的,需要将接收到的 AIS 暗码解析后,在显示平台中显示。电子海图被公认为是显示 AIS 信息的最佳显示平台,所以通常的做法是在服务器端将 AIS 信息接收、解析后存储到数据库之中;客户端通过网络访问该数据库,将取回的信息以一定的频率在电子海图上显示出来,可以实现多用户访问数据库,达到可视化显示 AIS 信息的目的。

VS 软件与 MySQL 数据库连接的方式有两种,以下具体介绍数据库的连接方法:MySQL 是一个真正的多用户、多线程 SQL 数据库服务器。SQL(结构化查询语言)是世界上最流行的和标准化的数据库语言。MySQL 是基于客户机/服务器结构的,它由一个服务器守护程序和很多不同的客户程序和库组成,在 UNIX 操作系统平台比较流行。但在 Windows 操作系统平台，尤其是企业应用中，还是 MS 的 SQL Server 占主导地位，所以 MS 的 Visual Studio 不可能默认支持 MySQL 了，因此 VS 软件与 MySQL 数据库链接需要另外安装驱动软件。

7.5.2.1 使用 MySQL Connector/NET 连接 MySQL 数据库

首先要安装一个 MySQL Connector Net 驱动软件，然后在 WindowsApplication1 的属性页中找到文件夹(正常情况下默认的是 C:\Program Files\MySQL\MySQL Connector Net 5.0.7\Assemblies\v4.0\MySql.Data.dll)，引用里面的 MySQL.Data.dll 库文件之后，在代码页添加 using MySQL.Data.MySQLClient，如下：

```
Imports MySQL.Data.MySQLClient
Imports System.Data
Dim ds1 As New DataSet("ds1")
Dim myDA1 As MySQLDataAdapter
Dim myConn1 As MySQLConnection
Dim constr As String
Dim strSql As String
constr ="Database=" & 数据库名 & ";Data Source=" & 服务器名 & ";User Id="_&
                                    用户名 & ";Password=" & 数据库密码
myConn1 =New MySqlConnection(constr)
        Try
            myConn1.Open()                  REM:打开连接
            strSql="select * from test"
            myDA1=New MySqlDataAdapter(strSql,myConn1)
                                            REM:建立一个数据库连接
            myDA1.Fill(ds1, "tablename")    REM:操作数据库
            MsgBox("数据库连接成功!")
        Catch ex As Exception
        MsgBox("数据库连接失败! 请检查您的数据库!")
            Exit Sub
        End Try
```

7.5.2.2 使用 MySQL Connector/ODBC 连接 MySQL 数据库

1)ODBC.NET(全称 ODBC.NET Data Provider)是一个免费的.NET Framework 附加组件，需要到微软公司的网站上去下载，它需要系统已经安装 MDAC 2.7 或者更高版本。

2)还需要安装 MySQL 的 ODBC 驱动程序，如：mysql-connector-odbc-5.1.5-win32.msi。

3)在控制面板→管理工具→数据源(ODBC)中，添加数据源，配置一下 DSN，步骤如下所示：

(1)打开 ODBC 配置界面。

(2)点击“添加”按钮，然后选择 MySQL 驱动。

(3)点击“完成”后，要求配置数据库连接属性。

Data Source Name：为该数据源取个名字（程序中要用）；

Description：描述，非必填项；

TCP/IP Server：数据库的 IP 地址；

Port：端口；

User：登录数据库的用户名；

Password：密码；

Database：需要操作的数据库名称。

填写完后，点击右下角的“test”按钮，测试是否可以连接上数据库，如出现 Connection successful表示连接成功。

4）配置完成后，可以在 ODBC 数据源中看到刚才配置的 MySQL 数据源。

5）到此，ODBC 数据源配置完成。

操作数据库代码：

```
string MyConString＝"Provider＝MSDASQL"＋
        "DRIVER＝{MySQL ODBC 5.2 Unicode Driver};" ＋
        "SERVER＝localhost;" ＋
        "PORT＝3306;" ＋
        "DATABASE＝mydb;" ＋
        "User＝root;";
OdbcConnection MyConnection＝new OdbcConnection();
MyConnection.ConnectionString＝MyConString;
MyConnection.Open();
```

7.5.2.3　将解析后的 AIS 信息存储到数据库中

使用 VS 软件连通 MySQL 数据库之后，就可以将解析后 AIS 信息保存到 MySQL 数据库中，对数据库的操作，通常有信息的更新、信息的插入、信息的删除等。数据库通常以表为单位，每一条船建立一条记录，每条记录里面有存储船舶信息的字段，例如船舶 MMSI、船舶经度、船舶纬度、对地航向、对地航速、船首向等。存储流程如下：

（1）将 AIS 信息解析后的一艘船的信息进行关键字 MMSI 的提取。

（2）判断数据库中是否存在相同的 MMSI，如果存在，则说明该船舶的信息已经保存在数据库中，那么就将新接收到的信息更新，覆盖原来的旧信息保存到数据库中；如果不存在，则说明该船舶是一条新船，就新建一条记录，将船舶的信息保存到数据库中。

（3）使用 Update 语句进行更新操作或者使用 Insert into 语句进行插入操作。

具体的信息存储操作语句如下：

```
Dim adapter As OdbcDataAdapter＝New OdbcDataAdapter
    REM：表示数据命令集和到数据源的连接，它们用于填充 DataSet 以及更新该数据源
Dim cmd As New OdbcCommand("select * from tablename",MyConnection)
    REM：表示要对数据源执行的 SQL 语句或存储过程
Dim reader As OdbcDataReader＝cmd.ExecuteReader
```

```
        REM:提供了一种从数据源中读取数据行的只进流
adapter. SelectCommand = New OdbcCommand ( "SELECT MMSI FROM tablename
                                    WHERE MMSI="412000000" "
        REM:寻找数据库中 MMSI=412000000 的船舶
adapter. SelectCommand. Connection=MyConnection
Mmsi_search=adapter. SelectCommand. ExecuteScalar
        REM:寻找 MMSI,找到了为数字,没有就为空,如果找到了就对信息更新,如果没
            有找到,就新增加一条船
```

以下为保存到数据库中的更新信息的语句,采用 UPDATE 命令将解析好的船舶信息,对应存储到相关字段中。

```
adapter. UpdateCommand=New OdbcCommand("UPDATE tablename SET x1='经
                                    度',y1='纬度',cog=' cog ',sog=' sog ',hdg=' Hdg ',tel_
                                    num='电文')WHERE MMSI="412000000")
adapter. UpdateCommand. Connection=MyConnection
adapter. UpdateCommand. CommandType=CommandType. StoredProcedure
        REM:把 Command 的命令类型设置为存储过程
adapter. UpdateCommand. ExecuteNonQuery()
        REM:通过执行 Update、Insert 或 Delete 语句,更改数据库中的数据
```

以下为保存到数据库中的新增信息的语句,采用 INSERT INTO 命令,将解析好的船舶信息,对应存储到相关字段中。

```
adapter. UpdateCommand=New OdbcCommand("INSERT INTO tablename(MMSI,
class,sog,cog,hdg,x1,y1)VALUES(' 412000001 ',' A ',' 7. 0 ',' 100 ',' 101 ',' 114. 20 ',' 30. 12 ')
adapter. UpdateCommand. Connection=MyConnection
adapter. UpdateCommand. CommandType=CommandType. StoredProcedure
adapter. UpdateCommand. ExecuteNonQuery()
```

当某条船舶(MMSI=412000002)的信息确实要从数据库中删除时可以使用以下语句,但是一般不推荐使用此方法,即使该船舶暂时关机或者不在接收范围时,也不要删除该记录,可以采用更新的方法,将该船舶的信息清除,而不是将记录删除。

```
adapter. UpdateCommand=New OdbcCommand("delete from tablename where MM-
                                    SI=412000002)
adapter. UpdateCommand. Connection=MyConnection
adapter. UpdateCommand. CommandType=CommandType. StoredProcedure
adapter. UpdateCommand. ExecuteNonQuery()
```

图 7-15 为保存到数据库中的部分船舶的信息。

	MMSI	class	sog	cog	hdg	x1	y1	ship_state	ship_name
1	0	B	0	180.1	not available	114.549973333333	30.65664	NULL	@@@@@@@@@@@@@@@@@@...
2	413801393	B	4.3	227.5	not available	114.363146666667	30.636845	NULL	ZHENRONG1698@@@@@@@@@
3	413933599	B	0.5	319.4	1	114.33148	30.6103666666667	NULL	JIANGCHENGQIDU02HAO@@
4	413000000	A	7	3	225	114.674443333333	30.685555	default	HANGHAIXUEYUANAIS3 @
5	413826623	B	3.8	338.2	not available	114.540836666667	30.662565	NULL	NULL
6	413827593	B	6.1	162.9	162	114.568111666667	30.611615	NULL	YUWANHANG11755@@@@@@@
7	413773601	B	4.6	304.4	0	114.523746666667	30.6822833333333	Moored	ZHONGYUAN01@@@@@@@@@@
8	413801369	B	0	68.1	not available	114.304846666667	30.5946083333333	NULL	CHANGRAN61@@@@@@@@@@@
9	412070210	A	0	19.9	not available	114.334396666667	30.6133833333333	Under way use sailing	HANG JUN 14 HAO@@@@@@
10	413827663	B	5.3	64.2	64	114.455805	30.6756166666667	NULL	NINGDONGHU1868@@@@@@@
11	413792536	B	5.7	107.8	not available	114.512373333333	30.6880733333333	NULL	CHANGTAI29:9 @
12	413804154	B	0.7	48.1	48	114.318896666667	30.613635	NULL	YU YANG 222@@@@@@@@@@
13	413593470	A	0	271	228	114.333791666667	30.6127816666667	default	HANGONGNI503 @
14	413769661	A	0	222.6	not available	114.379	30.6462516666667	Under way use sailing	E ZHOU HOU 0618 @
15	413823649	B	0.1	15.8	not available	114.319146666667	30.6131166666667	NULL	YUXINHUO241:: @
16	413819273	B	5.4	263.7	263	114.189286666667	30.582275	NULL	XIN YI 1888@@@@@@@@@@
17	413813202	A	17.1	257.3	not available	114.665	30.5791016666667	Under way use engine	HAIXUN12252@@@@@@@@@@
18	413792071	B	4.5	249.6	not available	114.40096	30.6590366666667	NULL	SHENGHE9 @
19	413781237	B	6.3	46.1	not available	114.327431666667	30.610825	NULL	WANTAIYUN339@@@@@@@@@
20	6699	B	3.9	274.3	not available	114.105291666667	30.59491	NULL	EXIANTAOHUO6699@@@@@@
21	4126696	A	NULL	NULL	NULL	114.381605	30.6453283333333	NULL	Base
22	808664168	B	6.3	104.9	104	114.51048	30.688385	NULL	30(<30(<30(<30(<30(<@

图 7-15　保存到 MySQL 中的部分数据

7.6　AIS 信息显示

AIS 信息经过解析后得到船舶的静态信息、动态信息、航行相关的信息，并以文本的形式分类保存在数据库中，用户可以通过客户端软件访问数据库，调用船舶的各种信息，将其在电子海图上显示出来，从而可视化显示船舶信息，实现船舶实时监控的目的。电子海图是纸质海图的智能化升级版，具有分层显示的特点，可以由使用者选择性地显示所需内容。同时，电子海图也具有存储功能，每一个层对应一个 dataset 数据集，为层中的每一个元素分配一条记录。例如将船舶建为一个层，每一条船作为船舶层中的一个元素，分得一条记录，船舶的船名、MMSI、经度、纬度等信息作为一个字段，可以和 AIS 数据库中的字段对应绑定起来，那么通过二次开发电子海图应用软件就可以实现在电子海图上显示事先存储在 AIS 数据库中的船舶信息，对实时、动态的船舶信息进行监控、查询、统计等各种操作。下面介绍 AIS 信息在电子海图上显示的具体实现技术。为了实现在电子海图上激活、休眠 AIS 的功能，首先将船舶、船舶矢量各作为一个层保存起来。

以下为建立船舶层的语句：

```
ship_info. Type=MapXLib. LayerInfoTypeConstants. miLayerInfoTypeNewTable
                                                        REM:层的类型
ship_info. AddParameter("FileSpec",Application. StartupPath+"\target_ship\ship.
tab")                                                   REM:层的存放位置
ship_info. AddParameter("Name","target_ship")           REM:层的名字
ship_info. AddParameter("Fields",flds)                  REM:层的字段
```

以下为建立矢量层的语句：

```
vector_info. Type=MapXLib. LayerInfoTypeConstants. miLayerInfoTypeNewTable
```

```
vector_info.AddParameter("FileSpec",Application.StartupPath+"\target_ship\vector.tab")
vector_info.AddParameter("Name","target_vector")
vector_info.AddParameter("Fields",flds)
```

将创建的层显示在电子海图上：

```
AxMap1.Layers.Add(ship_info,1)        REM:对应 target_ship 船舶层
AxMap1.Layers.Add(vector_info,2)      REM:对应 target_vector 船舶矢量层
```

在电子海图显示软件中，某一段时间会同时出现多艘船舶。如果将船舶名称、MMSI 船舶位置等信息直接显示在电子江图上，不仅会覆盖地图上存在的信息，而且不能够直观展示船舶所有信息。对于小比例江图而言，多船舶的存在会出现信息拥塞覆盖现象。因此，选择合适的船舶图元样式属性，是船舶显示功能的基础。

在 MapX 中，可以直接调用图元样式封装的 Style 对象，其中包含符号、线、区域和文本。该对象包括所有图元类的属性控制命令和操作类方法。在 VS 进行的电子海图二次开发中，Layer 对象是通过 Style 类来对样式进行操作和管理的。

为了区别上下行河和静止的船舶，以及岸上的 AIS 基站，可以将船舶以不同的符号和颜色表示，例如：静止船舶的样式设计：

```
With static_ship_style
    .SymbolFont.Name="Map Symbols"    REM:船舶符号的字体
    .SymbolCharacter=37               REM:船舶符号的形状
    .SymbolFontColor=&H0&             REM:静止船舶目标的颜色
    .SymbolFont.Size=12               REM:船舶符号的尺寸
    .SymbolFontRotation=c             REM:船舶符号的方向，一般设为船首向 c
End With
```

下行船舶的样式设计：

```
With down_ship_style
    .SymbolFont.Name="Map Symbols"
    .SymbolCharacter=43
    .SymbolFontColor=&HFF00&          REM:下行船颜色——绿色
    .SymbolFont.Size=12
    .SymbolFontRotation=c
End With
```

上行船舶的样式设计：

```
With up_ship_style
    .SymbolFont.Name="Map Symbols"
    .SymbolCharacter=43
    .SymbolFontColor=&HFF&            REM:上行船颜色——红色
    .SymbolFont.Size=12
```

```
        .SymbolFontRotation=c
    End With
```

基站的样式设计：

```
    With Base_station_style
        .SymbolFont.Name="MapInfo Cartographic"
        .SymbolCharacter=101
        .SymbolFontColor=&HC000C0&        REM:基站颜色——蓝色
        .SymbolFont.Size=20
    End With
```

设计好船舶的样式之后，就可以使用该样式将船舶在所接收到的位置处将其显示在电子海图上，实现可视化显示及监控，其代码为：

```
    s_x=Val(ship_info(x).ToString)              REM:提取船舶的经度值
    s_y=Val(ship_info(y).ToString)              REM:提取船舶的纬度值
    target_ship_point.Set(s_x,s_y)              REM:将船舶的位置赋值给点元素
    target_ship_temp_fea=AxMap1.FeatureFactory.CreateSymbol(target_ship_point,
ship_style)                                     REM:将船舶在某点以某种样式产生
    target_ship_fea=target_ship_layer.AddFeature(target_ship_temp_fea)
                                                REM:将产生的点元素加入船舶层并显示
```

为了可视化查询船舶的信息，可以使用鼠标在电子海图上直接操作，将鼠标移动到电子海图中的某条船舶上，系统根据该船舶的位置数据自动判断出它在船舶层中的元素关键值，据此为指针，查询到船舶层所对应的数据源中该船舶的记录，而该数据源是与 AIS 服务器的数据库绑定的。因此，通过移动鼠标选择某条船舶，就可以自动触发寻找引擎，查询到该船舶在 AIS 数据库中的信息并反馈到电子海图上显示，实现方法如下：

```
    png1={Label1,Label2,Label3,Label4,Label5,Label6,Label7,Label8,Label9,La-
            bel10,Label11,Label12,Label13,Label14,Label15,Label16,Label17}
                                REM:建立一组标签，每一个标签对应一条船舶信息，所有
                                    的标签集中到 GroupBox 控件中统一显示/关闭
    lyr=AxMap1.Layers("target_ship")        REM:定义船舶层
    AxMap1.ConvertCoord(e.x,e.y,Lon,lat,MapXLib.ConversionConstants.miScreen-
ToMap)
    REM:将鼠标的屏幕坐标 x,y 值转变为经纬度值，便于以该位置值作为引数，查询船舶
        层中的某一个具体元素
    pnt.Set(Lon,lat)                        REM:定义该元素
    fs=lyr.SearchAtPoint(pnt)               REM:在鼠标点寻找有无船舶
    If fs.Count>0 Then                      REM:如果找到船舶，就执行下列语句
      For Each ftr In fs                    REM:对于搜寻到的元素集中的每一个元素
                                                (可能就只有一个)循环执行
```

```
        rvs=ds_ship.RowValues(ftr)          REM:将某元素的属性集(记录)取出后送到
                                                字符串数组
      Next
    Dim j As Integer=0
      For Each rv In rvs                    REM:将字符串数组中的一条字符送到对应
                                                的标签
        If Not IsNothing(rv.Value) Then
        png1(j).Text=Trim(rv.Value.ToString)
                                            REM:送过来的 17 个字段(符)信息在标签
                                                上显示
                j=j+1
        GroupBox1.Location=New Point(e.x,e.y)
                                            REM:信息窗显示在鼠标的位置
        GroupBox1.Show()                    REM:信息窗显示
        End If
      Next
    Else                                    REM:如果没有找到船舶,就执行关闭信息
                                                显示窗
        GroupBox1.Hide()                    REM:信息窗关闭
    End If
```

鼠标在电子海图上操作时，如果能知道鼠标所在处的经纬度位置，就可以方便地查询海图上的目标，同时可以和船舶信息查询时进行位置数据比对，以核实船舶信息的可靠性。鼠标信息的实时显示方法如下：

```
Private Sub AxMap1_MouseMoveEvent(ByVal sender As Object,ByVal e As Ax-
MapXLib.
CMapXEvents_MouseMoveEvent)Handles AxMap1.MouseMoveEvent
                                    REM:在鼠标移动事件中进行
AxMap1.ConvertCoord(e.x,e.y,Lon,lat,MapXLib.ConversionConstants.miScreen-
ToMap)                              REM:将鼠标的屏幕坐标 x,y 值转变为经纬度值
ToolStripStatusLabel1.Text="X:"+Lon.ToString("0.0000")+"Y:"+lat.ToS-
tring("0.0000")                     REM:以经纬度的形式显示鼠标的位置信息
End Sub
```

在电子海图上实时显示、监控及查询的船舶信息参见图 7-16。

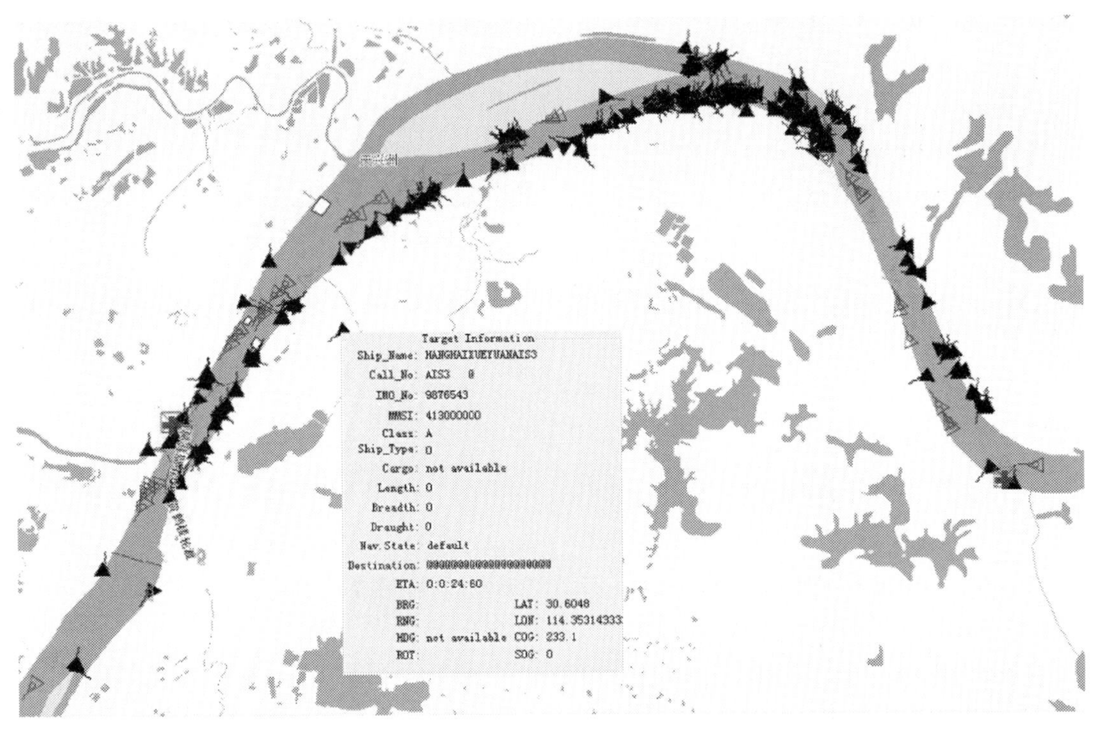

图 7-16 电子海图上显示的船舶实时信息

7.7 AIS 信息安全

AIS 系统是 VTS 及现代船舶助航系统中的重要组成部分，同时在船岸通信、船舶导航、航运信息化建设等方面具有重要意义，其信息传输的安全性直接关乎船舶航行安全，因此防止 AIS 信息被随意篡改、窃取和攻击是 AIS 信息安全需要解决的关键问题。

7.7.1 AIS 外网安全性分析

7.7.1.1 AIS 数据篡改

AIS 数据篡改是指通过对无线网络通信链路的攻击来达到对 AIS 数据完整性的破坏，然后用篡改后的数据替换部分的原始数据，使得接收端获取的信息是被篡改后的信息。

对于 AIS 数据的篡改是利用大功率发射来攻击 AIS 终端传输的中间报文，将定位数据篡改为其他船或本船定位数据，同时发送篡改的 CRC 校验数据。对于附近船舶，能够接收到与其同步的 AIS 终端并将得到正确的解码，但其定位数据已被改为其他船或本船的数据。对于远处的船舶，由于无法接收到同步信号，接收的后续信号只能被看成干扰信号。因此，在能够被攻击的范围内，经篡改后的报文信息会被正常航行的船舶终端或其他 AIS 基站接收。

7.7.1.2 AIS 信息伪造

信息伪造的目的是为了实现对真实信息的掩盖，通过冒充其他船舶的 AIS 终端或报告的方式来伪造船舶的动态数据。AIS 应用平台网络系统如果对 AIS 的终端接入没有相应的认证机制，攻击台就可以发送经伪造过的信息欺骗基于 AIS 的管理系统。船舶的动静态信息，如名称、MMSI、位置、航速、航向等，是被伪造的主要目标。

7.7.1.3 多站联合攻击

多站联合攻击是指多个站点同时发起的对 AIS 终端的攻击，但采用不相互交换攻击的策略，其目的是通过相互掩护来防止被侦测定位。

7.7.2 AIS 内网安全性分析

7.7.2.1 局域网外部攻击

局域网外部攻击是指来自网络外部有针对性的攻击，包括对信息完整性及有效性的破坏，这样并不利于 AIS 信息的网络传输。非法使用者可能会轻易地对 AIS 信息进行窃取和篡改，导致客户端获取错误信息，进而影响工作人员对船舶航行的管理，危害性极大。

7.7.2.2 局域网内部攻击

局域网内部攻击是指在网络内部某些非法使用者窃用合法使用者的登录口令连入网络，实现对网络信息的破坏或窃取，进而导致系统无法正常运行。AIS 信息是 AIS 网络信息系统的核心，内部攻击更容易破坏 AIS 信息的完整性。

7.7.2.3 网络系统漏洞

一般情况下，系统设计都不可能达到百分百的完善，随着实际情况的变化，总会暴露一些缺陷或漏洞。如果没有及时地加以修复，可能就会造成信息的泄漏或使其被不法人员攻击。因此对于 AIS 网络系统而言，应该定期地检测系统的稳定性及可靠性，一旦发现异常，应能快速地发现问题并及时地加以修复。

7.7.3 AIS 信息网络安全性的防范

(1)引入系统认证机制

在 AIS 网络系统中，系统内部管理的任何 AIS 终端默认是不可信的，应当通过某种认证机制，只有获得认可的用户才可以连接系统，进行相关操作，否则将无法连入系统，以减少系统被攻击的可能性。

(2)网络信息加密技术

网络信息加密技术是通过加密算法对明文信息转化为密文的过程，防止信息在传输过程中被窃取，保证数据的安全性。AIS 信息在解码前本身作为一种密文存在，因此具备一定的保密性，但也不是绝对的安全，可以在该密文不被破坏的基础上，适当进行加密，安全性会更高。加密技术主要分为两种，一种是对称信息的加密技术，另一种是非对称信息加密技术。

①对称信息加密技术

对称信息加密技术是指解密密钥与加密密钥能互相推算以实现解密的过程。采用对称信息加密技术的数据在传输时可借助于加密算法来实现对明文数据的加密，如对 AIS 原文的加密，接收方获取加密数据后，利用解密密钥对密文信息解密，获取明文信息。

②非对称信息加密技术

非对称信息加密技术能确保传输端与接收端在没有交换密钥的情况下实现通信的安全性。对于 AIS 信息传输过程，可采用非对称加密技术实现传输端与接收端的信息加密，确保 AIS 信息传输的安全性。

(3)网络信息防火墙技术

网络信息防火墙技术由软件和硬件两部分的设计构成,为信息的安全传输构建了双重安全保障。防火墙技术包括包过滤型与应用型两种。其中包过滤型防火墙技术主要是借助于路由器来实现对信息数据的保护,它通过网络层对流入流出的诸如数据包地址、传输端、目标地址及报文信息类型等数据进行分析,以防火墙的相关设置来过滤信息,获取需要的,去除多余的或有害的。应用型防火墙技术主要借助于网络内部所配置的应用程序,即内部服务器来实现内部网络与互联网之间的相互转换。若外网用户访问内网服务则必须满足内部服务器的规则,再实现对内部网络数据的访问。若网络内部需对外网进行访问,则需要通过代理服务器来转换。

(4)网络信息编码技术

网络信息编码技术解决了路由器中信息同时到达时的拥塞问题,能保证数据的有序传输,减少信息丢失的概率,因而有效地提高了信息传输的效率及安全性。

总之,在进行 AIS 系统设计时,应当适当地考虑网络安全性问题,做好相应的防范措施,确保系统正常运作。

7.8 应用功能模块

7.8.1 交通流量自动统计技术

为了准确、快速统计通过某一航道断面的船舶交通流量,笔者提出了一种基于 AIS 的船舶交通流量自动统计方法。通过构建一个由船载 AIS、长江干线 AIS 航运物流信息综合应用平台及开发相关的应用软件组成的船舶交通流量自动统计系统,对进入航道某个断面的船舶交通流量进行自动统计,同时针对船舶交通流量统计过程中存在的漏统计、重复统计等问题,采用了单层感知神经网络校验的解决方法。通过开发应用软件对通过武汉长江大桥的船舶进行了交通流量的自动统计及校验实验,实验结果验证了本方法的可行性。

对于港口管理部门来说,准确有效地统计船舶到港的交通流量能使港口部门合理安排港口作业、提高货物流通效率,减少船舶滞港时间并为科学的港口建设决策提供技术支撑和数据依据。而目前海事部门、港口部门统计抵达港口的船舶交通流量大小主要是依靠工作人员在现场进行 24h 不间断地目测通过观测断面的船舶数量,如果要统计某一断面的月交通流量,需要统计人员守候在该断面工作一个月,利用人工方法进行船舶交通流量的统计,统计人员不仅劳动强度大,而且还容易产生因疲劳造成的统计误差。

对于需要定期统计船舶交通流量的海事管理部门来说,船舶交通流量自动统计软件的开发实现具有重要的现实意义。笔者通过对 AIS 应用理论研究和开发模拟软件实验的方法证明了基于 AIS 的船舶交通流量自动统计系统的可行性,下面具体介绍船舶交通流量自动统计系统的原理及实现方法。

7.8.1.1 船舶交通流量自动统计方法

(1)系统的组成

系统由通过某一观测断面的船载 AIS、长江干线 AIS 系统及开发的应用软件组成,其构成框图如图 7-17 所示。船载 AIS 可以提供船舶的位置(经纬度)信息,长江干线 AIS 系统可以接收该信息,开发相关应用软件使其具有船舶交通流量的自动统计功能,就可以在电子江图上实时统计船舶通过某一断面的交通流量。应用软件主要是基于 MATLAB、VB、MapX 控件和 Microsoft Office Access 数据库而开发的。

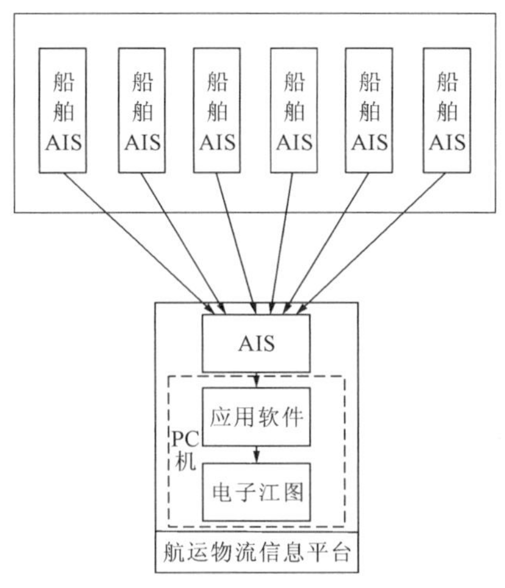

图 7-17 系统构成框图

(2)系统的工作过程

为了使研究具有实际应用价值,本文取武汉长江大桥作为观测现场,观测通过大桥处航道断面的船舶交通流量,如图 7-18 所示,为了证明系统的可行性,在应用软件中用模拟数据代替 AIS 的接收数据。

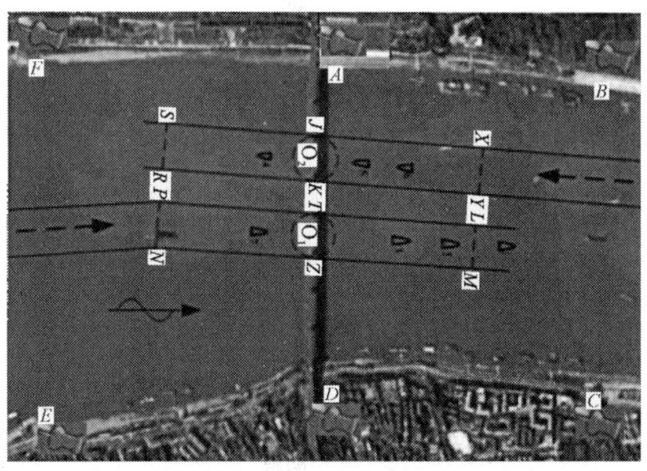

图 7-18 交通流量观测现场图

AD 为观测断面,*XYRS* 为上行航道,*LMNP* 为下行航道,取上下两个航道断面中点 O_2、O_1 为观测中点,画一个覆盖航道大小的圆形观测区,模拟软件将目标船的位置、船名、航向、MMSI 等信息作为字段、每一艘船作为一条记录保存到数据库中作为船舶的基本信息,将此数据库与电子江图捆绑在一起。在电子江图中建立船舶层,通过船舶的位置、航向信息将船舶在电子江图的相应位置上显示出来。模拟软件每隔一定周期,采集船舶的信息,并利

用 MMSI 字段将船舶的信息更新到对应船舶的记录中去。利用两次采样的位置差值实现船舶在电子江图上的移动。

船舶在航道中移动，正常情况下一定会经过圆形观测区，模拟软件利用电子江图的空间分析函数 SearchWithinDistance 判断是否有船舶进入圆形观测区，如果有船舶进入，经过分析、识别船舶后，将船舶流量统计值加 1，并将船名记入记录文档以备校验，避免重复计数、漏计数现象出现，从而实现对该航道船舶交通流量的自动统计。

当然，由于信号的不稳定、GPS 天线的遮挡、AIS 网络堵塞及 SOTDMA 限制等原因，船舶在通过圆形观测区的过程中可能出现自动交通流量统计中的漏跟踪问题。解决该问题的方法是扩大检测范围提高接收船舶 AIS 信号的概率，虽然电子江图中的 SearchWithinRectangle 函数可以扩大检测范围，但是对于指定区域难以建立矩形区域，船舶是否通过观测断面分类困难，因此引入单层感知神经网络快速分类校验的方法。以观测航道断面为分界线，建立一个矩形单层感知神经网络区域，如图 7-18 中下行航道所示，一边为未通过航道断面区域 $TZNP$，另一边为已经通过航道断面区域 $LMZT$，很显然矩形区域面积远大于圆形区域面积，可以提高接收船舶 AIS 信号的概率。当船舶进入单层感知神经网络区域时即对船舶进行分类处理，对分类后进入通过区域的船舶进行计数记录校验，核对记录文档，该船舶通过圆形区域时是否被记录，如果通过了而未被记录则补充记录。采用单层感知神经网络分类处理的校验方法，可以避免漏统计现象又可以验证系统统计值的正确性。整个校验过程快速、准确，实现了可视化监控，形象逼真。

7.8.1.2　船舶交通流量自动统计具体实现方法

作者使用 VB 语言作为开发平台，结合 Mapinfo 电子江图软件、Access 数据库软件开发了基于 AIS 的船舶交通流量自动统计软件。下面根据观测区域的具体情况，结合该软件介绍自动统计船舶交通流量的实现过程。

(1)地物层的建立

首先在电子江图上将观测区域的点、线、圆归入一个层，并显示在电子江图上，将观测区域各点的经纬度采集下来如表 7-12 所示。

表 7-12　观测区域各点的经纬度

位置点	经度 E(度)	纬度 N(度)
A	114.2775550000000	30.5550388888889
B	114.2854305555556	30.5656833333333
C	114.2997083333333	30.557861111111
D	114.2918305555556	30.5472166666667
E	114.2839527777778	30.5365694444444
F	114.2696722222222	30.5443916666667
O_1	114.2834555555556	30.5518055555556
O_2	114.2813222222222	30.5529722222222

在 VB 中调用 MapinfoMapX 控件，制作相关地物图层：

```
land_wpts. AddXY p_x,p_y                              REM:将一条直线中的点加入点集
land_line. Parts. Add land_wpts                       REM:将点集中的点连接成线段
Map1. Layers. Item("land"). AddFeature land_line REM:将线段加入地物层
tmp_wpt. Set 114. 283456,30. 551805                   REM:将圆的中心点赋值给点图元
Set ftr=Map1. FeatureFactory. CreateCircularRegion(miCircleTypeScreen,tmp_wpt,
60,miUnitMeter,300,Map1. DefaultStyle)                REM:画一个 60m 半径的圆
Set ftrnew=Map1. Layers. Item("land"). AddFeature(ftr)
                                                      REM:将圆加入地物层
```

在电子江图中建立的观测区域如图 7-19 所示。

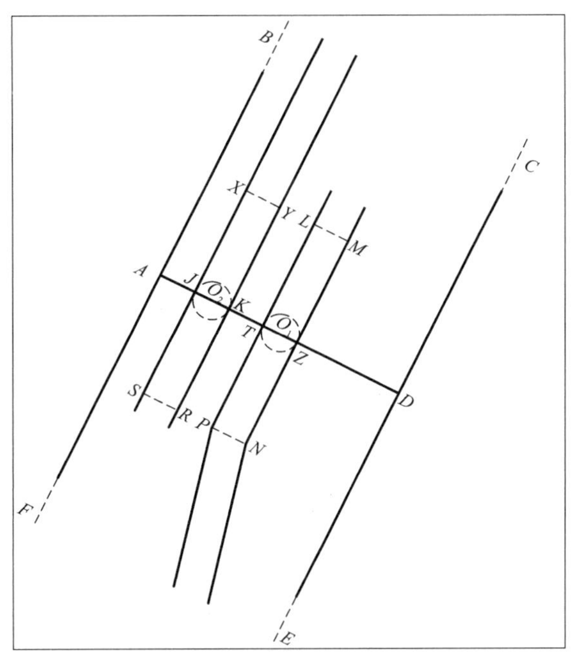

图 7-19 电子江图上的观测区域

(2)船舶层的建立

岸台 AIS 接收到船舶信息经过解码处理后将其保存到 Access 数据库中,取其位置经纬度、航向数据在电子江图上以△符号代表船舶显示出来,△的旋转方向取航向值。

```
rs. MoveFirst
Do While Not rs. EOF                          REM:循环读取数据库中的船舶位置数据
ptNew. Set rs. Fields("x"),rs. Fields("y")
Set ftrnew=ff. CreateSymbol(ptNew,Map1. DefaultStyle)
                                              REM:在对应的位置显示船舶符号
Set ftrnew=lyrNew. AddFeature(ftrnew,rvs)  REM:加入船舶层
rs. MoveNext
Loop
```

建立的船舶层如图 7-20 所示,同样将两次采样之间的位置差值作为偏移量,使用 obj. Offset ΔX,ΔY 可以实现船舶在电子江图上的移动。本模拟软件则是采用在航道中的位置

值代替实际接收的位置值。

(3)船舶交通流量的自动统计方法

在如图 7-19 所示的圆形观测区域，当有船舶经过该区域，系统将会自动对该船进行识别，并记录该船名，船舶流量统计值加 1。

当船舶正常通过圆形区域时，使用语句：

```
center_point1. Set 114. 283456,30. 551805
Set mon_down_ship＝Map1. Layers. Item("ship"). SearchWithinDistance
(center_point1,60,miUnitMeter,miSearchTypePartiallyWithin)
```

根据 mon_down_ship 的值可以判断观测圆形区域内是否有船舶存在，为了准确记录通过观测断面的船舶，选定的圆形观测区域不能太小，否则可能无法覆盖航道，且对于速度较快的船舶容易出现前后两次采样时船舶均不出现在观测圆形区域的情况，即跳跃过观测圆形区域，造成漏统计；当然也不能太大，否则会出现采样时多艘船舶同时出现在观测圆形里面的情况，造成重复计数。

结合该航道船舶的速度，将观测区域选定为半径 60m 的圆形区域较合适，如图 7-19 中⊙所示。

正常情况下每次采样时 mon_down_ship＝0 或者 1 或者 2，如果采样时 mon_down_ship＝1，即观测圆形区域内只有一艘船的情况，则检查记录文档中该船舶是否被记录，如果已经被记录则无须记录，否则记录数加 1，并且将其船舶名字记录到记录文档中。

如果采样时 mon_down_ship＝2，即观测圆形区域内同时有两艘船舶的情况，则检查记录文档中有没有前面一艘船舶的记录，如果已经被记录则无须记录，否则记录数加 1，并且将其船舶名字记录到记录文档中。

为了模拟 mon_down_ship＝2 的情况，将上行航道的观测圆形区域的半径设置为 160m，如图 7-20 所示，△4、△5 同时出现在一个观测圆形区域内，多次试验证明该方法记录准确，没有出现重复计数的情况。

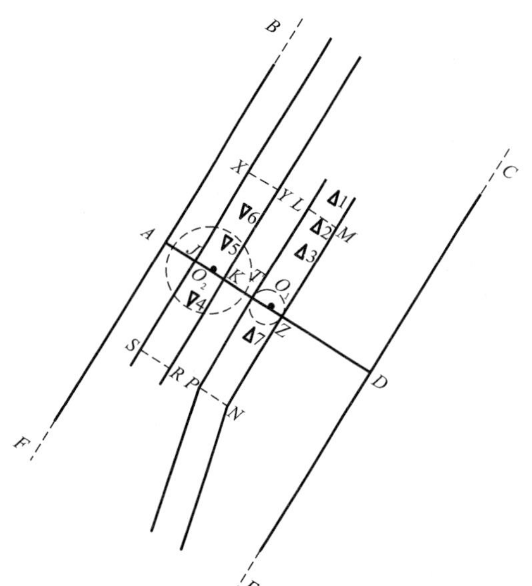

图 7-20　两种特殊情况的船舶通过模拟图

为了模拟因为接收不到 AIS 信号等原因而造成的漏统计情况，在下行航道中使用一艘速度较快的船舶，前后两次采样时船舶均不出现在观测圆形区域，即跳过观测圆形区域的情况，如图 7-20 中△7 船。模拟试验表明，本方法无法记录△7 船跳过观测断面这种特殊情况，造成漏统计现象。因此，为了避免漏统计现象，必须对交通流量的统计数据进行核实校验，补充漏掉的记录数值。

7.8.1.3　交通流量统计值的校验

由于 AIS 在一些特殊情况下会受到信号干扰、遮挡等方面的影响，从而可能出现船舶漏统计、重复统计现象。为了确保本方法能准确可靠地统计船舶的交通流量，需建立一种有效的校验方法。

(1)区域神经网络的建立

为了有效地校验统计的船舶交通流量,笔者提出一种利用单层感知神经网络的校验方法,船舶交通流量的统计是以航道断面作为分界线,船舶分为通过、未通过两类,属于典型的线性可分问题,使用单层感知器即可处理船舶的分类问题。通过建立一个单层感知神经网络区域,选取合适的样本值来调整权值和阈值,使分界线恰好位于观测交通流量的航道断面,船舶进入该单层感知神经网络区域,船舶的位置作为输入样本数据,单层感知神经网络可以快速将其分为未通过船舶和通过船舶。

单层感知器的数学模型为:

设输入向量 $X=(x_1,y_1)^{\mathrm{T}}$,则两个输入分量在几何上构成一个二维平面。输入样本(船舶)可以用该平面上的一个点表示。节点的输出为:

$$\alpha_i=\begin{cases}1 & w_{1j}x_1+w_{2j}y_1-T_j>0\\-1 & w_{1j}x_1+w_{2j}y_1-T_j<0\end{cases}$$

如图 7-21 中的 $LMZNPT$ 为所建立的单层感知神经网络区域,由于实际观测位置决定了该区域不是一个沿经纬线建立的矩形区域,直接使用样本空间值归一化较困难,所以采取先将其旋转到经纬线上,再进行归一化处理的方法。

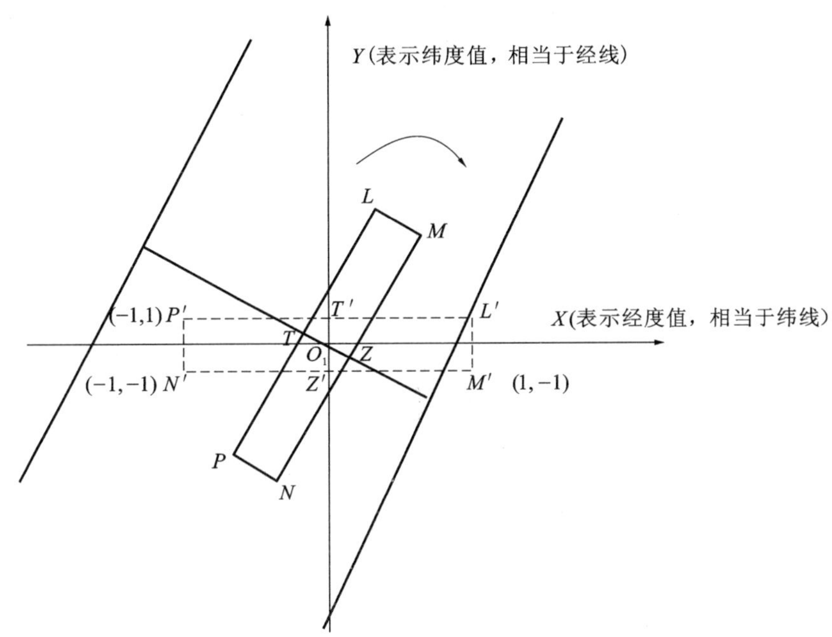

图 7-21 建立的单层感知神经网络区域

该区域六个点位置经纬度如表 7-13 所示。

表 7-13 单层感知神经网络区域位置点

位置点	经度 E(度)	纬度 N(度)
L	114.286086111111	30.556368888889
T	114.282927777778	30.552094444444
P	114.279769444444	30.547827777778

续表 7-13

位置点	经度 E(度)	纬度 N(度)
M	114.287144444444	30.555783333333
Z	114.283983333333	30.551513888889
N	114.280825000000	30.547247222222

通过计算，该区域需围绕 TZ 中点 O_1(114.283455555556E，30.5518055555556N)，顺时针旋转 57.49 度，从而得到一个新的区域，如图 7-21 中的 $L'M'Z'N'P'T'$。该区域满足 L'、T'、P'，M'、Z'、N'各自在同一经度线上；L'、M'，T'、Z'和 P'、N'分别在同一纬度线上。旋转后的各点坐标如表 7-14 所示。

表 7-14　旋转后各点位置信息及归一化结果

位置点	经度 E(度)	纬度 N(度)	归一化后坐标
L'	114.289325000000	30.5523444444444	(1,1)
T'	114.283455555556	30.5523444444444	(0,1)
P'	114.277586111111	30.5523444444444	(−1,1)
M'	114.289325000000	30.5512638888889	(−1,−1)
Z'	114.283455555556	30.5512638888889	(0,−1)
N'	114.277586111111	30.5512628888889	(1,−1)

旋转后得到的是一个对应于经纬线的标准矩形区域，横坐标对应于经度，纵坐标对应于纬度，从而易于对该区域内的样本数据进行归一化处理，如 L'(114.289325000000E，30.5523444444444N)对应于 XY 坐标轴中的 L'(1,1)，区域各边界点 $L'M'Z'N'P'T'$归一化后的值见表 7-14，而船舶的实际位置值经过旋转、归一化处理后易于被分类。

(2)区域神经网络的 MATLAB 程序实现

MATLAB 是一个具有强大功能的数学处理软件，神经网络工具箱是 MATLAB 环境下开发出来的众多工具箱之一，它以人工神经网络理论为基础，应用 MATLAB 语言构造典型神经网络的传递函数，并针对特定的网络结构进行网络设计、学习、训练和仿真。主程序如下：

```
P=[-0.5 -0.5 -0.5 -0.5 0.5 0.5 0.5 0.5;0.5 -0.5 1.0 -1.0 1.0 0.5 -0.5 -1.0];
T=[0 0 0 0 1 1 1 1];   REM:选择合适的样本空间数据 P,按 T 规则分类
net=newp([-1 1;-1 1],1);   REM:使用 newp 函数建立一个感知器神经网络,默
                                认使用硬限幅传递函数 hardlim,感知器权重
                                及偏置
handle=plotpc(net1.iw{1},net1.b{1});   REM:在已绘制的图上加上感知器分类线
E=1;   REM:利用样本点训练网络并绘出得到的分类线
while(sse(E))
 [net,Y,E]=adapt(net,P,T);   REM:adapt 是神经网络自适应函数,sse 是网络平
```

方和误差函数

Handle＝plotpc(net.iw{1},net.b{1},handle);

end;

ans＝sim(net,shippoints);　REM:将船舶位置数据 shippoints 进行分类并得到结果

MATLAB 与 VB 语言接口可以采用 DDE(Dynamic Data Exchange),DDE 允许 Microsoft Windows 应用程序通过交换数据实现彼此间的通信。

在本软件中,VB 通过 DDE 将进入区域神经网络的船舶位置数据传递给 MATLAB 并发出分类的指令,MATLAB 将分类的结果通过 DDE 传递给 VB,并将分类结果以图形的形式显示出来,如图 7-22 所示,可以清楚地看到上行航道单层感知神经网络中一艘船通过、两艘船未通过的情景,分类结果为[0 0 1],这和电子江图上的船舶通过情况完全一致。

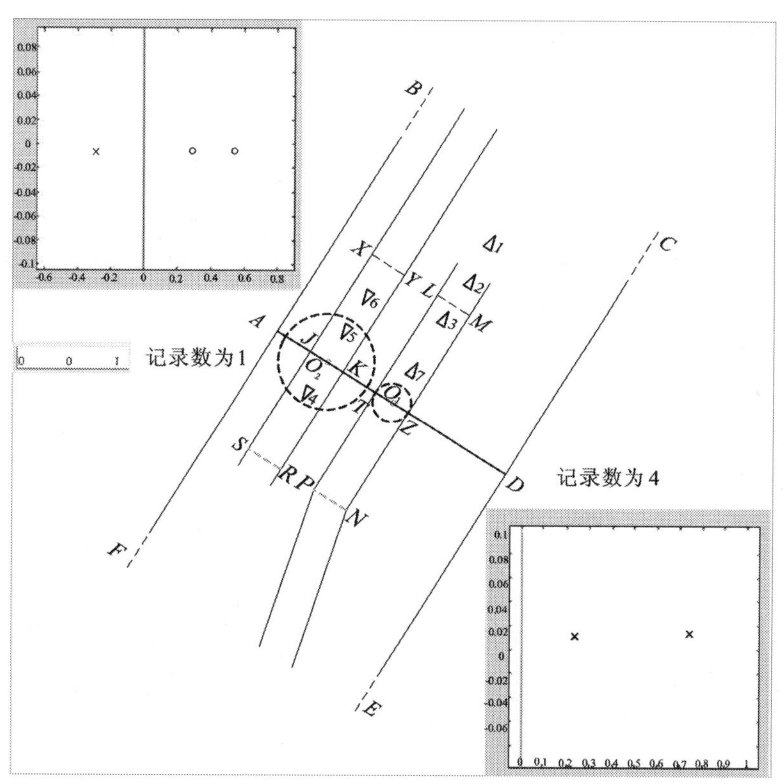

图 7-22　单层感知神经网络校验过程图

(3)船舶交通流量自动统计数据的校验

只要船舶进入单层感知神经网络区域内,就被分类为通过、未通过两类,如图 7-22 所示,在下行航道单层感知神经网络区域内的△3、△7 船舶均为通过类型。

对于在单层感知神经网络中被分类到通过类的每一艘船,则核对记录文本中船名是否被记录,如果被记录则属于在通过圆形观测区域时被正确记录的船舶,如果未被记录,例如图 7-22 中的△7,则是因为其通过圆形观测区域时跳过了该区域而未被记录,属于漏记录情况,在此需要补充上统计值记录,同时将船名记录到记录文本中。

在正常情况下船舶经过圆形观测区会被记录,在特殊情况下即使漏记录,也会被单层感

知神经网络校验，本模拟软件模拟实现了基于 AIS 的船舶交通流量的统计方法，实验证明，本方法能准确统计通过某一断面船舶的交通流量。

基于 AIS 的船舶交通流量自动统计系统如在海事部门进行推广，将为海事部门大大节省人力资源，特别是在天气恶劣的情况下，系统可以有效改善船舶流统计工作者的工作环境，减小统计工作者的工作强度，提高统计的准确度。

基于自动统计的船舶交通流量可以用于船舶到达港分布规律研究、船舶交通流量分布规律研究。在此基础上进一步研究航道通过能力理论计算方式，为航道设计与港口规划提供研究和参考依据。下节将进行船舶交通流量分布规律研究，在此基础之上进一步研究了航道最大通过能力模型计算。其研究方法同样可以应用于船舶到达港分布规律及港口规划设计研究。

7.8.2　基于 AIS 的船舶交通流的实时感知技术

随着通航船舶数量及密度大幅度增加，会带来发生船舶航运事故的隐患。为了保障船舶航运安全，实时获取准确的船舶交通流信息并在第一时间进行数据分析就变得尤为重要。目前船舶交通流的统计主要是通过人工记录、事后分析的方法，因此所采集的船舶交通流信息的时效性、准确性、范围、频率均有限，从而影响了船舶交通流数据统计分析的实际应用，大大降低了统计分析结果在海事部门改善水上交通设施、影响船舶交通安全和航运效率等方面的应用价值。所以，开展船舶交通流实时数据统计分析具有重要意义。本书拟对船舶交通流实时感知技术进行介绍，并选取基于长江武汉段 AIS 数据的船舶交通流实时感知分析软件模块作为实例进行讲解。

在本章节中介绍了 AIS 信息的解析及保存到数据库中的内容，在该数据库中存储有航行于长江武汉段船舶的各种数据(图 7-15)，而且是实时更新的船舶数据，因此根据船舶交通流的时间、空间分布特征，可以进行实时统计分析，并且以图表化的形式显示出来，使观测者很方便地观测该水域的实时交通状况，为水上交通组织，合理利用航道、码头、泊位等资源提供数据支撑，确保该水域船舶通航安全、畅通，通航环境绿色环保。

船舶交通流实时感知分析软件模块的功能是以 VS 为开发软件，采用微软的 Chart 控件，访问 AIS 综合应用平台的 AIS 数据库，将长江武汉段的船舶交通流以图表的形式实时显示出来。

7.8.2.1　微软图形控件(Chart 或 MSchart)的用法

微软在自己的产品中对 Chart 控件的定义是：Chart 控件是公开事件的图表对象，可以绑定到数据。向工作表中添加图表时，Visual Studio Tools for Office 将创建一个 Chart 对象，可以直接对此对象进行编程，而不必遍历 Microsoft Office Excel 对象模型。

整个图形控件主要由以下几个部分组成：

1) Annotations——图形注解集合

Annotations 是一个对图形的一些注解对象的集合，所谓注解对象，类似于对某个点的详细或者批注的说明，比如，在图片上实现各个节点的关键信息，如图 7-23 所示。一个图形上可以拥有多个注解对象，可以添加十多种图形样式的注解对象，包括常见的箭头、云朵、矩形、图片等注解符号，通过各个注解对象的属性，可以方便地设置注解对象的放置位置、呈现的颜色、大小、文字内容样式等常见的属性。

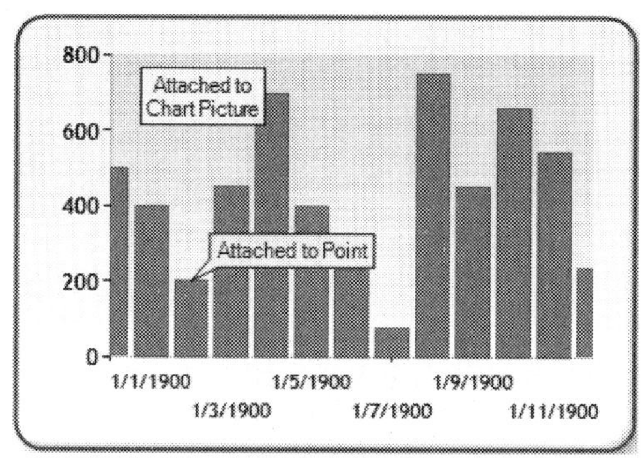

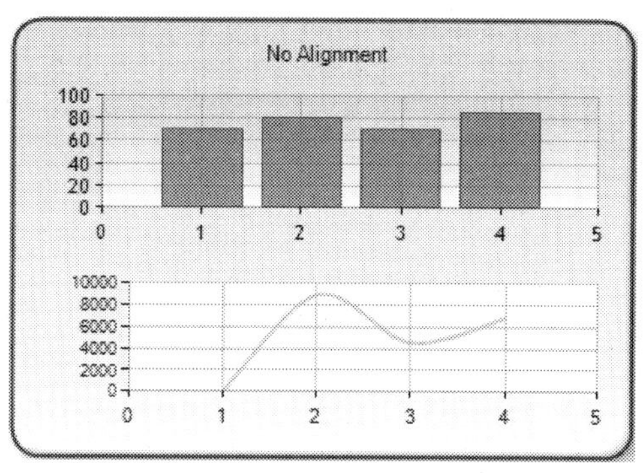

图 7-23 Chart 控件中的注解和图表区域

2)ChartAreas——图表区域集合

ChartAreas 可以理解为是一个图表的绘图区。例如，你想在一幅图上呈现两个不同属性的内容，一个是用户流量，另一个则是系统资源的占用情况，那么要在一个图形上绘制这两种情况，明显是不合理的。对于这种情况，可以建立两个 ChartArea，一个用于呈现用户流量，另一个则用于呈现系统资源的占用情况。当然，图表控件并不限制添加的绘图区域数量，可以根据需要进行添加。对于每一个绘图区域，可以设置各自的属性，如：X、Y 轴属性、背景等。

需要注意的是，绘图区域只是一个可以作图的区域范围，它本身并不包含要作图形的各种属性数据。

多绘图区效果图如图 7-23 所示，分为上下两个绘图区域，分别表示不同的绘图数据。

3)Legends——图例集合

Legends 是一个图例的集合，即标注图形中各个线条或颜色的含义，同样，一个图片也可以包含多个图例说明，比如上面说的多个图表区域的方式，则可以建立多个图例(图 7-24)，分别说明各个绘图区域的信息。

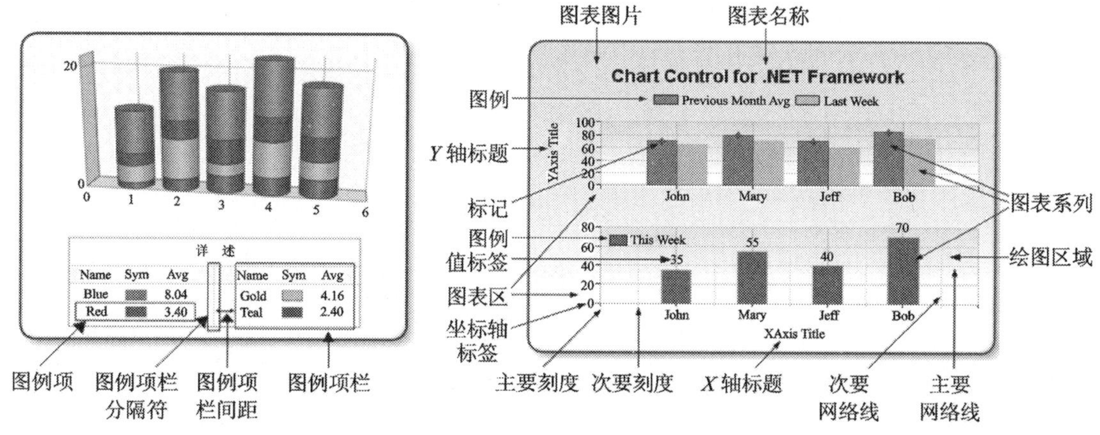

图 7-24 Chart 控件中的图例

4)Series——图表序列集合(即图表数据对象集合)

图表序列，应该是整个绘图中最关键的内容了，通俗点说，即是实际的绘图数据区域，实际呈现的图形形状，就是由此集合中的每一个图表来构成的，可以往集合里面添加多个图表，每一个图表可以有自己的绘制形状、样式、独立的数据等。需要注意的是，每一个图表都可以指定它的绘制区域（见 ChartAreas 的说明），让此图表呈现在某个绘图区域，也可以让几个图表在同一个绘图区域叠加，如图 7-25。

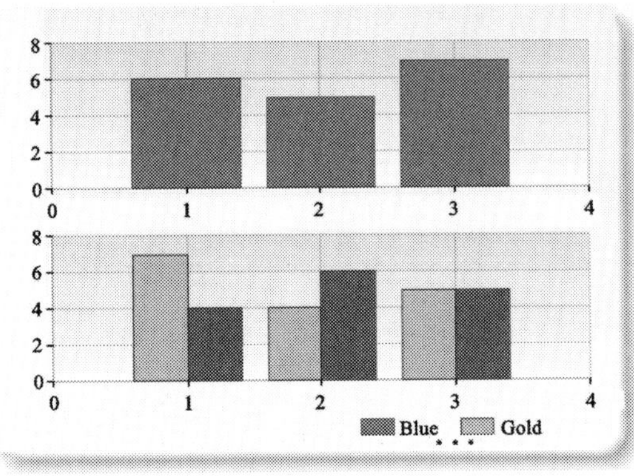

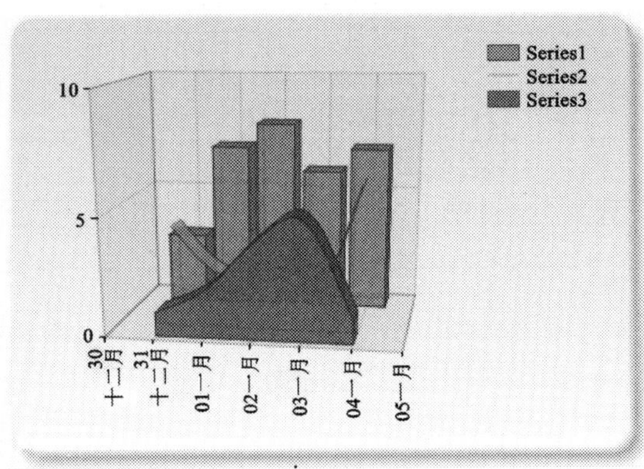

图 7-25　Chart 控件中的图表序列

图 7-25 中的两幅图，分别表示了把图表放在不同的绘制区域和放在同一个绘制区域的情况。

继续回到 ChartAreas 章节举的例子，同时要显示用户的流量还要显示系统的占用情况。对于这种时候，应该建立两个 Series，一个用于呈现用户的流量，另一个则用于呈现系统的占用情况。它们分别属于各自的绘图区域。

5）Titles——图标的标题集合

根据字面含义即可以理解，是图表的标题配置，同样可以添加多个标题，以及设置标题的样式及文字、位置等属性。

6）其他属性

Chart 控件功能强大，属性也非常的多，读者可以根据需要，查阅相关文档，除了上述所介绍的属性之外，相对来说，比较有用的属性有三个，分别是：Label、Tooltip 以及 Url 链接。

Label 可以在图片的关键位置进行一些关键数字或文字的描述，如图 7-26。

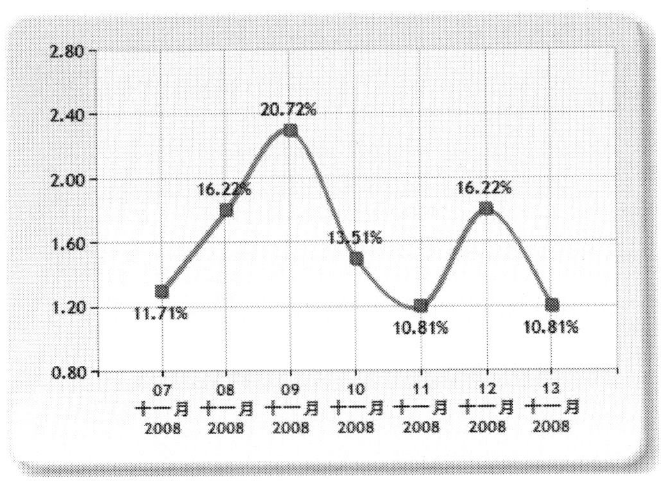

图 7-26　Chart 控件中的图表标签

如图 7-26，X 轴和 Y 轴的文字便是标签，以及图表曲线中的红点上的文字，也是标签，添加了标签，可以让人更容易对内容进行理解。

Tooltip 用于各个关键点，如：标签、图形关键点、标题等，当鼠标移动上去的时候，会提示用户一些相关的详细或说明信息，以图 7-26 为例，可以给曲线中的每一个点增加 Tooltip 的属性，写上需要详细说明的内容，如详细的销售明细，那么，在鼠标移动到这个点的时候，会自动弹出提示信息。

Tooltip 可以支持简单方式以及自定义的方式，简单方式即像平时 Html 页面设置的 title 之类的属性效果，而自定义的方式，则可以实现图形、文本等各种复杂的提示信息显示。详细的方式请参考 Chart 控件官方网站中的例子。

Url 链接，图表控件中，有一大半的控件都有 Url 及 Tooltip 的属性，你可以设置此属性，在鼠标点击的时候，链接到其他相应的页面去。

7.8.2.2　速度分布的图形显示

首先在 Windows 应用程序中选取 Chart 控件，增加到 form 上制作界面，对于 VS 这种面向对象的开发软件来说，在控件的工具箱中找到 Chart 控件直接双击就可以添加上去，其次用鼠标点击 Chart 控件后拖动并选择控件的大小、位置，在 form 上设计完成后如图 7-27 所示。然后在程序中添加代码进行编程完成所需的数据的显示控制。Chart 控件既可以在属性设置中绑定数据库，也可以在程序中自定义数据源，显然后一种方法更加灵活实用，所以本书主要介绍通过编程访问 AIS 数据库、获取船舶实时信息、经过对船舶交通流进行一定的时空处理后将其图形化显示的实现技术。

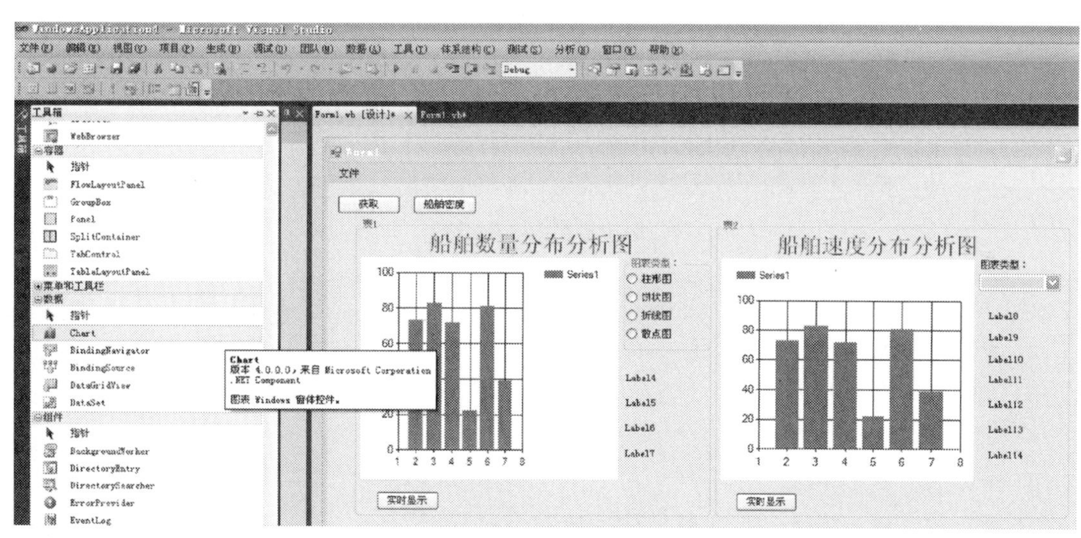

图 7-27　Chart 控件的使用方法

下面以船舶速度的分布为例介绍船舶交通流实时感知技术的实现方法，要将船舶速度分布数据以图形的形式显示出来，首先要设计好图形的样式，即图形控件的风格，然后绑定所要显示数据的数据源。在程序中通过编写代码设置 Chart 控件的各种属性，包括图形显示的区域，图形显示的数据源绑定，图形显示的数据类型、颜色、提示标签等实现个性化设计，具体设计代码如下：

```
With Me.Chart1                REM:控件 Chart1 作为一个整体来设计
 .Series.Clear()              REM:清空控件中的数据
 .Legends.Clear()             REM:清空控件中的图例
 .ChartAreas.Clear()          REM:清空控件中的显示区域
 .ChartAreas.Add("船舶速度")      REM:新添控件中的一个显示区域给“船舶速度”
 .Legends.Add("速度")             REM:新添“速度”图例
 .Series.Add("速度")              REM:新添“速度”数据图表序列
 .Series("速度").IsValueShownAsLabel=True      REM:图形上显示数据
 .ChartAreas(0).AxisX.IntervalAutoMode=IntervalAutoMode.VariableCount
                                  REM:X 坐标随值变化
 .Legends("速度").DockedToChartArea="船舶速度"
                                  REM:将图例显示在“船舶速度”区域
 .DataSource=ds                   REM:选定数据源
 REM:以下指定该数据源的属性
With(Me.Chart1.Series(0))  REM:对于该绘图区域中的数据系列 0,设置以下属性
 REM:以下指定 x、y 轴数据列
 .YValueMembers="数量"        REM:y 轴的数据设为 ds 中的“数量”字段
 .XValueMember="船舶速度"     REM:x 轴的数据设为 ds 中的"船舶速度"字段
 REM:以下指定图表类型
 .Color=Color.Red             REM:图表的颜色选取红色
 .ChartType=DataVisualization.Charting.SeriesChartType.Column
                              REM:图表的类型选取柱形
  Me.Chart1.DataBind()
  For z As Integer=0 To.Points.Count-1       REM:需要绘制点的数量
   .Points(z).ToolTip=.Points(z).AxisLabel & ":" & .Points(z).GetValue-
    ByName("y")
                              REM:鼠标移动到图形上显示的数据为 Y 轴数据列,即为
                                  数量
  Next
 End With
End With
```

为了及时了解管理辖区内通航水域的船舶交通状况,需要对船舶速度进行一个分类统计,以便掌握辖区内船舶交通流的现状。从 AIS 数据库中提取辖区内全部船舶速度数据,进行分类处理,实时统计分析有利于科学、及时地实施交通组织。下面对从 AIS 数据库中获得的船舶速度数据(SOG)进行一定的分类处理。

```
If SOG.ToString()>="0" And SOG.ToString()<"2" Then
                    i=i+1                  REM:统计 0～2 的船舶总数
ElseIf SOG.ToString()>="2" And SOG.ToString()<"4" Then
                    j=j+1                  REM:统计 2～4 的船舶总数
```

```
ElseIf SOG.ToString()>="4" And SOG.ToString()<"6" Then
        k=k+1                REM:统计 4～6 的船舶总数
ElseIf SOG.ToString()>="6" And SOG.ToString()<"8" Then
        m=m+1                REM:统计 6～8 的船舶总数
ElseIf SOG.ToString()>="8" Then
        n=n+1                REM:统计 8 以上的船舶总数
Else
        o=o+1                REM:统计"航速缺失"船舶的船舶总数
End If
```

将统计分类出来的结果，作为 Chart 控件的数据源，绑定到 Chart 控件，数据是以表格的形式赋值给 Chart 控件，以下具体说明：

```
Dim ds As New DataTable
ds.Columns.Add("船舶速度");ds.Columns.Add("数量")    REM:增加 2 个数据列
Dim dr As DataRow
dr=ds.NewRow()  dr.Item(0)="0-2"    dr.Item(1)=I  ds.Rows.Add(dr)
                                          REM:每一行数据对应 2 个赋值
dr=ds.NewRow()  dr.Item(0)="2-4"    dr.Item(1)=j  ds.Rows.Add(dr)
dr=ds.NewRow()  dr.Item(0)="4-6"    dr.Item(1)=k  ds.Rows.Add(dr)
dr=ds.NewRow()  dr.Item(0)="6-8"    dr.Item(1)=m  ds.Rows.Add(dr)
dr=ds.NewRow()  dr.Item(0)="8 以上"  dr.Item(1)=n  ds.Rows.Add(dr)
dr=ds.NewRow()  dr.Item(0)="航速缺失" dr.Item(1)=o  ds.Rows.Add(dr)
```

赋值后的表格形式参见图 7-28，送入 Chart 控件后以圆柱形画出不同速度对应的船舶数量，此时，静止和低速船舶数最多，达到 201 艘，速度在 8 节以上的船舶数最少，只有 13 艘，整个水域的实时船舶交通流速度分布情况一目了然，可为船舶交通组织提供决策支撑。

	船舶速度	数量
1	0-2	i
2	2-4	j
3	4-6	k
4	6-8	m
5	8 以上	n
6	航速缺失	o

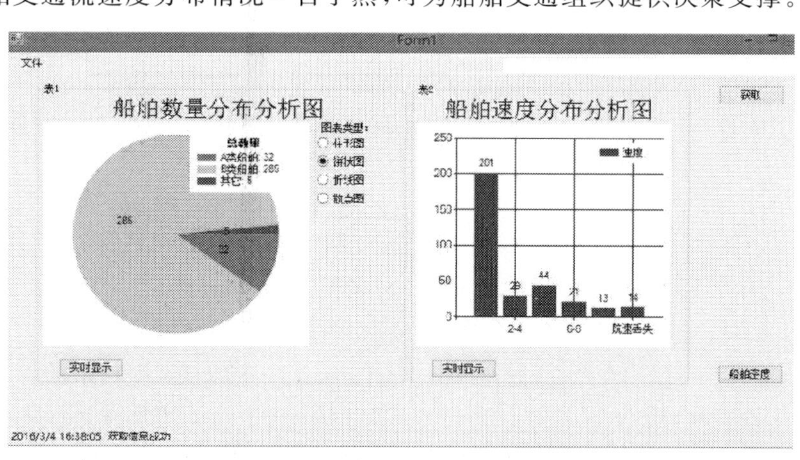

图 7-28 船舶数分布图

在应用程序中采用 timer 控件，可以定时从 AIS 数据库中采集数据，经过分类处理之后送 Chart 控件以图形的形式显示出来，使用者观察到的船舶速度分布图就是实时更新后的动态变化效果图。

除了船舶速度分布图之外，也可以图形化显示船舶数量分布图，船舶 AIS 设备按照国际海事组织要求强制配备和非强制配备分为 A 类、B 类设备。分类的船舶数分布图的显示效果如图 7-28 所示，其实现方法和船舶速度分布类似，在此不做专门介绍。

7.8.2.3　船舶密度分布的图形显示

以船舶的空间位置为二维参数，图形化显示船舶的空间位置分布，可以直观地观测辖区水域船舶的分布情况，可为辖区船舶交通疏通提供决策依据。在船舶 AIS 数据库中保存有辖区船舶的实时位置数据，提取该数据，绑定到 Chart 控件，以散点的形式绘制出来，可视化观测辖区水域船舶交通流密度分布，为宏观交通组织调度提供支撑。

船舶密度分布的图形显示实现方法介绍如下，为区别其他的图形显示，此处单独采用一个 form2 作为图形控件显示的工作平台，在程序中对 Chart 控件属性进行设置。

```
With Form2. Chart1
    . Series. Clear()
    . Legends. Clear()
    . ChartAreas. Clear()              REM:清空控件中的数据
    . ChartAreas. Add("船舶密度")      REM:增加绘图区域
    . Legends. Add("船舶密度")         REM:增加图例
    . Series. Add("密度")              REM:增加数据系列
    . Series("密度"). IsValueShownAsLabel=False
    . Legends("船舶密度"). Title="总密度"   REM:图形名称
    . Legends("船舶密度"). DockedToChartArea="船舶密度"
    . ChartAreas(0). AxisY. ScaleView. Zoomable=False
                                       REM:不采用坐标的比例尺缩放功能
    . ChartAreas(0). AxisY. ScaleView. Zoom(30. 29,30. 75)
                                       REM:Y 轴设为纬度,并结合水域范围设置 Y
                                           轴的范围
    . ChartAreas(0). AxisY. IntervalAutoMode=IntervalAutoMode. VariableCount
    . ChartAreas(0). AxisY. IsLabelAutoFit=True
    . ChartAreas(0). AxisY. ScrollBar. Enabled=True
                                       REM:增加图形显示的滚动条
    . ChartAreas(0). AxisX. ScrollBar. Enabled=True
    . ChartAreas(0). AxisX. ScaleView. Zoomable=False
    . ChartAreas(0). AxisX. ScaleView. Zoom(113. 8,115)
                                       REM:X 轴设为纬度,并结合水域范围设置 X
                                          轴的范围
    . ChartAreas(0). AxisX. IntervalAutoMode=IntervalAutoMode. VariableCount
    . ChartAreas(0). AxisX. IsLabelAutoFit=True
    . ChartAreas(0). AxisX. Minimum=113. 8        REM:X 轴的最小范围
    . ChartAreas(0). AxisX. Maximum=114. 5        REM:X 轴的最大范围
    . ChartAreas(0). AxisY. Minimum=30            REM:Y 轴的最小范围
```

```
    .ChartAreas(0).AxisY.Maximum=31          REM:Y 轴的最大范围
    .Series(0).ChartType=DataVisualization.Charting.SeriesChartType.FastPoint
                                             REM:图形的样式为散点
    .Series(0).MarkerSize=3                  REM:散点的尺寸
End With
```

只要从 AIS 数据库中提取的位置数据有效，就赋值给 Chart 控件，以散点的形式绘制出来，同样，设置一个 timer 控件，定时从 AIS 数据库中提取船舶位置数据，赋值给 Chart 控件。可实时动态显示辖区船舶空间密度分布图，参见图 7-29。

```
If(Trim(pos_x.ToString)<>"not available" And Trim(pos_y.ToString)<>"not available")Then
Form2.Chart1.Series(0).Points.AddXY(CSng(pos_x.ToString),CSng(pos_y.ToString))
End If
```

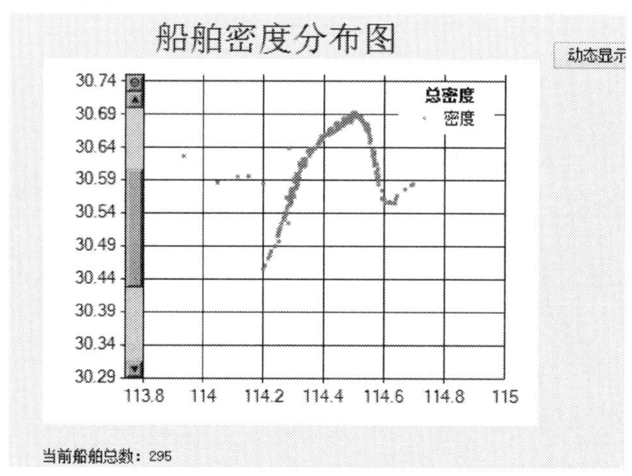

图 7-29 船舶密度分布图

本书所介绍的基于 AIS 的船舶交通流实时感知技术应用在 AIS 综合应用平台上，通过实时感知长江武汉段的船舶交通流态势，以图形化的形式显示长江武汉段船舶交通流要素的时间、空间、区域、个体的分布，从而得到更加清晰直观的观察效果，便于海事管理部门做出正确的决策，达到水上交通有序组织、防止航道堵塞等目的。

7.8.3 船舶 AIS 轨迹异常的自动检测与修复算法

船舶航行的 AIS 轨迹是船舶的位置和时间的记录序列，对分析船舶的航行状态、船舶交通流预测、船舶海事事故分析等具有重要的意义。然而由于一些因素的影响，使得采集到的 AIS 数据产生错误，导致 AIS 轨迹出现异常。作者在对大量 AIS 数据进行深入解析的基础上，归纳出 AIS 轨迹异常的几种类型，针对类型特征开展了对船舶轨迹异常进行自动检测并使用三次样条插值模型实现修复算法的研究，研究成果可为基于船舶航行轨迹数据的相关研究提供快速、准确的技术支持。

AIS 数据中蕴藏着大量的船舶信息，提取该信息可以了解船舶的航行状态，应用于船舶避碰、海事监控、轨迹聚类、船舶交通流预测和海事事故调查等诸多航海领域。其最基本的信息由时间和位置构成时空位置点，将位置点连续标绘在电子海图上可制成船舶的航行轨迹线，实现船舶运动轨迹的可视化显示。在密集通航水域，船舶 AIS 数据量巨大，通过计算机编程可以再现各条船舶的航迹线，但是由于 AIS 信号传输、AIS 设备等原因，使得接收到的 AIS 数据产生一些错误，导致反演出来的 AIS 轨迹出现异常现象（图 7-30），显然直接使用该航迹线无法正确获取船舶运动轨迹，现在通常的处理方法是通过人工将异常的航迹线挑选出来加以排斥，该方法不仅效率低下，而且丢失了一些船舶信息。作者从大量 AIS 实测数据中挑选出 AIS 异常轨迹线，分析其异常特征规律，将 AIS 轨迹异常归纳为几种类型，针对其异常特征，研究出自动检测异常轨迹线的方法，进而利用数学方法加以修复。研究结果表明，使用本研究方法可以从大量的 AIS 数据中检测出有异常的数据并加以修复，快速绘制成船舶航迹线，为航海各领域的 AIS 信息应用提供便利。

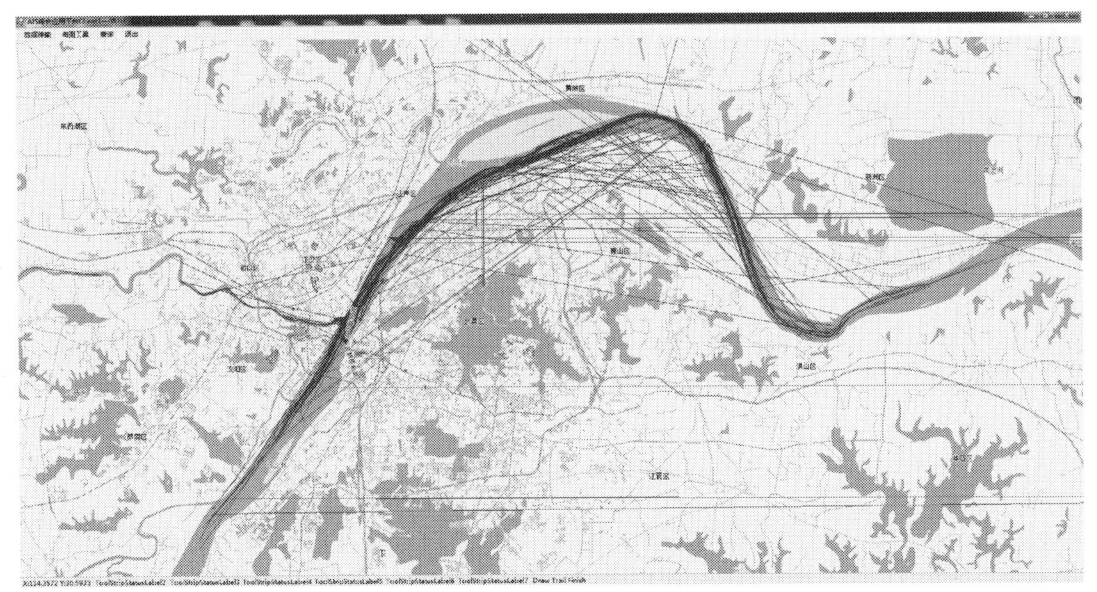

图 7-30　船舶轨迹异常现象

7.8.3.1　船舶 AIS 轨迹异常的分类

AIS 的广泛应用，对于保障船舶航行安全、海事部门准确监控船舶交通流态势，发挥了显著而积极的作用。但在密集通航水域，随着船载 AIS 数量的不断增加，受 AIS 工作机制的制约，AIS 网络通信逐渐显现出一些异常问题，从而影响了 AIS 系统在保障船舶航行安全中最大限度发挥它的效力。

时空船舶 AIS 轨迹是船舶航行时间和位置的记录序列，包含了 AIS 网络的通信性能特征。通过采集密集通航水域船舶 AIS 信息，解码后反演船舶 AIS 轨迹，对时空船舶 AIS 轨迹进行分析，可以归纳出密集通航水域 AIS 系统的异常模式。

1）AIS 的传感器接收 GPS 信号过程中产生的数据错误

GPS 接收机作为 AIS 系统中提供船舶位置、SOG、COG 信息的传感器，将接收到的船舶航行信息通过 AIS 发送给其他船舶使用。GPS 接收机在接收卫星信号时可能受外界因素影响或其他原因而导致航行数据错误并将其直接发送出去，接收方获得的是该船舶的错误航行信息。如表 7-15(A)和图 7-31(A)所示，在船舶 AIS 轨迹上会出现中断现象，有时会观测到此现象出现在不同的船舶 AIS 轨迹上。

2)AIS 信号传输过程中产生的数据错误

即使 GPS 接收机接收的航行数据正确，但是 AIS 在通过 VHF 传输信息的过程中如果受外界干扰影响也会导致航行数据错误，接收方得到船舶的错误航行数据，在船舶 AIS 轨迹上也会出现中断现象，通过对 AIS 发送的信息进行 CRC 校验码检测可确认该中断现象是由数据传输错误而导致，参见表 7-15(B)和图 7-31(B)。

3)AIS 设备自身原因产生的数据错误

由于 AIS 设备内部的设置等原因，导致该船舶所有的位置数据都错误，因此虽然可以接收到该船舶的 AIS 信息，但无法在船舶轨迹异常分析图上显示，数据参见表 7-15(C)。

4)AIS 网络通信阻塞导致 AIS 信号发射延迟

在密集通航水域由于船舶数量多，受 AIS 工作机制的制约，导致网络通信阻塞，AIS 无法预约或侦听到空闲时隙，不能在规定的时间内发射而导致延迟发送 AIS 信息，在船舶 AIS 轨迹上就会出现较长的时间间隔，参见表 7-15(D)和图 7-31(D)，AIS 信息不能及时更新，将会导致船舶之间不能通过 AIS 相互实时观测运动态势，使观察者对船舶会遇态势产生误判，从而带来安全隐患。

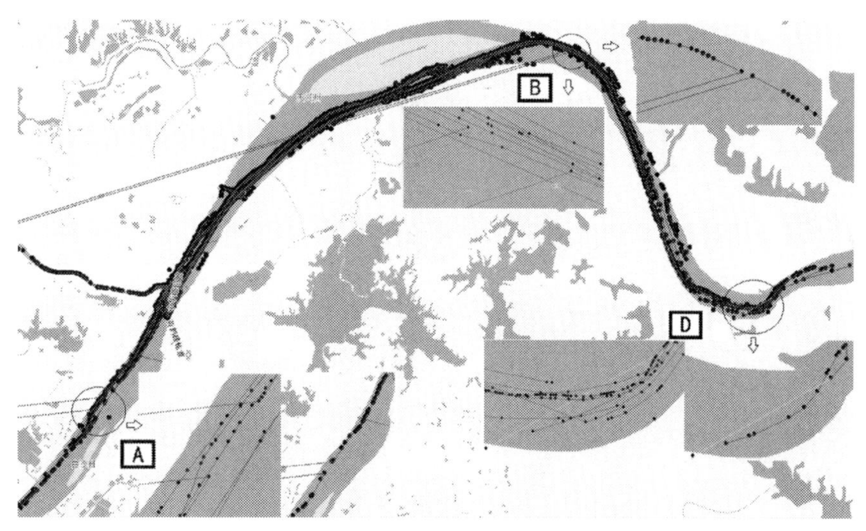

图 7-31 船舶轨迹异常分析图

7.8.3.2 AIS 轨迹异常的特征分析

对于 AIS 轨迹异常的四种类型，提取其信息及轨迹特征进行分析以便实现有针对性的自动检测及修复方法。

1)AIS 的传感器接收导致的轨迹异常特征

参见表 7-15(A)经纬度：W223.857552_N0.000853 与前后轨迹位置点的逻辑关系明显不符，使得船舶轨迹点出现中断现象，通过分析该船舶 AIS 信息的校验码为正确可知，该位置数据错误在 AIS 信息传输前就已经存在，属于 AIS 位置传感器在接收位置信息时产生的数据错误并将其传输出去，使接收方接收到错误的信息，可通过判断船舶轨迹点的逻辑关系加以识别及修补。

表 7-15　船舶轴迹异常分析表

解码结果 / AIS信息原码	时间	MMSI	经纬度	SOG	COG	CRC	异常原因	
15:37:24! AIVDM,1,1,,A,B6:VWvh0>:2h3cTGFF:5Ibv021Mk,0 * 1D	15:37:24	413771771	E114.251878 N30.512377.	5.6	213.4	正确	AIS 的传感器接收 GPS 信号过程中产生的数据错误	A
15:37:40! AIVDM,1,1,,B,B6:VWvh0>:2h2O4GF:25Abv021Mk,0 * 2F	15:37:40	413771771	E114.251623 N30.512053	5.6	213.2	正确		
15:38:10! AIVDM,1,1,,B,B6:VWvh30<0;lAP00P0040N021Mk,0 * 32	15:38:10	413771771	W223.857552 N0.000853	76.8	0.1	正确		
15:42:08! AIVDM,1,1,,B,B6:VWvh0>b2gdo4GBVj5Qbv021Mk,0 * 2E	15:42:08	413771771	E114.247010 N30.505993	5.8	213.6	正确		
15:44:23! AIVDM,1,1,,A,B6:VWvh0>J2gRL4G@kB2e`v021Mk,0 * 36	15:44:23	413771771	E114.244787 N30.502913	5.7	209.1	正确		
15:35:47! AIVDM,1,1,,B,B6:a`A@0<r33qh4HqrBsgwToP06,0 * 5F	15:35:47	413820997	E114.522827 N30.682300	5.1	300.3	正确	AIS 信号传输过程中产生的数据错误	B
15:38:49! AIVDM,1,1,,B,B6:a`A@0=J33TH4Hs2:o? wa4oP06,0 * 7C	15:38:49	413820997	E114.518267 N30.684217	5.3	293.1	正确		
15:39:18! AIVDM,1,1,,A,B6:a`A@0=J33P,0 * 64	15:39:18	413820997	E0.894667 N0.000000	5.3	0.0	错误		
15:39:47! AIVDM,1,1,,B,B6:a`A@0=b33Lh4HsHJoSwaToP06,0 * 6A	15:39:47	413820997	E114.516640 N30.684810	5.4	293.6	正确		
15:42:17! AIVDM,1,1,,A,B6:a`A@0=r339t4HtDRp;wp4oP06,0 * 05	15:42:17	413820997	E114.512627 N30.686413	5.5	294.6	正确		

续表 7-15

解码结果 / AIS信息原码	时间	MMSI	经纬度	SOG	COG	CRC	异常原因	
15:27:58! AIVDM,1,1,,A,16;iUiHP009VJra<kGE;Bww21`DK,0 * 21	15:27:58	415000005	E134.222220 S89.473993	0.0	289.1	正确	AIS设备自身的原因产生的数据错误	C
15:28:07! AIVDM,1,1,,B,16;iUiHP009VJra<kGE;BwwD1`JH,0 * 59	15:28:07	415000005	E134.222220 S89.473993	0.0	289.1	正确		
15:28:18! AIVDM,1,1,,A,16;iUiHP009VJra<kGE;Bww`1D3w,0 * 1C	15:28:18	415000005	E134.222220 S89.473993	0.0	289.1	正确		
15:28:27! AIVDM,1,1,,B,16;iUiHP009VJra<kGE;Bwv60`2>,0 * 25	15:28:27	415000005	E134.222220 S89.473993	0.0	289.1	正确		
15:28:40! AIVDM,1,1,,A,16;iUiHP009VJra<kGE;BwvH1d3w,0 * 15	15:28:40	415000005	E134.222220 S89.473993	0.0	289.1	正确		
15:28:51! AIVDM,1,1,,A,16:a9lPP0s8<b1hANmT=C? vipp>a,0 * 64	15:28:51	413813202	E114.613000 N30.551707	5.9	340.4	正确	AIS网络通信阻塞导致AIS信号发射延迟	D
15:37:34! AIVDM,1,1,,A,16:a9lPP228<hdfAO? AQ<gv7p4rH,0 * 04	15:37:34	413813202	E114.635772 N30.562677	13.0	30.6	正确		
15:38:32! AIVDM,1,1,,A,16:a9lPP1l8<iLtAOE` 1kgv7r0SJ,0 * 2B	15:38:32	413813202	E114.638343 N30.565387	11.6	46.2	正确		
15:40:41! AIVDM,1,1,,B,16:a9lPP1b8<iI<AOJ9HkOvKp4rT,0 * 29	15:40:41	413813202	E114.638143 N30.567315	10.6	225.3	正确		
15:40:51! AIVDM,1,1,,A,16:a9lPP1c8<iAVAOIC` k? vgrD2<,0 * 1E	15:40:51	413813202	E114.637738 N30.566957	10.7	225.2	正确		

2)AIS 信号传输过程导致的轨迹异常特征

参见表 7-15(B)经纬度:E0.894667_N0.000000,与前后轨迹位置点的逻辑关系明显不符,分析接收到的 AIS 信息! AIVDM,1,1,,A,B6:a`A@0=J33P,0*64,发现 CRC 校验错误(正确的校验码为 7F),在实际 AIS 设备中会自动过滤掉 CRC 校验错误的 AIS 语句,因此这种由于 AIS 信息传输产生的错误不需要修复。

3)AIS 设备原因产生的轨迹异常特征

参见表 7-15(C)经纬度:E134.222220_S89.473993,接收到该船舶的所有 AIS 位置数据均不在正常的 AIS 通信范围内,属于 AIS 设备故障或者人为设置,使接收到的 AIS 信息错误,会对 AIS 数据的有效使用产生影响。对于不能正确使用 AIS 设备的错误类型,可以通过基站监控,督促其整改,该类型的异常情况可以通过判断船舶的位置范围加以检测但是无法修复。

4)AIS 网络通信阻塞导致的轨迹异常特征

参见图 7-31(D),由于 AIS 网络通信信道拥塞而造成的数据传输延迟使得 AIS 航迹线在一些点与点之间间隔距离较长,超过 AIS 信息更新所规定的时间尚未更新,在弯曲通航水域 AIS 航迹线呈现为直线。数据更新频繁时易产生信道拥塞的问题。此类型异常可以根据信息更新时间、船舶速度、轨迹点之间的距离的关系加以检测,并使用数学插值的方法予以修复。

7.8.3.3 AIS 轨迹异常点的自动检测

观察大量 AIS 数据在电子海图上再现航迹线时,会发现有一些异常点,使得航迹线在电子海图中出现中断或者超长的现象,因此反演船舶轨迹时需要对 AIS 数据进行预处理,判断数据是否出现异常点,检测出异常点是后续修复处理及绘制轨迹线的基础。在对 AIS 轨迹异常进行分类,分析其特征的基础上,除 B 类异常点外,A、C、D 类型的异常点需要通过开发计算机程序实现自动检测。

1)A 类轨迹异常点的自动检测

在船舶航迹线中,若某轨迹点的位置与相邻点之间的逻辑关系明显不符,则可以通过比较相邻两点之间经纬度的差异来判定异常点。如果出现南北纬符号的不同,东西经符号的不同,就可以直接判断为异常点;如果经纬度符号相同,则可以通过两点之间的经纬度差值所对应的逻辑距离来判断。

假设 $P_1, P_2, \cdots, P_n$ 为一系列船舶轨迹点,若以 AIS 信号最长更新时间为 3min,船速最高 102kn 的极限速度来设定最大航迹距离 5n mile,对应的经度差 0.097°,纬度差 0.0835°。则检测相邻两位置点之间的经纬度差的判定依据为:

$$\Delta\lambda(P_n, P_{n+1}) = \lambda(P_{n+1}) - \lambda(P_n) \leqslant 0.097^\circ$$

$$\Delta\varphi(P_n, P_{n+1}) = \varphi(P_{n+1}) - \varphi(P_n) \leqslant 0.0835^\circ$$

当检测到两点间的经纬度差有任意一个不满足以上条件时,则判定为异常点。

2)C 类轨迹异常点的自动检测

若得到的 AIS 位置数据均不在正常的 AIS 通信范围内,则可以判断其为 C 类异常点。通过设置研究区域范围的右上角经纬度,左下角经纬度所构成的矩形区域,判断 AIS 位置数据是否落在该区域内实现自动检测。在弯曲航道通过将航道栅格化,判断 AIS 位置数据是否存在于栅格内则可以进一步细化检测:将航道划分为 n 个栅格,假设第 n 个栅格区域左

下角的经纬度用 $Q_n(\lambda_{nl}, \varphi_{nl})$，右上角的经纬度用 $Q_n(\lambda_{nr}, \varphi_{nr})$ 表示，对于任意 AIS 正常位置点 $P_i(\lambda_i, \varphi_i)$，应该存在 $P_i \in (Q_1, \cdots, Q_n)$。若 P_i 不在这个栅格区域内，则直接判断为异常点。

3）D 类轨迹异常点的自动检测

船舶航迹线相邻的两个位置点坐标为 $P_n=(\lambda_n, \varphi_n)$，$P_{n+1}=(\lambda_{n+1}, \varphi_{n+1})$，两点之间的实际距离为 $D_1(\lambda, \varphi)$；利用船舶航速及所规定的更新时间计算航行的理论距离为 $D_2(v, t)$，则两个航迹点之间的距离差 $\Delta D = D_1 - D_2$ 应该小于某一个阈值 E_0（由实验确定），当 ΔD 不小于 E_0 时，所对应的轨迹点为 D 类异常点，即可检测出在规定的时间内，船舶 AIS 信息更新延时导致在航迹线图上出现超长的现象。

7.8.3.4 AIS 轨迹异常点的修复

以上所述四种类型的 AIS 数据异常，其中 AIS 设备本身和 AIS 传输过程中所造成的轨迹错误无需修复，直接排除在轨迹线之外，而另外两种类型（A 类和 D 类）则可以进行修复，通过阅读文献，本文采用了拟合插值的方法对轨迹进行修复。由于轨迹异常主要表现为 AIS 位置点的突变偏移以及接收信号的延时造成的位置点丢失或错误，展现的船舶轨迹相对于航道为近似直线轨迹和复杂曲线轨迹，以下对这两种情况进行分类讨论。

1）直线 AIS 轨迹修复

当直线轨迹中出现异常点时，可以通过正常点和船舶航行条件大致计算出该修复点的位置，采用三次样条插值的方法来计算修复的轨迹点。

首先要建立三次样条插值模型，设 t_i 为时间，x_i 为纬度，y_i 为经度。三次样条函数 $S(t)$ 在节点 t_i 处的二阶导数值为 M_i，即可得到三次样条表达式：

$$S(t) = -M_i \frac{(t-t_{i+1})^3}{6h_i} + M_{i+1} \frac{(t-t_i)^3}{6h_i} + (x_i - \frac{M_i h_i^2}{6}) \frac{t_{i+1}-t}{h_i} + (x_{i+1} - \frac{M_{i+1} h_i^2}{6}) \frac{t-t_i}{h_i} \tag{7-1}$$

式中 $t \in [t_i, t_{i+1}] (i=0,1,\cdots,n-1)$；$M_i$ 为未知参数。通过对 $S(t)$ 求导得到 $S'(t)$，利用

$$S'(t_i+0) = S'(t_i-0)$$

可得

$$\mu_i M_{i-1} + 2M_i + \lambda_i M_{i+1} = d_i$$

式中

$$\mu_i = \frac{h_{i-1}}{h_{i-1}+i}; \lambda_i = \frac{h_i}{h_{i-1}+h_i}; d_i = \frac{6}{h_{i-1}+h_i}(\frac{x_{i+1}-x_i}{h_i} - \frac{x_i - x_{i-1}}{h_{i-1}}) = 6f[t_{i-1}, t_i, t_{i+1}] \tag{7-2}$$

由于方程比未知数少，因此根据第一类边界条件补充当 $i=1$ 和 $i=n$ 时的端点方程，最后可以得到关于参数 $M_0, M_1, \cdots, M_n$ 的 $n+1$ 阶线性方程组，其三弯矩阵方程为：

$$\begin{pmatrix} 2 & \lambda_0 & & & \\ \mu_1 & 2 & \lambda_1 & & \\ & \ddots & \ddots & \ddots & \\ & & \mu_{n-1} & 2 & \lambda_{n-1} \\ & & & \mu_n & 2 \end{pmatrix} \begin{pmatrix} M_0 \\ M_1 \\ \vdots \\ M_{n-1} \\ M_n \end{pmatrix} = \begin{pmatrix} d_0 \\ d_1 \\ \vdots \\ d_{n-1} \\ d_n \end{pmatrix} \tag{7-3}$$

根据三弯矩阵可以求出 $M_0, M_1, \cdots, M_n$ 的值，即可求出轨迹的三次样条插值表达式，进一步得到船舶航行轨迹。按照上述原理，通过 MATLAB 编程，将所选择的航迹点（图 7-32）输入到程序中，通过运行计算可以得到拟合方程，进而求出修复后的正常轨迹点（图 7-33），修复前后轨迹如图 7-34、图 7-35 所示。

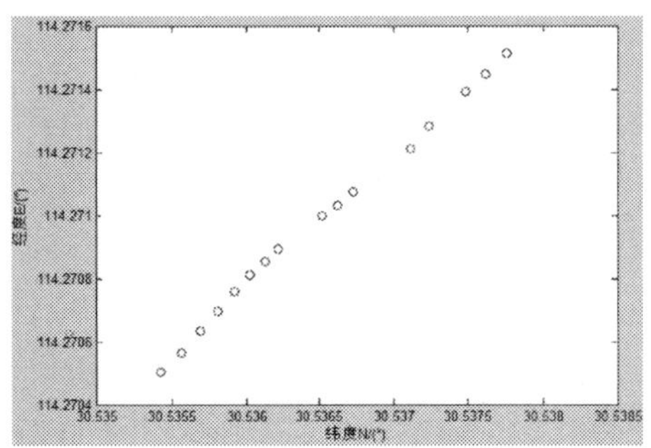

图 7-32　AIS 线性原始轨迹

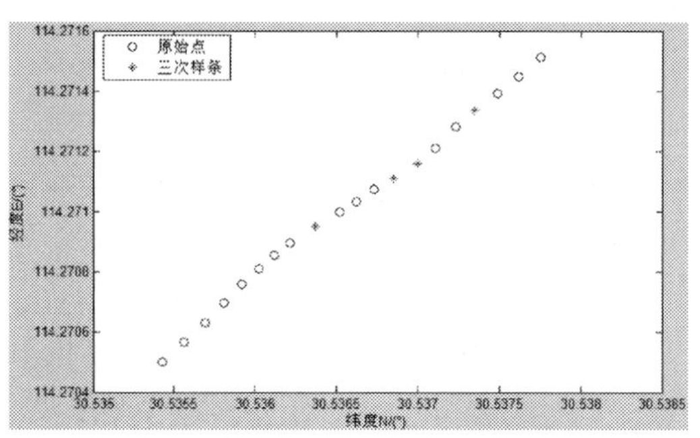

图 7-33　AIS 线性轨迹插值

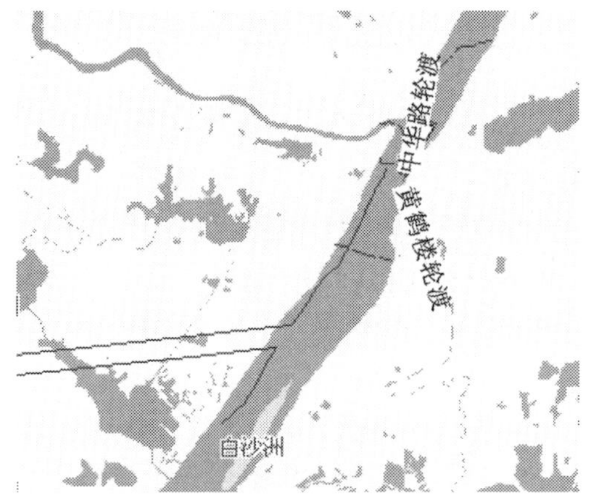

图 7-34　A 类异常轨迹（修复前）

图 7-35　A 类异常轨迹（修复后）

2）曲线 AIS 轨迹修复

在一个简单弯道航道中可以通过求出拟合圆方程计算出弯道航迹的拟合方程，进而求出修复轨迹点；在曲线复杂的航道中可以通过三次样条插值的方法求出修复轨迹点。

通过转弯航段船舶的经纬度点，利用最小二乘法拟合曲线即可求得船舶的转弯半径。最小二乘法是通过最小化误差平方和的方式来寻找数据的最佳匹配函数，方法如下：

设样本点为 (X_i, Y_i)，$i \in (1, 2, \cdots)$，拟合圆心与半径为 (A, B) 和 R，点 (X_i, Y_i) 到圆心的距离为 d_i：

$$d_i^2 = (X_i - A)^2 + (Y_i - B)^2 \tag{7-4}$$

点 (X_i, Y_i) 到圆边缘距离的平方与半径平方之差为：

$$\delta_i = d_i^2 - R^2 = X_i^2 + Y_i^2 + aX_i + bY_i + c \tag{7-5}$$

式中：$a = -2A$；$b = -2B$；$c = A^2 + B^2 + R^2$。令 $Q(a, b, c)$ 为 δ_i 的平方和：

$$Q(a, b, c) = \sum \delta_i^2 = \sum (X_i^2 + Y_i^2 + aX_i + bY_i + c)^2 \tag{7-6}$$

将 a、b、c 代入式(7-6)可以得 A、B、R 的估计拟合值。

$$\left.\begin{aligned} A &= -\frac{a}{2} \\ B &= -\frac{b}{2} \\ R^2 &= \sqrt{a^2 + b^2 - 4c} \end{aligned}\right\} \tag{7-7}$$

根据式(7-7)得到曲率最大的航迹点的拟合圆的圆心和半径，可以得到圆的方程，从而计算出船舶转弯段的航迹线方程，将实测的航迹线与计算出的转弯航迹线方程拟合，再通过三次样条模型进行插值计算。按照上述原理进行编程，将所选择的航迹点输入到程序，运行计算后可得到拟合圆在航线上的轨迹点(图 7-36)。

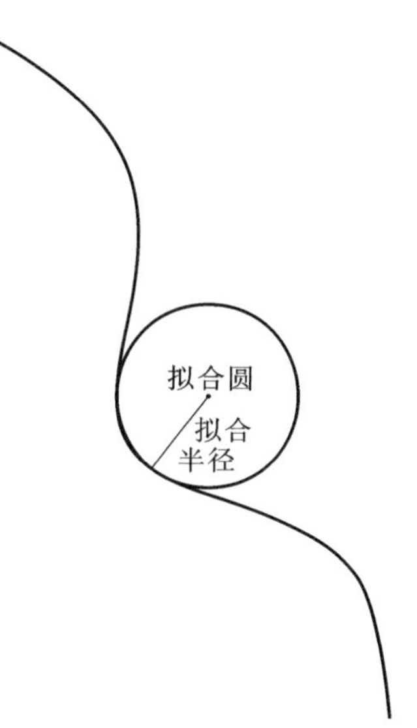

图 7-36 转弯航迹线拟合图

图 7-37 是根据航道弯道中的四个已知航迹点，拟合出弯道部分的航迹线，通过计算得到航道弯道中预测轨迹的修复点，从而达到轨迹的修复，曲线航迹修复前后的船舶轨迹分别如图 7-38、图 7-39 所示。

最终修复后的 AIS 船舶轨迹如图 7-40 所示。

本书对船舶轨迹异常进行了分类，针对各类型特点进行了分析，在此基础上探讨了自动检测与修复方法。最终可以获得更为准确、完整的船舶航行航迹。在船舶直线和弯道轨迹进行预测和修复的实验结果中，所设计的方法能够较好地修复船舶轨迹，为基于船舶轨迹等相关的研究提供一定的数据基础。

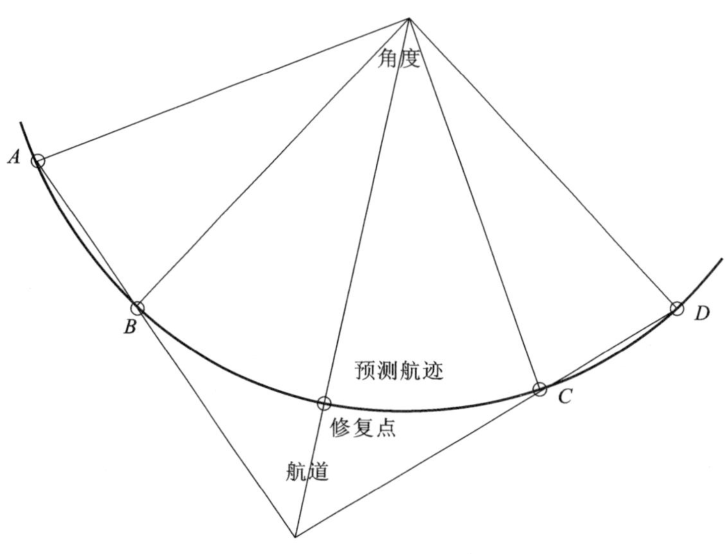

图 7-37 修复点示意图

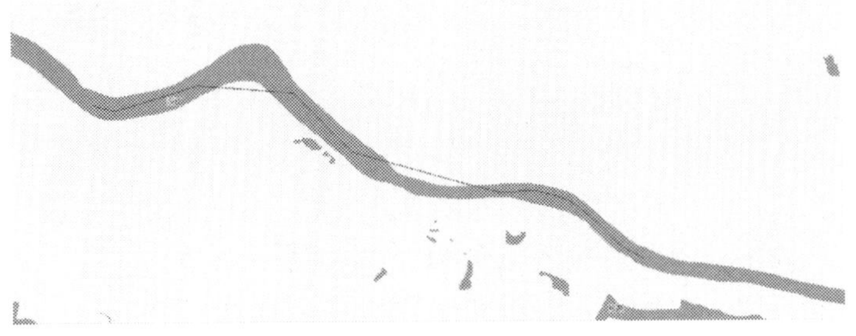

图 7-38　D 类型异常轨迹(修复前)

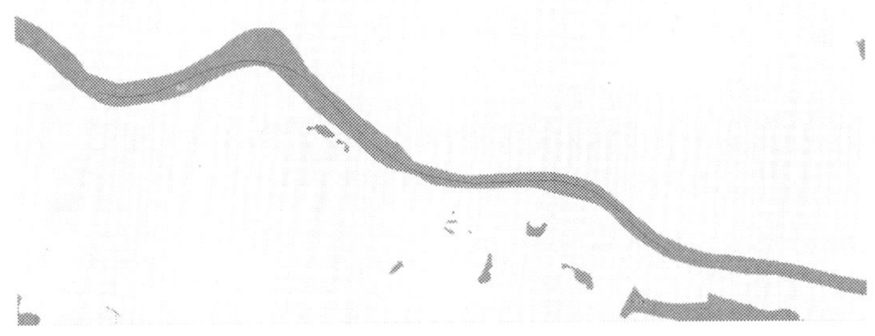

图 7-39　D 类型异常轨迹(修复后)

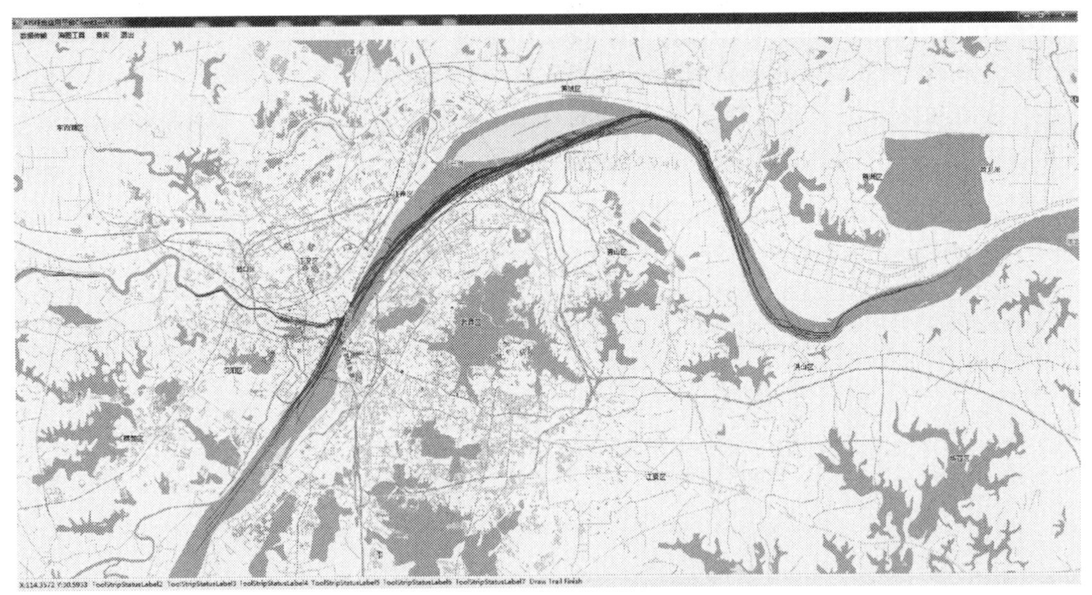

图 7-40　修复后的 AIS 轨迹图

7.8.4　AIS 网络性能指标实时监控技术

国际海事组织(IMO)规定,大中型船舶(300 总吨以上)必须安装 AIS-A 类船台,中小型船舶安装 AIS-B 类船台,辅助导航设施(包括无线浮标和灯塔)安装 ATON-AIS 设备。随着该规定的出台,安装 AIS 设备的船舶数量快速增长。

B 型 AIS 主要考虑小型船舶安装 AIS 的需要,其基本出发点是价格低廉,在不致造成 AIS 网络过渡拥挤的前提下具有类似于 A 型 AIS 的基本性能。

AIS 网络通信采用的无线通信协议为时分多址工作机制(Time Division Multiple Access,TDMA),每分钟分为 2250 个时隙,每个 AIS 台站的位置报告占用一个时隙,其他类型的报文可以使用多于一个时隙,最多能占用连续的 5 个时隙,最快每 2s 更新一次 AIS 信息,因此在密集通航水域 AIS 数据更新频繁时易产生信道拥塞的问题。由于 AIS 良好的发展前景,越来越多的船舶使用 AIS 后,AIS 网络通信拥塞将成为制约其发挥保障船舶航行安全作用的瓶颈问题,维护 AIS 网络通信畅通,是航海安全保障领域必须解决的紧迫问题之一。

7.8.4.1　AIS 通信协议

SOTDMA(Self-Organized Time Division Multiple Access)协议将每个 VHF 信道的时间划分成固定长度的时隙,1min 为 1 帧,1 帧分成 2250 个时隙,1 个时隙是 26.7ms,可传输 256b 的信息,一个位置报占用一个时隙,其他报文可根据需要占用 2～3 个时隙,AIS 设备按照 SOTDMA 协议,寻找空闲时隙发送本船信息,时隙分配根据通信链路的工作状态实时进行动态调整。

AIS 工作频率 AIS1/161975MHz,AIS2/162.025MHz,获得无线传输的带宽为 25kHz 或 12.5kHz,调制采用 GMSK 方案,数据编码为 NRZI,数据传输速率为 9600baud。

SOTDMA 的基础是将时间分成独立的时隙"SLOT",在此特殊时隙内只有一个台(船台、岸台等)能发送。AIS 共用二个 VHF 频道(AIS1 和 AIS2),每一个频道每分钟有 2250 时隙,时间标准采用 UTC。当使用 SOTDMA 协议的 AIS 台(A 类或 B 类)初次开机时,它首先侦听通信状况,发射的电台在发射的电文中包含未来时隙的选择,借助于辖区内发射电台占有时隙及未来预约时隙的了解,AIS 台就能确定自己的发射时隙和未来预约时隙。决定时隙的算法是 ITU 标准 M.1371 的一部分,每个台在组织方式内决定自己的发射时隙就是 SOTDMA 技术,参见图 7-41,SOTDMA 算法嵌入在每个 AIS 设备的软件内。

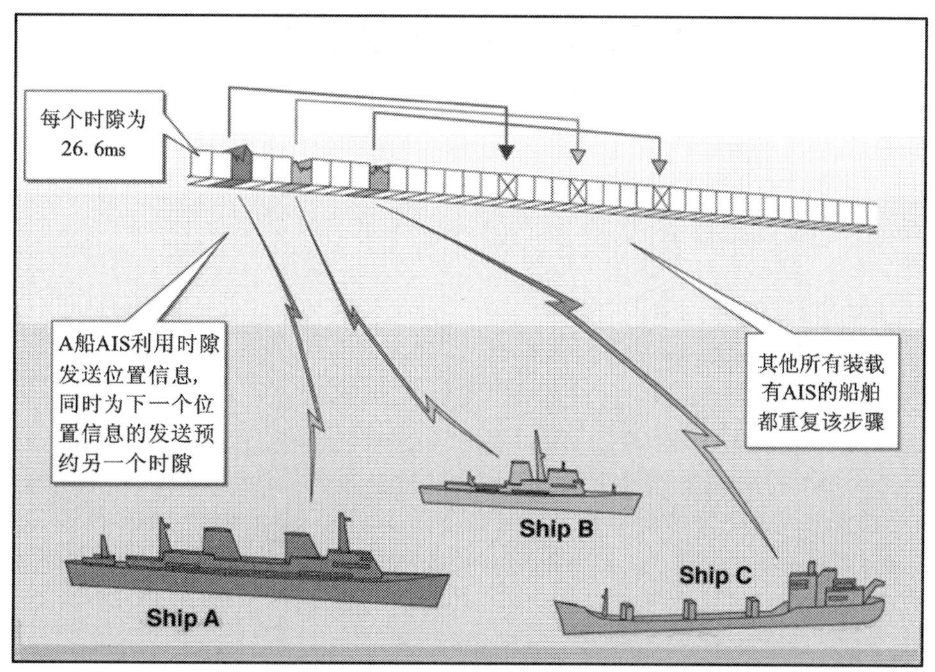

图 7-41　SOTDMA 工作原理示意图

CSTDMA[Carrier-Sense Time Division Multiple Access(CLASS B 采用)]系统也是通过侦听现存的通信情况来决定一个空闲时隙的，如果侦听到某一时隙没有被使用，它就用这个时隙发射——在标称时隙开始时间 2ms 后发射，这 2ms 是用来侦听 CLASS A 发射的存在。由于 CLASS B 不预约未来的时隙且每次发射只占一个时隙，因此，它们对 VHF 数据链负载的影响是非常小的。

对于特殊的发射，CLASS B 设备在一个 10s 周期内随机选择 10 个候选时隙来识别，集中在标称报告时间，然后依次测试每一时隙直到找到一个能发射的空闲时隙。如果 10 个时隙都被占用，则取消发射直到下一个发射周期。这个补充的细节减小了与邻近 CLASS B 台重复发射冲突的可能性。该冲突会产生一连串的混淆报文。

CLASS B 做出的发射决定是根据在候选时隙内有没有另一台在发射，接收到的信号强度是不是比在最后 60s 内收到的最小信号大 10dB 而定的。这意味着 CS 设备不但能在没占用的时隙内没有明显的信号时工作，而且也能在时隙部分或全部占有时工作。假如占有的时隙内接收到的信号强度不大于临界值 10dB，该时隙就可用于发射。这自动复用了被较远距离台占用的时隙。此外，随着通信量的增加，该临界值也增加，使得有效运行的区域缩小。

B 型 SO 采用与 A 型 AIS 相同的通信模式——SOTDMA，会同 A 型 AIS 一起争夺网络资源，影响 AIS 的终端容量。

B 型 CS 采用 CSTDMA 模式，是国际上普遍采用的模式，终端数量的大量增加不会对已有 A 型 AIS 的正常工作造成影响，目前，我国渔船安装的 AIS 设备 B 型 SO 和 B 型 CS 并存。

欧美对 B 类 AIS 设备使用 SOTDMA 协议还是 CSTDMA 协议争议较大：主张使用 SOTDMA 协议的认为 CSTDMA 协议没有时隙预约能力，船舶报告不稳定可靠，而主张使用 CSTDMA 协议的认为 SOTDMA 选择时隙的方法与 A 类相同，不但占用当前发射时隙，还要预约未来时隙，这在船舶数量大的区域会造成信道拥堵。

一些 A 类 AIS 不能识别 CS B 类 AIS 的船名等静态信息：一是先前安装的 A 类设备没有识别 CS B 类的功能，这在 A 类设备升级后，问题会完美解决；二是由 CSTDMA 时隙复用方法造成的，当某一区域的 AIS 终端数量超过饱和值时，A 类能正常发送信息，CS B 类也能正常收发信息，但对复用时隙的 B 类终端发送的信息，A 类终端不能正确解调，也就是不能识别此 B 类终端。这个问题随着 A、B 类终端数量的增加而日益严重。

当 AIS 辖区内终端数量不多时，由于 SOTDMA 的 B 类 AIS 与目前的 AIS 系统采用完全相同的网络协议，对其他 AIS 船舶-船舶、港口-船舶的正常消息广播和通信基本没有影响；CSTDMA 的 B 类 AIS 也一样。

当 AIS 辖区内终端数量达到饱和值时，SOTDMA B 类和 CSTDMA B 类都会对 SOTDMA A 系统产生影响，美国海岸警卫队研究和发展中心(US Coast Guard Research and Development Center)对 Florida 和 San Francisco 两个水域进行了计算机模拟，结果表明大量 CSTDMA B 类终端的存在并没有对 SOTDMA 系统造成严重影响，根据这个研究成果，IEC 提出了有关 CSTDMA 的标准。

但英国诺丁汉大学 Andy Norris 教授在《自动识别系统——B 类设备对 A 类系统的影响》(“Automatic Identification Systems—the effects of Class B on the use of Class A systems", Journal of Navigation, May 2006)一文中,对同一海域,有 120 艘安装 A 类 AIS 的船舶、300 艘安装 CSTDMA B 类 AIS 船舶的情况进行仿真,结果显示发生通信冲突的可能性为 20%左右。

7.8.4.2 AIS 网络通信阻塞导致 AIS 信号发射延迟

在密集通航水域由于船舶数量多、受 AIS 工作机制的制约,导致网络通信阻塞,AIS 无法预约或侦听到空闲时隙,不能在规定的时间内发射而导致延迟发送 AIS 信息,在船舶 AIS 轨迹上就会出现较长的时间间隔。通过观测大量 AIS 数据,对于同一艘船舶的数据而言,将每次采集得到的位置点连接并显示即绘制成航迹线来直观观察其更新时间,可以发现在较长时间段没有得到更新的场景,参见表 7-15 船舶轨迹异常分析表(D)和图 7-31 船舶轨迹异常分析图(D)。当 AIS 网络通信阻塞时就会导致 AIS 信号发射延迟,出现该现象。显然 AIS 信息如果不能及时更新,将会导致船舶之间不能通过 AIS 相互实时观测运动态势,使观察者对船舶会遇态势产生误判从而带来安全隐患。因此,保障 AIS 网络通信畅通对于利用 AIS 保障船舶航行安全是非常重要的,而监控 AIS 网络通信性能是后续当 AIS 网络出现通信阻塞时采取调控措施的前提条件。

7.8.4.3 AIS 网络通信性能指标数学模型

AIS 采用 SOTDMA 和 CSTDMA 的通信协议,网络容量 M、网络信道负载 SR、网络吞吐率 TP 是衡量 AIS 系统通信性能的主要指标。网络吞吐率是指单位时间内,各船台接收的时隙数和各船台发射的时隙数总额之比,比值越高,表明 AIS 网络中时隙冲突、时隙复用越少,系统信息传送越通畅。网络信道负载是指一帧中所有发射台所需要的时隙数和额定时隙数之比,比值越高,表明信道中需要被使用的时隙比例越多,VDL 的负载越大。AIS 系统网络容量等是衡量 AIS 网络通信质量的重要指标,根据 AIS 通信协议的规定,自主工作模式下的报告率取决于船舶航行状态,如表 7-16 所示。

表 7-16 AIS 动态信息更新周期表

<table>
<tr><th>A 类 AIS</th><th>报告周期</th><th colspan="2">B 类 AIS</th><th>报告周期</th></tr>
<tr><td>抛锚、停泊或速度≤3kn</td><td>3min</td><td rowspan="5">SO</td><td>航行速度≤2kn</td><td>3min</td></tr>
<tr><td>抛锚、停泊或速度>3kn</td><td>10s</td><td>辅助导航</td><td>3min</td></tr>
<tr><td>航行速度 0～14kn</td><td>10s</td><td>航行速度 2～14kn</td><td>30s</td></tr>
<tr><td>航行速度 0～14kn 并改变航向</td><td>$3\frac{1}{3}$s</td><td>航行速度 14～23kn</td><td>15s</td></tr>
<tr><td>航行速度 14～23kn</td><td>6s</td><td>航行速度>23kn</td><td>5s</td></tr>
<tr><td>航行速度 14～23kn 并改变航向</td><td>2s</td><td rowspan="2">CS</td><td>航行速度≤2kn</td><td>3min</td></tr>
<tr><td>航行速度>23kn</td><td>2s</td><td>航行速度>2kn</td><td>30s</td></tr>
<tr><td>航行速度>23kn 并改变航向</td><td>2s</td><td></td><td></td><td></td></tr>
</table>

网络容量则与船舶数量和报告率 RR 有关,上述三个指标之间有如下的关系:

当 AIS 系统的信道占有率达到理论值的 80%时,系统的发射成功率在 90%以上。当时隙数满足约束条件:

$$N_e(t) = \sum_{i=1}^{m} 60 \times RR_i \times M_i(t) \leqslant 2250 \times 80\%$$

则系统可容纳的船舶数为：

$$M = \sum_{i=1}^{m} M_i(t) \tag{7-8}$$

信道负载用下式计算：

$$SR = \frac{1}{2250}\sum_{i=1}^{m} 60 \times RR_i \times M_i(t) \tag{7-9}$$

以上 $N_e(t)$ 为一帧内可用的时隙数，$M_i(t)$ 是处于第 i 种运动状态的船台数量，共 m 种状态。

网络吞吐率 TP 除了与信道负载 SR 有关，也和接收站与基站距离 d，船站的覆盖半径 r 等因素有关。采用蒙特卡洛模拟方法，可以获得网络吞吐率的计算公式如下：

$$TP = \begin{cases} A_1 \mathrm{e}^{-SR/36} \times 100\% & 0 < d \leqslant r/3 \\ A_2[1-(1-\mathrm{e}^{-SR})K_2] \times 100\% & r/3 < d \leqslant r/2 \\ A_3 \mathrm{e}^{-SR} \times 100\% & r/2 < d \leqslant r \\ A_4 \mathrm{e}^{-K_4 SR} \times 100\% & r < d \leqslant 2r \end{cases} \tag{7-10}$$

其中，A_1、A_2、A_3 和 A_4 均为比例常数，K_2 和 K_4 为基于 AIS 系统特性的控制参数。

7.8.4.4 自组织时分多址(STDMA)网络负载分析

AIS 的网络吞吐性能在 AIS 的网络性能评价指标中有着相当重要的地位。它不仅是 AIS 的面向网络效率的性能指标之一，同时，它也是一项重要的面向服务质量的性能指标，因为它不仅影响到网络效率本身，而且还直接影响到 AIS 用户之间信息交互的成功率。因此，本章就从 AIS 网络所使用的主要算法 STDMA 算法入手，先对 STDMA 信道的吞吐性能进行分析，然后再针对 AIS 自身所具有的一些特性，从一般情况到具体地对 AIS 网络的吞吐性能进行分析并得出结论，然后对 AIS 的吞吐性能结论进行计算机仿真，最后对一些影响因素进行讨论。

一个时帧 T 内所有用户理论上应报告的次数，亦即时隙占用总数为 N_e：

$$N_e = \sum_{i=1}^{m} R_{ri} \tag{7-11}$$

一个时帧 T 内报告成功的时隙数为 N_s：

$$N_s = kN_e = k\sum_{i=1}^{m} R_{ri} \tag{7-12}$$

因为每个用户的随机超时是在 3～7 帧之间随机分配的，所以每个发射时隙被释放的平均释放概率只为：

$$P_r = \frac{1}{5}\sum_{T=3}^{7}\frac{1}{T} = 0.218 \tag{7-13}$$

上一个时帧 T 内发射成功后被释放的时隙数为 N_r：

$$N_r = P_r N_s = P_r k\sum_{i=1}^{m} R_{ri} \tag{7-14}$$

该 N_r 个时隙数将在当前帧中重新选择发射时隙，亦即要进行时隙预约。

一个时帧 T 内空闲时隙数 N_f 为：

$$N_f = n - N_e + (N_e - N_s) + N_r = n - N_s + N_r = n - k\sum_{i=1}^{m} R_{ri} + P_r k\sum_{i=1}^{m} R_{ri} \tag{7-15}$$

式(7-15)中,$(N_e - N_s)$为发射失败的时隙数,$(n - N_s)$为当前帧信道中没有被占用的时隙数,它包括因发射失败而表现为虚假空闲的时隙,N_r 则为上一帧已发射成功的时隙中被释放的时隙数。

一个时帧 T 内参与时隙预约的时隙数：

$$N_p = N_e - N_s + N_r = \sum_{i=1}^{m} R_{ri} - k\sum_{i=1}^{m} R_{ri} + P_r k \sum_{i=1}^{m} R_{ri} \tag{7-16}$$

式(7-16)中$(N_e - N_s)$为发射没有成功的时隙数,由于它们在当前帧中表现为虚假空闲的时隙,因此,将它们视为参与随机性预约的时隙,它的物理意义是指由于这些时隙表现为虚假空闲,于是便导致其他时隙可能对这些时隙进行错误预约,从而表现出无组织性,亦即随机性。N_r 为上一帧释放的时隙数,因为它们确实处于空闲状态,因而这些时隙将被有组织性地进行预约。

为了计算当 AIS 网络负载达到多大时,网络出现拥塞,首先对 STDMA-AIS 网络的 STDMA 网络负载定义如下:该负载为时隙占用总数(系统中所有用户发送信息时理论所需占用的时隙总数 N_e)与一帧时隙总数(n)的比值,亦可称之为时隙占用率,用 P_i 表示：

$$P_i = \frac{N_e}{n} \tag{7-17}$$

可以先假设系统负载较低($N_e < n$)的情况下,其时隙发射成功率 $k=1$,于是,根据式(7-12)有 $N_s = N_e$,得 $N_s - N_e = 0$,亦即参与随机性预约的时隙数为零,仅余下参与组织性预约的时隙 N_r,所以有 $N_p = N_r$。因此,在上帧中参与对当前帧进行时隙预约的均为组织性预约。根据 STDMA 算法,经分析可知,在 STDMA-AIS 通信网络中,如果每一个发射预约在最后选择一个时隙之前能够在 N_f 个空闲时隙中获得四个以上的空闲时隙,那么,在这整个预约发射过程中就不会发生时隙冲突。于是,我们便以“每一个发射预约在最后选择一个时隙之前能够在 N_f 个空闲时隙中获得四个以上的空闲时隙”为条件,来对 STDMA-AIS 网络的负载进行分析,因为该条件的成立与否,最终就取决于该网络的负载 P_i。

每个参与预约的时隙能够拥有的空闲候选时隙个数为：

$$P = \frac{N_f}{N_p} = \frac{n - kN_e + P_r k N_e}{N_e - kN_e + P_r k N_e} \tag{7-18}$$

令 $k=1, P_r=0.218, P \geqslant 4$,上式则为：

$$P = \frac{n - N_e + 0.218N_e}{0.218N_e} \geqslant 4 \tag{7-19}$$

$$P_i = \frac{N_e}{n} \leqslant 0.605 \tag{7-20}$$

因此可以得出结论:当网络负载 $P_i \leqslant 0.605$ 时,系统不会发生时隙预约碰撞;当网络负载 $P_i > 0.605$ 时则视为有时隙预约碰撞,可以作为判断 AIS 网络通信是否发生阻塞的一个条件。

7.8.4.5　AIS 网络通信性能指标实时监控技术

依据 AIS 数据,基于计算网络容量、信道负载和网络吞吐率的数学模型,并将其以图形化的形式直观地显示出来,达到实时监控 AIS 网络通信性能的目的。当 AIS 信号覆盖水域的船台数增加导致 AIS 网络通信出现拥塞现象时,通过指配区域船台 AIS 的发射时隙和报告率,调控该水域 AIS 网络通信的网络容量、信道负载和网络吞吐率等综合指标,保障 AIS

网络通畅是未来 AIS 研究领域的研究目标。

因此，本教材以长江武汉段的 AIS 网络通信为研究目标，对 AIS 通信性能进行了实际的观测。本研究采用的 AIS 数据来源于 AIS 综合应用平台，在 VS 2010 的开发平台下，通过远程访问服务器的数据库调用相关数据，对网络负载率 SR_1[以式(7-9)为基础，对不同船舶运动状态的船舶数量进行筛选，绘制了相应的分布图及负载率]、网络负载率 SR_2(以实际接收到的时隙总数与一帧时隙总数的比值计算得到)、吞吐率 TP(以实际接收到的时隙总数与一个时帧 T 内所有用户理论上应报告的次数之比，即 SR_2/SR_1 之比)进行了计算并绘制成图形，参照图 7-42。绘图采用了 Chart 控件，具体使用方法参照前文“基于 AIS 的船舶交通流的实时感知技术”的内容。

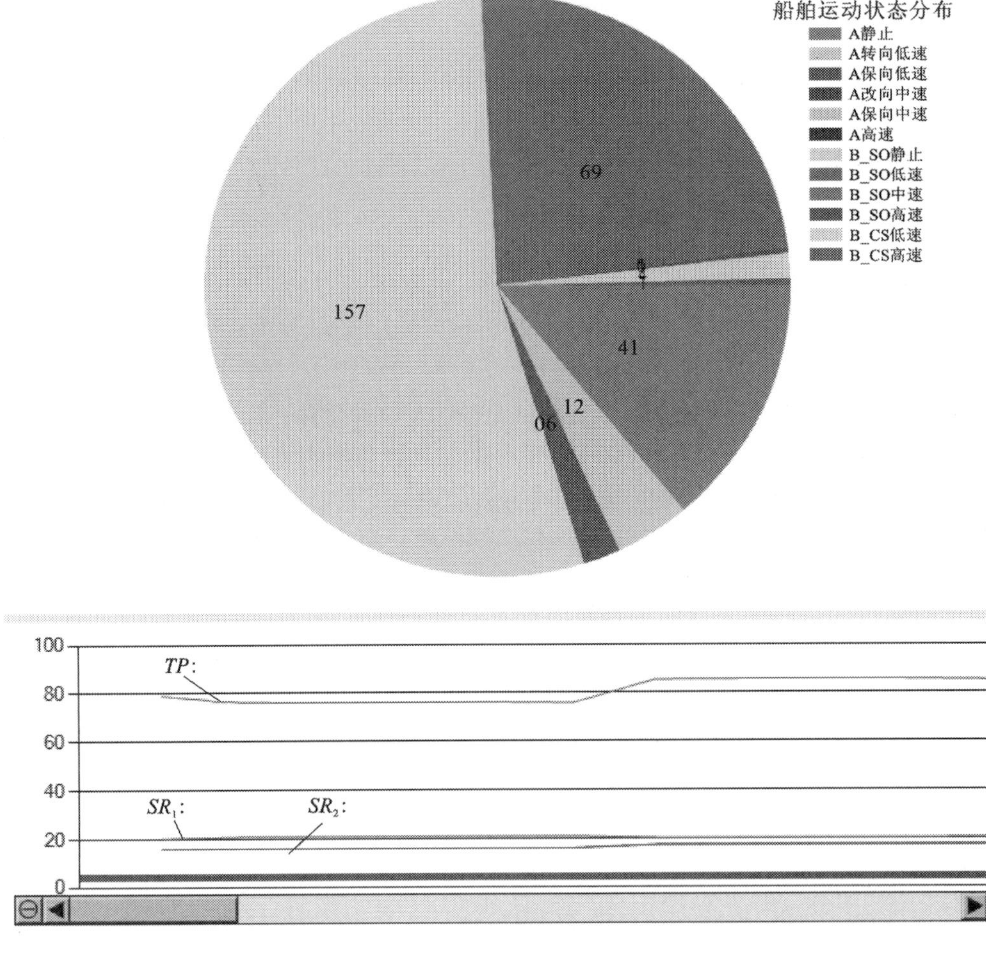

图 7-42　实测 AIS 网络通信负载率及吞吐率

研究结论：

(1)不管是负载率 SR_1 还是负载率 SR_2，其值都在 20%上下波动，但是波动的幅度非常小，说明长江武汉段的 AIS 网络运行平稳，且测试情况下的负载率小于 0.605，网络通信状态良好。

(2)吞吐率在 80%左右，也就是说实际接收到的时隙数和预期发送的时隙数之间还有一段差异，说明 AIS 网络通信过程中存在着设备、外界干扰、延时等因素的影响，导致 AIS 信息在传输过程中受到损失，影响了信息的接收。

综合考虑 AIS 系统中网络容量、信道负载和网络吞吐率等性能指标，实验并统计 AIS 大数据，实时监控 AIS 网络通信性能，作为 AIS 网络通信调控时机的判断依据。

当 AIS 网络综合指标超过设定阈值时启动 AIS 网络调控过程，使由网络容量、信道负载和网络吞吐率组成的综合指标最优化是未来的研究课题。

8 交通信息综合应用实例

8.1 实例一 船舶安全预警分析技术

8.1.1 船舶领域的概念

在道路交通中，一条道路中朝一个方向行驶的前后车辆之间总会保持一定的距离，前后车辆之间存在的这种间隔反映了后一辆车的汽车驾驶员为防止与前一辆车相撞（前车因某种原因减速，停车或转弯）所留的安全余地。这一距离间隔与车速、车的停止性能，后车驾驶员的反应即觉察前车行动变化并随即采取相应行动的能力等因素有关。

以此推理，在海上相遇的船舶之间或是在同一水道中前后行驶的船舶之间也应保持一定距离。因为船舶在二维空间（平面）中运动，所以构成围绕船舶的安全区。正是受到道路交通工程研究成果的启发，日本海上交通工程学的著名学者藤井在研究一条水道的交通容量时于 1963 年提出了船舶领域概念。他将船舶领域定义为绝大多数后继船舶的驾驶员避免进入的前一艘在航船舶周围的领域。

藤井通过在日本沿海水域进行多次海上交通调查并对船舶相对位置的二维频率分布进行统计分析，提出了船舶领域的模型，即以船舶（被避让船舶）为中心，长半轴沿船舶首尾线方向，短半轴沿船舶正横方向的一个椭圆，如图 8-1 所示，其中 L 为船长。

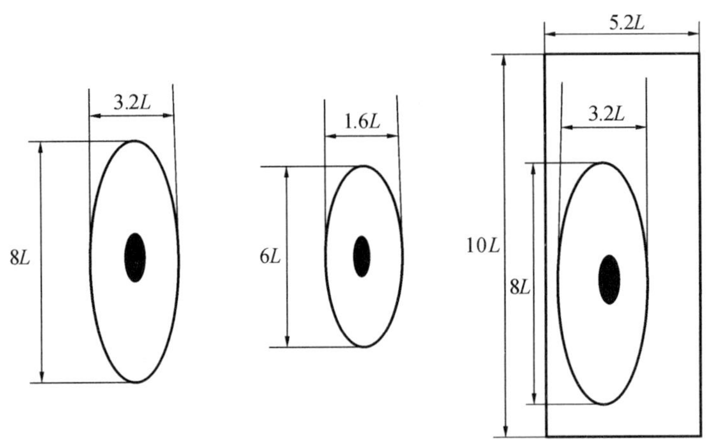

图 8-1 船舶领域与船舶预警领域的概念图

船舶领域的具体尺寸与具体船速、船舶操纵性、船舶密度及当时潮流情况等因素有关，藤井通过长期以来多次观测日本沿海水域的海上交通实况，获得大船的领域尺寸的数值为 7 倍船长和 3 倍船长。通常航行条件下被追越船舶的领域尺寸为 $8L$ 和 $3.2L$。当航行在需要减速的狭水道时，船舶领域的尺寸减少到 $6L$ 和 $1.6L$。

8.1.2　船舶预警领域的概念

船舶领域对于本船来说是一种隐私领域，是他船不得侵入的一种安全保护领域，对于普通船舶的取值为 8L 和 3.2L。而对于危险品船舶，一旦他船进入本船的船舶领域就意味着灾难即将发生，所以绝对要避免，因此设置一种船舶预警领域是非常必要的。在船舶领域的外围尽可能扩大预警范围是理想结果，考虑到长江航道比较狭窄，船速较慢的特点，在船舶领域四周各扩大 1L，即 10L 和 5.2L 所围成的领域，称为船舶预警领域（图 8-1）。一旦船舶有进入它船的船舶预警领域的趋势，就发出报警，警告他船迅速改向避开船舶预警领域。

本教材在对危险品船舶进行实时监控的基础上，研究基于 AIS 综合运用平台自动判断它船是否有进入危险品船舶预警领域趋势的技术，从而保障船舶航行安全。

8.1.3　危险品船舶的实时监控技术

在第 7.6 节中研究了 AIS 信息显示关键技术，利用 AIS 信息中船位信息对一般船舶实现实时监控的方法。对于危险品船舶的实时监控，其研究方法与一般船舶的监控方法基本相同。但是首先要从 AIS 网络覆盖范围内的船舶中寻找出危险品船舶，在第 7.3 节 AIS 扩展信息的解码一节中专门研究了对船舶类型、货物类型信息进行提取的方法。

对于船舶类型第一位数为 6、7、8、9，且第二位数为 1、2、3、4 的船舶被定义为危险品船舶，所以当对 AIS 网络覆盖范围内的船舶进行信息解码过程时，加上以上判断条件可以识别并提取出危险品船舶，以区别于其他普通船舶的特殊符号加以标志。在对危险品船舶进行监控时，在电子江图上绘出该危险品船舶的船舶预警领域，可达到醒目警示的效果。其绘图方法叙述如下。

船舶预警领域为以船舶中心 O 为中心，以船首向为中心线的矩形，考虑到风流压的影响，船舶是沿航迹向在运动的，假定航迹向为船舶预警领域对角线方向，如图 8-2 所示。其中一条对角线的顶点 A 的经纬度为 ϕ_2、λ_2，另一个对角线顶点 B 的经纬度为 ϕ_3、λ_3，求出两顶点的经纬度值即可在电子江图上绘出矩形船舶预警领域，达到可视化监控和预警的目的。假定通过 AIS 信息解码得出某危险品船舶的经纬度为 ϕ_1、λ_1，航迹向为 C，船舶长度为 L，利用航海学中航迹计算方法，航程 S 即半对角线长度：

$$S = \sqrt{(\frac{5.2L}{2})^2 + (\frac{10L}{2})^2} \tag{8-1}$$

纬度差：

$$D\phi = S\cos C \tag{8-2}$$

纬度：

$$\phi_2 = \phi_1 + D\phi \tag{8-3}$$

中纬度：

$$\phi_m = \frac{\phi_1 + \phi_2}{2} \tag{8-4}$$

经度差：

$$D\lambda = S\sin C\sec\phi_m \tag{8-5}$$

经度：

$$\lambda_2 = \lambda_1 + D\lambda \tag{8-6}$$

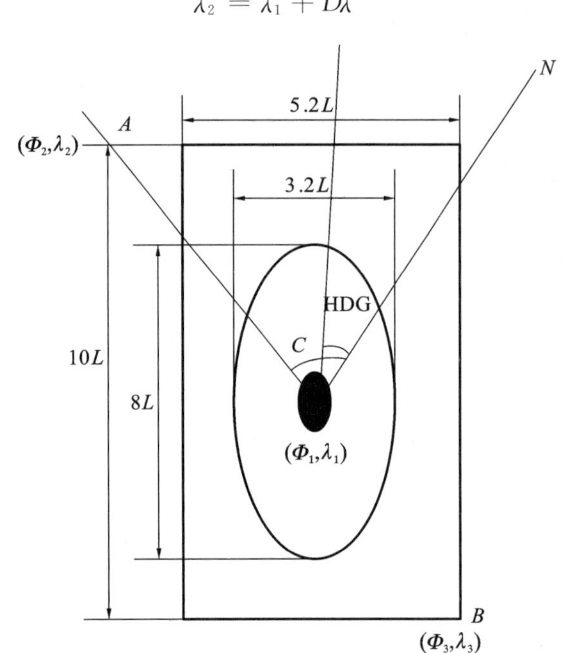

图 8-2　船舶预警领域的动态显示图

相同的方法可以计算出 B 点的经纬度(ϕ_3,λ_3)。计算出 A、B 两点的经纬度之后,使用 MapX 编程在电子海图显示船舶预警领域的程序如下:

```
Dim pts As New Points
Dim reg As New Feature
Dim rectangle As Mapxlib. Rectangle
Dim ship_alarm_area As Features Collection
Map1. Layers. CreateLayer("Temp")          REM:产生一个放置矩形的层
Map1. Layers. CreateLayer("ship")          REM:产生一个放置船舶的层
pts. AddXY φ2,λ2
pts. AddXY φ3,λ3
Set reg=Map1. FeatureFactory. CreateRegion(pts,Map1. DefaultStyle)
Set reg=Map1. Layers("Temp"). AddFeature(reg)   REM:画矩形
```

再利用电子江图的空间分析函数 SearchWithinrectangle 判断是否有船舶进入矩形船舶预警领域:

```
rectangle. set(φ2,λ2,φ3,λ3)
Set ship_alarm_area=Map1. Layers. Item("ship"). SearchWithinRectangle
(rectangle,miSearchTypePartiallyWithin)
```

根据 ship_alarm_area 的值可以判断矩形船舶预警领域内是否有船舶存在,当然可以进一步研究,如果有船舶有进入船舶预警领域的趋势,也可以提前预警。如果 ship_alarm_area≠0 则表明有船舶闯入矩形船舶预警领域,马上发出危险预警信息。

8.1.4 船舶安全预警发布技术

各种船舶航行环境如台风、大雾、航道拥挤、船舶碰撞、火灾等如果发生突变影响时应及时发布警告短信息；对危险品船舶进行实时监控过程中，船舶领域安全评估预警时，也需要发布警告短信息；在对船舶通航安全进行实时评估时，当判断船舶继续航行存在安全隐患时，也需要发布警告短信息。

在遇到安全隐患，需要发布警告短信息时，可以通过基站 AIS 发布安全短信息给 AIS 覆盖区域的船载 AIS。

AIS 是一种新型的集网络技术、现代通信技术、计算机技术、电子信息显示技术为一体的数字助航系统。它具有信息量大、抗天气干扰强、能越障碍传输、显示近距离目标等优点。AIS 设备工作在 VHF 波段，可以向其他船舶、陆上基站发送本船识别码、位置、航向、船长、船宽、类型和吃水、危险货物等信息。同样也可以接收来自对方的各种与航行安全有关的信息，是一个很好的信息交流工具。

在 AIS 设备中，具有收发短消息的功能，操作者可以很方便地使用该功能，将编辑好的短信息由人工发送给同一网络中的其他船舶，也可以接收其他船舶发送来的消息。AIS 发送短消息的模式有两种，参见图 8-3。

8.1.4.1 群发模式

选择该模式发送，可以使同一网络中的 AIS 船舶都接收到相同的信息，具有速度快，影响力大的特点，一般适宜由基站发布航行通告、预警信息等。

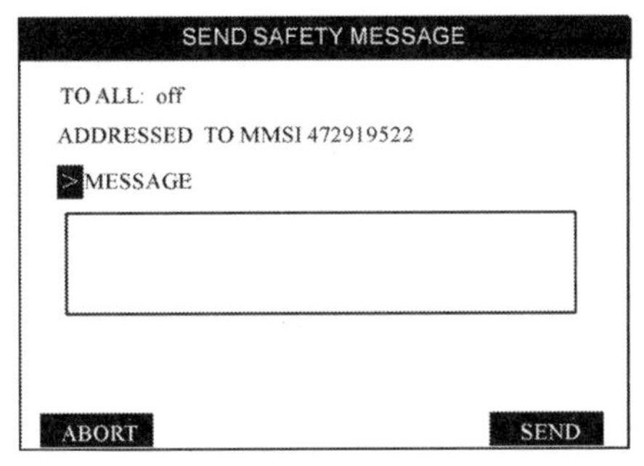

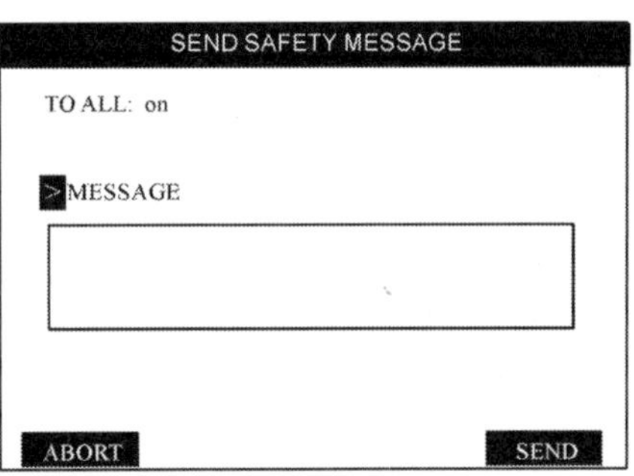

图 8-3 AIS 发送短信息模式图

8.1.4.2 指定用户模式

选择该模式发送，只有被指定的用户能接收到短消息，而其他船舶无法接收，发送端必须指定用户的 MMSI 号，且该船舶存在于同一网络之中。该模式适用于船舶与船舶之间的交流，或者基站对某一船舶发出预警信息。

船舶接收到的短信息参见图 8-4，显示的内容中可以读出发布者的名称、MMSI、位置、距离、方位以及短信息的详细内容。

以上介绍的通过 AIS 设备进行收发短信息的方法是利用设备自身所带的收发信息的功能，必须通过人工操作的方式完成，虽然有实现简单、发送灵活的特点，但是难以根据航行环境变化，判断船舶遇险状态，自动播发预警信息。如果要实现依据船舶预警领域预测船舶碰撞危险，自动发布安全预警信息就必须基于 AIS 报文格式，开发自动播发安全预警信息的程序。在 AIS 播发信息的报文中，报文 6、8、12、14 是播发安全短信息的，其说明参见表 8-1。

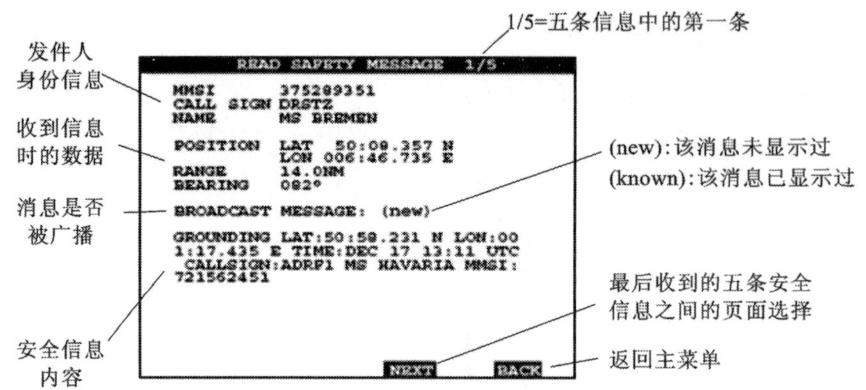

图 8-4 AIS 接收短信息图

表 8-1 AIS 发送安全短信息的相关报文

消息 ID	名称	说明	优先级	接入方案	通信状态	M/B
6	二进制寻址消息	寻址通信的二进制数据	4	RATDMA FATDMA ITDNLA	N/A	M/B
8	二进制广播消息	广播通信的二进制数据	4	RATDMA FATDMA ITDNLA	N/A	M/B
12	寻址安全相关消息	寻址通信的安全相关数据	2	RATDMA FATDMA ITDNLA	N/A	M/B
14	安全相关广播消息	广播通信的安全相关数据	2	RATDMA FATDMA ITDNLA	N/A	M/B

通信状态：

说明消息中采用的是什么通信状态。如果某条消息没有包含一种通信状态，则说明不适用，即 N/A。通信状态适用于表明预计使用哪个时隙。当未指示通信状态时，表明该时隙立即可用于其他应用。

接入方式：

该纵列给出了一个台站如何选择传输该消息的时隙。该接入方式不决定消息类型和那些时隙中消息传输的通信状态。

消息优先级有四级，即：

优先级 1(最高优先级)：包括为保证链路生存能力的位置报告消息在内的关键链路管理消息。

优先级 2(最高服务优先级)：与安全性有关的消息。这些消息应以较低的延迟进行传送。

优先级 3：指配、查询和对查询的响应消息。

优先级 4(低优先级):所有其他消息。

M/B:

M:由移动台发送;

B:由基站发送。

寻址二进制消息的长度、二进制广播消息的长度根据二进制数据的量应可以变化。该长度应在 1 到 5 个时隙之间变化。表 8-2 给出了二进制数据字节的数目(包括应用 ID 和应用数据),以便整个消息适合于给定的时隙数目。建议在可能的情况下,对于任何应用均将二进制数据字节的数目降至给定的数目,以便减少使用时隙。

寻址安全相关消息的长度、与安全有关的广播消息的长度可变,由安全相关文本的数量决定。长度应在 1 至 5 时隙间变化。表 8-2 给出了 6bit ASCII 字符的数量,因此整个消息适合于一个给定的时隙数。建议任何应用在可能时通过将字符的数量限制在给定的数量以减少时隙的使用。

表 8-2 最大二进制数据字节、最大 6bit ASCII 字符发送表

时隙的估计数	最大二进制数据字节		最大 6bit ASCII 字符	
	寻址二进制消息 6	广播二进制消息 8	寻址安全相关消息 12	广播安全相关消息 14
1	8	12	10	16
2	36	40	48	53
3	64	68	85	90
4	92	96	122	128
5	117	121	156	161

对于寻址安全相关消息 12 及广播安全相关消息 14 来说,虽然也可以编程自动发射文本信息,但是,由于其格式和功能基本固定,所以扩展的自由度不大。而对于寻址二进制消息 6、二进制广播消息 8 而言,开发者可以根据 ITU 的建议,在一定的框架下扩展成专用的功能消息,下面就介绍有关 ITU 关于开发寻址二进制消息 6、二进制广播消息 8 为应用功能消息的相关建议。

1)概述

由应用来定义数据内容的 AIS 消息是应用的专用消息。其例子就是二进制消息 6 和 8。

数据内容不影响 AIS 的操作。AIS 是台与台之间传送数据内容的一种手段。功能消息的数据结构是由一个应用标志符(AI)和随后的应用数据组成。

(1)二进制消息

二进制消息由三部分组成:

①标准 AIS 结构(消息 ID、转发指示符、信源 ID,而对于寻址二进制消息,还有一个目的地 ID)。

②6bit 应用标志符(AI=DAC+FI),其组成为:

a. 10bit 指配区域码(DAC)——基于 MID;

b. 6bit 功能标志符(FI)——可有 64 个独特应用专用消息。

③数据内容(可变长度高达一个给定的最大值)。

(2)应用标志符的定义

应用标志符唯一地标志出消息及其内容。应用标志符是一个 16bit 的号码,用于定义构成数据内容的比特的含义。应用标志符的使用在后文中规定。

DAC 是一个 10bit 的号码。DAC 的指配是:

国际(DAC=1~9),由国际约定维护用于全球应用;

区域(DAC>10),由受影响的区域权威部门维护;

测试(DAC=0),用于测试目的。

建议 DAC=2~9 用于确定国际专用消息的后续版本,并且应用专用消息的管理者根据管理者的国家或区域的 MID 选择 DAC。使任何的应用专用消息可在全球范围利用是未来的目标。

FI 是一个 6bit 的号码,每个 DAC 可以支持高达 64 种应用。

任一 AIS 台的技术特性的定义仅包含 OSI 模型的层 1 至层 4。

层 5(会话层)、层 6(表示层)和层 7(应用层,包括人机接口)应遵照相关规范所给出的定义和指导方针以免应用中出现冲突。

(3)功能消息的定义

每个应用标志符(AI)和应用数据独特的结合构成一个功能消息。二进制消息的数据内容的编码和解码基于由 AI 值标志的表。由国际 AI(IAI)值标志的表应由负责定义国际功能消息(IFM)的国际权威部门维护和发布。而区域 AI 表(RAI)的维护和发布,定义区域功能消息(RFM)应是国家或区域权威部门的责任。

2)二进制数据结构

本节提供开发广播和寻址二进制消息数据内容结构的一般指导。

寻址和广播二进制消息应包含一个 16bit 应用标志符,其构成如表 8-3 所示。

表 8-3 应用标志符构成表

比特(bit)	说明
15~6	指定区域码(DAC)。该码基于海事识别数字(MID)。除了 0(测试)和 1(国际)。尽管长度为 10bit,但 DAC 码等于或高于 1000 的留做将来使用
5~0	功能标志符。其含义由负责指定区域码中给出的地区的权威部门来确定

尽管应用标志符允许作为区域应用,但为了国际兼容该应用标志符应具有以下特殊的含义:

(1)测试应用标志符

采用任意功能标志符(0 至 63)的该测试应用标志符(DAC=0)应被用于测试目的。该功能标志符是可以自行确定的。

(2)国际应用标志符

国际应用标志符(DAC=1)应用于相关全球的国际应用。专用国际应用则通过一个独特的功能标志符标志。

3)创建功能消息的指导方针

功能消息使用的时隙应考虑到系统电平对 VHF 数据链路负荷产生的影响。

(1)国际功能消息

在创建国际功能消息时应考虑以下方面：

①公布国际功能消息(见 IMO 和 ITU 文件)；

②关于现行的、后续的或已不用的消息结构所进行的留存和兼容问题；

③需要正式引入新功能的时间周期；

④每条功能消息应具有一个唯一的标志符(AI)；

⑤可用国际功能标志符的数量是有限的。

(2)区域功能消息

在创建区域功能消息时应考虑以下方面：

①公布区域和国际功能消息；

②关于现行的、后续的或已不用的消息结构所进行的留存和兼容问题；

③需要正式引入新功能的时间周期及成本；

④每条功能消息应具有一个唯一的标志符(AI)；

⑤限量的功能标志符指配给本地、区域、国家或多国使用；

⑥对消息加密的要求。

4)创建功能消息(FM)的指导方针

当开发功能消息时，应考虑以下方面：

①用于测试和评价的消息以保证操作系统的完整性；

②适当时对每个数据字段应规定不可用值、标称值或故障值；

③应为每个数据字段规定默认值。

当包含位置信息时，除了纬度和经度，如果适用，它应按照以下顺序组成数据信息字段(见 AIS 消息 1 和 5)：

①位置准确度；

②经度；

③纬度；

④精度；

⑤电子位置固定装置的类型；

⑥时间标志。

当发送的是时间和/或数据信息，而不是用于位置信息的时间标志时，该信息应定义参见 AIS 消息 4。

5)与国际功能消息有关的系统的定义

使用 AIS 台时应采用 IFM 0 在各应用之间传送 6bit ASCII 文本。该文本可用二进制消息 6 或 8 发送。在用消息 8 进行广播时，参数“确认请求标志”应设置为 O。

当长的文本串被细分时，使用了一个 11bit “文本序列编号”。文本序列编号被发送应用用于细分文本而被接收应用用于重新集合文本。对各细分部分的文本序列编号应选择连续和始终增加(110，111，112，…)。如果要传送多个文本，应选择该文本序列编号，正确地将细分的文本与正确的文本串联系起来。采用消息 6 的 IFM 0，寻址二进制消息结构参见表 8-4，采用消息 8 的 IFM 0，广播二进制消息结构参见表 8-5。

表 8-4　采用消息 6 的 IFM 0,寻址二进制消息

参数	比特数	说明
消息 ID	6	消息 6 的标志符:固定为 6
转发指示符	2	由转发器使用,表明消息已被转发多少次
信源 ID	30	信源台站的 MMSI 编号
序列编号	2	0～3
目的地 ID	30	目的地台站的 MMSI 编号
重发标志	1	应根据重复发送设置重发标志:0,不复发,默认;1,重发
备用	1	未使用。应置为零
DAC	10	国际 DAC$=1_{10}=0000000001_2$
FI	6	功能标志符$=0_{10}=000000_2$
确认请求标志	1	1=需要应答,可选择寻址二进制消息但不能用于二进制广播消息;0=无需应答,可选择寻址二进制消息且用于二进制广播消息
文本序列编号	11	根据应用增加序列编号,全零表示未使用此序列编号
文本串	6～906	当使用此 IFM 时,传输所使用的时隙数应尽可能小,对于消息 6 最大为 906
备用比特	最大 6	未使用,应置为零。为维持字节边界,比特数目应可以是 0、2、4 或 6
应用数据比特的总数	112～1008	对于消息 6 最大为 920

表 8-5　采用消息 8 的 IFM 0,广播二进制消息

参数	比特数	说明
消息 ID	6	消息 8 的标志符;固定为 8
转发指示符	2	由转发器使用,表明消息已被转发多少次
信源 ID	30	信源台站的 MMSI 号码
备用	2	未使用。应置为零
DAC	10	国际 DAC$=1_{10}=0000000001_2$
FI	6	功能标识符$=0_{10}=000000_2$
确认请求标志	1	1=需要应答,可选择寻址二进制消息但不能用于二进制广播消息;0=无需应答,可选择寻址二进制消息且用于二进制广播消息
文本序列编号	11	根据应用增加序列编号,全零表示未使用此序列编号
文本串	6～936	当使用此 IFM 时,传输所使用的时隙数应尽可能小,对于消息 8 最大为 936
备用比特	最大 6	未使用,应置为零
应用数据比特的总数	80～1008	

国际海上安全公约(SOLAS)关于各种船舶强制性配备 AIS 设备的公约条款通过以来，AIS 在保障船舶航行安全方面得到了广泛的应用。但是在国内外的船载 AIS 设备的使用中，安全短信息都是以英文或者数字的方式传送，这并不符合我们中国人的操作、使用习惯。如何通过 AIS 传送汉字信息以适应我国船员的操作习惯，更好地应用 AIS 设备进行信息交流，是非常值得研究的课题。但是现有的船载 AIS 一般只能播发和接收英文短信息，没有汉字短信息。对于内河船舶来说，发布和接收汉字安全短信息对保障船舶航行安全具有现实意义。

本教材所设计的基于寻址二进制消息 6 扩展开发的 AIS 汉字传输技术是为了解决 AIS 设备之间的汉字传输问题，从 AIS 的通信机制着手，对 AIS 设备传输汉字的设计思想进行了分析，探讨了在两台 AIS 设备之间传输汉字的方法，并通过实验的方式论证了所使用的 AIS 设备之间传输汉字技术的正确性。该研究成果对保障船舶航行安全具有重要意义。

8.2 实例二 基于 AIS 的风流压差自动预测技术

船舶在实际航行中，由于受到风流压的影响，往往造成实际航迹线偏离计划航线。为了确保船舶按照既定航线安全、经济地航行，通常要求航海人员尽可能随时估算海洋的风流要素，确定船舶应采用的真航向。在航海实践中比较难以预先估计风流压差，通常情况下驾驶员是根据前一系列观测船位所得出的航迹向与真航向求出风流压差角作为随后估计风流压差的参考，以及观测船舶周围水域的流速、流向并参考风速仪推算船舶周围的风流压差。显然目前使用的依靠人工估算风流压差的方法不仅效率低下，而且只能估算本船位周围的风流压差。如果能对航行前方的风流压差进行自动预测将对船舶航行安全提供更有价值的参考作用。随着船舶自动识别系统 AIS(Automatic Identification System)的使用，一种基于 AIS 的风流压差的自动预测方法值得研究，下面详细介绍该方法。

8.2.1 风流压差的常用测算方法

船舶通常都是在有风流影响的情况下航行的，如果航行中测得船舶的实际航迹向 COG，则它与真航向 Heading 之差，就是当时的风流压差 γ。如果船舶航行在有风无流的水域，则该差值就是风压差 α；而当船舶在有流无风的水域航行时，该差值就是流压差 β，如图 8-5 所示，航海中常用的测算方法有以下几种。

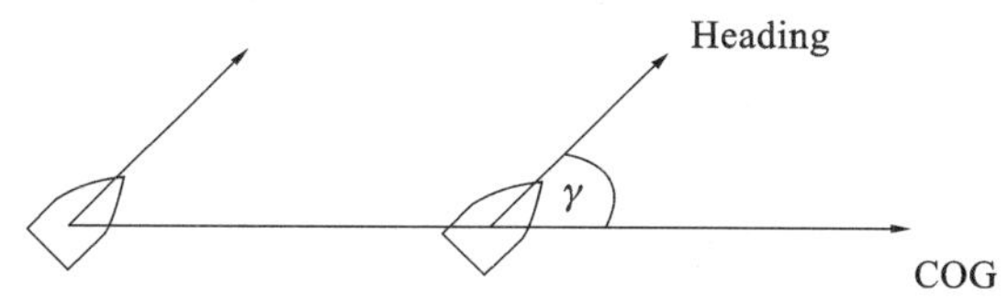

图 8-5 风流压差示意图

8.2.1.1 连续观测定位法

在一段时间内，连续测得 3～5 个观测船位，用平差方法(各船位到该直线的距离平方和为最小值)以直线“连接”各观测船位，该直线即为航迹线，量取该线的前进方向，即为实测航迹向 COG。

8.2.1.2　叠标导航法

选择一对适当的人工或自然叠标，操纵船舶沿着该叠标线航行，此时叠标方位线的方向就是实测航迹向，它与真航向之差，即为风流压差。

8.2.1.3　物标最小距离方位与正横方位法

在有风流情况下航行，物标正横和距离最小并不在同一时刻出现，因此物标正横方位和最小距离方位也各不相同，所以实际工作中，必须在物标正横前连续观测物标的方位和距离，并在物标正横时测定其方位。

这样，再根据这一系列的物标方位、距离观测数据，推断出物标的最小距离方位，就可由上式求得风流压差。

8.2.1.4　雷达观测法

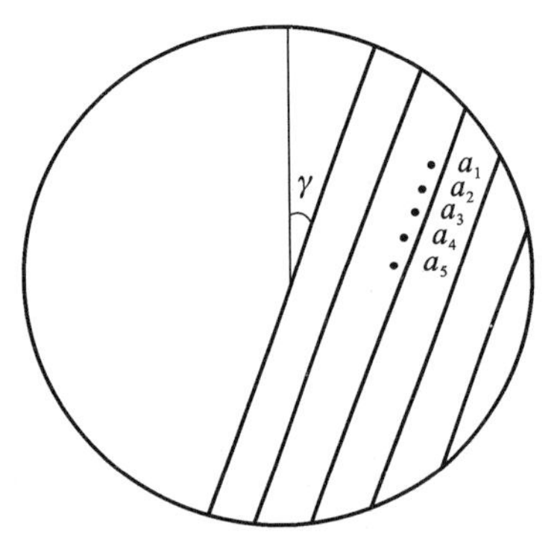

图 8-6　雷达观测法求风流压差示意图

采用船首向上相对运动显示方式，观测某固定物标的回波 a，如图 8-6 所示，设该物标回波分别为 $a_1, a_2, a_3, \cdots$，调整雷达电子方位线或方位标尺，使它们平行于物标的回波 $a_1, a_2, a_3, \cdots$，则电子方位线或方位标尺与船首之间的夹角即为风流压差。

以上常用的几种方式无一不是利用人工观测的方式求取风流压差，效率低、精度差，而且都是估算的本船所在处的风流压差，对于前方的风流压差预测无能为力，如果能够自动获取本船和前方某一目标船的航迹向、船首向及位置数据，则不仅可以自动计算出本船所在处的风流压差，而且可以预测出航行前方的风流压差，这对于船舶在狭窄水域航行是非常有意义的。实际上，随着船舶 AIS 的不断普及，本船通过 AIS 可以随时获取前方船舶 AIS 自动发送过来的航迹向、船首向及位置数据，经过开发的应用程序处理之后，可以在本船的电子海图上自动显示出前方航道的风流压差。下面介绍基于 AIS 的风流压差的自动预测方法。

首先需要采集周围船舶的 AIS 数据，由于周围船舶较多，如果不加选择地将所有船舶都进行风流压的预测，可能会使电子海图显示的画面混乱，反而不利于驾驶员观测、判断和预测船舶周围的风流压的态势。因此我们建议自动选取或者人工选取某一(几)条有代表性的船舶作为观测研究对象。比如人工输入某船的 MMSI，连续观测该船舶一段时间的运动趋势，将其作为风流压预测的研究对象。选定研究对象船舶之后，从采集到的 AIS 数据中提取该船舶的数据，进行解码，解析出船舶的经纬度(Longitude、Latitude)、船首向 Heading、航迹向 COG 等数据。依据该数据及航海学中相关数学公式进一步计算该船舶的下一个预测位置。基于实测的 AIS 位置及航向数据可以在电子海图上显示出来；结合预测的船舶下一个位置，可以绘制出船舶的船首线 heading_line 及航迹线 COG_line，从而预测出该船舶所在水域的风流压差。为了清晰、直观地观测风流压趋势，同时不影响观测船舶其他信息，充分利用电子海图的分层显示特点，将船舶风流压趋势单独作为一个层保存起来，因此可以根据需要实现关闭/打开风流压差显示图层。为了实时显示船舶周围风流压差，需要定时更新以上所有数据，具体的流程图参见图 8-7。

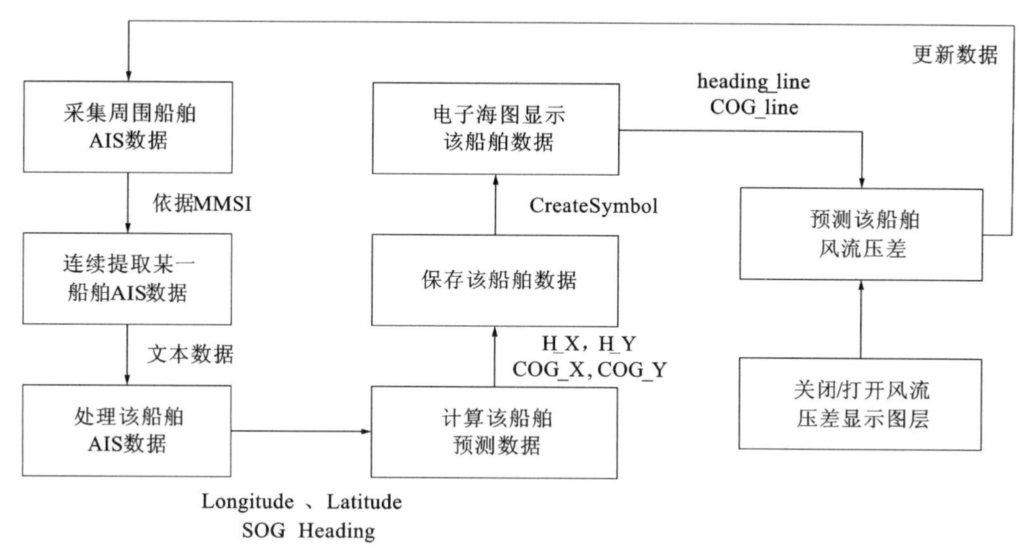

图 8-7 基于 AIS 的船舶风流压差预测流程图

8.2.2 航迹向、船首向及船舶位置数据的自动获取

基于 AIS 的风流压差的自动预测方法，就是利用前方船舶 AIS 提供的航迹向、船首向信息，自动计算前方航道的风流合压差，并在电子海图上显示出前方航道的风流合压差动态，给本船提供预测前方航道风流压差的一种方法。

船舶自动识别系统 AIS 是在一定的作用范围内，在规定的频道上用 VHF 传输船对船和船对岸的识别、导航和通信信息，自动进行船对岸和船对船识别的系统。

AIS 可以提供三类信息，即静态信息、动态信息和航行相关信息。其中：

静态信息包括海事安全委员会号码、船名和船舶呼号、船长和船宽、船舶类型、天线在船上的位置；动态信息包括船位、信息报告的世界时、对地航向航速、船首向；从前方船舶 AIS 发送的信息中包含有航迹向 COG、船首向 Heading 及船舶位置经纬度数据（Longitude、Latitude），满足本船计算前方航道风流合压差的需要，开发应用程序，自动获得上述数据，是预测前方航道风流合压差的关键所在。

AIS 采用时分多址通信方式 SOTDMA，它把每个信道的时间分成固定的时间时隙，1 帧持续 1min，包含 2250 个时隙，所有这些时隙都可以由工作在数据链路上的电台使用。

最上层表示的数据包中的 168bit 是用于传输电文的，前 6 位是消息识别码，后面是 30bit 的电台标识码，最后是用于数据链路管理的通信状态项信息。报文分为 22 种类型，能支持船位报告、静态和航行相关数据报告及安全广播信息等多种服务（表 8-6）。

如 ID 为 1 的 A 类船舶的船位报告内容参见表 7-5，通过参考表 7-5 可以知道 bit 的分配规律，在开发应用程序时自动提取所需要的 SOG、Longitude、Latitude 和 Heading 参数，最后在电子海图上显示出该经纬度处的风流压差。ID 为 18 的 B 类船舶的船位报告 bit 分配表参见表 8-7。

表 8-6　与风流压差预测相关的 AIS 报文简表

消息号	信息名称	信息描述
1	船位报告	定时船位报告
2	船位报告	分配定时船位报告
3	船位报告	询问船位报告
4	基站报告	基站的位置、UTC、数据和当前基站的时隙编号
5	静态、航行相关数据	静态和航行相关数据报告
18	标准的 B 类设备位置报告	替代消息 1,2,3 使用的标准的 B 类船载移动设备位置报告
19	扩展的 B 类设备位置报告	扩展的 B 类船载移动设备位置报告;包含附加的静态信息
24	静态数据报告	为 MMSI 指配的附加数据,A 部分:名称;B 部分:静态数据

表 8-7　船位报告 18 的 bit 分配简表

参数	比特数目	说明
消息 ID	6	消息 18 的标志符;固定为 18
转发指示符	2	由转发器使用,表明消息已被转发多少次
用户 ID	30	MMSI 编号
备用	8	未使用。应置为零。留做将来使用
SOG	10	对地航速,步长为 1/10kn
位置准确度	1	1=high,0=low
经度	28	1/10000min
纬度	27	1/10000min
COG	12	对地航向,1/10°
Heading	9	船首向,°(0～359)

以下面的一句报文为例,对实际接收到的 AIS 信息解码过程进行分析:

! AIVDM,1,1,,A,169DD? PP1k8HVfH=C@N20Br00<Ie,0 * 27

由! AIVDM 可知该信息为船舶的动态和静态暗码信息。

其中的 169DD? PP1k8HVfH=C@N20Br00<Ie 是数据部分,每一位字符都为 8bit ASCII 码,首先必须逐一将其转换为 6bit 二进制码,转换参考表如表 7-4 所示。

第一位字符 1 转换后即为 000001,字符 6 转换后即为 000110,依次类推,转换后的结果见表 8-8 的左半部分。第一行的 6 个 bit 代表消息识别码,000001 转换为十进制的 1,由此可知本句报文是 1(船位报告消息)。

报文 1 的二进制 bit 一共有 6×28=168 位,由其 bit 信息分配表 7-5 可知第 8 位后的 30 位(bits 9～38)(011000100101010001010000111110)分配给了用户 ID(MMSI),将其转换为十进制后(412423230)即可解码得出 MMSI。用相同的方法可以解码出 SOG 船舶对地速度(bits 51～60)、Longitude(bits 62～89)、Latitude(bits 90～116)船舶所在地经纬度(二

进制码转换为十进制后除以 10000，所得结果是以分为单位的经纬度）、COG 船对地航向(bits 117～128)（二进制码转换为十进制后除以 10）、Heading 船首向(bits 129～137)（二进制码转换为十进制）等信息（表 8-8）。

表 8-8　AIS 信息解码过程表

1	0	0	0	0	0	1	bits 1～6＝Identifier for this message
6	0	0	0	1	1	0	bits 9～38＝MMSI
9	0	0	1	0	0	1	011000100101010001010000111110
D	0	1	0	1	0	0	412423230
D	0	1	0	1	0	0	
?	0	0	1	1	1	1	
P	1	0	0	0	0	0	
P	1	0	0	0	0	0	
1	0	0	0	0	0	1	bits 51～60＝Speed over ground
k	1	1	0	0	1	1	0001110011（二进制）；115（十进制）115/10＝11.5
8	0	0	1	0	0	0	bits 62～89＝Longitude in 1/10000
H	0	1	1	0	0	0	0100001100010011010111001100（二进制）
V	1	0	0	1	1	0	70333900（十进制）
f	1	0	1	1	1	0	70333900/10000/60＝117.2232°(E)
H	0	1	1	0	0	0	bits 90～116＝Latitude in 1/10000
=	0	0	1	1	0	1	000110101001101000001111000（二进制）
C	0	1	0	0	1	1	13947000（十进制）
@	0	1	0	0	0	0	13947000/10000/60＝23.245°(N)
N	0	1	1	1	1	0	bits 117～128＝Course over ground
2	0	0	0	0	1	0	001000000001（二进制）；513（十进制）
0	0	0	0	0	0	0	513/10＝51.3°
B	0	1	0	0	1	0	bits 129～137＝Heading
r	1	1	1	0	1	0	001011101（二进制）；93°（十进制）
0	0	0	0	0	0	0	
0	0	0	0	0	0	0	
<	0	0	1	1	0	0	
I	0	1	1	0	0	1	
e	1	0	1	1	0	1	

经过解码后得到目标船的位置经纬度值 ship_X 为 117.2232°(E)、ship_Y 为 23.245°(N)；SOG 为 11.5；COG 为 51.3°；Heading 为 93°，参见表 8-9 第一行。

为了能预测前方某船的运动趋势，需要接收数次不同位置的船舶信息来获取相关数据，接收到不同时刻该船舶的 AIS 信息见表 8-10。

表 8-9 不同时刻 AIS 信息解码结果表

ship_X	ship_Y	SOG	COG	Heading	H_X	H_Y	COG_X	COG_Y
117.22317	23.245	11.5	51.3	93	117.23349	23.24450	117.23124	23.25094
117.22583	23.247	11.5	49.5	92	117.23612	23.24667	117.23370	23.25317
117.24183	23.260	11.6	48.1	91	117.25217	23.25933	117.24953	23.26584
117.24450	23.262	11.6	48.4	90	117.25484	23.26150	117.25223	23.26781
117.24717	23.264	11.8	51.4	89	117.25751	23.26387	117.25525	23.26963
117.25467	23.271	11.6	42.3	87	117.26499	23.27116	117.26163	23.27769
117.25717	23.273	11.9	43.8	85	117.26747	23.27383	117.26432	23.27986

表 8-10 接收到的同一船舶不同时刻的 AIS 信息表

00 : 00 : 00;! AIVDM,1,1,,A,169DD? PP1k8HVfH=C@N208r00<Ie,0 * 27

00 : 01 : 00;! AIVDM,1,1,,A,169DD? PP1k8HWPH=CE:1sjp008Q?,0 * 4D

00 : 07 : 00;! AIVDM,1,1,,A,169DD? PP118Hd<H=CjM1pBn008P,0 * 26

00 : 08 : 00;! AIVDM,1,1,,A,169DD? PP118HdvH=C091q210040P,0 * 32

00 : 09 : 00;! AIVDM,1,1,,A,169DD? PP1n8HehH=Ct>20Rj000SV,0 * 76

00 : 12 : 00;! AIVDM,1,1,,A,169DD? PP118Hgu0=D<Wiajf0040h,0 * 52

00 : 13 : 00;! AIVDM,1,1,,A,169DD? PP1o8Hhcp=DB61eRb000Rd,0 * 1D

利用与上述相同的解码方法,解出不同时刻同一船舶的位置、航迹向及船首向信息结果参见表 8-9。表 8-10 中每一条信息经过解码后对应表 8-9 中的解码结果。下面将表 8-9 的信息结果直接在电子海图上显示出来。

8.2.3 风流压差在电子海图上的显示

为了在电子海图上显示 AIS 信息,我们采用的 MapX5.0 是 MapInfo 公司向使用者提供的具有强大地图分析功能的 ActiveX 控件产品。MapX 提供了各种工具、属性和方法,可以实现船位、风流压差在电子海图上的显示。为了画出航迹线、船首线,除了船位点之外,还必须在航迹线、船首线上分别再选取一点。可以根据起点经纬度(λ_1,ϕ_1)、航向 C 和航程 S,利用下列数学公式,求到达点推算船位经纬度(λ_2,ϕ_2)的方法来求出该点。

$$\begin{aligned} D\phi &= S\cos C \\ \phi_2 &= \phi_1 + D\phi \end{aligned} \tag{8-7}$$

$$\begin{aligned} \phi_m &= (\phi_1 + \phi_2)/2 \\ D\lambda &= S\sin C\sec\phi_m \\ \lambda_2 &= \lambda_1 + D\lambda \end{aligned} \tag{8-8}$$

本书中 λ_1、ϕ_1 采用 ship_X、ship_Y;S 采用 0.57;航向 C 采用 Heading 计算出来的位置点(λ_2,ϕ_2)为 H_X、H_Y;航向 C 采用 COG 计算出来的位置点(λ_2,ϕ_2)为 COG_X、COG_Y;具体计算数据结果参见表 8-9。

实现船位、风流压差在电子海图上显示的主要程序如下：

```
Do While i<7
    tmp_wpt.Set ship_x(i),ship_y(i)
        REM:设置船舶位置点的坐标
    Map1.DefaultStyle.SymbolCharacter=209
        REM:选用△符号代表船舶
    Map1.DefaultStyle.SymbolFont.Size=18
    Map1.DefaultStyle.SymbolFontRotation=-180+ship_Heading_c(i)
        REM:将船首向作为△的取向
    Set temp_Fea = Map1.FeatureFactory.CreateSymbol(tmp_wpt,Map1.Default-
Style)
        REM:在相应的经纬度处显示船舶,显示结果参见图 8-8
    heading_wpt.AddXY ship_x(i),ship_y(i)
        REM:将船舶位置数据加入线段的起点
    heading_wpt.AddXY H_x,H_y
        REM:将船首线上推算位置加入线段的终点
    heading_line.Parts.Add heading_wpt
        REM:显示船首线,参见图 8-8
    COG_wpt.AddXY ship_x(i),ship_y(i)
        REM:将船舶位置数据加入线段的起点
    COG_wpt.AddXY COG_X,COG_Y
        REM:将航迹线上推算位置加入线段的终点
    COG_line.Parts.Add  COG_wpt
        REM:显示航迹线,参见图 8-8
i=i+1
Loop
```

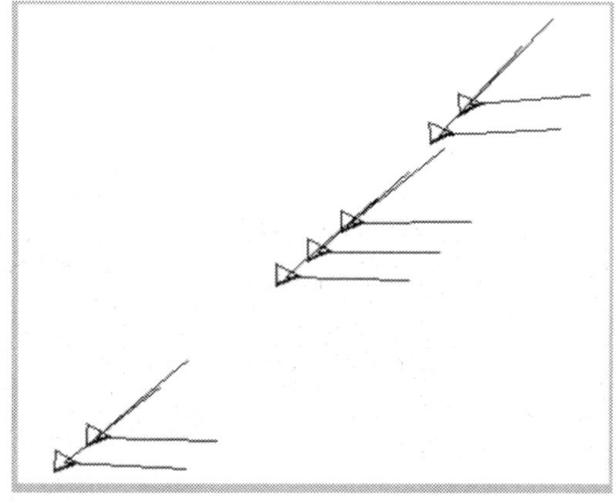

图 8-8　不同时刻船位、航迹向及船首向示意图

基于 AIS 的风流压差的自动预测是利用 AIS 的通信功能将前方航道上的船舶 AIS 自

动发送的 AIS 动态信息收集、处理之后在本船的电子海图上显示出前方航道中风流压差的一种方法，不仅可以减轻船舶驾驶员人工作图的工作量，而且可以预测前方航道的风流压差，对于船舶驾驶具有一定的参考价值。

8.3 实例三 移动 VTS 技术

VTS(Vessel Traffic Services)称作船舶交通服务系统，是主管机关为了增进船舶交通安全和效率、保护水域环境所设立的一种设施。一个大型的港口 VTS 由港口雷达、水文气象观测仪、VHF 通信网等组成。港口雷达能在夜间、雾天及各种不良气象下监视管辖区内各种目标，其作用距离大于视觉观察距离。

VTS 在保障船舶航行安全、增进船舶营运效率、改善航行水域环境等方面发挥着巨大的作用。同时，VTS 的建设成本巨大，所管辖的水域范围有限，当超出其水域范围后，VTS 将无能为力。此外，由于雷达存在着近距离盲区、目标识别困难、目标遮挡等诸多局限性，抑制了其保障船舶安全等功能的发挥。与之相反，AIS 没有近距离盲区，能跨越障碍发现目标，可以有效地识别船舶以弥补雷达的不足。所以现代 VTS 中都引入了 AIS。虽然通过岸台 AIS 网络可以接收更远处船舶的信息，但是必须建设固定的岸台网络设备，这是 VTS 的一种近岸扩展功能。当遇到河岸环境太差无法建设 AIS 基站，或者船舶离岸较远，甚至没有安装 AIS 的情形时，VTS 就无法发挥出上述近岸扩展的功能。

为了最大限度地发挥 VTS 和 AIS 的功能，本书提出移动 VTS 的概念。首先，利用船载雷达和 AIS 设备构建移动 VTS，将船载雷达上所发现的目标参数通过船载 AIS 设备传输到长江干线航运物流信息综合运用平台基站的 AIS 上。经过处理，将目标显示在岸上航运物流信息综合运用平台，也就是将船载雷达设备通过船载 AIS 设备和岸上的航运物流信息综合运用平台连接起来，从而扩展了航运物流信息综合运用平台的管辖范围。

由于船舶的机动性，船舶作为雷达站不是固定的，可以临时设在所需水域，如突发海事事故水域。出现突发事故所采取的应急措施包括发布预警安全信号，派遣海事船舶(甚至是无人船)快速赶往事故现场组建移动 VTS，可以为航运物流信息综合运用平台提供现场实时信息等。显然移动 VTS 具有固定 VTS 的功能，且更灵活、方便、成本低廉。如图 8-9 为移动 VTS 概念示意图，下面具体地介绍移动 VTS 的原理及实现方法。

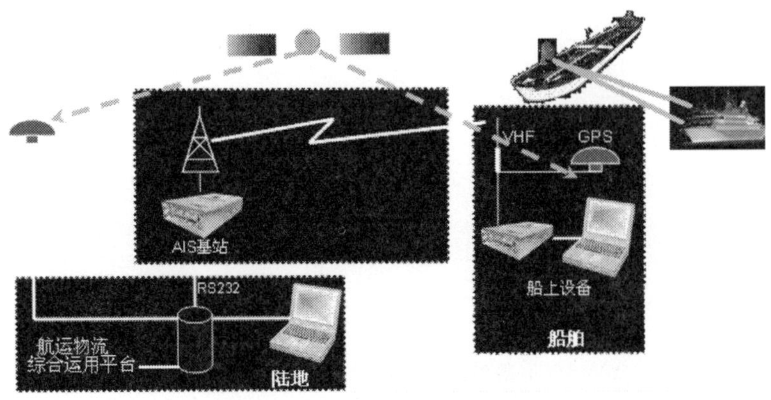

图 8-9 移动 VTS 概念示意图

8.3.1 系统组成

系统组成框图如图 8-10 所示。

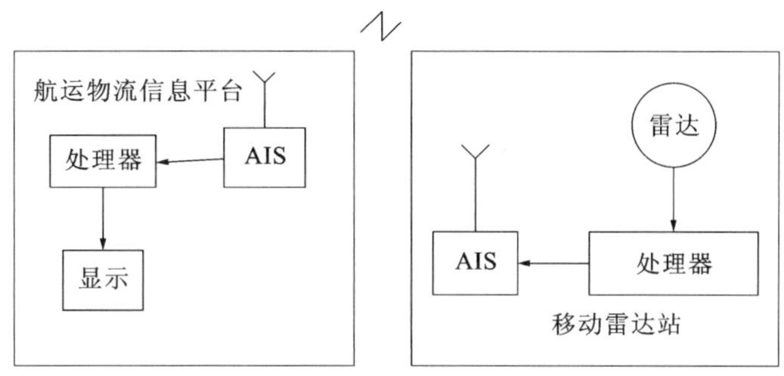

图 8-10 移动 VTS 组成框图

移动 VTS 系统由航运物流信息综合运用平台、基站 AIS、移动雷达站组成。移动雷达站由船舶雷达和 AIS 组成，船舶雷达作为目标信息的传感器，利用雷达发现目标的基本功能，将船舶周围的目标录取锁定并采集相关距离、方位参数，经编码处理后送船载 AIS 发射出去，基站 AIS 接收到信息后，经过相关解码处理，最后将固定 VTS 所不能发现的目标显示在航运物流信息综合运用平台。通常 AIS 的传输距离为几十海里，再加上船载雷达的作用距离几十海里，使用移动 VTS 可以比固定 VTS 的有效范围提高 100 海里左右。如果再增加移动雷达站连接到移动 VTS 中来，其作用范围将得到进一步扩展。

8.3.2 移动 VTS 工作原理

在固定 VTS 上发现不了的目标，通过移动雷达站的中继，在移动 VTS 上能够发现目标并测量目标到基站岸台的距离和真方位，其距离、真方位转换原理图如图 8-11 所示。

图 8-11 中 O 点为基站岸台，经纬度可以通过基站岸台 AIS 得到，为(λ_0,ϕ_0)；

O'为移动雷达站位置，经纬度可以通过船载 AIS 得到，为(λ'_0,ϕ'_0)；M 为目标，R 和 C'为船载雷达上直接测得的目标的距离和真方位，经转换后得到：

$$\Delta X = R\sin C',\Delta Y = R\cos C' \tag{8-9}$$

在长江干线航程不长时使用中分纬度算法，计算移动基站到基站岸台的距离 S 和真方位 C：

$$C = \arctan[(D\lambda/D\phi)\cos\phi_m]$$
$$\Phi_m = (\phi_0 + \phi'_0)/2$$
$$S = D\phi\sec C$$
$$X_0 = S\sin C, Y_0 = S\cos C \tag{8-10}$$

结合式(8-9)、式(8-10)可以算出目标到基站岸台的距离：

$$X = X_0 + \Delta X，即\ X = S\sin C + R\sin C'$$
$$Y = Y_0 + \Delta Y，即\ Y = S\cos C + R\cos C'$$

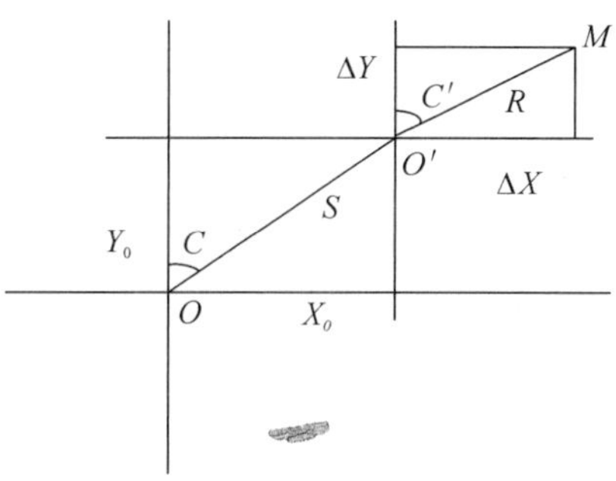

图 8-11 距离、真方位转换原理图

转换为极坐标后的距离、真方位为：

$$D = (X^2 + Y^2)^{1/2}, B = \arctan(X/Y) \tag{8-11}$$

由此可知，只要船载 AIS 将目标的距离数据 R 和真方位数据 C' 以及船舶雷达所在位置的经纬度数据(λ_0', ϕ_0')传输到岸台 AIS，经计算处理后即可在航运物流信息综合运用平台上显示出目标的真实位置。

8.3.3　实现方法

从移动雷达站上发现目标到平台上显示目标，整个过程必须是自动完成的，才能适时、有效地发挥移动 VTS 的功能。因此必须在移动雷达站和航运物流信息综合运用平台上分别开发相关应用程序来完成中间的衔接工作。

8.3.3.1　移动雷达站的应用程序

移动雷达站要完成从雷达上对目标数据的采集工作，提取目标的距离、方位参数，经过编码之后送 AIS 发射出去。

现代航海仪器都有数据的输入输出接口，其数据输出规则遵循 NMEA 0183 协议，具体可参考所使用的雷达使用说明书，例如利用 Kelvin Hughes Nucleus 3 5000 型雷达，其目标参数的输出格式如图 8-12 所示。

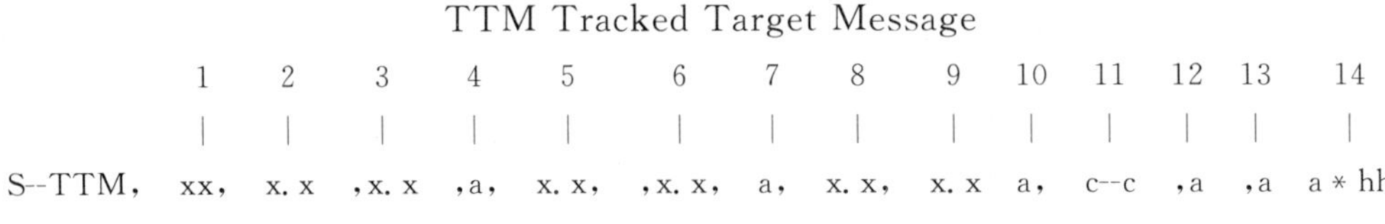

图 8-12　目标参数的输出格式图

AIS 基于 SOTDMA 通信技术，将目标的动态和静态信息以一定的数据格式，通过 VHF 的方式播发、接收。同时提供输出数据的接口，以便输出本船以及目标船的动态和静态信息，AIS 系统可以用 22 种不同的数据报文发送，为了将目标的距离和真方位发送出去，可以借助报文 1(船位报告)来完成，在报文 1 中含有本船的航速、航向信息。通常 AIS 是通过输入、输出接口与计程仪、罗经连接，自动采集本船的航速、航向信息发送出去。因此，可以利用串口与 AIS 连接将目标的距离和真方位数据代替本船的航速、航向数据发送出去。当然，要使用符合 NMEA 0183 协议的数据格式来进行编程。航速、航向的数据格式见图 8-13。

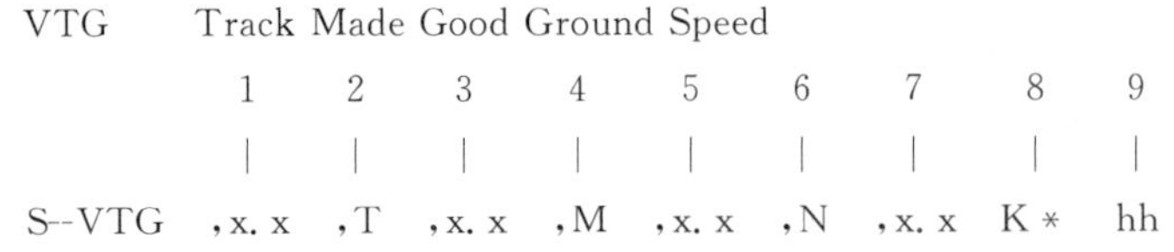

图 8-13　航速、航向的数据格式图

8.3.3.2　综合运用平台的应用程序

该应用程序的作用是将基站岸台 AIS 接收到的信息经过解码后，提取目标的距离、方位参数以及移动船舶的经纬度参数，基站岸台的经纬度是固定不变的，可以从岸台 AIS 中直接读取以简化编程，上述参数代入式(8-9)、式(8-10)、式(8-11)得到目标距离 VTS 中心的距离、真方位数据，最后将其以一定形式显示出来。

以下面的一句报文为例，对实际采集的 AIS 信息解码过程进行分析：

！AIVDM,1,1,,A,169JGUgP017pm1＜;MFucTOvH00Se,0 * 63

由！AIVDM 可知该信息为船舶的动态和静态暗码信息。

1	0	0	0	0	0	1	bits 1～6＝I dentifier for this message
6	0	0	0	1	1	0	bits 9～38＝MMSI
9	0	0	1	0	0	1	011000100101101011100101110
J	0	1	1	0	1	0	412522390
G	0	1	0	1	1	1	
U	1	0	0	1	0	1	
g	1	0	1	1	1	1	
P	1	0	0	0	0	0	
0	0	0	0	0	0	0	bits 51～60＝Speed over ground
1	0	0	0	0	0	1	0000000001(二进制)；1(十进制)1/10＝0.1
7	0	0	0	1	1	1	bits 62～89＝Longitude in 1/10000
p	1	1	1	0	0	0	0011111100011010100000100110(二进制)
m	1	1	0	1	0	1	66168870(十进制)
1	0	0	0	0	0	1	66168870/10000/60＝110.28°(E)
＜	0	0	1	1	0	0	bits 90～116＝Latitude in 1/10000
;	0	0	1	0	1	1	000101101110101011011110110(二进制)
M	0	1	1	1	0	1	12015350(十进制)
F	0	1	0	1	1	0	12015350/10000/60＝20.03°(N)
u	1	1	1	1	0	1	bits 117～128＝Course over ground
c	1	0	1	0	1	1	101110010001(二进制)
T	1	0	0	1	0	0	2961(十进制)
O	0	1	1	1	1	1	2961/10＝296.1°
v	1	1	1	1	1	0	
H	0	1	1	0	0	0	
0	0	0	0	0	0	0	
0	0	0	0	0	0	0	
S	1	0	0	0	1	1	
e	1	0	1	1	0	1	

图 8-14　雷达目标数据解码图

其中的 169JGUgP017pm1＜；MFucTOvH00Se 是数据部分，每一位字符都为 8bit ASCII 码，首先必须逐一将其转换为 6bit 二进制码，转换参考表如表 7-4 所示。

第一位字符 1 转换后即为 000001，字符 6 转换后即为 000110，依此类推，转换后见图 8-14 的左半部分。第一行的 6 个 bit 代表消息识别码，000001 转换为十进制的 1，由此可知本句报文是 1(船位报告消息 1)。

报文 1 的二进制 bit 一共有 6×28＝168 位，由其 bit 信息分配(请参见表 7-5)，能从第 8 位后的 30 位可知。第八位 bits 分配给了用户 ID(MMSI)，将其转换为十进制后(412522390)即可解码得出 MMSI。用相同的方法可以解码出 SOG 船舶对地速度(bits 51～60)、Longitude(bits 62～89)、Latitude(bits 90～116)，船舶所在地经纬度(二进制码转换为十进制后除以 10000，所得结果是以分为单位的经纬度)、COG 船对地航向(bits 117～128)(二进制码转换为十进制后除以 10)等信息(见图 8-14 的右半部分)。

经过解码后得到目标的距离为 0.1n mile、真方位为 296.1°，经度为 110.28°(E)、纬度为 20.03°(N)，通过 AIS 达到了将船舶雷达上目标数据传输到基站岸台的目的。

有了目标数据之后，可以将目标以多种方式显示出来，一种是直接显示到雷达上，优点是效果逼真，缺点是实现较困难，需要硬件支持；另一种是在 PC 机上显示，以软件的形式实现容易，视觉效果稍差；在电子江图上显示所有目标是一种不错的选择。

作者提出了一种新型的应急措施系统——移动 VTS，是将雷达的目标探测性能与 AIS 的通信功能结合起来扩展 VTS 服务范围的一种创新尝试。它是利用 AIS 具有的通信功能传输雷达目标数字信息，而非雷达目标视频信息，有效地解决了 AIS 无法传输视频信号的问题，将移动 VTS 系统移植到海事无人艇上能有效应对在恶劣气候、环境污染条件下的突发海事事故，保障船舶安全。

8.4　实例四　航道水深自动监控技术

航道水深是决定航道通航能力的关键因素，准确及时地发布航道水深信息可以使船舶合理配载货物，提高船舶航行的安全和经济效益。为了更好地掌握航道水深信息，引入了航道水深实时监控系统的概念。该系统是基于测深仪和 AIS 设备而构建的，它通过 AIS 设备将监控点的水深信息传输到航运物流信息综合运用平台，经过处理之后在电子江图上显示出监控点的实时水深。

船舶航行主要依赖于航道局提供的航道水深数据，通过该数据了解航道的通航能力。以往测量航道水深主要靠使用超声波测深仪和测量船来完成，时效性较差，且容易贻误时机，常常会出现航道水深数据刚公布出来，航道水深又变化了的情况。

为了能及时掌握航道变化的情况，本书认为构建航道水深实时监控系统可以决定测量船的出行时机，更好地发挥测量控制网的作用，从而更加及时、具体地掌握到每个浅滩航道的实际水深，方便船运公司合理配载货物，提高船舶航行的安全和经济效益。

利用测深仪和 AIS 设备构建航道水深实时监控系统，将监控点的水深通过 AIS 设备传输到监控中心。通过处理之后，可以在电子江图上显示出来，特别是当水位退落和航道淤变，航道实际尺度低于上次发布的尺度时，航道部门可以及时地发布尺度调整信息。航道水深实时监控系统还可以应用于三峡水库汛期的防洪调度以及汛前消落期、汛后蓄水期和枯水运用期的水量调度。下面具体研究航道水深实时监控系统的组成、工作原理及实现方法。

8.4.1　水深实时监控系统的构成

航道水深实时监控系统由多个监控点、航运物流信息综合运用平台监控中心组成。每个监控点装备有测深仪和船载 AIS。在一些航标船上安装有测深仪和 AIS 设备，因此不需要额外投资，将上述船舶作为监控点是理想的。航运物流信息综合运用平台监控中心由长江干线基站 AIS、PC 机及相关电子江图软件组成。测深仪作为测量水深的传感器，将监控点的水深信息定时采集、处理后送到船载 AIS，经船载 AIS 发送给平台监控中心。船载 AIS 接收各监控点送来的水深信息，通过解码处理后在 PC 机的电子江图软件上实时显示各监控点的水深信息。通常监控中心和监控点之间的距离由 AIS 决定。南京至宜宾船舶自动识别系统已经建成，通过长江干线 AIS 网络，航运物流信息综合运用平台监控中心可以监控整个网络覆盖区域的水深。航道水深实时监控系统组成框图如图 8-15 所示。

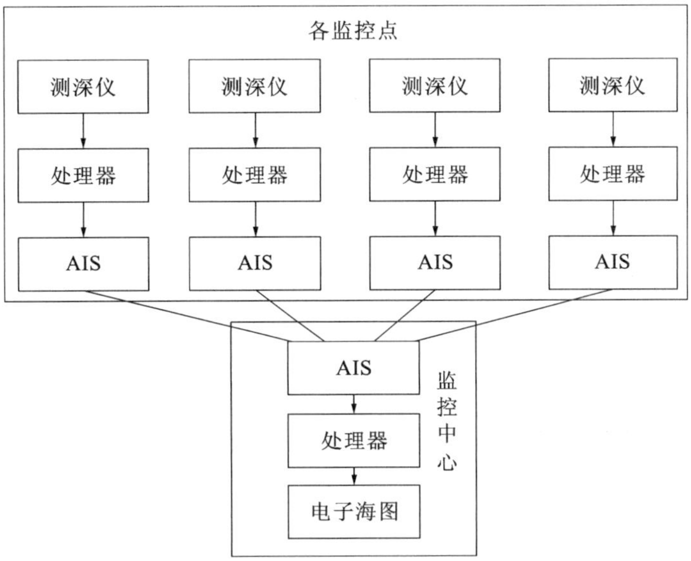

各监控点

测深仪　测深仪　测深仪　测深仪

处理器　处理器　处理器　处理器

AIS　AIS　AIS　AIS

AIS

处理器

电子海图

监控中心

图 8-15　航道水深实时监控系统组成框图

8.4.2　系统的工作原理

航道水深监控系统的原理就是利用 AIS 将测深仪测得的监控点水深及位置数据传输出去，在航运物流信息综合运用平台监控中心通过基站 AIS 接收监控点的水深和位置信息，经解码后在电子江图上显示出来。

现代测深仪都有数据的输入输出接口，其数据输出规则遵循 NMEA0183 协议，具体可参考所使用的仪器设备的使用说明书，例如利用 FUNUNO ECHO SOUNDER FE-700 型测深仪，其参数的输出格式如图 8-16 所示。

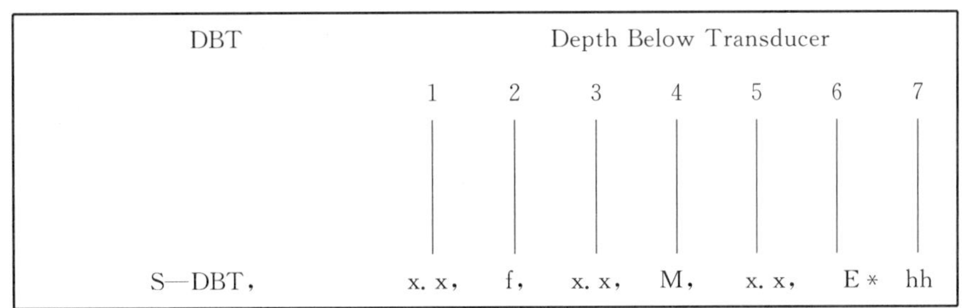

图 8-16　测深仪数据的输出格式图

图 8-16 中，3 为换能器到水底的深度，单位为米。所以只要通过测深仪的输出串口和单片机连接，在应用程序中提取 3 的相关参数就可以得到换能器到水底的水深参数，再加上航标船的吃水深度就可以得到该点的水深。

由于船载 AIS 设备只支持罗经、计程仪传感器的接入而不直接支持测深仪作为采集信息的传感器，所以测深仪的水深数据只有通过处理之后才能调制到 AIS 上发射出去。罗经、计程仪输出到 AIS 的数据格式如图 8-13 所示。

1 为航迹向 COG、5 为对地速度 SOG。在应用程序中将监控点的水深数据代入 1 或 5

中，通过串口输出给 AIS 发送出去。在实验中，将水深为 30m 的数据加到 AIS 的数据输入接口，则发射语句为：

$GPVTG,30.0,T,30.0,M,30.0,N,30.0,K*4E

在基站设备上或者 AIS 综合应用平台监控中心的 AIS 接收到的语句为：

! AIVDM,1,1,,A,168rO00P4d8;Aq8API51;? wf089@,0*17

经过解码，得到如图 8-17 所示数据。

Identify Code:1
MMSI:412000000
Lon:114.312166666667°
Lat:30.5941666666667°
SOG:30
COG:30

图 8-17 AIS 的信息解码图

其中 SOG、COG 即为监控点的水深数据，由于 AIS 自身带有 GPS 定位设备，所以在发射时将监控点的经纬度数据 Lon、Lat 一并传到航运物流信息综合运用平台监控中心。监控中心得到监控点的经纬度和水深数据后，在电子江图上显示出来，即可实现水深监控可视化显示。

8.4.3 实现方法

从测量监控点的水深到航运物流信息综合运用平台监控中心的可视化显示，整个过程必须是自动完成的。因为只有自动完成，才能实时、有效地发挥航道水深实时监控系统的功能。监控点和航运物流信息综合运用平台监控中心之间的衔接工作是依靠开发的相关的应用程序来完成的。下面分别介绍水深信息的采集、AIS 信息的解码及水深信息的显示部分。

(1)水深信息的采集

监控点要完成对测深仪中水深数据的采集工作，水深数据经过编码之后送 AIS 发射出去。

笔者利用具备串行通信功能的 MScomm 控件，采用测深仪的异步串行输出方式，将测深仪输出的数据采集到计算机。该过程的首要工作是利用 DB-9 串口线把测深仪和单片机连接起来，具体连接可查找测深仪使用手册。

从测深仪中读取数据的主要程序如下：

```
MSComm1.CommPort =1              REM:选择 COM1 串行口
MSComm1.Settings="4800,n,8,1"    REM:4800 波特率，无奇偶校验，8 个数据位，1
                                     个停止位
MSComm1.InputLen=0               REM:使用 Input 属性时，读取接收缓冲区的全
                                     部内容
MSComm1.PortOpen=True
                      REM:打开串行口依据测深仪参数的输出格式在缓冲区所获得
                          的字符中找到水深数据
Do Until InStr(deep,"SDDBT")
                      REM:接收来自串行口的数据，直到接收到字符"SDDBT"
DoEvents
```

```
deep=deep & MSComm1.Input
                    REM:将接收到的数据存入字符串 deep 变量
```

(2)AIS 信息的解码过程

监控点完成对数据的采集工作并经过编码由 AIS 发射出去之后，航运物流信息综合运用平台监控中心通过 AIS 接收各监控点的水深和位置信息。对于 AIS 接收到的信息，需要经过航运物流信息综合运用平台监控中心的应用程序解码以后，才能提取监控点的水深及位置参数。

下面以航运物流信息综合运用平台监控中心 AIS 接收到的一条报文信息为例，对 AIS 信息解码过程进行分析。例如在监控中心 AIS 接收到的语句为：

！AIVDM,1,1,,A,168rO00P4d8;Aq8API51;? wf089@,0*17

由关键词！AIVDM 可知该信息为船舶的动态和静态暗码信息。所需要的水深及位置参数包含在数据 168rO00P4d8;Aq8API51;? wf089@之内，每一位字符都为 8bit ASCII 码，进行解码的第一步是首先参考字符转换 bit 表(如表 7-4 所示)，逐一将其转换为 6bit 二进制码。

例如字符 168 转换为 6bit 二进制码后即为 000001 000110 001000，依此类推，字符全部转换为 bit 后得到图 8-18 所示的转换后结果。

1	6	8	r	O	0	0	P	4	d	8	;	A	q	8	A	P	I	5	1	;	?	w	f	0	8	9	@
0	0	0	1	0	0	0	1	0	1	0	0	0	1	0	0	1	0	0	0	0	0	1	1	0	0	0	0
0	0	0	1	1	0	0	0	0	0	0	0	1	1	0	1	0	1	0	0	0	0	1	0	0	0	0	1
0	0	1	1	1	0	0	0	0	1	1	1	0	1	1	0	0	1	0	0	1	1	1	1	0	1	1	0
0	1	0	0	1	0	0	0	1	1	0	0	0	0	0	0	0	0	1	0	0	1	1	1	0	0	0	0
0	1	0	1	1	0	0	0	0	0	0	1	0	0	0	0	0	0	0	0	1	1	1	1	0	0	0	0
1	0	0	0	1	0	0	0	0	0	0	1	1	1	0	1	0	1	1	1	1	1	1	0	0	0	1	0

图 8-18 8bit ASCII 码转 6bit 二进制码后的结果

第一列的 6 个 bit 代表消息识别码，000001 转换为十进制的 1，由此可知本句报文是 1(监控点船位报告消息)。

报文 1 的二进制 bit 一共有 6×28=168 位，其 bit 信息分配参见表 7-5。

该句报文经过解码后得到监控点的水深为 30m、经度为 114.31°(E)、纬度为 30.59°(N)。在监控中心解码后得到的水深数据和监控点所设的水深数据是一致的(表 8-11)。

表 8-11 解码后得到的水深及位置数据

	Bit	二进制	十进制	水深、位置、数据
SOG	51～60	0100101100	300	300/10=30
Longitude	62～89	010000010101101000111100100100	68587300	68587300/1000/660=114.31°
Latitude	90～116	001000110000001100100010100	18356500	18356500/1000/60=30.59°

(3)水深信息的显示

在监控中心通过 AIS 解码得到各个监控点水深(deep)和位置(lat\lon)数据后，需开发电子江图应用软件使其在电子江图上可视化地显示出来。

以下程序描述在电子江图上监控点位置的显示功能：

```
Dim wpt_points As New Point          REM:定义点元素
```

```
wpt_y=lat1                          REM:将 1 号监控点纬度数据赋值给 wpt_y
wpt_x=lon1                          REM:将 1 号监控点经度数据赋值给 wpt_x
wpt_points. Set wpt_x,wpt_y         REM:将位置数据赋值给 wpt_points
```

由于要将监控点在相应的位置用符号显示出来,可以使用 MapX 中自带的函数,如产生符号的函数 FeatureFactory. CreateSymbol,在使用前要选定符号的样式,包括 Font、Character、Size、Color 等。

```
Map1. DefaultStyle. SymbolFont="symbol"
Map1. DefaultStyle. SymbolCharacter=209         REM:将监控点位置以△符号来替代
Map1. DefaultStyle. SymbolFont. Size=14
Map1. DefaultStyle. SymbolFontColor=&HFF&    REM:选择尺寸及颜色
Dim newobj As New MapXLib. Feature
Dim obj As MapXLib. Feature
Set newobj=Map1. FeatureFactory. CreateSymbol(wpt_points,Map1. DefaultStyle)
Set obj=Map1. Layers. Item(1). AddFeature(newobj)
```

在电子江图中,一般图层与数据采用数据库绑定的方法,由于本系统数据量不多,故采用了一种简单的方法,即采用注释语句 Annotations 将水深数据作为注释文本写在相应的监控点旁,实验证明该方法更新方便、实现简单,具体如下:

```
Private Sub Timer1_Timer()                   REM:定时器定时更新数据
Map1. Annotations. RemoveAll                 REM:删掉所有旧数据
Map1. Annotations. AddText deep1,lon1,lat1   REM:注释 1 号监控点水深
Map1. Annotations. AddText deep2,lon2,lat2   REM:注释 2 号监控点水深
-----
End Sub
```

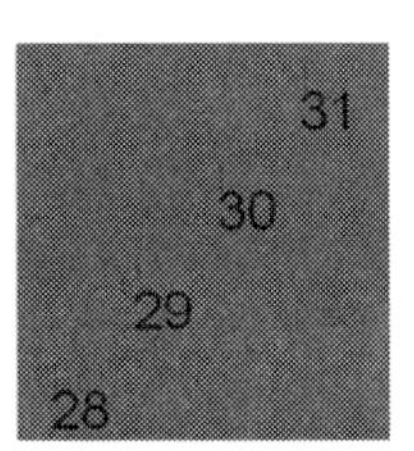

图 8-19　电子江图上监控点及水深的显示图

以上程序实现了在监控中心电子江图上对监控点水深的可视化显示,如图 8-19 所示。

在不明水深环境中,可以使用吃水浅的海事无人艇携带测深仪和 AIS 设备进行测深,并且将水深数据及时传输到其他船舶或者控制中心,可以实时观测某一个点的具体水深数据,得到所需位置的即时水深信息,比起航道部门预报的水位通告,更具有实时、灵活的优势,在船舶通航、海事救助、汛期水位预报等领域具有实际的应用价值。

8.5　实例五　基于 AIS 的航道通航安全评估

航道的通航能力是进行航道设计与规划,确定航道规模与布局及编制航运计划的重要依据,也是水路运输发展的基础。航道的通航能力通常是指一定航道等级和标准的航道,在某一时段特有通航环境条件下,所能通航的最大船舶尺度、最大船舶载重吨或货运量及能通过船舶流的数量等,其中航道水位状况是船舶安全通航需要考虑的首要因素,也是影响航道通航能力的最主要因素之一。

目前国内外对航道的通航能力研究较多，也有着较成熟的研究成果，覆盖了船舶尺度、环境条件等多方面影响因素，本教材主要介绍航道水深与通航能力间的关系，不考虑水文气象、交通状况及港口管理等其余因素。对航道实时水深与通航能力间关系的国内研究目前主要集中在长江干线航道。魏志刚等人提出了收集长江干线航行的船舶与船队资料，并对其船长、船宽、型深、吃水、装载量 DWT 等进行统计，分析船舶定线制航行的有关特点的观点；郭义浩等人搜集了 120 条航行于长江干线航道的船舶资料，利用 MATLAB 工具标出船舶载重吨与满载吃水、船宽、船长的散点关系，并对其进行曲线拟合，求出了 DWT 与满载吃水、DWT 与船长、DWT 与船宽之间的曲线方程。目前对航道通航安全评估多采用这组公式，在实际应用中也取得了较好的效果。但该组方程是否适用于沿海大型港口进出港航道还尚待验证，尤其是此组公式内利用到的富余水深采用的是《内河通航标准》中的规定。因此，笔者以汕尾航段为研究对象，在查阅大量相关文献和咨询业内海事专家的基础上，拟借鉴内河经验公式在收集、分析汕尾航段船舶数据的基础上建立适用于汕尾航段的水深与通航尺度关系数学模型作为使用 AIS 数据进行通航安全评估的实例进行讲解。

只要利用 AIS 得到航段实时水位，利用所建立的汕尾航段水深与通航尺度关系模型公式即可计算出该航段最大通过船型与吨位信息。通过海事部门的 AIS 系统可以获得航道船舶相关数据，二者进行对比即可对船舶通航安全进行实时评估，为海事部门的管理、决策提供数据支持。

8.5.1　影响航道通航能力因素分析

航道的通航能力是进行航道设计与规划，确定航道规模与布局及编制航运计划的重要依据，也是水路运输发展的基础，通常是指一定航道等级和标准的航道，在某一时段特有通航环境条件下，所能通航的最大船舶尺度、最大船舶载重吨或货运量及能通过船舶流的数量等，影响航道通航能力的主要因素如图 8-20 所示。

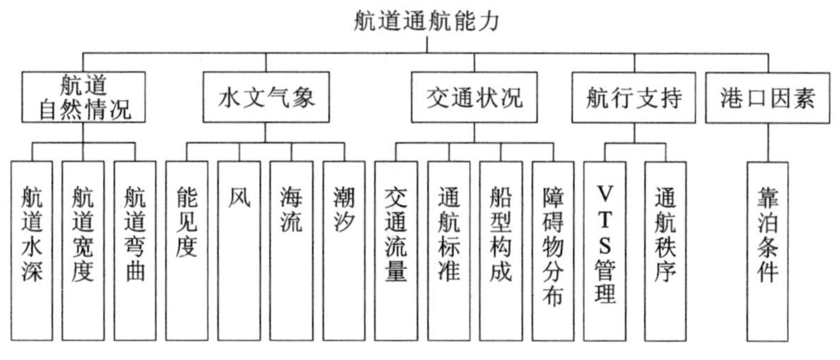

图 8-20　航道通航能力影响因素图

其中航道水位状况是船舶安全通航需要考虑的首要因素，也是影响航道通航能力最主要的因素之一。

目前国内外对航道的通航能力研究较多，也有着较成熟的研究成果，覆盖了船舶尺度、环境条件等多方面影响因素，由于水文、交通状况、航行支持、港口因素等大部分为主观因素，通过相关部门的协调与提高效率，可以大幅降低此类因素对最大通航能力的影响，但航道水深为客观因素，人为无法控制且对船舶通过能力影响最大，因此本书主要讨论航道水深与通航能力间的关系，不考虑水文气象、交通状况及港口管理等其余因素。

对航道水深与通航能力间关系的研究国内外有不同的研究体系，也有不同的研究模型和方法。国内研究目前主要集中在长江干线航道，沿海港口及进出航道的相关研究几乎没有，这与沿海水深较富余有关系。

8.5.2　航道通航评估相关数学模型

8.5.2.1　以数据统计研究

魏志刚等人基于长江干线已实施船舶定线制的特点，分析船舶定线制的一般形式与通航条件，提出长江船舶干线船舶定线制的航道尺度计算方法和水流条件指标，并结合航道实际条件，收集长江干线航行的船舶与船队资料，并对其船长、船宽、型深、吃水、装载量 DWT 等进行统计，分析了船舶定线制航行的有关特点。

8.5.2.2　以经验公式研究

前文所述郭义浩等人采用的经验公式在实际应用中取得了较好的效果。

船舶载重吨 DWT(Dead Weight Tonnage)与满载吃水的关系曲线方程为：

$$Y=0.0856x^2-0.6984x+1.6004$$

式中：Y 为载重量，万 t；x 为满载吃水，m。

DWT 与船舶长度的关系曲线方程为：

$$Y=0.0000821x^2-0.00242x-0.1480$$

式中：Y 为载重量，万 t；x 为船舶长度，m。

DWT 与船舶宽度的关系曲线方程为：

$$Y=0.00285x^2-0.14235x-2.9113$$

式中：Y 为载重量，万 t；x 为船舶宽度，m。

$$\text{允许通航船舶的吃水}=\text{实际水深}-\Delta h=\text{水位}+\text{图示水深}-\Delta h$$

式中：Δh 为航道剩余水深或富余水深，根据航道等级取富余水深，参见表 8-12。

表 8-12　航道等级与富余水深关系表

航道等级	Ⅰ	Ⅱ	Ⅲ	Ⅳ	Ⅴ	Ⅵ	Ⅶ
富余水深 Δh(m)	0.4～0.5	0.3～0.4	0.3～0.4	0.2～0.3	0.2～0.3	0.2	0.2

据上所述，在得到航道的实际水深后，可以通过实际水深、允许通过的船舶的吃水、吃水与 DWT 的关系计算出该航道能够通过的最大船舶吨位、尺寸。通俗来讲即是通过海事部门或者港务、航道部门的水深信息，再根据以上数学模型可计算出能够通过的最大船舶吨位。同时也可代入公式计算出最大通过船型，船舶尺寸。从而实现预报“典型航段最大通过船型与吨位信息”的目的。因此，只要获取当天的水位，即可计算出该航段最大通过船型与吨位信息。通过海事部门建立的运用平台获得航道船舶的 AIS 数据，利用前述的技术方法获取航道船舶的船舶吃水、船舶尺寸等实际数据，和船舶最大吃水、最大通过船型进行比对，即可对航道船舶的通航安全进行评估。

航道水深与通航能力之间的内在关系研究在内河进行得比较多，原因是内河航道客观因素相对稳定，受天气影响少；而在海上由于通航环境优于内河，传统意识里水深不够远离海岸线即可获得足够水深，所以相关研究较少，但是对于某些特定海域及航道，研究航道水深与通航能力之间的内在关系，对于保障船舶的通航安全也是非常有实际意义的。例如广东沿海大型火电厂进出港航道也相对稳定，推导出适合该水域的实用数学模型具有一定推广意义。

8.5.3 汕尾航道水深与通航能力研究实例

前面介绍的航道水深与通航能力的数学模型是以内河航道的船舶资料为基础拟合出来的，但该数学模型是否适用于沿海大型港口进出港航道还尚待验证，尤其是此组公式内利用到的富余水深是采用《内河通航标准》中的规定，因此，在查阅大量相关文献和咨询行内海事专家的基础上，作者尝试采用类似方法确立适用于汕尾航段（粤电红海湾电厂专用航道）水深与通航尺度间关系。

8.5.3.1 广东粤电集团汕尾红海湾电厂专用航道数据

航道以拦沙堤口门为界分为外航道和内航道，航道总长约 4.21km，内航道（拦沙堤段）长约 800m，有效宽度 300m，航道底标高－15.7m，为单向航道；拦沙堤口门可航宽度 300m，外航道长约 3.41m，有效宽度 166m，航道底标高－15.7m。

对通过广东粤电集团汕尾红海湾电厂专用航道的船舶数据进行了收集、分类处理，使用如表 8-13 的形式显示如下。

表 8-13 汕尾红海湾电厂专用航道散货船舶数据统计

2012 年 1 月 1 日—2013 年 7 月 1 日							
船名	载重吨 (t)	前吃水 (m)	后吃水 (m)	载货重量 (t)	船舶长度 (m)	船舶型宽 (m)	船舶型深 (m)
粤电 101	93302	14	14	86265	229.2	38	20.7
粤电 8	72424	13.4	13.4	70683	225	32.2	18.7
毓麟海	76000			74674	225	32.26	19.6
粤电 101	93302	14	14	86756	229.2	38	20.7
广珠	93302	14.1	14.3	87212	229.2	38	20.7
粤电 7	75100	13.5	13.5	75000	225	32.24	19.7
毓鹏海	75485	14.4	14.4	75072	225	32.24	19.7
粤电 6	75265	14.29	14.4	73859	225	32.24	19.7
粤电 9	70196	13.2	13.35	68650	225	32.2	18.5
粤电 8	72424	13.5	13.8	72000	225	32.2	18.7
粤电 51	57020	12.93	13.05	57000	189.99	32.26	18
粤电 58	57000	12.78	12.78	56000	189.99	32.26	18
粤电 52	57009	12.8	12.8	55333	189.99	32.26	18
广粤	68641	13	13.3	67432	225	32.2	18.2
新广州	64310	12.98	13.18	62168	225	32.24	18
粤电 3	68676			65000	224	32.2	18.2
粤电 54	56931	12.7	12.8	55550	189.99	32.26	18
新广州	64310	12.85	13.05	62136	225	32.24	18

续表 8-13

2012 年 1 月 1 日—2013 年 7 月 1 日							
船名	载重吨(t)	前吃水(m)	后吃水(m)	载货重量(t)	船舶长度(m)	船舶型宽(m)	船舶型深(m)
新靖海	68377	13.13	13.11	67045	224.94	32.2	18.2
粤电 101	93302			85000	229.2	38	20.7
广粤	68641			62306	225	32.2	18.2
粤电 56	57000	12.61	12.76	55267	189.99	32.26	18
粤电 7	75100	13.62	13.75	70073	225	32.24	19.7
粤电 101	93302	13.8	13.9	82898	229.2	38	20.7
毓麟海	76000	13.86	13.95	72740	225	32.26	19.6
粤电 3	68676	13.2	13.2	68000	224	32.2	18.2
粤电 56	57000	12.8	12.8	56132	189.99	32.26	18
粤电 7	75100	13.5	13.5	69411	225	32.24	19.7
新靖海	68377	13.15	13.15	66718	224.94	32.2	18.2

8.5.3.2　数学模型的建立

1)模型的假设

(1)假设船舶载货量是可预测的,随着船舶吃水、船长、船宽的变化具有连贯性;

(2) $f(x) = p_1x^2 + p_2x + p_3$,$f(x)$ 表示因变量;

(3)广东粤电集团汕尾红海湾电厂 2012 年 1 月 1 日至 2013 年 7 月 1 日进出大型散货船基础数据。

2)数据来源的说明

要建立关于载重吨的回归模型,表 8-12 中前吃水、后吃水、船舶长度、船舶型宽、船舶型深为 5 个影响载重吨的因子。表中数据来源于海事部门内网系统和电厂煤炭部,数据真实可靠,利用这些数据可以拟合出多个因素对一个变量的影响。

3)模型的建立与求解

(1)主成分分析法

在实际收集的数据中我们得到的资料可能有相当多的变量,并且变量间存在较强的相关性。我们当然不能原封不动地将这些变量一一列举,而是希望能用一两个概括性的指标简单明了地解释问题。

主成分分析法就是一种利用原始变量之间的相关性,通过原来变量的少数几个线性组合解释原来变量来实现降维的多元统计方法,在尽量少损失信息的前提下将多个指标转化为少数几个综合指标,通常将转化生成的综合指标称为主成分。

主成分与原始变量之间有以下基本关系:

①每一个主成分都是各原始变量的线性组合;

②主成分的指标大大少于原始变量的指标;

③主成分保留了原始变量绝大多数信息;

④各个主成分之间互不相关。

(2)载重吨与满载吃水、船宽、船长回归模型的建立

建立关于载重吨的回归模型，在此选取船舶吃水、船舶长度、船舶型宽作为主要影响因素，分别建立载重吨与满载吃水、船宽、船长的回归模型。

①载重吨与吃水的回归模型

在此对前吃水和后吃水做平均处理。

基本模型：$f(x) = p_1x^2 + p_2x + p_3$

式中：$f(x)$ 为载重吨，万 t；x 为满载吃水，m。

利用 MATLAB 画出的载重吨与船舶吃水关系散点如图 8-21 所示。

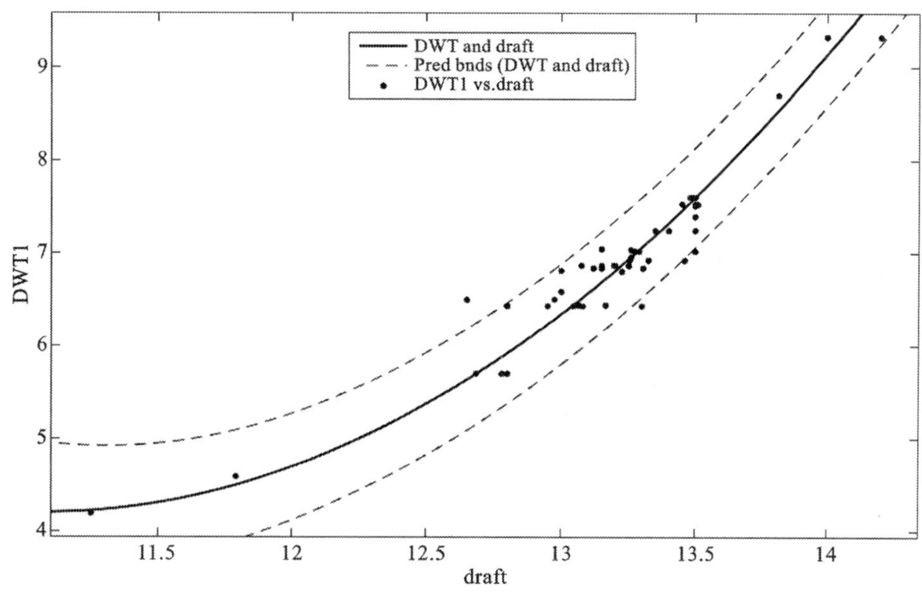

图 8-21　载重吨与船舶吃水关系散点图

拟合结果分析如表 8-14 所示。

表 8-14　载重吨与船舶吃水拟合结果分析

参数	参数估计值	置信区间(95%)
p_1	0.5789	(0.4358,0.722)
p_2	−12.83	(−16.52,−9.135)
p_3	75.26	(51.47,99.06)

拟合优度：

SSE(和方差)：3.743

R^2(相关系数)：0.9323

RMSE(标准差)：0.2658

相关系数 93.23%可由模型确定，模型 $f(x) = 0.5789x^2 - 12.83x + 75.26$ 整体成立。

②载重吨与船舶长度的回归模型

基本模型：$f(x) = p_1x^2 + p_2x + p_3$

式中：$f(x)$ 为载重吨，万 t；x 为船的长度，m。

拟合结果分析如表 8-15 所示。

表 8-15　载重吨与船舶长度拟合结果分析

参数	参数估计值	置信区间(95%)
p_1	0.001457	(0.00137,0.001544)
p_2	−0.5562	(−0.5939,−0.5186)
p_3	58.79	(54.74,62.84)

拟合优度：

SSE(和方差)：1.973

R^2（相关系数)：0.9871

RMSE(标准差)：0.1489

相关系数 98.71%可由模型确定，模型 $f(x) = 0.001457x^2 - 0.5562x + 58.79$ 整体成立。

③船舶载重吨与船舶型宽的回归建模

基本模型：$f(x) = p_1x^2 + p_2x + p_3$

式中：$f(x)$ 为载重吨，万 t；x 为船舶型宽，m。

拟合结果分析如表 8-16 所示。

表 8-16　载重吨与船舶型宽拟合结果分析

参数	参数估计值	置信区间(95%)
p_1	0.01096	(0.009392,0.01253)
p_2	−0.454	(−0.569,−0.339)
p_3	10.75	(8.669,12.84)

拟合优度：

SSE(和方差)：0.2687

R^2（相关系数)：0.9974

RMSE(标准差)：0.06479

相关系数 99.74%可由模型确定，模型 $f(x) = 0.01096x^2 - 0.454x + 10.75$ 整体成立。

8.5.3.3　模型公式的验证

随机抽取 2014 年数条进出红海湾电厂的大型散货船，反代入上述模型计算，均符合安全靠泊条件，证明该公式适合该港口及航道，基本可以实现预报该航段能够通过的最大船舶吨位，在一定程度上代表了粤东沿海类似港口航道最大通航船舶尺度与水深间一般规律。

在研究出汕尾红海湾电厂航道的航道最大通航船舶尺度与水深关系模型的基础上，可以利用 AIS 系统进行实时的通航安全评估，具体研究方案如下。

8.5.3.4　基于 AIS 信息的实时通航安全评估系统方案

在航道关键位置设置航道通航评估观测点，将其水深数据实时传输至监控中心，并通过所建立的水深与船舶尺度模型进行计算得出该观测点处所能通过船舶的最大通过尺度值。待通过该观测点的船舶将其实际船舶尺度数据传输至监控中心后，即可对该船舶的通航安全进行评估。AIS实时通航安全评估系统方案如图8-22所示。

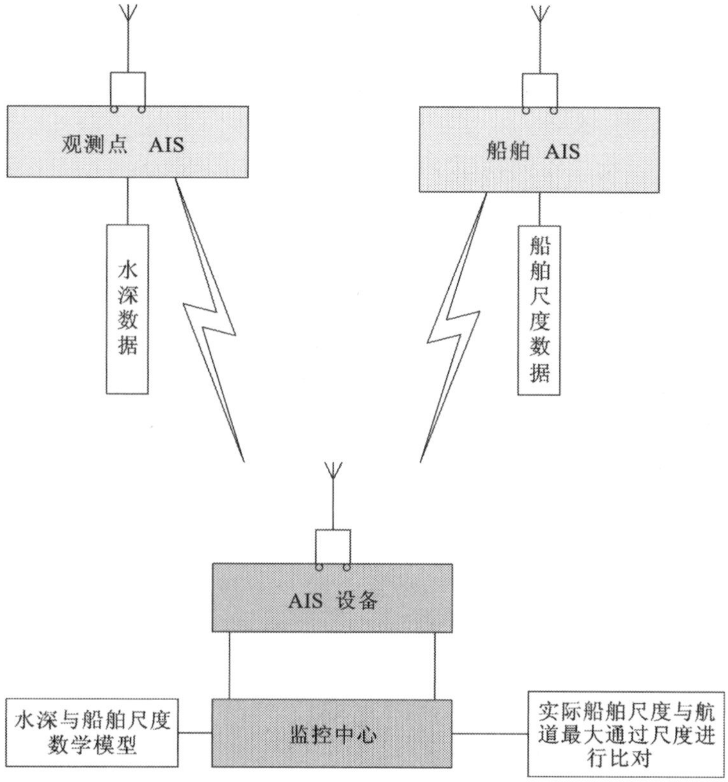

图8-22 AIS实时通航安全评估系统方案图

1)实时水深的测量

确立了符合汕尾红海湾电厂专用航道最大通航尺度的计算公式,接下来就是如何获得该航道的实时水深,以便实时计算出最大通行尺度,来实时决定船舶是否可以靠泊作业。实时水深的获取渠道主要有两种,一是采用航道局公布的水深,但时效性较差,特别是在沿海地区,有可能获取的数据与当前的不一致,无法通过公式实现通航安全的实时评估;这里主要采用第二种方法——实时探测,实时探测多使用船载设备探测,例如测深仪,但利用船舶探测不但会影响到航道通航安全,且容易受到天气、海况、淤积等因素影响。张勋等人提出利用航道侧面多传感器对前海航道实时水深进行实时监测的方法;侯朋等人针对港口航道航程较长、宽度狭窄、水深受限、淤积严重等特点研制了基于双基地声呐实现航道港口航道水深实时监测的实用化系统,以上两种研究方法或实用系统都可以较为精确地得到所需航道水深。

在实际中也可以利用航标或者海事无人艇搭载船载测深仪读出实时实地水深,方便快捷,不需要安装专门设备,但缺点是不如上述两种方法得到的水深精确。

2)实时水深的传输

实时水深的传输确定了远程航道上某些点的水深数据可以立刻传输到监控中心,将实时测量的航道水深通过AIS(Automatic Identification System,船舶自动识别系统)系统传输是一个不错的方法。将观测点测得的实时水深加载到航标(海事无人艇)的AIS上,再利用 AIS 发送到基站；被海事部门或者电厂运营部门监控中心采集、处理，即可实时监控指定航段水深，其主要原理就是利用 AIS 将测深仪测得的监控点水深及位置数据传输出去，在监控中心通过 AIS 接收监控点的水深和位置信息，经解码后在海事部门的电子海图上显示出来。

基于 AIS 的实时水深数据的传输工作原理参见本章实例四“航道水深自动监控技术”的内容。

8.5.3.5 沿海航道富余水深的确定方法

基于 AIS 数据对船舶通过航道时实施安全评估，是考虑了航道水位状况作为船舶安全通航需要考虑的首要因素的基础上，根据实际水深及富余水深计算出允许通航船舶的最大吃水；利用船舶载重吨与最大吃水之间的数学模型，推算出允许通航船舶的载重吨；利用船舶载重吨与船舶尺寸之间的数学模型，推算出允许通航船舶的船舶尺寸；结合通过船舶 AIS 获取的船舶吃水、船舶尺寸数据进行比对，从而评判船舶通航安全状态。

上述数学模型采用的富余水深为内河分级航道指导富余水深，对于沿海港口的富余水深如何确定，国家相关部门没有具体规定。但粤东沿海大型港口特别是大型火力电厂码头，航道建设专家论证阶段，一般会采取约定俗成的做法：航行于沿海港口水域的船舶应根据本船船型、吃水和航速保留不小于船舶吃水 10%的富余水深，结合汕尾红海湾电厂专用航道进出大型散货船的基础数据，这里采用平均吃水及当地海事部门的建议计算出富余水深约为 1.5m。

8.6 实例六 GPS 罗经应用技术

8.6.1 GPS 罗经概述

根据 2002 年 7 月的新 SOLAS 公约规定，所有的客船和 500t 以上的国际航线货船必须配备提供航向的航海仪器，并制定了相关的规格要求。船舶在海上航行，一般通过船上配备的陀螺罗经和磁罗经提供航向，但是陀螺罗经需要定期进行更换陀螺球、支撑液体等维护工作；磁罗经也需要经常进行校正自差等保养工作，在长时间的远洋航行工作中存在不足之处。现在一种新型的免维护保养的，高性能的航向仪器设备——卫星罗经在国内外已经被开发出来。由于其价格、精度和陀螺罗经相当，且满足国际海事组织所制定的规格要求，所以今后将会得到广泛的利用。本教材将介绍基于 GPS 接收机的卫星罗经的系统组成、原理和应用。

GPS 接收机是船舶中应用最为广泛的一种高精度定位仪器，GPS 接收机不仅可以提供船位，也可以提供船速和航迹向，但是受风、浪的影响船首向和航迹向不一定相同，一台 GPS 无法求出船首向。因此，根据国际海事组织规定有装备义务的船舶都配备有陀螺罗经和磁罗经来提供船首向。陀螺罗经在通常纬度下航行精度高，但是在高纬度航行（例如极地航行）误差明显增大，而且需要定期维护，稳定时间较长；而磁罗经虽然价格低廉、使用方便，但是精度较差，同样不适合在极地环境使用。GPS 罗经的诞生可以弥补它们的不足。GPS 罗经的概念图如图 8-23 所示。

2 台 GPS 接收机天线安装在船的首尾线上，船尾的天线作为基准天线，基准天线到船首的天线连线作为基线，基线的方位可以通过采集两台 GPS 接收机接收到的卫星电波信

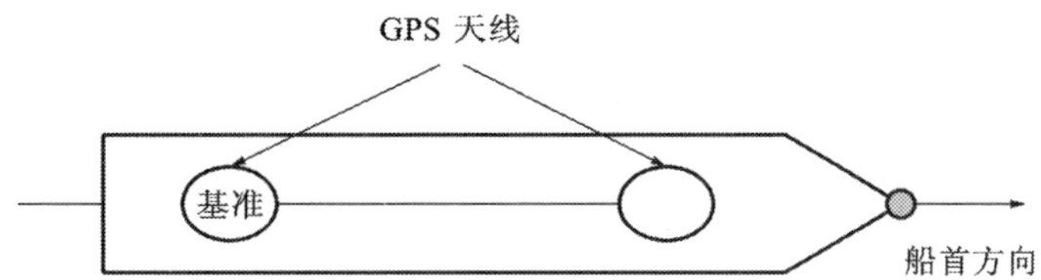

图 8-23 GPS 卫星罗经概念图

息，而提取出卫星的位置参数和伪距、相位等参数，进一步处理、比较卫星到两个 GPS 接收机天线的距离差，解算出来就可以得到船首向。

8.6.2 系统组成

系统组成框图如图 8-24 所示。

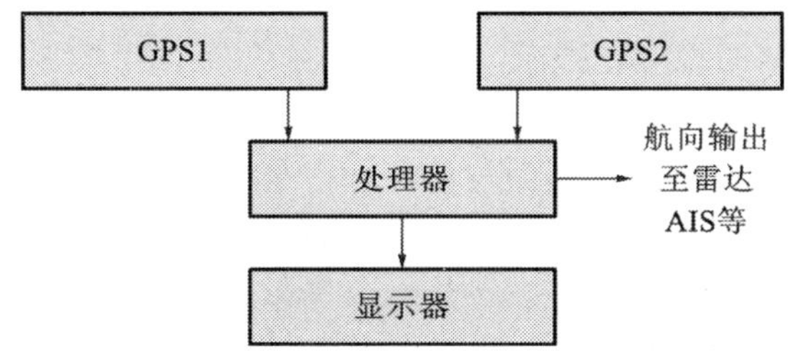

图 8-24 GPS 卫星罗经组成图

GPS 罗经由 2 台 GPS 接收机、处理器和显示器组成，2 台 GPS 接收机将接收到的信息通过 D 型 RS232C 串口采集到处理器，所有的 GPS 数据格式分为两大类：NMEA 0183 和原始观测量。对于所有的 GPS 接收机，其 NMEA 0183 的格式是相同的，均为 ASCII 码，原始观测量包括位置、伪距、相位和星历等，大多数采用二进制格式，有的也提供 ASCII 码。以此信息为基础，处理器提取伪距、相位参数计算出卫星到两个 GPS 天线的距离差；同时提取星历参数计算出卫星的位置；最后通过相关解算得出连接两个 GPS 天线基线的船首线方位，将结果数据送到显示器。另外也可以将船首航向送到雷达等其他的航海仪器。

8.6.3 卫星罗经指北原理

GPS 罗经首先通过两台 GPS 接收机分别接收同一卫星的电波信息，从中取出伪距、相位参数，由 GPS 罗经计算出卫星到两个 GPS 天线的距离差；再从该电波中取出卫星的位置参数，由此可以计算出卫星在地心坐标系中的位置，最后通过坐标变换，得到卫星在以基准天线为原点的地平坐标系中的坐标，而将非基准天线的位置设为未知参数，根据两点间的距离公式可以计算出卫星到两天线之间的距离差，将此计算距离差与前面观测所得距离差进行比较，改变天线位置未知参数值可使距离差之差最小，由此解出非基准天线位置未知参数，得到连接两天线的基线在地平坐标系中的方位，即为卫星罗经的船首方位。

8.6.3.1 根据载波相位差测得距离差

现在，将两个 GPS 天线设置为船首线的方向，由于两个天线的位置不同，所以卫星到两个天线的距离不同，接收到的信号载波将产生相位差，根据相位差可以求出卫星到两个天线的距离差，参见图 8-25。

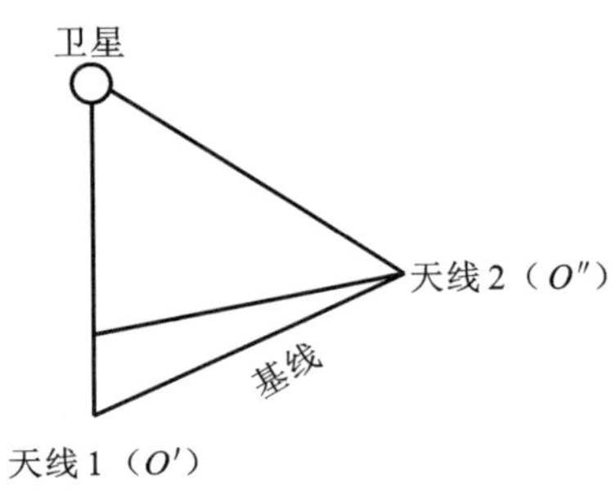

图 8-25 卫星与 GPS 接收机关系图

设载波频率为 f，角频率为 ω。卫星到天线 1 的距离为 D_1，卫星到天线 2 的距离为 D_2，所需的电波传播时间分别为 D_1/c 和 D_2/c，c 为电磁波传播速度。

则相位分别为 $\Psi_1=\omega D_1/c$ 和 $\Psi_2=\omega D_2/c$；

卫星信号到两天线的相位差为：

$$\Delta\Psi = \Psi_1 - \Psi_2 = (\omega t - \omega D_1/c) - (\omega t - \omega D_2/c) = \omega/c(D_2 - D_1)$$

由于 $c=\lambda f$，λ 为载波波长，所以 $\Delta\Psi=\frac{2\pi}{\lambda}(D_2-D_1)$，距离差为：

$$\Delta D = D_2 - D_1 = \frac{\lambda}{2\pi}\Delta\Psi = \frac{\lambda}{2\pi}(2N\pi + \Delta\Psi') \tag{8-12}$$

$\Delta\Psi'$ 为不足整数周期的相位差数值，可以由两台 GPS 提供的原始观测量相位信息中相减获得，N 为相位整周数差值部分，可以通过下列方法获得：

伪距是信号到达接收机的接收时刻与信号从卫星上发射时刻之间的差值乘以光速，商船用 GPS 通常只能通过 L1 载波频率(1575.42MHz，所对应的波长为 19cm)所调制的 CA 码来获得伪距，设两台 GPS 提供的伪距信息为 C_1 和 C_2，由于两个 GPS 天线相距很近，对于远在 20183km 处的卫星而言，卫星到达两个 GPS 天线所通过的路径基本相同。也就是说，同一卫星信号到达两接收机的电离层和对流层延迟是相同的。

$$N = |C_1 - C_2| / 0.19$$

8.6.3.2 求出卫星在地平坐标系中的位置

首先根据 GPS 卫星导航电文中的星历参数，即 GPS 用户通过卫星广播星历，可以获得以下有关卫星星历的参数(图 8-26)。这些参数的定义如下：

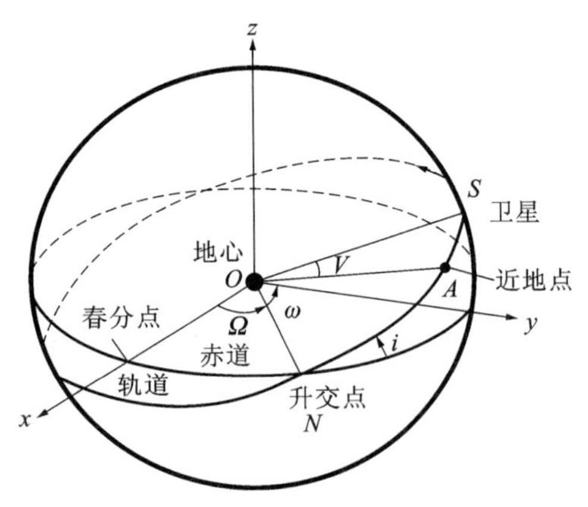

图 8-26 开普勒轨道参数

M_{s_0}：t_{0e}时刻卫星平近点角；

e_s：轨道偏心率；

$\sqrt{a_s}$：轨道长半轴的平方根；

Ω_0：参考时刻的升交点赤经；

i_0：参考时刻的轨道倾角；

u：真近点角；

ω_s：轨道近地点角距；

Δn：平均运行速度差；

$\dot{\Omega}$：升交点赤经变化率；

$\dot{i}$：轨道倾角变化率；

C_{uc}，C_{us}：升交距角的调和改正项振幅；

C_{rc}，C_{rs}：卫星地心距的调和改正项振幅；

C_{ic}，C_{is}：轨道倾角的调和改正项振幅；

t_{0e}：星历参考时间。

用星历参数计算 t 时刻的卫星位置的步骤如下：

(1)计算 t 时刻卫星的真近点角 u 和卫星相对升交点角距 Φ

计算平均运动角速度 n 和平近点角 M:

$n=\sqrt{GM/a_s^{\ 3}}$　GM 为地球引力常数,$GM=398600.5\times10^{14}\,\mathrm{m^3/s^2}$。

$M=M_0+(n+\Delta n)\quad(t-t_{0e})$

利用开普勒方程迭代方式计算偏近点角 E,当 $|E_{i+1}-E_i|<\varepsilon=10^{-12}$ 时停止迭代。

$$E_{i+1}=M+e\sin E_i, E_0=M$$

计算真近点角 u 和卫星相对升交点角距 Φ

$$u=\arctan\frac{\sqrt{1-e_s^{\ 2}}\sin E}{\cos E-e_s} \tag{8-13}$$

$$\Phi=u+\omega s \tag{8-14}$$

(2)计算摄动改正量

$$\delta_r=C_{rc}\cos2\Phi+C_{rs}\sin2\Phi$$

$$\delta_i=C_{ic}\cos2\Phi+C_{is}\sin2\Phi$$

$$\delta_u=C_{uc}\cos2\Phi+C_{us}\sin2\Phi$$

(3)计算改正后的卫星的地心距离、升交点角距、轨道倾角和升交点经度

$$r=a_s(1-e\cos E)+\delta_r$$

$$\Phi'=\Phi+\delta_u$$

$$i=i_0+\dot{i}(t-t_{0e})+\delta_i$$

$$\Omega=\Omega_0+(\dot{\Omega}-\omega_e)(t-t_{0e})-\omega_e t_{0e}$$

ω_e 为地球自转角速度,$\omega_e=7.292115\times10^{-5}\,\mathrm{rad/s}$。

(4)计算卫星在轨道平面中的位置:

$$x=r\cos\Phi'$$

$$y=r\sin\Phi' \tag{8-15}$$

(5)计算卫星在地心坐标系中的位置:

$$\begin{bmatrix}X\\Y\\Z\end{bmatrix}_s=(-\Omega)(-i)\begin{bmatrix}x\\y\\0\end{bmatrix}=\begin{bmatrix}x\cos\Omega+y\sin i\sin\Omega\\x\sin\Omega+y\cos i\cos\Omega\\y\sin i\end{bmatrix} \tag{8-16}$$

观测卫星是在地球表面上进行的,需要的是地平坐标系。因此,必须将卫星在地心坐标系的位置转换到地平坐标系 XYZ。以天线 1 作为坐标系的原点 O',以 $O'X$ 轴指向所在位置的天顶,$O'Z$ 轴指向东方,$O'Y$ 轴按右手法则确定,垂直于 $O'XZ$ 平面,参见图 8-27。

此时卫星在地平坐标系的坐标 x_g、y_g、z_g 为:

$$\begin{bmatrix}x_g\\y_g\\z_g\end{bmatrix}=\begin{bmatrix}\cos\varphi&0&-\sin\varphi\\0&1&0\\\sin\varphi&0&\cos\varphi\end{bmatrix}\begin{bmatrix}\cos(\lambda_G-\lambda)&-\sin(\lambda_G-\lambda)&0\\\sin(\lambda_G-\lambda)&\cos(\lambda_G-\lambda)&0\\0&0&1\end{bmatrix}\begin{bmatrix}X_s\\Y_s\\Z_s\end{bmatrix} \tag{8-17}$$

式中　λ_G——格林尼治子午圈赤经;

λ——天线 1 位置经度;

φ——天线 1 位置纬度。

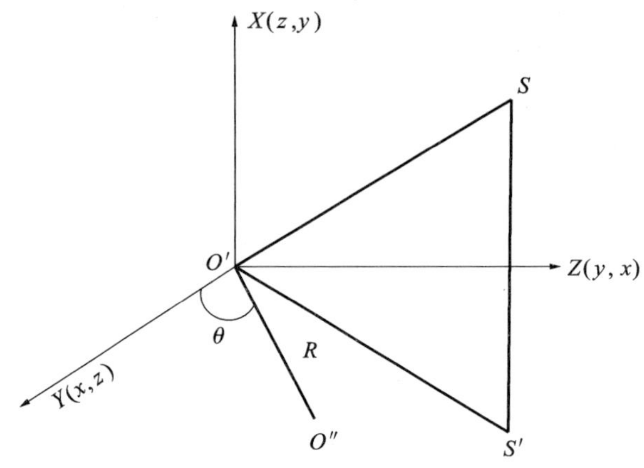

图 8-27 地平坐标系

8.6.3.3. 求出连接两个天线的基线 $O'O''$ 的方向

由以上测得的卫星 S 到天线 O' 和天线 O'' 的距离差及卫星在地平坐标系的位置，可以求出连接两个天线的基线 $O'O''$ 的方向。

$O'O''$ 的长度 R 为一定值，假定基线与 Y 轴的夹角为 θ（图 8-27），在地平坐标系中 O'' 的坐标值为：

$$x''=0, y''=R\cos\theta, z''=R\sin\theta$$

通过改变 θ，就可以求出不同的距离差：

$$\begin{aligned}&\sqrt{x_g^2+y_g^2+z_g^2}-\sqrt{(x_g-x'')^2+(y_g-y'')^2+(z_g-z'')^2}\\=&\sqrt{x_g^2+y_g^2+z_g^2}-\sqrt{x_g^2+(y_g-R\cos\theta)^2+(z_g-R\sin\theta)^2}\end{aligned} \tag{8-18}$$

最后用测得的距离差式(8-12)和计算的距离差式(8-18)进行比较，误差最小的距离差所对应的 θ 即为基线的方位。从基点 O' 的位置求出真北的方向和基线的方向之间的夹角，即为船首方向。

8.6.4 卫星罗经的应用

8.6.4.1 北极通航的意义

卫星罗经是基于 GPS 的航向仪器，具有免维护、精度高的特点，在应用中还具有开机 1min 后即可测定方位的优点，同时还具有 GPS 接收机的功能，提供船舶的位置和速度，更不需要烦琐的日常维护、保养工作。由于卫星罗经属于非自主航向系统，在实际应用中会受到 GPS 信号干扰、美国的政策以及过桥梁时信号被遮断无法计算方位等影响，为了克服后者的影响，GPS 罗经中增加了三个震动陀螺，以便在过桥梁无法计算方位时临时提供方位。

受全球气候变暖的影响，北极冰融现象日益加剧。据统计，北极东北航道水域夏季无冰期已超过 30 天。伴随着航运和破冰技术的发展，北极航道开始苏醒。

北极东北航道的畅通时间逐年变长，它作为连接亚欧交通新干线的优势益发凸显。据权威部门预测，在未来的几十年内，夏季“北冰洋无冰”将可能成为现实，越来越多的国家及公司开始着眼于这条“黄金水道”的商业价值。

北极航道是东北亚经济区连接北美经济区和欧洲经济区的捷径，航程明显缩短，与经马六甲海峡、苏伊士运河的传统航线相比，缩短 1/3 达 7000n mile 的航程，航行时间减少 20 天。

燃油等航运成本明显降低，经济价值突出，节约燃油近 500t，大大降低了船舶燃油消耗和二氧化碳排放；按每吨燃油 400 美元计算，取道北极往返，省下的油费达 20 万美金。

而苏伊士运河的通行费用也高达 20 万美金，仅此两项即省下 40 万美金，还不算苏伊士运河船舶积压排队通行的时间成本及防范海盗而支付的高昂保险费用。

中国进口的能源主要来自中东、非洲等地区，由于一些大国控制着海上的主要通道，一旦发生动乱或战争，中国能源运输通道将被切断，这对中国经济将是致命的打击。

所以，中国必须制定相应的战略以确保能源进口通道畅通、安全，维护我国经济发展的安全。

1997 年夏，芬兰油轮 UIKKU 首次通过北极东北航道抵达亚洲。

近年来，航行于北极水域的船舶越来越多，2011 年，34 艘船舶完成穿越该航道的航行。

2012 年，有 46 艘船舶完成了穿越该航道的商业航行。

2013 年，全球共有 71 艘商船通过北极东北航道。

2013 年 8 月中远集团的“永盛”轮也试水首航北极，为我国的北极航线的开通打下了坚实的基础。

8.6.4.2 北极通航之风险

1)台风影响

船舶仍然应该按照《防抗台操作须知》以及《大风浪航行操作须知》做好各项防台准备工作。密切关注天气预报，应及早对西北太平洋生成的台风的各种可能路径作出充分预判，并根据船舶、货载、操作特性以及其他特殊情况，确保在台风中心安全距离外航行。

2)海冰影响

东西伯利亚群岛东部的海冰在 8 月中、下旬以后才会明显减少，如果通过北极航道的船舶在 8 月上旬航经该海域，可能遭遇较为严重的海冰。而回程航次预计在融冰期后期及结冰期初期航经北方四海，预计海冰情况将明显好转。

船舶在遇到轻度冰况(4 成冰)情况下，航速宜控制在 8kn，中度冰况将船速降低至 5～6kn，遇到浮冰和冰山采取绕航措施。

3)高纬度海区(75°以北)通信及导航受到限制

船舶在北极东北航道航行期间，除 GPS 导航仪以外，其他的助导航仪器(包括计程仪、雷达、磁罗经等)的使用将受到很大的影响，同时利用陆标定位、无线电定位、天文定位都会有很大的困难。

通信设备除铱星电话外，其余设备在北纬 75°以北因不能接收同步卫星的信号而无法使用。

船舶的磁罗经随着航行区域纬度的升高，将完全不能满足安全导航的要求。

电罗经也会存在较大的偏差，在北纬 70°以上海域，偏差更大。据统计，误差最大时约为 11°左右。实际航行中罗经偏差需要用 GPS 航迹经常进行修正。

执行北极航次任务前，船舶需要加装用于船舶极区航行指向的相关设备(GPS 罗经)并进行维护、检查，确保配备的铱星通信系统、A4 海区航行无线电设备(NBDP)工况正常。

4)能见度不良航行

7—8 月份，西北太平洋高纬度以及北方四海多雾，尤其是沿海平流雾多发，概率为每月

15～20 天。在能见度不良海域航行期间船舶应严格执行雾航措施，值班人员保持正规瞭望，雷达使用远近距离档交替，备车航行，采用安全航速，按章鸣放雾号，使用手操舵，收听 VHF 他船信息并协调避让等，确保航行安全。

5)渔船避让

通航北极航道的船舶航经的黄海、东海北部、朝鲜海峡以及日本海渔船、渔网较多，务必加强瞭望，及早掌握渔船作业以及渔网的范围，采用提前绕避的方法避免进入渔船密集区。应注重视觉瞭望，及时发现雷达难以探测到的渔标、渔网，夜间航行需注意不点灯小船。

6)低温防冻

高纬度海域航行会面临长时间的低温环境，对船舶设备、设施可能造成功能和使用异常。进入高纬度低温海区以前，应提前做好相关防冻措施。

7)结冰对稳性的影响

甲板、上层建筑、甲板机械设备以及甲板货物外表积冰，一方面会增加船舶载重量，另一方面会提高船舶的重心高度，从而造成船舶初稳性高度的降低。

在船舶货物配载时应考虑积冰的重量，计算结冰对重心高度以及初稳性的影响，保证开航前以及航行途中有足够的初稳性余量。

航行遇到雨雪天气时应尽可能及时清除甲板的积雪和残水，以确保船舶在航行中始终保持足够的初稳性高度。

8)防污染

尽管《MARPOL》公约未将北极区域指定为特殊区域，在北极水域中的船舶排放，仍适用该公约中的一般性规定。考虑到北极水域的特殊性，航行于该水域时，除经过粉碎处理后食品垃圾以外，应停止一切污油水及垃圾等的排放。

8.6.4.3　GPS 卫星罗经的应用

在整个北极航道通航风险评估中，极地航行的通信、导航保障是非常重要的一个措施，由于纬度增高，磁罗经无法使用，陀螺罗经精度降低严重，通常在纬度 60°以上，陀螺罗经就开始出现与非极地航行时高精度指向所不同的性能状态，所以在极地高纬度航行，必须使用其他设备辅助导航，通过前面 GPS 卫星罗经的原理分析，由于 GPS 信号接收不受地理位置的影响，所以接收到的 GPS 轨道参数不受高纬度的影响，能够保证解算后的航向仍然保持高精度指向，这一点在实际的极地航行中得到了验证。

但是，由于 GPS 卫星罗经属于依赖外界信号实现的导航设备，特别是 GPS 由美国控制，因此 GPS 卫星罗经在实际航行中并不能取代陀螺罗经的地位，而只是辅助、校正船舶航行航向，参见图 8-28。

随着北极航道商业化通航的发展，极地航行通信导航保障也将日益受到学者们的重视，综合以上分析，卫星罗经可以用于极地航行的船舶，将来也可用来作为陀螺罗经的备用设备。但是由于受到 GPS 的制约，其应用受到限制，到了 2020 年，我国自主研发的北斗卫星系统实现全球覆盖之后，使用北斗卫星罗经取代 GPS 卫星罗经，将会越来越多地得到人们的认可，其市场前景更加广阔，这也是我们交通信息应用领域发展的方向。

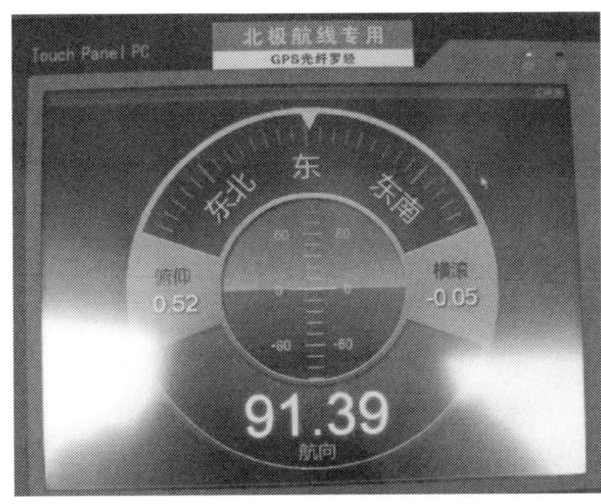

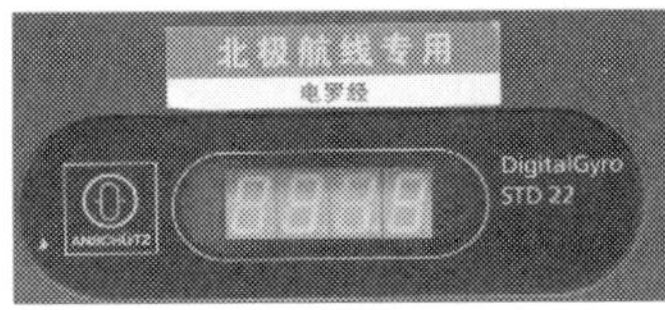

图 8-28 GPS 卫星罗经和陀螺罗经比对

参考文献

[1] 江俊文，王晓玲．轨迹数据压缩综述[J]．华东师范大学学报：自然科学版，2015(09)：61-76.

[2] 龚玺，裴韬，孙嘉，等．时空轨迹聚类方法研究进展[J]．地理科学进展，2011(5)：522-534.

[3] 肖潇，邵哲平，潘家财，等．基于 AIS 信息的船舶轨迹聚类模型及应用[J]．中国航海，2014(12)：11-14.

[4] 刘人杰，刘畅，柳晓鸣．AIS 应用于 VTS 中系统容量的分析[J]．中国航海，2002(2)：24-26.

[5] ITU-R M.1371-4 建议书，在 VHF 水上移动频带内使用时分多址的自动识别系统的技术特性，2010.